Virtus politica

Festgabe zum 75. Geburtstag

von Alfons Hufnagel

Friedrich Frommann Verlag · Günther Holzboog KG

Herausgegeben von Joseph Möller in Verbindung
mit Helmut Kohlenberger

Beiträge zur Drucklegung erhielten wir dankenswerterweise von der Diözese Rottenburg, dem Kultusministerium Baden-Württemberg, den Landkreisen Biberach, Ravensburg, Sigmaringen und der Zeppelin-Stiftung Friedrichshafen.

ISBN 3 7728 0557 4

Hufnagel homo

Daß sich ein Mediävist als Mensch, als homo, versteht, ist nichts Außergewöhnliches. Das haben schon viele Lehrer der Logik des Aristoteles getan, wenn sie die Definition des animal rationale auf sich anstatt auf Petrus und Paulus anwandten. Sicher nicht zu Unrecht. Daß ein Mediävist aber vorzüglich Mensch ist und bleibt (und nicht zuerst Bücherkatalog oder Sachlexikon), das ist wohl theoretisch selbstverständlich, nicht jedoch so für den praktischen Gebrauch der Vernunft. In einem praktischen Gebrauch der Vernunft hat sich Hufnagel für die Praxis entschieden, als er den Ruf auf einen Lehrstuhl, der zumindest als begehrenswert erscheinen konnte, ablehnte. Theorie und Praxis – die alte Spannung, an der man Menschen zu messen pflegt. Kann man doch Exkurse über die Tugend der Klugheit bei Thomas von Aquin schreiben, ohne diese Tugend zu besitzen. Andererseits kann man ohne derartige Abhandlungen diese Tugend praktizieren. Hufnagel hat es vermocht, das, wovon er schrieb, Praxis werden zu lassen; das ist ein seltener Glücksfall, besser gesagt: ein großes Geschenk. Er realisiert diese Praxis ohne jede Überheblichkeit, obwohl er als Mediävist so kritisch ist. Das Krinein gegenüber den Menschen (er ist darin Meister) hat er in eine mit Humor gewürzte Liebenswürdigkeit aufgehoben, die man sich kaum aneignen kann, gehört sie doch zu den Gaben, die man besitzen muß, um ganz menschlich zu sein und menschlich zu wirken. Diese einfache Menschlichkeit, praktiziert gegenüber den Spitzen der Behörden wie bei Heimatvertriebenen und Gefangenen, läßt an das Paulinische „allen alles werden" erinnern. Und wenn ein anerkannter Mediävist sich nicht scheut, als Honorarprofessor jahrelang jungen Theologiestudenten philosophische Grundbegriffe thomanischer Texte zu vermitteln, so läßt sich solches auch nur von der Haltung des Dienens her erklären, einer Haltung, die Hufnagel nie programmiert, wohl aber praktiziert hat und die bei ihm mit einer erquickenden Freude am Leben verbunden ist.

So möchten wir, Kollegen, Freunde, Schüler mit dieser Festgabe nicht nur dem Mediävisten unsere Anerkennung bezeugen, auch nicht nur den praktischen Philosophen und Kirchenmann unserer Achtung versichern, sondern vor allem den Menschen ehren und damit das, was zwischen und in all dem Wirken geschah und geschieht. Zu solcher Ehrung geziemen sich Worte, die in einem Buch wie dem vorliegenden nur zwischen den Zeilen stehen können, dort jedoch verschwiegen als Ausdruck der Verbundenheit wirklich anwesend sind.

Joseph Möller
Helmut Kohlenberger

Hufnagel homo politicus

Ein Philosophieprofessor im Bischöflichen Ordinariat, in seinem Referat vor großen politischen Problemen in Gesellschaft und Kirche? Muß das nicht zumindest zu bedenklichen Einseitigkeiten führen? Prälat Hufnagel hat nicht nur das komplette Gegenteil bewiesen, – die lebendige Dankbarkeit ungezählter Christen und Nichtchristen in Diözese und Land bestätigt, daß er seine mannigfachen Potenzen in hervorragender Weise aktualisiert hat.
Was Dr. Hufnagel an politischen und sozialen Aufgaben erfüllte, erweist sich als weit mehr denn die Addition der in seinem Dienst geleisteten Aktivitäten. Was er unternahm, erhielt Format, gewann innere Gestalt durch den Geist, der ihn bewegt. Seine scholastischen Studien liefen nicht nebenher, sondern prägten im Verbund mit seiner von Herzen kommenden pastoralen und sozialen Motivation sein Sein und Handeln. Wahrheit und Gerechtigkeit bilden für ihn eine unlösbare Einheit.
Nach solchem Prinzip ging es ihm darum, den Hilfesuchenden und Bedrängten, den Heimatvertriebenen, den Strafgefangenen, den in ihrem Menschsein bedrohten ausländischen Arbeitnehmern und den Studenten Anteil zu vermitteln an möglichst umfassender, erfahrbarer Gerechtigkeit. Nie begnügte er sich mit gerade aktueller Phraseologie oder Taktik. Immer brachte er die Tagesaufgaben in weite Perspektiven ein, trug tiefreichende Argumente in die Beziehungsfelder des Lebens, um den vielen ihm Anvertrauten wirkkräftig beistehen und ihnen Zukunft und Hoffnung erschließen zu können. Dabei ging es ihm ebenso um die Klärung und bessernde Veränderung des Ganzen wie um das im Augenblick zu befreiende Schicksal des benachteiligten einzelnen Menschen.
Trotz der ihm eigenen liebenswürdigen Hartnäckigkeit verstand sich A. Hufnagel inmitten seiner vielfältigen Aktionen für andere nicht als derjenige, der gewalttätig das Steuer der Entwicklung herumwerfen wollte. Als Gelehrter weiß er schließlich um das Gesetz der Phasen und Schritte geschichtlicher Prozesse. Doch ebenso vertraute er stets auf die Kraft gelöster und geduldiger Beharrlichkeit. So setzte er sich – in Fragen der Reform des Strafvollzugs über Hochschulprobleme bis zu Siedlungsplänen – persönlich ein bis zum äußersten, ging ohne Rücksicht auf eigene Belastung unermüdlich den mühsamen Weg der

direkten Kommunikation, warb bei den politischen und staatlichen Partnern in freundlichen wie sachlich konsequenten Gesprächen um humane Entscheidungen und freute sich an den im guten Klima sprießenden Erfolgen, die er sorgsam zu pflegen und weiterzuentwickeln wußte. Als Gegner jeglicher Pression, fernab von Humorlosigkeit und Fanatismus, verfügte er über die demokratische Tugend des Hörenkönnens, die Gabe weiser Unterscheidung der Geister und verstand es, im Interesse seiner ‚Klienten', die Partner der Öffentlichkeit zur freiwilligen und wirklichkeitsgerechten Lösung der Probleme zu bewegen.
Einer, der ihm zeitlebens dankbar sein wird, sagte: „Für diesen guten Mann war nie etwas zuviel; nie konnte er nein sagen, wenn es um einen Menschen ging."
Das Geheimnis des homo politicus Hufnagel ist nicht irgendeine tote Ideologie, sondern geistvolle und herzliche Liebe. Aus solcher Gesinnung hat er an der Seite des Bischofs und als stets beliebter Kollege im Domkapitel zu Rottenburg durch schwierige Jahre erfüllt, was Antoine de Saint Exupéry gefordert hat: „Man soll nie zuschauen. Man soll Zeuge sein, mittun und Verantwortung tragen. Der Mensch ohne tätige Verantwortung zählt nicht."

Weihbischof Dr. Georg Moser,
Rottenburg

Hufnagel mediaevista

Sehr verehrter lieber Herr Kollege Hufnagel!

In dem dreigestuften, den Dimensionen Ihrer menschlichen wissenschaftlichen und christlichen Existenz entsprechendem Vorwort zu der Ihnen gewidmeten wissenschaftlichen Festgabe ist es mir zugefallen, Sie als homo mediaevalis zu rühmen. Ich erfülle diese Aufgabe umso lieber, weil es leicht ist, ihr gerecht zu werden, und außerdem weil mich mit Ihnen die gemeinsame Dankbarkeit gegenüber dem großen Lehrer und Forscher Martin Grabmann und auch eine gemeinsame Erinnerung an die von einer besonderen Atmosphäre geprägte alma mater in Münster verbindet.

Sie haben nicht den Weg des akademischen Lehrers gewählt, der Ihnen offenstand, sondern den des praktischen geistlichen Helfers in den zahlreichen Nöten und Drangsalen, von denen die Menschen nach dem entsetzlichen Krieg geschüttelt und bedrückt wurden. Sie oblagen dieser immer wieder neue Gesichter annehmenden Aufgabe mit größter Einsatzbereitschaft und mit beträchtlichem Erfolg. Obwohl eine solche Tätigkeit einen Menschen völlig zu beanspruchen vermag, fanden Sie doch Zeit und Interesse, der Erforschung der mittelalterlichen Philosophie und Theologie zu dienen. Die ersten Anregungen hierzu haben Sie von Martin Grabmann empfangen. Wie dessen eigene Bemühungen bei aller unerschöpflichen Breite der geschichtlichen Probleme, denen er sich zuwandte, immer wieder um Albert den Großen und Thomas von Aquin sowie deren Schüler kreisten, so sind auch Ihre Forschungen diesen beiden wichtigsten Denkern des 13. Jahrhunderts gewidmet. In zahlreichen Büchern, Artikeln, Aufsätzen und Vorträgen haben Sie die Philosophie und die Theologie des 13. Jahrhunderts, des Jahrhunderts der hohen Blüte des Mittelalters, untersucht. Sie sind dem Denken der dieses Jahrhundert maßgebend bestimmenden beiden Großen nachgegangen und haben dabei die Voraussetzungen ihrer Arbeit im 11. und im 12. Jahrhundert, insbesondere das Denken Anselms von Canterbury, und ihre Fortwirkung über die turbulenten Auseinandersetzungen im letzten Viertel des 13. Jahrhunderts und das ganze 14. Jahrhundert hindurch, ja bis zur Gegenwart in helles Licht gesetzt. Dies ist umso bedeutsamer, weil das 13. Jahrhundert eine neue Epoche in Philosophie und Theologie einleitete. Das Neue wurde von Albert mutig begonnen und von Thomas, wenn auch nicht vollendet, so doch mit kühner Energie, scharfem Verstande und hohem Verantwortungsbewußtsein weitergeführt. Man darf es wohl als Zeichen Ihrer geistigen Eigenart verstehen, daß Sie gerade von diesen beiden genannten Denkern fasziniert wurden und sich auch in den von Thomas ausgehenden Strom der deutschen Mystik begaben.

Alle Ihre Werke sind ausgezeichnet durch Gewichtigkeit der Themen, durch Aktualität der Probleme, durch unüberbietbare Gründlichkeit, durch weitausholende geschichtliche Perspektive, durch die Klarkeit und sachliche Angemessenheit ihrer Sprache.

Von Anfang an, seit Ihrer Promotion, haben Sie sich mit fundamentalen Fragen philosophischer und theologischer Art befaßt, mit den Fragen nach der Wahrheit und nach ihrer Erkenntnis. In stets neuen Ansätzen und mit weittragenden Ergebnissen haben Sie diese Felder bebaut. Das Zusammenspiel von Abstraktion und von Intuition, von Plato, Plotin, Aristoteles und Augustinus und zwar in der Verwirklichung durch Albert den Großen und Thomas von Aquin sowie in der Interpretation und Auseinandersetzung, die uns bei deren Schülern begegnet, haben Sie geradezu spannend aufgezeigt.

Sie konnten an konkreten Problemen darstellen, wie im 13. Jahrhundert aus vielen Gründen, namentlich durch das Bekanntwerden sämtlicher Schriften des Aristoteles, durch das Vordringen neuplatonischer Theologie, durch das Weiterwirken augustinischer Denkelemente, durch das Aufstreben des Bürgertums, durch die Evangelisationsbewegung, deren Verleiblichung die sehr bald zur Wissenschaft und in die Universität vordringenden neuen Orden der Dominikaner und der Franziskaner waren, die geistige, die philosophische und auch die theologische Situation in hohem Maße verändert wurde. Die neue Zeit warf neue Fragen auf und forderte neue Lösungen. Trotz der Warnungen, ja der Kritik besorgter Freunde und Kollegen haben sich Albert und in noch höherem Maße Thomas von Aquin auf den neuen Weg gewagt.

Sie, verehrter Freund, haben dem Denken dieser beiden Männer nicht aus historischer Neugierde oder aus musealem Sammlerstreben nachgespürt, sondern in der Sorge um die rechten Lösungen in der eigenen Gegenwart. Aus Ihrem geschichtlichen Sinn erwuchs Ihnen die Überzeugung, daß für die Lösung der

Zeitaufgaben die Vergangenheit, insbesondere durch ihre großen Gestalten, Hilfen gewähren könne. Man braucht nur an Ihren Aufsatz „Wahre Erkenntnisse — Erkenntnis der Wahrheit. Gedanken zur Wahrheitsfrage im Anschluß an die Quaestiones de veritate“ zu denken. Dabei waren Sie weit von voreiligem Aktualisierungsverlangen entfernt. Es ging Ihnen vielmehr darum, die Methoden und die Einsichten aus der Vergangenheit sowie die Unterschiedlichkeit der Lösungen fruchtbar zu machen und auf dem Überlieferten weiterzubauen.
Sie gingen auch solchen Fragen nach, die nicht im Zentrum Ihres Hauptinteresses lagen, aber dennoch Kernprobleme darstellten, etwa dem Personenbegriff im Mittelalter oder der Problematik des Wortes Gottes.
Sie lebten und leben in lebendigem Austausch mit vielen Gelehrten. Die Begegnung ist ein Wesenselement Ihrer wissenschaftlichen Persönlichkeit. Dies drückt sich aus in den zahlreichen Beiträgen, welche Sie für jene Festgaben bereitstellten, durch die Ihre Freunde geehrt werden sollten. Auch solche Artikel waren nie wissenschaftliche Abfälle vom reichgedeckten Tische Ihrer Erkenntnisse, sondern Schöpfungen, welche in große Zusammenhänge hineinleuchteten. Nicht wenigen Werken anderer haben Sie durch verständnisvolle Würdigung, durch Zustimmung und wohlwollende Kritik den Weg in die Öffentlichkeit gebahnt.
Es ist verständlich, daß Sie von Herrn R. Klibansky in Montreal zur Teilnahme an dem großen Werke über die Geschichte der Philosophie vom 5. bis zum 15. Jahrhundert eingeladen wurden.
Den Höhepunkt Ihres Schaffens stellt die in diesem Jahre, da Sie Ihr 75. Lebensjahr vollenden, erschienene kritische Ausgabe des Werkes von Albertus Magnus „De unitate intellectus contra averroistas“ innerhalb der kritischen Gesamtausgabe der Werke Alberts des Großen als Band 17 dar. Diese Edition stellt an den Herausgeber ungewöhnliche Anforderungen in bezug auf die Kenntnis, die Wertung und die Auswahl der zahlreichen Handschriften, in denen das Werk überliefert ist, sowie die Vertrautheit mit den philosophischen Strömungen und Diskussionen des 13. Jahrhunderts, insbesondere mit der Aufspaltung des aristotelischen Denkens in zwei große Ströme, in jenen des sogenannten lateinischen Aristotelismus und in jenen averroistischer Orientierung, ja mit der gesamten philosophischen Überlieferung von Plato und Aristoteles an über die arabische und jüdische Philosophie vom 9. bis 12. Jahrhundert.
Es ist wohl das Beste, das Ihnen zum Geburtstag gesagt werden kann, wenn

man Ihnen sagt: Ihr Name wird immer mit den mittelalterlichen Hauptträgern der christlichen Philosophie und Theologie verbunden bleiben und in vielen dankbaren Herzen weiterleben.

Michael Schmaus

Inhalt

III.

Die moralische und politische Bedeutung der Philosophie[1])

Joseph Möller (Augsburg)

Es kann nicht darum gehen, Philosophie zu rechtfertigen. Damit zu rechtfertigen, indem man auf Moral und Politik verweist, etwa deswegen, weil die Notwendigkeit von Moral und Politik einsichtiger sei als die der Philosophie. Gewiß, Moral hat eine Bedeutung, wenn es um das menschliche Handeln geht, und die Notwendigkeit der Politik für das gesellschaftliche Handeln ist unbestritten. Aber nicht daraufhin soll Philosophie gerechtfertigt werden. Philosophie rechtfertigt sich aus sich selbst. Sie rechtfertigt sich, solange der handelnde Mensch ein denkender und sprechender ist. Denn Philosophie ist nichts anderes als die Auslegung des in der Welt lebenden sprechenden Menschen[2]. Wo immer wir das rechtfertigen, was wir sprechen, und wo immer wir über unser Handeln nachdenken, betreiben wir Philosophie.

Der Mensch ist ein philosophierendes Wesen, insofern er ein Wesen ist, das sprechen kann und dieses sein Sprechen zu reflektieren vermag. Solche Reflexion ist typisch menschlich. Die alte Bedeutung des ζῶον πολιτικόν ist eine doppelte: sprechendes Wesen zu sein und zugleich durch den Logos Reflexionsmöglichkeit auf dieses Sprechen zu haben. Sein Sprechen zu rechtfertigen, das vermag kein Tier.

Der Mensch ist aber nicht nur ein sprechendes, sondern auch ein handelndes Wesen. Ein aus Einsicht handelndes Wesen[3]. Nicht als ob jeder Einsicht das entsprechende Handeln notwendig folgte. Reden wir nicht darüber, ob der Mensch zumeist aus Einsicht oder gegen seine Einsicht handelt. Die Menschheitsgeschichte und jedes Menschenleben erbringen genug Beispiele dafür, daß Einsicht und Handeln nicht immer korrespondieren. Die Konvergenz von Rede und Handeln ist ein seltenes Geschenk. Trotzdem: das Handeln des Menschen geschieht nicht einfach blind. Der Mensch vermag das, was er tut, vorher und nachher zu überdenken. Tun soll überlegt sein. Solche Überlegung darstellen, das ist Philosophieren. Überlegung des Tuns, das ist ein einfaches menschliches Phänomen. Aber dieses Phänomen darzulegen, zu erläutern, zu interpretieren, das ist nicht leicht, weil das wahrhaft Einfache immer sehr schwer darzustellen ist.

Überlegung des Tuns und Handelns aus Einsicht, daraufhin sprechen wir von der moralischen Bedeutung der Philosophie[4]. Das Wort ist verdächtig und vieldeutig. Verdächtig, weil wir uns heute fragen, ob Moral mehr ist als eine besondere Verhaltensweise, ob Ethik mehr ist als Ethologie. Vieldeutig, weil das Moralische vielfach als etwas erschien, was sich dem Leben als Norm aufzwängt, ein lebensfremdes „Du sollst"; so konnte gerade denjenigen, die einen Sinn für das Leben hatten, die Rede vom Moralischen äußerst unmoralisch erscheinen.

Und vielleicht war in solcher „Unmoral" oft mehr Moral als in einer abstrakten Normensetzung, weil man hier das Leben, den Menschen suchte[5]. Denn der wahre Moralist bejaht das Leben. Er zerstückelt es nicht, er konstruiert keine abstrakten Normen um ihrer selbst willen, er legt das Leben aus, er macht es durchsichtig, ohne ihm den dunklen Kern zu nehmen. Denn er will nichts anderes, als daß er sich in diesem Leben zurechtfinde und diesem Leben einen Sinn abgewinne. Ein Zurechtfinden geht auf das Rechte und damit auf einen Sinn aus. Ein Woraufhin wird gesucht, das unser Handeln durchdringt, unser Handeln, das immer in die Zukunft geht und von dorther seinen Sinn gewinnt. Und so stellen wir die These auf:

1. Philosophie ist wesentlich moralisch, das heißt auf den Sinn heutigen Lebens bezogen, weil der Mensch ein praktisches, d. h. sinngerichtetes und sinngebendes Lebewesen ist. Man pflegt das Praktische vom Theoretischen zu trennen. Diese Unterscheidung hat die abendländische Philosophie mitgeprägt[6]. Das griechische Denken, in dessen „Theorie" noch etwas vom Schauen Gottes (Θεόν ὁρᾶν)[7] aufklang, ist gerade in seinen großen Philosophien nie „theoretisch" geblieben, sondern ließ Philosophie in Ethik einmünden. Philosophie versteht sich in diesem Sinn nicht als Reflexion an und für sich, sondern als Antwort auf die Sinnfrage nach dem menschlichen Leben. Platon, Aristoteles und die Stoa haben eine Lebensphilosophie versucht, die es nicht nötig hatte, sich vom Geist abzuwenden, da dieser selbst lebensbezogen, wenn nicht sogar als νόησις νοήσεως ewiges Leben war[8].

Der Eros des platonischen Denkens ging auf das Gute hin. Das aber heißt, daß der ganze Mensch als handelndes Wesen zugleich ein auf das Höchste und Letzte hin strebender war. Auch die Philosophie Augustins steht noch in diesem Rahmen, obwohl es Augustin nur zum Teil gelingt, die anthropologische Relevanz christlichen Denkens für einen heidnischen Raum sichtbar werden zu lassen. Immerhin legt sich hier die Philosophie im Rahmen einer Erfahrung aus, die als religiös-ethische auf einen Vollzug hin drängt, wenngleich das, was man „Gnade" und „Erbsünde" genannt hat, seitdem denkerisch unbewältigt im Raum steht, man denke nur an die theologischen Auseinandersetzungen der Reformation, der Jansenisten bis hin zu Teilhard de Chardin.

Der scheinbar geklärte Bezug von Theologie und Philosophie im Mittelalter ließ die Philosophie abstrakt werden. Von dieser Abstraktion hat sich die Philosophie bis zu Kant hin nie so recht erholt, auch wenn sie seit Decartes die theologischen Fesseln abstreifte, um sie dann mit Hegel wieder anzulegen. Die Frage, wer hier eigentlich zum Herrn und wer zum Knecht wurde, ist im Grunde gegenstandslos. Denn muß nicht jeder Glaube irgendwie aufgehoben werden, wenn sich der Mensch nicht in einem pseudochristlichen oder dialektisch-endlichen Pessimismus auf sich selbst versteifen soll? [9]. Gerät aber durch solche Aufhebung der Mensch nicht in die Gefahr, seiner Personalität verlustig zu gehen? Ist er aber dann nicht zugleich in seinem praktischen Handeln gefährdet?

Wir bewegen uns auf diese Weise in Aporien. Wird das Individuelle durch höhere Strukturen, letztlich durch eine umfassende Macht, aufgehoben, so entsteht tatsächlich die Frage, ob das Individuum mehr sei als ein Moment innerhalb eines allgemeinen notwendigen Weltgesetzes. Wie aber vermag sich dann der Mensch in eigentlichen Entscheidungen zu behaupten? (Schon die mittelalterliche Theologie entwickelte die Frage nach dem Bezug menschlicher Freiheit zu göttlicher Notwendigkeit.) Behauptet sich jedoch das Individuum, dann scheint es aus einem absoluten Prozeß herauszufallen, so daß dieser Prozeß nicht mehr absolut und der Gott nur noch der größte Antipode wäre, der, indem er für das Individuum sorgt, seine eigene Göttlichkeit gefährdet, da eben außer dem Gott noch ein Nicht-Gott existieren würde. Zwischen den Individuen besteht eine umfassende Kommunikation. Bestreitet man diese, so scheinen eben diese Individuen, die sich behaupten wollen, auseinanderzufallen und sich aufzulösen. Denn wie sollten sie ohne Kommunikation bestehen können, es sei denn, man setze eine Leibnizsche prästabilierte Harmonie voraus, die selbst wieder in der Ambivalenz einer Denk- und Glaubensvoraussetzung steht? [10].

Wenn dem aber so ist, was liegt dann näher, als den absoluten Geist in Frage zu stellen und zugleich auch das Individuum aufzuheben, und zwar so, daß er sich in einem menschlichen Bereich wiederfinde? Das wäre die Setzung einer rein menschlichen Kommunikationsordnung. Noch näherliegender wäre es vielleicht, alle diese Überlegungen hinter sich zu lassen und sich auf den Vollzug des konkreten Lebens zu konzentrieren. (Frei umformuliert: Dort, wo du nicht denkst, dort ist dein Glück.) Also Praxis, aber welche Praxis?

So gesehen sind entscheidende Züge der Marxschen Hegelkritik denkerisch schon vorbereitet. Denn in dem, was sowohl in dem antik-heidnischen wie im christlichen Raum als „Tugend" bezeichnet wurde, schwingt die Überzeugung mit, daß der Mensch ein praktisch handelndes Wesen ist. Das praktische Handeln bezeugt der Mensch durch sein Leben. Auch in dieser Weise kann man täuschen, sich etwas vorspiegeln und den anderen etwas vorspielen. Trotzdem ist die Täuschungsmöglichkeit im Bereich des Handelns immer noch geringer als die Verdeckungsmöglichkeit durch die Rede, in der man vieles entschieden vertreten kann, an dessen Verwirklichung man nicht einmal denkt [11]. Nicht zuletzt deshalb wurde die Motivitation zum praktischen Handeln durch einen abstrakten Tugendkatalog eher abgeschreckt als gefördert. Andererseits verbindet sich mit einem zurückhaltenden Skeptizismus von Montaigne über Pascal, Rousseau bis zu Kierkegaard und Nietzsche ein ständiger Appell zum praktischen Tun. Haben Kant und Fichte diesen praktischen Vollzug in großartiger Weise thematisiert, so wurde er durch Karl Marx zum Programm erhoben. Die Praxis wird zum Maßstab. Wobei dieses Programm eine sehr reflektierte und durchaus nicht ohne weiteres einleuchtende Theorie impliziert. Diese Theorie kann man annehmen oder ablehnen, jedenfalls fordert sie Kritik heraus.

Der Appell zum praktischen Handeln erzwingt also doch wieder eine theoretische Diskussion, wenn er nicht einfach blind vollzogen werden soll. Denn wenn die Forderung nach einer Befreiung aus Entfremdung erhoben und wenn die Freiheit des arbeitenden Menschen gegenüber versklavenden Herrschaftsansprüchen zum Ziel gesetzt wird, muß sich der denkende Mensch fragen, was es um die Entfremdung und die Freiheit des Menschen sei. Fragen muß man:

Macht die Arbeit das Wesen des Menschen aus, das ganze Wesen? Oder vermag der Mensch nur zu arbeiten, weil er frei ist, weil ihn eine innere Macht erfüllt, durch die er sein Leben — wenn auch immer nur in Grenzen — gestalten und entwerfen kann?

Jeder Appell an die Praxis und jede Rede vom wahren und falschen Bewußtsein weist zurück auf die Frage „Was ist der Mensch?". Nicht darum kann es gehen, das praktische Tun nun wieder auf eine theoretische Frage zu reduzieren. Es geht nicht um die Frage, es geht um den Maßstab. Eine Praxis, die sich nicht am ganzen Menschen orientiert, ist unmenschlich. Sie wird notwendig zur Ausführung einer Legislative, mag diese sich demokratisch, hierarchisch, monarchisch oder diktatorisch begründen. Jede legislative Gewalt ist als Selbstbegründung rein dogmatisch-autoritär, wenn sie sich nicht auf den Menschen besinnt. Dabei geht es nicht darum, irgendwelche Vorteile für diese oder jene Gruppe oder für eine bestimmte Situation zu finden. Es geht um ein Besinnen auf letzte Grundlagen. Es geht darum, die Sinnfrage menschlichen Lebens zu stellen. Maßstab muß der ganze Mensch sein. Das heißt, wir haben alle Horizonte des menschlichen Lebens zu bedenken, nicht nur Chancen und Nutzen aufzuzeigen, sondern den Menschen als freie Person ernst zu nehmen, den Menschen, der über sich selbst hinaus transzendiert, auch wenn ihm der Sinn solchen Transzendierens zeitweise oder immer verborgen bleibt[12]. Der Mensch ist als ein handelndes zugleich das transzendierende Wesen. Die Zukunft ist als das auf uns Zukommende nicht ein dunkles Fatum, sondern das Sein, mit dem wir konfrontiert werden und das uns zur Antwort und damit in Verantwortung aufruft.

Ethik ist nicht nur sichtbare Gesinnungsethik, sondern zugleich Verantwortungsethik[13]. Verantwortung des Menschen kann nur die Rettung des ganzen Menschen beinhalten. Schon die Chance der Rettung stellt sich gegen jeden Pessimismus, der keinen Ausweg mehr sieht[14]. In dem Maß, wie sich die Menschheit weiter entwickelt, in dem Maß wird auch die Chance des Menschen, sich und seine Mitmenschen zu retten, immer größer. Je mehr freilich Zivilisation und technischer Fortschritt Selbstzweck werden, um so mehr wird der Mensch durch solche Mächte, die er zu seiner Befreiung erfunden hat, gefährdet. Der nur auf technischen Fortschritt bedachte Mensch versklavt sich selbst. Dieser Mensch entfremdet sich selbst, denn er hat sein Menschsein vergessen. Um so geringer wird auch die Chance, den technischen Fortschritt in den Bereich des

Menschlichen zu integrieren. Eine solche Integration zu verlangen und nicht der Dynamik eines — völlig unbestimmten und unbestimmbaren — Fortschrittsglaubens zu verfallen, erfordert freilich Mut. Denn dazu gilt es auszusprechen, daß unter Umständen zivilisatorischer Fortschritt menschlicher Rückschritt, Grenzensetzen und Maßhalten dagegen menschlicher Fortschritt sein kann[15].

Der Mensch ist ein praktisch handelndes Wesen. In solcher Handlung ist der andere notwendig mitgegeben. Der andere als Mitmensch. Die heute oft zu hörende Behauptung, alle Ethik von der griechischen über die christliche bis zu der Ethik der beginnenden Neuzeit sei in ihrem Kern individualistisch, ist schlechthin falsch. Man kann sich im Gegenteil fragen, ob im platonisch-aristotelischen Denken wie in der christlichen Ethik des Mittelalters dem Individuum wirklich alle Chancen gegeben wurden, die der hier vertretene Personenbegriff forderte. Schon daß sich sowohl die platonisch-aristotelische wie auch die kantische Ethik vom Allgemeinen her begründet, zeigt, daß sie grundsätzlich überindividuell ist. Ja es wäre zu untersuchen, ob nicht in der mittelalterlichen Ethik der Ordobegriff wie in der kantischen Ethik der Formalismus des Sittengesetzes überstrapaziert und das konkrete Individuum zu wenig gewürdigt wird. Daß der Mensch als praktisch handelndes Wesen zugleich ein gesellschaftliches Wesen ist, das hat freilich schon Aristoteles gewußt. Nachdem nun bei Hegel das Individuum überspielt wird, nimmt bei Marx in Umkehrung der hegelschen Dialektik der Gesellschaftsprozeß fast gottmenschliche Züge an, indem der negierte Gott als neue Zukunftshoffnung des Menschen in der verabsolutierten Gesellschaft erscheint. Solche Absolutsetzung darf uns freilich nicht verführen, zu einem Individualismus zurückkehren zu wollen. Es bleibt die Tatsache, die wir durch jede phänomenologische und wissenschaftliche Analyse bestätigen können: Der Mensch ist ein gesellschaftliches Wesen. Daraus folgern wir:

2. Philosophie hat als Interpretation dieses gesellschaftlichen Wesens selbst gesellschaftliche Bedeutung[16]. Der Mensch ist kein isoliertes Subjekt. Er ist mit seinen Mitmenschen verbunden und steht in einer politischen Wirklichkeit. Damit, daß der Mensch als gesellschaftliches Wesen über sein Sein nachdenkt und seine Handlungsmöglichkeiten reflektiert, gewinnt auch diese Reflexion notwendig gesellschaftliche und politische Dimensionen. Freilich nicht in dem

Sinn, als ob sich Denken auf Gesetze der Ökonomik reduzieren ließe (jeder Strukturalismus marxistischer oder positivistischer Prägung klammert den geschichtlichen Menschen und damit das Geschehen des Menschen aus). Wohl aber so, daß gesellschaftliches und darum auch politisches Handeln etwas vom Wesen des Menschen widerspiegeln muß, wenn man wirkliche Ansprüche an den Menschen erheben will und nicht im Bereich der Taktik verbleibt. Das Wesen des Menschen geht in der politischen Dimension nicht schlechthin auf, es kann aber diese auch nie ausschließen. Es gibt kein „Wesen" des Menschen ohne diese politische Dimension.

Eine Philosophie der Gesellschaft wird nicht erst seit Marx oder seit Rousseau ausgebildet, auch nicht erst seit Thomas Morus und Campanella. Die letztgenannten setzten neue Akzente, greifen aber deutlich auf das Urbild der Utopisten, Platons „Politeia" zurück. Daneben entwickelt die Schulphilosophie, so z. B. Wolff, einen Naturbegriff als Maßstab einer philosophia civilis. In Weiterführung und Formalisierung wird hier die grundsätzliche Konvergenz von Vernunft und menschlicher Natur vertreten und zum Grundprinzip einer Staatsordnung erhoben. In der Diskussion um das Naturrecht werden diese Erörterungen bis heute weitergeführt. Die entsprechenden Folgerungen sehen sich zumeist deswegen zum Scheitern verurteilt, weil sie weder diese Natur noch ihre Verpflichtung entsprechend fassen können [17]. Interessant ist immerhin, daß auch eine politische Philosophie auf — sagen wir es einmal — metaphysische Fragen zurückgreift oder sich in Ablehnung metaphysischer Verpflichtung gezwungen sieht, einen Rechtspositivismus, der als Grundprinzip nicht bewiesen werden kann, wiederum — paradoxerweise — metaphysisch zu behaupten. Denn der Satz, daß nur das Positive rechtsverbindlichen Charakter haben kann, ist als Satz analytisch nicht zu beweisen. Er stellt auch keine Erfahrungswahrheit dar, sondern hat als anti-metaphysische Wahrheit selbst metaphysischen oder dogmatischen Charakter [18].

In der Darstellung des Bezugs von Mensch und Natur bewegt sich Marx, wie auch sonst oft, auf der Linie und zugleich in der Umkehr einer bestimmten Tradition. Die Tradition, die ich meine, ist einerseits der aristotelische Gegensatz von φύσις und τέχνη, von Natur und Kunst, von Ursprung und Gestalten, andererseits das aristotelische Verwurzeltsein der menschlichen Physis in der Polis, ein Gedanke, der in den späteren formalisierten Naturrechtslehren nur begrenzt zum Ausdruck kommt. Marx war nicht von Aristoteles beeinflußt, wenigstens nicht direkt, wohl aber von Hegel. Der Bezug des Geistes zu der belebten und unbelebten Natur wird bei Marx zum Produktionsprozeß, zum Gestalten des Menschen, der sich die entgegenstehende Natur zu eigen macht und damit zu sich selbst findet. Die Subjekt-Objekt-Spannung wird in der Naturbearbeitung zur Realität. Das Außer-sich-selbst-sein wird als Produktion zur bestimmenden menschlichen Realität, Produktion in der Bearbeitung der Natur, Selbstproduktion des Menschen im Sinne eines ständigen Neuwerdens. Im Prozeß des Aus-sich-Herausgehens findet der Mensch zu sich selbst. Und da der Mensch wesentlich Außer-sich-sein ist, so ist er wesentlich vergesellschaftet.

Theorie der Praxis wird notwendig Gesellschaftslehre. Die anthropologische Dimension der Dialektik in den „Frühschriften“ von Marx beeindruckt immer wieder. Gegenüber dem Formalismus der Schulphilosophie und dem abstrakten Sollen Kants wird hier der imponierende Versuch unternommen, die Hegelsche Dialektik anthropologisch, d. h. zugleich praktisch-gesellschaftlich zu erneuern. Nicht die Arbeit des Individuums, sondern das Werden des gesellschaftlichen Menschen und damit der Gesellschaft selbst hat den absoluten Geist abgelöst[19].

Jede Ideologiekritik bleibt diesem Ansatzpunkt gegenüber formal. Die φύσις, in ihrem unverrückbaren Recht von Aristoteles stark betont, wird hier in einem Vollzug der Aneignung der Natur selbst zur gesellschaftlichen Praxis. Das heißt, daß der Physisbegriff nicht mehr den Ursprung des Menschen anzeigt, sondern nur noch einen dynamischen Prozeß der Aneignung darstellt, damit so das Wesen des Menschen zu sich selbst finde.

Grundsätzlich ist daraufhin zu fragen, ob die gesellschaftliche Dimension menschlichen Handelns das Ganze des Menschen nicht durchdringt, sondern schlechthin prägt. Und weiterhin wäre zu fragen, ob die Natur im Grunde nichts anderes ist als das uns Entgegenstehende, das wir als gegenständliche Wesen uns zu eigen machen müssen. Denn dann bleibt wenig oder nichts mehr für den Menschen als freie Persönlichkeit, der seiner Pflichten gegenüber der Gesellschaft wohl bewußt, doch den Kern seines Menschseins, seine Individualität, nicht preisgeben will. Die Persönlichkeit wird hier noch viel stärker als bei Hegel zu einem abstrakten Individuum; der umgreifende absolute Prozeß ist zum konkreten geschichtlichen Gesellschaftsprozeß geworden. Gerade wer die Bearbeitung der Natur im Sinne einer Bestimmung menschlichen Seins ernst nimmt, muß befürchten, daß sich auf solche Weise der Mensch entfremdet wird, indem er nicht mehr zu sich selbst findet. Freilich, dieses „Selbst" steht zur Frage. Kann es wirklich restlos im gesellschaftlichen Prozeß aufgehoben werden, so daß auf diese Weise der Gegensatz von Staat und Individuum überwunden wäre? Und von einem weiteren wäre zu sprechen. Es ist die Rede von der Natur. Lassen wir einmal die spinozistische und Goethesche Sicht der Natur beiseite. Aber geht das Anschauen der Natur und die Besinnung auf unser eigenes persönliches Wesen einfach in gesellschaftlichen Bezügen auf? Zeigt sich gegenüber solchen rational konstruierten Ansprüchen nicht eine übergangene Dimension im Menschen, ich meine die ästhetisch-transzendierende Dimension, die als Anschauung der Natur und denkender Weg zum Absoluten hin den Menschen — und auch die menschliche Gesellschaft — zu einer Reflexion und auch einer eigenen Praxis aufruft? [20].

Die Frage nach dem Sinn des Lebens kann der Mensch nur beantworten, wenn er alle Bezüge des Menschseins ernst nimmt. Der Bezug von Herrschaft und Knechtschaft ist nicht die Letztbestimmung des Menschseins [21]. Der Mensch ist weder nur Herr noch nur Knecht. Die Forderung einer ständigen Veränderung des Bestehenden gewinnt nur Bedeutung im Hinblick auf ein Woraufhin. Das Jagen nach dem Fortschritt hat selbst nur im Rahmen eines sinnvollen Prozesses Sinn. Die Befreiung aus Entfremdung muß den Menschen aus seinem Drängen frei machen, zu einer letzten Freiheit hin.

Und was ist die letzte Freiheit? Auf diese Frage antworten wir:

3. Die Freiheit des Menschseins darzustellen und zu ihrer Verwirklichung beizutragen, darin ruht die moralische und politische Bedeutung der Philosophie [22].

Nachdem Kant unter dem Einfluß der Naturwissenschaft und des englischen Empirismus in der „Kritik der reinen Vernunft" den Verstand in seiner Reichweite auf die sinnlich gegebene Welt einschränkte, vollzog er in der „Kritik der praktischen Vernunft" den Durchbruch gegenüber einer nur exklusiv empirisch-kausalen Betrachtungsweise. Als Vernunftwesen ist der Mensch frei. Das bedeutet im Sinne Kants negativ: eine Unabhängigkeit der Vernunft im Hinblick auf sinnliche Antriebe, positiv: die Selbstbestimmung der Vernunft als Vermögen, für sich praktisch zu sein. Fichte hat von daher den Versuch unternommen, eine „Wissenschaftslehre" als Philosophie der Freiheit zu entwerfen. Das reine Ich entwirft sich selbst und setzt sich in dieser Position zugleich als Nicht-Ich, dessen Begrenzung es ausgesetzt ist. Das ist geistesgeschichtlich interessant. Der Versuch, den Dualismus Kants durch die Setzung der Vernunft zu überwinden und so eine Reflexionsphilosophie zu begründen, muß zugleich in diesem Versuch die Bindung als konstitutives Element der Freiheit anerkennen. Das bedeutet einmal, daß der Mensch auf die Natur angewiesen bleibt, zum anderen aber, daß der Mensch als praktisch handelnder nicht in der Natur aufgeht. Der Mensch kann nicht nur dem Triebleben, sondern auch dem Genuß- und Machtstreben Schranken setzen. Und gerade darin wird er erst eigentlich frei: in der Achtung vor dem Menschen und damit im Rahmen einer Gesellschaft. Kann man von hierher, besonders wenn man den „Geschlossenen Handelsstaat" liest, eine Linie von Fichte zu Marx hin ziehen, so hat Fichte selbst deutlich diese Linie durchbrochen: nicht nur durch seine Schrift „Von der Bestimmung des Menschen", sondern durch seine gesamte Spätphilosophie, welche die Dialektik von Freiheit und Bindung im absoluten Wesen begründet, das selbst Liebe ist und unser Leben durchdringt[23]. Das bedeutet: Eine Philosophie der Freiheit, welche selbst diese Freiheit nachvollzieht, — reflektierend und appellierend — kann auf die Frage nach der reinen Freiheit und reinen Spontaneität nicht verzichten. (Der Verzicht hierauf — das zeigt die Philosophie Sartres am Ende der Neuzeit — führt nicht nur zur Aufhebung von Gut und Böse, sondern zum Verzicht auf eine vernunftgemäße Freiheit: Der Mensch wird sich selbst absurd)[24].

Wie sehr Fichte von der moralischen und gesellschaftlichen Bedeutung der Philosophie durchdrungen ist, braucht nicht ausgeführt zu werden. Fichtes ganzes Philosophieren ist ein ethisches, und es wird gerade durch die Reflexion der Freiheitsproblematik zu einem gesellschaftlich-sozialethischen. Interessant ist, daß der Denker, dem man Atheismus vorgeworfen hatte, sich in der Begründung seiner sozialethischen Forderungen auf ein johanneisches Christentum beruft und damit die transzendent-religiöse Komponente menschlichen Freiheitsstrebens als Begründung bestätigt wissen will.

Es ist wohl mehr als ein Zufall, daß um dieselbe Zeit Schelling einige Jahre später (1809) nach dem Versuch, der von Fichte vernachlässigten Natur wieder ihr Recht werden zu lassen, gerade in der Schrift „Über das Wesen der menschlichen Freiheit" eine Wende zum Menschen hin vollzieht. Schon daß die Schrift unter dem starken Einfluß von Böhmes Werk entstand, zeigt, wie sich auch im Freiheitsproblem zugleich auch die Frage nach Gott meldet. In dieser Schrift, die in echt romantischem Sinn auch die Frage nach dem Bösen ausführlichst erörtert, steht der Satz: „Nur der Mensch ist in Gott, und eben durch dieses In-Gott-Sein der Freiheit fähig“ (VII. 411). Mit diesen Erörterungen eröffnet sich bei Schelling eine Philosophie, die in ihrem Bemühen, vom Freiheitsproblem her der Geschichte und dem Christentum gerecht zu werden, noch bis heute einer entsprechenden Würdigung harrt[25].

Die Kritik des Idealismus wurde sowohl bei Marx als auch bei Kierkegaard und Nietzsche zu einer Kritik dieser Letztbegründung der Freiheit. (Interessant, daß Schelling selbst schon seine Freiheitsschrift als Kritik an einem abstrakten Idealismus auffaßt, aber gerade dessen Begründung der Freiheit beibehält.) Die Marxsche Philosophie wird zu einem Appell, Freiheit durch Praxis zu betätigen, um den Menschen aus seiner religiösen wie philosophischen Entfremdung zu befreien. Die Freiheit des Menschen wird zum Inbegriff einer neuen Gesellschaft, welche durch Revolution ein Klassendenken und die Herrschaft einer Klasse überwunden hat. Diese Freiheit wird nur im Kampf, im Kampf der Interessen von Unterdrückten gegen die Interessen einer Klasse. Die Interessen der Unterdrückten werden damit zur Wahrheit, die sich ihren Weg bahnen und sich als menschliche Freiheit vollenden muß. Freiheit wird zur Zielvorstellung im Kampf um Interessen. Der Mensch als freie Persönlichkeit ist abgelöst durch die Interessen einer Klasse. Die absolute Freiheit lebt als Konstitutivum einer zukünftigen Gesellschaft weiter. Die Zukunft der menschlichen Gesellschaft hat den alten Gott abgelöst, der keine Zukunft mehr hat. Bedeutung der Philosophie: Wir sind damit in eine Thematik geworfen, die auch für uns moralische und politische Bedeutung hat. Ist der Mensch tatsächlich nur noch ein Konglomerat verschiedener Interessen? Ist alles an menschlicher Handlung erklärt, wenn man in ihr ein bestimmtes Interesse herauskristallisieren oder in sie hineinmanövrieren kann? Daß schöne Reden und ethische wie religiöse Phraseologien ganz massive Herrschaftsinteressen verdecken können und tatsächlich oft verdecken, das ist nicht zu bestreiten. Gerade deswegen müssen wir heute ethische und religiöse Wendungen einer aufgebrauchten Sprache psychologisch und gesellschaftskritisch untersuchen — um der echten Freiheit der menschlichen Persönlichkeit willen. Wem der religiös-ethische Bereich noch etwas gibt, der wird sich um eine Sprache bemühen, die dem heutigen Denken und Erleben zu entsprechen vermag und die Interessen klarstellt, sie aber zugleich überbietet. Denn das ist die Frage: Geht der Mensch in privaten oder in Klasseninteressen auf? Wir wissen, daß heute die Rede von diesen Interessen vielfach eine Zauberformel darstellt, mit der man so ziemlich alles erklären kann. (In dieser Sicht konnte Jesus nur Revolutionär sein, denn ein anderes Letztinteresse konnte er gar nicht haben)[26]. Oder ist der Mensch trotz aller Interessenbildung eine freie Persönlichkeit mit dem Ziel, sich als freie gesellschaftliche Persönlichkeit zu entfalten und sich dem Staatszwang durch eine Anerkennung einer freien Bindung — nicht durch anarchische Willkür — zu widersetzen? Dann freilich wäre das Zukunftsbild einer totalitären Gesellschaft nicht Vollendung, sondern Destruktion echter Freiheit.

Wir können heute nicht bei diesen theoretischen Feststellungen stehen bleiben. Die Freiheit des Menschen ist im höchsten Maß gefährdet. Nicht nur durch die viel zitierte Technokratie, nicht nur durch einen ins Absurde wachsenden Verwaltungsapparat, nicht nur durch Biologen, die den „sachlichen", den genprogrammierten Zukunftsmenschen züchten wollen. Die Freiheit des Menschen ist in unserer Zeit und unserer Welt vor allem gefährdet durch den Menschen selbst, der seine Freiheit nicht gebrauchen kann, der ihren Sinn nicht mehr einsieht und darum diese Freiheit in unsinniger Weise gegen sich selbst praktiziert. Eine solche Praxis, Gebrauch der Freiheit gegen die Freiheit, geschieht nicht nur im Krieg, nicht nur bei Verbrechen, sondern auch in einem politischen Handeln, das die Gefährdung der Freiheit nicht mehr sieht oder nicht wahrhaben will. Menschliche Freiheit impliziert immer Bindung. Wenn sich menschliche Freiheit absolut setzt, wird sie zur Willkür. Denn der Mensch, der einfach das tut, was er will, braucht auch den Mitmenschen nicht mehr zu respektieren. Die menschliche Freiheit kann sich auch als gesellschaftliche Freiheit nur bewahren, wenn sie sorgfältig auf die Grenzen achtet, die sie nicht überschreiten darf, ohne sich selbst zu gefährden[27]. Auf diese Gefährdung wird seit Jahren hingewiesen. Wobei man wissen muß, daß solche Hinweise, die ständige Rede vom Maßhalten u. ä. ebenso wenig Erfolg haben wie die Rede von Tugenden, die der Mensch gar nicht oder nicht mehr verwirklichen will.

Hier muß freilich gesagt werden, daß der freiheitlich-demokratische Staat es kaum verstanden hat, Menschen, insbesondere junge Menschen für die Freiheit zu begeistern. Vielmehr wird der Mensch, der sich diese freiheitliche Ordnung gab, weithin mit dieser Ordnung nicht mehr fertig. Er vermag nicht mehr zurückzustecken und gefährdet damit diese Ordnung. Der Mensch, der sich eine freiheitliche Demokratie schuf, steht in der ungeheueren Gefahr, keine Zukunft

mehr zu sehen und darum keine Zukunft mehr zu haben. Dagegen will der Marxismus — in allen seinen Schattierungen — eine neue Gesellschaftsordnung, die den Gegensatz von Individuum und Staat in einer neuen Gesellschaft versöhnt. Eine neue Gesellschaftsordnung ist immer ein Fascinosum, namentlich in einer Zeit, da das Alte schal geworden ist und kaum mehr zu begeistern vermag. Durch Apologien wurden weder Staaten gerettet noch Kirchen erneuert.
Trotz alledem hat der Mensch noch Zukunft, weil er frei ist[28]. Er muß jedoch an seiner Freiheit arbeiten, anstatt Phraseologien zu verfallen, die ihn nur versklaven werden. Die Rede, die wir sprechen, muß eine Rede an den Menschen sein, der sich wieder neu zu Bindung, zu Verantwortung entschließen muß, bevor ihn der Zwang einer neuen Gesellschaftsordnung vor Realitäten stellt, die er nicht mehr ändern kann.

Wir haben als Philosophen nicht die Aufgabe, die Sprache einer vergangenen Zeit zu konservieren und zu tradieren. Sprache wandelt sich, wie Geschichte sich ständig wandelt. Wenn Philosophie Auslegung des sprechenden Menschen ist, dann kann sie heute nichts anderes tun, als die Phänomene unserer Zeit in unserer Sprache, das aber heißt, in unseren Sprachen auszudrücken und das Gemeinsame aufzuzeigen. Versteht sich Philosophie so, dann braucht sie die Hoffnung nicht aufzugeben, denn auch heute noch weist der Mensch, der sich jeweils in seinem Denken und Handeln selbst überschreitet, in eine Zukunft hinein. Wir können Momente dieser neuen Zukunft nur ahnen, wir können sie nicht deduzieren. Die Aufgaben der Kommunikation von Mensch zu Mensch werden immer bedrängender werden. Der Mensch, der sich selbst durch eine einseitige Leistungswelt, abstrakte Theorien, eine übersteigerte Technik, aber auch durch ein Festhalten an überholten religiösen Formeln entfremdet hat, muß wieder sein Leben zu gewinnen suchen. Durch Stagnation und Resignation kann Freiheit nicht werden, auf diese Weise kann sie nur vergehen. Wir müssen täglich neu zu uns selbst finden, um der Aufgabe gerecht zu werden, zu der wir berufen sind. Aufgaben meine ich, in diesem und jenem Bereich, aber vor allem die Aufgabe, unser ganzes Menschsein zu leben. In einer Zeit, da Fortschrittsideologien auf dem Boden düsterer Zukunftsprognosen wuchern, kann man es immer noch wagen auszusprechen, daß Menschsein in gebundener Freiheit Zukunft hat. In welchem Maß der Mensch sich diese Hoffnung zerstört, in welchem Maß er aus solcher Hoffnung neu lebt, das kann freilich nur eben diese Zukunft lehren.

1 Es handelt sich um einen Vortrag, der in verschiedenen Rundfunksendungen und am 22. 10. 1973 in Augsburg gehalten wurde. Die Form der Rede wurde beibehalten und durch Anmerkungen ergänzt. — Auch abgesehen von den „klassischen" Texten (Platon Aristoteles, Augustin, Thomas von Aquin, Hobbes, Spinoza, Locke, Montesquieu, Rousseau, Fichte, Hegel, Marx, Nietzsche, M. Weber, Jaspers) ist die Literatur zu dem behandelten Thema uferlos. Aus den jüngsten Veröffentlichungen, die Literaturhinweise geben, seien genannt: *Handlexikon zur Politikwissenschaft,* 2. Aufl., München 1972; *Handbuch philosophischer Grundbegriffe,* München 1973; G. *Kress* u. D. *Senghaas* (Hg), *Politikwissenschaft, eine Einführung in ihre Probleme,* Frankfurt a. M. 1972; F. *Linares, Der Philosoph und die Politik,* Meisenheim a. Glan 1972; M. *Riedel* (Hg), *Rehabilitierung der praktischen Philosophie,* Freiburg i. Brsg. 1972; B. *Russel, Moral und Politik,* München 1972; aus den Sammelbänden verdienen weiterhin Beachtung: H. D. *Wendland* u. Th. *Strohm* (Hg), *Politik und Ethik,* Darmstadt 1968; Th. W. *Adorno* u. a., *Der Positivismusstreit in der deutschen Soziologie,* Neuwied—Berlin 1969.

2 Auslegung des in der Welt lebenden Menschen, das ist auch Aufgabe der Wissenschaften und der Dichtung, ja in einem weiteren Sinn der Kunst überhaupt. Und Auslegung geschieht schließlich in jedem Sprechen, sofern es interpretiert. Das Eigentümliche der Philosophie liegt darin, die hier angedeuteten Differenzen selbst auf einen Horizont hin „auszulegen", zum anderen die Sprache im Hinblick auf den sprechenden Menschen und seine Möglichkeiten zu reflektieren.

3 Während in der klassischen Definition des *animal rationale* das Handeln des Menschen zurücktritt, wird etwa bei Gehlen die spezifische Handlungs- und Verhaltensmöglichkeit des Menschen zu wenig reflektiert. Ähnliches wäre von den soziologischen Handlungs- und biologischen Verhaltenstheorien zu sagen, sofern sie zugleich umfassende, d. h. philosophische Ansprüche stellen.

4 Diese Bedeutung ist also selbst dialektisch. Denn einmal geht es um die Erkenntnis und Reflexion der Prinzipien sittlichen Handelns. Zum anderen jedoch sollen diese Prinzipien in Verantwortung vertreten und gelebt werden.

5 Es kann sich nicht nur darum handeln, Pascal und Nietzsche der Schulphilosophie verschiedenster Richtung gegenüberzustellen. Das Problem liegt tiefer. Moral ist letztlich nicht ein „Du sollst", sondern wahrer Lebensdienst. Lebensfreude und Moral dürfen also keine Gegensätze darstellen, wenn man den Inhalt der Worte nicht verkürzen will.

6 Vgl. *Aristoteles, De an.* III 10 und *Nik. Eth.* X 7. Der Wandel der Wortbedeutung des Wortes „Theorie" entspricht im wesentlichen der Auflösung der Theo-ontologie des Aristoteles in eine Ontologie, die dann selbst nur noch (so im 14. Jahrhundert und in der Schulphilosophie des 17. u. 18. Jahrhunderts) vorwiegend logisch gedeutet wird. Die Unterscheidung zwischen „theoretischen" and angewandten Wissenschaften findet sich wahrscheinlich zum ersten Mal bei Al Farabi. Eine Abwertung der „Theorie" ins Abstrakte vollzieht Johannes von Salisbury; die Begründung durch die Induktion setzt — von den Ockhamisten vorbereitet — mit Francis Bacon ein. Doch läßt sich die Bedeutung von θεωρία im Sinne eines (nicht religiösen) beobachtenden Forschens schon bei Thales, Demokrit, Anaxagoras

und im Peripatos nachweisen. Einen begriffsgeschichtlichen Überblick gibt N. *Lobkowicz, Theory and practice,* London 1967.

7 Vgl. dazu Pauly-Wissowa 2, V, 2, 2228—2233. Der Theoriebegriff steht bei Aristoteles (Met. I) in der Ambivalenz der Metaphysik (Ausrichtung auf das Seiende als solches und auf das Göttliche), vgl. J. *Ritter, Die Lehre vom Ursprung und Sinn der Theorie bei Aristoteles,* in: Metaphysik und Politik, Frankfurt a. M. 1969, S. 9—32. Dagegen ist der Theoriebegriff Platons als Schau des Guten zugleich religiös bestimmt, das gilt auch für die neuplatonische Tradition, zum Teil auch für Aristoteles.

8 Aristoteles Met. 1072 b.

9 Es handelt sich nicht um eine Aufhebung des Glaubens in ein subjektives Wissen (die These vom „Rationalismus" der Hegelschen Philosophie stellt ein sich ständig wiederholendes Mißverständnis dar), sondern um die Aufhebung des Glaubens in ein Schauen Gottes und letztlich in das Sich-selbst-begreifen Gottes hinein.

10 Jede philosophische Anthropologie impliziert also notwendig das Identität-Differenz-Problem, d. h. sie ist aus sich heraus dialektisch. Das gilt nicht erst für die Hegelsche Philosophie und antihegelsche Auseinandersetzung (Marx, Stirner, Kierkegaard, Nietzsche, Scheler, Heidegger, Adorno), sondern schon für den Platonischen Seelenbegriff, die aristotelische Metaphysik und das mittelalterliche Leib-Seele-Problem.

11 Die Differenzierung menschlichen Seins ermöglicht ein Sich-verborgen-sein gegenüber sich selbst und Sich-verbergen-können gegenüber anderen. Das hat Sokrates schon gesehen, indem er durch eine „Ironie" den Schein durchbrechen will. Das Bemühen, die Wahrheit der Differenzierung sichtbar zu machen, kennzeichnet die romantische Ironie und die Kierkegaards. Heideggers „Man" zeigt eine zentrale existentiale Struktur auf, doch gelingt es Heidegger nicht, die ethisch-praktische Relevanz dieser Struktur sichtbar werden zu lassen.

12 Heidegger, Jaspers, Sartre sprechen ausdrücklich von einer Transzendenz. Aber auch in der „Weltoffenheit" der philosophischen Anthropologie der letzten Jahrzehnte ist Transzendenz impliziert. Es ist jedoch nach dem Horizont dieser Transzendenz zu fragen. Vgl. dazu: J. *Möller, Von Bewußtsein zu Sein,* Mainz 1962.

13 Ethik kann sich weder in Darstellung von Normen noch in der Flucht in das „subjektive" Gewissen erschöpfen. Sie muß selbst als sich verantwortende Ethik dialogisch sein, d. h. den Dialog einer Antwort zu „Normen" wiedergeben, wobei dieser Dialog — reflektiert — die „Normen" auf ihren Grund hin bedenken muß. Es ist die Frage, ob gelebtes Ethos etwas anderes sein kann als die Realisierung des Gott-Mensch-Seins (wobei wir nicht ausschließlich an eine theologische Ethik mit der Begründung von der Inkarnation her denken). Eine solche Sicht steht zunächst in der Ambivalenz von Hegel und Feuerbach, diese wäre durch eine Reflexion auf den Sinn von Transzendenz zu durchbrechen.

14 Das Thema „Rettung" ist weder exklusiv von der modernen Technologie noch von der Psychotherapie her zu erörtern. Es stellt ein zentrales anthropologisches Anliegen dar, das in seinen Möglichkeiten vom Alten Testament an über die christliche Theologie bis zu Nietzsche und dem Neomarxismus hin behandelt wird.

15 Zum Themenkreis „Entfremdung“ und „Fortschritt“ vgl. die entsprechenden Artikel in: Handbuch philosophischer Begriffe, Bd. 2, München 1973, dort auch Literaturangaben.

16 Das gilt nicht nur für Marx und den Neomarxismus, sondern auch für das platonische, aristotelische und hegelsche Denken. Es erübrigt sich, Namen wie Thomas Morus, Rousseau, Fichte und die Philosophen der Romantik zu nennen.

17 Vgl. dazu J. *Ritter, Metaphysik und Politik,* Frankfurt a. M. 1969, besonders S. 143 f., 148, 174 ff.

18 Das ist freilich nur ein Phänomen im Rahmen der offenkundigen — heute vielfach vergessenen oder überspielten — metaphysischen Implikationen, die unser Leben nach wie vor bestimmen.

19 Als besonders eindrucksvoll seien die Ausführungen in der „Kritik der Hegelschen Rechtsphilosophie“ sowie die Abschnitte „Die entfremdete Arbeit“ und die „Kritik der Hegelschen Dialektik und Philosophie“ in den Ökonomisch-philosophischen Manuskripten genannt.

20 Wenn der Mensch als Individuum nicht schlechthin in der Gesellschaft aufzuheben ist, wenn sich vielmehr der Mensch in seiner individuell-sozialen Spannung verstehen muß, dann können weder der ästhetische noch der religiöse Bereich nur von der Struktur der Gesellschaft her erklärt werden. Das bedeutet nicht, daß diesen Bereichen keine gesellschaftliche Relevanz zukäme, wohl aber, daß das Politische vom Gesamtmenschlichen her zu würdigen ist, nicht aber umgekehrt.

21 Weltgestaltung, Umweltbezogenheit, Individualität, Kommunikation und Transzendenz sind apriorische Grundstrukturen, die im Menschen den Bestimmungen von Herrschaft und Knechtschaft vorausgehen und diese erst ermöglichen.

22 Daß Philosophie Darstellung der Freiheit ist, wird nicht nur vom deutschen Idealismus, vom späten Schelling, sondern auch von Heidegger, Jaspers und Sartre zugegeben. „Freiheit“ steht selbst in der Ambivalenz bzw. der Doppeldeutigkeit einer nur endlichen oder transzendierenden Freiheit. Demgegenüber wird vom Positivismus und der analytischen Philosophie diese anthropologisch-ontologische Dimension nicht erreicht, so daß darin Philosophie von vornherein rationalistisch verkürzt wird.

23 Verwiesen sei vor allem auf die „Anweisung zum seligen Leben“.

24 Das Absurde scheint aus dem menschlichen Bereich nicht schlechthin eliminierbar zu sein. Man mag eine Linie ziehen von dem negativen Moment innerhalb der platonischen παρουσία und der *analogia entis* bis zu Pascal und Hamann. Nach der Aufhebung des Widerspruchs im absoluten Geist bei Hegel betont Kierkegaard die Absurdität des Glaubens an eine Menschwerdung Gottes, die dann bei Sartre und Camus auf den Menschen selbst zurückgenommen wird.

25 Vgl. dazu W. *Schulz, Die Vollendung des deutschen Idealismus in der Spätphilosophie Schellings,* Stuttgart 1955; W. *Kasper, Das Absolute in der Geschichte,* Mainz 1965, K. *Hemmerle, Gott und das Denken nach Schellings Spätphilosophie,* Freiburg i. Brsg. 1968.

26 J. *Habermas* hat in der Schrift *Erkenntnis und Interesse* (Frankfurt 1968) auf die soziologisch-philosophische Bedeutung dieses Wortes aufmerksam gemacht. Interesse besagt ein

lebendiges und bewußtes Ausgerichtetsein an bestimmten Personen, Gegenständen oder Bereichen. Das Wort ist als solches neutral, kann jedoch dazu dienen, ein illegitimes Besitzstreben auszudrücken oder zu verdecken. Interesse ist nicht notwendig Herrschaftsinteresse, wenn auch „geistige" Interessen vom Willen zur Macht bestimmt sein können. Jede Interessenstruktur ist aber überbietbar durch ein zu forderndes „Gesamtinteresse" am Menschen in all seinen Bezügen. Aufhellung von Herrschaftsinteressen kann befreien, Reduktion auf Herrschaftsinteressen als anthropologische Gesamtformel verzeichnet das Sein des Menschen. Das Jesusbild von Bruno Bauer über K. Kautsky bis zu M. Machovec ist dafür (von allen theologischen Streitfragen abgesehen) ein typisches Beispiel.

27 Diese Grenzen sind durch das Humanum in seiner Totalität, die notwendig Bindung impliziert, vorgegeben. Im Selbstverständnis des Menschen als Freiheitswesen sind die Grundzüge der moralisch-politischen Bedeutung der Philosophie enthalten. Diese müssen entfaltet werden. Und diese Entfaltung muß selbst wieder die Grundzüge verschiedener gesellschaftlicher Strukturen herausarbeiten. Die gesellschaftliche Bedeutung der Philosophie beschränkt sich keineswegs auf die Analyse der Freiheit, so zentral diese sein mag. Das Theorie-Praxis-Problem wurde bereits erwähnt. Es kann nicht ausschließlich von Marx her interpretiert werden, sondern bringt selbst die Frage ein, in welchem Maß die Philosophie in ihrem Denken über Geschichte zugleich Handlungszusammenhänge voraussetzt und sie wiederum im Hinblick auf letzte Horizonte reflektiert. So können etwa das Problem der Verbürgerlichung des Lebens sowie Aufgaben und Grenzen einer Sozialisierung nur im Blick auf ein Humanum und dessen Interpretation behandelt werden. Themen wie die des Konservatismus und der Revolution enthalten entscheidende anthropologisch-ethische Fragen. Hierbei wäre die Philosophie selbst von Ideologien abzuheben, deren Dogmatismus die Philosophie selbst verdächtig macht und sie auf den positivistisch-analytischen Bereich einzuengen droht. Von daher ist die Abbaumöglichkeit von Vorurteilen zu erörtern. Nicht zuletzt läßt das umstrittene Thema der Utopie Grundstrukturen einer Geschichtsphilosophie sichtbar werden. Bei all diesen Problemen ist selbst wieder die ethisch-gesellschaftliche Relevanz herauszuarbeiten.

28 Die Ambivalenz der Zukunft besteht darin, daß sie als Zeit auf den Menschen zukommt und damit die Gegenwart bestimmt und zugleich vom Menschen gestaltet wird. Zukunft „hat" der Mensch nicht nur, weil er Zukunft gestalten kann. Zukunft hat der Mensch, weil er in seiner Zeitlichkeit sich notwendig auf Zukunft ausrichtet, deren Gestaltung ihm aufgegeben ist. Dieses Sichausrichten auf Zukunft (und nicht nur auf Umweltbewältigung) ist selbst Freiheit. Menschliche Freiheit und Zukunft bedingen einander als bedingte Freiheit in Geschichtlichkeit. Gegenüber einer Haltung der Resignation gibt die Freiheit dem Menschen stets neue Chancen. Welcher letzte Horizont sich sowohl in der Freiheit als auch in der Zukunft verbirgt, ist eine Frage der transzendierenden Selbsterhellung menschlichen Seins.

Elemente zu einer Theologie der Gemeinde

Walter Kasper (Tübingen)

I. Problemanalyse

Das Thema „Gemeinde" steht heute im Mittelpunkt der nachkonziliaren pastoralen Diskussion und Erneuerung. Lange Zeit galt von Gemeinde zu sprechen als Ausdruck eines typisch protestantischen Kirchenverständnisses. Der rechtliche Begriff der Pfarrei schien der katholischen Lehre von der Kirche besser zu entsprechen. Erst in der pastoralen, liturgischen und biblischen Erneuerungsbewegung der 20-er und 30-er Jahre entdeckte man wieder die theologische Wirklichkeit der Pfarrei als Selbstdarstellung und Selbstverwirklichung der Kirche. Man sprach vom Pfarrprinzip, von der Pfarrei als dem Boden und Rahmen allen christlichen Lebens und aller Seelsorge[1]. In der gegenwärtigen Diskussion ist jedoch nicht mehr so sehr von der Pfarrei als von der Gemeinde die Rede[2]. Im Unterschied zur Pfarrei steht bei der Gemeinde nicht der institutionelle Aspekt sondern die ereignishafte, charismatische Seite der Kirche, das Ereignis des Sich-Versammelns im Vordergrund. Im Unterschied zur territorial umschriebenen Pfarrei sucht man nach personal und funktional strukturierten Gemeinden, in denen der einzelne Christ inmitten einer immer anonymer werdenden Gesellschaft ein Zuhause erfahren soll. So werden vielfältige neue Gemeindemodelle, die von der als starr und unlebendig empfundenen Gestalt der herkömmlichen Pfarrei abweichen, diskutiert und experimentiert.

Geradezu babylonische Sprachverwirrung und vielerlei Mißverständnisse können bei solchen Problemverlagerungen nicht ausbleiben. Die erste theologische Aufgabe muß darum sein, das Problem einigermaßen zu entwirren. Klarheit der Begriffe, das hat A. Hufnagel, dem diese Zeilen in Verehrung und Dankbarkeit gewidmet sind, mehr als einmal dargetan, ist ein erster Schritt zur Lösung eines Problems. Dabei beschränken wir uns auf die systematisch-theologischen Aspekte des Problems.

Bei der Gemeindeproblematik handelt es sich um ein Syndrom von gleich drei verschiedenen Problemkomplexen:
Das *erste Problemfeld* ist charakterisiert durch das Thema „Universalkirche und Ortskirche". Bekanntlich bedeutet *ekklesia* im Neuen Testament sowohl die Universalkirche wie die Ortskirche; die Ortskirche ist die konkrete Realisation und Repräsentation der Kirche insgesamt, sie ist dies aber nicht als isolierte einzelne Ortskirche, sondern nur in lebendiger *koinonía* mit allen anderen Ortskirchen [3]. Die Einheit der Gesamtkirche wurde deshalb im ersten Jahrtausend als *communio*-Einheit verstanden. Dieses Modell wurde im zweiten Jahrtausend, seit der gregorianischen Reform im 11. Jahrhundert immer mehr abgelöst zu Gunsten einer zentralistischen Einheitsvorstellung, für die die Ortskirche mehr oder weniger zu Verwaltungsdistrikten und Filialen der *Ecclesia Romana* wurden. In an sich berechtigter Opposition gegen das germanische Eigenkirchenwesen schuf man ein „Romkirchenwesen". Man darf bei der Beurteilung dieser Entwicklung freilich nicht übersehen, daß sie sich unter dem Motto der *libertas ecclesiae* vollzogen hat; dieses Motiv der Freiheit und Unabhängigkeit der Kirche von absolutistischen landesherrlichen Ansprüchen weltlicher Staaten spielte im 18./19. Jahrhundert bei der Durchsetzung des Dogmas vom Universalprimat des Papstes, das die Krönung und die Zusammenfassung der gesamten Entwicklung des 2. Jahrtausends darstellt [4], nochmals eine entscheidende Rolle. Heute dagegen spielt der Gesichtspunkt der Freiheit in umgekehrter Richtung wieder eine Rolle, wenn es um die Betonung und Durchsetzung eines legitimen Pluralismus von einzelnen Ortskirchen innerhalb der einen Kirche geht. Man hat festgestellt, daß eine Gesamtkirche ohne lebendige und relativ eigenständige Ortskirche ist wie ein großes Dach, unter dem sich nichts befindet. Das II. Vatikanische Konzil hat einen Anfang gemacht zu einer Neubewertung der Ortskirche, und es hat damit die Weichen gestellt für die Geschichte der Kirche im 3. Jahrtausend, wo es um eine neue Verhältnisbestimmung von Ortskirche und Universalkirche geht, gleichsam um eine Synthese der Erfahrungen des 1. und 2. Jahrtausends.
Als Ortskirche bezeichnet das Konzil freilich immer die Diözesankirche. Nur sie hat durch das Bischofsamt gleichsam alle Mittel zur Verfügung für eine relativ autonome und autarke Existenz. Sie allein kann also im eigentlichen Sinn des Wortes als Kirche am Ort und als Teilkirche bezeichnet werden (vgl. Kirchenkonstitution, 26). Die Theologie des Priesteramtes und entsprechend der

Pfarrei kommt in den Konzilstexten zu kurz. An dieser Stelle setzte die nachkonziliare Diskussion ein. Die Frage ist, ob und inwiefern sich die neutestamentlichen, patristischen und konziliaren Aussagen über die Ortskirche auch auf die Ortsgemeinde anwenden lassen. Die Kirchenkonstitution „Lumen gentium“ macht unter der Nummer 28 dazu einige Andeutungen (vgl. Liturgiekonstitution, 42). Hier wird die Ortsgemeinde (*communitas localis,* also nicht wie es sonst heißt die *ecclesia localis* oder *particularis)* als Verwirklichung der Kirche, ja einfachhin als Kirche Gottes bezeichnet, wobei freilich zugleich gesagt wird, der Priester als Vorsteher dieser Ortsgemeinde mache gewissermaßen den Bischof gegenwärtig. Man hat also den Eindruck, daß die Vergegenwärtigung der Universalkirche in der Ortsgemeinde nur möglich ist vermittelst der Vergegenwärtigung der im Sinn der Diözesankirche verstandenen Ortskirche. Zweifellos ist diese Ausdrucksweise höchst unbeholfen; sie ist in dieser Unbeholfenheit jedoch nur ein Ausdruck mehr des noch nicht voll gelösten Problems der Verhältnisbestimmung vom bischöflichen und priesterlichen Amt. So viel scheint jedoch deutlich zu sein: Gemeinde „gibt“ es nur in *koinonía* mit anderen Gemeinden sowie in Einbettung in die jeweilige Diözese. Nur durch die Gemeinschaft mit dem Bischof steht die Gemeinde in Gemeinschaft mit der Kirche. In einer Theologie der Gemeinde steht also auch die Frage der bischöflichen Verfassung der Kirche zur Debatte.

Das *zweite Problemfeld* ist charakterisiert durch die Stichworte „Volkskirche“ und „Gemeindekirche“, wobei statt von „Gemeindekirche“ oft auch von „Freiwilligkeitskirche“ gesprochen wird[5]. Das mit diesen Stichworten angezeigte Problem ergibt sich nicht so sehr aus der immanenten kirchengeschichtlichen Entwicklung, als aus der Entwicklung der gesamtgesellschaftlichen Situation. Unter der „Volkskirche“ versteht man gewöhnlich die Tatsache, daß sich die Mitgliedschaft in der Kirche und die Zugehörigkeit zu einem Volk bzw. zu einer bestimmten Gesellschaft und Kultur praktisch decken. Die Volkskirche ist also eine Nachwuchskirche; man wird mehr in sie hineingeboren, als daß man sich persönlich für sie entscheidet. Das System der Volkskirche entstand auf Grund ganz bestimmter geschichtlicher Konstellationen, durch das, was man schlagwortartig verkürzt die konstantinische Wende nennt. Die damals vollzogene Synthese von *ekklesía* und *imperium,* Antike und Christentum, Kirche und Kultur, Thron und Altar (wie man allerdings erst viel später sagte) war freilich immer ein gespanntes Verhältnis. Man denke nur an die mittelalterlichen Auseinandersetzungen zwischen Papst und Kaiser, hinter denen verschiedene Konzeptionen des „Reiches" lagen. Diese Synthese trug von Anfang an den Keim ihrer Auflösung in sich. Die neuzeitliche Säkularisierung ist in gewisser Hinsicht *auch* eine Fernwirkung der Idee von der *libertas ecclesiae*, die im 11. Jahrhundert aufbrach. Seither versucht man das Weltliche weltlich und das Kirchliche kirchlich zu betrachten. Auf diesem Hintergrund steht die lutherische Zwei-Reiche-Lehre und die freikirchliche Bewegung innerhalb des Protestantismus, welche auf die Aufklärungstheologie und die liberale Theologie einen nachhaltigen Einfluß ausübte. So kam es zu einem Verständnis der Kirche als Gemeinde, das heißt als freier Zusammenschluß einzelner Christen [6].

Die Idee der Freiwilligkeits- bzw. der Gemeindekirche, die gleichsam „von unten" entsteht, gewinnt heute, da wir offensichtlich am Ende des konstantinischen Zeitalters stehen, zunehmend an Boden auch innerhalb der katholischen Kirche. Es geht dabei um eine neue Verhältnisbestimmung von Kirche und Gesellschaft in einer nachabendländischen Epoche der Kirchengeschichte. Dazu kommt, daß die moderne Gesellschaft mobiler geworden ist. Der private Lebensbereich, der Bereich von Beruf und Arbeit und der Freizeitbereich treten immer mehr auseinander. Die dem volkskirchlichen System entsprechende territoriale Gliederung der Kirche in feste Pfarrbezirke, denen jeder auf einem bestimmten Gebiet lebende Katholik „automatisch" angehört, wird nach Meinung vieler Pastoralsoziologen dieser Situation nicht mehr voll gerecht. Deshalb suchen sie das territoriale Prinzip durch vom Freiwilligkeitsprinzip geprägte Personalgemeinden zwar nicht zu ersetzen aber doch zu ergänzen. Dabei verweist man oft darauf, daß im Neuen Testament die *ekklesía* oft auch als Hausgemeinde verstanden und unter dem ereignishaften Aspekt des Sich-Versammelns betrachtet werden kann.

Dieser zweite Problemkomplex kann bisher als ebenso wenig voll gelöst betrachtet werden wie der erste. So sehr man der Meinung sein kann, daß die konstantinische Epoche heute ihrem Ende entgegengeht, ist doch die Frage, ob die Alternative zur Volkskirche einfachhin die als Freiwilligkeitskirche verstandene Gemeindekirche sein kann. Der Liberalismus und Individualismus, der hinter dieser Konzeption steht, ist doch wohl eher als ein Spätprodukt der abendländischen-europäisch-westlichen Entwicklung anzusehen, denn als zukunftsträchtiger Neuansatz. Daß damit und mit der daraus meist abgeleiteten schiedlich-friedlichen Trennung des weltlichen und des geistlichen Bereichs nicht weiterzukommen ist, hat die politische Theologie mit Recht aufgezeigt. In gewisser Weise ist die Kirche als Volk Gottes durchaus mit der politischen Größe eines Volkes zu vergleichen. Ein Volk entsteht jedoch nicht durch den Vergesellschaftungswillen einzelner Individuen, sondern durch die vorgegebenen Größen der gemeinsamen Abstammung, der gemeinsamen Sprache, Geschichte, des gemeinsamen Geschicks und der gemeinsamen Kultur. Für ein Volk entscheidet man sich nicht, in ein Volk wird man hineingeboren. Ähnlich ist auch die Kirche eine der Glaubensentscheidung des Einzelnen vorgegebene Größe. Sie entsteht nicht durch den Zusammenschluß einzelner Gläubiger, sondern durch die Stiftung Gottes in Jesus Christus. Sie ist Stiftung, Institution, die nicht „von unten“ sondern „von oben“ entsteht. Sie ist also gewissermaßen ein den einzelnen Gläubigen vorgegebener Raum, in den man im Glauben eintritt und durch die Taufe hineingetauft wird [7].

Dennoch unterscheidet sich das neutestamentliche Volk Gottes ganz entscheidend vom Gottesvolk des Alten Bundes dadurch, daß man ihm nicht auf Grund von Abstammung zugehört. Das neutestamentliche Gottesvolk ist nicht wie das alttestamentliche mit einem bestimmten Volk, einer bestimmten Kultur und dergleichen identisch; es ist vielmehr Kirche aus Juden und Heiden, das unter die Völker zerstreute Volk Gottes, Diasporakirche, ein drittes Geschlecht, wie die Väter sagten. Zur Kirche gehört man auf Grund der im Glauben ergriffenen und durch die Taufe besiegelten Verheißung. Die Kirche ist deshalb immer zugleich vorgegebene Institution und freier charismatischer Aufbruch. Sie ist eine Institution der Freiheit. Das gilt noch mehr von der Gemeinde: sie ist nicht in der gleichen Weise vorgegeben wie die Kirche; Gemeinden können im Unterschied zur Kirche neu entstehen und wieder untergehen; die Gemeinde kann man etwa durch Umzug wechseln. Man wird nicht in der gleichen Weise in eine Gemeinde hineingetauft wie in die Kirche. Das Moment der Freiheit ist hier also größer als bei der Kirche. Es ist daher eine Grundfrage für die künftige Gestalt der Kirche in einem nachabendländischen, nachkonstantinischen Zeitalter, wie sie diese theologischen Gesichtspunkte in ihr konkretes Recht, ihre Verfassung und ihre Praxis umsetzen kann.

Das *dritte Problemfeld* wird charakterisiert durch den Begriff der „Basisgemeinde“ bzw. der „Basisgruppe“. Dieser Begriff steht nicht so sehr auf dem Hintergrund der Kirchengeschichte oder der allgemeinen Geschichte, sondern der neuzeitlichen Geistes- und Ideologiengeschichte. Bekanntlich handelt es sich hier um einen Grundbegriff des marxistischen Denkens. Es stellt daher eines der interessantesten Phänomene der gegenwärtigen kirchlichen Situation dar, daß dieser Begriff sich binnen kurzem mit einer Selbstverständlichkeit, ja mit einer Harmlosigkeit sondergleichen in der innerkirchlichen Diskussion ein Heimatrecht verschaffen konnte [8]. Selbstverständlich sind sich wohl die wenigsten, die ihn gebrauchen, der Implikation bewußt und verstehen ihn in einem durchaus legitimen Sinn. Ein solcher unreflektierter Sprachgebrauch kann jedoch sehr leicht unversehens zum Einlaßtor ideologischer Verführungskünste werden. Die Basis ist nämlich im Sinn des Marxismus nicht allein der unverzichtbare Unterbau an Erfahrung und Lebenswirklichkeit, ohne den der theologische wie der hierarchische Überbau in sich zusammenfallen würde. Die Basis bilden hier vielmehr die durch das herrschende Establishment Unterdrückten; die Basis versteht sich darum als revolutionäre Basis für eine neue Gesellschaft bzw. eine neue Kirche der Zukunft. Der Begriff der Basisgemeinde rückt damit zusammen mit dem Phänomen des Protests, der Kontestation und Provokation, mit deren Hilfe man eine neue, herrschaftsfreie, brüderliche Gemeinde schaffen will, die sich zugleich als politische Gemeinde versteht und sich zur Avantgarde der verschiedenen Befreiungsbewegungen in der Welt macht.

Auch die Diskussion dieses dritten Problemkomplexes stößt in ein teilweise noch offenes Problemfeld, in dem sich Richtiges, Halbrichtiges und Falsches vielfältig überlagern. Beginnen wir mit dem, was richtig ist. Richtig ist sicher, daß die Kirche, ihre Theologie und ihre Hierarchie, wollen sie nicht zur Ideologie und damit zum Überbau werden, den Kontakt mit der „Basis", d. h. mit den konkreten Glaubenserfahrungen „vor Ort" und mit den konkreten Problemen der Menschen und der Gemeinden nicht verlieren dürfen. Das Glaubensbewußtsein der Gläubigen ist ein wichtiger *locus theologicus* [9]; das Charismatische ist ebenso ein Strukturelement der Kirche wie das Hierarchische. Deshalb ist der Protest gegen eine reine Deduktionstheologie „von oben" ebenso berechtigt wie gegen eine Hierarchie, die auf dem bloßen Verordnungsweg „von oben" regiert. Ob es beides jemals in dieser Reinkultur gegeben hat oder zumindest heute noch gibt, ist eine andere Frage. Mit dem Begriff der Basis weist man auf jeden Fall völlig legitim auf den meist viel zu wenig bedachten Zusammenhang von Glaube und Erfahrung, von Theorie und Praxis hin. Lebendige Gemeinden, die ihr Leben in eigener und gemeinsamer Verantwortung aller gestalten, sind darum ein wichtiges Ziel pastoraler Erneuerung.

Problematisch wird dieser Versuch, wenn er sich Denk- und Handlungsmodelle bedient, die die soeben genannten legitimen Anliegen im Fundament aufheben. Dies ist der Fall wenn beim Gebrauch der Begriffe „Basis" und „Praxis" nicht mehr gesehen wird, daß Kirche und Gemeinde der Zukunft sich nicht aus dem begründen, was wir glauben tun zu müssen, sondern aus dem Glauben an das, was Gott in Jesus Christus ohne unser Verdienst und ohne menschliches Zutun getan hat. Kirche und Gemeinden der Zukunft sind also weder revolutionär noch evolutionär und konservativ machbar, planbar, organisierbar. Sie müssen wachsen aus einer Erneuerung des Glaubens. Aus dem Indikativ dessen, was Gott getan hat, folgt freilich nach der Schrift auch der Imperativ, das was wir im Glauben und aus dem Glauben zu tun haben. Aus der Antwort des Glaubens folgt die Verantwortung der Glaubenden für die anderen. Der Gott des Alten und des Neuen Testaments wirkt nicht an der Geschichte der Menschen vorbei; er ist der Gott der Geschichte. Wenn man darum auch die Konzeption einer politischen Gemeinde ablehnen muß, muß man doch auch sagen, daß es niemals eine unpolitische Gemeinde geben kann, also eine Gemeinde, die sich auf die scheinbar rein religiösen Funktionen der Verkündigung und der Sakramentenspendung zurückzieht. Die eigentliche Not der gegenwärtigen Kirche dürfte darin bestehen, daß sie zerrissen wird, zwischen einer Offenheit, die in sich substanzlos zu einem allgemeinen Humanismus zerfließt und einer in sich erstarrten Entschiedenheit im Glauben, die kommunikationslos neben den Problemen der heutigen Menschheit herlebt und die die Kirche in letzter Konsequenz in die Gefahr, zur Sekte zu werden, hineintreibt.

In der Diskussion um den Gemeindebegriff überlagern und durchdringen sich also die allerverschiedensten Motive, Bestrebungen, Gesichtspunkte, Absichten und Ziele. Die alte scholastische Kunst der Unterscheidung, des *sic et non*, des *pro et contra* tut uns darum not, um zu einer christlichen Unterscheidung der Geister zu kommen. Sie soll uns befähigen, nun in einem zweiten mehr konstruktiven Teil die wesentlichen Grundstrukturen einer Gemeinde zu ermitteln.

II. Theologische Synthese

Eine vollständige Theologie der Gemeinde würde im Grunde eine vollständige Ekklesiologie voraussetzen, denn wenn die Gemeinde die Sichtbarmachung, Repräsentation und Realisation der Kirche am Ort ist, dann gilt von ihr alles, was man von der Kirche sagen kann und muß. Alle die Bilder, die man gewöhnlich zur Wesensbestimmung der Kirche gebraucht (Volk Gottes, Leib Christi, Braut Christi, Bau im heiligen Geist u. a.) gelten auch von der Gemeinde; auch die Eigenschaften der Kirche (Einheit, Heiligkeit, Katholizität und Apostolizität) sind Gabe und Aufgabe für eine Gemeinde. Von alledem kann hier nicht ausführlich die Rede sein. Zur Sprache kommen sollen lediglich die ekklesialen Elemente, die im engeren Sinn strukturbegründender Art sind. Vier solcher Elemente sollen kurz nacheinander angesprochen werden.

1. Gemeinde als öffentliche und als politische Größe.

Das griechische Wort *ekklesía*, das oft zur Übersetzung des alttestamentlichen Begriffs der quahal Jahwe, des Volkes Gottes benützt wird, ist bekanntlich im politischen und öffentlich-rechtlichen Bereich zu Hause; es wird in der Antike nie benützt zur Bezeichnung von Vereinen, Zusammenschlüssen, Klubs, Konventikeln, Kultgenossenschaften privat-rechtlicher Art. Die *ekklesía* und damit die Gemeinde gehört also nicht in den Bereich des Vereinsrechts sondern in den des öffentlichen Rechts, sie ist eine politische Größe im weitesten Sinn des Wortes, d. h. sie ist analog einem Volk eine der Entscheidung des Einzelnen vorgegebene Größe, die nicht durch den freien Zusammenschluß einzelner Glieder entsteht; sie hat damit eine öffentliche Sendung und Verantwortung. Was sich so schon rein formal aus dem Begriff der *ekklesía* ergibt, kann inhaltlich-theologisch dadurch gefüllt werden, daß die Kirche noch mehr als das alttestamentliche Gottesvolk der eschatologischen Sammlung der Völker, dem eschatologischen universalen Schalom Gottes [10], der Befreiung, Befriedung und Vollendung der Schöpfung dient. In seinem Kreuzleib hat Christus Frieden gestiftet zwischen Juden und Heiden, er hat damit die Trennmauer, den Urriß und die Urfeindschaft, die durch die Menschheit geht, versöhnt (vgl. Eph 2,14); die Kirche als der Leib Christi hat die Aufgabe, diese Versöhnung zur universalen Auswirkung zu bringen. Der Leib Christi ist daher nach den Deuteropaulinen alles andere als eine rein mystische Größe; durch ihn soll die Wirklichkeit Christi den kosmischen „Mächten und Gewalten“ kundgetan werden und in das All hineinwachsen [11].

Um diesem universalen und — im weitesten Sinn des Wortes verstanden — politischen Auftrag gerecht werden zu können, muß eine Gemeinde in ihrem

eigenen Bereich eine Zone der Menschlichkeit, der Brüderlichkeit, gegenseitiger Hilfsbereitschaft und Anteilnahme darstellen. Sie muß Gemeinde aus allen sozialen Schichten, Altersgruppen und Berufen, u. U. aus verschiedenen Rassen, Völkern und Kulturen sein. Das kann sie nur, wenn es in ihr eine Einheit in der Vielfalt gibt, wenn sie nicht einseitig parteilich wird. Eine gewisse parteipolitische Neutralität ist deshalb gerade keine unpolitische Haltung, sondern eine höchst politische, der Einheit und Versöhnung der Menschheit dienende Aufgabe. Eine Gemeinde darf deshalb von ihrem Auftrag her nie religiös verbrämte Vertretung der Interessen eines bestimmten Volkes, einer bestimmten Klasse oder einer bestimmten Schicht sein. Die Blut- und Boden-Theologie der „Deutschen Christen" zu Beginn des Dritten Reiches müßte eigentlich Warnung genug sein gegen den neuerlichen Versuch, die Kirche und ihre Gemeinden auf die Parteilichkeit und die Parteilinie einer Klassenideologie festzulegen. In dem Maß, als eine Gemeinde für alle da und für alle offen ist, kann sie um so glaubwürdiger auftreten, wenn es um die Verteidigung der elementaren Rechte des Menschen geht. Hier zu schweigen, wäre allerdings Verrat an ihrer Sendung.
Als weitere Konsequenz aus dieser öffentlichen Verantwortung der Gemeinde folgt: Die Gemeinde ist wie die Kirche insgesamt letztlich nicht um ihrer selbst willen, sondern um ihrer Sendung und ihres Dienstes willen da. Sie darf nicht bloße „Nabelschau" treiben, sondern muß sich ständig in die Welt hinein übersteigen, offene Gemeinde sein. Die Gemeinde ist nicht eine Gruppe privilegierter Heilsanwärter, sondern eine Gemeinschaft, die zur universalen Stellvertretung und Solidarität berufen ist. Gemeindearbeit zielt darum letztlich nicht auf die Rekrutierung von Anhängern, sondern auf die Ausrichtung von Gottes Frieden, Freiheit und Gerechtigkeit.

2. Gemeinde als sakramentale Größe.

Der Unterschied zwischen dem Volk einer antiken Polis, das sich in der *ekklesía* versammelt, um über seine politische Angelegenheiten zu beraten und zu entscheiden, und dem alttestamentlichen und neutestamentlichen Volk Gottes besteht darin, daß dieses nicht zusammenkommt um zu beraten, was zu beschließen und zu tun ist, sondern um zu hören, was Gott beschlossen und getan hat[12]. Christliche Gemeinde versammelt sich, um Gottes Wort zu hören und seine Heilstaten zu feiern. Die Verkündigung des Wortes und die Feier der Sakramente sind darum die Vollzugsformen christlicher Gemeinde. Gemeinde als

Leib Christi wird durch die eine Taufe (vgl. 1 Kor 12,13) und durch die gemeinsame Teilnahme an dem einen eucharistischen Leib Christi (vgl. 1 Kor 10, 16 f.)[13]. Sammlung nach innen und Sendung nach außen stehen also in einem unlösbaren Zusammenhang. Nur wo diese Spannung von Sammlung und Sendung durchgehalten wird, ist lebendige Gemeinde im Sinn des Neuen Testaments. Bei aller Offenheit nach außen muß sie doch immer eindeutige Gemeinde Jesu Christi sein. Nur so kann sie hoffen, auf wache und suchende Menschen, die des allgemeinen Pluralismus und Relativismus, wo alles und damit nichts gilt, überdrüssig sind, eine neue Anziehungskraft auszuüben.
Verkündigung und sakramentale Feier sind also die eigentlich strukturbildenden Elemente einer Gemeinde und der „Sitz im Leben" für kirchliche Rechtsbildungen[14]. Verkündigung erfordert nämlich die Rechtsformen von *missio* (vgl. Röm 10,15) und *receptio;* die Sakramente dagegen konstituieren entweder die fundamentale Gliedschaft und damit die Gliedschaftsrechte (Taufe und Firmung), regeln Ausschluß und Wiederaufnahme in die volle Kirchengemeinschaft (Buße mit den Grundvorgängen der *excommunicatio* und *reconciliatio)* oder begründen die verschiedenen Stände in der Kirche, denen bestimmte Funktionen zukommen (Ehe und *Ordo*). Dies alles ist schließlich auf die Eucharistie als Mitte und Höhepunkt des Lebens einer Gemeinde hingeordnet, so daß man alles Recht in der Kirche als Regelung der Zulassung zur Eucharistie bzw. als eucharistische Tischordnung bestimmen könnte. Dies alles kann hier nur verkürzt angedeutet werden. Diese Andeutungen sind jedoch wichtig, weil man in den meisten Strukturdebatten der letzten Jahre oft völlig unbesehen, unkritisch und geradezu aprioristisch einen Begriff von Strukturen und einzelne Strukturformen aus einer bestimmten Richtung der Soziologie und Politologie übernommen hat, statt aposteriorisch und empirisch die Strukturen einer Gemeinde aus den konkreten Lebensvollzügen der Gemeinde selbst abzulesen und sie dann erst in einem zweiten Schritt mit Hilfe von analog übernommenen soziologischen Modellen auf den Begriff zu bringen.

3. Gemeinde als charismatische Größe.

Das gemeinsame Hören und die gemeinsame sakramentale Feier stiftet Gemeinschaft unter den Hörenden und Feiernden. Die *communio sanctorum* in dem sachlichen und neutrischen Sinn der *communio* an den *sancta* (*sacramenta*) stiftet die *communio sanctorum* im personalen Sinn der *communio* der *sancti* und der *sanctificati,* d. h. der durch den einen Geist Christi Geheiligten[15]. Weil alle an dem einen Geist Christi Anteil haben, bilden alle das eine gemeinsame Priestertum (vgl. 1 Petr 2,9; Apk 1,6; 5,10; 20,6), tragen alle gemeinsam Verantwortung für die Gemeinde und die Kirche und ihren Heilsauftrag. Aus dieser *communio*-Struktur folgt, daß aus Gemeinden, die bloßes Objekt der Seelsorge sind, Gemeinden werden müssen, die gemeinsames Subjekt der Heilsverantwortung sind; aus Gemeinden, die sich pastoral versorgen lassen, müssen immer mehr Gemeinden werden, die ihr Leben in gemeinsamer Verantwortung und in gemeinsamem Dienst aller gestalten.

Das Wesen einer Gemeinde als Gemeinschaft in dem einen Geist läßt sich darum nie nur christologisch als Stiftung und Institution begreifen, es muß auch pneumatologisch verstanden werden. Die Kirche wird durch das Werk Christi zwar ein für alle Mal grundgelegt; sie ist an das ein für alle Mal überlieferte *Depositum fidei* (vgl. Jud 3) gebunden; ins Leben gerufen wird die Kirche jedoch erst durch die Ausgießung des Geistes[16]. Durch den Geist und im Geist wurde das vorösterliche Werk Jesu in einer schöpferisch neuen Weise aufgegriffen und verwirklicht. Die Aktualisierung, Vergegenwärtigung und Rezeption des Heilswerks Christi im Glauben und Leben einer Gemeinde ist deshalb ein relativ eigenständiger ereignishafter Vorgang, der weder abstrakt-deduktiv noch positivistisch-traditionalistisch abgeleitet werden kann. Die Vergegenwärtigung des Werkes Christi im Heiligen Geist geschah daher von Anfang an in einer sehr vielfältigen Weise. Die Einheit der Kirche war und ist immer die Einheit verschiedener Ortskirchen und Gemeinden und verschiedener Gruppen innerhalb der Gemeinde.

Auf einen Begriff gebracht könnte man sagen: eine Gemeinde ist ein offenes System[17], das man nicht von einem einzigen Punkt aus in den Griff oder auf den Begriff bringen kann. Deshalb darf man auch nicht versuchen, ein irgendwie totalitäres Gemeindeprinzip zu konstruieren. Es muß in der Kirche nicht nur Raum geben für verschiedene Arten von Gemeinden, wobei sich in Zukunft Territorial- und Personalgemeinden gegenseitig ergänzen und überlagern können, wie dies heute zum Teil schon der Fall ist bei Studenten- oder Militärgemeinden. Die verschiedenen Gemeinden können je nach ihrer Situation auch zu vielfältigen Ausprägungen des einen Wesens der Kirche kommen. Aber auch innerhalb der Gemeinden muß es Raum geben für vielerlei Geistgaben und Dienste, für verschiedene Gruppen, Kreise, Hausgemeinschaften, Aktivitäten.

Man darf aus der Gemeinde kein Prinzip machen, das dem Einzelnen keinen Raum mehr läßt für seine persönliche Berufung und Sendung, für sein persönliches Gebet. Eine Gemeinde muß schließlich offen sein auch für solche, die sich mit ihrem Glauben, ihren sittlichen Forderungen und ihrer institutionellen Gestalt noch nicht oder nicht mehr voll identifizieren können. Das Christsein ist ein Weg, die Gemeinde nicht nur Institution, sondern ein Prozeß, in dem es nicht nur verschiedene Phasen, sondern auch Phasenverschiebungen geben kann. Die Forderung nach einer „offenen" Gemeinde muß zugleich vorsichtig machen gegenüber der Rede von der „kleinen Herde". Vielleicht werden die Gemeinden der Zukunft faktisch zur kleinen Herde; programmatisch zum Ziel erheben können sie dies nicht. Sie müssen für alle da sein und dürfen weder „konservativ" durch schroffe Abgrenzungen zur Gemeinde der Reinen werden noch „progressiv" die „Altkatholiken" abschreiben und sich mehr oder weniger nur noch um eine wirklich oder vermeintlich zukunftsträchtige Elite von Avantgardisten bemühen [18].

Hier ist auch der Ort, wo man über den theologischen Stellenwert von einzelnen Gruppen und Verbänden innerhalb der Gemeinde sprechen kann. Sie sind unabdingbar notwendig zur Verlebendigung einer Gemeinde und zur Verwirklichung von deren Auftrag. Hier kann Gemeinde konkret werden. In und durch solche Gruppen kann eine Gemeinde bzw. deren Mitglieder auch in tagespolitischen Fragen Position beziehen. Diese Gruppen können dabei nicht im Namen der Gemeinde sprechen; sie sprechen weithin auf eigene Rechnung und Gefahr und müssen sich gefallen lassen, daß ihre Aussagen so viel wert sind wie ihre Argumente. Man sollte sie aber nicht als Gemeinden bzw. Basisgemeinden bezeichnen [19]. Anspruch auf den Titel Gemeinde kann erheben, wer in einem umfassenden Sinn Darstellung und Erscheinung von Kirche in der Gesamtheit ihrer Aufgaben (Verkündigung, Sakramente, Diakonie) ist, nicht aber, wer nur bestimmte Aspekte des kirchlichen Lebens, etwa den sozialen Auftrag der Kirche, verkörpert und vertritt.

4. Gemeinde als amtlich verfaßte Größe.

Die theologische Begründung für die konstitutive Bedeutung des Amtes für eine Gemeinde [20] ergibt sich aus zwei Gesichtspunkten, die etwa in Eph 4,12 zum Ausdruck kommen. Einmal ist der Geist, der der gesamten Gemeinde und allen ihren Gliedern gegeben ist, nie einfach ein Besitz, sondern stets neu eine

Gabe. Er muß von Christus her immer wieder neu geschenkt und an Christus immer wieder neu ausgerichtet werden. Die Gemeinde muß deshalb zu ihrem Dienst immer wieder neu zugerüstet werden und dies im Namen und in der Person Christi. Zum andern müssen die vielen Geistgaben der Gemeinde immer wieder neu koordiniert und integriert werden. Diese Integration kann nur von Christus her und auf ihn hin geschehen. Der Leitungsdienst des Amtes ist darum keine rein organisatorische Funktion, sondern ein geistlicher Dienst, zu dem nur der Geist Christi befähigen kann. Beides ist zusammengefaßt in 2 Kor 5,18—20, wo zum Ausdruck kommt, daß im Werk der Versöhnung gleichursprünglich der Dienst der Versöhnung mitgestiftet ist. Wort und Werk der Versöhnung sind also an den personalen Dienst der Versöhnung gebunden; dieser Dienst der Versöhnung ist konstitutiv für eine Gemeinde, er geschieht im Namen und in der Person Christi.

Der Dienst des kirchlichen Amtes kann nach allem Gesagten nicht von der Gemeinde abgeleitet werden, ebensowenig wie der Dienst der Laien einfach einen Ausfluß des priesterlichen Dienstes darstellt. Beide, die klerikalistisch-integralistische wie die laizistisch-vulgärdemokratische Konstruktion der Kirche verfehlen das Entscheidende, die Freiheit des Geistes, die in dieser doppelten Unableitbarkeit zum Ausdruck kommt. Sowohl eine einseitige Konstruktion der Kirche „von oben“ wie eine einseitige Konstruktion „von unten“ übersieht, daß die Kirche ein offenes System ist, das seinen Einheitspunkt nicht in sich, weder im Kirchenvolk noch in der Hierarchie, sondern allein in Christus und in seinem Geist besitzt. Das bedeutet aber auch, daß das kirchliche Amt nur in brüderlichem Zusammenwirken mit der Gemeinde ausgeübt werden kann, wie umgekehrt die Gemeinde nur in Gemeinschaft mit ihren Priestern und mit dem Bischof ihren Auftrag erfüllen kann. Der Priester soll darum nicht alles selber entscheiden und tun wollen. Er soll sich vielmehr verstehen als Inspirator und Animator der Gemeinde; soll Charismen entdecken und wecken, Initiativen freisetzen und ermutigen. Dazu ist weithin ein neuer geistlicher Führungsstil notwendig. Durch die Vermittlung des Amtes ist die Gemeinde hineinverflochten in die jeweils größere kirchliche Gemeinschaft der Diözese und der Weltkirche. Diese Einordnung darf nicht nur als Begrenzung für die freie Gestaltung des eigenen Lebens verstanden werden; sie dient der Offenheit einer Gemeinde, bewahrt sie vor der Gefahr der Abkapselung und bereichert sie durch den Austausch von Erfahrungen.

Was also ist eine Gemeinde? Sie hat viele Aspekte und kann vielerlei Gestalten annehmen. Wir wollen und können sie auch hier nicht einfach auf den Begriff bringen. Annäherungsweise kann man sagen[21]: Die Gemeinde ist an einem bestimmten Ort oder innerhalb eines bestimmten Personenkreises die durch Wort, Sakrament und Bruderdienst begründete und durch den Dienst des Amtes geeinte Gemeinschaft derer, die in Einheit mit der Gesamtkirche an Jesus Christus glauben und diesen Glauben öffentlich bezeugen. Durch die eine Taufe und die gemeinsame Teilnahme am Tisch des Herrn ist sie ein Leib in Christus. Sie ist gesandt, die in Christus empfangene Liebe in der Welt sichtbar und wirksam werden zu lassen.

Die katholische Theologie der Gemeinde steht noch in sehr kümmerlichen Anfängen. Erst recht geht es in unseren Gemeinden oft recht jämmerlich zu; sie entsprechen oft so wenig einer hohen Theologie der Gemeinde. In dieser Situation hat es wenig Sinn, nur Utopien der Gemeinde aufzustellen und sie hämisch der gegenwärtigen kirchlichen Wirklichkeit entgegenzusetzen: eine Gemeinde reinster Brüderlichkeit, eine herrschaftsfreie Gemeinde, eine Gemeinde, die auf alle Privilegien verzichtet und nur noch für die anderen da ist, eine offene Gemeinde, so offen, daß sie vor lauter Offenheit völlig substanzlos zerfließt, eine kleine Herde und eine kognitive Minderheit, die aber dennoch politische Gemeinde sein will usw.

Selbstverständlich gibt es den antizipierenden Charakter und die kritisch-korrektive Funktion von Utopien. Aber Utopien, die man gar nicht mehr mit der konkreten Wirklichkeit vermitteln kann, ja Utopien, die gar nie Wirklichkeit werden können, weil es in der Kirche und in jedem ihrer Glieder ganz schlicht gesagt die Wirklichkeit des Bösen und der Sünde gibt, solche Utopien sind schlechte Utopien; sie bewirken nicht Hoffnung, sondern Resignation und Defaitismus. Man kommt dann zu dem Schluß, daß es die christliche Gemeinde noch gar nicht gibt, daß man nur im Konjunktiv und Optativ von ihr sprechen könne[22].

Aber ist es denn wahr, daß unsere Gemeinden nur Verwaltungseinheiten sind? Gibt es da gar nichts an Liebe und Treue, an Brüderlichkeit und Hilfsbereitschaft, an sozialem Engagement und echter, recht verstandener Frömmigkeit? Manchmal gewinnt man den Eindruck, wir erwarten heute von der Kirche, was Christus gegenüber dem Teufel und den Pharisäern abgelehnt hat: Schauwunder und Mirakel. Man kann auch unter dem Vorzeichen einer Theologie der

Gemeinde nochmals *theologia gloriae* treiben und erneut „ein Haus, das voll Glorie schauet“, konstruieren wollen. Es gibt „nach der Demütigung des hierarchischen Triumphalismus einen subtileren geistigen Triumphalismus der Gemeinde- oder Gruppenideologie. Aus solchen sind ja von jeher — seit Paulus, Johannes und den Gnostikern — die Sekten der „reinen Kirche“ hervorgegangen. Das sind Leute, die als einzelne oder als Gemeinschaften das Attribut der kirchlichen Heiligkeit für sich gepachtet haben. Die Humilität der kleinen Gruppen ist heute der Kirche das Nötigste, aber das Gefährdetste, durch Versuchung zur Weltlichkeit auf der einen, durch Versuchung zur abgeschlossenen Autonomie auf der anderen Seite“ [23].

Wahre Kirche und damit wahre Gemeinde ist immer auch verborgene Gemeinde, die man nur im Glauben sieht, und die man nur schätzen kann, wenn man sie ein bißchen liebt. Mit Spott und Skepsis allein hat man noch nie in konstruktiver Weise Geschichte gemacht. Produktiv ist nur die Liebe und sie ist konkret, konkret auch mit der konkreten Kirche und ihren Gemeinden. Solche konkrete Liebe kann ein Zeichen sein, das auf die Dauer mehr Leuchtkraft besitzt, als manche kurzlebige spektakuläre Aktion und Deklaration, die an ihrem Ort gewiß auch ihre Bedeutung haben. Aus der gegenwärtigen „Stagflation“ kommen wir jedoch nur heraus durch eine Besinnung auf das Wesentliche, das Gemeinde erst zur christlichen Gemeinde macht und sie erst zur Freiheit im Dienst befreit: kein Prinzip, keine Idee, schon gar nicht Strukturen sondern ein Name, der freilich geschichtlich wirksam nur werden kann, wo er lebendig bezeugt wird durch brüderliche Gemeinden. Sie aufzubauen ist eine der wichtigsten, vielleicht die wichtigste Aufgabe kirchlicher Erneuerung.

1 Die ältere Literatur von A. Wintersig, K. Jakobs, J. Pinsk, P. Parsch, M. Schurr, C. Noppel, L. Siemer, J. Höffner, H. Roth, K. Rahner, F. X. Arnold u. a. ist zusammengestellt bei J. *Homeyer, Die Erneuerung des Pfarrgedankens. Eine bibliographische Übersicht,* in: H. Rahner (Hrsg.), Die Pfarre. Von der Theologie der Praxis, Freiburg/Br. 1956, 132—141.

2 Vgl. F. *Klostermann, Prinzip Gemeinde,* Wien 1965; ders., *Allgemeine Pastoraltheologie der Gemeinde,* in: Handbuch der Pastoraltheologie, Bd. 3, Freiburg Basel Wien 1968, 17—58; C. *Williams, Gemeinde für andere,* Stuttgart 1965; B. *Neunheuser, Gesamtkirche und Einzelkirche,* in: G. Baraúna (Hrsg.), De Ecclesia, Bd. 1, Freiburg Basel Wien Frankfurt a. M. 1966, 547—573; K. *Maly, Mündige Gemeinde*, Stuttgart 1967; *Die Kirche für andere,*

Genf 1967; A. M. *Ritter-G. Leich, Wer ist die Kirche?*, Göttingen 1965; T. *Hermann, Aufbruch zur brüderlichen Gemeinde*, Freiburg i. Brsg. 1968; ders., *Offene Gemeinde — geschlossene Gesellschaft*, Freiburg i. Brsg. 1968; F. *Connan* — J. C. *Barreau, Die Pfarrei von morgen*, Luzern 1968; A. *Exeler* (Hrsg.), *Die neue Gemeinde*, Mainz ²1968; E. *Hesse* —H. *Erharter, Koinonia — Kirche der Brüderlichkeit*, Wien 1968; *Die integrierte Gemeinde. Beiträge zur Reform der Kirche* — Blätter zur Unterscheidung des Christlichen (Vierteljahresschrift), hrsg. von der integrierten Gemeinde, München 1969 ff; Th. *Maas — Ewerd, Liturgie und Pfarrei im deutschen Sprachgebiet*, Paderborn 1969; O. *Betz* (Hrsg.), *Gemeinde von morgen*, München 1969; W. *Kasper, Kirche und Gemeinde*, in: Glaube und Geschichte, Mainz 1970, 275—284; H. *Fischer* — N. *Greinacher* — F. *Klostermann, Die Gemeinde* (Pastorale. Handreichungen für den pastoralen Dienst), Mainz 1970; H. D. *Bastian* (Hrsg.), *Experiment Isolotto — Dokumentation einer neuen Gemeinde*, München Mainz 1970; O. *Schreuder* — E. *Walter* — W. *Kramny, Gemeindereform — Prozeß an der Basis*, Freiburg Basel Wien 1970; F. *Klostermann, Gemeinde im Hochschulbereich — Modell für künftige christliche Gemeinde*, in: Der Seelsorger 1 (1970) 98—109; N. *Hepp* (Hrsg.), *Neue Gemeindemodelle*, Wien 1971; K. *Rahner, Strukturwandel der Kirche als Aufgabe und Chance* (Herderbücherei, 446) Freiburg Basel Wien 1972; H. *Schürmann, Die Gemeinde des Neuen Bundes als Quellort des sittlichen Erkennens*, in: Catholica 26 (1972) 15—37; M. *Enkrich* — A. *Exeler* (Hrsg.), *Kirche-Kader-Konsumenten. Zur Neuorientierung der Gemeinde*, Mainz 1971; N. *Greinacher, Herrschaftsfreie Gemeinde*, in: Concilium 7 (1971) 181—190; H. R. *Schlette, Thesen zum christlichen Gemeindeverständnis*, in: Begegnung. Beiträge zu einer Hermeneutik des theologischen Gesprächs (Festschrift für H. Fries), hrsg. v. M. Seckler, O. H. Pesch, J. Brosseder, W. Pannenberg, Graz Wien Köln 1972, 361—368; W. *Repges, Das Phänomen der Basis-Gemeinden in Lateinamerika*, in: Diakonia 3 (1972) 62—64; ders., *Die Basis-Gemeinden Lateinamerikas und ihr Verhältnis zu den Pfarrgemeinden*, in: a. a. O. 400—403; F. *Klostermann, Das Vorsteheramt in der Gemeinde von morgen*, in: Theol. prakt. Quartalschrift 120 (1972) 23—33; K. *Lehmann, Was ist eine christliche Gemeinde?* Theologische Grundstrukturen, in: Internat. Kath. Ztschr. 2 (1972) 481—497; G. *Hasenhüttl, Kirche ohne Herrschaft*, in: Bibel und Kirche (1973) 6—8; R. *Pesch, Jüngerschaft und Gottesvolk. Zum Kirchenbild der synoptischen Evangelien*, in: Bibel und Kirche 28 (1973) 8—11; *K. H. Schelkle, Der Christ in der Gemeinde. Auslegung von Röm 12*, in: Bibel und Kirche 28 (1973) 70—81; W. *Richard* — A. *Schuchart, Arbeit mit Gruppen in Gemeinden*, in: Diakonia 4 (1973) 323—328; *Das politische Engagement der christlichen Gemeinde*, in: Concilium 9 (1973) Heft 4; P. *Nordhues, Die Gemeinde hier und jetzt*, in: Theol. u. Glaube 63 (1973) 361—370; F. *Schlösser, Soziale Randgruppen und kirchliche Gemeinden*, in: Caritas 74 (1973) 36—44; F. J. *Steinmetz, Gemeinden und Versammlungen. Tendenzen neuerer Gemeinschaftsbildungen in der Kirche*, in: Geist und Leben 46 (1973) 217—229; L. *Roos, Gemeinde als kirchliche Wirklichkeit*, in: Leb. Seelsorge 24 (1973) 27—38; Lebendige Seelsorge 24 (1973) Heft 2. — Während der Drucklegung erschienen: Memorandum des Bensberger Kreises „Offene Gemeinde — Offene Kirche"; Gemeinde von heute — Gemeinde von morgen?, Brief des Bischofs von Limburg an die Gemeinde des Bistums zur Fastenzeit 1974.

3 Vgl. K. R. *Schmidt*, Art. ἐκκλησία, in: ThWNT III (1938) 502—539; O. *Linton*, Art. *Ekklesia*, in: RAC IV (1959) 905—921; R. *Bultmann*, *Theologie des Neuen Testaments*, Tübingen [5]1965) 40 f., 182; H. *Conzelmann*, *Grundriß der Theologie des Neuen Testaments*, München 1967, 51 ff.; H. *Küng*, *Die Kirche*, Freiburg Basel Wien 1967, 99—108; H. *Schlier*, *Zu den Namen der Kirche in den paulinischen Briefen*, in: Besinnung auf das Neue Testament, Freiburg Basel Wien 1964, 294—306; ders., *Ekklesiologie des Neuen Testaments*, in: Mysterium salutis, Bd. IV 1, Einsiedeln Zürich Köln 1972, 153—157.

4 Vgl. die noch ungedruckte Habilitationsschrift von H. J. *Pottmeyer*, *Unfehlbarkeit und Souveränität. Die päpstliche Unfehlbarkeit im System der ultramontanen Ekklesiologie des 19. Jahrhunderts*, (Münster 1973).

5 Vgl. H. O. *Wölber*, *Religion ohne Entscheidung. Strukturen der Volkskirche, dargestellt am Beispiel der jungen Generation*, Göttingen 1959; R. *Hernegger*, *Volkskirche oder Kirche der Gläubigen*, Nürnberg 1959; F. *Fürstenberg*, *Kirchenreform und Gesellschaftsstruktur*, in: Religionssoziologie (Soziologische Texte, 19), Neuwied-Berlin 1964, 249—264; J. *Matthes*, *Die Emigration der Kirche aus der Gesellschaft*, Hamburg 1964; ders., *Kirche und Gesellschaft* (rde) Reinbek 1969; P. L. *Berger*, *Zur Soziologie kognitiver Minderheiten*, in: Int. Dialog-Ztschr. 2 (1969) 127—132; K. *Rahner*, *Theologische Deutung der Position des Christen in der modernen Welt*, in: Sendung und Gnade. Beiträge zur Pastoraltheorie, Innsbruck Wien München 1959, 13—47; ders., *Sturkturwandel der Kirche als Aufgabe und Chance* (Herderbücherei, 446), Freiburg Basel Wien 1972; *Handbuch der Pastoraltheologie*, Bd. 1, 420 f.; Bd. 2/1, 230—233, 262 f.; Bd. 3, 263—268.

6 Vgl. die Definition von F. *Schleiermacher*, *Der christliche Glaube*, Bd. 2, Berlin [2]1831 (Berlin 1960, 215): „Die christliche Kirche bildet sich durch das Zusammentreten der einzelnen Wiedergeborenen zu einem geordneten Aufeinanderwirken und Miteinanderwirken". Zum gegenwärtigen protestantischen Gemeindeverständnis vgl. den Überblick von H. *Thimme*, Art. *Gemeinde* I, in: EKL I (1956) 1470—72; G. *Gloege*, Art. *Gemeinde* I, in: RGG II[3] (1958) 1325—29.

7 Vgl. E. *Schweizer*, Art. σῶμα in: ThWNT VII (1964) 1069—72.

8 Vgl. dazu J. *Ratzinger*, *Ökumene am Ort*, in: Catholica 27 (1973) 152—165, bes. 154—157, 163 f.; in einem positiven Sinn spricht dagegen K. *Rahner* von einer „Kirche von der Basis her" und von „Basisgemeinden freier Initiative und Assoziation", vgl. *Strukturwandel der Kirche als Aufgabe und Chance*, 115—126.

9 Vgl. W. *Kasper*, *Zum Problem der Rechtgläubigkeit in der Kirche von morgen*, in: F. Haarsma — W. Kasper — F. X. Kaufmann, Kirchliche Lehre — Skepsis der Gläubigen, Freiburg Basel Wien 1970, 37—96, bes. 44—53.

10 Vgl. W. *Kasper* — K. *Lehmann*, *Die Heilssendung der Kirche in der Gegenwart* (Pastorale. Handreichung für den pastoralen Dienst), Mainz 1970, 24—34.

11 Vgl. E. *Schweizer*, a. a. O. 1072—1077; ders., *Die Kirche als Leib Christi in den paulinischen Antilegomena*, in: Neotestamentica, Zürich Stuttgart 1963, 293—316; H. *Schlier*, *Die Kirche als das Geheimnis Christi. Nach dem Epheserbrief*, in: Die Zeit der Kirche, Freiburg Basel Wien [2]1968, 299—307.

12 Vgl. O. *Linton*, Art. *Ekklesia*, in: RAC IV (1959) 907; J. *Ratzinger*, Art. *Kirche* III, in: LThK VI ^{2}(1961) 175.

13 Vgl. P. *Neuenzeit, Das Herrenmahl. Studien zur paulinischen Eucharistieauffassung* (Studien zum Alten und Neuen Testament, 1), München 1960, 188—219; E. *Schweizer*, Art. σῶμα, 1064—66; ders., *Die Kirche als der Leib Christi in den paulinischen Homologumena*, in: Neostesamentica, 272—292; E. *Käsemann, Das theologische Problem des Motivs vom Leibe Christi*, in: Paulinische Perspektiven, Tübingen 1969, 178—210. Zur späteren Entwicklung vgl. H. de *Lubac, Corpus mysticum. Eucharistie und Kirche im Mittelalter*, Einsiedeln 1969.

14 Vgl. H. *Dombois, Das Recht der Gnade. Oekumenisches Kirchenrecht* I, Witten ^{2}1969.

15 Vgl. die entsprechenden Untersuchungen von W. Elert, J. A. Jungmann, H. de Lubac, J. R. Geiselmann, A. Piolanti, zit. in: LThK IV ^{2}(1960) 651—653; neuere Veröffentlichungen: J. *Hamer, L'Eglise est une communion*, Paris 1962; H. de *Lubac, Credo ... Sanctorum communionem*, in: Int. Kath. Ztschr. 1 (1972) 18—32.

16 Vgl. J. *Ratzinger*, Art. *Kirche* III, a. a. O. (Anm. 12) 177.

17 Vgl. K. *Rahner, Bemerkungen über das Charismatische in der Kirche*, in: Schriften zur Theologie, Bd. 9, Einsiedeln Zürich Köln 1970, 415—431; H. *Schürmann, Kirche als offenes System*, in: Int. Kath. Ztschr. 1 (1972) 306—323.

18 In diesem Sinn wurden verschiedene Aussagen von K. *Rahner, Strukturwandel der Kirche als Aufgabe und Chance*, bes. 36, 54, oft verstanden und entsprechend kritisiert.

19 Vgl. jedoch die Synodenvorlage *Rahmenordnung für die pastoralen Strukturen im Bistum*, in: Synode 1972, Heft 3, 9—12, bes. 1.1 und 4.1.

20 Vgl. W. *Kasper, Neue Akzente im Verständnis des priesterlichen Dienstes*, in: Concilium 5 (1969) 164—170; ders., *Die Funktion des Priesters in der Kirche*, in: Geist und Leben 42 (1969) 102—116 (abgedruckt: Glaube und Geschichte, Mainz 1970, 371—387); ders., *Amt und Gemeinde*, in: Glaube und Geschichte, 388—414; ders., *Neue Aspekte im Verständnis des Priesteramtes*, in: Theol.-prakt. Quartalschrift 122 (1974), 1—11.

21 Die folgende Umschreibung stimmt überein mit der in der Synodenvorlage *Die pastoralen Dienste in der Gemeinde*, in: Synode 1973, Heft 6.

22 Vgl. etwa H. R. *Schlette, Thesen zum christlichen Gemeindeverständnis*, a. a. O. (Anm. 2) 363 f.

23 H. U. v. *Balthasar, In Gottes Einsatz leben*, Einsiedeln 1971, 104.

Christ und Strafrechtsreform

Karl Peters (Tübingen)

I.

Wer den Zusammenbruch des Nationalsozialismus 1945 und den darauf beginnenden Neuaufbau in der Bundesrepublik Deutschland miterlebte, mochte glauben, daß der Boden für die Entfaltung christlicher Ideen bereitet war. Die geistige Not schien überwunden. Die Sehnsucht des größten Teils des Volkes nach einer gesellschaftlichen Ordnung, die auf festen ideellen Grundlagen errichtet würde, die dem Menschen eine seiner Würde angemessene Stellung einräumte und sicherte, die wahre und unveräußerliche Werte gewährleistete, schien durch die Zeit des Nationalsozialismus hindurchgetragen worden zu sein. In diesem neuen Staatswesen schien die Hoffnung berechtigt, daß die Kirche und ihre Gläubigen ein offenes Feld finden würden, aus ihrem Geist das Gesellschafts- und Staatsbild mitzuprägen. Wiederum stand „die Kirche in der Zeitwende“ [1]. Ein christlich-humanitäres Drängen und Sehnen prägte das Grundgesetz und die Landesverfassungen. In der „Verantwortung und in der Ehrfurcht vor Gott und den Menschen“, zuweilen näher erläutert durch den Hinweis auf das „christliche Sittengesetz“, „das natürliche und christliche Sittengesetz“, „die Grundlage christlicher und abendländischer Bildungs- und Kulturwerte“, oder auf „die christliche Nächstenliebe“, sahen die Verfassungsgeber den Grund für die Errichtung der neuen Demokratie [2]. Auch dort, wo ohne religiösen Hinweis vom „Sittengesetz“ die Rede in den neuen Verfassungen war, ging es nicht nur um „Sitte und Anstand“ und um die Anlegung eines Maßstabes, der sich an das jeweils sich ändernde Durchschnittsempfinden des (imaginären) Staatsbürgers hielt, sondern um eine sich wesentlich aus dem Menschen und der menschlichen Gemeinschaft ergebende allgemeingültige Wertordnung, wie sie der Entwicklung der abendländischen Kultur entsprach [3]. Die Verfassungen wurden auf Wertvorstellungen gegründet, die in der Vergangenheit erlebt und als zukunftsoffen empfunden worden waren.

Es gehört in das kennzeichnende Bild der ersten Nachkriegszeit, mit welcher

Bewegung und welchem Engagement Alt- und Jungakademiker in Kreisen und Tagungen sich um die Ausfüllung der staatlichen und gesellschaftlichen Inhalte aus christlichem Geist bemüht haben. Es sei aus dem katholischen Bereich nur an den von Paul *Wolff* wiederaufgebauten Akademieverband oder an die von Hans *Peters* wieder zur Aktivität gerufene Görres-Gesellschaft oder an die vielen studentischen Arbeitstagungen erinnert. Die von Münster aus durchgeführten Wochenendtagungen der katholischen Studentengemeinde auf der Burg Gemen gehören zu den schönsten Erinnerungen an meine Tätigkeit in Münster. Die Anschauungen im gesellschaftlichen Bereich wurden weitgehend von christlich-abendländischen Vorstellungen bestimmt. Offenbarung, Tradition, Naturrecht, päpstliche und andere Äußerungen kirchlicher Führer, Wissenschaft, Kunst und Publizistik führten zu einer sich weit entwickelnden christlichen Gesellschaftslehre[4].
Der Flut ist die Ebbe gefolgt. Der Alltag des politischen und wirtschaftlichen Aufbaus, die Überwindung des durch den Nationalsozialismus hervorgerufenen Schocks und das Sicheinrichten in einer sich angenehm gestaltenden Umwelt schwächten immer mehr die Bemühungen um die geistig-ethischen Grundlagen. Sie erschienen manchen auch wieder gesichert zu sein. So folgte eine Periode der Stagnation. Der dritte Abschnitt setzte um 1967 mit dem kämpferischen Protest vor allem junger akademischer Menschen ein, für die die Vergangenheit des Nationalsozialismus nur noch als Geschichte erlebt wurde und die die Leistungen des politischen und wirtschaftlichen, aber auch des kulturellen Aufbaus nicht mehr zu würdigen wußten. Diese Periode ist gekennzeichnet durch die Preisgabe ehemaliger feststehender Werte, durch eine radikale Kritik am Gesellschaftssystem und durch das Ziel der Systemveränderung. Die Auswirkungen dieser Bewegung sind außerordentlich groß. Sie führte zu einer Verunsicherung in der geistigen Grundhaltung, zu Zweifeln im ethischen Bereich und in einem Teil der tragenden Gesellschaftsschicht zum Wertindifferentismus. Das grundsätzliche Infragestellen von Amt und Autorität, von Norm und Ordnung in Staat, Gesellschaft und Kirche ergriff auch einen Teil der katholischen Akademikerschaft und anschließend weitere Gesellschaftskreise. Es gehört zu jeder ideologisch-revolutionären Bewegung, daß sie infolge des Aufgreifens immer vorhandener Mängel und Unzulänglichkeiten in bisherige Geistes- und Grundhaltungen einbricht. Eine solche Bewegung löst aber auch die Aktivität von Kräften aus, die, ohne selbst revolutionär zu sein, die aufgeweichten Positionen

zur Durchsetzung von ihr vertretenen, bisher noch im Hintergrund gebliebenen Ideen auszuwerten bemüht sind. Die heutige Lage — auch innerhalb der den Staat und die Gesellschaft tragenden Kräfte — ist durch ein immer stärker sichtbar werdendes Auseinanderfallen der bisher einheitlichen Grundlagen und damit zugleich durch eine immer deutlicher werdende Polarität der Meinungen gekennzeichnet. Während vor der neuen Bewegung die selbstverständlich vorhandenen Meinungsunterschiede sachlich und auf der gleichen Grundebene ausgefochten wurden, stehen sich die Meinungen heute vielfach schon im Grundsätzlichen entgegen [5].

Ein Beispiel dafür ist die Entwicklung der Strafrechtsreform. Der letzte Entwurf eines Strafgesetzbuchs aus der zurückliegenden Epoche ist der Entwurf 1962 [6]. Dieser beruhte auf einer im Wesentlichen festgefügten geistigen und kulturellen Grundlage. Sicherlich ließ sich an einzelnen, aber auch an grundlegenden kriminalpolitischen Regelungen Kritik anbringen. Es ist mir zweifelhaft, ob der Entwurf 62 unter den vielfältigen Möglichkeiten einer Strafrechtsreform innerhalb des von dem Grundgesetz getragenen Staats- und Gesellschaftssystems wirklich die beste Lösung war, ob nicht die in jedem System immer wieder sich neu stellenden Fragen und Probleme zu wenig berücksichtigt worden sind. Die Stellungnahme vollzog sich jedoch noch in derselben Grundauffassung und derselben Sprache. Je nach kriminalpolitischer oder weltanschaulicher Grundlage wurde Beifall oder Kritik gespendet, ohne aber den Kern anzutasten. Regelungen der Tötungsdelikte, der Delikte über den Eingriff in die menschliche Unversehrtheit (Fragen der Kastration, der Sterilisation, der künstlichen Befruchtung) oder der Sittlichkeitsdelikte waren vor allem Gegenstand der Diskussion. Von katholischer Seite konnten derartige Stellungnahmen auf Arbeiten, wie sie bereits seit der Weimarer Zeit im Caritasverband und ihm nachstehenden Verbänden des Sozialwesens geleistet worden waren, gestützt werden. Der nach dem zweiten Weltkrieg gegründete Katholische Arbeitskreis für Strafrecht, der im Auftrag des Kommissariats der deutschen Bischöfe tätig wurde, nahm fortlaufend Stellung zu Reformfragen, namentlich zu Vorschlägen von sozialer und sozialethischer Bedeutung. Bei einheitlicher Grundhaltung ergaben sich innerhalb dieses Arbeitskreises durchaus verschiedene kriminalpolitische, aber auch ins einzelne gehende Meinungsverschiedenheiten [7].

Während noch der Allgemeine Teil des Alternativ-Entwurfes (1966) [8] dem traditionellen Strafrecht verhaftet war, beginnt mit den Vorschlägen zum Beson-

deren Teil, vor allem zum Sexualstrafrecht (1968) und zu den Tötungsdelikten (1970) ein grundlegender Wandel in der Strafrechtsreform, der von neuen politischen und gesellschaftlichen Strömungen getragen war und diese zur Entwicklung brachte. Dabei berührten den Weltanschauungsbereich vor allem innerhalb der Sexualdelikte die weitgehende Freigabe der Pornographie und innerhalb der Tötungsdelikte die Fristenlösung zur Regelung des Schwangerschaftsabbruchs. Der neuen Konzeption liegt ein einseitig individuell erfaßter Freiheitsbegriff zugrunde. Sie macht den einzelnen zum Herrn seines Sexualverhaltens, in das strafrechtlich nur eingegriffen werden soll, wenn das Recht anderer, insbesondere der Jugend, gefährdet wird. Die Sexualordnung als solche wurde nicht mehr als eine zu schützende Wertordnung angesehen. Das Denken in Ordnungen ist heutigen Vorstellungen weithin fremd geworden. Zum Ausgangspunkt der Regelung des Schwangerschaftsabbruchs wurde das Selbstbestimmungsrecht der Mutter gemacht; der sollte der Schwangeschaftsabbruch innerhalb von vier Wochen nach der Empfängnis ohne jede Beratung und im zweiten und dritten Monat nach Aufsuchen einer Beratungsstelle gestattet sein [9].
Radikale Kräfte fordern darüber hinaus die Streichung des Schutzes des Kindes im Mutterleib überhaupt. Es ist erstaunlich, wie schnell die Auffassung der Mehrheit der Alternativprofessoren auf die politischen Kräfte, erst der FDP, dann der SPD übergegriffen hat. Das zeigt sich auch am Wandel der Auffassung der wesentlich gleich gebliebenen Bundesregierung innerhalb zweier Legislaturperioden des Bundestags. Überwiegend vertritt die Koalition in diesem Bundestag die Fristenlösung. Nur eine Gruppe von 30—40 ihrer Abgeordneten um den Bundesjustizminister *Jahn* und den Vorsitzenden des Sonderausschusses Strafrecht *Müller-Emmert* vertreten nachdrücklich eine Indikationslösung, die allerdings über frühere Indikationsvorschläge hinausgeht. An der im Gang befindlichen Reformbewegung ist nicht das Fragwürdige, daß die Grenzen des Strafrechts zurückgesteckt werden. Dafür sprechen gute Gründe [10]. Das Entscheidende ist vielmehr die Schwächung von Rechts-, Kultur- und Menschheitswerten. Es offenbart sich eine Unsicherheit am Strafrecht als Folge des Zweifels an der Gesellschaftsordnung. Die in Gang befindliche Reform wird nicht mehr von bisherigen Grundvorstellungen, wie: Strafrecht als Ausdruck der Kultur- und Wertordnung, Strafrechtsreform als sittenbildende Kraft, Strafrecht als ein auf persönlicher Verantwortlichkeit, Freiheit, Schuld und Sühne beruhendes Rechts-

system und ein auf tiefere Straf- und Sozialhilfe zielendes Maßnahmesystem[11] getragen.

In all diese Strömungen geistigen Wandels ist auch der Christ hineingestellt. Er muß sich klar darüber werden, was von seinen Grundanschauungen aus an der Reformbewegung gut ist, was für ihn tragbar ist, ob und wie er in die immer stärker werdende Bewegung seinen Geist oder etwas von seinem Geist hineintragen kann. Infolge ihres grundsätzlichen, tief in das allgemein Menschliche hineinragenden Charakters berührt die Strafrechtsreform keineswegs nur den christlichen Juristen. Eine abgewogene, gerechte Stellungnahme ist nicht nur infolge des Wandels innerhalb der gesellschaftlichen Auffassungen schwieriger geworden, sondern auch wegen der Unsicherheit und den Meinungsverschiedenheiten im christlichen Bereich selbst. Auch die Theologie, insbesondere die Moraltheologie, bezieht weithin keine sicheren Positionen mehr.

II.

Der Christ ist Bürger seines Staates und Glied seiner Kirche. Der Staat umfaßt alle Bürger, gleich welcher Staats- und Weltanschauung. Das Grundgesetz garantiert die Freiheit der Meinung, der Weltanschauung und des Glaubens. Alle Auffassungen, sofern sie das Grundgesetz als das tragende Fundament anerkennen, werden toleriert. Die Freiheit gilt vorbehaltlich des Ja zum Grundgesetz. Wie sich aus Art. 19 Abs. 4, 79 Abs. 3 GG ergibt, ist es in seinem Wesenskern nicht antastbar. Beispiele des Wesensgehalts sind etwa der Charakter der Bundesrepublik als einer klassischen Demokratie[12] oder die Unverletzlichkeit der sich aus der Menschenwürde ergebenden Grundrechte. Das Grundgesetz hat die wertgebundene Demokratie verwirklicht[13], Toleranz[14] bedeutet nicht Loslösen von Werten. Es ist schon darauf hingewiesen worden, daß das Grundgesetz selbst von Wertvorstellungen getragen ist. Zugleich eröffnet es seinen Bürgern die Möglichkeit, ihre Wertvorstellungen in verfassungsmäßiger Weise zum Ausdruck zu bringen. Der Toleranzgedanke verleiht jedem das Recht, seinen Anschauungen in Wort, Schrift und politischem Verhalten Ausdruck und politische Wirksamkeit zu verleihen. Aus der Vielheit der Einzel- und Gruppenmeinungen bilden sich über die Meinungsäußerung, über die Ausübung der politischen Rechte, über das Verhalten im Beruf und die gesamte Lebensführung der Beteiligten gültige Gesamtvorstellungen. Die demokratische Meinungs- und

Willensbildung hängt von der wirksamen Mitarbeit der einzelnen und der Gruppen ab. Es steht jedem offen, ja es wird von ihm erwartet, daß er aus der Einheit seiner Person die in ihm lebendigen Gedanken in Staat und Gesellschaft hineinträgt. Wie weit er seine Vorstellungen unverfälscht und kompromißlos, inwieweit er sich anderen Anschauungen anpaßt und um der Gemeinsamkeit willen möglichst breit getragene Lösungen anstrebt, ist Frage des Gewissens und des politischen Handelns, aber auch der Bedeutung des Gegenstandes.

Auch die Kirche und ihre Glieder haben das Recht, an der geistigen Bildung und Formung des Staats- und Gesellschaftslebens teilzunehmen. Es wäre ein verfassungsrechtlicher Grundirrtum anzunehmen, daß das Christliche nur den Christen berühre, daß er seine Anschauungen im Gemeinschaftsleben, das Christen und Nichtchristen umfaßt, nicht anbringen dürfe, daß er vielmehr sich auf einen allgemeinen, neutralen, weltanschauungsfreien Boden zu stellen habe, wenn er zu allgemeinen Angelegenheiten Stellung nimmt. Eine solche Auffassung würde schon der Entstehungsgeschichte und dem Gehalt des Grundgesetzes widersprechen. Sie würde aber auch die Meinungsbildung innerhalb unseres Gemeinschaftswesens verkehren. Die Demokratie des Grundgesetzes findet geradezu ihre Kraft aus der Vielheit der Wertvorstellungen ihrer Glieder. Toleranz bedeutet nicht nur Trennung, sondern auch Verbindung zu einem Ganzen, zu dem jeder das Seine beiträgt.

Sein Christsein im öffentlichen Leben zur Wirkung zu bringen, ist zugleich aber auch Auftrag seines Glaubens. Die Pastoralkonstitution über Kirche in der Welt von heute (2. Vatikanisches Konzil)[15] enthält entscheidende Hinweise. „Die Kirche hat den Weg mit der ganzen Menschheit gemeinsam und erfährt das gleiche Erdenlos mit der Welt.“ Sie läßt „den Widerschein des göttlichen Lebens über die ganze Welt ergießen, vor allem in der Heilung und Erhebung der menschlichen Personenwürde“ (Nr. 40). Christus ist nicht nur der sich seiner Kirche und ihren Gliedern Zuwendende. „Die Kirche fordert die Christen, die Bürger beider Gemeinwesen auf, nach treuer Pflichterfüllung ihrer Pflichten zu streben, und dies im Geiste des Evangeliums.“ „Sie sollen bereitwilligst mit den Menschen, die die gleichen Anliegen haben wie sie, zusammenarbeiten. Im Wissen um die Forderungen des Glaubens und mit seiner Kraft ausgerüstet sollen sie, wo es angeht, Neues planen und ausführen. Ihrem recht geschulten Gewissen obliegt die Aufgabe, das göttliche Gesetz dem irdisch-bürgerlichen Leben aufzuprägen.“ „Sie selbst sollen ... im Lichte der christlichen

Weisheit und stets orientiert an den kirchlichen Lehren die ihnen eigenen Aufgaben angehen“ (Nr. 43). Der in Staat und Kirche lebende Christ untersteht dem doppelten Auftrag zur wirkenden Teilnahme an der Welt. Staat und Kirche fordern ihn.

III.

In den doppelten Auftrag fällt auch die Reform des Strafrechts hinein. Sie darf freilich nicht nur unter dem Gesichtspunkt der Gesetzesreform gesehen werden, so sehr zur Zeit gerade Gesetzesfragen im Mittelpunkt der Erörterungen stehen. Es geht vielmehr auch um die „innere Reform“, um die Gestaltung der gesamten Strafrechtswirklichkeit innerhalb geltender Gesetze. Zur Beantwortung der Frage, was aus dem Glauben zum Strafrecht und damit zur Strafrechtsreform gesagt werden kann, bedarf es einiger grundsätzlicher Überlegungen.

1. Die Verknüpfung der Sicht aus dem christlichen Sein und aus der Weltzugehörigkeit vollzieht sich in der Liebe zu Gott und zum Nächsten. Es geht um das Bemühen, der Liebe Christi in dieser Welt Ausdruck zu geben und von ihr Zeugnis abzulegen. Damit wird es grundsätzlich schwierig und fragwürdig, bestimmte weltliche Ordnungen festzusetzen. Die weltlichen Ordnungen sind etwas Bruchstückhaftes, an die jeweiligen Zeitverhältnisse Gebundenes und immer ein neuer Entwurf, die Angelegenheiten der Menschen zu regeln. Der Christ ist in diese Ordnungen, wie auch immer sie geformt sind, hineingestellt. Damit erwächst ihm als erster Auftrag, die Lebensordnungen, so wie sie sind, in der Liebe umzugestalten und ihnen damit das Anstößige zu nehmen. Wie gut oder schlecht die Ordnung ist, der Christ hat die Aufgabe, sie zu erhöhen. Die zwischenmenschlichen Beziehungen werden in den wesentlichen menschlichen Bezug hineingestellt. Beispiele dafür bringt die Heilige Schrift, so der Philemonbrief zur Sklaverei und in einem unübertreffbarem Liebeszeugnis Eph. 5,23—32 zur Ehe. Wie unvollkommen auch die Strafrechtsordnung sein mag oder sogar notwendigerweise ist, wie sie auch immer konzipiert ist, der Christ hat sie aus seiner Haltung so zu verwirklichen, daß etwas von dem Geist Christi aufleuchtet. Die Gerechtigkeit muß von der Liebe durchdrungen sein [16]. Der in

das Strafrecht hereingerissene Mensch muß in der harten Wirklichkeit der Ordnung etwas Tieferes spüren. Das geht nicht nur den Richter an, vor dem der Täter sich zu verantworten hat, nicht nur den Vollzugsbediensteten, dem der Verurteilte übergeben ist, sondern auch den Außen- und Fernstehenden. Es kommt darauf an, daß in dieser schweren Situation der Mensch nicht zerbricht, weder der Abgeurteilte noch der Urteilende, weder der Gefangene noch der Bewahrende. In der Liebe werden die tieferen, im Strafrecht schon weitgehenden Hintergründe und menschlichen Gegebenheiten, wie Sünde, Schuld, Sühne, Verzeihung, Erlösung, Hoffnung und Daseinssinn deutlich. Die Begegnung in der Liebe bewahrt aber auch den urteilenden Menschen und die verurteilende Gesellschaft vor Schaden, indem sie die menschliche Solidarität gewährleistet, vor Überheblichkeit bewahrt und das Bewußtsein eigenen Versagens, eigener Schuld und der Verstrickung in die Schuld des anderen, das eigene Erlösungsbedürfnis und das Angewiesensein auf Hoffnung und Geliebtwerden deutlich macht.

2. Das Strafrecht ist eine weltliche Ordnung. Es ist daher unstatthaft, Analogien zum göttlichen Sein mit den völlig anderen Existenzgrundlagen zu ziehen[17]. Unter Verwendung der Begriffe „Ordnung" und „Strafe" tragen wir eigene Vorstellungen an das ganz Andere heran. Das Leiden des von Gott endgültig abgewandten Menschen ist der Qualität nach unterschieden von der über den Menschen wegen der Übertretung der staatlichen Gesetze verhängten Strafe. Es ist die Folge der Nichtannahme der Liebe Gottes in letztpersönlicher Verantwortung. Die Loslösung des Menschen von Gott ist ein Geheimnis. Gott bedarf der Strafe nicht. Wohl aber benötigt sie der Staat zum Schutze seiner selbst, seiner ihm anvertrauten Menschen und der sie bergenden Wertordnung wegen. Das Strafrecht hat einen weltlichen Charakter. Der Glaube und die weltliche Strafe ruhen auf zwei verschiedenen Ebenen. Der Glaube bedarf nicht des Strafrechts, das Strafrecht bedarf aber des Glaubens, um nicht zu einer unerträglichen, menschenunwürdigen Zwangsjacke zu werden. Insofern ist es bedeutsam, ob der Glaubende die Strafrechtswirklichkeit mitträgt und wandelt.

3. So sehr der Christ den ihm übermittelten Geist in die Welt einfließen läßt, so sehr ist er doch auch Bürger dieser Welt und dieses Staates. Er ist es nicht nur halben Herzens, sondern in seiner ganzen Persönlichkeit. Die Welt fordert ihn

auch nach ihrer Ordnung. So arbeitet der Christ zugleich aus dem Auftrag für die Welt und aus der Welt. Er hat daher — trotz allem Durchdrungensein von Christus — seine Entscheidungsmaximen welt- und sachbezogen zu treffen. Sicherlich werden seine Auffassungen aus seinem Glauben befruchtet. Er wird darüber nachdenken, welche weltliche Ordnung am ehesten der Schöpfung entspricht und welche Ordnung dem Menschen, dessen Reichtum und Tiefe sich erst im Glauben erkennen läßt, am ehesten gerecht wird. Es ist daher durchaus berechtigt, eine christliche oder eine katholische Gesellschaftsordnung zu entwerfen und Strafrechtsvorstellungen zu einer Strafrechtsreform zu entwickeln. Jedoch ist es nicht möglich, über einige, zwar sehr wesentliche gemeinsame Grunderkenntnisse und Grundüberzeugen hinaus nur *eine* Lehre zu entfalten. Auch unter den glaubenden Menschen kann es eine Vielheit von Anschauungen geben. Sie stehen in der Abhängigkeit von persönlichen Sachauffassungen und der Beurteilung der jeweiligen Gegebenheiten. Das gilt auch grundsätzlich für die Einstellung zur Strafrechtsreform.

4. Der Gedanke, daß das Strafrecht auch zerstörende Kräfte in sich birgt, vermag den Eifer für das Strafrecht zu dämpfen, erweist aber auf der anderen Seite gerade die Notwendigkeit zur Mitarbeit. Hierbei ist nicht an die Möglichkeit von Fehlurteilen gedacht. Auch sie unterliegen der sittlichen Bewertung, sofern sie auf menschlicher Unaufmerksamkeit, Trägheit, Verfälschung und Lüge beruhen. Sie treffen aber nicht das Strafrecht in seinem Kern. Es geht vielmehr um die regelmäßigen Begleitumstände in einem nach den Regeln des Strafrechts ordnungsgemäß durchgeführten Verfahren. Durchaus nicht selten ergeben sich mit der Strafe für den Verurteilten und seine Angehörigen schwerwiegende Folgen, die über das der Strafe innewohnende Übel und Leid hinausgehen. Es ist Aufgabe der Gerechtigkeit und der Mitmenschlichkeit, diesen Überhang zu mildern, auszugleichen und zu beheben. Strafrechtsreform kann daher für den Christen nicht nur gesetzliche Regelung der Straftaten und ihrer Straf- und Maßnahmefolgen sein. Sie muß zugleich Strafvollzugsreform sein, um den Vollzug menschlich zu gestalten und ihn fruchtbar zu machen. Sie muß darüber hinaus Straffälligen Hilfe und Sozialhilfe für die mittelbar Betroffenen sein. Sie muß schließlich aber auch menschliche Begegnung sein, wie sie nicht mehr angeordnet, sondern nur vom einzelnen, von Gruppen und Zusammenschlüssen verwirklicht werden kann. Strafrechtsreform wird somit auch von

der Entfaltung der freien karitativen und fürsorgerischen Tätigkeit, aber auch von der kirchlichen Gemeinde und ihren einzelnen Gliedern verwirklicht [18].
Das Strafrecht ist darüber hinaus eine gefährliche Waffe. Sie kann zur Beseitigung oder Vernichtung anderer angewandt werden, die ihrerseits gerechtfertigte Ziele verfolgen. Das Strafrecht kann dazu benutzt werden, Gegner auszuschalten, sie gesellschaftlich „unmöglich" zu machen. So dient das Strafrecht nicht mehr dem Schutz von Gemeinschaftswerten und der einzelnen Menschen. Es verletzt im Schein des Rechtes Persönlichkeitsrechte und damit die Menschenwürde. Gerade wer die Kraft des Bösen kennt, wird darum bemüht sein, dem Strafrecht Grenzen zu setzen. Die Tugend der Mäßigung gilt für den Gesetzgeber wie für den Richter. Ist der Kirche und ihren Gliedern der Mensch und seine Würde anvertraut, eröffnet sich hier ein weiter Bereich ständiger Offenheit und steten Eintretens für den Menschen, sicherlich zunächst am eigenen Platz, an dem der Christ tätig ist. So einfach die Theorie ist, so schwierig ist es jedoch oft, die tatsächlichen Hintergründe und Grundlagen zu erkennen und zu ermitteln, wo das Recht des einzelnen gefesselt ist und wo der einzelne in ungerechter Weise die gerechte Ordnung angreift und sie aufzulösen sucht.
Noch in einer weiteren Hinsicht kann das Strafrecht die Menschenwürde antasten. Es kann das Gewissen zwingen wollen. Die damit zusammenhängende Problematik ist an den Zeugen-Jehovas-Prozessen [19] deutlich geworden. Sie kann aber auch Angehörige der großen Glaubensgemeinschaften treffen, wenn Strafgesetze etwas fordern, was diese als unrecht verwerfen, und wenn diese sich in ihrem Gewissen gehindert sehen, den Gesetzesbefehl in die Tat umzusetzen [20]. Wo die Mittel des diskriminierenden Strafrechts [21] zur Bedrückung von Gewissensentscheidungen angewandt werden, ist eine dem Strafrecht gesetzte Grenze überschritten. Der Christ sollte davon nicht erst dann Kenntnis nehmen, wenn er selbst betroffen ist.

5. Strafrecht ist nicht nur gesetzte *Ordnung*, sondern auch verwirklichte *Idee*. Gerade im Strafrecht werden Vorstellungen über Staat, Gesellschaft, Wertordnungen, Rechte des einzelnen, Befugnisse und Grenzen des Eingreifens in die Wirklichkeit umgesetzt. Die Heftigkeit, mit der die Auseinandersetzungen um das Sexualstrafrecht oder das Recht des ungeborenen Kindes auf Leben durchgeführt werden, lassen erkennen, daß es nicht bloß um kriminalpolitische Regelungen geht. Die Ideen berühren das Menschsein in seiner Substanz. Die Vor-

stellung vom Wesen des Menschen, von der Beziehung Gott-Mensch, vom Anspruch Gottes auf den Menschen, von seiner Bindung an die Schöpfungsordnung, von seiner sittlichen Verantwortlichkeit und seiner Bindung an gesetzte sittliche Normen bestimmt die eigene Stellung. Wie derartige Gegensätze ausgetragen werden, hängt davon ab, wie sehr die strittigen Fragen Menschenwürde und Menschenrecht betreffen. Gewicht und Ernst von Anschauungen und deren Folgen für den Menschen und die Menschheit können ein Schweigen oder ein Sichabfinden der der Welt zugewandten Kirche Christi und ihrer Glieder um der Verantwortlichkeit willen ausschließen. Es gibt Situationen, in denen es des Sprechens bedarf.

Aber schon drängt sich die Frage auf: Ist denn die Richtigkeit des Sprechens gesichert? Gibt es wirklich Lagen, in denen der katholische Christ nicht nur aus eigener persönlicher Überzeugung, sondern im Auftrag Christi spricht? Unterliegen wir nicht möglicherweise einer durchaus wohlgemeinten, aber irrigen Auffassung? Treten wir nicht nur für etwas ein, was der christlichen oder katholischen Anschauung durchaus adäquat ist, was aber nicht Allgemeingültigkeit hat? Der Gewißheitsgrad[22] einzelner Anschauungen ist sicherlich sehr verschieden. Auch der katholische Christ wird nicht leichtfertig seine Anschauung, so sehr er sich auch um sie aus seinem Glaubensbewußtsein bemüht hat, als eine für alle verbindliche Meinung ausgeben. Er kann es nur dann, wenn er die Sicherheit hat, von dem lebendigen Geist der Gesamtkirche getragen zu sein. Die Verkündung des Rechts des ungeborenen Kindes auf Leben ist ein Beispiel dafür. Päpste und Bischöfe — und zwar nicht nur die Bischöfe eines Landes, sondern des ganzen Erdkreises sprechen eine eindeutige, klare Sprache, die auch im Kirchenvolk ihr lebendiges Echo gefunden hat[23]. Es gibt kaum eine das Strafrecht berührende Lehre als die von der Unzulässigkeit der Freigabe des ungeborenen Lebens, die so eindeutig und klar herausgestellt ist. Die Verbindlichkeit der Lehre wird selbstverständlich nicht dadurch berührt, daß einzelne katholische Christen Bedenken und Zweifel bei der Lösung der Frage nicht überwinden können.

6. Die Unzulässigkeit eines Handelns in sittlicher Beziehung läßt freilich auch für den Christen die Frage offen, ob die Handlung strafrechtlich geahndet werden muß. Auch ein Teil der Anhänger der Fristenlösung stellt nicht in Abrede, daß der Schwangerschaftsabbruch sittlich unerlaubt ist[24]. Jedoch wird

darauf hingewiesen, daß die sittliche Unerlaubtheit noch keine Rechtsfolgen, vor allem strafrechtlicher Art auszulösen braucht. Der Satz, daß nicht alles, was unsittlich ist, dem Strafgesetz unterstellt werden muß, ist ein in der Morallehre und Rechtslehre anerkannter Grundsatz. Auch kriminalpolitische Zweckmäßigkeit kann für die Entpönalisierung einer Handlung sprechen.

Somit ergibt sich die Frage, ob der Grundsatz der Scheidung zwischen Sittlichkeit und Pönalisierung rechtlich und sittlich ausnahmslos gibt. Es geht darum, ob und unter welchen Umständen eine Straf*pflicht* besteht. Daß in den im Streite befindlichen Fällen ein *Recht* zur Bestrafung besteht, wird höchstens von Vertretern radikaler Richtungen behauptet. Die Straf*pflicht* ist in der deutschen Strafrechtswissenschaft ein ausdrücklich kaum behandeltes Thema. Die Frage ist im Grunde eine staatsrechtliche. Die Antwort auf sie ist aus dem Zweck des Staates als der die Gesellschaft tragenden Organisation herzuleiten. Der Staat hat das Recht und die Pflicht, das Gesellschaftsleben nach den Maßstäben des Allgemeinwohls zu ordnen. Ihm obliegt die Sicherung der Würde und Existenz seiner Bürger und die Abwehr von Gefahren. Diese Pflicht ergibt sich bereits aus der Natur der Sache. Manche werden diese Forderung aus dem Naturrecht[25] herleiten.

Der rechtliche Schutz braucht freilich nicht notwendigerweise mit Mitteln des Strafrechts zu erfolgen. Das ist dann nicht der Fall, wenn andere Mittel, etwa solche zivil-, arbeits- oder verwaltungsrechtlicher Art zur Verfügung stehen. So wäre es denkbar, der Pornographie mit verwaltungsrechtlichen Maßnahmen zu begegnen. Wo aber solche Mittel nicht angewandt werden oder nicht vorhanden sind, ist der Staat verpflichtet, das Strafrecht einzusetzen, um den sonst nicht vorhandenen Schutz des Menschen oder menschlicher Grundwerte sichtbar zu machen und zu gewährleisten.

Außer auf solche allgemeine Erwägungen ist auf das jeweilige Verfassungsrecht zurückzugreifen. Für das Recht der Bundesrepublik ist das Grundgesetz mit seinen Wert- und Sozialvorstellungen maßgeblich. Menschenwürde und Recht auf Leben sind die vornehmsten Grundrechte. Der im Grundgesetz niedergelegte Sozialstaatsgedanke verpflichtet zur besonderen Sorge für diejenigen sozialen Schichten, die auf die Hilfe des Staates infolge ihrer Schwäche gegenüber der Gesellschaft angewiesen sind. Hierzu gehören Jugend und Kinder, auch die Kinder im Mutterleib. Mit Recht vertritt daher *Dürig*[26] in dem Grundgesetz-Kommentar die Ansicht, daß, wenn das Strafgesetzbuch die Abtreibung nicht bereits unter Strafe stellte, die Bundesrepublik verpflichtet wäre, die Bestrafung einzuführen.

Besteht auch über die Verpflichtung zu Strafen grundsätzlich Einigkeit, so bleibt doch offen, ob es nicht besondere Umstände gibt, die eine Ausnahme von der Bestrafung zulassen. Diese Frage drängt sich gerade bei der Tötung — nicht nur des ungeborenen Kindes — und bei der Körperverletzung auf[27]. Es geht um die Straffreiheit bei bestimmten Indikationen. Je tiefer der Eingriff in den menschlichen Bereich ist, je höhere Werte verletzt werden und je mehr es um die Störung der Beziehungen Gott-Mensch geht, um so weniger erweisen sich Ausnahmen als möglich. Der Christ trägt in die Beantwortung der damit zusammenhängenden Fragen auch seinen Glauben mit hinein. Jedenfalls dürfen die Ausnahmen nicht den zu schützenden Grundwert mehr oder weniger schutzlos machen. Auch dürfen sie die Wertordnung nicht verkehren[28].

IV.

Der Christ kann in verschiedener Weise an der Reform des Strafrechts teilnehmen. Die ihm im Strafrecht eingeräumten Handlungsmöglichkeiten ermöglichen es ihm, aus seinem Geist an der Verwirklichung dieses Rechtsgebietes mitzuwirken. Es werden sich häufig für andere keine Gründe ergeben, ihn daran zu hindern. Jedoch gibt es weite Gebiete — und zwar vor allem hinsichtlich der gesetzlichen Reform —, in denen Gegensätze vorhanden sind und ausgetragen werden müssen. Derartige Fragen unterliegen zunächst einmal der kriminalpolitischen Erörterung. Es geht dabei um Sach- und Normprobleme. Der zu beurteilende Vorgang muß vorerst in seinen personalen, anthropologischen, sozialen, wirtschaftlichen und sonstigen sachlichen Gegebenheiten geklärt werden. Der Jurist — auch der katholische — erhält das Material vom Anthropologen, Mediziner, Naturwissenschaftler, Psychologen, Soziologen, aber auch vom Philosophen und Theologen. Im Gegensatz zu einer heute weitverbreiteten Ansicht tragen auch die Geisteswissenschaften mit ihren spekulativen Methoden zur Erfassung der Realitäten bei. Die allgemeinen Erkenntnisse müssen auf den Einzelfall übertragen werden. Die Stellungnahme zur Lösung der jeweilig konkreten Frage erfordert Sachkenntnis, Aufgeschlossenheit und Bereitschaft zum Zuhören, aber auch die Fähigkeit, seinen Standpunkt zu entwickeln, und den Mut, seine Anschauung darzulegen. Die Welt und der Andersdenkende haben einen Anspruch darauf zu erfahren, was die Kirche und der glaubende Christ denken.

So selbstverständlich es ist, daß der Christ sich mit den üblichen Sachgründen befaßt und das Gespräch in der Sprache dieser Welt führt, so können die Anschauungen doch so weit voneinander getrennt sein, daß die gleiche Sprache nicht näher an die Lösung führt[29]. Je mehr die Grundanschauungen auseinandergehen, um so weniger werden die bloßen kriminalpolitischen Erwägungen tragen. Je polarer die Auffassungen sind, um so weniger lassen sie sich einander verständlich machen. Der rationale Austrag der Gegenstäze wird möglicherweise zu einem Scheingefecht. Auch diese Schranken einer Auseinandersetzung müssen gesehen werden. Es gibt in ihnen einen Punkt, der zwar möglichst weit zurückgeschoben werden sollte, an dem ein gemeinsames Erkennen nicht mehr möglich ist. An diesem Punkt setzt das Bekennen ein. Auch dieses hat seinen Sinn. Macht es doch Wirklichkeiten sichtbar, die sonst verschlossen bleiben, und offenbart es eine Zeugniskraft, hinter der der Mensch mit seiner ganzen Persönlichkeit sich als Bürge stellt. Der Christ muß es freilich verstehen, bei seinem Bekenntnis überzeugend klar zu machen, daß es ihm nicht um das Gesetz, sondern um die Liebe geht. Eine solche Sprache läßt sich freilich nur in der Demut und im Dienst reden.

Diese aus dem Glauben kommende Sprache läßt sich nicht isolieren. Wenn eine in das Gesetz übertragene Forderung aus der Liebe hergeleitet werden soll, so wirkt diese Begründung nur, wenn sie der Liebeshaltung entspringt. Das Grundverhältnis Gott-Mensch, das der Begründung unterlegt worden ist, muß dem christlichen Handeln innerhalb des gesamten Sach- und Lebenskomplexes sein Zeichen aufprägen. So kann die Sorge um das ungeborene Kind nicht erst beim Strafgesetz anfangen. Die Sorge für das Kind, die Mutter, die Familie, für die durch die Gesetzestreue in Not geratenen Menschen oder für das nichteheliche Kind, das zwar nicht nur, aber oft das häufige Opfer der Vernichtung wird, kann nicht nur zu „flankierenden Maßnahmen" führen. Vielmehr handelt es sich um selbständige vorrangige Bemühungen. Auch hier können Not und Elend, die Verkehrtheiten nur aus der alles überdeckenden Liebe überwunden werden. Diese Wirklichkeit darf jedoch nicht erst an einem Einzelpunkt des Strafrechts einsetzen, der im Augenblick ein besonderes Interesse erweckt. Vielmehr muß sie sich im Strafrecht überhaupt bezeugen. Mit welchem Erfolg jemand in einer Einzelsituation spricht oder zu einer Frage Stellung nimmt, hängt nicht nur davon ab, wie weit das Sprechen des einzelnen und in der Einzelsituation von der Kirche und ihren Gliedern mitgetragen wird, sondern vor allem davon, ob in der Kirche und dem einzelnen die Realität Christus aufleuchtet. Sie ist es ja, die den einzelnen zum Reden und Handeln bringt, wenn er aus dem Glauben lebt.

Unter allem Kritisieren und Zweifeln sollte uns der Atem nicht stocken, die Sprache nicht verschlagen und das Handeln nicht erlahmen. Es sollte der Blick für den unter uns lebenden Christus nicht verschlossen sein. Selbst eine so nüchterne und trockene Ausgangsfrage wie die nach dem Verhältnis des Christen zur Strafrechtsreform führt zu zentralen Fragen des menschlichen Seins. Aber daß eine scheinbar kleine Frage zu großen Fragen führt, ist für den Jubilar, der wissenschaftlich sich mit Thomas von Aquin und Albertus Magnus befaßt und als Seelsorger mit den Dingen des Alltags zu tun gehabt hat, sicher nichts Neues.

1 Die Formulierung schließt sich an den Titel des 1935 von *Kleineidam-Kuß* herausgegebenen Buches an, das eine klare grundsätzliche Stellungnahme zu den Problemen der damaligen Zeit vom katholischen Standpunkt aus enthält.

2 Belege im einzelnen in meiner Abhandlung: *Recht und Sittlichkeit* in: Communio 1 (1972) 344.

3 Zum Begriff des Sittengesetzes im Grundgesetz vgl. von *Mangoldt-Klein, Das Bonner Grundgesetz,* 2. Aufl. S. 185; Hans *Peters, Die freie Entfaltung der Persönlichkeit als Verfassungsziel,* Laun-Festschrift 1953, 669 ff. (676); etwas abweichend umschreiben den Begriff *Maunz-Dürig, Grundgesetz,* Kommentar zu Art. 2 Abs. I Rn. 16.

4 Das Schrifttum zur christlichen Staats- und Gesellschaftslehre ist unübersehbar. Vgl. etwa das Schrifttumsverzeichnis in Fr. *Klüber, Katholische Gesellschaftslehre,* 1. Bd. (1968), S. 911—984. Dort ist auch das umfangreiche naturrechtliche Schrifttum angegeben.

5 Näheres dazu in dem in Anm. 2 angeführten Aufsatz.

6 *Entwurf eines Strafgesetzbuches* (StGB) E 1962 mit Begründung — Bundestagsvorlage —, Deutscher Bundestag 4. Wahlperiode Bonn 1962.

7 Vgl. die beiden Referate von Karl *Peters* und Dietrich *Lang-Hinrichsen, Grundlagen der Strafrechtsreform,* Schriftenreihe der Arbeitsgemeinschaft katholischer Bildungswerke 1959.

8 *Alternativ-Entwurf eines Strafgesetzbuches,* Allgemeiner Teil vorgelegt von J. *Baumann* und dreizehn anderen Professoren des Strafrechts der Bundesrepublik und der Schweiz. Es folgten seither Bearbeitungen einzelner Teile des Besonderen Teils des Strafrechts sowie

neuestens ein Alternativ-Entwurf zum Strafvollzugsgesetz. Der Kreis der Mitarbeiter hat sich inzwischen erweitert.

9 Vgl. § 105 AE (Besonderer Teil. Straftaten gegen die Person. Erster Halbband. § 105 AE) beruht auf einem Mehrheitsvotum. Ihm stand eine von der Minderheit empfohlene Indikationslösung entgegen (vgl. S. 35 ff.). Rudolf Schmitt hat, wie ausdrücklich vermerkt wird (S. 8, 30), beide Lösungen abgelehnt. Zu dem Fragenkomplex des Schwangerschaftsabbruches mit ausführlichen Verweisen: Karl *Engisch, Der Arzt an den Grenzen des Lebens,* Bouvier disputanda 7, Bonn 1973.

10 In dem unter 7 angeführten Referat habe ich eindringlich die Einschränkung des Strafrechts (S. 27 ff.) gefordert, um das Strafrecht wirksamer zu gestalten. Die Strafjustiz ertrinkt in der Flut von Kleinigkeiten. Die Bagatellen führen zur Anwendung der unerfreulichen kurzen Freiheitsstrafe. Wegen der Einzelheiten die Abhandlung: *Beschränkungen der Tatbestände im Besonderen Teil,* Zeitschr. f. d. ges. Strafrechtswissenschaft 77 (1965) 470 ff.

11 Bemerkenswert ist die Minimalisierung der Strafziele auf das Nicht-mehr-straffällig-werden. Belege dazu: §§ 23 Abs. 1, 24 c Abs. 1, 25 Abs. 1, 26 Z. 2 StGB i. d. F. des ersten Strafrechtsreformgesetzes vom 25. 6. 1969, sowie §§ 56 Abs. 1, 56 d Abs. 1, 56 f. Abs. 1 Z. 1, 57 Abs. 1 Z. 2 des demnächst in Kraft tretenden Strafgesetzbuchs in der Fassung des zweiten Strafrechtsreformgesetzes vom 4. 7. 1969. Der Entwurf des Strafvollzugsgesetzes (Vorlage der Bundesregierung) beschränkt das Behandlungsziel im Strafvollzug nur darauf, daß der Gefangene fähig werden soll, künftig in sozialer Verantwortung ein Leben ohne Straftaten zu führen (§ 2 E). Im Gegensatz dazu hat der Bundesrat die Aufgaben des Vollzugs zu erweitern vorgeschlagen. Der Vollzug müsse bemüht sein, den Gefangenen zu einem positiven Verhältnis gegenüber den Normen der Rechtsgemeinschaft zu befähigen (vgl. S. 108 der Drucksache 7/918, Deutscher Bundestag 7. Wahlperiode) vom 23. Juli 1973. Zur näheren Problematik vgl. meine Abhandlung: *Die ethischen Voraussetzungen des Resozialisierungs- und Erziehungsvollzugs,* Heinitz-Festschrift (1972) 501 ff.

12 Darum ist es auch unzulässig, dem Grundgesetz eine andere Demokratieform zu unterschieben.

13 Vgl. dazu *Maunz-Dürig, Grundgesetz,* zu Art. 79 Rn 29; zu den materiellen Elementen der Demokratie Hans *Peters,* Art. *Demokratie,* Staatslexikon Bd. 2 (1958) Sp. 561 ff. (563).

14 Zur Frage Toleranz und Indifferentismus: *Maunz-Dürig, Grundgesetz,* zu Art. 4 Rn 21; Hans *Peters, Geschichtliche Entwicklung und Grundlagen der Verfassung* (1969) 169; theologisch zum Toleranzproblem: B. *Häring, Das Gesetz Christi,* 7. Aufl. (1963) Bd. 2, 401 ff.; R. *Hofmann,* Art. *Toleranz,* Staatslexikon Bd. 7 (1962) Sp. 1007.

15 Konzilsdekrete. Erste Übersetzung im Auftrag der deutschen Bischöfe, Paulus-Verlag Recklinghausen, 4 Hefte.

16 Zu diesem Grundthema christlicher Rechtsbetrachtung vgl. Fr. *Klein, Christ und Kirche in der sozialen Welt. Zur Stellung der Caritas im Spannungsfeld von Liebe und Recht,* 1956; Fr. *Klüber, Katholische Gesellschaftslehre,* Bd. 1 (1968) 730—735; G. *Küchenhoff,* Natur-

recht und Liebesrecht, 2. Aufl. 1962; ein Versuch die Problematik in den Strafvollzug einzuführen in meinem Buch: *Grundprobleme der Kriminalpädagogik* (1960) 141—159.

17 Zu dieser Fragestellung mein Referat *Glaube und Strafrecht* auf der Generalversammlung der Görresgesellschaft in Osnabrück 1964: *Heinitz-Würtenberger-Peters, Gedanken zur Strafrechtsreform,* Veröffentlichung der Sektion für Rechts- und Staatswissenschaft. N. F. H. 4 (1965) 39 ff. (41 ff.).

18 Zu den Problemen der Caritas und sonstiger kirchlicher Sozialtätigkeit in der sozialstaatlichen Ordnung vgl. vor allem den fünften Abschnitt des Buchs von Fr. *Klein, Christ und Kirche in der sozialen Welt,* 1956.

19 Es ging dort um die Bestrafung und vor allem um die mehrmalige Verurteilung von Zeugen-Jehovas, die aus Gewissensgründen den Wehrdienst verweigerten. Dazu: meine *Abschließende Bemerkungen zu den Zeugen-Jehovas-Prozessen,* Engisch-Festschrift (1969), S. 468 ff.

20 Noch entspricht es der Rechtsprechung und der ganz überwiegenden Auffassung im Schrifttum, daß ein Recht zur Schwangerschaftsunterbrechung keine Pflicht dazu begründe, so auch nicht für den Arzt zur medizinischen Schwangerschaftsunterbrechung (Eberh. *Schmidt* SJZ 1949, Sp. 564; *Lenckner, Der rechtfertigende Notstand* (1965), S. 214, ferner meine Stellungnahme Med. Wochenschrift 1952 Sp. 510). Wie leicht aber eine Änderung der Anschauungen eintreten kann, ergibt sich aus *Bockelmann, Das Strafrecht des Arztes,* in: Ponsold, Lehrbuch der gerichtlichen Medizin, 3. Aufl. (1967) S. 9. Dort heißt es: „Das bedeutet, daß der Arzt die Unterbrechung, wo sie zur Rettung der Schwangeren nötig ist und von der Patientin gefordert wird, vornehmen muß — bei Gefahr der Bestrafung wegen Tötung oder Körperverletzung, begangen durch Unterlassung, die ihm droht, wenn er den Eingriff verweigert." Die Auswirkungen dieser Auffassung auf den Ehegatten, die Krankenschwestern u. a. sind erheblich. Auch droht die Möglichkeit des Eingreifens des § 330 c StGB (unterlassene Hilfeleistung). Zur Problematik dieser Vorschrift bei Gewissensentscheidungen BVerfGE v. 19. 10. 71, Juristen-Zeitung 1972, 83 mit Besprechung von mir.

21 Zu der Frage, ob Verhängungen von Ordnungsstrafen wegen Verweigerung auch des nichtreligiös geleisteten Eides zulässig sind vgl. (verneinend) BVerfGE v. 11. 4. 1972 in Juristen-Zeitung 1972, 515 mit (zweifelnder) Anmerkung von mir. Mir scheint das Problem bei Kriminalstrafen und bloßen Ordnungsstrafen verschieden zu liegen.

22 Wenn der Christ aus seinem Glauben in die Welt hinein spricht, muß er sich Rechenschaft über den Gewißheitsgrad seiner Äußerungen oder seiner Handlungsweisen geben. Er muß sich auch klar darüber sein, wo er aus Gewissem Ableitungen folgert und welchen Sicherheitsgehalt wiederum diese Ableitungen haben. Es könnte sonst sich ergeben, daß nicht aus dem Glauben, der Wahrheit und der Liebe, sondern aus dem eignen Denken und dem selbst geformten Gesetz gesprochen und gehandelt würde.

23 Vgl. hierzu Karl *Panzer,* Schwangerschaftsabbruch § 218 StGB, 1972.

24 So heißt es in der Begründung für die Fristenlösung, die von der Mehrheit der Alternativprofessoren vorgeschlagen wird: „.. die Tötung des Embryos ist — sieht man von Aus-

nahmesituationen ab — nicht nur ethisch verwerflich, sie ist vielmehr auch die Vernichtung eines Rechtsguts" (S. 25).

25 Der Hinweis auf das grundlegende Werk von Joh. *Messner, Das Naturrecht. Handbuch der Gesellschaftsethik, Staatsethik, Sozialethik und Wirtschaftsethik,* 5. Aufl. 1966 [dazu ergänzend Joh. *Messner, Moral in der säkularisierten Gesellschaft,* in: Communio 1 (1972) 137 ff.] sowie auf Fr. *Klüber, Katholische Gesellschaftslehre* (Bd. I). *Geschichte und System* (1968), 624—702 mag genügen.

26 *Maunz-Dürig, Grundgesetz,* zu Art. 2 Abs. II Rn. 22.

27 Man denke an die Straffreilassung von Morden und Tötungen aus politischen oder weltanschaulichen Gründen. Ausdruck der Strafpflicht sind die durchgeführten NS-Prozesse, dazu A. *Rückerl, NS-Prozesse. Nach 25 Jahren Strafverfolgung. Möglichkeiten-Grenzen-Ergebnisse,* 1971.

28 Technisch bieten sich zur strafrechtlichen Regelung die Kategorien Straffreiheit und Strafausschluß (im Gegensatz zu Rechtfertigungsgrund und Schuldausschließungsgrund).

29 Insofern bedarf das Referat: Glaube und Strafrecht (vgl. Anm. 17) der Ergänzung.

Psychose — Somatose

Thomanische Gedankengänge und thomistische Überlegungen in der gegenwärtigen Psychiatrie

Gottfried Roth (Wien)

Prälat Dr. Alfons Hufnagel schreibt am Ende seines Kommentars zur *Summa theologiae* I, 29, 1—3, „Das Geheimnis der Person“ [1], daß Person „immer etwas Individuelles geistiger Natur“ [2] ist; aber „weil es sich um ein individuelles Wesen geistiger Natur handelt, kommt diesem auch die Herrschaft über seine Tätigkeiten zu; wo Person, dort auch selbständiges Prinzip des Tätig- und Lebendigseins“ [3]. „Weil geistiger Natur, kommt der Person folgerichtig auch Erkennen und Wollen zu; soweit eine Person nicht absolute Person, also göttliche Person ist, tritt sie darum erkennend und wollend in Beziehung zu der sie umgebenden Welt“ [4]. Damit ist der Mensch gemeint, der aus zwei unvollständigen Substanzen, aus Leib und Seele zusammengesetzt ist, womit aber nicht einem Dualismus das Wort geredet wird, wohl aber einem Duo-Monismus, der für die von der gegenwärtigen empirischen Anthropologie sosehr betonte Ganzheit menschlichen Seins die metaphysische Basis bildet [5]. Der Mensch, so lesen wir weiter bei Alfons Hufnagel, der Mensch als Person besitzt das materielle, das lebendige, das sensitive und das geistige Sein, jedes, mit Ausnahme des letzteren, integriert in der jeweils höheren Seinsstufe.

In neurologischer und psychiatrischer Sicht enthalten diese Sätze die Frage, welcher Art Störungen dieses integrierten Gefüges sind, da die ärztliche Erfahrung bekanntlich zahlreiche Destruierungen kennt; Destruierungen neurologisch-psychiatrischer Relevanz. Wie vermag das Gefüge materieller, vegetativer, sensitiver sowie sensorischer und geistiger Art, dessen Harmonie die Gesundheit des Menschen, des animal rationale, ausmacht, so gestört werden, daß man von Geisteskrankheit sprechen muß. Die psychiatrische Literatur bot manche Ansätze für die Beantwortung dieser Frage, die thomistische Philosophie fügte ein bewährtes Menschenbild hinzu.

Dieses Thema, verehrter Jubilar, war ja auch Inhalt eines Gespräches in meiner Bibliothek mit ärztlichen Freunden, an dessen Ende Sie dann in das Gästebuch die gewichtigen Worte schrieben: veritati et caritati. Die Psychiatrie ist eine jener Wissenschaften, die sich mit Irrtum und Unechtheit befassen, mit mangelnder und fehlender Zuneigung, mit den krankhaften Störungen der humanen Existentiale Wahrheit und Liebe. Demzufolge hat Ihre Eintragung den Charakter eines Maßstabes für psychiatrische Überlegungen.

In den letzten Jahrzehnten wurde wiederholt das thomanische Bild des Menschen bzw. dessen thomanische Versionen in den Mittelpunkt psychopathologischer Überlegungen gestellt[6]. Der Grund liegt zweifelsohne darin, daß „die alte Anschauung ein Bild des Ganzen gab, die Fülle bewahrte, die Einheit von Leib und Seele nicht preisgab, bei allem Seelischen das Somatische mit im Auge hatte, bei allem Somatischen das Seelische“[7]. Auch und gerade die sehr moderne Betrachtungsweise der kybernetischen Neurophysiologie bietet eine bedenkens- und bemerkenswerte Interpretation der scholastischen Formel: *anima forma corporis*[8]. Nach Paul Chauchard „liefert der wissenschaftliche Materialismus uns heute eine funktionelle, sehr entmaterialisierte Ansicht vom Leben: ohne Unterlaß dringen die Atome in die lebendige Materie ein und verlassen sie wieder, es gibt nichts Beständiges. Das einzig Bleibende sind nicht die materiellen Bestandteile, sondern ist deren Organisation: eine Mauer, deren Ziegel ausgewechselt werden, die aber architektonisch ihre Form beibehält. Ist das nicht die genaue wissenschaftliche Transponierung eines Tatbestandes, den die thomistische Philosophie schon lange vor der modernen Wissenschaft festgelegt hatte: die Struktur der Materie ist das Äquivalent ihrer substantiellen Form? Das Gleiche gilt für das Problem der Beziehung von Seele und Körper ... legt man auf die Art, wie der lebendige Körper des Menschen als Einheit zusammengehalten wird, besonderen Nachdruck, so kommt das der Erkenntnis gleich, daß die Seele die Form des Körpers ist, verantwortlich für die bestimmte Art der Integration ... [hinsichtlich der Hirnstrukturen und der komplizierten Beschaffenheit des Gehirns:] auch hier ist die Strukturierung das Äquivalent der Informierung und das Gehirn, philosophisch betrachtet, führt uns wieder auf die Seele als Form des Körpers zurück“[9].

Paul Chauchard leitet von dieser Grundvorstellung die „charakteristischen Beziehungen von geist-seelischen Funktionen zu ihren materiellen Substraten zerebraler Natur ab, die uns sonst unter den Chiffren Selbstregulierung und Integration, Freiheit, Trennung von Leib und Seele u. a. geläufig sind [10]. Wenn Paul Chauchard das Phänomen des Sterbens im Prozeß der zunehmenden, irreversiblen Einstellung der den ganzen Organismus integrierenden Funktionen sieht, so läßt sich eine zeitweise Störung und Veränderung derselben durch pathogene Noxen als Grundvorgang der Krankheit begreifen.

In einem Bild, das viel gebraucht wird, um das Verhältnis von Gehirn und Seele zu verdeutlichen, im Bild von Orgel und Orgelspieler [11] wird der instrumentale Charakter (gegen einen kausalen Charakter) des Gehirns dargestellt, mit anderen Worten: die Einheit von Körper und Seele trotz erhaltener Selbständigkeit der körperlichen und psychischen Kausalreihe.

Für den Duo-Monismus sind Leib und Seele zwei „unvollständige Substanzen" aber dergestalt, daß die Seele Bau-, Werde- und Funktionsplan des ihr zugehörigen Leibes ist, der Leib hingegen Grundlage und Ausdrucksfeld der Seele [12]. Dieser auf Aristoteles zurückgehende Hylemorphismus läßt in seiner weniger strengen Version den Gesetzmäßigkeiten der materiellen Teilsubstanz „das stoffliche Eigensein mit seinen physikalisch-chemischen Bestimmtheiten und die informierende Seele gibt nur das spezifische Lebendigsein" [13], Gegebenheiten, die in der Humanmedizin jederzeit beobachtet werden können. Die Ära der Psychopharmakotherapie bietet hierfür ebenso überzeugende Beispiele wie auch die Neurophysiologie. Es läßt sich also eine relative Eigenständigkeit der somatischen wie der geist-seelischen Dimension feststellen. Diese relative Eigenständigkeit erlaubt eine gegenseitige Beeinflussung, auch jene pathogenen Charakters; andererseits spricht auch „die relative Fügsamkeit bzw. Widerständigkeit der Natur gegenüber der Person" für die Art von Eigenständigkeit, da nicht jede Schuld auch tatsächlich krankmacht, obwohl sie die gesamte Einheit des Natur- und Geistwesens Mensch trifft [14].

Die Grundfrage unserer Überlegungen lautet: Kann die menschliche Seele erkranken? Kann die menschliche Person, der menschliche Geist erkranken, gibt es tatsächlich Geisteskrankheiten?Diese Frage ergibt sich aus der Wesensbestimmung der menschlichen Seele: „Die menschliche Seele als Prinzip des geistigen Lebens ist einfach und geistig. Sie ist zugleich das Prinzip des animalisch-sensitiven Lebens (wie die Einheit des geistig-sinnlichen Bewußtseins zeigt) und als Lebensform des Körpers auch Prinzip des vegetativen Lebens im Organismus" [15].

Einfachheit (Konzentration der Seins- und Kraftfülle des Geistes, der ja weder aus räumlich auseinanderliegenden Teilen noch aus Wesenteilen zusammengesetzt ist) sowie Immaterialität, die nicht nur das Stofflichsein, sondern auch die innere Stoffgebundenheit (wie bei Tier und Pflanze) ausschließt, bedingen, daß der Geist als solcher und auch die Person als solche nicht erkranken können; denn Erkrankung bedeutet Entordnung, Zerstörung von Ganzheiten. In dieser Sicht findet sich seit langem die Auffassung weitergegeben, daß die menschliche Geist-Seele, die Person des Menschen, der Geist des Menschen nicht erkranken könne.

Im letzten Viertel des 19. Jahrhunderts fanden die neothomistische Auffassung, daß die Seele nicht erkranken könne, und die psychiatrische Auffassung, daß Geisteskrankheiten Gehirnkrankheiten seien, ihre harmonische Vereinigung in Anselm Rickers Pastoralpsychiatrie[16]. Die philosophischen Gedankengänge lassen sich über Ignaz Schüch (1823—1893) und Albert Stöckl (1823—1845), die psychiatrischen über Richard von Krafft-Ebing (1840—1902) sowie Max Leidesdorf (1816—1889) und Wilhelm Griesinger (1817—1868) zurückverfolgen, geistesgeschichtlich schließlich bis Thomas von Aquin. Denn die Somatiker der Psychiatrie im 19. Jahrhundert haben ihr Fundament in der streng somatisch-orientierten Psychopathologie des Hochmittelalters[17].

Von der Psychose (im allgemeinen Sinn) schreibt in unserer Gegenwart Viktor Emil von Gebsattel im Jahre 1954, sie sei als ein „Gesamt sekundärer, vom Soma dependenter Störungen geistiger Funktionen“ Somatose, also nur eine „sogenannte Geisteskrankheit“[18]. Bei Georg Trapp liest man, daß „das Kranksein der Leibsphäre die Ausdrucks- und Darstellungsmöglichkeit des Geistes so entscheidend behindern kann, daß es zum Erscheinungsbild der Geisteskrankheit kommen kann ... Durch die Auffassung der Psychosen als Leibkrankheiten mit spezifischer Behinderung der personalen Geistphäre konnte man am herkömmlichen Krankheitsbegriff und zugleich am Krankheitscharakter der Psychosen festhalten. Hierbei wurde immer wieder auf das unbestreitbar richtige Moment hingewiesen, daß der geistige Selbststand für eine irgendwie geartete Zersetzung oder Verformung deswegen nicht anfällig sein könne, weil eben seiner einfachen Seinswirklichkeit das Organische nicht eignet“[19]. Gleichsinniges findet sich bei Rudolf Kautzky: „Was ... an seelischen Störungen beobachtet wird, wird als Folge, als Ausdruck von Gehirnerkrankungen oder am Gehirn wirksam werdender Allgemeinerkrankungen, etwa von Stoffwechselstörungen, angesehen. Wenn man sich vielleicht auch scheut, bei dem alten Ausspruch zu bleiben, es gebe keine Geistes- sondern nur Gehirnkrankheiten, so ist dies letztlich doch die allgemein akzeptierte Erklärung, die man hat oder nach der man sucht. Dies wird auch grundsätzlich nicht anders, wenn das Heer der Neurosen in Betracht gezogen wird. Wenn man nämlich mit aller Nüchternheit nach ihrer allgemeinen Genese fragt, so werden wieder Anlage und Umweltsfaktoren ... verantwortlich gemacht, die in irgendeiner — wohl noch nicht durchschaubaren Weise — als an körperliche Elemente gebunden gedacht werden... Der Mensch kann nicht erkranken, insofern er Person ist" [20]. Auch Viktor Emil von Gebsattel schreibt zu dieser Frage: „Die Person kann wohl der Ort, aber nicht der Träger oder das Subjekt von Krankheiten sein. Es gibt keine primäre Erkrankung der Person, sowenig als die Zerstörung der Person denkbar ist."

Von philosophischer Seite sei hier in der Diktion Romano Guardinis der Grundgedanke nochmals dargestellt und mit den (obigen) ärztlichen Auffassungen konfrontiert: „Person ist die Fähigkeit zum Selbstbesitz und zur Selbstverantwortung; zum Leben in der Wahrheit und in der sittlichen Ordnung. Sie ist nicht psychologischer, sondern existentieller Natur. Grundsätzlich hängt sie weder am Alter, noch am körperlich-seelischen Zustand, noch an der Begabung, sondern an der geistigen Seele, die in jedem Menschen ist. Die Personalität kann unbewußt sein, wie beim Schlafenden; trotzdem ist sie da und muß geachtet werden. Sie kann unentfaltet sein wie beim Kinde; trotzdem beansprucht sie bereits den sittlichen Schutz. Es ist sogar möglich, daß sie überhaupt nicht in den Akt tritt, weil die physisch-psychischen Voraussetzungen dafür fehlen, wie beim Geisteskranken oder Idioten; dadurch unterscheidet sich aber der gesittete Mensch vom Barbaren, daß er sie auch in der Verhüllung achtet. So kann sie auch verborgen sein wie beim Embryo, ist aber in ihm bereits angelegt und hat ihr Recht" [21].

Wenn man das Leib-Seele-Problem und die Frage nach dem Wesen der Geisteskrankheit in der psychiatrischen Literatur weiterverfolgt, so finden sich wiederholt thomanische Gedankengänge oder thomistische Überlegungen.

Schon 1929 hat W. Jacobi die thomanische Auffassung gerühmt: „Es muß für alle Zeiten als ein Hauptverdienst Thomas von Aquins bezeichnet werden, diese substantielle Einheit von Leib und Seele im Menschen in gebührender Weise hervorgehoben zu haben" [22] und E. B. Strauss bedauert in seiner Schrift über die Irrwege der Psychotherapie 20 Jahre später, „daß wir uns so weit von den Ansichten Thomas von Aquins entfernt haben, der die Wirklichkeit von Materie und Geist anerkannte, aber den lebenden Organismus als unauflösliche, psychosomatische Einheit ansah“ [23]. Tatsächlich meinen wir ja immer, wenn wir Leib sagen, die ihn informierende Seele hinzu. Um die gleiche Zeit schreibt V. E. Frankl in den „zehn Thesen über die Person“: „In Wahrheit gibt es gar keine Geistes-Krankheiten. Denn der Geist, die geistige Person selbst, kann überhaupt nicht erkranken, und auch hinter der Psychose ist sie da, wenn auch dem Blick des Psychiaters kaum sichtbar“ [24]. Was für die Erkrankungsmöglichkeit gilt, gilt auch für die Wirkung einer somatischen Therapie. „Nicht nur eine Erkrankung kommt nur an den psychophysischen Organismus, aber nicht an die geistige Person heran, sondern auch die Behandlung. Auch das Messer des Neurochirurgen vermag nicht, die geistige Person zu tangieren“ [24]. Gleichartiges gilt auch für die sogenannte Psychopharmakotherapie. Es werden jeweils zerebrale Strukturen vom Pharmakon beeinflußt, welche als materielle Substrate für geist-seelische Funktionen diese zu modifizieren vermögen.

Kurt Schneider hält fest, daß die der Zyklothymie (Formenkreis des manisch depressiven Irreseins) und der Schizophrenie zugrunde liegenden Krankheitsvorgänge unbekannt sind. „Daß ihnen aber Krankheiten zugrunde liegen, ist ein sehr gut gestütztes Postulat, eine sehr gut begründete Hypothese. Die häufige Erblichkeit, Bindungen an die Generationsvorgänge, die oft vorhandenen allgemeinen körperlichen Veränderungen, der unbestreitbare Vorrang der somatischen Therapie sind dafür nicht so gewichtig wie folgende psychopathologische Tatsachen: es treten unter anderen Symptomen auch solche auf, die im normalen Seelenleben und seinen abnormen Variationen keine Analogie haben. Diese Psychosen schließen sich in erdrückender Mehrzahl nicht an Erlebnisse an, sind nicht von solchen motiviert. Vor allem zerreißen sie die Geschlossenheit, die Sinngesetzlichkeit, die Sinnkontinuität der Lebensentwicklung“ [25]. Im Anhang zu seiner Rektoratsrede erörtert Kurt Schneider die Frage, ob Psychosen nicht Somatosen wären von einem aristotelisch-scholastischen Standpunkt aus. Er rafft zunächst das Wesentliche in folgende Formulierung: „Nach aristotelisch-thomistischer Auffassung sind Leib und Seele zwei unvollständige Substanzen, die zum Ganzen der einen lebenden Vollsubstanz verbunden sind. Dabei ist die Seele die Form des Leibes. Die andere Teilsubstanz ist die Materie. Diese beiden Teilsubstanzen schließen jene naturhafte Hinordnung auf den anderen Teil ein. Sie konstituieren zusammen das Ganze der substantiellen Einheit. Schneider fährt dann fort: „Nehmen wir diesen Ansatz, so wäre Krankheit im strengen Sinn stets ein Zustand der Materie. Daß sie auf die Form, auf die Seele zurückwirken kann, ist bei dieser substantiellen Einheit von Leib und Seele leicht einzusehen. Solche Seelenstörung wäre ein sekundäres Irresein. Andererseits kann aber auch die Seele, die Form, aus sich heraus irren, ohne daß dies durch eine Erkrankung bewirkt wäre. Das wäre das primäre Irresein, die endogene Psychose, die also dann nicht Krankheitsfolge wäre" [26]. Auch J. Wyrsch hat sich mit dieser Frage befaßt und zitiert aus *De anima* jenen Satz, demzufolge Thomas von Aquin, in unserer Nomenklatur gesprochen, nur organische Psychosen für möglich hält: „Der Grund ist der, daß wir sehen, wie viele Schwächungen des Denk- und Sinnesvermögens nicht die Seele an sich berühren, sondern aus einer Schwäche des Organes stammen. So scheint die Denkseele und jede Seele überhaupt unvergänglich zu sein und die Schwächung ihrer Tätigkeiten nicht daher zu kommen, daß die Seele vergänglich ist, sondern daher, daß die Organe geschwächt sind". Wyrsch interpretiert diese Stelle folgendermaßen: „Es gibt nur organische Psychosen. Die Seele selbst ist unzerstörbar und kann also nicht erkranken, sondern nur der Körper, dessen forma sie ist, kann es und dann sind die Äußerungen der an sich unzerstörbaren Seele gestört" [27]. Es werden auch einige somatische Gründe für psychische Erkrankungen angeführt: *In senectute, in aegritudinibus, in ebrietatibus* ist der Mensch besonders für psychische Erkrankungen disponiert. Es handelt sich also um Alters- und Intoxikationspsychosen sowie um Psychosen bei gleichzeitig bestehenden Erkrankungen.

Diese sehr geraffte geistes- und problemgeschichtliche Darstellung macht die Wurzeln des psychiatrischen Postulates, die Psychosen seien letztlich Somatosen, deutlich. Umfangreiche Grundlagenuntersuchungen haben auch in jüngster Zeit die somatischen Aspekte der Schizophrenie, die eine Schlüsselstellung bei diesen Erörterungen innehat, zusammengestellt und bieten Material für weitere Interpretationen.

Franz Büchner hat in zahlreichen Studien das Menschenbild in der modernen Medizin entwickelt und „aus den Tatsachenbeständen der klassischen Medizin und der psychosomatischen Medizin" [28], [29] für die Psychosen „die Somatogenie des Psychopathologischen" [28] herausgearbeitet; er weist auf Nähe und Über-

einstimmungen zwischen gegenwärtiger Medizinphilosophie (medizinischer Anthropologie) und traditioneller Philosophie hin.
Im Krankheitsbild der progressiven Paralyse, einer luetisch bedingten Hirnerkrankung, wird diese Hypothese auch exemplarische Wirklichkeit. Klinisch, psychopathologisch, serologisch und schließlich auch pathologisch-anatomisch läßt sich hier unbestreitbar eine nosologische Einheit feststellen. Für die körperlich begründbaren Psychosen — seelische Störungen, die durch eine bekannte somatische Noxe morphologisch nachweisbar oder funktioneller Art verursacht sind [30] — ist der Charakter der Psychose als Somatose bereits in ihrer Bezeichnung ausgedrückt.
Neueste Befunde und deren Interpretation sprechen für den somatischen Charakter auch der endogenen Psychosen. Eine umfangreiche Studie über pneumenzephalographische Befunde bei den Schizophrenien weist darauf hin, daß die gefundenen pneumenzephalographischen Veränderungen wahrscheinlich doch eine Folge der parallel zum „psychischen Prozeß“ Schizophrenie sich abspielenden somatischen Vorgänge darstellen, und so zwar auf eine strukturelle Vorgegebenheit hinweisen, die jedoch nicht im Sinne angeborener Anomalien oder früherworbener Schädigungen zu verstehen ist“ [31]. Die Autoren meinen, daß diese Befunde die Hypothese einer möglichen organischen Teilursache der Schizophrenie stützen. Eine andere Arbeit betont im Anschluß an Kurt Schneider, daß die großen Psychosen doch Krankheiten sind und postuliert biologische Grundlagen der endogenen Psychosen [32]. K. Diebold hält nach den biologischen Entdeckungen im genetischen Bereich die Somatose der endogenen Psychose nicht mehr für ein Postulat, sondern für eine Tatsache [33].
Es ist nicht zu leugnen, daß das Problem der Selbstverwirklichung des Menschen neben der personalen auch eine apersonale Seite hat [18]. Auf dieser apersonalen Seite sind die biologischen Störungen, die Krankheiten, also Störungen, denen ein materielles Substrat zugrunde liegt, gelegen. Insofern aber die zerebralen Strukturen — das Gehirn als solches — Instrument für die seelischen Funktionen, für die Geist-Seele sind, erweisen sich deren krankhafte Störungen als Behinderungen sowohl der Selbstverwirklichung als auch der einzelnen Teilfunktionen. Denn das „Instrument“ ist verstimmt und gestört. Geistig-seelisches Leben hat eine äußere Abhängigkeit vom Gehirn, aber keine innere Abhängigkeit. Der Informationsträger ist materiell gegeben, die Information aber ist immer immateriell. Der Inhalt des Gedachten ist unabhängig vom In-

formationsträger, seine Existenz aber ist durchaus von diesem abhängig. Die psychiatrischen Zustandsbilder, die Störungen des Denkens, des Fühlens und des Wollens, der Aktivität und der Kontaktfähigkeit in welcher Kombination diese immer auftreten mögen, finden sich in einer Dimension des Menschen verursacht, die jenseits der Personmitte liegt. Es wird jeweils durch krankhafte Ursachen die psychologische Persönlichkeit tangiert. Die Persönlichkeitsveränderungen beim inzipienten Hirntumor, bei Infektionen des Gehirns, bei den Psychosen liegen in einer psychophysischen Ebene. Die metaphysische Person wird nicht berührt. Demzufolge wird die Geisteskrankheit nicht als Krankheit des Geistes angesehen, sondern mit Recht „als prozeßhaft verlaufende Störung der geistig-seelischen Funktion auf Grund einer bestimmten, der formalen Eigenart der Störung zugeordneten Erkrankung körperlicher Grundlagen des Seelenlebens“ [34].
Geisteskrankheiten erweisen sich als Behindungen der Geistseele, deren Wesen und Existenz unbeeinflußt bleibt, deren Fähigkeiten und Vermögen sich dann in Fehlformen, in psychiatrischen Syndromen darstellen. „Der Geist kann wohl irren und fehlen, aber physische Vorgänge sind an ihm nicht möglich. Dagegen ist es aber ganz erklärlich, daß er durch körperliche Zustände in seiner Funktion gehindert wird, wenn nämlich die Teile durch Krankheit verändert sind, die als körperliches Substrat von geistigen Akten zu deren Vollzug notwendig sind“ [35].

Die psychopathologische Literatur enthält zahlreiche Belege für die lebendige Tradition thomanischer Gedankengänge im psychiatrischen Denken der Gegenwart; einige von diesen wurden in vollem Wortlaut gebracht und mit thomistischen Überlegungen theologischer und medizinischer Autoren konfrontiert. Folgerichtig stand das Problem der sogenannten Geisteskrankheit im Vordergrund der Darstellung. Alfons Hufnagel schreibt gegen Ende seiner Studie über das Geheimnis der Person, daß die thomistische Philosophie der Person nicht bloß nach der psychologischen und ethischen, sondern auch nach der metaphysischen Seite ausbaufähig wäre; die thomanische Philosophie über die Person sei für weiteres Fragen und Forschen geöffnet [36]. In der vorliegenden Abhandlung wurde auf psychopathologische Probleme hingewiesen, wie sie in der psychiatrischen Literatur erörtert werden, auf Befunde und Überlegungen, die dafür sprechen, daß der Geist, die Person des Menschen nicht erkranken können, wohl aber durch Krankheiten, insbesondere durch Erkrankungen des Gehirns behindert sein können. Auf diese Tatsache hat schon Thomas von Aquin hingewiesen: Die Geistestätigkeit kann *ex debilitate organi* behindert werden.

1 *Thomas von Aquino,* Das Geheimnis der Person, übersetzt und erläutert von Alfons Hufnagel, Stuttgart 1949.

2 Ibd., Seite 70.

3 Ibd., Seite 71.

4 Ibd., Seite 72.

5 Ibd., Seite 15.

6 Paul *Kopp, Psychiatrisches bei Thomas von Aquin,* Zeitschrift für die gesamte Neurologie und Psychiatrie. 152 (1935) 178—196;
Eduardo E. *Krapf, Thomas de Aquino y la psycopathologia,* Buenos Aires 1943;
Gottfried *Roth; Thomas von Aquin in der neueren und neuesten Psychiatrie,* Confinia psychiatrica 3 (1960) 170—186;
Heinrich *Schipperges, Zur Psychologie und Psychiatrie des Petrus Hispanus,* Conf. psychiat. 4 (1961) 137—157;
Kurt *Schneider, Psychiatrie heute,* Stuttgart 1955 [2];
Jakob *Wyrsch, Zur Geschichte und Deutung der endogenen Psychosen,* Stuttgart 1956.

7 Karl *Jaspers, Allgemeine Psychopathologie,* Berlin Heidelberg 1948 [5].

8 Vgl. auch: Klaus *Bernath,* Anima forma corporis, Bonn 1969.

9 Paul *Chauchard, Der Mensch und die Biologie,* Wort und Wahrheit 16 (1961) 331—344.

10 Vgl. auch: Paul *Chauchard, Wie frei ist der Mensch? Biologie und Moral,* Düsseldorf 1968.

11 Florin *Laubenthal, Hirn und Seele,* Salzburg 1953: „Vergleichen wir nun die Orgel mit dem Gehirn, so ergibt sich, daß eine große Konzertorgel einen höchst komplizierten Organismus darstellt. Ihr Aufbau ist auch unter dem Gesichtspunkt eines Lokalisationsversuchs aufschlußreich, da bestimmte Flöten, Pfeifen und Register innerhalb des Gesamtsystems der Orgel bestimmte Aufgaben haben. Bestimmte Fehler der resultierenden Leistungen lassen sich als ortsgebundene Störungen lokalisieren. Im Spiel aber wird die Durchführung der Aufgabe dieser ortsgebundenen Systeme von verschiedenen Seiten her beeinflußt. Bereits bei der Entstehung der Töne kommt es zu Überlagerungen und Verschmelzungen, so daß das Resultat des Spieles zwar ortsabhängig, aber nicht ortsgebunden ist, da außerörtliche Faktoren von größter Wichtigkeit sind. ... Die resultierende Leistung ist also nicht nur eine Funktion einer bestimmten Pfeife und Flöte, sondern es handelt sich auch bei ortsabhängigen Systemleistungen um ein kompliziertes Ineinandergreifen und immer um die Funktion eines feingegliederten Gesamtorganismus von Ganzheitscharakter. Auch bei Gehirnfunktionen haben wir es nicht mit einer Summe von Einzelleistungen einzelner Hirnregionen zu tun, sondern diese Leistungen werden auch vom Gesamtgehirn und darüber

hinaus auch vom übrigen Körper sehr wesentlich, oft sogar entscheidend gestaltet und geformt. Die Leistung als solche kann daher nicht nur in bezug auf die einzelnen Regionen gesehen werden und, was von den Leistungen gilt, muß erst recht für Eigenschaften, Gesinnungen etc. gelten, die somit keineswegs lokalisierbar sind ..., das, was jeder Spieler bei der Orgel darstellt, stellt für uns jene, körperlich nicht definierbare Kraft dar, die wir Seele nennen. Spieler und Orgel sind im Spiel, in der Gesamtfunktion wie im Resultat des Spiels zu einer Einheit verwoben, sie sind voneinander abhängig; die beste Konzertorgel wird unnütz, wenn der Spieler ihre Gesetze nicht zu beherrschen versteht, und der beste Spieler kann völlig verkannt werden, wenn die Orgel nicht normal ist, das heißt wenn sie nicht völlig funktionsfähig ist und sich der Determination des Spielers nicht völlig unterordnet, wenn ganze Register ausfallen, wenn Töne verstimmt sind oder Töne und Register mitspielen, ohne daß der Spieler sie auslöst, oder wenn die Resonanz des Gehäuses schlecht ist. Das resultierende schlechte Spiel sagt dabei noch nichts über den Spieler selbst aus. Damit wird uns auch verständlich, daß ein organischer Hirndefekt mit seinen Folgen nur wenig über die Seele selbst zu sagen vermag."

12 Alexander *Willwoll, Leib-Seele-Problem,* in: Walter Brugger, Philosophisches Wörterbuch, Wien 1967.

13 Johannes *Haas, Materie und Leben,* Arzt und Christ 13 (1967) 65—82.

14 Rudolf *Kautzky, Die Bedeutung der Person des Menschen in der modernen medizinischen Wissenschaft,* Arzt und Christ, 10 (1964) 162—176.

15 Alexander *Willwoll, Seele, Geist,* a. a. O.

16 Elisabeth *Kovacs* und Gottfried *Roth, Anselm Ricker und seine Pastoralpsychiatrie,* Wien 1973.

17 Heinrich *Schipperges*: Siehe 6.

18 Viktor E. von *Gebsattel, Prolegomena zu einer medizinischen Anthropologie,* Berlin Göttingen Heidelberg, 1954; ders.,*Gedanken zu einer anthropologischen Psychotherapie,* in: Grundzüge der Neurosenlehre, München Berlin Wien 1972.

19 Georg *Trapp, Mythologisierung der Medizin?* in: Stimmen der Zeit 155 (1954/55) 279 ff.

20 Rudolf *Kautzky,* a. a. O. Anm. 14.

21 Romano *Guardini, Das Recht des werdenden Menschenlebens,* Stuttgart Tübingen 1949.

22 Walter *Jacobi, Psychiatrie und Weltanschauung,* Berlin 1929.

23 Erwin B. *Strauss, Quo vadimus? Irrwege der Psychotherapie,* Innsbruck Wien 1948.

24 Viktor E. *Frankl, Zehn Thesen über die Person,* in: Logos und Existenz, Wien 1951.

25 Kurt *Schneider, Klinische Psychopathologie,* Stuttgart 1959^{5}.

26 ders., *Psychiatrie heute,* Stuttgart 1955^{2}.

27 Jakob *Wyrsch, Zur Geschichte und Deutung der endogenen Psychosen,* Stuttgart 1956.

28 Franz *Büchner, Vom geistigen Standpunkt der modernen Medizin,* Freiburg i. Breisgau 1957.

29 Franz *Büchner, Von der Größe und Gefährdung der modernen Medizin,* Freiburg Basel Wien 1961.

30 Hans Jörg *Weitbrecht, Psychiatrie im Grundriß,* Heidelberg New York 1968^{2}.

Nach der progressiven Paralyse werden ferner genannt: Fieberdelir, Alkoholhalluzinose, Perniziosapsychose, posttraumatische sowie präsenile und senile Psychose u. a.

31 Th. *Vogel*, N. *Viktor* und H. J. *Lange*, *Zum Problem der Deutung pneumencephalographischer Befunde bei den Schizophrenien*, Arch. Psychiat. Nervenkr. 216 (1972) 1—19.

32 E. *Kluge*, *Psychiatrie und Naturwissenschaft.* Fortschritte für Neurologie und Psychiatrie 40 (1972) 397—409.

33 K. *Diebold*, *Zum Problem der Zusammenhänge von Anlage und Umwelt in der Psychiatrie*, Nervenarzt 40 (1969) 401—415.

34 Alexander *Willwoll*, a. a. O. Geisteskrankheit.

35 August *Brunner*, *Die Grundlagen der Philosophie*, Freiburg i. Brsg. 1949.

36 Alfons *Hufnagel*, a. a. O. S. 75.

Weltgeschichte und Gottesreich
Zu Augustins „De civitate Dei"

Heinrich Fries (München)

Die folgenden Ausführungen geben eine Vorlesung wieder, die ich im Wintersemester 1953/54 im Rahmen einer Ringvorlesung der Kath.-Theol. Fakultät Tübingen anläßlich des Augustinusjubiläums gehalten habe. Diesen im Wesentlichen unveränderten Text als Beitrag zur Festschrift für Alfons Hufnagel vorzulegen, konnte ich nur verantworten, weil er in das Gesamtthema der Festschrift eingeordnet werden kann. Ein anderer — persönlicher — Grund ist für mich noch wichtiger: Diese Vorlesung erinnert mich an die vielen Jahre, die ich in Tübingen verbringen durfte, an deren Beginn — seit meiner Studienzeit 1931 — die Begegnung mit Alfons Hufnagel, damals Repetent für Philosophie, stand. Bis zum heutigen Tag hat er meinen Weg mit Anteilnahme, Freundschaft und stetem Wohlwollen begleitet. Dieser Beitrag aus der Tübinger Zeit sei ein kleines Zeichen der Verbundenheit und des Dankes.

I

Augustins umfangreichstes Werk *De civitate Dei contra paganos* — er nennt es selbst *opus ingens* — verdankt sein Entstehen einem äußeren Anlaß: „Rom wurde im Jahr 410 durch den Einbruch der Goten unter König Alarich und durch eine entsetzliche Verheerung zerstört"[1]. Wir haben heute konkrete Anschauungen einer solchen Katastrophe. Es ist wie ein Dokument aus unserer Zeit, wenn wir aus Predigten und Briefen Augustins ihre Wirkung bis nach Afrika verfolgen können: „Man sah dort die Flüchtlinge, Aristokraten mit den ersten römischen Namen, in armseligem Aufzug und verstörten Blicks aus den Schiffen kommen; man hörte sie erzählen von den Greueltaten in der

Stadt, den verbrannten Palästen, den rauchenden Gärten des Sallust, der Jagd auf die Reichen, dem Blut auf den Fora, den Karren der Barbaren, vollgestopft mit gestohlenen und beschädigten Kostbarkeiten. Ganze Familien waren ausgerottet, Senatoren ermordet, gottgeweihte Jungfrauen geschändet. Man hörte sie mit Entsetzen an und erzählte es weiter, während sie selbst, diese letzten Römer, eilig die kleine Hafenstadt verließen und nach Karthago aufbrachen" [2]. Doch schlimmer als dies war die Gewißheit, daß die ehrwürdige, die vermeintlich ewige Stadt gefallen war, daß damit die bisherige Ordnung der Dinge in ihren Grundfesten erschüttert wurde: Die Welt hat Rom verloren, die Welt schien enthauptet.

Mehr als andere Ereignisse lösen Katastrophen die unvermeidliche Frage nach dem „Warum" aus. So war es auch damals. Die Fragen gingen deutlich nach zwei Richtungen: War der Fall Roms, so läßt sich die erste Gruppe der Fragen zusammenfassen, nicht die augenfällige Rache der beleidigten und vertriebenen Götter? War Rom nicht glücklich, ja unbezwungen, solange es den Göttern noch Opfer darbrachte? Diese Frage enthielt eine deutliche Spitze gegen die Christen: Muß Rom nicht Schreckliches erdulden, seit das eine Opfer des Christengottes überall verbreitet ist? Ja mehr noch: Ist Rom nicht trotz der erhabenen Gedenkstätten eines Petrus, Paulus, Laurentius und anderer Martyrer zu einer Stätte des Elends, der Plünderung, Erniedrigung und Vernichtung geworden? Hat etwa der Christengott seine eigenen Anhänger zu schützen vermocht?

Diese letzten Fragen wurden zu Fragen der Christen selbst, der vielen Konjunkturchristen zuerst, die in der neuen Religion einen Garantieschein für Wohlfahrt, Sicherheit und Glück erblickten und sich nun darin betrogen sahen, wie auch der ernsten Christen, die von der Hilfe Gottes verlassen schienen, die das äußere und sichtbare Wachstum der Kirche seit Konstantin, das an den Bestand der irdischen, der römischen Ordnung geknüpft war, aufs höchste bedroht fühlten.

Sollten diese Fragen insgesamt nicht tödlich werden, mußte auf sie eine Antwort gegeben werden. Augustin hat sich zum Anwalt dieser Fragen und Antworten gemacht. Er tat es in Briefen und Predigten, von denen die Zusammenfassung bei van der Meer ein eindrucksvolles Bild gibt. Doch das genügte offensichtlich nicht. Sein Freund Marcellinus, Tribun und Notar in Karthago, der von den Angriffen von seiten der Gegner des Christentums und der Scheinchristen sowie von der Verzagtheit der kleinmütigen Christen einen unmittelbaren Eindruck empfangen hatte, bat Augustinus, in einer grundsätzlichen Reflexion das notwendige Wort zur gegebenen Situation zu sprechen.

Augustin selbst faßt die Situation in den Worten zusammen: „Die Verehrer der falschen und vielen Götter, die wir Heiden zu nennen pflegen, erkühnten sich, die Zerstörung Roms mit der christlichen Religion in Verbindung zu bringen und begannen heftiger und bitterer als sonst den wahren Gott zu schmähen. Da entbrannte ich von Eifer für das Haus des Herrn und nahm mir vor, gegen ihre Schmähungen und Irrtümer die Bücher de civitate Dei zu schreiben" (I,22)[3].

II

Damit ist der Anlaß des Werkes genügend deutlich beschrieben. Von ihm aus ist auch sein Inhalt im Grunde schon vorgezeichnet.

Die civitas Dei zerfällt in zwei deutlich erkennbare Teile. Der erste Teil umfaßt 10 Bücher und ist ausgesprochen apologetisch-polemisch; der 2. Teil, aus 12 Büchern bestehend, stellt den theologisch spekulativen Versuch dar, die eigene christliche Anschauung positiv zu begründen und sie unter der Perspektive der civitas Dei zu entwickeln. Dabei muß gesagt werden, und Augustin sagt es selbst, daß in den apologetischen Partien die eigene begründende Position immer wieder durchschimmert, sonst wären diese gar nicht möglich, und daß in den Büchern der Begründung der heidnische Partner immerzu gegenwärtig ist.

Man hat die ersten 10 Bücher der *civitas Dei* die größte Apologie der alten Kirche genannt. Das ist richtig, wenn man sie so versteht, daß hier der umfassendste Austrag zwischen christlichem Glauben und römischer Religion geschieht. In ihnen entfaltet Augustin das ganze Aufgebot seines Geistes, seines Wissens, seiner Dialektik, seiner immanenten Kritik, der Polemik, der Ironie, des Sarkasmus, aber auch die werbende Liebe seines Herzens.

Die römische Religion, die durch den Fall des christlich gewordenen Rom, eine ungeahnte Rechtfertigung und Erweckung zu erfahren schien und die christliche Religion ad absurdum zu führen drohte, sollte gestellt, angegriffen und überwunden werden.

Auf den Vorwurf, Rom sei gefallen, weil die Götter nicht mehr verehrt werden, erwidert Augustin: Die Götter beanspruchen, Garanten des irdischen Glücks und Heils zu sein. Tatsächlich aber sind sie die Schmeichler der Glücklichen und nicht die Beschützer der Unglücklichen (III, 7). Die römische Geschichte macht es selbst deutlich, daß die Götter nicht imstande sind, Hunger, Krieg und Krankheit von den Menschen abzuwenden; die punischen Kriege und die römischen Bürgerkriege mit ihren schrecklichen Begleiterscheinungen und Folgen fanden statt, als die Verehrung der Götter in hoher Blüte stand. Der Einbruch der Goten im Jahre 410 war nach Augustin gnädiger als das Grauen der Bürgerkriege, wo mehr Menschen getötet, als von den Goten jetzt beraubt wurden (III,29). Welche Inkonsequenz und Ungerechtigkeit also ist es, so argumentiert Augustin, für die jetzige Lage den Rückgang der Verehrung der Götter verantwortlich zu machen und die Christen zu beschuldigen!

Der wahre Grund für den äußeren Fall Roms ist nach Augustin darin zu erblicken, daß Rom innerlich schon längst untergegangen war (II,22). Dieser moralische Niedergang wurde durch die Verehrung der Götter nicht aufgehalten, sondern legitimiert, ja noch gefördert.

Der Fall Roms ist um so weniger ein Einwand gegen das Christentum, als gerade durch den Einfluß der Christen und der Kirche die größten Schrecken des Kriegs gemildert wurden. Dazu kommt — das ist ungleich wichtiger — daß die christliche Religion nirgendwo den Anspruch erhebt, vor dem Unglück zu bewahren, sondern die Kraft verleiht, es zu bestehen und ihm gegenüber frei zu sein. Die christliche Religion gibt eine neue Sinndeutung des Leidens und macht offenbar, was „im Menschen ist“: „Wie im gleichen Feuer das Gold glänzt, der Schaum rußt und in der gleichen Maschine das Stroh zerstoßen und das Getreide gesäubert wird, so erprobt und reinigt dasselbe Geschick die Guten und verdammt die Bösen, so daß in der gleichen Heimsuchung die Guten Gott preisen und die Bösen ihn verwünschen und lästern“ (I,8).

Doch es genügt dem Apologeten Augustin nicht, angesichts der Katastrophe von Rom die Vorwürfe der Heiden gegen die Christen zurückzuweisen und die Position der Christen zu verteidigen. Es geht ihm um mehr: um den Zentralangriff gegen die römische Religion in ihren Formen, Verwirklichungen, Verheißungen und Ansprüchen. Diesem Thema sind die Bücher 6—10 gewidmet. Die Götter — das ist ihr Sinn und Inhalt —, die nicht einmal Garanten des irdischen Daseins sein können, sind noch viel weniger Garanten eines ewigen Lebens oder gar einer ewigen Seligkeit. Deshalb verdienen sie keinerlei Beachtung, Verehrung oder Auferstehung. In diesem Zusammenhang tritt Augustin in die kritische Erörterung auch der griechischen Götter- und Dämonenlehre ein, nicht ohne immer wieder auch den Gedanken auszusprechen, daß, wenn sich dort eine Spur der Wahrheit findet, diese in der Religion Jesu Christi aufgehoben, in ihrem eigentlichen Sinn freigelegt und in ihrem Wert weit überboten sei.

Damit versucht Augustin eine Desillusionierung Roms, seiner Geschichte und seiner Religion, sozusagen eine Entmythologisierung. Was als Ergebnis dieser Operation übrig bleibt, will jedoch kein bloßes Negativum sein, es will vielmehr das Eigentliche freilegen. Das bedeutet nach Augustins Romdeutung: Roms Aufstieg zur imperialen Macht ist kein Göttergeschenk und keine Fügung irgendeines Fatums, sondern, bei aller Ungerechtigkeit, Räuberei und Gewalt (IV, 3), auch die Frucht römischer Tugenden, vor allem der Hingabe an die Polis. Noch mehr: Rom ist von Gott das Reich verliehen worden als Lohn der Tugend, allerdings im Sinn des Herrenwortes: „Sie haben ihren Lohn schon empfangen" (V,15). Die Vaterlandsliebe der Römer kann sogar den Christen ein Vorbild sein, das himmlische Vaterland noch mehr zu lieben (V,16). Deshalb kann sich Augustin an das gleiche Rom, über das er so streng geurteilt hat, mit geradezu werbender Liebe und appellativer Eindringlichkeit wenden: „Geschlecht eines Regulus, Scävola, Scipio und Fabricius! Entschließe dich, wohin du dich wenden sollst! Erwache, es ist Tag! Ergreife das himmliche Vaterland, in ihm wirst du wahrhaft und immerfort herrschen. Dort wird dir nicht der vestalische Herd, sondern der eine und wahre Gott weder Ziel noch Grenzen der Herrschaft setzen, er wird dir ein Reich ohne Ende geben" (II,29).

So verschlingen sich beim Apologeten Augustin die Zurückweisung und die Heimholung, die Motive der Abwehr und der Missionierung, das Gericht und die Bereitschaft zur Gewinnung.

Hätte sich Augustin mit den ersten Büchern begnügt, so könnte man sagen, Augustins Werk wäre ein Dokument *„de vanitate mundi"* und als solches ein Zeugnis eines inneren Zusammenbruchs, aber er schreibt ein Werk *„de civitate Dei"* (H. von Campenhausen). Dieser Thematik dient der zweite Teil. Seinen Aufbau und Inhalt klassifiziert Augustin so: Die vier ersten Bücher von den 12 folgenden handeln vom Ursprung (*exortus*) der beiden *civitates*, der *civitas Dei* und der *civitas terrena*, die folgenden vier von deren Verlauf oder Fortgang (*procurcus*), die weiteren vier, zugleich die letzten, von deren verdientem Ausgang (*debiti fines*). Hier liegt eine klare Konzeption und Komposition vor. Die Idee der *civitas Dei* hat Augustin nach seinen eigenen Worten nicht so sehr der Philosophie, sondern primär der Bibel entnommen (XI,1): In den Psalmen

45, 47, 86 ist die Rede von der *civitas Dei,* z. B. „Herrliches ist von Dir gesagt, Stadt Gottes“ — oder: „Groß ist der Herr und preiswürdig in der Stadt unseres Gottes“ — oder: „des Flusses Andrang erfreut die Stadt Gottes.“

Aus diesen und ähnlichen Zeugnissen ist nach Augustin zu ersehen, daß es etwas gibt wie eine *civitas Dei,* und der Wunsch, darin Bürger zu sein, regt sich in uns, kraft des Verlangens, den uns sein Gründer eingeflößt hat (XI,1).

Damit ist gesagt, daß Gott *der Begründer und Herr der civitas Dei* ist (XI,1; II,21); die Begründer und Leiter der *civitas terrena* sind die Götter und Dämonen. Die Bürger der *civitas Dei* verehren den einen und einzigen Gott, die Bürger der *civitas terrena* sind dadurch charakterisiert, daß sie ihre Götter dem Gründer der heiligen Stadt vorziehen (XI,1).

Von diesen Voraussetzungen und Zusammenhängen her wird klar, daß Augustins Polemik in den ersten 10 Büchern seines Werkes ein Kampf gegen die Feinde der *civitas Dei* war, ferner, daß Ursprung und Dimension der beiden *civitates* nicht auf die Welt und ihre Geschichte beschränkt sein können. Nach Augustin ist die *civitas Dei* zunächst die „obere Stadt“, das „obere Jerusalem“. „Fragen wir nach dem Quell ihres Daseins: Gott hat sie gegründet; nach dem Quell ihrer Weisheit: Von Gott wird sie erleuchtet; nach dem Quell ihrer Seligkeit: Gott ist ihr Genuß. In der Ewigkeit Gottes wurzelt ihr Leben, in der Wahrheit Gottes ihr Licht, in der Gutheit Gottes ihre Freude“ (XI,24).

Die Bürger dieser *civitas* sind zunächst die Engel, weil diese nie in die Fremde gepilgert sind (XI,9). Im Himmel ist zugleich das Gegenreich entstanden: in den von Gott gut geschaffenen Engeln, die sich, wie Augustin sagt, vom Licht Gottes losgelöst und in der Wahrheit nicht standgehalten haben. Dies wurde ihnen deshalb zum Verderben, weil es zur Wesensnatur des Geschöpfes gehört, mit Gott vereint zu sein. Daraus entstand die Gegnerschaft gegen Gott und deren *civitas.* Der Grund dafür liegt aber nicht in der Wesensnatur dieser Engel, sondern in der Verkehrtheit ihres Willens und ihrer Liebe.

So konstituieren sich die beiden *civitates* schon im Jenseits: Die einen, die Gott lieben, die andern, die ihre eigene Hoheit lieben, die einen, die sich Gottes erfreuen, die andern, die in ihrem eigenen Hochmut schwelgen, die einen, die Gott anbeten, die andern, die nur sich selbst verehren (XI,33).

Diese Zweiteilung verbleibt nicht im Jenseits, sie verlagert und erstreckt sich auf die Welt und unter die Menschen und gewinnt in Welt und Weltgeschichte eine neue Darstellung und Gestalt. In der Erschaffung des ersten Menschen ist auch die Gründung der beiden *civitates* innerhalb des Menschengeschlechts gegeben (XII,28). Adam ist der Gründer beider Staaten (XV,17). Die Konstituierung der gegen Gott gerichteten civitas geschah durch den Sündenfall. Dieser bestand in der Wiederholung der Engelsünde: in der Verkehrtheit des Willens, in der Selbstverherrlichung, die sich der Verherrlichung Gottes verweigert, in einem Verhalten, das nach dem Fleisch, d. h. nach sich selbst, und nicht nach dem Geist, d. h. nach Gott lebt (XIV,1), in einem Streben nach verkehrter Hoheit. In vielen Variationen breitet Augustin dieses Thema aus, vor allem auch unter dem Gesichtspunkt des rechten *uti* und *frui*. Sie gipfeln in den bekannten Worten: „Zweierlei Liebe hat die beiden civitates begründet, und zwar den Weltstaat die bis zur Verachtung Gottes gesteigerte Selbstliebe, den himmlischen Staat die bis zur Verachtung seiner selbst gehende Gottesliebe. Kurz gesagt, der eine rühmt sich in sich selbst, der andere im Herrn" (XIV,28).

Dieser Darstellung schließt Augustin eine Reflexion über den geschichtlichen Verlauf der so konstituierten *civitates* an. Er tut dies nach einem bestimmten Koordinatensystem. Die Koordinaten sind die Entwicklung und das Wachstum eines Einzelmenschen — sie sind das Modell der Geschichte im Großen. Diese selbst ist ein nach allen Seiten hin erweitertes Individuum[4], die andere Koordinate ist das damals häufig verwendete Schema der Woche, die zur Weltwoche wird. Innerhalb derer wird der Verlauf der beiden *civitates* eingezeichnet, der Genossenschaft der Verehrer und der Verächter Gottes. Ihre Geschichte, zumal die der Verehrer Gottes, wird vor allem geschildert im Anschluß an die Geschichte der Offenbarung und an die dort gegebene Periodisierung oder mit ständiger Orientierung an ihr. Die Profangeschichte enthüllt in dieser Perspektive vor allem Gestalt und Entwicklung der *civitas terrena.* Ihre wichtigsten Repräsentationen sind für Augustin Babylon und später Rom, augustinisch pointiert: Babylon als das erste Rom und Rom als das zweite Babylon, alles andere, meint er, sind nur Anhängsel dazu (XVIII,2). In Jesus Christus ist der Herr der *civitas Dei* leibhaftig in Welt und Geschichte erschienen. In seiner Gottmenschheit stellt er das Ziel aller Geschichte sowie den Weg dahin dar. Mit ihm tritt die Menschheit in den 6. Tag der Weltwoche und damit zugleich in das Greisenalter ein; dieses dauert bis zum Ende der Tage.

Für den *procursus,* den Verlauf der beiden *civitates,* ist wichtig, daß sie gleichzeitig bestehen, daß sie, wie das biblische Gleichnis vom Weizen und Unkraut und von den guten und schlechten Fischen zeigt (XVIII,48), miteinander ge-

mischt sind und erst am Tag der Ernte vollständig geschieden werden, daß sie äußere Schicksale wie Glück und Unglück gemeinsam haben (XVIII,54). Ja, es kann sogar eine gewisse Eintracht zwischen den *civitates* geben, wenn sie vom Frieden leben (XIX). Tatsächlich aber sind sie verschieden durch die verschiedene Art und Weise, wie die Schicksale übernommen und gemeistert werden: ob in Trotz, Empörung und Verzweiflung oder in Glaube, Hoffnung und Liebe. So erweisen sich die beiden *civitates* als die von verschiedenen Weisen der Existenz gebildeten Gemeinschaften (K. Löwith). Endlich gilt, daß das Los der civitas Dei von Abel an bis zum Ende der Welt gleich bleibt: von der Welt verfolgt und von Gott getröstet zu sein. So wird die Welt und die Weltgeschichte ein *carmen magnum*, aus Thesen und Antithesen gefügt (XI,18).
Das Endziel und den Ausgang der beiden *civitates* stellt Augustin dar unter den Begriffen des höchsten Gutes, der Glückseligkeit oder des äußersten Übels, der Unseligkeit.
Nach einer Kritik der verschiedenen Bestimmungen über die Glückseligkeit, vor allem der Entwürfe, die diese in Welt und Zeit und damit in die Vergänglichkeit legen, stellt Augustin fest: Das höchste Gut ist der Friede im ewigen Leben und das ewige Leben im Frieden (XIX,11). Sie ist die restlose Erfüllung dessen, was schon in der Welt als Sehnsucht und höchstes Glück gilt und sich als *tranquillitas ordinis* darstellt, wo Gott über den Menschen und der Geist über den Leib herrscht — das ist der Garant des ewigen Friedens (XIX,28). Diese Glückseligkeit aber, das ewige Leben in ewigem Frieden, ist eigentlich und letztlich Gott selbst. Die Anteilnahme der Bürger der *civitas Dei* geschieht durch das Schauen Gottes, durch ein Schauen mit den Augen des Leibes, des Geistes und des Herzens, ein Schauen, das über alle irdische Erfahrung hinausgeht. Dieses Schauen wird eine ewige Feier, und die ewige Feier wird ein ewiges Schauen sein. Der 7. Tag, so schließt das Werk, „wird unser Sabbat sein und sein Ende wird kein Abend sein, sondern der Tag des Herrn, der ewige achte Tag gleichsam. Dort werden wir feiern und werden sehen, werden sehen und werden lieben, werden lieben und werden preisen. Sieh, das wird sein am Ende ohne Ende. Denn was wird unser Ende sein als zum Reich zu kommen, das kein Ende nimmt?“
Das Ewige ist aber auch der *finis debitus* der *civitas terrena* als der *civitas diaboli*. Diese Ewigkeit heißt ewiger Widerstreit, ewige Unordnung, ewige Unseligkeit und ewiger Schmerz. Begibt sich in diesem Leben ein solcher Wider-

streit, so siegt entweder der Schmerz und der Tod hebt die Empfindung auf, oder es siegt die Natur und es vertreibt die Genesung den Schmerz (XIX,28). Aber im Jenseits weicht der peinigende Schmerz nicht, andererseits hält die empfindende Natur durch. Beides nimmt deshalb kein Ende, damit die Strafe kein Ende nehme.

III

Zum Schluß seien noch einige Fragen gestellt, die die Interpretation betreffen. Was sind die *civitas Dei* und die *civitas terrena*? „*Civitas*" meint wohl Bürgerrecht wie Bürgerschaft wie ‚Stadt' — Stadt gemeint als Wohnstatt der Bürgerschaft. Wenn Augustin von *civitas Dei* spricht, muß er erwartet haben, seine Leser würden dies entweder als Bürgerschaft Gottes oder als Stadt Gottes verstehen, nicht aber als Gottesstaat. Der eigentliche Sinn wird wohl, so wird man mit der sorgsam abwägenden Formulierung Wilhelm Kamlahs sagen [5], am treffendsten mit der Übersetzung „Bürgerschaft Gottes" wiedergegeben. Die *civitas terrena* stellt die Bürgerschaft derer dar, die nicht Gott, sondern die Götter oder sich selbst oder die Welt zum Ziel setzen, es ist die Bürgerschaft der „Weltlinge" (J. Bernhart).
Die *civitates* sind also — es heißt oft Gesagtes wiederholen — nicht identisch mit Staat und Kirche als äußerer Organisationsform oder ihrer bloßen Mitgliedschaft. Hinsichtlich der Zugehörigkeit zur Kirche gilt das Wort: Viele die drinnen sind, sind draußen, und viele die draußen stehen, sind drinnen, und es gibt solche, die der Kirche dem „Leib" *(corpore)* nach, aber nicht dem „Herzen" nach *(corde)* zugehören. Augustin weist unter anderem auf Job und die Kumäische Sibylle hin, die er beide der *civitas Dei* zuzählt. Das schließt nicht aus, daß die Kirche durch ihr Sein und Wirken und durch die sie beseelende Motivation der *civitas Dei* angehört, ihre geschichtliche irdische Repräsentation, ihren diesseitigen Teil darstellt, daß sie die *civitas Dei* in der Fremde und in der Pilgerschaft ist [6]. So sind auch Augustins Gleichsetzungen von *civitas Dei* und *ecclesia* zu verstehen, obwohl die *civitas Dei* weiter reicht als Kirche. Andererseits kann Augustin die *civitas terrena* insofern mit Babylon oder Rom identifizieren, als gerade in ihnen jene rein diesseitigen Tendenzen, Antriebe und Zielsetzungen wirksam sind, die das Zeichen der *civitas terrena* ausmachen.

Andererseits könnte Rom, wenn es seinen numinosen Charakter, seinen Dämonen- und Götterkult aufgibt, ein Element in der *civitas Dei* sein[7].

Deshalb wird das Werk *de civitate Dei* mißverstanden, wenn es als Dokument verstanden wird, in dem das Verhältnis von Staat und Kirche festgelegt ist; noch größer ist das Mißverständnis, wenn man darin — und das geschah zum Teil im Mittelalter — die Grundanweisung für eine irdische, geschichtlich zu organisierende Theokratie suchen wollte. Hier distanziert sich Augustin ausdrücklich etwa von der Reichstheologie des Eusebius, des Hoftheologen Konstantins, der eine Verkoppelung von *Imperium Romanum und Regnum Dei,* von *Pax Romana* und *Pax Christi* herstellen wollte und sie durch Konstantin begründet sah[8]. Das Äußerste, was Augustin zugesteht, ist, daß die *civitas Dei* die *pax Romana,* die die *pax Babylonis* ist, benützen und gebrauchen kann. Seine Blickrichtung aber geht eindeutig auf das Größere und in die Zukunft. Augustin denkt eschatologisch.

Augustins *civitas Dei* ist auch kein gewaltiges Drama der Weltgeschichte — wer sie so liest, wird enttäuscht; sie ist eine *Confessio,* ein Lobpreis Gottes ähnlich wie das Buch, das ausdrücklich diesen Titel trägt, sie ist eine *Confessio* von Gottes Gerechtigkeit und Gnade in Welt und Geschichte. Ihr Thema ist auch nicht, genau gesehen, der Kampf zwischen Glaube und Unglaube[9], sondern viel eher der Kampf zwischen Glaube und Glaube, zwischen Liebe und Liebe; anders, und positiver gesagt: Es ist eine Auslegung der Welt und der Geschichte im Licht des christlichen Glaubens.

IV

Wenn wir heute von der Not und Frage der Geschichte, zumal der Geschichte dieser unserer Zeit, bedrückt, bedrängt und verwirrt Augustins mächtiges Werk lesen, dann kann es ein Buch der Perspektive und der Orientierung werden, trotz der im Vergleich zu damals weitgehend veränderten Situation, trotz mancher Einwände gegen Augustins Darstellung und Würdigung im einzelnen[10], z. B. der Periodisierung der Geschichte, der zu wenig und nur partiell bedachten Profangeschichte und der empirischen geschichtsbildenden Faktoren, des mangelnden Interesses an den äußeren Zuständen und den konkreten, etwa sozialen

Verhältnissen. Augustins Werk behält seine Bedeutung: so sehr die Menschheit fortschreitet, der Mensch bleibt — im Grunde — derselbe.

Die Bedeutung von Augustins *civitas Dei* wird erkennbar besonders angesichts der damals wie heute andrängenden Frage nach dem Sinn der Geschichte, eine Frage, die bleibt, trotz unseres ins Unermeßliche erweiterten geschichtlichen Datenwissens, unseres Wissens um die vielfältigen empirischen geschichtsbestimmenden Faktoren. Diese Frage und was aus ihr für das Tun folgt, kann durch die positiven und empirischen Fakten nicht gelöst werden, noch weniger durch ein im Namen des Positivismus verhängtes Frageverbot. „Es ist das Vorrecht der Theologie und der Philosophie, Fragen zu stellen, die sich empirisch nicht beantworten lassen. Von dieser Art sind diejenigen Fragen, die erste und letzte Dinge betreffen: sie behalten gerade deshalb ihre Bedeutung, weil keine Antwort sie zum Schweigen bringt. Es gäbe gar kein Fragen nach dem Sinn der Geschichte, wenn dieser in den geschichtlichen Ereignissen schon selbst offensichtlich wäre. Andererseits kann aber die Geschichte auch nur im Hinblick auf einen letzten Sinn als sinn-los erscheinen. Enttäuschungen gibt es nur, wo etwas erwartet wird“ [11].

Augustins *civitas Dei* vermittelt angesichts solcher Fragen Überlegungen wie diese:

Die Geschichte der Menschen ist das Feld, in dem Gottes Pläne ausgetragen werden; was uns sinnlos, verwirrend und unbegreiflich erscheint, hat einen von Gott gekannten, gewollten, wenn auch uns verborgenen Sinn. Gott ist der Herr der Zeiten, und deshalb ist jede Zeit Gottes Zeit. Gott hat der Geschichte einen Anfang, eine Mitte und ein Ziel gesetzt. Diese sind in Jesus Christus gegeben. Und alle Geschichte ist — wie verborgen und uns unverständlich auch immer — darauf hinbezogen. Sie vollzieht einen göttlichen Auftrag: den Auftrag der *civitates*. Und dieser steht unter dem undurchdringlichen Geheimnis der Prädestination. K. Löwith sieht es als einen Vorteil augustinischer Geschichtsbetrachtung an, daß er im Unterschied etwa zu Hegel, dessen Geschichtsphilosophie noch maßgeblich von Augustin inspiriert ist nicht zuletzt in der Bestimmung Jesu Christi als der Mitte der Weltgeschichte, darauf verzichtet, allzuviel wissen und die Wechselbestimmungen zwischen göttlichem Plan und faktischem Geschehen genau ermitteln zu wollen [12].

Die Geschichte ist aber auch der Raum der Freiheit, Verantwortung und Entscheidung des Menschen. Diese werden ausgetragen zwischen *humilitas* und *superbia:* nicht das Schicksal, nicht die Physis, nicht der Kosmos, nicht äußere Schicksale und Verhältnisse, sondern der Mensch ist die eigentliche und primäre irdische Potenz der Geschichte: vom Menschen wird die Welt gebaut. Er ist das Schicksal des Kosmos.

Geschichte und Welt sind — das ist ein weiteres — keine Endgültigkeiten, sie haben den Charakter des Weges und des Durchgangs, des Pascha. Deshalb ist der Rhythmus der Geschichte in der Sicht des Glaubens nicht der Kreislauf der ewigen Wiederkehr. Dieser Kreislauf — nach Augustin eine unerträgliche und trostlose Auskunft, wenn sie auch die Weisheit des Unglaubens ist: *„in circuitu impii ambulant“* (XII,12) — ist überwunden durch das in Jesus Christus Ereignis gewordene Neue, durch das in ihm Geschehene „einmal“ und „ein für allemal“: „Denn einmal nur ist Christus gestorben; auferstanden aber von den Toten stirbt er nicht wieder und der Tod wird nicht mehr herrschen über ihn“ (XII, 12). Das Kreuz überwindet den Kreis[13].

Nach diesen Voraussetzungen kann es für Augustin in der Geschichte auch nicht den „grenzenlosen Fortschritt“ geben; alles künftig Mögliche ist durch Christus eingeholt. Alles Fortschreiten ist eine *peregrinatio,* die durch das Auf und Ab des Weges geprägt ist, des Weges, der eine theologische und anthropologische Bestimmung hat: durch das Handeln und die Herrschaft Gottes, durch die in Jesus Christus gegebene Sinnbestimmung und Zielgestalt der Geschichte, durch die im Herzen des Menschen getroffenen Entscheidungen. Der einzige Fortschritt ist der Fortschritt in der immer deutlicher werdenden Scheidung der Geister.

Endlich ist zu sagen: kein wie immer beschaffener Zustand der Welt und Geschichte kann im Ernst und recht gesehen ein Einwand gegen den christlichen Glauben sein, sondern letztlich seine Bestätigung und Rechtfertigung, die Erfüllung des Wortes Jesu: „Ich habe es euch vorhergesagt“. Kein Untergang des Abendlandes kann deshalb den Untergang der Wahrheit Jesu Christi bedeuten. Die Weltgeschichte bereitet vielmehr zu jeder Stunde und auf ihre Weise das Kommen des Gottesreiches.

1 *Retractationes* 43. Die Texte aus *De civitate Dei* werden zitiert nach der deutschen Übersetzung von A. Schröder in der „Bibliothek der Kirchenväter“: Des hl. Kirchenvaters

Aurelius Augustinus ausgewählte Schriften. Kempten und München 1911—1916. Außerdem wurde die Übersetzung von J. *Bernhart* eingesehen: *Augustinus. Bekenntnisse und Gottesstaat.* Kröners Taschenausgabe Bd. 80. Leipzig o. J. Aus der umfangreichen Literatur (vgl. B. *Altaner, Patrologie.* Freiburg 1950², 376 f.) sei hervorgehoben: H. *Scholz, Glaube und Unglaube in der Weltgeschichte. Ein Kommentar zu Augustins de civitate Dei,* Leipzig 1911; E. *Tröltsch, Augustin, die Antike und das Mittelalter,* München-Berlin 1915; E. *Salin, Civitas Dei,* 1926; W. *Kamlah, Christentum und Geschichtlichkeit,* Stuttgart 1951; J. *Ratzinger, Volk und Haus Gottes in Augustins Lehre von der Kirche,* München 1954, bes. 255—328; H. von *Campenhausen, Lateinische Kirchenväter,* Stuttgart 1960, 151—222.

2 F. *van der Meer, Augustinus der Seelsorger,* Köln 1952², 174.

3 H. *von Campenhausen, Augustin und der Fall Roms,* in: Universitas 2 (1947) 257—268.

4 O. *Herding, Augustin,* in: Große Geschichtsdenker, Tübingen 1951, 63.

5 W. *Kamlah, Christentum und Geschichtlichkeit,* 158; vgl. K. *Löwith, Weltgeschichte und Heilsgeschehen,* Stuttgart 1953, bes. 148—159; J. *Ratzinger,* 262—266.

6 W. *Kamlah* 162.

7 ebd. 328.

8 ebd. 175; vgl. *von Campenhausen, Lateinische Kirchenväter,* 195—203.

9 H. *Scholz.* Dazu J. *Ratzinger* 276; 290—295.

10 A. *Dempf. Sacrum Imperium,* München 1930, 116 ff.; K. *Löwith,* 153—159.

11 K. *Löwith* 13.

12 ebd. 159.

13 ebd. 152.

Virtus politica

Einige terminologische Hinweise zum Verhältnis von Ethik und Politik bei Albertus Magnus

Helmut Kohlenberger (Wien)

Der Unvoreingenommene mag unter *virtus politica* eine Einstellung verstehen, die dem menschlichen Gemeinwesen in besonders geeigneter Weise gerecht wird. Diese Kennzeichnung setzt voraus, daß bekannt ist, wie das menschliche Gemeinwesen verfaßt sein soll und in welcher Weise der einzelne sich auf diese Verfassung einstellen soll.
Im folgenden sollen einige Überlegungen vorgetragen werden, die den Kontext des Begriffes *virtus politica* bei Albertus Magnus erläutern. An das von Alfons Hufnagel in seiner Untersuchung zum Personbegriff bei Albertus Magnus Gesagte möchten wir anschließen, insbesondere an die dort gegebene Erläuterung zum Begriff *natura* als *principium aliquod naturalium actuum*[1].

I.

Der Sprachgebrauch des Albertus Magnus kommt dieser Vormeinung zunächst entgegen. Er bestimmt die *virtutes politicae* oder *civiles* als diejenigen Tugenden, durch die bzw. durch deren Ausübung das Gemeinwesen einen vollkommenen Zustand erreicht, der zugleich dem bestmöglichen Zustand der einzelnen Mitglieder des Gemeinwesens gerecht wird (De bono tr. I, quaest. VI, a. 2 sol.). Daher wird sich jede Gesetzgebung auch auf eine *virtus politica* beziehen.
Aber das Entscheidende dabei ist, daß *virtus politica* und *virtus cardinalis* austauschbare Begriffe sind. Durch diesen Rückbezug der *virtutes politicae* auf den *cardo principalium actuum motivarum potentiarum animae* wird der vollkommene Zustand des Gemeinwesens im vollkommenen Zustand der Mitglieder des Gemeinwesens gesehen[2]. Albert führt (a. a. O.) aus, daß die Seelenkräfte dadurch tätig werden, daß die *ratio* ins Verhältnis zu den *passiones* ge-

setzt wird, so daß Gutes und Böses voneinander unterschieden wird und einem unableitbaren Sollensgesetz gemäß gehandelt wird. Die Möglichkeit des Vergleiches des Verhältnisses der Mitglieder zum Gemeinwesen mit dem Verhältnis der Seelenkräfte zur Seele wird vermutlich damit begründet, daß in beiden Fällen die umfassendere Einheit eine Einheit relativ selbständiger Größen ist. Diese relativ selbständigen Größen erhalten in der vollkommenen Stufe der Einheit ihre Bestimmung. Wie sich Albertus das Verhältnis der einzelnen zur *civitas* denkt, geht aus seinen Überlegungen zu dem *bonum civitatis* hervor (vgl. Super Eth. l. V, lect. 16, n. 453). Nur dann wird der *civitas* ein Unrecht zugefügt, wenn einem der *civitas* Zugehörigen ein Unrecht zugefügt wird. Hier wird die Integration des einzelnen von der Seite seiner Rechtseinheit mit dem Gemeinwesen gesehen. Die Kehrseite: Der Anspruch der *civitas* an den einzelnen verbietet alles, was die Integrationskraft der *civitas* mindert[3]. Mit Aristoteles nennt Albert hier auch den Selbstmord, da der Selbstmörder die *virtus communitatis*, die auf das Gemeinwesen ausgerichtete Tugend, vermindert.

Unter den kardinalen oder politischen Tugenden versteht Albertus die von der Antike überlieferte Vierergruppe Gerechtigkeit, Klugheit, Tapferkeit und Maß. Es fällt auf, mit welcher Selbstverständlichkeit Albert diese Vierergruppe anführt, nachdem gerade der von ihm besonders häufig zitierte Aristoteles den Vorrang der Vierergruppe durch seine neue Zweiteilung von ethischen und dianoetischen Tugenden abgelöst hatte[4]. Albert teilt die Kardinaltugenden in zwei Gruppen: In der Gerechtigkeit und Klugheit setzt sich die *ratio* zu den Stimmungen *(delectatio, tristitia)* ins Verhältnis. Die beiden anderen verstehen sich als Anwendung der Gerechtigkeit und Klugheit. Demnach kann von der Gerechtigkeit gesagt werden, sie sei *circa delectationes et tristitias ... inquantum invenitur in ipsis referibile ad alterum secundum rationem debiti* (De bono tr. I, q. IV, a. 2) zu verstehen. Wie die Tugend überhaupt ist die Gerechtigkeit im besonderen durch die Tätigkeit der *ratio debiti* auf Stimmungen bezogen, denen das Sich-verhalten zu anderen unterliegt. An späterer Stelle (ebd. q. VI, a. 1) wird die Gerechtigkeit als *perfectio rationis* im sollensgemäßen Verhalten zu anderen bestimmt. Diese Vervollkommnung der *ratio* versteht sich von einem *ordo rationis* her, der sich gemäß der Verwirklichung des Guten im sittlichen Handeln als das im Handeln und in den Stimmungen liegende „Mittlere“ versteht. Damit ist gesagt, daß der *ordo rationis* nicht nur eine theoretisch gedachte Weltordnung ist, sondern von vornherein auf Verwirklichung nach Maßgabe eines „Mittleren“ bzw. Sollens angelegt ist. Damit setzt sich bei Albert die *ratio* als der ausschlaggebende Gesichtspunkt zur Begründung und Beurteilung des sittlichen Handelns gegen traditionelle Bestimmungen (aus den Affekten, aus den Unterscheidungen der Gesetze, aus negativer Abhebung gegen die Laster usw.) durch.

Zugleich ist zweierlei gesagt: 1. Die *ratio* wird auch im Umkreis des Handelns bestimmt. 2. Im Gang der Begründung des Handelns gewinnt die Klugheit einen klaren Vorrang vor der Gerechtigkeit, da sie das „Mittlere“, das mit der Gerechtigkeit „verwirklicht“ werden soll, aufzeigt. Die Emotionen werden danach unterschieden, ob sie gewissermaßen „von innen“ oder „von außen“ kommen *(innatae* bzw. *illatae).* Ihnen wird die Tugend der Mäßigung bzw. der Tapferkeit zugeordnet. Hier fällt auf, daß Emotionen lediglich indirekt sittliche Qualität zukommt, nämlich, wenn sie von außen, etwa im Sinne eines Aufrufes zu allgemeiner Bereitschaft, friedliche Angriffe abzuwehren (Tapferkeit), kommen. Wenn sie „im Menschen“ sind, dann sind sie böse und es ist geboten, sie zurückzudrängen (Mäßigung).

Entscheidend ist hier folgender Denkvorgang: Im Zuge einer fortschreitenden „Intellektualisierung“ des Handelns wird die *ratio* zum Bestimmungsgrund des Handelns. Dies bedeutet aber auch, daß die *ratio* im Kontext des Handelns bestimmt wird und daher keine „unabhängige“ Stellung hat. Bei der Begründung und Bewertung des Handelns erhält alles Nicht-Rationale eine geminderte Bedeutung.

Eine normativ-absolute Bedeutung haben die Begriffe *debitum* und *medium.* Diese Begriffe stammen aus verschiedenen Sach- und Traditionszusammenhängen. Der Begriff *medium* ist Reminiszenz an antikes Denken und nimmt die Vorstellung eines Mittleren, das in der Tugend gegenüber den extremen Haltungen des Lasters zu sehen ist, auf. Hier ist eine von Aristoteles geprägte Frageweise übernommen, die selbst nicht ohne die Orientierung an theoretischen platonischen Positionen zu verstehen ist[5].

Dagegen ist *debitum* ein Begriff, der durch die Schöpfungstheologie des Anselm von Canterbury eine nicht unbeachtliche Bedeutung gewonnen hat und dessen Auftreten im Zusammenhang der Begründung des Handelns bei Albert zeigt, welche Verbreitung bestimmte Lehren Anselms, besonders seine Definitionen der Wahrheit und Gerechtigkeit, hatten[6]. „Debitum“ wird man von der Gerechtigkeitsdefinition Anselms *(rectitudo voluntatis propter se servata)* und der bei Anselm thematisierten ontologisch-ethischen Korrelation *debere-accipere* her verstehen müssen[7].

Mit dem *debitum* ist die allgemeinste Formulierung des Sollensanspruches an den Menschen gegeben. Albert spricht vom *debitum generale,* das er als *debitum rectitudinis totius animae secundum vires ordinatas ad actum et ad alterum et ad se et ad deum secundum ordinem rectitudinis in qua creatus est homo versteht* (vgl. De bono tr. V., q. 3, a. 1, sol. und ad 11). Und an einer anderen Stelle (De bono tr. V., q. 3, a. 2 sol.) wird das *debitum generale* durch die Entsprechung von Natur und Aufgabe des Menschen bestimmt. Diese Entsprechung ist Wirklichkeit, wenn der Mensch im Sinne der *iustitia generalis,* verstanden als Gattung der Tugenden, handelt.

Es fällt auf, daß gesagt wird, daß die *anima,* das Subjekt der Rechtheit, ihre Kräfte auf die Tätigkeit mit Bezug auf den anderen, sich und Gott richtet. Es wäre voreilig, daraus ableiten zu wollen, Albert fasse bei der Grundlegung der ethischen Begriffe Tätigkeiten, nicht auch Grundhaltungen ins Auge. Dies geht schon aus dem Begriffszusammenhang, in dem vom menschlichen Handeln die Rede ist, hervor. Eine Tätigkeit wird immer im Vergleich zu den vorausgehenden Tätigkeiten gesehen, die eine Disposition für das Handeln schaffen, so daß ein graduelles Fortschreiten zu einem Zustand der Vollkommenheit möglich ist (Super Eth. l. I, lect. XII, n. 68). Danach gibt es keine neutralen Handlungen. Alle Handlungen können zumindest als *causa remota* in bezug zu einem durch die Wirklichkeit der *virtus* bestimmten Zustand in einem übergreifenden Zusammenhang der Handlungen gesetzt werden. Durch die Vervollkommnung in der Tugend wird das Gute für den einzelnen und das Gemeinwesen bewirkt (vgl. Super Eth. l. V, lect. II, n. 377).

Auch die Bestimmung des *debitum iustitiae specialis* bzw. des *debitum iustitiae generalis* zeigt diesen Zusammenhang der menschlichen Handlung mit ihrer Disposition. Wird das mit der *iustitia specialis* intendierte Sollen durch den *actus redditionis unicuique quod suum est* bestimmt, so das *debitum iustitiae generalis* durch den Ordnungszusammenhang im allgemeinen, der grundsätzliche Einstellungen bedingt. Es ist damit gesagt, daß grundlegende Überlegungen über den Gegenstand des Sollens in der Spannung zwischen der Grundordnung und dem Handeln des Menschen im Lichte der Ordnung gesehen werden müssen.

Diese Spannung wird im zwischenmenschlichen Verhalten relevant. Das *debitum* wird Richtlinie des Handelns im zwischenmenschlichen Handlungszusammenhang. Im Unterschied zu einem nicht durch das Sollen vollständig bestimmten Handeln (z. B. Handeln aus Großzügigkeit), das seinen über das Sollen hinausreichenden Grund nur im Handelnden hat, wird das gerechtigkeitsgeleitete Handeln als *communicatio debiti, quod determinatum est lege* bestimmt. Der Grund des Handelns liegt sowohl im Handelnden als auch in dem, mit dem sich der Handelnde durch sein Handeln in Bezug setzt (Super Eth. V, lect. I, n. 362). Danach ist das *debitum* das die Gemeinsamkeit des Handelns Begründende. Die Rationalität des Handelns besteht darin, den Ausgangs- und Zielpunkt des Handelns in dem, was die Handelnden miteinander verbindet, zu sehen.

Die bisherigen Überlegungen haben uns vom Begriff *virtus politica* zu der Bestimmung von *debitum* als dem Richtpunkt zwischenmenschlichen Handelns im Hinblick auf die durch *ratio* und *natura* gekennzeichnete Gesamtordnung der Wirklichkeit geführt. Mit der rationalen Sicht des Handelns hat sich auch die soziale Bestimmbarkeit der Ausrichtung des Handelns ergeben. Dies hat nicht zuletzt seinen Grund darin, daß das tugendgeleitete Handeln durch den Begriff der Gerechtigkeit (im Sinne der *iustitia generalis,* als *genus virtutum* verstanden) bestimmt wird. Die Rezeption des aristotelischen Gerechtigkeitsbegriffes mit seinen Differenzierungen bei Albert ist so gewissermaßen ein Ausweis dafür, daß handlungstheoretische Grundlegungsfragen im Horizont der rationalen Gesamtordnung und des sozialen Handlungszusammenhanges durchdacht werden. Hinweise auf den Gerechtigkeitsbegriff bei Albert sollen unsere Überlegungen weiterführen.

II.

Mit Aristoteles teilt Albertus den Begriff *iustitia* grundsätzlich in die *iustitia generalis* und *iustitia specialis.* Die *iustitia generalis* wird einerseits als Rechtheit im allgemeinen Sinne, andererseits als *genus virtutum* verstanden. In der ersten Weise des Verständnisses von *iustitia generalis* wird die Verbindung von theoretischem und praktischem Weltbezug des Menschen deutlich. Die Rechtheit in der Definition der Gerechtigkeit ist – so legt Albertus Anselms

Definition (rectitudo voluntatis propter se servata) aus (vgl. De bono tr. V, q. 3, a. I) – von der Rechtheit in der Definition der Wahrheit, dem maßnehmenden Bezug einer Sache zur Idee, dadurch unterschieden, daß die Sollensordnung auf die Handlung bezogen wird und dabei der Lebensbezug des praktischen Weltverhältnisses motivierend ist. Albert gibt noch weitere Erläuterungen: Der Wille ist die allgemeine Bewegungskraft für alle Tugenden. Dadurch bleibt die Seele in der Rechtheit, daß sie die Rechtheit des ursprünglichen Status des Menschen abbildhaft in jeder Tätigkeit darstellt. In diesem Sinne kommt es Albert darauf an, die Allgemeinheit der Gerechtigkeit nicht als eine mehr oder weniger unbestimmte allgemeine Tugend aufzufassen, sondern als die die konkrete Position des Menschen in Verhältnissen der Über-, Unter- und Zuordnung berücksichtigende Grundlage seines Handelns gemäß der als verbindlich erkannten Grundordnung (vgl. De bono tr. V, q. 3, a 2, ad 13).

Die *iustitia generalis* als Gattungsbegriff der Tugenden ist nicht nur allgemein auf die rationale Gesamtordnung der Wirklichkeit bezogen, sondern auch Vermittlung von Gesamtordnung und Spielraum menschlichen Handelns. Sie leitet daher die Tätigkeit des Gesetzgebers (vgl. De bono tr. V, q. 3, a. 2 sol.).

Nicht selten kommt Albert im Kontext seiner Behandlung der *iustitia generalis* auf den Begriff der Gnade zu sprechen. Dieser Umstand zeigt, daß Albert daran gelegen war, einerseits einen nicht theologischen Gerechtigkeitsbegriff zu formulieren, andererseits aber den Bezug zur theologisch-normativen Tradition kenntlich zu machen.

Die unmittelbare Entsprechung zwischen Gnade und Gerechtigkeit, die man etwa für Bonaventura anzunehmen geneigt sein könnte, wird bei Albert zur Bestimmung der *iustitia generalis* als Wirkung der Gnade in der Tugend als solcher.[8]. Damit wird die theologische Betrachtungsweise der Gerechtigkeit nur indirekt zugelassen. Man kann sich fragen, ob die Beschränkung der theologischen Fragestellung dem Interesse an einer eigenständig philosophischen Betrachtungsweise entspringt oder eine Folge der unabweisbaren methodologischen Bedeutung der Frage nach den Ursachen für das wissenschaftliche Denken auch auf dem Gebiete der Ethik ist.

Der *iustitia generalis* steht die in *iustitia distributiva* bzw. *iustitia restitutiva vel communicativa sive directiva* unterschiedene *iustitia specialis,* deren Forderung – allgemein gesprochen – darin besteht, jedem das ihm Zustehende zu geben, gegenüber. Albert sieht den Unterschied beider Formen der speziellen

Gerechtigkeit, die sich auf die rechtliche Regelung des menschlichen Zusammenlebens im politischen Gemeinwesen beziehen, darin, daß im ersten Falle die Verhältnis-Gleichheit der Mitglieder des Gemeinwesens unter Berücksichtigung ihrer faktisch vorhandenen Ungleichheit hergestellt wird, im zweiten Falle das Verhältnis von zwei Personen zu Sachwerten nach dem Gesichtspunkt der Gleichheit bestimmt wird (vgl. De bono tr. V, q. 4, a. 2). Die spezielle Gerechtigkeit steht also grundsätzlich unter dem Gesichtspunkt der Gleichheit. Die Gleichheit gilt als Forderung zur Regelung der Verhältnisse der Menschen untereinander und im Bezug auf Sachen.

Wie Albert über die Forderung der Gleichheit dachte, geht aus der näheren Bestimmung der Gleichheit hervor, nach der nicht von einer *aequalitas status*, sondern der *aequalitas proportionis* die Rede ist. In diesem Sinne ist der Erste und der Geringste in einem Gemeinwesen gleich (vgl. Super Eth. l. V, lect. 9, n. 413).

Eine Zwischenstellung nimmt die *iustitia legalis* ein: Mit der *iustitia specialis* hat sie gemein, daß ihre Form die für die rechtlichen zwischenmenschlichen Beziehungen maßgebende Verhältnisgleichheit ist. Sie ist aber nicht auf ein bestimmtes Sachgebiet eingeschränkt, sondern muß als die an rechtlichen Grundsätzen orientierte Gestaltung aller zwischenmenschlichen Verhältnisse angesehen werden. Im Grunde ist hier gesagt, daß die Rechtheit eine von einem bestimmten Sachgebiet *(materia)* unabhängige formale Funktion hat, die sie der nur Gott untergeordneten Stellung der *ratio* verdankt. *Rectitudo enim illius* (scl. legalis) *iustitiae mensuratur ad primum exemplar, secundum quod aliquis ponitur per illam in statu, in quo exivit a primo exemplari.* Der *status hominis* ist eine Folge der nur der *ratio* verpflichteten Auffassung von den Grundlagen des menschlichen Zusammenlebens (vgl. Super Eth. l. V., lect. 3 n. 375 f.).

Die Rechtheit ist abhängig von der ontologischen Grundgegebenheit, dem Urbild. Diese Abhängigkeit zeigt den Zusammenhang der Gegenstandsbereiche des *ethicus* und des *naturalis* und *metaphysicus.*

Im Ethik-Kommentar (l. V, lect. 11, n. 419, ad 1) wird die zum Gegenstandsbereich des *naturalis* und *metaphysicus* gehörende *iustitia naturalis* – die ihr Maß am Urbild, dem sie sich verdankt, nimmt – von der zum Gegenstandsbereich des *ethicus* gehörenden *iustitia naturalis,* die von der Natur des Menschen als *principium operationum humanarum* ausgeht, unterschieden.

Die konsequente Formalisierung des Gerechtigkeitsbegriffes und die mit ihr gesetzte „Rationalisierung“ des Handelns ist über die mit dem Begriff *ratio* verbundenen ontologischen Implikationen ontologisch fundiert. Daß diese ontologische Fundierung unabhängig von einer theologischen Deutung gesehen werden kann, ist schon aus der Deutung des Zusammenhanges von Gnade und Gerechtigkeit (siehe oben) ersichtlich.

Die ontologische Fundierung der *ratio* kann am Verhältnis von *natura* und *ratio* dargestellt werden. Dieses Verhältnis wird von Albert im Kontext von Überlegungen zum *ius naturale* behandelt[9]. Mit dem *ius naturale* stehen wir in der ontologischen Grundlegung der Richtlinien des Handelns. Die Behandlung dieser Frage weist eine Differenzierung im Naturbegriff auf, die Identität und Differenz der Begriffe *natura* und *ratio* aufzuzeigen gestattet. Albert stellt der *natura communis* die *natura specialis* gegenüber (vgl. zum Folgenden: Super Eth. l. V, lect. 11, n. 418 ff.). Die formale Betrachtung des *ius naturale* bezieht sich auf die *ratio iuris* und geht von der *natura specialis („quae est ratio“)* aus. Die *natura specialis* soll nicht als *forma dans esse,* sondern als Prinzip der menschlichen Tätigkeiten aufgefaßt werden, ihr sind *aequitas* und *legitimabilitas* zugeordnet.

Im Unterschied zu dem Naturbegriff bei Boethius und seiner Bestimmung vom aristotelischen Substanzbegriff her (vgl. PL 64, 1341 B) wird der Naturbegriff hier als *principium operum pertinentium ad consistentiam et salutem eius in quo est* bezeichnet[10]. Weil unter dem Naturbegriff das Prinzip der Tätigkeiten verstanden wird, wird es möglich, daß das *ius naturale* als *ius rationis sive debitum, secundum quod natura est ratio* bezeichnet wird (vgl. dazu De bono tr. V, q. 1, a. 2)[11]. Im Naturrecht wirkt die *recta ratio* als Maß im allgemeinen Interesse des Menschen *secundum semina iuris universalia*[12].

Die materiale Betrachtungsweise bezieht das *ius naturale* in allgemeiner Weise auf das Handeln. Dieses ist nicht in jedem Falle durch die *ratio* ausreichend in seiner Herkunft und Wirkweise bestimmt. Die materiale Betrachtung schließt daher die *natura communis ein.* Alle äußeren Bestimmungsgründe des Handelns, die nicht direkt aus der Vernunfttätigkeit abgeleitet sind, wie Gewohnheit, positive Rechtssetzungen, die Autorität tradierter Auffassungen werden aber in nicht explizit angegebener Weise auf die Vernunft als Fähigkeit des Beurteilens bezogen. Hier ist ein deutlicher Verzicht der Vernunft auf vollständige Klärung des Faktischen und der davon abgeleiteten Bestimmungsgründe des Handelns gegeben. Es ist bezeichnend, daß dieser Verzicht der Vernunft — allerdings nur indirekt – bei der Grundlegung des menschlichen Handelns thematisch wird. Diese eben skizzierte zweifache Betrachtungsweise des *ius naturale* stellt die *ratio* als *natura specialis* den menschlichen Handlungen und ihren nicht aus der *ratio* ableitbaren Bestimmungsgründen gegenüber. Das *ius naturale,* das *iustum naturale* und *politicum* und die *iustitia legalis* werden nach derselben formalen Betrachtungsweise abgehandelt. Einerseits wird danach die durchgängige Bestimmung des menschlichen Handelns durch die *ratio* in ontologischer und normativer Hinsicht festgehalten, andererseits die relative Eigenständigkeit der menschlichen Tätigkeiten in faktischer Hinsicht zur Kenntnis genommen.

Entscheidend kommt es Albertus darauf an, daß das Wissen um die Prinzipien des Naturrechts tatsächlich dem Menschen „eingeboren“ ist und nur *per accidens* (im Wissen der Begriffe) Gegenstand eines Lernens werden kann. Dadurch soll offensichtlich einer Aufweichung des Naturrechtsbegriffes entgegengewirkt werden. Und dies in doppelter Hinsicht: Einmal wird mit der Parallele zu den Differenzierungen der *principia* und *conclusiones* im Bereiche der Theorie die eigentümliche ontologische Bestimmung des Naturrechts und der daraus folgenden „Anwendungen“ angegeben, zum andern wird jede Direktbestimmung konkreter Sachzusammenhänge durch das Naturrecht abgewehrt (vgl. dazu: De bono tr. V, q. 1, a. 1).

Daß damit nur der allgemeinste Rahmen der Überlegungen zur Begründung des Handelns abgesteckt ist, ist für Albert selbstverständlich. Zum Gegenstandsbereich der Lehre des *ius naturale* zählen ja nicht nur die allgemeinen Prinzipien, sondern auch – in einem eingeschränkten Sinne – ihre *supposita* und allgemein akzeptierte öffentliche Grundsätze (vgl. De bono tr. V, q. 1, a. 3 sol.).

Die Tätigkeit der *ratio,* in der der Mensch sich interpretierend zum Naturrecht verhält, soll sich wegen der unvermeidlichen Fehlerquelle in der *ratio plurium* an die *ratio sapientum* halten. Die Träger der Verantwortung werden ihre Entscheidungen an den Beschlüssen weiser Männer ausrichten (De bono tr. V, q. 1, a. 4).

Unsere Hinweise haben den Ort der ontologisch-normativen Sicht der Begründung menschlichen Handelns im Kontext rechtlicher Verhältnisse, die sich auch aus anderen als aus Gründen der Vernunft herleiten, im Umkreis der Begriffe *debitum* und *iustitia* aufzuzeigen versucht. Es ist für Albert bezeichnend, daß die normative Sicht mit dem Blick auf die Fakten so vermittelt wird, daß er nur im Konkreten den Ort normativer Betrachtungsweise sieht. Dies ergibt sich aus der nur auf den Bereich des Praktischen eingeschränkten Bedeutung von *ratio* und *natura*, soweit sie den Bereich des Handelns betreffen, ebenso wie aus der Relativierung der theologischen Sicht der Gerechtigkeit. In dem Maße der impliziten Einschränkung der ausschließlichen Vernunftbestimmtheit des Handelns ist eine faktische Steigerung der Bedeutung der nicht-vernunftbestimmten Bestimmungsgründe des Handelns im Sinne von Verbindlichkeit festzustellen.

Wir müssen es uns versagen, hieraus Aussagen abzuleiten, die nicht durch die konsultierten Texte Alberts gedeckt sind. Wie es scheint, kann man nicht ohne weiteres eine Weise der Begründung des Handelns bei Albert feststellen, die von der Vielfalt der einschlägigen Disziplinen des *metaphysicus, naturalis, ethicus, civilis* etc. absehen würde. Die der Vielfalt der Behandlungsweisen des Gegenstandes entsprechende Vielfalt, in der der Gegenstand sich zeigt, dürfte ein lohnenderes Ergebnis einer terminologischen Untersuchung darstellen als eine leicht einprägsame Formel, mit der man sich genugsam den Fakten überlassen kann.

1 Vgl. A. *Hufnagel, Das Personproblem bei Albertus Magnus*, in: Studia Albertina, Beitr. zur Gesch. d. Phil. u. Theol. des MA, Suppl. IV, 1952, 202—233. Es wurde auf die in der Editio Coloniensis vorliegenden Werke Alberts *De bono* (= t. 28, Münster/Westf. 1951) und *Super Ethica*. Commentum et quaestiones (l. I bis V (= t. 14/1, Münster/Westf. 1968 1972) Bezug genommen. Hinweise zur Beurteilung der Kommentarwerke Alberts finden sich bei W. *Kübel* in den *Prolegomena* zu Super Ethica, l. c., VI—VIII und bei G. *Wieland, Untersuchungen zum Seinsbegriff im Metaphysikkommentar Alberts des Großen* (Beitr. z. Gesch. d. Theol. u. Phil. MA, N. F. 7), Münster/Westf. 1972, 6 ff.

2 Von der *virtus politica* wird die *virtus theologica* unterschieden (vgl. *De bono* tr. V, q. IV, a. 7). Die Seelenkräfte werden unter verschiedenen Hinsichten durch die *virtutes civiles* (in inhaltlicher Hinsicht) bzw. *theologicae* (in teleologischer Hinsicht) vervollkommnet (vgl. *De bono* tr. V, q. 3, a 2, ad 13) am Beispiel der Gerechtigkeit: l. c. ad 16).

3 Selbstredend identifiziert Albert nicht das Verhalten des einzelnen als solchen und als *civis* (vgl. dazu: *Super Eth.* l. V, lect. III, n. 387).

4 Zur Einteilung der Tugenden bei Aristoteles: Vgl. G. *Bien* im Kommentar zur Nik. Ethik (Philos. Bibliothek, Band 5) 3. Aufl. Hamburg 1972, S. 275 ff. (zu N. E. 1107 a 33). Zur

Anordnung der Kardinaltugenden bei Albert (im literarhistorischen Kontext) O. *Lottin, Saint Albert le Grand et l'Éthique à Nicomaque,* in: Aus der Geisteswelt des Mittelalters (Beitr. z. Gesch. d. Phil. u. Theol. d. MA, Suppl. 3,1) Münster/Westf. 1935, 611—626 (619 f.). Im Sinne der Zweiteilung der *virtus politica* unterscheidet Albert die *virtus intellectiva* und *moralis.* Der Einteilungsgrund ist die Stellung des „Mittleren" (als des Orientierungspunktes) zu den Seelenkräften (vgl. *De bono* tr. V, q. IV, a. 7).

5 Vgl. hierzu auch: *De bono* tr. V, q. IV, a. 7. Das *medium* zwischen der Seele und dem Sachbereich des Handelns und der für diesen geltenden normativen Gesichtspunkten kann in inhaltlicher Hinsicht sowohl von der Ordnung der Seelenkräfte (z. B. die *ratio recta distinguens inter appetenda et fugienda* bei der *prudentia),* als auch von der Norm des Sachbereiches (z. B. *aequalitas secundum proportionem mathematicam inter quattuor* bei der *iustitia*) bestimmt sein. Das „Mittlere" ist die konkrete Darstellungsweise der Norm.

6 Vgl. hierzu: A. *Hufnagel, Anselms Wahrheitsverständnis in der Deutung Alberts d. Gr.,* in: Sola ratione, Stuttgart-Bad Cannstatt 1970, 19—33.

7 Das Verständnis des geschaffenen Seins ist bei Anselm durch die grundlegende Bedeutung des Sollens gekennzeichnet. Das im Sollen Gebotene ist nicht ein äußeres, positiv formuliertes Gesetz, sondern die Annahme und der Nachvollzug des Geschaffen-Seins und damit der Abhängigkeit. Alle inhaltlichen Formulierungen von Gesetzen beziehen ihre Legitimität daraus, daß sie dem Grundfaktum des Geschaffen-Seins entsprechen. (Hierzu: vgl. H. *Kohlenberger, Similitudo und ratio,* Überlegungen zur Methode bei Anselm von Canterbury, Bonn 1972, S. 90 ff. und ds., *Sola ratione — Rechtsmetaphorik — Teleologie,* in: Sola ratione, Stuttgart-Bad Cannstatt 1970, S. 35 ff.). Zum Kontext von *debitum* und *iustitia* bei Albertus *(De bono* tr. V, q. 3, a. 1) vgl. das unten zum Gerechtigkeitsbegriff Gesagte.

8 Vgl. hierzu: *De bono,* tr. V, q. 5, a. 2. *Bonaventura* spricht im I. Kapitel des *Itinerarium mentis in Deum* davon, daß die Zeit in drei Perioden eingeteilt ist, in das Gesetz der Natur, der Schrift und der Gnade. Im Zeitalter der Gnade ist die Gerechtigkeit wirksam geworden.

9 Zum Naturrecht bei Albertus Magnus: O. *Lottin, Le droit naturel chez S. Thomas d'Aquin et ses prédécesseurs,* Bruges 1931; G. *Meerssemann, Le droit naturel chez S. Thomas d'Aquin et ses prédécesseurs,* in: Angelicum 9 (1932); M. *Grabmann, Das Naturrecht der Scholastik von Gratian bis Thomas von Aquin,* in: M. Grabmann, Mittelalterliches Geistesleben 1, München 1936, 65—103 (90 ff.).

10 Zum Naturbegriff im Metaphysik-Kommentar: G. *Wieland,* a. a. O. Anm. 1, 42 ff., 91.

11 Zu dieser Stelle, die im Kontext der *Summa de bono* Philipps des Kanzler gesehen wird: O. *Lottin, Le droit naturel . . .,* a. a. O. 111 ff.; D. *Siedler, Intellektualismus und Voluntarismus bei Albertus Magnus* (Beitr. z. Gesch. d. Phil. u. Theol. des MA, 36,2), Münster/Westf. 1941, 217 ff.

12 In *De bono* tr. V, q. 1, a. 1 werden die *universalia iuris* als *illa dirigentia nos in opera, in quibus non est error neque dubium, in quibus naturale iudicatorium rationis vel synderesis*

informatum accipit, quid faciendum sit vel non faciendum bezeichnet. Hierzu: P. *Michaud-Quantin, La psychologie de l'activité chez Albert le Grand* (Bibl. thom., 36), Paris 1966, 233 ff. Auf S. 115 ff., 149 ff., 187 ff. dieses Werkes finden sich auch eingehende Erörterungen zum Begriff *ratio* in der praktischen Philosophie Alberts und seinen Quellen. Zu *ratio recta:* G. *Verbeke, Aux origines de la notion de loi naturelle,* in: La filosofia della natura nel medioevo. Atti del terzo congresso internazionale di filosofia medioevale. Passo della Mendola (Trento) 23 ag.—5 sett. 1964, Milano 1966, 164—173 (171).

Das Haupt aller Menschen

Zur Auslegung eines Thomastextes

Max Seckler (Tübingen)

Das paulinische Motiv von Christus als dem *Haupt der Kirche* hat in allen Jahrhunderten die Christologie ebenso befruchtet wie die Ekklesiologie. Im Hohen Mittelalter führte es zur Ausbildung eines eigenen Traktates *De Christo Capite* in der systematischen Theologie. Dieser Traktat wird in bereits recht gut entwickelter Form erstmals in der *Summa aurea* Wilhelms v. Auxerre in den zwanziger Jahren des 13. Jahrhunderts greifbar[1], während der entscheidende Anstoß für die Herausbildung dieses Traktates den Sentenzenbüchern des Petrus Lombardus († 1160) zugeschrieben wird[2]. In der Folgezeit gehört der Traktat über Christus als *Haupt der Kirche* zur Ausrüstung aller größeren Sentenzenkommentare und theologischen Summen.

So auch bei Thomas von Aquin, der in seinen Hauptwerken das Thema ausführlich behandelt[3]. Liest man seine systematischen Ausführungen, so stößt man bereits im Frühwerk unvermittelt auch auf die Frage, ob Christus auch das *Haupt aller Menschen* sei *(Utrum Christus sit caput omnium hominum)*[4]. Diese Frage, ausgestattet mit dem Gewicht einer Quaestionen- bzw. Artikelüberschrift, läßt aufhorchen. Sie ist geeignet, große Visionen zu wecken von der einen Menschheit, von prophetischem Heilsuniversalismus und politischer Eschatologie. Meldet sich hier visionäres und utopisches Einheitsdenken, von dem gerade die mittelalterliche Theologie durchdrungen und erfüllt war? Lebt die alte Anakephalaiosisidee wieder auf? Ist es das Pantokratormotiv und die Vorstellung von Christus, dem Allkönig? Verbinden sich die Motive zu einer Grundlegung des theologischen Imperialismus und missionarischen Kolonialismus, die wir aus anderen Zeiten kennen?

Eine genauere Untersuchung der Thomastexte führt zu einer ganzen Reihe von Überraschungen. Diese liegen in verschiedenen Bereichen und auf verschiedenen Ebenen. Sie liegen ebenso im sachlichen theologischen Beitrag des thomanischen

Denkens selbst wie in dem Geschick, das diesem Denken in der thomistischen Überlieferung beschieden war. Der Text bietet verhältnismäßig schwierige Interpretationsprobleme, denen sich zahlreiche Thomaskommentare entweder nicht gewachsen zeigten oder denen sie ausgewichen sind. Jedenfalls hat der Vorstoß des Thomas wirkungsgeschichtlich äußerst schwache und teilweile sehr fragwürdige Resonanzen gefunden.

Von einem Vorstoß des Thomas kann man, noch abgesehen vom sachlichen theologischen Beitrag seines Denkens in dieser Frage, bereits im Blick auf den äußeren Befund sprechen, und dies ist die erste Überraschung. Man findet zwar in den zahlreichen Darstellungen der thomanischen Ekklesiologie und Christologie kaum irgendwo einen Hinweis darauf, und dennoch ist es so, daß einzig Thomas ausdrücklich die Frage nach Christus als dem Haupt aller Menschen in einem systematischen Zusammenhang stellt. Dies zeigt bereits ein erster Blick in die großen Werke Alberts des Großen, Alexanders und Bonaventuras. Überall Fehlanzeige. Es bestätigt sich, wenn man die übrigen Quellen untersucht, aus denen Thomas Themen für Quaestionen und Artikel hätte nehmen können. Er hat mit seinem Vorstoß auch kaum Nachfolge gefunden. Überlieferungs- und wirkungsgeschichtlich gesehen versandete auch die Fragestellung selbst wieder (und nicht nur die Antwort, die Thomas auf sie gab). Jedenfalls vorläufig, solange keine umfassendere Untersuchung das Gegenteil beweist, darf man nach den Forschungen, die im Rahmen dieses Beitrages angestellt werden konnten, von einem durchaus singulären und solitären Vorstoß des Thomas sprechen.

Bereits beim ersten Lesen spürt man die von Rücksichten gelöste Kühnheit und die heitere Ruhe, die der zentrale Text zur Sache in der *Summa theologica* (III 8, 3) ausstrahlt[5]. Man ahnt, daß hier das einsamer werdende Denken des Thomas besonders in Erscheinung tritt. In inhaltlicher Hinsicht sind es vor allem zwei Punkte, die Beachtung verdienen. Es ist erstens die grundsätzlich positive Antwort auf die Frage, ob Christus das Haupt aller Menschen sei, und die Begründung hierfür. Und es ist zweitens und in noch stärkerem Maß das, was Thomas über die Weisen der Zugehörigkeit zu Christus und über die Grade seines Haupt-Seins zu sagen hat. Jesus Christus als Mensch ist Haupt aller Menschen — so können wir kurz zusammenfassen —, aber er ist es in verschiedenen Graden. Erstens und hauptsächlich ist er Haupt derer, die mit ihm eins sind in der *Herrlichkeit;* zweitens derer, die mit ihm eins sind durch die *Liebe;* drittens derer, die mit ihm eins sind durch den *Glauben;* viertens derer, die *noch nicht* eins sind mit ihm; fünftens derer, die es *niemals sein werden.* Dieser Text wirft hauptsächlich zwei Interpretationsprobleme auf. Das erste betrifft die verblüffende Reihenfolge Liebe — Glaube, die genaue Bedeutung der Klassierungskriterien und das Verhältnis der beiden; das zweite betrifft das Haupt-Sein über diejenigen, die weder den Glauben noch die Liebe haben. Da die Lösung des zweiten Problems das Verständnis des ersten erleichtert, beginnen wir mit jenem.

I.

Daß bereits der junge Thomas im Sentenzenkommentar mit der *ausdrücklichen* Frage nach Christus als dem Haupt aller Menschen hervortreten konnte, war bei aller Neuheit, die in der Ausdrücklichkeit der Frageformulierung liegt, von der Sache her eigentlich recht naheliegend. Für die Frühscholastik war es im Anschluß an Aussagen des Epheser- und Kolosserbriefes ein beliebtes Diskussionsthema, ob Christus Haupt nicht nur der Kirche, sondern aller Kreaturen, Engel eingeschlossen, sei. Auf der Basis der Zweinaturenlehre zeichnete sich eine Unterscheidung ab. Seiner Gottheit nach ist Christus Herr und Haupt aller Dinge. In der durch die Inkarnation gegebenen Seinsweise als Mensch ist er jedoch dem Menschengeschlecht und der Geistkreatur in besonderer Weise „konform" geworden. Durch seine Leiblichkeit begründet er seine enge und spezifische *conformitas* naturae mit dem Menschengeschlecht; deshalb ist er als *Mensch* in besonderer Weise Haupt der Menschen. Er ist zwar auch als Mensch Haupt der Engel, dies aber nur auf entferntere Weise *(secundum genus intellectualis naturae)*[6]. Haupt der irrationalen Kreatur wird Christus als Mensch nicht genannt[7].

Der Mensch Jesus Christus ist also in einer spezifischen, durch die „Homogenität"[8] seiner und unserer Natur begründeten Weise Haupt der *Menschen*[9]. Da dieses spezifische Haupt-Sein mit der Homogenität der Naturen begründet wird, erscheint der Schluß als zwingend: er ist Haupt aller Träger der Menschennatur, folglich Haupt *aller* Menschen.

Für den jungen Thomas war somit nur ein kleiner Schritt zu tun, um zur Ausdrücklichkeit der Fragestellung und zu einem grundsätzlichen Ja in der Beantwortung vorzudringen. Es liegt auf der Hand, daß dieser Schritt mit der grundsätzlichen Betrachtungsweise zusammenhängt, die von der Naturenlehre her möglich und nötig geworden ist. Das alte Motiv der *conformitas naturae*, auf anderem Grund gewachsen, erhält im Zusammenhang des aristotelischen Naturendenkens unversehens einen neuen Bedeutungsgehalt [10]. Noch vor aller existentiellen Eingliederung in Christus als dem Haupt seiner Kirche ist der Mensch, jeder Mensch, kraft der Konformität der Menschennaturen dem Menschgewordenen als dem Haupt zugeordnet und damit in einer gewissen und noch genauer zu bestimmenden Weise seinem Leib, der sich im Menschsein bildet, eingegliedert.

Von hier aus öffnet sich ein Weg zu einer gleichermaßen offenen wie intensiven Zuordnung der gesamten Menschheit zu Christus als dem Haupte, und zwar auf der Basis des „bloßen" Menschseins. Thomas selbst ist diesen Weg nicht gegangen, jedenfalls nicht so, wie der skizzierte Ansatz es unmittelbar nahelegen könnte und wie es auch die alte Inklusions- und Assumptionstheologie vor allem der griechischen Väter nahegelegt hat. Er zeigt sich auffallend sperrig und mit der Reifung seines Denkens sperriger gegen soteriologische Ableitungen aus der Naturkonformität als solcher. Sie ist für ihn im wesentlichen nur *Grundlage möglicher Gemeinsamkeiten*, die sich dann auf der Ebene *existentieller Realisationen* einstellen müssen. Aber diese Grundlage und ihre soteriologischen Implikate stehen für ihn auf einem anderen Blatt als das, was man sozusagen ein Stück *Naturerlösung ex opere operato incarnationis* nennen könnte, nämlich den erlösungsmächtigen Einschluß der ganzen Menschheit in Christus kraft der Inkarnation des Logos und vorgängig dem geschichtlichen Handeln Jesu und dem geschichtlichen Handeln der davon Betroffenen.

Man kann nicht sagen, daß Thomas diese Dinge nicht gesehen hätte. Praktisch an allen Stellen, wo er zum Verhältnis Christi als des Hauptes zu seinem Leib und zu seinen Gliedern sich äußert, tritt das *conformitas*-Motiv auf. Aber es spielt bei weitem nicht die Rolle, wie das, um einen älteren und einen jüngeren Versuch zu nennen, bei Thomassinus oder bei L. Malevez der Fall ist, wo sehr konkrete und weitgehende Konsequenzen bezüglich des Verhältnisses Haupt-Glieder auf Grund des Assumptions- und Inklusionsgedankens gezogen werden [11]. Für Thomas bewirkt die Inkarnation eine größere Affinität Christi zu uns, eine Bejahung unserer Natur durch Gott und eine Erhöhung der Würde der menschlichen Natur [12], aber keine Automatik der Eingliederung von Menschen oder der Menschheit.

Aber ist Christus dann *Haupt aller Menschen?* Bereits im Sentenzenkommentar ist von der Fragestellung her klar, daß Thomas ein Ja vorschwebt[13]. Er bringt in der Argumentation auch eine Verknüpfung der einschlägigen Argumente[14]. Aber er spricht das Ja dann doch nicht aus und entzieht sich der Bejahung durch die Unterscheidung von „suffizienter" und „effizienter" Genugtuung[15].
In der *Summa theologica* ist das anders. Die Argumentation mit der Naturverknüpfung fehlt[16]. Eine soteriologisch relevante Automatik der Eingliederung vermittelst der *assumptio* und *inclusio naturae* ist ferner denn je. Dennoch wird Christus hier jetzt ausdrücklich Haupt *aller* Menschen genannt, auch derer, die nicht an ihn glauben.
Wie kann er Haupt derer sein, die nichts von ihm wissen wollen? Werden sie nun, kaum daß die magische Automatik der naturhaft-inneren Eingliederung zurückgetreten ist, gleichsam von außen und oben her vereinnahmt, nach dem Motto: *volentem fatum ducit, nolentem cogit?* Zeigt hier das Haupt, daß es der Herr ist? Man muß diese Frage in aller Schärfe stellen, weil dabei etwas für die Soteriologie des Thomas sehr Wesentliches sichtbar wird.
Nicht selten hat man das Haupt-Sein Christi über Sünder und Ungläubige im Sinne eines äußeren Herrschertums verstanden. Auf dem Umweg über äußere Herrschaftsstrukturen wäre er dann schließlich doch das Haupt *aller* Menschen. Thomas selbst kennt durchaus zwei Weisen des Hauptseins gemäß der Unterscheidung von *innerer* und *äußerer* Einflußnahme[17]. Geschöpfliche Machthaber (z. B. Fürsten und Prälaten, aber auch der Satan) sind auf den Weg der äußeren Einflußnahme verwiesen[18]. Das Wesentliche am Haupt-Sein des Erlösers besteht aber gerade nicht im äußeren Herr-Sein, sondern im „Einfluß" der Gnade. Für Thomas verdichtet sich die Struktur des ganzen Gnadengeschehens im Bild des *Hauptes*[19]. Haupt-Sein im Reich der Gnade ist aber etwas ganz anderes als Haupt-Sein in anderen Herrschaftsgebilden. Es definiert sich nicht durch äußere Herrschaft, sondern durch den Vorrang der schöpferischen Freiheit und der ihr eigenen Wirkungsweise.
Aus der Metapher des Hauptes wurden, angefangen bei Paulus, die verschiedensten Analogien abgeleitet. Bei Thomas konzentriert sich alles auf eine möglichst reine Erfassung der Funktion Christi als Mittler der Gnade und des Lebens im *reditus rationalis creaturae in Deum.* Die ausführlichen Erörterungen des Haupt-Seins Christi in der Frühscholastik, die schließlich den Traktat *De Christo capite* und den Topos von der *gratia capitis* hervorgebracht

haben[20], stellen für Thomas reiches Material bereit, aus dem er sorgfältig auswählt. Aus der physiologischen Anschauung, wonach die Sinne und Bewegungen des Körpers und der Glieder im Haupt ihren „Sitz" haben, wird abgeleitet, daß Christus deshalb Haupt der Kirche genannt wird, weil von ihm der geistliche Sinn und die Bewegung der Gnade ausgehen[21]. Zum Haupt-Sein gehört es, *principium et origo* zu sein[22]. Das besagt schöpferischer Ursprung und kommunikable Erstgestalt. So ist Christus als Mensch „voll der Gnade und Wahrheit"; „von seiner Fülle haben wir alle empfangen"; er ist „der Erstgeborene für viele Brüder". Genau diese drei Daten und ihr inneres Gefälle vom Sein Christi zur Bildung seines Leibes als einer Gemeinschaft von Brüdern, die alles ihm verdanken, definieren für Thomas das Haupt-Sein Christi[23]. In Christus ist ganz und in Fülle und in originaler Weise und *„virtute"* das gegeben, was nachher in Nachfolge und Nachahmung diejenigen aufgreifen und empfangen, die als seine Brüder dem Bilde des Sohnes in die Ähnlichkeit der Sohnschaft hinein gleichgestaltet werden[24].

Auf das Problem dieser Gleichgestaltung müssen wir nun zurückkommen. Von der Gleichgestaltung im Sinne der *conformitas naturae* war bereits die Rede. Thomas bejaht die *conformitas naturae insofern,* als durch die Menschwerdung der göttliche Logos einer von uns geworden ist und als einer von uns für uns zu handeln in der Lage ist. Eine naturhafte Eingliederung aller in seinen Leib erfolgt von daher nicht. Deshalb ist er auch nicht infolge der *conformitas naturae* das Haupt[25]. Er ist es auch nicht, wie wir gesehen haben, durch eine Aufspaltung von Wirkungsweisen des Hauptes in solche des inneren und des äußeren „Einflusses".

Inwiefern ist er dann noch (und für den Thomas der Summa erst recht) das Haupt *aller?* Er ist es, mit Berufung auf 1 Tim. 4, 10 und 1 Joh. 2,2, weil er der *Erlöser aller Menschen* ist[26]; er ist es, weil die Metapher „Haupt" eben die Verdichtung und Begründung des *für alle* eröffneten Weges in der Weise des *schöpferischen Ursprungs* und der *kommunikablen Erstgestalt* in Jesus Christus besagt. Er ist es nicht in der Weise einer naturhaften Vereinnahmung[27] oder einer äußeren Herrschaft. Denn das zweite Konstitutiv für die Relation Haupt-Glieder, das Thomas jetzt entschieden ins Spiel bringt, ist die Freiheit in der Nachfolge[28]. Wo die Zustimmung zum Haupt-Sein Christi fehlt, ist er gleichsam reales, aber nicht realisiertes Haupt. In seinem Haupt-Sein ist er allen gleich. Jupiter omnibus idem. Die Unterschiede liegen auf der Seite der Menschen und ihrer Freiheit. Er ist Haupt, d. h. *reales* Angebot erlösten Menschseins auch dort und für den, der dies nicht weiß oder nicht will. Aber solange menschliche Freiheit sich nicht darauf einläßt, steht sie nur in der *Möglichkeit (potentia)*[29] zur Eingliederung in den Leib dieses Hauptes. Von daher die scheinbare Widersprüchlichkeit eines Haupt-Seins über alle, wo doch faktisch nicht alle dieses Haupt anerkennen, die Anerkennung aber conditio sine qua non des Glied-Seins ist.

Diese These, mit der hier ein Lösungsvorschlag für das eine der beiden größeren Interpretationsprobleme von III 8,3 zur Diskussion gestellt wird, findet eine schöne Bestätigung, wenn man dem *conformitas*-Motiv ein wenig weiter nachgeht. Man lernt dabei zugleich den entscheidenden Grund kennen, der Thomas bewogen haben dürfte, von dem Gedanken einer Eingliederung in den Leib Christi durch bloße Naturkonformität abzurücken. Dabei wird man eines Thomas ansichtig, der mit unerschütterlicher Folgerichtigkeit das Reich der Gnade als Reich der Freiheit und der Liebe zu begreifen sucht.

Die Gnade, so erklärt Thomas lapidar, wird nicht auf dem Weg über die Natur vermittelt, sondern allein durch das personale Handeln Christi [30]. Nicht durch naturhafte Fortzeugung, sondern durch freie Willensbewegung auf Christus hin erfolgt jene geistliche Neugeburt, in der Heil ist. Was von Christus empfangen wird, ist von personaler Art *(personale bonum)*[31]; es wird auf personale Weise entgegengenommen: *per fidem et caritatem*[32]. Eben deswegen kann Christus nicht Haupt, sondern nur Herr der nicht mit Freiheit begabten Geschöpfe genannt werden[33]. Und Haupt von Menschen ist er nicht hinsichtlich ihres naturhaften Menschseins, sondern im Blick auf das aus Glaube und Liebe erwachsene neue Sein[34]. Über ihn als den Weg, der er ist dadurch, daß er das neue, erlöste Sein verdient hat und es in seiner Existenzform darstellt und als „Haupt", d. h. als schöpferischer Ursprung und kommunikable Erstgestalt darbietet[35], erfolgt die geschichtlich-konkrete Bestimmung der geschöpflichen Freiheit zur *unio ad Deum*, einer *unio per operationem*[36]. Thomas wird nicht müde, das geschichtliche Haupt-Sein Christi dort zu lokalisieren, wo endliche Freiheit sich von ihm her und auf ihn hin operativ und geschichtlich bestimmen läßt. Anders ausgedrückt: „Haupt" ist er nicht an und für sich, sondern in seiner Wirkungsgeschichte. Es ist ein wirkliches Sich-Bestimmen-lassen und nicht ein Bestimmt-werden oder Bestimmtsein durch Naturkonformität oder Herrschaftsverfügung. Christus wirkt, indem ich das, was von ihm her in Erscheinung tritt, auf mich wirken lasse. So bestimmt „sich“ endliche Freiheit „durch“ ihn. Christus ist Haupt nicht nur durch das, was er seinshaft ist und geschichtlich an sich vollbracht hat, sondern vor allem durch das, was er (wirkungs-)geschichtlich tut dadurch, daß menschliche Freiheit an ihm sich bildet und bindet[37]. Daß dort, wo *diese* Bildung und Bindung noch nicht realisiert ist, er nur der *Möglichkeit* nach Haupt genannt werden kann, wurde oben gezeigt.

Die Betonung der *conformitas* als einer geschichtlich-operativen Bestimmung der Freiheit (zum Unterschied von der *conformitas naturae*) durch Thomas ist die Konsequenz aus der radikalen Korrelation von Gnade und Freiheit. Durch die Gleichgestaltung *(conformitas; configuratio)* in die Existenzform der Sohnschaft *(filiatio)* hinein, die glaubend und liebend geschieht, wird man zum Bruder Christi und zum Glied seines Leibes[38]. Wenn es also heißt, nur Glieder Christi würden durch Christus erlöst *(nullus liberatur per Christum nisi membrum Christi)*[39], so ist dies nicht als äußere Bedingung und äußerer Anspruch zu verstehen, deren Erfüllung gleichsam den Lohn des Heils nach sich zieht, sondern eine Aussage über die Befindlichkeit und den Ort erlöster Freiheit gemäß den Gegebenheiten und Erfordernissen der *conditio humana*. Die geforderte *conformitas ad Deum*[40] liegt weder in statisch-unbewegten Naturgegebenheiten oder Wesensstrukturen, noch besagt sie einen Exodus in Entfremdung und Selbstverlust. Im Gegenteil. Sie liegt in einer *Bewegung der Freiheit, in welcher Gottesebenbildlichkeit und Selbstfindung zugleich sich ereignen.* Was die Gottesebenbildlichkeit betrifft, so ist diese keine Naturgegebenheit, sondern eine *Qualität des Handelns* im Prozeß des *pertransire in imaginem Dei*[41]. Und was die Selbstfindung betrifft, die unaufgebbar ist, so ereignet sich diese gerade im Prozeß der Gleichgestaltung mit dem Sohn[42].

II

Der *reditus creaturae rationalis in Deum* ereignet sich in der Gleichgestaltung mit dem Sohn. In diesem Prozeß der Freiheit baut sich der Leib auf, dessen Haupt der Sohn ist. Der Leib ist zusammen mit dem Haupt *quasi una persona*[43]. Dadurch, daß das Handeln des Hauptes und die Bildung des Leibes vollständig dem *reditus creaturae rationalis in Deum* zugeordnet und ganz eng mit dem Geschick und der Geschichte der menschlichen Freiheitsbewegungen verbunden ist, kann Christus das Haupt *aller Menschen* genannt werden. Der Christus des Thomas ist kein Sektengründer. Aber er ist das Haupt aller nicht durch die Brutalität der Macht oder durch eine List der Natur, sondern durch seinen konkreten „Einfluß" *(influxus)* in der menschlichen Freiheitsgeschichte. Weil aber sein Haupt-Sein sich in die Bewegung der Freiheit einschreibt und auf die Qualität einer Praxis zielt, ist es wirklich nur dort und in dem Maße, in dem die Verfaßtheit der Freiheit und der Praxis ihm „entspricht". Das bedeutet erstens, daß verschiedene Grade in der Verwirklichung des Haupt-Seins unterschieden werden können und müssen. Es bedeutet zweitens, und dies ist das Bedeutsamere, daß die Unterscheidung nicht nach äußeren Gesichtspunkten (etwa solchen der Soziographie) vorgenommen werden darf, sondern sich an „Verfaßtheiten" der Freiheit selbst halten muß, d. h. eine *existentiale Kriteriologie* voraussetzt. Genau eine Kriteriologie von dieser Art entwickelt und appliziert Thomas in III 8,3. Sowohl in diesem Verfahren wie in den damit erzielten Ergebnissen darf man von einem kühnen und fruchtbaren Vorstoß sprechen.

In unserem Text wird, unter stillschweigender Zugrundelegung der genannten Kriteriologie, folgende Reihenfolge und Rangordnung aufgestellt. Christus ist Haupt aller Menschen. Er ist es je nach den realisierten Graden der Einheit mit ihm. Diese sind 1. Einheit in der Herrlichkeit; 2. Einheit durch die Liebe; 3. Einheit durch den Glauben; 4. noch nicht realisierte Einheit; 5. überhaupt nie realisierte Einheit. Das besondere Problem, dem wir uns jetzt im zweiten Teil dieses Beitrages noch kurz zuwenden wollen, betrifft die Punkte 2 (Liebe) und 3 (Glaube) und ihre Reihenfolge.

Daß die Liebe über den Glauben gestellt wird, entspricht guter christlicher und theologischer Tradition. Die Schwierigkeit erwächst aus dem Kontext. In *Quaestio VIII* geht es um das Verhältnis Christi zur *Kirche*. Die Kirche ist sein Leib, und sein Leib ist die Kirche, wie Thomas mit der Tradition an vielen Stellen seines Werkes betont. Aber auch zur Zeit des Thomas war man sich bewußt, daß Menschheit und (sichtbare) Kirche nicht deckungsgleich sind. Sind nun die Aussagen über die Grade realisierten Haupt-Seins Christi in der *Menschheit* kirchentranszendierende Aussagen, oder sagen sie etwas über die Binnenstruktur der Kirche aus? Einerseits ist die Kirche (die mit der Menschheit bei weitem nicht deckungsgleich ist) der Leib des Hauptes; anderseits scheint III 8,3 vorauszusetzen und auch darzutun, daß die ganze Menschheit dieser Leib sei. Differenzierungen in der graduellen Verwirklichung sind hier wie dort möglich und notwendig. Spricht Thomas also von der Menschheit als dem einen, wenngleich differenzierten Leib, oder von der Kirche? Oder spricht er von beiden, indem er die Verfassung des *Glaubens* der Kirche zuweist (die er als *congreatio fidelium versteht)*[44] und die Verfassung der *Liebe* — nun wem eigentlich?

Diese Frage hat in der Geschichte der Thomasauslegung beträchtliche Schwierigkeiten gemacht. In der Regel wurde so verfahren, als ob Thomas von zwei Arten oder Stufen der Kirchengliedschaft sprechen würde, nämlich einer vollkommenen und einer unvollkommenen[45]. Unter Ziffer 2 würde er zwar „nur" (in sprachlicher Abkürzung) *Liebe* sagen, aber die *fides caritate formata* meinen; unter Ziffer 3 würde er, gleichfalls abkürzend, „nur" vom *Glauben* sprechen, dies zugleich aber in einem defektiven Sinne meinen, indem er die verkrüppelte *fides informis* vor Augen hätte. Er würde also von zwei Graden der Zugehörigkeit zur Kirche und von den zwei Klassen von Kirchengliedern sprechen, aus denen sich die sichtbare Kirche mehr oder weniger sichtbar aufbaut: von Gerechtfertigten und Sündern. Im Hintergrund stünde die Diskussion um die Frage der Kirchengliedschaft der „Sünder" — eine Diskussion, die in der Tat die Theologen der Früh- und Hochscholastik beschäftigte mit dem geläufigen Ergebnis, daß eine wirkliche *(fides)*, wenngleich defektive *(informis)* Mitgliedschaft der „Sünder" zu der Kirche angenommen wurde. Auch Sünder, die „nur" den Glauben haben, gehören also zu dieser Kirche. Äußeres Zeichen der Gliedschaft ist die Taufe als *sacramentum fidei.* Jeder Glaubende, auch der Sünder, ist echtes und wirkliches Glied der Kirche.

Aber ist er auch Glied am Leibe Christi, „der die Kirche ist"? Nein. Oder genauer: er gehört zur Kirche nur *numero,* nicht *merito, nomine, non numine.* Er ist, wie eine andere Unterscheidung lautet, nur Mitglied der *Ecclesia,* aber nicht Glied am *Corpus Christi,* der nur reine Glieder haben kann[46]. Er gehört nur zur *Ecclesia,* aber nicht zum *Corpus Ecclesiae*[47], wie es, umgekehrt zur heutigen Redeweise und infolgedessen sehr mißverständlich[48], heißt. Der *Ecclesia* wird man bereits durch die bloße *fides* eingegliedert, dem *Corpus Ecclesiae* hingegen durch die *fides caritate formata*[49]. Für letztere wiederum ist die Taufe nicht unbedingt erforderlich[50]. In der *Summa Halensis* ist diese Unterscheidung zu einer besonders klaren Formulierung gelangt, allerdings zu Gunsten einer rituellen und institutionellen Interpretation der die Kirchengliedschaft begründenden *fides*[51]. Landgraf hat mit zahllosen Textbelegen gezeigt, daß die Frühscholastik tatsächlich zwei Traditionen kennt in bezug auf das, was den Menschen zum Glied am Leibe Christi macht: für die eine ist es der Glaube, für die andere die Liebe[52]. Beide treten einzeln, aber auch in Mischformen auf. Bei Hugo v. St. Victor sind beide Elemente in eine bestechende innere Zuordnung zueinander gebracht, aber nur über die Kirche im engeren Sinn ausgesagt[53]. Thomas übernahm dies in seinem Sentenzenkommentar[54], und von daher pflegte auch unser Text in III 8,3 verstanden zu werden als Aussage über die Binnenstruktur der Kirche, in der sich demnach Leute finden, die „nur" den Glauben (= *fides informis;* formelle[55] Kirchengliedschaft), und solche, die darüber hinaus noch die Liebe (= *fides caritate formata;* lebendige Kirchengliedschaft) haben.

Aber die Dinge liegen bei Thomas doch anders. Wenn man den Text von III 8,3 genau prüft, so findet man nicht das geringste Anzeichen für eine einschränkende oder abkürzende Redeweise. Daß unter Ziffer 3 („Glaube") eine *defektive Glaubensform* (neben anderen, nichtdefektiven Glaubensformen) gemeint sein könnte, ist eine Behauptung, die im Text keine Stütze findet[56]. Sondern der Glaube erscheint neben der Herrlichkeit und neben der Liebe als der *grundsätzlich defektivere Existenzmodus* in den Graden der Zugehörigkeit zu Christus als dem Haupt. Daraus folgt aber, daß damit gerechnet werden muß, daß Thomas hier nicht von den Graden der Zugehörigkeit zur Kirche im Sinne des von der Kanonistik beeinflußten Kirchenverständnisses spricht, sondern von Graden der Zugehörigkeit zum Leibe Christi oder von Graden realisierten Haupt-Seins Christi. Das würde zugleich bedeuten, daß Kirchengliedschaft und Gliedschaft im Leibe Christi auch für Thomas nicht einfach identisch sind[57]. Kirche definiert sich vom Existenzmodus des *Glaubens* her — nicht nur eines defizienten Glaubens (wie er sich in konkreten Kirchengliedern finden mag), sondern eines im Vergleich zur *Liebe* einfachhin defizienteren Glaubens, der für das Sein der Kirche als *congregatio fidelium* indessen strukturell grundlegend ist. Dies wurde, soweit wir dies feststellen konnten, einzig von dem mit Recht berühmten *Cursus theologicus* der Salmanticenser gesehen und scharfsinnig analysiert. Der Glaube (als *fides theologica)* ist hier als das grundlegende und *formelle*[58] Konstitutiv der Kirche erkannt, das er für den Thomas von III 8,3 zweifellos ist: *fides, quae est forma Ecclesiae*[59].

Wenn dies richtig ist, dann darf angenommen werden, daß Thomas sich in dem vom Thema her ohnehin universalistischen Horizont *(utrum Christus sit caput omnium hominum) innerhalb* eines überlieferungsgeschichtlichen Kontextes, in welchem es traditionell um Grade der Kirchenzugehörigkeit von „Sündern“ und „Gerechtfertigten“ geht, sich (ohne das ausdrücklich zu sagen) *über* diesen Kontext erhebt, um die Grade der Zugehörigkeit zum Leib Christi in einer die *Strukturen der Existenzmodi* berücksichtigenden Weise zu bestimmen. Thomas denkt hier nicht primär institutionell, sondern existential, in Strukturen der theologischen Anthropologie mit Rücksicht auf deren soteriologische und, davon abhängig, dann auch deren institutionell-ekklesiologische Relevanz. „Glaube“ besagt eine anthropologisch-soteriologische Verfaßtheit. „Glaube“ meint anthropologisch-soteriologisch den fundamentalen Eingründungsakt in Christus (III 8,3 c: *qui actu uniuntur sibi per fidem)* und zugleich institutionell das ekklesiologische Konstitutivum. Innerhalb dieses Glaubens sind Unterscheidungen möglich *(informis — formata; implicita — explicita; re — voto);* dieser Glaube findet sich auch außerhalb der verfaßten Kirche des Neuen Testaments; dieser Glaube ist heilsnotwendig, d. h. soteriologisch die erste und unumgängliche Aktuierungsstufe; dieser Glaube ist das Grundsignet der Kirche als *congregatio fidelium;* er kommt in dieser Kirche ausdrücklich zu sich selbst. Zugleich erscheint der Glaube hier als jene erste Stufe der Aktuierung, in welcher die menschliche Bewegung zu Gott in Christus *im Erkennen* zu sich kommt: im Glauben wird *wahrgenommen,* worauf die Liebe sich richten darf[60]. Es erfolgt also bei Thomas in diesem Zusammenhang eine Funktionalisierung des Glaubens sowohl in Richtung auf die strukturale Soteriologie wie in Richtung auf die institutionelle Ekklesiologie. Die *verfaßte* Kirche, die der neutestamentlichen Botschaft zugeordnet ist, definiert sich wesentlich als vom *Glauben* getragener und sich seiner selbst als solcher bewußtwerdender *Wahrnehmungsprozeß.* Es liegt auf der Hand, daß der solcherart formalisierte und funktionalisierte Glaube der Liebe nachgeordnet sein muß, daß er aber als *fides theologica* und nicht als die Verkümmerungsform der *fides informis* zu fassen ist.
Von diesem Glauben und seiner grundlegenden Funktion in Soteriologie und Ekklesiologie wird nun die Liebe unterschieden. Sie rangiert vor dem Glauben. Es liegt nahe, nun auch nach dem *institutionellen Ort* der Liebe zu fragen. Daß die Liebe theologisch über dem Glauben steht und ihn als operative Existenzform vollendet und überbietet, ist klar. Aber wenn der Glaube speziell der

(irdischen) Kirche als konstitutives Formalprinzip zugeordnet ist — wo findet sich dann die Liebe, oder genauer: hat auch sie einen institutionellen oder institutionalisierbaren Effekt? Thomas schweigt auf diese Frage an dieser Stelle, obwohl sie zweifellos auch für ihn unübersehbar in der Luft lag[61]. Dieses Schweigen darf er sich leisten, weil er nicht das Problem der Kirchenzugehörigkeit (und dieses schon gar nicht soziologisch oder kanonistisch) behandelt, sondern weil er sich strukturologisch mit den Graden realisierten Haupt-Seins Christi als aktuierter Freiheit unter dem „Einfluß" der Gnade befaßt.

Dennoch bleibt die Frage nach dem identifizierbaren Ort solchen Geschehens. Thomas würde gewiß nicht zögern, zuerst auf die verfaßte Kirche als diesen Ort zu zeigen. Diese Kirche ist zwar nach dem „Gesetz" des *Glaubens* verfaßt, und auch die Liebenden und die Heiligen dieser Kirche sind *in statu fidei.* Aber sie sind Glieder dieser Kirche. Es gibt keine Sonderkirche der Liebenden oder der Heiligen. Insofern wird die Frage nach einem besonderen institutionellen Ort derer, die die Liebe haben und üben, schweigend negativ beantwortet. Es wird aber auch nicht das Sein der Kirche von daher zu definieren gesucht. Und es wird erst recht nicht so verfahren, als ob die ausdrückliche Zugehörigkeit zur *congregatio fidelium* die Voraussetzung wäre dafür, daß einer die Liebe haben könne[62] — jene Liebe immerhin, welche tiefer in den Leib Christi eingliedert. Es ist, als ob Thomas hier nun tatsächlich bewußt und ebenso schweigsam wie innerlich einsam sich über das Institutionenproblem erheben würde in eine existential-soteriologische Antwort hinein, die als solche ebenso darauf verzichten darf, die wahre Liebe Christi für nur in der Kirche unter Voraussetzung des „rechten" Glaubens als möglich zu erklären, wie auch darauf, Kirche einfach als Kirche der Liebenden zu bestimmen, wie darauf, eine höhere Kirche der Liebenden innerorts oder außerorts zu konstruieren. Wo die Liebe ist, ist *verwirklichter Leib Christi,* und zwar, wie wir hinzufügen dürfen, auch ohne ausdrücklichen und sich seiner selbst als solchen bewußten Glauben[63]. Freier und sachgerechter wurde theologisch in dieser Frage kaum je gedacht[64].

Thomas tut dies in III 8,3, ohne viel Aufhebens davon zu machen. Aber man spürt in dem kühlen Text ein Beben. Thomas hat den gordischen Knoten, den er gerade in den hier behandelten Fragen vorfand, sozusagen mit dem Mut der Verzweiflung — einer „Verzweifelung" an den Antinomien, in denen sich das in institutionellen Kategorien verstrickte Denken bezüglich des Hauptes aller Menschen festgelaufen hatte — gelöst. Spätere Lösungen sind vielfach dahinter zurückgeblieben, nicht nur im Thomismus, sondern in der Theologie überhaupt. Ob Thomas sich der institutionenkritischen Potenz seiner Lösung bewußt war, kann hier nicht untersucht werden. Aber blindlings oder ahnungslos erzielt man keinen Durchbruch von der Art, wie er in unserem Text in Erscheinung tritt.

1 *Wilhelm v. Auxerre, Summa aurea,* lib. 3 tr. 1 c. 4: dicendum est de dignitate (Christi) secundum quam est caput ecclesiae, ed. Pigouchet, Paris 1500, fol. CXV r ff.

2 Vgl. Y. *Congar, L'Église. De saint Augustin à l'époque moderne,* Paris 1970, 162; ders., *Die Lehre von der Kirche. Vom Augustinus bis zum Abendländischen Schisma* (Handbuch der Dogmengeschichte, III 3 c), 1971, 101—102 (= im wesentlichen eine deutsche Übersetzung von „L'Église ...").

3 Vgl. In III sent. d. 13 q. 2; s. th. III q. 8. Neben *Comp. theol.* 215 und *verit.* 29,4 finden sich naturgemäß in seinen Kommentaren zum paulinischen Schrifttum ausführliche Abhandlungen zum Thema. — Eine gute Zusammenstellung der einschlägigen Sekundärliteratur findet sich bei J. *Finkenzeller, Die christologische und ekklesiologische Sicht der gratia Christi in der Hochscholastik,* in: Münchener Theol. Zeitschrift 11 (1960) 169—180, bes. 169—170, und bei Y. *Congar, Die Lehre von der Kirche ...* 98 ff. und 139 ff., bes. 150, ferner bei B. Catao, *Salut et Rédemption chez S. Thomas d'Aquin. L'acte sauveur du Christ,* Paris 1965 (Reihe „Théologie", Nr. 62), 199—202.

4 *In III sent.* d. 13 q. 2 a. 2 qua. 2; III 8,3.

5 H. *Holstein, Le Christ. Tête de tous les hommes,* in: L'Année théologique 11 (1950) 26, spricht von einer „calme et sereine audace".

6 *In III sent.* d. 13 q. 2 a. 2 sol. 1; III 8,4 ad 1. Vgl. die *Summa Halensis* III Nr. 105 (Quar. IV/3 S. 152): Hominum autem est caput simpliciter isto modo, quia plenam habet conformitatem cum illis (vgl. auch Nr. 107, l. c. S. 153), und *Bonaventura,* In III sent. d. 13 a. 2 q. 1 (Quar. III S. 284).

7 *In III sent.* d. 13 q. 2 a. 2 qua. 3 ad —3: Christus non dicitur caput irrationalium, secundum quod homo; *In Joan.* 1.8,3: caput omnis rationalis creaturae.

8 Zu diesem Ausdruck vgl. *In III sent.* d. 13 q. 2 a. 1 c.

9 Diese Überlegungen finden sich gleichfalls bei *Alexander v. Hales* und *Bonaventura,* vgl. *Summa Halensis* III Nr. 105 (Quar. III S. 152); *Bonaventura, In III sent.* d. 13 a. 2 q. 1 (Quar. III S. 284 f.); vgl. *Thomas, In III sent.* d. 13 q. 2 a. 2 sol. 1.

10 Dies zeigt sich sehr deutlich, wenn man die *conformitas*-Idee und ihre Funktion bei *Hugo v. St. Victor (In epist. ad Eph.,* PL 175, 570; 582 f.) mit der des Thomas vergleicht.

11 Zu Thomassinus vgl. R. *Lachenschmid, Louis de Thomassins Inkarnationslehre,* Trier 1968, bes. S. 83 ff. (mit zahlreichen Belegen), und A. *Piolanti* — V. *Sina, La nostra solidarità in*

Cristo secondo il Thomassin, in: Divinitas 3 (1959) 554—588; zu *Malevez* vgl. dessen Aufsatz: *L'Église dans le Christ. Étude historique et théorique,* in: RSR 25 (1935) 257—291. Y. Congar veröffentlichte kurz darauf einen mit weiterführenden Präzisierungen versehenen zustimmenden Beitrag: Y. *Congar, Sur l'inclusion de l'humanité dans le Christ,* in: RSPhTh 25 (1936) 489—495. In seinem Buch *Sainte Église,* Paris 1963, S. 492 bezeichnet er diesen Beitrag ohne Angabe von Gründen als „retraktationsbedürftig". Vgl. dazu auch B. *Catao, Salut et Rédemption chez Thomas d'Aquin* ... 37 f.

12 *In III sent.* d. 13 q. 2 a. 1 ad 3; *verit.* 29,4 ad 4.

13 Vgl. *In III sent.* d. 13 q. 2 a. 2 qua. 2

14 ib. sed contra: Christus satisfecit pro tota natura humana. Sed omnes homines communicant in natura humana. Ergo ...

15 ib. sol. 2 ad 5.

16 Vgl. III 8,3.

17 Diese Unterscheidung ist in seiner ganzen Gnadenlehre wirksam, etwa dort, wo er die Weisen des Einflusses göttlicher und geschöpflicher Mächte auf den Menschen darlegt (vgl. dazu M. *Seckler, Instinkt und Glaubenswille,* Mainz 1961). Sie kehrt wieder in den Untersuchungen über das Haupt-Sein des Teufels und des Antichrist (III 8,7 und 8,8) sowie in der Frage nach dem eigentlichen Haupt der (irdischen) Kirche (III 8,6). Y. *Congar, Le Christ, chef invisible de l'Église visible d'après S. Paul,* in: Problèmes actuels de Christologie, hg. v. H. Bouëssé u. a., 1965, 367—395, hat hier auf eine den Sachverhalt eher verwirrende Weise die Unterscheidung M. Schelers in *Vorbilder* und *Führer* angeführt.

18 ... vel secundum solam exteriorem gubernationem: et sic quilibet princeps vel praelatus est caput multitudinis sibi subiectae. Et per hunc modum dicitur diabolus caput omnium malorum (III 8,7 c).

19 Eigentlich systemtragend in der Gnaden- und Rechtfertigungslehre des Thomas ist das Bild und der Begriff des Hauptes. Andere Christusprädikate wie z. B. König oder Herr treten auffallend zurück, obwohl sie, wortstatistisch gesehen, nicht völlig unterdrückt werden (vgl. z. B. die von J. *Leclercq, L'idée de la royauté du Christ au moyen âge,* Paris 1959, zusammengestellten Belege). Beachtenswert ist, daß gerade das Argument von *In III sent.* d. 13 q. 2 a. 1 ad oppos. 2 in der Summe nicht wiederkehrt.

20 Vgl. A. M. *Landgraf, Die Lehre vom geheimnisvollen Leib Christi in den frühen Paulinenkommentaren und in der Frühscholastik,* in: Div. Th. 24 (1946) 217—248, 393—428; 25 (1947) 365—394; 26 (1948) 160—180, 291—323, 395—434; bes. 24 (1946) 228 ff., 393 ff.

21 III 8,2 ad —1: Christus enim dicitur caput Ecclesiae inquantum influit spiritualem sensum et motum gratiae in Ecclesiam; vgl. III 69,5 c. *In III sent.* d. 13 q. 2 a. 1 ad —2 und ad —3 und corp. art.

22 *In III sent.* d. 13 q. 2 a. 1 ad 6. Vgl. *verit.* 19,4 ad 16: Ab ipso Christo sec. humanitatem, spiritualem originem sumimus; III 59,2 ad 2: Adducere homines ad beatitudinem, inquantum est *caput et auctor* salutis eorum, Christi est; I 2 prol.: ... qui secundum quod homo, via est nobis tendendi in Deum. Zur Entwicklung der Fragestellung und des diesbezüglichen Traktates vgl. Y. *Congar, Die Lehre von der Kirche* (HDG III 3 c) 100 ff. Congar versteht

unter *caput* „das, was Augustinus darunter verstand: *princeps et origo, rector*" (a. a. O. 101), leider ohne näheren Beleg. Die drei Termini klingen nicht sehr augustinisch. Müßte es nicht anstatt *„princeps"* wenigstens *„principium"* heißen? Oder ist an *De praed. sanct.* 15,31 gedacht (der einzigen Stelle, wo wir bei Augustinus die Verbindung *principium-princeps* fanden): Ille (scl. Deus) quippe nos fecit credere in Christum, qui nobis fecit in quem credimus Christum; ille facit in hominibus *principium* fidei et perfectionem in Jesum, qui fecit hominem *principem* fidei et perfectorem Jesum: sic enim est appellatus, ut scitis, in Ep. quae est ad Hebraeos (Hebr. 12,2).

23 III 8,1 c; vgl. *In Rom. 8,6.*

24 III 8,1 c in Verbindung mit dem Kommentar zu Rö. 8,29 (In Rom. 8,6) und *In III sent.* d. 13 q. 2 a. 1 ad 6.

25 Anders z. B. die *Summa Halensis* a. a. O. Nr. 107.

26 III 8,3 sed contra und ad 1. Vgl. den Kommentar des *Thomas* zu *1 Tim.* 2,5 (l. 1 Nr. 64).

27 Auch *Bonaventura* stellt in diesem Zusammenhang fest, daß Christus die Menschen *in conformitate voluntatis, non naturae,* verbinde: *In III sent.* d. 19 a. 2 q. 2 c (III, 411).

28 III 8,3 ad 1. Vgl. *verit.* 29,4 ad 9.

29 III 8,3 c.

30 III 8,5 ad 1: Gratia non derivatur a Christo in nos mediante natura humana, sed per solam personalem actionem ipsius Christi.

31 *S. c. g.* IV, 55 ad 26; vgl. *verit.* 29,7 ad 7.

32 III 49,3 ad 1.

33 Vgl. III 8,2; *In III sent.* d. 13 q. 1 a. 1 ad 1.

34 *In III sent.* d. 13 q. 2 a. 1 ad 5; vgl. c.

35 Vgl. III 59, 2 ad 2.

36 III 4,1 c und ad 2. Vgl. III 6,6 ad 1: Unio nostra ad Deum est per operationem, inquantum scil. eum cognoscimus et amamus, und III 49,3 ad 3: Membra autem oportet capiti esse conformia. Vgl. ferner II II 45,6 c; I 41,3 c; III 8,1 c; III 49,3 ad 3.

37 Vgl. die verblüffende und zunächst auch verwirrende Wendung, die Thomas dem Haupt-Sein Christi in bezug auf seine operative Vermittlung gibt: Esse caput vel influere per operationem nostram in ipsum, inquantum in eum credimus, non est praedicatum quod sit res naturae, sed quod sit res rationis (*verit.* 29,4 ad 12; das zweimalige „in" signalisiert die operative Bewegung auf ihn hin als Hineinwachsen in seine Existenzform); Christo convenit ratio capitis non solum per actionem suam, sed per actionem nostram in ipsum (*verit.* 29,4 ad 11; secundum quod dicimur per fidem ejus [gen.obj.] iustificari: *verit.* 29,4 ad 9; vgl. *In III sent.* d. 13 q. 2 a. 2) Diese Texte müssen zur Interpretation von III 8,3 ad 1 (vgl. oben Anm. 28) herangezogen werden.

38 Vgl. die Auslegung von Rö. 8,29 durch *Thomas, In Rom.* c. 8 1.6.

39 Vgl. *In III sent.* d. 22 q. 2 a. 2 qua. 3 arg. 2.

40 Vgl. I II 19,9 und oben Anm. 36.

41 Thomas unterscheidet drei Stufen der Gottesebenbildlichkeit. Der Mensch hat in der *natura mentis* die *Fähigkeit* zur Gottesebenbildlichkeit; diese wird in den „Bewegungen" des Er-

kennens und Liebens realisiert, und zwar als *conformitas gratiae* in diesem Leben und als *conformitas gloriae* nach diesem Leben (vgl. I 93,4 c).

42 Jedes Wesen soll nach Thomas ganz es selbst sein — dann ist es Gott konform: simpliciter loquendo, est aliquid *maxime Deo conforme,* quando habet quidquid *conditio suae naturae* requirit: quia tunc perfectionem divinam maxime imitatur. So ist das Herz des Menschen dem Gott, in dem eine Bewegung nicht ist, dann ähnlicher, wenn es schlagend in Bewegung ist, als wenn es ruht. Denn die Vollkommenheit des Herzens ist im Sich-Bewegen, und seine Ruhe ist seine Zerstörung (I II 19,9).

43 Vgl. III 49,1 c; III 48,2 ad 1; III 19,4 c; verit. 29,7 ad 11.

44 III 8,4 ad 2. Vgl. I 117,2 ad 1: *congregatio hominum fidelium; S.c.g.* IV, 78; *collectio fidelium.*

45 Dies tut Thomas in Übereinstimmung mit der scholastischen Überlieferung in seinem Frühwerk (vgl. *In III sent.* d. 13 q. 2 a. 2 sol. 2). Der Text aus der *Summa theologica* III 8,3 wurde in der Regel stillschweigend von daher interpretiert.

46 *Wilhelm v. Auxerre, Summa aurea* III cap. 4 q. 5 (f. CXVI r): Sicut naturale corpus Christi constat ex purissimis membris, ita corpus Christi mysticum, quod est ecclesia, constat ex purissimis fidelibus ... Ein direktes Echo davon findet sich noch bei *Thomas, In III sent.* d. 13 q. 2 a. 2 sol. 2 ad 2 und sol. 2 c.

47 Vgl. dazu A. M. *Landgraf, Dogmengeschichte der Frühscholastik* IV/2, Regensburg 1956, 48—99, bes. 61 ff., und F. *Ott, Der Kirchenbegriff bei den Scholastikern, bes. bei Richard v. Mediavilla,* in: Franz. Studien 25 (1938) 331—353 und 26 (1939) 147. Vgl. auch J. *Beumer, Ekklesiologische Probleme der Frühscholastik,* in: Scholastik 27 (1952) 183—209, bes. 190—197.

48 Ein solches Mißverständnis scheint auch im LThK ^{2} VI (Art. *„Leib Christi"*, J. *Ratzinger*) S. 910 u. —911 o. zu herrschen, wenigstens in bezug auf Thomas.

49 Vgl. dazu F. *Ott,* a. a. O. 25, 335 f., und *Thomas, In III sent.* d. 13 q. 2 a 2 sol. c. Diese Unterscheidung klingt auch in III 8,3 ad 3 an; sie liegt den Ausführungen von III 8,3 ad 2 sachlich zugrunde.

50 Vgl. F. *Ott,* a. a. O. 26, 147.

51 *Summa Halensis,* II II inq. 2 tr. 2 sect. 1 q. 1 tit. 1 c. 7 a. 7 (Quar. III, 103): Aliud est dici membrum Ecclesiae et aliud dici membrum Christi. Membrum Christi proprie est per caritatem, membrum vero Ecclesiae per fidem: est enim Ecclesia congregatio fidelium, fideles autem dicuntur qui fidei sacramentum receperunt. Membrum autem Ecclesiae dicitur duobus modis, vel merito vel numero ... Zu beachten ist hier, daß Alexander die *Ecclesia* als *congregatio fidelium* institutionell und rituell faßt, indem er die *fideles* vom Empfang des *sacramentum fidei* her definiert. Der Unterschied zu Thomas springt in die Augen: In III 8,3 ist die *fides* gerade nicht institutionell und vom Ritus oder vom *sacramentum fidei* her gefaßt.

52 Vgl. A. M. *Landgraf,* in: Div. Th. 25 (1947) 376—382.

53 *Hugo v. St. Victor, De sacr. christ. fidei* 2,2,1 (zit. bei Landgraf a. a. O. 382): Per fidem membra efficimur, per dilectionem vivificamur. Per fidem accipimus unionem, per caritatem

vivificationem. Vgl. *Hervaeus v. Bourg-Dieu, In ep. ad Eph.* 4 (SSL 181, 1249, zit. bei Landgraf a. a. O. 385): (Ecclesia) est ex fide compactum et ex caritate connexum.

54 *In III sent.* d. 13 q. 2 a. 2 sol. 2 c.

55 *In III sent.* d. 13 q. 2 a. 2 sol. 2 und ad 2 nennt Thomas dies eine *unitas materialis.*

56 Der frühe Thomas hat im Paralleltext des Sentenzenkommentars die *homines fideles peccatores* von den *homines fideles in gratia existentes* unterschieden und somit die Differenzen in der Binnenstruktur des Glaubens zur Ausdifferenzierung von Kirchengliedschaftsformen herangezogen (*In III sent.* d. 13 q. 2 a. 2 sol. 2). Praktisch wurde in der Thomasauslegung der Text von III 8,3 ständig in der Optik des Sentenzenkommentars (die zugleich die Optik der Zeitgenossen des Thomas ist) interpretiert.

57 Wenn sich bei Thomas häufig die Formel findet: *Corpus Christi quod est ecclesia,* so ist das kein Einwand gegen unsere These. Der Kirchenbegriff des Thomas ist ambivalent, oder besser: es gibt bei ihm Textstellen und Denkzusammenhänge, wo *ecclesia* die soziohistorisch in Erscheinung tretende, verfaßte und kanonistisch faßbare Kirche meint, und solche, wo *ecclesia* in patristischen Traditionen theologisch als eine umfassendere Größe gedacht wird, die mit der verfaßten Kirche nicht kongruent ist. Aussagen über die „Kirche" im zweiten Sinn dürfen nicht ohne weiteres auf die Kirche im ersten Sinn übertragen werden. Einige Texthinweise: Ecclesia est una constituta ex angelis et hominibus (*In III sent.* d. 13 q. 2 a. 2 qua 1 s.c. 3); Boni angeli et homines ad unam Ecclesiam pertinent (*verit.* 29,4 ad -5); Corpus Ecclesiae constituitur ex hominibus qui fuerunt a principio mundi usque ad finem ipsius (III 8,3 c); Corpus Ecclesiae mysticum non solum consistit ex hominibus, sed etiam ex angelis (III 8,4 c).

58 Die Differenz zu *In III sent.* d. 13 q. 2 a. 2 sol. 2, wo der Glaube als Materialprinzip erscheint, ist nicht eigens vermerkt (vgl. auch I II 62,4 c); sie durfte aber u. E. vernachlässigt werden.

59 *Coll. Salmanticensis Cursus theologicus, tr. XXI De incarnatione,* pars. II, disp. XVI, dub. II § 1 (Bd. 14, Paris 1879, 581; vgl. die Ausführungen ab S. 579). Zum *Cursus theologicus* der Salmanticenser vgl. LThK [2]IX, 269.

60 I II 62,4 c.

61 Vgl. die *innerkirchlichen* Differenzierungen in bezug auf die verschiedenen *„status"* und *„gradus"* der Kirche, in: II II q. 183 ff.

62 In seinem zahlreiche scharfsinnige Analysen enthaltenden Werk: *Geheimnisvoller Leib Christi nach St. Thomas von Aquin und nach Papst Pius XII.* (Wien 1950) versteigt A. *Mitterer* sich zu der Behauptung, die Menschheit müsse „erst in die Kirche eingehen und so Christo assimiliert werden, um mystischer Leib Christi zu sein" (202). Wie sehr diese Sichtweise den Blick für Proportionen zu trüben vermag, zeigt die Rüge, mit der Mitterer Thomas bedenkt: „Halbwahr ist es, wenn St. Thomas sagt, daß wir durch die Gnade (nämlich durch die heiligmachende Gnade) Glieder Christi werden" (221) (!). Wohl aber würde man es durch die katholische Taufe, selbst wenn diese unwürdig empfangen sei (221). Hier schließt sich übrigens durchaus würdig, wenngleich auf besserem theologischem Niveau, die Ansicht von Ph. *Gamachaeus* (*Summa theologica,* Bd. III, Paris 1627, S. 119) an: plura

requiruntur, ut homo sit membrum Ecclesiae, quam ut sit membrum Christi; für die Gliedschaft in Christus würden verborgene Inspirationen *(gratia actualis)* genügen, für die Kirchengliedschaft hingegen seien *cooperatio* und *consensus* zur Taufe nötig. Dem „Einfluß“ Christi als des Hauptes stattgeben heiße, sich taufen lassen und Glied der Kirche werden.

63 Für Thomas setzt die Liebe den Glauben notwendig voraus, weil im Glauben das Objekt der Liebe erst wahrgenommen wird. Es ist aber bemerkenswert, welche Begründung er für diese Notwendigkeit gerade dort gibt, wo er diese Frage (*utrum caritas possit esse sine fide et spe)* ex professo behandelt (I II 65,5): Die Liebe setzt den Glauben notwendig voraus, wie im zwischenmenschlichen Bereich, so auch in bezug auf Gott, weil man niemand lieben kann, wenn man nicht zuvor glaubt, daß solche Liebe möglich ist (!).

64 Die, wenn man so sagen darf, soteriologische Liberalität K. Rahners geht darüber in der Sache nicht hinaus. Dabei ist weniger an die problematische Kategorie des „anonymen Christen“ zu denken als an Formulierungen wie diese: Der (nicht-anonyme) Christ, der in Glaube, Hoffnung und Liebe mit seinem Herrn durch dessen Geist verbunden ist, „erwartet getrost, daß am Ende seines Lebens und der Geschichte der Menschheit das ohne Schleier *für alle, die liebten,* vollendet erscheinen wird, was jetzt in Glaube und Niedrigkeit schon gegeben ist: das Leben Gottes, der alles in allem ist“ (K. *Rahner, Schriften* VIII, 164).

Bemerkungen zur Verfasserschaft von De regimine principum.

Walter Mohr (Saarbrücken)

Die Diskussion um die Verfasserschaft der Schrift *De regimine principum* gruppiert sich um zwei Aspekte: Beurteilung vom Befund der Handschriften her oder nach der inneren Struktur der Schrift im Vergleich mit anderen, als unbedingt echt geltenden Schriften des Thomas von Aquin [1]. Streng genommen, gibt es kein direktes Zeugnis aus Thomas' Leben, wonach er diese Schrift verfaßt hätte [2], und somit bleibt eine Ausgangsbasis für eine Bestreitung seiner Autorschaft gegeben.

In der Handschriften-Frage kommt eine ganz bestimmte Bedeutung Johannes Colonna zu [3], der in einem von ihm zusammengestellten Katalog der Werke Thomas' bei der Erwähnung unserer Schrift hinzufügte: *De regimine ad regem Cypri, quod quidem opus minime complevit* [4]. Diese Bemerkung wurde in unserer Zeit für besonders wichtig gehalten, weil Johannes Colonna sich von 1312—1332 an der päpstlichen Kurie in Avignon aufgehalten und dabei wohl sicherlich Verbindungen zu den ebenfalls dort weilenden Bartholomaeus von Lucca und Bernhard Guy besessen hat, so daß seine Formulierung auf Mitteilungen dieser beiden beruhen könnte, die allerdings ihrerseits für die Thomas-Forschung eine wichtige Quelle darstellen.

Bartholomaeus hatte einst in persönlichen Beziehungen zu Thomas gestanden. Zu Beginn des 14. Jahrhunderts hatte er ebenfalls einen Katalog von dessen Werken aufgestellt [5] und sich dabei auf einen Codex gestützt, in dem Thomas-Opuscula gesammelt waren. Indessen ist er sich in der Aufzählung nicht sicher gewesen, denn er fügt bei zweien der Opuscula hinzu: *dicitur fecisse* [6]. Hinzu kommt, daß er merkwürdigerweise DR nicht als unvollendet bezeichnet oder von einer Fortsetzung spricht, obwohl er in unserer Zeit als Verfasser dieser Fortsetzung gilt. Somit scheidet er für die Beurteilung der Echtheit aus. In gleicher Weise ist der Katalog des Bernhard Guy zu bewerten, der sich ebenfalls auf einen Codex beruft[7], der wahrscheinlich mit dem des Bartholomaeus identisch gewesen ist. Auch hier ergibt sich kein besonderer Anhaltspunkt für die Echtheit von DR als Thomas-Schrift. Indessen darf die Bedeutung des von Johannes Colonna gemachten Zusatzes nicht überschätzt werden. Es kann darin auf Grund des in den alten Manuskripten mitten im 4. Kapitel des 2. Buches abbrechenden Textes eine einfache Vermutung liegen, daß Thomas das Werk nicht vollendete[8]; keineswegs ist dadurch seine Verfasserschaft erwiesen[9].

Eine ganz besondere Rolle spielt noch ein Hinweis von Bartholomaeus Pisanus, der im Jahre 1277 in den Dominikanerorden eingetreten war und damit zum ältesten Schülerkreis von Thomas in Verbindung gestanden hatte. In einer seiner Schriften findet sich der Satz: *Frater Thomas dicit in libro de rege et regno*[10]. Streng genommen, hätte danach DR nur aus einem Buch bestanden. Von hier aus ergibt sich ein tiefgehendes Problem zur Überlieferung, denn diese Notiz steht in ihrer Art nicht allein. So schreibt auch Bartholomaeus von Lucca: *Item tractatus De regimine Principum, qui sic incipit: Cogitanti mihi quid offerem. Quem librum scripsit ad regem Cypri*[11]. In den Titelgebungen der ältesten Manuskripte finden sich die Bezeichnungen *tractatus*[12] und *liber*[13]. Meist indes bringen die alten Kataloge der Thomas-Schriften unsern Titel immer ohne Angabe der Bücherzahl, während sie bei anderen Werken diese erwähnen[14]. Eine Spezifizierung des Begriffs *liber* im Sinne von Buch könnte man im Katalog der Kapitelbibliothek von Toledo sehen, der auf ein sehr altes Schriftenverzeichnis zurückgeht: *Incipit liber de regimine principum*[15]. Ganz eindeutig ist aber dann die Titulierung in einer Münchener Handschrift: *Libri II de regimine principum ad regem Cypri*[16]. Sie stammt indessen erst aus dem Ende des 14. Jahrhunderts. Obwohl sie wahrscheinlich die Copie eines älteren Exemplars darstellt, braucht die Einteilung in zwei Bücher nicht notwendig darauf zurückzugehen.

In diesem Zusammenhang liegt es also im Bereich der Möglichkeit, daß das obige Zitat des Bartholomaeus Pisanus, das sich auf das heutige 4. Kapitel des 2. Buches bezieht, von ihm einem Manuskript entnommen wurde, das die Schrift bis zu diesem Punkt ohne die heutige Einteilung in zwei Bücher enthielt. Darüber hinaus könnte die Titulierung *liber* in den Handschriften, die noch ein 2. Buch enthalten, sich daraus erklären, daß die ursprüngliche Ausfertigung von DR nur ein einziges Buch umfaßte.

Das hängt wohl zunächst einmal mit der Konstruktion der Schrift zusammen. Der Schluß von Buch 1 weist zwar in vagem Sinne auf ein nachfolgendes 2. Buch: *Haec igitur sunt quae ad regis officium pertinent; de quibus per singula diligentius tractare oportet,* doch entspricht das nicht der inneren Struktur. Die Zielsetzung wird in dieser Hinsicht ja ganz klar in der Vorrede angegeben: *ut regi librum de regno scriberem: in quo et regni originem, et ea quae ad regis officium pertinent ... diligenter depromerem*[17]. Die Schrift war also von vornherein nur als ein einziges Buch geplant, gegliedert in zwei Gedankengänge, der eine geführt bis zum Ende des 11. Kapitels: *De rege autem quid sit, et quod expediat multitudini regem habere; adhuc autem quod praesidi expediat se regem multitudini exhibere subjectae, non tyrannum: tanta a nobis dicta sint,* der andere beginnend mit dem 12.: *Consequens autem ex dictis est considerare quod sit regis officium et qualem oporteat esse regem.*

Der Plan ist dann ganz durchgeführt, wie der letzte Satz des Buches in I, 15 beweist: *Haec sunt quae ad regis officium pertinent.* Der Rest dieses Satzes: *de quibus per singula diligentius tractare oportet* findet jedenfalls im 2. Buch nicht diese angekündigte Ausführung, denn es geht in diesem Buch nicht um die besondere Betrachtung der zuvor ausgedrückten Gedanken, sondern mehr um äußere Aspekte der königlichen Regierung. Der 1. Teil bis zu dem vieldiskutierten Abschnitt in II, 4 ist, außer in Nachfolge aristotelischer Ideen[18] unter dem Einfluß von Vegetius und der antiken Klimalehre geschrieben. Er besitzt eigentlich keine derartige innere Verbindung zum 1. Buch, die zur Annahme einer gleichen Verfasserschaft zwingen würde.

Überhaupt stellt dieses Buch 2 in mancher Hinsicht eine Fragwürdigkeit dar. Zwar ist es in nahezu allen älteren Handschriften bis zur Mitte des 4. Kapitels enthalten, es ergibt sich aber eine wichtige Ausnahme im Text von Paris Bibl. Nat. 14546, datiert in das Ende des 13. Jahrhunderts und als sehr zuverlässig geltend[19], der mitten im 5. Kapitel des 2. Buches endet. Noch wichtiger ist es, daß der Text korrigiert wurde, und daß diese Korrekturen mitten im Kapitel 2 abbrechen mit der Bemerkung: *ab hinc incorrectus quia in alio plus non erat*[20]. Es gab als damals einen Codex, der die Schrift nur bis zu dieser Stelle führte. Eine solche dreifach verschiedene Ausfertigung läßt auf eine bereits in frühester Zeit unsichere Überlieferung unserer Schrift schließen.

Auf Grund dieser Sachlage ist es sehr fragwürdig, den bis zur Mitte des 4. Kapitels reichenden Teil des 2. Buches zu einer älteren Überlieferung zu schlagen, bzw. eine Autorschaft von Thomas bis zu diesem Punkt anzunehmen. Es ist wahrscheinlicher, daß das gesamte Buch 2 zwar ziemlich früh bestand, jedoch in einem Zustand, der die Copisten im Zweifel an der Echtheit einer Verbindung zum 1. Buch veranlaßte, den Text nicht ganz zu übernehmen. Ein Blick auf die innere Struktur kann das wahrscheinlich machen.

Die Handschriften, die mit II,4 enden, brechen mitten in einem Satz dieses Kapitels ab und damit auch mitten in einer Gedankenführung, die zwei Sätze insgesamt umfaßt und sich auf die geistige Mäßigung im Umgang mit den Menschen bezieht. Diese Gedankenführung paßt eigentlich nicht zum Programm des Kapitels, das über das mäßige Genießen der Annehmlichkeiten einer geographischen Lage handelt und im Satz zuvor abgeschlossen wird: *Est igitur nocivum civitati, vel ex loci dispositione, vel ex quibuscumque aliis rebus, deliciis superfluis abundare.* Nach den folgenden zwei Sätzen über die besagte geistige Mäßigung beginnt dann ein neuer Gedankengang, der eigentlich die Ausführungen des 1. Buches weiterführt, indem vom erstrebenswerten Ziel des menschlichen Lebens gesprochen wird: *Finis autem quem rex in civitate sui regiminis debet intendere, est vivere secundum virtutem.* Anschließend wird versucht, wieder eine Verbindung zum Beginn des Kapitels zu finden: *Hoc autem non contingit in his qui superflue delectationibus innituntur, quia tales delectationes non ordinantur in finem iam dictum, immo quaeri videntur ut finis*[21]. Abgeschlossen wird das Ganze mit der Bemerkung: *Ita de virtute contingit circa amoenitates et delicias hominum,* wodurch also durch eine Übertragung der Betrachtung der mehr materiellen Annehmlichkeiten des ersten Teiles auf das geistige Gebiet der *virtus* die Einheit zwischen beiden Gedankengängen hergestellt werden soll.

Ähnlich scheint es sich mit den erwähnten Fakten im Manuskript Paris Bibl. Nat. 14546 zu verhalten, in dem der Text nach den beiden ersten Abschnitten des 5. Kapitels des 2. Buches abbricht. Der 1. Satz des Kapitels knüpft eigentlich an das 1. Buch an: *His igitur sic deductis, quae ad substantiale esse civilitatis, sive politiae, seu regalis regiminis requiruntur, ad quarum institutionem et providentiam rex principaliter debet intendere.* Im folgenden will der Autor über das Verhältnis von König zu Untertanen sprechen, damit sich dessen Regierung in Ruhe entwickele. Dabei wird die Verbindung zum Vorhergehenden noch besonders betont: *Et quamvis supra aliqualiter sit tactum in genere, nunc in specie est tractandum ad maiorem declarationem eorum quae sunt agenda per principem.* Das *supra* kann hier direkt bezogen werden auf den letzten Satz des 1. Buches: *Haec igitur sunt quae ad regis officium pertinent; de quibus per singula diligentius tractare oportet.* Indes bringt der nächste Satz in II,5 nicht die angekündigte Spezifizierung, sondern etwas, was bereits in den vorhergehenden Kapiteln des 2. Buches abgehandelt worden ist: *Primum quidem ut in singulis partibus sui regiminis abundet in divitiis naturalibus.* Hier fand der Copist Ausführungen, die bereits in den ersten Kapiteln dieses Buches behandelt sind, möglicherweise hat er deshalb mit seiner Arbeit aufgehört.

Vielleicht noch klarer ergibt sich die Situation aus der Arbeit des Korrektors dieses Manuskriptes, die im 2. Kapitel des 2. Buches endet. Dieses Kapitel handelt von der Einwirkung geographisch-klimatischer Faktoren auf die Gesundheit der Menschen. Die Korrektur endet mit dem Satz: *unde etiam in salubribus locis corpora aestate infirma redduntur.* Der nächste Satz lautet: *Quia vero ad corporum sanitatem convenientium ciborum usus requiritur, in hoc conferre oportet de loci salubritate qui constituendae urbi eligitur, ut ex conditione ciborum discernatur qui nascuntur in terra.* Das wird dann im Rest des Kapitels näher ausgeführt. Das anschließende 3. Kapitel nun beginnt mit dem gleichen Gedankengang: *Oportet autem ut locus construendae urbi electus non solum talis sit qui salubritate habitatores conservet, sed ubertate ad victum sufficiat. Non enim est possibile multitudinem hominum habitare ubi victualium non suppetit copia.* Es folgt dann eine ausführlichere Behandlung des Themas als im 2. Kapitel. Auch hier läßt sich ein Bruch in der Überlieferung erkennen, der wahrscheinlich den Schreiber der Korrekturvorlage veranlaßt hatte, seine Arbeit im 2. Kapitel abzubrechen.

Nun stellen die Codices Metz 1158, Venedig Bibl. Marc. 31 Class IV und Neapel Bibl. Naz. VII B 16 Beispiele dar, die den Text bis II,4 führen, nach der Schlußwendung *ut animi hominum recreentur* jedoch die Bemerkung einfügen: *quia vero etcetera*, bzw. in Metz 1158: *quia vero etcetera ut supra de ciborum salubritate etcetera*[22]. Dieser Satz kann sich also auf die vorhergehenden Abschnitte [23] beziehen: auf den unmittelbar auf *redduntur* im 2. Kapitel folgenden, oder auf den Beginn von Kapitel 3, denn er gibt nicht etwa wörtlich einen vorhergehenden Passus wieder, sondern nur sinngemäß. Man ist deshalb durch das *etcetera* nicht zur Annahme gezwungen, die Abschnitte, die in II,2 auf *redduntur* folgen, wären in der Vorlage dieser Manuskripte hinter dem *recreentur* von II,4 wiederholt gewesen. Die Bemerkung kann also auf der Beobachtung eines der Bearbeiter des 2. Buches beruhen, daß das Ende von II,4 sinngemäß übereinstimmte mit II,2, bzw. II,3, weshalb er den Text hier in II,4 enden ließ.

Unter Beachtung dieser verschiedenen Einteilungen bis zum 5. Kapitel erscheint der Rest dieses 2. Buches im gleichen Sinne. Zunächst wird der in den ersten Kapiteln angeschnittene Gedanke der Bedeutung der Naturschätze für den Staat weitergeführt bis einschließlich Kapitel 7. Dann folgt zu Beginn von Kapitel 8 ein einigermaßen gezwungen klingender Übergang: *Non solum autem divitiis oportet regem esse munitum, sed etiam ministris,* also eigentlich eine Fortsetzung der Gedankenführung des 1. Buches. Aber diese neue Führung reicht nur bis zum 10. Kapitel. Mit dem 11. wird wieder an den Beginn des 2. Buches angeknüpft, es wird über Bau von Festungen und Straßen, über das Finanzwesen und schließlich über den Kultus geschrieben.

Das 2. Buch stellt also im Grunde genommen nicht die am Ende des 1. Buches angekündigte Fortsetzung dar, so daß man auch nicht den gleichen Autor annehmen muß. Das für uns wichtigste Kriterium liegt wohl darin, daß dieses Buch sich anscheinend aus den Ausführungen mehrerer Autoren zusammensetzt. Ähnliche Schlußfolgerungen kann man übrigens auch aus der Zielsetzung der beiden Bücher ziehen, das 1. handelt nach eigenem Zeugnis über *regis officium*[24], das 2. über *regimen cuiuscumque domini, sed praecipue regalis*[25]. Es geht also letzten Endes im 2. Buch nicht um die Fortsetzung eines Gedankenganges, sondern um die selbständige Darstellung des gleichen Themas, wobei die Behandlung lediglich auf eine allgemeingültigere Basis gehoben wird[26].

In dieser Sachlage müßte man eigentlich eine Klärung bei Bartholomaeus von Lucca finden, und zwar weniger wegen seiner persönlichen Verbindung zu Thomas, aus der heraus man mit einer entsprechenden Kenntnis rechnen könnte, sondern weil ihm ja die Fortsetzung von DR zugeschrieben wird. Allerdings geschieht das dokumentarisch erst im 15. Jahrhundert, und er selbst sagt davon gar nichts. Seinen Anteil an der Fortsetzung hat man aus der ihm zugeschriebenen Schrift *Determinatio compendiosa de iurisdictione imperii* erschlossen. In ihr befassen sich einige Kapitel mit den im 1. Buch von DR aufgeworfenen Gesichtspunkten und lassen eine gewisse geistige Verwandtschaft durch die gemeinsame Betonung des Vorrangs des Geistlichen über das Weltliche erkennen. Indes kann man des Bartholomaeus Beitrag zu DR nicht eigentlich als Fortsetzung bezeichnen, es handelt sich in Wirklichkeit um ein weitgehend in sich abgeschlossenes Werk, vermutlich vom Autor selbst nicht als eine Fortsetzung, sondern als ein erweiterter Kommentar zum Thema geschrieben. Daraus läßt es sich vielleicht erklären, daß in seinem Katalog der Werke Thomas DR nicht als unvollendet angeführt wird, er faßte die Schrift vielmehr wohl als vollendetes Werk auf. Inhaltlich müßte ihm das 1. Buch und das gesamte heutige 2. Buch vorgelegen haben, denn seine Arbeit beginnt erst mit dem 3. Buch[27]. Eine Lösung der Problematik gibt uns also Bartholomaeus nicht.

Wir kommen demnach durch den Handschriften-Befund nicht zu einer eindeutigen Erkenntnis bezüglich der Autorschaft von DR. Es bleibt also noch die Betrachtung nach inneren, gedanklichen Gesichtspunkten im Vergleich zwischen der Schrift und Thomas nachgewiesenen echten Werken übrig. Aus Raumgründen soll dieser Vergleich auf die *Summa theologiae* beschränkt werden[28]. Gleich zu Beginn zeigt sich da ein Unterschied in der Zielsetzung des menschlichen Geschlechtes durch seine Regierung. In DR findet sich eine etwas auffallende Unsicherheit. Anfangs wird sehr bestimmt erkärt: *ad gubernatoris officium pertinebit non solum ut rem in se conservet illiaesam, sed quod ulterius ad finem perducat*[29]. Dieses letzte Ziel der menschlichen Gesellschaft wird zunächst als ein Leben nach der Tugend aufgefaßt, das sich aber dann unter der Hand zu einer transzendentalen Zielsetzung wandelt: *non est ergo ultimus finis multitudinis congregatae vivere secundum virtutem, sed per virtuosam vitam pervenire ad fruitionem divinam.* Damit wird aber auch eine Änderung in der Regierung der Menschen angebracht: *Sed quia finem fruitionis divinae non consequitur homo per virtutem humanam, sed virtute divina ... perducere ad illum finem non humani erit, sed divini regiminis.*

Somit ist es letzten Endes nicht Aufgabe des Königs, die Menschen zu diesem Ziel zu führen, sondern die Regierung gehört jemandem, der nicht nur Mensch, sondern auch Gott ist, also Christus: *qui homines filios Dei faciens in coelestem gloriam introduxit.* Die weitere Schlußfolgerung geht sogar so weit, das königliche Amt in einem Sinne zu verallgemeinern, der ihm die Bedeutung in Fragen der Regierung praktisch nimmt: *quod est amplius, omnes Christi fideles, in quantum sunt membra eius, reges et sacerdotes dicuntur. Huius ergo regni ministerium, ut a terrenis essent spiritualia distincta, non terrenis regibus, sed sacerdotibus est commissum, et praecipue summo sacerdoti successori Petri, Christo vicario, Romano Pontifici.* Dem Papst müssen also die Könige unterworfen sein. Das stehe im Gegensatz zum Heidentum und dem AT, da die Priester noch den Königen untergeordnet gewesen seien. Der Autor ist dadurch genötigt, seine Ansicht vom Ziel der Menschheit zu ändern, indem er jetzt zwei Zielsetzungen unterscheidet, neben dem *finis ultimus* im Jenseits die *antecendentes fines.*

Damit geht nun die Einheit des Königtums verloren, es wird konsequent zwischen dem Ziel im Himmel und dem Ziel des menschlichen Lebens auf Erden unterschieden[30]. Für letzteres ist der König zuständig. Aber da der Autor irdisches Leben mit dem erstrebten Leben im Himmel verbinden muß, muß er dem König doch wieder die Aufgabe der Sorge *de ultimo fine* zuschreiben, da er sonst dessen Befehlsgewalt über die Menschen nicht rechtfertigen kann. Die Überbrückung gelingt indes nicht in einem überzeugenden Sinne: *manifestum ex dictis fit, quod rex sicut dominio et regimini quod administratur per sacerdotis officium, subdi debet, ita praeesse debet omnibus humanis officiis, et ea imperio sui regiminis ordinare*[31]. Es gibt also danach auch menschliche Dinge, die nicht eigentlich auf das letzte Ziel hingeordnet sind, und die letzten Endes wiederum das Amt des Königs modifizieren.

Während nun im 14. Kapitel ausgeführt wurde, daß das überirdische Ziel nicht durch menschliche Tugend, sondern nur durch eine von Gott verliehene Kraft erreicht werden könne, so daß es nicht einer menschlichen Führung zukomme, uns zum Ziel zu bringen, wandelt sich diese Auffassung im 15. Kapitel zur Aufgabe des Königs: *vitam multitudinis bonam procurare secundum quod congruit ad coelestem beatitudinem consequendam.* Jetzt wird die Aufgabe der Prieser lediglich darin gesehen, dem König die Hl. Schrift so zu erklären, daß er auf Grund von deren Lehren das Volk zu einem guten Leben führen kann.

Bei Thomas ist das Problem der Regierung straff und in einem andern Sinne aufgebaut. Ihr Ziel definiert er zunächst als *aliquid bonum*[32]. Näher umrissen wird dann dieses *ultimus finis humanae vitae* mit *felicitas vel beatitudo*[33]. In strenger Gedankenführung wird dem König eine Einwirkungsmöglichkeit auf die Erreichung des Ziels genommen. Denn die *ratio gubernationis* liegt von Beginn an als *providentia* bei Gott[34]. Er ist der Gubernator der Dinge und ihre Ursache. Deshalb gibt es nichts, was seiner Regierung nicht untersteht, ihr Ziel ist die *divina bonitas*[35], ihre Ausführung geschieht durch von Gott bestellte Mittler[36].

Im Rahmen verwandtschaftlicher Berührungspunkte mit DR ist die Gedankenführung jedoch ohne die dort eigentümlichen Schwankungen von Thomas konsequent durchgeführt. Er schreitet des weiteren aber zu einer durchaus abweichenden Weiterbildung, indem er *regimen et gubernatio* mit *ratio* verbindet. Somit habe jeder Mensch in seiner Eigenschaft als *rationabilis* irgendwie Teil an der Regierung [37]. Man empfindet das fast wie eine Antwort auf die Auffassung in DR, wonach jeder Gläubige als Glied Christi im Grunde genommen König und Priester sei und dadurch das geistliche Regiment des Papstes vom irdischen des Königs bei Unterordnung des letzteren geschieden wird. Bei Thomas wird durchaus die Einheitlichkeit gewahrt, somit wird die privilegierte Stellung der Fürsten, vor allem im Hinblick auf die Mittlerschaft bei der Ausführung der Regierung Gottes, ausgeschaltet: im Grunde genommen sind alle Menschen für diese Rolle geeignet. Maßgebender Faktor wird das Gesetz, das andererseits bei DR fast keine Rolle spielt. In der Verbindung der Regierung mit der *ratio* erscheint diese *ratio* als ein allgemeingültiges Prinzip, das als *ratio practica* die menschliche Tätigkeit zum *finis ultimus,* d. h. zur *felicitas vel beatitudo* leitet. Zu ihm gehört vor allem das Gesetz, und damit führt dieses als wichtigster Ordner zum *bonum commune* [38]. Die Verbindung zu Gott als dem eigentlichen Gubernator wird dadurch gefunden, daß alle existierenden Gesetze, soweit sie an der rechten *ratio* teilhaben, aus dem ewigen Gesetz, also dem Gesetz Gottes abgeleitet sind [39].

Das verhilft Thomas zu einer klaren Zweiteilung des Gesetzes gegenüber der etwas verwischten Trennung von weltlich und geistlich in DR. Diese Zweiteilung besitzt ihre Bedeutung zur Charakteristik des menschlichen Gemeinschaftslebens. Das göttliche Gesetz führt ganz allgemein den Menschen zur Gemeinschaft mit Gott in diesem und im jenseitigen Leben. Das menschliche Gesetz bewirkt die gleiche Führung zu einer bürgerlichen Gemeinschaft. Demgemäß weist letzteres eine Verschiedenheit auf, je nachdem für welche Art staatlicher Gemeinschaft es bestimmt ist, es unterscheidet sich hierin von der Allgemeingültigkeit des göttlichen Gesetzes [40]. In der Praxis ist dabei einzuhalten, daß die Oberen die ihnen Unterstellten mit ihrem Willen *ex vi auctoritatis divinitus ordinata* leiten [41].

Das lenkt über zur Betrachtung der Staatsform. Ausgehend vom Ziel des Gesetzes, dem *bonum commune,* faßt Thomas dessen Ordnung, sowie auch den Erlaß der Gesetze prinzipiell auf als die Aufgabe entweder der Gesamtheit oder der *persona publica quae totius multitudinis curam habet*[42]. Der Gesamtheit steht also nicht etwa die Person des Fürsten, sondern eine versachlichte *persona publica* gegenüber, die zur Verdeutlichung in Vergleich gesetzt wird zu einer *persona privata*, die hier nicht wirksam werden könne, weil sie keine *vis coactiva* besitze, die andererseits das Gesetz besitzen müsse, und die der *multitudo* oder der *persona publica* zustehe.

Indem somit der Fürst in seiner Amtsführung der *persona publica* gleichgesetzt wird, erscheint er in einer Abhängigkeit von der *multitudo*. In der daran sich knüpfenden bekannten Streitfrage, inwieweit Thomas die Lehre von der Volkssouveränität vertreten habe[43], hat man versucht, die *persona publica* nicht in einer kausalen Abhängigkeit von der *multitudo*[44] zu sehen. Indes wird man in seiner Formulierung keinen Faktor der Trennung legen können: *ordinare autem aliquid ad bonum commune est vel totius multitudinis, vel alicuius gerentis vicem totius multitudinis.* Das *vicem gerere* dürfte nur im Sinne einer Beauftragung durch die *multitudo* verständlich sein, sonst hätte der Satz anders konstruiert werden müssen. Allerdings läßt sich erkennen, daß Thomas in diesen Fragen noch um die letzte Klarheit gerungen hat, die er sich mit einem Blick auf das AT zu verschaffen suchte. Denn er sieht wohl eine unmittelbare Verbindung des Volkes zu Gott in der Formulierung des *populus peculiaris*, aber doch sind Josue und die Richter Beauftragte Gottes, die von ihm zum Wohl des Volkes gesetzt wurden und nicht aus dessen Wahl hervorgingen[45].

Das menschliche Gesetz kann nun im Rahmen des *bonum commune civitatis* in zweierlei Hinsicht wirken entsprechend der *diversa regimina civitatum.* Thomas unterscheidet dabei 6 verschiedene mögliche Arten von Regierung. An der Spitze steht das *regnum*, regiert von einem einzigen Fürsten, in dem als Recht die *constitutiones principum* gelten. Es folgt die *aristocratia*, die er mit Herrschaft der Besten oder Optimaten charakterisiert, hier würden die Rechtsbescheide der *prudentes*, der Kundigen, der Erfahrenen gelten, was er in etwa mit den *senatus consulta* vergleicht. In der weiteren Folge ist die *oligarchia* der Prinzipat *paucorum divitum et potentum*, was indes keine Abwertung bedeutet, denn das Recht dieser Staatsform wird als *ius praetorium quod etiam honorarium dicitur* formuliert. Dann folgt das *regimen populi*, das man *democratia* nenne, in der die *plebiscita* maßgebend seien. Das anschließende *regimen tyrannicum* ist durchaus verderbt und besitzt überhaupt kein Gesetz. Zum Schluß wird eine aus den vorhergehenden gemischte und damit beste

Herrschaft angeführt. Hier ergebe sich als Gesetz das, was durch die *maiores natu cum plebibus* bestimmt werde [46].

Thomas ist an anderer Stelle nochmals auf das *regimen mixtum* zurückgekommen, in dem wir wohl seine persönliche Meinung über die rechte Staatsform erkennen können [47]. Grundlage für den Prinzipat im Staatswesen bildet für ihn der Umstand, daß an ihm alle irgendwie teilhaben. Dadurch nämlich werde der Friede im Volk gewahrt, alle würden eine solche Ordnung lieben und aufrecht erhalten. In der *optima ordinatio principum* steht einer allen voran, verbunden mit einigen *principantes,* wobei der Prinzipat allen gehöre, weil die Herrschenden aus allen gewählt werden können und auch von allen gewählt werden. Auf diese Weise ist nämlich jede *politia* gut gemischt aus dem *regnum,* der *aristocratia* und der *democratia.* So sei es dem göttlichen Gesetz gemäß angeordnet, wobei Thomas zum Beweis sich auf das AT beruft, da neben Moses und seinen Nachfolgern, die gleichsam als Könige regierten, 72 *seniores* als *principes* als Aristokratie gesetzt wurden, die ihrerseits demokratisch aus dem Volk und durch das Volk gewählt wurden [48].

Dies alles schrieb Thomas unter der Formulierung des *regnum, in quo unus principatur,* die wir wohl mit Königtum vergleichen, aber nicht gleichsetzen dürfen. Denn er betont ausdrücklich, daß Gott wegen der Gefahr der Entartung des Königtums in Tyrannei nicht von Anfang an einen König einsetzte, sondern einen *iudex et gubernator.* Später erst habe er unwillig die Forderung des Volkes nach einem König gewährt [49]. Ebenso müssen wir seine strenge Definition: *optima autem guberatio est quae fit per unum* [50] ausschließlich auf die Weltregierung Gottes beziehen. Der irdische Staat ist eben nur eine mittelbare Durchführung dieser Weltregierung.

Bei all dem bleibt auch für Thomas die persönliche Stellung des Fürsten zum Gesetz in etwa problematisch. Zwar ist sie im irdischen Leben deutlich, was die *communicatio hominum ad invicem* betrifft: der Fürst ist der Ausführende des menschlichen Gesetzes, das die Ordnung in der Gemeinschaft schafft [51]. Seine Unterwerfung unter das göttliche Gesetz steht ebenso fest. Da aber nun das menschliche Gesetz vom göttlichen abhängig ist, fragt es sich, ob der Fürst eine Gewalt über jenes besitzen kann. Hier geht Thomas mehr vom praktischen Standpunkt aus. Der Fürst kann der ausführenden Zwangsgewalt nicht unterstellt sein, da ihm selbst diese Ausführung zusteht und infolgedessen niemand gegen ihn Gesetzeszwang ausüben kann. Das wirkt sich dann aber auch aus auf seine Verpflichtung gegenüber dem göttlichen Gesetz, der *vis directiva* des Gesetzes: *Unde quantum ad Dei iudicium, princeps non est solutus a lege quantum ad vim directivam eius, sed debet voluntarius, non coactus, legem implere.* Über dem Gesetz steht der Fürst nur insofern, daß er die Anwendung des Gesetzes ändern und dabei gemäß Ort und Zeit dispensieren kann [52].

Auffallend ist es hierbei, daß die Stellung des Fürsten in einem gewissen absoluten Sinn erscheint, da man doch hätte erwarten können, daß ihm die Kirche in der Kontrolle über die Befolgung des göttlichen Gesetzes entgegengestellt worden wäre. In dieser Hinsicht scheidet Thomas streng zwischen geistlich und weltlich. Der Gehorsam gegenüber der weltlichen Obrigkeit ist unbedingt, er wird auch in diesem Sinne vom göttlichen Gesetz befohlen [53]. Zwar sind die Christen nicht gehalten, einer auf ungerechter oder usurpierter Basis aufgebauten weltlichen Gewalt zu gehorchen, sie sollen indes zur Verweigerung des Gehorsams nur *per accidens, propter vitandum scandalum vel periculum* schreiten [54].

Das Bild bei DR ist anders gestaltet. Das zeigt sich gleich schon am Prinzip der Weltregierung Gottes, die zwar die gleiche Fragestellung bringt: *Oportet igitur considerare, quid Deus in mundo faciat: sic enim manifestum erit quid immineat regi faciendum* [55] und auch ähnlich darauf antwortet: *Sunt autem universaliter consideranda duo opera Dei in mundum: unum quo mundum instituit; alterum quo mundum institutum gubernat,* doch gelingt es dem Autor nicht, diesen Gedanken konsequent durchzuführen. Indem er diese zwei Werke Gottes in eine Parallele zum menschlichen Körper setzt, wobei durch die Kraft der Seele der Körper gebildet und anschließend durch sie geleitet und bewegt werde, und diese zweite Tätigkeit der Aufgabe des Fürsten zuschreibt, wird das Ganze zu verschwommen; man kann nicht erkennen, in welcher Abhängigkeit der König von der Weltregierung Gottes steht. Das für Thomas sehr bezeichnende Verhältnis der Regierung des Fürsten zur Regierung Gottes taucht also hier nicht auf.

Die Regierung des Königs wird dann zwar auch mit dem *bonum commune* in Verbindung gebracht, aber es fehlt die bei Thomas charakteristische Verbindung über das *bonum commune* zum Gesetz. Statt dessen wird die legale Berechtigung der Regierung aus der Betrachtung von Recht und Unrecht in der Herrschaft an sich gezogen. Dementsprechend werden die Staatsformen von vornherein in bewertende Gruppen eingeteilt, wobei der unterscheidende Faktor vom Unrecht her gesehen wird. Ausgegangen wird von der ungerechten Herrschaft des einzelnen, der Tyrannei, an die sich die ungerechte Herrschaft *per plures, si quidem per paucos* anschließt, die man *oligarchia* nennt, in der einige durch ihren Reichtum das Volk unterdrücken. Weiter in der Reihe folgt die ungerechte Herrschaft *per multos*, genannt *democratia*, in der der *populus plebeiorum* durch die Macht der Masse die Reichen unterdrückt. In ähnlicher Weise werden dann die gerechten Regierungen unterschieden: die *politia* ist die Verwaltung *per aliquem multitudinem*, handelt es sich um Regierung *per paucos virutosos*, so ist das eine *aristocratia*, steht nur einer an der Spitze, dann wird dieser *rex* genannt[58]. Zur Verdeutlichung werden dann die Gegensatzpaare als gute und böse nochmals in Parallele gesetzt: König gegenüber Tyrann, Herrschaft der *plures* in der guten *politia* und der schlechten *democratia*, Herrschaft *per paucos* in der guten Aristokratie und der schlechten Oligarchie[59].

Die Staatssysteme werden also als gute und schlechte auf Grund ihres sozialen Verhaltens beurteilt. Der Unterschied zwischen dieser Gruppierung und der bei Thomas ist beachtlich, denn bei diesem sind die Staatssysteme an sich, mit Ausnahme der Tyrannei, nicht gut oder böse, sie sind vielmehr lediglich verschiedene Ausgestaltungen des menschlichen Gesetzes, dessen Wesen darin liegt, daß der Regierende die Art der Lebensgemeinschaft bestimmt[60], was also die Aufgabe der *multitudo* oder ihres *vicem gerentis* darstellt[61]. Das menschliche Gesetz kann an sich nicht schlecht sein, denn es hängt in jedem Falle von dem höheren göttlichen Gesetz ab. Die Tyrannei wird bei Thomas ja deshalb verurteilt, weil sie ganz ohne Gesetz ist. Er bringt deshalb alle Staatssysteme in ein durchgängiges Schema, indem er sie an sich bejaht; lediglich die Haltung der Menschen in diesen Staatssystemen gegenüber dem Gesetz kann böse sein[62].

Eine besondere Unterscheidung zu DR liegt noch darin, daß Thomas den Begriff *politia* nicht für eine spezielle Staatsform, sondern allgemein für das Staatswesen an sich verwendet[63].

Die Frage der Autorschaft von DR findet also einen wichtigen Prüfstein darin, ob es möglich erscheint, daß Thomas, der die Staatsform eng an das Gesetz knüpfte, andererseits im Stande gewesen wäre, in DR die Bestimmung der Lebensform der *multitudo* einem einzigen zuzuschreiben, dabei zu betonen: *Contingit autem in quibusdam quae ordinantur ad finem, et recte et non recte procedere. Quare et in regimine multitudinis et rectum et non rectum invenitur* und darauf die Klassifizierung der Staatssysteme zu basieren[64]. Über den tief-

gehenden Unterschied beider Meinungen kann man wohl kaum hinwegsehen.
Es wäre in diesem Zusammenhang noch ein besonderer Einwand zugunsten einer Autorschaft von Thomas für DR möglich. Diese Schrift ist ja für einen Fürsten speziell geschrieben, es wäre also Anlaß zu einer anderen Ausdrucksart als in der *Summa* gegeben gewesen [65], womit man auch das Fehlen des *regimen mixtum* erklären könnte. Demgegenüber wäre aber doch auch in einer für einen Fürsten schmeichelhaft gehaltenen Schrift ein Wort über das Verhältnis des Fürsten zum göttlichen Gesetz zu erwarten. Hier zeigt sich ein gänzlich anders gearteter Aufbau bei DR, der sich nicht unwesentlich von der bei Thomas gewohnten Gedankenführung unterscheidet.
Eine weitere Spezifizierung des gesamten Fragenkomplexes ergibt sich noch, wenn wir speziell auf die Person des Verfassers von DR zurückgehen. In der Vorrede wird von einer Überlegung ausgegangen, was der Verfasser an Würdigem der königlichen Erhabenheit darbringen könnte, etwas, was seinem Beruf und seinem Amt angemessen sein würde. Da sei es ihm als das beste erschienen, ein Buch über das Königtum zu schreiben, gemäß der Autorität der Hl. Schrift, den Lehren der Philosophen und dem Beispiel lobenswerter Fürsten. Der Traktat wurde also einem König zu einer besonderen Gelegenheit unter all dem, was ihm von verschiedenen Seiten dargebracht wurde, als eine eigene Gabe des Verfassers überreicht. Aus den Formulierungen der Vorrede muß man wohl annehmen, daß er entweder der königlichen Familie persönlich nahe stand, oder ein vom Königtum abhängiger hoher Funktionär war.
Es gibt somit keinen Anhaltspunkt für eine Widmung der Schrift speziell an einen König von Zypern. Auch die Motivierung, zu welcher Gelegenheit sie überreicht wurde, bleibt völlig offen. Es fragt sich deshalb, ob oder inwieweit in der Widmung *ad regem Cypri* eine echte Tradition liegt. In den ältesten Manuskripten nun geht die Titulierung auf zwei Formen zurück: *De regimine principum* und *Tractatus*, bzw. *Liber de rege et regno ad regem Cypri*, letzteres auch in der Form von: *Liber de regimine regum ad regem Cypri* [66], oder auch beides zusammengefaßt: *De regimine principum ad regem Cypri* [67], bzw.: *Incipit liber de regimine principum. De rege ad regem Cypri* [68]. Da nun die Formulierung *De regimine principum* in den älteren Manuskripten gleich oft gebraucht wird wie die ausdrückliche Widmung an den König von Zypern [69], läßt sich erkennen, daß die Widmung an diesen damals anscheinend nicht unbedingt feststand.

Möglicherweise geht dabei unsere Überlieferung auf zwei Manuskripte zurück, deren Titel wir im Vatikan-Codex lat. 807 vereinigt finden. Das eine sah also in unserem Traktat lediglich eine Abhandlung *De regimine principum,* das andere verknüpfte ihn ausdrücklich mit einer Widmung an den König von Zypern. Diese Widmung geht also nicht auf irgendeine Formulierung im Original zurück, sondern tauchte in einem Manuskript auf, das vielleicht vom Autor selbst oder von einem Copisten angefertigt worden war.

Unter diesen Voraussetzungen kann es also mehrere Anlässe für die Abfassung der Schrift gegeben haben. Ihre Überreichung ist möglich im Jahre 1218 für den unmündigen König Heinrich I. von Zypern, oder speziell durch einen abendländischen Verfasser bei Heinrichs Vermählung mit Alice von Montfort, die ihm von Kaiser Friedrich II. zur Gemahlin bestimmt worden war, oder 1228 bei der Geburt Konrads, des Sohnes des Kaisers von der Erbin des Königreichs Jerusalem, oder 1243 bei Konrads Großjährigkeit, die ihn effektiv zum König von Jerusalem machte, oder 1253 für den minderjährigen König Hugo II. von Zypern, oder 1254 für Konradin, den minderjährigen Sohn Konrads IV., oder schließlich für Hugo III. von Zypern, als er 1267 als entfernter Angehöriger des Königshauses vom Regenten zum König befördert wurde.

Nun ergeben sich bei der Berücksichtigung der Person des Autors einige weitere Gesichtspunkte. Zunächst einmal wäre hinsichtlich des Thomas von Aquin zu fragen, ob er zu einem Königshause in Beziehungen stand, auf die die Formulierungen der Vorrede passen. Weiter könnte es vielleicht von Bedeutung sein, daß das 1. Buch des Traktates durch seine Unterordnung des Königtums unter das Priestertum in Abweichung von der staufischen Politik steht. Dies braucht allerdings nicht als antistaufisch aufgefaßt zu werden, sondern könnte auch als Versuch gewertet werden, die staufische Politik entsprechend zu beeinflussen. Nun war das Grafenhaus von Aquin bis in die letzten Lebensjahre Kaiser Friedrichs II. staufisch gesinnt. Unter Berücksichtigung der von uns genannten Termine wäre also bei einer Abfassung durch Thomas die Schrift frühestens zur Großjährigkeit Konrads IV. im Jahre 1243 entstanden. Damals hatte Thomas gerade mit seinen Studien begonnen, sein Oheim, Graf Thomas von Acerra, war Stellvertreter des jungen Königs in Jerusalem.

Später sind die Aquinaten auf die päpstliche Seite gewechselt und haben dadurch an Bedeutung für das politische Leben eingebüßt. Indessen wäre es denkbar, daß sie sich mit einer solchen Schrift dem vom Papst zur Verdrängung der

Staufer im sizilischen Reich zum dortigen König erhobenen Karl von Anjou anbieten wollten. Besonders schwierig ist es, die spezielle Widmung an einen König von Zypern Thomas zuzuschreiben, denn die Aquinaten haben keine direkte Verbindung zum dortigen Königshaus gehabt.
Sieht man indes von der Verfasserschaft Thomas' ab, dann ergibt sich für diese Widmung eine spezielle Möglichkeit für Karl von Anjou, der im Jahre 1277 die Ansprüche auf den Königsthron von Zypern erwarb[70]. Unklar bleibt auf jeden Fall die Entstehung des 2. Buches und sein Verhältnis zum 1. Für Thomas muß man wohl annehmen, daß er nur das 1. Buch des Traktates gekannt hat, denn seine Ausführungen in der *Summa* erscheinen in manchem wie eine Stellungnahme zu den hier angeschnittenen Problemen. Vielleicht ist die Aufnahme von DR in die *Opuscula* lediglich darauf zurückzuführen, daß sich dieser Traktat im Nachlaß Thomas' befand, daß er ihn von irgendwoher erwarb und sich mit seinen Ausführungen in kritischem Sinne beschäftigte. Jedenfalls besteht im eigentlichen Sinne keine Berechtigung, die Ausführungen von DR als sein Gedankengut zu betrachten und darauf die Darstellung seiner Staatslehre aufzubauen.

1 *Grabmann,* Martin, *Die Werke des hl. Thomas von Aquin,* 3. erw. Aufl. (Beiträge z. Gesch. d. Philosophie u. Theologie d. Mittelalt. Band 22, Heft 1/2), Münster 1949, S. 330 ff. Im folgenden wird der Titel unserer Schrift abgekürzt mit DR wiedergegeben.

2 Vgl. *Eschmann,* I. Th., *St. Thomas Aquinas on the Two Powers,* in: Mediaeval Studies 20 (1958), S. 195.

3 *Grabmann, Werke* 112 ff. Der von ihm angeführte Paolo Frigerio, der im Jahre 1668 eine Thomas-Biographie schrieb, in der er auf eine handschriftliche italienische Übersetzung von DR mit der darin enthaltenen Bezeichnung von Thomas als Autor und Bartholomaeus von Lucca als Fortsetzer wies, steht außer Betracht, da diese Übersetzung erst aus dem 15. Jahrhundert stammt. Vgl. dazu *Endres,* Josef Anton, *De regimine principum des hl. Thomas von Aquin,* Festgabe für Clemens Baeumker, Münster 1913, S. 262.

4 *Mandonnet,* Pierre, *Des écrits authentiques de St. Thomas d'Aquin,* in: Revue Thomiste 17 (1970), S. 572 f.

5 *Grabmann, Werke* 66.

6 *Grabmann, Werke* 101 f. Vgl. *Mandonnet,* Rev. Thom. 17, 163.

7 *Grabmann, Werke* 104 ff. Vgl. *Mandonnet,* Rev. Thom. 17, 163.

8 Vgl. *Flori,* Ezio, *Il trattato „De regimine principum" e le dottrine politiche di S. Tommaso,* Bologna 1928, S. 40 f.

9 So *Grabmann, Werke* 115.
10 *Grabmann,* Martin, *Mittelalterliches Geistesleben I,* München 1926, S. 390.
11 *Hist. Eccl.* 23, 13.
12 Paris Genovefabibl. 238.
13 Bibl. Marciana Venedig 31 Class IV; Ottobeuren lat. 198.
14 *Mandonnet* in *S. Thomae Aquinatis opscula omnia* I, Paris 1927, S. VIII ff.; *Mandonnet,* Rev Thom. 17, 172 ff., 261 ff., 445 ff., 567 ff.; *Synave,* P., *Le catalogue officiel des œeuvres de Saint Thomas d'Aquin,* in: Archives d'Hist. doctrinale et littéraire du moyen-âge 3 (1928), S. 26 ff., 84 f.
15 *Synave,* Arch. d'Hist. 3, 87.
16 Bayr. Staatsbibl. Cod. lat. 3754.
17 Vgl. *Browne,* Michael, *An sit authenticum opusculum S. Thomae „De regimine principum"*, in: Angelicum 3 (1926), S. 301.
18 Vgl. dazu *Zeiller,* Jaques, *L'Idée de l'Etat dans Saint Thomas d'Aquin.* Paris 1910, S. 79.
19 *Perrier* in *S. Thomae Aquinatis opuscula omnia I.* Opuscula philosophica, Paris 1949, S. IX ff.
20 *Perrier* in Opusc. I, XIII.
21 Vor diesem Satz bringt die Ausgabe von Fretté (Paris 1875) noch einen Satz, der ohne Bezug dasteht: *Hoc autem non contingit in his quae sunt ad finem, et quantum est necessarium in prosequendo finem.* Man könnte sich diesen Satz ganz gut an einer früheren Stelle im Kapitel denken. Da wir aber bis heute keine textkritische Ausgabe von DR besitzen, läßt sich nicht entscheiden, ob es hier ebenfalls um eine Verwirrung in der Überlieferung geht, durch die der Copist veranlaßt gewesen sein könnte, mitten im ersten Satz der neu begonnenen, rein geistigen Gedankenführung abzubrechen.
22 Vgl. *O'Rahilly,* Alfred, *Notes on St. Thomas,* in: The Irish Ecclesiastical Record 5th series, vol. 31 (1928), S. 406 f.
23 Nicht auf einen allein, wie O'Raihilly meint.
24 Vorrede.
25 II, 16.
26 Vgl. zur Unregelmäßigkeit des Aufbaues auch *Jourdain,* Charles, *La philosophie de Saint Thomas d'Aquin,* Paris 1858, Band I, S. 142 f.
27 Hier könnte übrigens eine Schwierigkeit für die Verfasserschaft des Bartholomaeus liegen, über die in diesem Zusammenhang nicht zu handeln ist.
28 Thomas' Kommentar zur Politik des Aristoteles, der sich hierfür anbieten könnte, ist zu stark umstritten, inwieweit man wirklich daraus Ansichten von Thomas erschließen darf. Vgl. *Demongeot,* Marcel, *Le meilleur régime politique selon saint Thomas,* Paris 1928, S. 15 ff.; *Schilling,* Otto, *Die Staats- und Soziallehre des hl. Thomas von Aquin,* 2. Aufl. München 1930, S. 1 ff.
29 I, 14.
30 *DR* 1, 15.
31 *I,* 15.
32 *STh* I qu. 103, art. 3

33 *STh* II, 1 qu. 90, art. 2.
34 *STh* I qu. 103, art. 6.
35 *STh* I qu. 103, art. 5.
36 *STh* I qu. 103, art. 6.
37 *STh* II, 2 qu. 47, art. 12.
38 *STh* II, 1 qu. 90, art. 2.
39 *STh* II, 1 qu. 93, art. 3.
40 *STh* II, 1 qu. 100, art. 2.
41 *STh* II, 2 qu. 104, art. 1.
42 *STh* II, 1 qu. 90, art. 3.
43 Zur Auseinandersetzung über diese Frage vgl. vor allem *Tischleder*, Peter, *Ursprung und Träger der Staatsgewalt nach der Lehre des hl. Thomas und seiner Schule*, München-Gladbach 1923, S. 94 ff.; *Schilling, Staats- u. Soziallehre*, a. a. O. S. 125 ff.; *Müller*, Wilhelm, *Thomas von Aquin und die gemäßigte Volkssouveränitätslehre*, in: Bonner Zeitschr. f. Theologie u. Seelsorge 7 (1937), S. 323 f.; *Gilby*, Thomas, *Principality and polity. Aquinas and the rise of State Theory in the West*, London 1958, S. 200.
44 Die Unterscheidung, die *Schilling (Staats- u. Soziallehre*, a. a. O. S. 126) zwischen Menge außerhalb des staatlichen Verbandes und staatlich organisierter Menge trifft, um für Thomas Meinung die Vor-Existenz des Staates vor einer gesetzgeberisch tätigen Menge zu erweisen, dürfte nicht berechtigt sein. Das *bonum commune* ist doch bei Thomas dem Staat gleichgesetzt und deshalb ist das *ordinare ad bonum commune* als eine Gesetzgebung im Hinblick auf die Einrichtung des Staates zu verstehen.
45 *STh* II, 1 qu. 105, art. 1.
46 *STh* II, 1 qu. 95, art. 4.
47 Zu den Schwierigkeiten, diese Ansichten mit denen in DR zu vereinen vgl. z. B. *Crahay*, Edouard, *La politique de saint Thomas d'Aquin*, Louvain 1896, S. 94 ff.
48 *STh* II, 1 qu. 105, art. 1. Vgl. dazu *Demongeot, Meilleur régime* 91 ff. Allerdings hat Thomas an anderer Stelle die allgemeine Teilnahme des Volkes an solchen Abstimmungen eingeschränkt: wenn das Volk seine Stimme Unwürdigen gibt, soll das Wahlrecht auf einen engeren Kreis von Bürgern eingeschränkt werden. *STh* II, 1 qu. 97, art. 1.
49 *STh* II, 1 qu. 105, art. 1.
50 *STh* I qu. 103, art. 3.
51 *STh* II, 1 qu. 105, art. 2.
52 *STh* II, 1 qu. 96, art. 5.
53 *STh* II, 2 qu. 104, art. 1.
54 *STh* II, 2 qu. 104, art. 6.
55 I, 13.
56 *DR* I, 1.
57 I, 1.
58 *DR* I, 1. Vgl. *Flori, Il trattato*, a. a. O. S. 87.
59 *DR* I, 3.
60 *STh* II, 1 qu. 95, art. 4.

61 *STh* II, 1 qu. 90, art. 3.

62 Vgl. dazu auch *Endres, Festg. Baeumker* a. a. O. S. 264 f.

63. Vgl. *STh* II, 1 qu. 105, art. 1. Dazu *Demongeot, Meilleur régime* a. a. O. S. 26 ff. Die Erklärung von *Lallemant*, D. [*La doctrine politique de Saint Thomas d'Aquin* in: Revue de Philosophie 34 (1927), S. 466], diese Worte bezeichneten bei Thomas manchmal eine ganz bestimmte Regierungsform, öfters aber allgemein das politische System im allgemeinen, schreibt Thomas doch ein reichlich schillerndes Denksystem zu.

64 *DR* I, 1.

65 Vgl. dazu z. B. *Chenu*, M.-D., *Introduction à l'étude de Saint Thomas d'Aquin*, Publicat. de l'Inst. d'Etudes Médiévales de l'Univ. de Montréal, Montréal Paris 1950, S. 287.

66 Ottobeuren lat. 198.

67 Innsbruck Univ. Bibl. 197.

68 Vatican Cod. lat. 807.

69 Ich folge dabei der Codices-Beschreibung durch *Grabmann, Werke* 135 ff.

70 Immerhin hat ein Dominikaner Thomas aus Neapel eine Abhandlung dem König Robert von Neapel, dem Enkel Karls von Anjou, gewidmet, die man zeitweise Thomas von Aquin zugeschrieben hat. Vgl. *Grabmann, Werke* 129 ff.

Ethik und Metaphysik

Bemerkungen zur Moralphilosophie Roger Bacons

Georg Wieland (Bonn)

Die Moralphilosophie Roger Bacons hat bislang kein sonderliches Interesse bei der philosophiehistorischen Forschung gefunden. Die Gründe dafür sind leicht einsehbar: die „fortschrittlichen" Perspektiven des Baconschen Werkes liegen auf den Gebieten der Sprachwissenschaft, der Mathematik und hier vor allem der Optik, methodisch sind von Bedeutung seine Darlegungen zur *scientia experimentalis,* wenn diese für Bacon auch eher eine spezielle Wissenschaft darstellt; für den Philosophiehistoriker spielen die Aristoteleskommentare der Pariser Zeit eine besondere Rolle, kann man doch Roger Bacon als einen der entscheidenden Bahnbrecher des mittelalterlichen „Aristotelismus" ansehen. Kommentare zur Ethik hat er allerdings nicht geschrieben. Wo er sich zu ethischen Fragen äußert, wie in seiner *Metaphysica,* erweist er sich „as apparently unequipped to deal with philosophical questions" [1], und Mandonnets Frage, wie es möglich sei, daß ein Pariser *Magister artium* „a été reduit à traiter si improprement et confusément de la philosophie morale" [2], ist im Vergleich mit der nach 1250 üblich werdenden Behandlung moralischer Probleme völlig berechtigt.

Daß eine Untersuchung der *Moralis Philosophia* [3] Bacons — es handelt sich dabei um den siebenten und letzten Teil des bekannten *Opus Maius* — dennoch sehr aufschlußreich sein kann, zeigt die Darstellung, die wir dem Editor der „Moralphilosophie", E. Massa [4], verdanken. Der Titel seiner Abhandlung macht bereits deutlich, worum es ihm geht (auf die interessanten literarhistorischen Fragen, mit denen sich Massa befaßt, möchte ich hier nicht eingehen, leider hat er für diesen Komplex nicht die wichtigen Arbeiten von Crowley und Easton benutzt): den Aufweis nämlich, daß Bacons Versuch einer neuen Moral sich besonders durch den entschiedenen Rückgriff auf antike Autoren auszeichne — Bacons Exzerpte aus Senecas Werk dürften die umfangreichsten des Mittel-

alters sein[5] — und so als Vorbote des kommenden Jahrhunderts zu werten sei: „in realtà egli appartiene per molta parte al secolo che deve venire“ [6].
Eine solche Beurteilung paßt zwar in die Vorstellung kühner Progressivität, die immer noch als ein Hauptmerkmal Baconschen Denkens angesehen wird, weniger gut jedoch in die Geschichte der Ethik. Denn es ist erstaunlich, welche Ähnlichkeit weite Passagen der *Moralis Philosophia* in ihrer Grundtendenz und in ihrem stilistischen Duktus mit ethischen Abhandlungen des 12. und beginnenden 13. Jahrhunderts aufweisen[7]. Als ein Beispiel sei das gegen 1230 verfaßte und dem Boethius fälschlich zugeschriebene Werk *De disciplina scholarium*[8] genannt, in dem empfohlen wird: „*Senecae traditio, inexpletio Lucani, Virgilii prolixitas, et Statii urbanitas, dura Flacci translatio, durior Persii editio, Martiani non indigna laesio, Nasonis discretio, sunt indiganda memorialique cellulae commendanda*“ [9], eine Empfehlung, die durchaus im Baconschen Sinne dem Wachstum der Tugenden gelten soll[10]. Es liegt also die Vermutung nahe, daß es sich bei der *Moralis Philosophia* eher um die späte Blüte einer im wesentlichen abgeschlossenen Entwicklung als um die frühe Knospe künftigen humanistischen Wachstums handelt. Es soll jedoch nicht verkannt werden, daß Bacon sich durch ein entschieden hohes Maß an methodischer Genauigkeit und philosophischer Informiertheit gegenüber seinen Vorgängern auszeichnet, die die Ethik vor allem im Rahmen der Grammatik abgehandelt hatten. Die Eigenart und der Stellenwert der Moralphilosophie im Verhältnis zu den anderen Wissenschaft, insbesondere zur Metaphysik, so wie Roger Bacon sie im Zusammenhang mit seiner moralischen Abhandlung darstellt, bilden denn auch den Gegenstand der folgenden Überlegungen.
Bacon selbst hat sich wiederholt zu diesem Problemkreis geäußert. Gleich zu Beginn der „Moralphilosophie“ führt er aus, daß diese Wissenschaft besser und ranghöher sei als die vorher behandelten, nämlich Sprachwissenschaft, Mathematik, Optik und „Erfahrungswissenschaft“ (*scientia experimentalis*), obwohl auf diese bei einem adäquaten Studium der Weisheit nicht verzichtet werden könne[11], eine Auffassung, in der sich Bacons Vorstellung von der Verbindung und Einheit aller Wissenschaften widerspiegelt[12]. Nach dieser These folgt zunächst eine Beschreibung der Ethik als praktischer Wissenschaft, die es mit dem menschlichen Handeln in diesem und im anderen Leben zu tun hat, sich nicht wie die spekulativen Wissenschaften auf Wahrheit von Dingen und Handlungen, sondern unmittelbar auf sittliches Tun richtet, wodurch wir gut und böse

werden, also auf Tugenden und Laster, Glückseligkeit und Elend im jenseitigen Leben[13]. Festzuhalten ist hier die Betonung des Praktischen als des konkreten sittlichen Tuns, das über das menschliche Heil entscheidet. Hierin liegt denn für Bacon auch ein allgemeiner Grund für den ausgezeichneten Stellenwert dieses Teils der Philosophie gegenüber den anderen Teilen, da er es mit dem Ziel des menschlichen Lebens zu tun hat, das Ziel aber in allem den höchsten Rang einnimmt[14]. Bacon hält also an der Bestimmung einer Wissenschaft durch ihren Gegenstand fest; dieser wird hier entsprechend der praktischen Absicht als das alles menschliche Tun letztlich bestimmende Ziel behauptet.

Der Vorrang der praktischen vor jeder anderen Wissenschaft muß bei einem Denker, der diesen Vorrang auch damit begründet, daß die Ethik die gleichen Gegenstände behandele wie die Theologie und dieser Verwandtschaft ihren Rang verdanke[15], die Frage provozieren, welcher Stellenwert theoretischen Aussagen über Gott und geistige Substanzen zugewiesen werden soll. Als Lösung bietet sich, da Metaphysik aufrecht erhalten wird, deren „Mediatisierung" durch die Moralphilosophie an, d. h. Metaphysik ist zwar sinnvoll, hat aber ihren eigentlichen Sinn nicht in sich, sondern gewinnt ihn erst als „Dienerin" der praktischen Wissenschaft. Diese Position wird für Bacon behauptet, sie bedarf einer genaueren Erläuterung.

Zunächst gilt es zu zeigen, daß Metaphysik und Ethik wirklich unterschieden werden können und müssen, da einige Anzeichen auf die Konzeption einer theoretisch-praktischen Einheitswissenschaft hindeuten. So spricht Bacon unter Berufung auf Aristoteles und Avicenna von einem Bereich der Philosophie, nämlich der Metaphysik, die in Verbindung mit der Moralphilosophie bei den Philosophen eine gemeinsame Bezeichnung habe: göttliche Wissenschaft (*scientia divina*) und „natürliche" Theologie (*theologia physica*)[16]. So schreibt er eine *Metaphysica*, in der er durch Rückgriff auf authentische Zeugnisse von Philosophen[17] zeigen will, daß diese — entsprechend der eigentlichen Bestimmung der Philosophie als Erkenntnis Gottes[18] — schon immer die wichtigsten Gegenstände der Theologie richtig, wenn auch nur in Umrissen (*in universali*)[19] erkannt hätten, so etwa Gott als erste Ursache, als einen und dreieinen, die Schöpfung aus dem Nichts und die Zeitlichkeit der Welt, die Engel und ihre Aufgaben, die ewige Seligkeit, die Unsterblichkeit der Seele und die Auferstehung des Leibes, Tugend und Laster, Gesetze und Lebensregeln, die „Verachtung der Welt", Notwendigkeit und Bedingungen der Offenbarung mit einer ausführlichen Darstellung der Bedeutung der Astronomie[20]. Nimmt man diesen Themenkatalog als Beurteilungskriterium (von der für Bacon bezeichnenden Wertschätzung der Astronomie kann hier durchaus abgesehen werden, da diese lediglich eine allerdings wichtige Funktion beim Beweis der Wahrheit des Christentum auszuüben hat), dann ergibt sich eine Metaphysikauffassung, deren strukturelle Verwandtschaft mit einer damals „klassischen" Auffassung von Theologie, die sich im wesentlichen von der Zielbestimmung des Menschen her aufbaut, nicht von der Hand zu weisen ist. Der entscheidende Unterschied der beiden Wissenschaften liegt nicht in Struktur und Aufbau, sondern in der Verschiedenheit der Gewährsmänner. Während die Theologen sich fast ausschließlich auf die Schrift und die Väter berufen, spielen in der *Metaphysica* gerade die nichtchristlichen Autoren eine entscheidende Rolle, wobei man jedoch die Absicht Bacons im Auge behalten muß, die sachliche Übereinstimmung der christlichen und nichtchristlichen Autoritäten zu zeigen. (Daß Bacon die für einen Christen entscheidenden heilsgeschichtlichen Ereignisse: Menschwerdung, Tod und Auferstehung Christi hier nicht erwähnt, darauf sei nur hingewiesen.) Wie sich das auch im einzelnen verhalten mag, die *Metaphysica* kann durchaus im Sinne einer theoretisch-praktischen Einheitswissenschaft betrachtet werden, bei der lediglich die Namensgebung problematisch bleibt: ob es nicht sinnvoller gewesen wäre, dieses Werk „Moralphilosophie" oder „natürliche" Theologie zu nennen; die Einheit — wie schwach immer sie begründet sein mag — läßt sich kaum bezweifeln.

Neben dieser *faktischen* Einheit der *Metaphysica* bestätigt auch eine Reihe von Aussagen der etwa zehn Jahre später verfaßten[21] „Moralphilosophie" die sachliche Verwandtschaft von Ethik und Metaphysik, die auf einer weitgehenden Übereinstimmung des Gegenstandsbereichs beruht[22]. Aber Bacons Aussagen sind nun vorsichtiger: er will die verschiedenen Wissenschaften nicht miteinander vermengen, ihnen — hier besonders der Metaphysik — ihre Eigenständigkeit (*quae propria sunt metaphysicae*) belassen[23]; wo sachliche Berührungspunkte vorliegen, betont er den Unterschied in der Methode. Während nämlich die Metaphysik entsprechend ihrer Eigenart in grundsätzlicher Weise (*principaliter*) und in allgemeinem Umriß (*in universali*)[24] Gott, Glückseligkeit und Unsterblichkeit betrachtet — und das bedeutet in erster Linie: die Frage nach deren Existenz behandelt *(de quaestione an sit)*, „denn es ist ihr eigentümlich, diese Frage bei allen Dingen aufzuhellen, weil sie das Seiende und das Sein in ihrer Allgemeinheit betrachtet"[25] —, zielt die Moralphilosophie auf die gleichen Gegenstände in ihrer Konkretheit *(in particulari)*[26], wie es einer Handlungswissenschaft angemessen ist. Bei der Bestimmung der Metaphysik als allgemeiner Wissenschaft, die lediglich die Umrisse dessen bezeichnet, was ist, und es dann den untergeordneten Wissenschaften überläßt, diesen Rahmen auszufüllen, ist gegenüber den Aristoteleskommentaren kein entscheidender Wandel eingetreten: *„scientia universalis, quia universalis est, habet considerare de partibus entis in universali, sed quaedam sunt partes entis, quae possunt habere scientiam determinatam inferiorem illa scientia, ideo de illis transit ista scientia in universali"*[27].

Unverändert geblieben ist auch das Bemühen um eine „Vereinheitlichung" aller Wissenschaften. Eastons Auffassung, daß hier ein Schlüssel zu Bacons ganzem Werk liege[28], hat vieles für sich. Und sowohl im Metaphysikkommentar als auch in der „Moralphilosophie" kommt der Finalität die einheitsstiftende Funktion zu: wie dort die Metaphysik als Vollendung und Zielpunkt aller Wissenschaften gilt, die sich zu ihr wie die Tugend zur Glückseligkeit verhalten[29], so hier die Moralphilosophie, auf die „die ganze theoretische Philosophie als auf ihr Ziel hingeordnet wird"[30]. Diese teleologische Verhältnisbestimmung bringt in den Wissenschaftsprozeß — Bacon selbst spricht von einem *decursus*[31] — eine Dynamik, die allem wissenschaftlichen Tun, selbst dort wo das Ziel „die Erfüllung der spekulativen Seele (!) im äußersten Glückszustand ist"[32], einen praktischen Zug verleiht, und das um so mehr dann, wenn die praktische Wissenschaft selbst Zielpunkt ist. In diesem Sinne kann man auch Bacons Beobachtung verstehen, daß nämlich die Philosophen auch in die theoretischen Wissenschaften „moralische Bemerkungen eingestreut haben" *(sparserunt moralia)*[33]. Das teleologische Modell gestattet es nun kaum, die „Endwissenschaft" zugleich als „Prinzipienwissenschaft" anzusehen, die Moralphilosophie wird vielmehr als von allen anderen Wissenschaften abhängig gedacht, insofern sie auf deren Schlußsätze *(conclusiones)* als Prinzipien angewiesen ist, eine eigenartige Konstruktion, da hier das höchste Maß an „Subalternation" zugleich die äußerste Ranghöhe bedeutet. Immerhin wird die nur schwer einsehbare Identifizierung von „Prinzipien" — und „Endwissenschaft" des Metaphysikkommentars, wonach die Metaphysik auch für die Prinzipien aller anderen Wissenschaften zuständig ist, in der „Moralphilosophie" aufgegeben. Es tritt eine Art „Arbeitsteilung" an deren Stelle: die Metaphysik und die anderen Wissenschaften haben ihre Sätze für ihren jeweiligen Bereich zu beweisen und abzusichern *(certificare)*, um sie so für ihre „Herrin" vorzubereiten, die sie dann in ihren Dienst und ihren Gebrauch nimmt. Der Metaphysik kommt dabei insofern eine Sonderstellung zu, als sie wegen ihrer sich auf *alle* Bereiche und Wissenschaften erstreckenden Zuständigkeit die entscheidende Prinzipienwissenschaft ist[34], so daß Metaphysik und Moralphilosophie eigentlich die Marksteine bilden, zwischen denen der gesamte Wissenschaftsprozeß abläuft. Die Frage der Unterscheidbarkeit beider scheint so mit aller wünschenswerten Klarheit beantwortet zu sein.

Eine genauere Betrachtung von Gegenstand, Aufbau und Argumentationsverfahren der Moralphilosophie kann ihr bisher nur in Umrissen gezeichnetes Verhältnis zur Metaphysik weiter verdeutlichen helfen. Bacon selbst gibt nach den grundsätzlichen Erwägungen, über die eben gesprochen wurde, einen kurzen Abriß der praktischen Wissenschaft. Diese zerfällt in zwei Teile, deren erster Inhalt und Aufbau von Gesetzen und (Lebens-) Anweisungen lehrt, während der zweite sich mit dem Glauben an diese Gesetze und mit dem den Gesetzen entsprechenden Handeln und Leben befaßt[35]. Der erste Teil wird später[36] der *theoretische* genannt und mit der theoretischen Medizin verglichen, in der zwar über Gesundheit, über Art und Beschaffenheit von Krankheiten, deren Anzeichen, Ursachen und Heilmittel gesprochen werde, ohne daß man deshalb schon wirklich zu heilen verstehe, bloßes Buchwissen also, das noch keinen „praktischen" Arzt ausmache: *„Nam licet homo haec omnia sciat in libris, non tamen propter hoc novit modum operandi"* [37]. Dieser Teil der Moralphilosophie heißt deshalb theoretisch, weil er lediglich die Wahrheit dieser Wissenschaft betrachtet, ohne die Menschen unmittelbar zum moralischen Handeln zu veranlassen und die konkreten Handlungsweisen und Kautelen genau zu bezeichnen. Das leistet der *praktische* Teil, dessen Ziel nicht in der Betrachtung der Wahrheit besteht, sondern darin, daß die Menschen gut werden[38]. Entsprechend der grundsätzlich praktischen Ausrichtung aller Wissenschaften gebührt natürlich dem praktischen Teil wiederum der Vorrang vor dem theoretischen, so daß erst hier eigentlich das Ziel des dynamischen Wissenschaftsprozesses erreicht ist: *„. . .quidquid cadit in consideratione hominis obligatur huic parti nobilis civilis scientiae considerationis"* [39].

Der theoretische Teil umfaßt nun wiederum drei Teilbereiche: der erste behandelt das Verhältnis des Menschen zu Gott und den Engeln, der zweite betrachtet das Verhältnis der Menschen untereinander, der dritte schließlich befaßt sich mit dem einzelnen und dessen Verpflichtungen [40]. Diese Gliederung ist ebenso geläufig wie die Begründung der Rang- und Reihenfolge, denn daß die Gottesverehrung *(cultus dei)* unter diesen drei Gegenständen den Vorzug hat, ist für Bacon genau so offenkundig wie der Vorzug des *bonum commune* vor dem *bonum privatum* [41]. Weniger geläufig sind Gliederung und Inhalt des zweiten Teils. In dessen erstem Bereich (dem vierten der „Moralphilosophie") geht es darum, überzeugende Gründe für den Glauben an die wahre Lebensform *(secta fidelis)* und deren Anerkennung zu entwickeln und darzulegen [42]; das entscheidende praktische Moment liegt hier in der *persuasio,* der besonderen Weise des praktischen Argumentierens. Der zweite Bereich zielt demgegenüber darauf ab, die gewonnene Überzeugung derart zu festigen, daß die anerkannte Lebensform geliebt und diese Liebe durch ein den Gesetzen und Tugenden entsprechendes Handeln tatsächlich unter Beweis gestellt wird [43]. Der dritte Bereich schließlich behandelt in aller Kürze das Problem, wie man vor Gericht die gerechte Sache überzeugend vortragen kann.

Die den drei Bereichen dieses Teils gemeinsame Frage besteht darin, wie die praktische Argumentation beschaffen sein muß, damit die wahre Lebensform, das ist für Bacon natürlich das Christentum, nicht nur in ihren Inhalten erkannt — das bleibt letztlich doch ein theoretisches Problem —, sondern in konkretem Handeln realisiert wird. Denn der menschliche Verstand ist dem Handeln gegenüber weit weniger aufgeschlossen als dem Erkennen [44]. „Viele sind der Ansicht *(credunt),* daß man dem Notleidenden helfen muß, wenige schon nehmen Anteil *(compatiuntur)* an der Not, die wenigsten aber reichen die Hand zu tätiger Hilfe *(porrigunt manum ad opus)*" [45]. Die Ansicht ist zwar gut, besser die Anteilnahme, am besten aber die wirkliche Hilfe. Daher muß das praktische Argument von anderer Beschaffenheit, vor allem von größerer Durchschlagskraft sein als das theoretische [46]. Das dialektische Argument nämlich, das nur zu einer schwankenden Wahrheitserkenntnis, der Meinung, führt, vermag ebensowenig wie der wissenschaftliche Beweis *(demonstratio)* den Geist zum Guten zu bewegen, da sie über die Wahrheit nicht hinausführen. Sie sind also beide im praktischen Bereich untauglich. Das eigentlich praktische Argument ist für Bacon das *rhetorische,* von dem er — wohl mit Recht — behauptet, daß es der Menge der Artisten *(vulgo artistarum)* unbekannt sei, aber nicht nur, weil die Übersetzung der aristotelischen Bücher und der der Kommentatoren erst seit kurzem vorliege und daher noch nicht *in usu studentium* sei[47], sondern ebenso sehr deshalb, weil Rhetorik dem Wissenschaftsideal der Artistenfakultät weithin nicht mehr entspricht. — Die aristotelische Rhetorik, die Bacon hier im Auge hat, liegt dem Mittelalter in drei Versionen vor, einer arabisch-lateinischen, von Hermannus Alemannus um 1250 übersetzt, und zwei griechisch-lateinischen, deren ältere nach Lacombe[48] noch vor 1250, nach Schneider[49] „ungefähr zu Anfang der zweiten Hälfte des 13. Jahrhunderts" entstanden, aber im großen und ganzen unbekannt geblieben ist. Die jüngere Version stammt von Wilhelm von Moerbeke. Schneider[50] vermutet, daß sie etwa 1266 vorgelegen habe. Bacon bezieht sich offenkundig auf die Übersetzung des Hermannus, die — wie Lacombe[51] gezeigt hat — wirklich den aristotelischen Text bietet, dazu den Anfang des Averroeskommentars. Außerdem hat sich der Übersetzer bei schwierigen Stellen auf Avicenna, Alfarabi und Averroes gestützt. — Die Rhetorik Ciceros (gemeint ist die pseudo-ciceronianische *Rhetorica ad Herrenium)* hält Bacon für unzureichend, da sie nur das „gerichtliche" Argument enthalte, das vollständige müsse sich jedoch entsprechend den drei Bereichen des eigentlich praktischen Teils auf Glauben und Anerkennung (erster Bereich), auf Handeln (zweiter Bereich) und richtiges Urteilen (dritter Bereich) erstrecken[52]. Ziel des rhetorischen Argumentierens ist es, den Menschen durch belehrende *(docere)* und fesselnde *(delectare)* Beredsamkeit zum Handeln zu bewegen *(flectere)*[53]. Den einzelnen Argumentationsweisen entsprechen unterschiedliche Stilmittel: ein niedriger Stil, der sich bescheidener Mittel bedient, ist für die Belehrung angebracht; um den Menschen zu fesseln, bedarf es eines mittleren Stils, der rhetorischen Schmuck als Mittel anwendet; der erhabene Stil schließlich soll den Menschen zum Handeln bewegen: *„magnifice (immutare) affectum in opus"*[54]. Es ist von Bedeutung, daß die dritte Argumentationsweise, wodurch der Mensch zum Handeln bewegt wird, von Bacon auch die „poetische" genannt wird, „weil die wahrhaften Dichter sie benutzt haben bei ihrem Bemühen, die Menschen zu moralischer Würde und Tugendhaftigkeit *(ad virtutum honestatem)* zu bewegen"[55]. Als maßgebliche Autorität für dieses Argument nennt Bacon die aristotelische Poetik, von der er sagt, daß sie noch nicht ins Lateinische übersetzt sei, wohl aber der Kommentar des Averroes[56]. Gemeint ist die 1256 abgeschlossene Übersetzung des Hermannus Alemannus, von dem Bacon berichtet, dieser habe selbst geschrieben, daß er den Text des Aristoteles wegen der Schwierigkeit nicht zu übersetzen in der Lage gewesen sei[57]. Um so verwunderlicher mutet es an, wenn Bacon neben dem Kommentar ein Buch des Aristoteles erwähnt, das im Lateinischen vorliege, wenngleich die Menge es noch nicht kenne *(licet non sit in uso multitudinis)*. Da es sich rein zeitlich nicht um die griechisch-lateinische Moerbeke-Version handeln kann — diese lag erst 1278 vor —, eine weitere Poetik-Übersetzung des Mittelalters aber unbekannt ist, es sei denn, man zählt diejenige des Georg Valla von 1498 noch zu dieser Epoche[58], wird man diese Aussage wohl auf die relativ umfangreichen Lemmata des Aristotelestextes im Averroeskommentar beziehen müssen.

So sehr sich Bacon für die Konstruktion und Systematik des praktischen Arguments, sei es das rhetorische, sei es das poetische als das Kernargument, auch auf die Autorität des Aristoteles berufen mag, außer der Titel- und Namensnennung, die zugleich der Demonstration Baconscher Superiorität und Gelehrsamkeit dient — wer von den gewöhnlichen Artisten kennt damals schon die aristotelische Rhetorik und Poetik — spielt der „Philosoph“ jedoch keine Rolle. Denn die wirklichen (und wirksamen) Gewährsmänner auf dem Felde der Praxis sind nun einmal die Rhetoren und Dichter, hier besonders Cicero und Augustinus, auf dessen Beruf als „Autor“ und Rhetor Bacon ausdrücklich hinweist[59]. Die Relevanz der Dichter für moralische Fragen — darauf wurde bereits zu Beginn aufmerksam gemacht — war unter der Vorherrschaft des literarisch-musischen Bildungsideals bis ins 13. Jahrhundert hinein anerkannte Selbstverständlichkeit. Wenn Bacon daran trotz der Scholastik — verstanden als „die mittelalterliche Gestalt von ‚Wissenschaft‘ schlechthin“ [60] — festhält, so nicht in dem naiv-traditionellen Sinne des 12. Jahrhunderts, sondern weil er darin die Möglichkeit sieht, der Wissenschaft einen Bereich zugänglich zu machen, der nach seinem Verständnis weder von Aristoteles noch von der Scholastik zureichend, d. h. praktisch behandelt worden ist: das menschliche Handeln[61]. Solange nun die Anerkennung der moralischen Autorität von Rhetoren und Poeten im Rahmen eines traditionellen Bildungssystems stattfindet, kommt es primär darauf an, die geschichtliche Kontinuität zu wahren, um so diese Autorität zu legitimieren. Der Baconsche Versuch, sie in ein wissenschaftliches System einzubringen, schafft neue Probleme. Denn die Auflösung der historischen Legitimation bei gleichzeitiger Aufrechterhaltung der poetischen Autorität öffnet der Manipulation Tür und Tor. Und da nach Bacons Auffassung die theoretische Vernunft von der praktischen in Dienst genommen wird, scheint eine auf Wahrheit bezogene Beurteilungsinstanz ebenfalls zu fehlen. Hier erweist sich die scharfe Trennung des praktischen Bereichs vom theoretischen, die sich besonders deutlich in der „wahrheitsneutralen“ Eigenheit des praktischen Arguments als einer unmittelbaren und direkt auf Wirkung abzielenden Handlungsanleitung manifestiert, als besonders problematisch.

Die der bloßen Rhetorik und Poetik innewohnende Möglichkeit des Mißbrauchs hat Bacon aber durchaus erkannt, denn er unterscheidet die guten von den nichtigen *(vani)* Dichtern mit Hilfe des folgenden Kriteriums, ob nämlich die Dichter über ihre fesselnde Darstellung hinaus *(delectare)* die Menschen auch zum guten Handeln bewegen *(flectere)* oder aber der Tugendhaftigkeit schaden[62]. Die in diesem Zusammenhang stehende Verurteilung Ovids zeugt übrigens im Vergleich mit früheren Einschätzungen von beachtlicher Rigorosität. Ob diese nun auf das persönliche Konto Bacons geht oder ob es sich um eine allgemeine Zeiterscheinung handelt, bleibe dahingestellt. Die etwa vierzig Jahre früher in *De disciplina scholarium* ausgesprochene Empfehlung von *Nasonis discretio* ist für den Schüler der sieben freien Künste zu Beginn des Jahrhunderts durchaus noch geläufig, ebenso wie Alexander Neckhams präzisere Anweisung: *„Elegias Nasonis et Ovidium metamorfoseos audiat, sed et praecipue libellum de remedio amoris familiarem habeat“* und die Einschränkung: *„Placuit tamen viris autenticis carmina amatoris subducenda esse a manibus adolescentium“* [63]. Doch wie weit oder eng der Rahmen der Duldung auch immer gesteckt sein mag, die Wahrheit der Dichter liegt — darin ist Bacon durchaus platonisch — in ihrem praktischen Nutzen, der sich selbst aber nicht weiter auszuweisen vermag.

Diese Darstellung des praktischen Teils der Moralphilosophie bestätigt die äußerste Distanz von Theorie und Praxis, von Ethik und Metaphysik. Ein solcher Eindruck, der zu der Konzeption einer theoretisch-praktischen Einheitswissenschaft in einem auffallenden Gegensatz steht, ergibt sich in der Tat dann, wenn man den praktischen Teil isoliert betrachtet, d. h. wenn Ethik ausschließlich als „Endwissenschaft“ gesehen wird. Eine derart isolierende Sicht führt in der Tat zu einem Aktionismus, der Fragen nach Sinn und Inhalt menschlichen Tuns von sich aus nicht beantworten kann, da weder rationale noch traditionelle Urteilsinstanzen hier wirksam werden können. Damit verweist die Ethik gerade dort, wo ihr Kern erreicht, wo sie im eigentlichen Sinne praktisch geworden ist, zurück auf die sie tragenden Prinzipien, von denen sie „subalter-

nativ“ abhängt und in deren Licht erst menschliches Handeln seinen Sinn erhält. M. a. W. Ethik bleibt, soll sie nicht zu einer bloßen Technik geschickter Handlungsanleitungen degenerieren, um ihrer Wissenschaftlichkeit willen auf die Metaphysik als „subalternierende“ Wissenschaft angewiesen.
Daher weist Bacon bereits zu Beginn seiner „Moralphilosophie“ auf die Notwendigkeit von Prinzipien hin, „durch die das übrige seinen wahren Sinn erhält“ *(per quae cetera verificantur)*[64], und erläutert sie auch in einer gewissen Ausführlichkeit. Dabei ist es von Bedeutung, daß nicht alle den gleichen Rang einnehmen: es gibt wahre Prinzipien *(mere principia)*, deren Erklärung einzig der Metaphysik obliegt, dann solche, die im Hinblick auf aus ihnen zu folgernde Sätze Priorität haben, selbst aber bereits aus Schlüssen gewonnen sind, schließlich Sätze, die wegen ihrer besonderen Schwierigkeit und Bedeutung einer zureichenden Grundlegung bedürfen *(debent sufficienter stabiliri)*[65]. Bacon nennt siebzehn ausschließlich metaphysische Prinzipien, durch welche sich die Metaphysik unmittelbar mit der Moralphilosophie verbindet und in sie eingeht, *secundum quod ius est;* diese Prinzipien beschränken sich auf moralisch relevante Sachverhalte. Sie entsprechen im großen und ganzen den Themen der *Metaphysica*, sind hier jedoch präziser gefaßt. Im einzelnen werden genannt[66]: die Existenz Gottes (I), seine natürliche Erkennbarkeit (II), seine Unendlichkeit (III), seine Einheit (IV) und Dreieinigkeit (V); es geht weiter um Gott als den Schöpfer und Lenker der Welt (VI), die Engel und ihre Aufgaben (VII), die vernünftige Seele des Menschen (VIII) und deren Unsterblichkeit (IX); ferner werden genannt die ewige Glückseligkeit als höchstes Gut (X), die Möglichkeit der menschlichen Teilhabe an ihr (XI), das moralische Handeln als die dem Menschengeschlecht eigene Existenzweise im Unterschied zum naturhaften Sein der übrigen Wesen (XII), der ewige Lohn und die ewige Verdammnis (XIII); die vier letzten Prinzipien beinhalten die Gott geschuldete Verehrung (XIV), die Hinordnung des Menschen zu seinem Nächsten und zu sich selbst (XV), das beschränkte Wissen des Menschen in Fragen der Gottesverehrung und Lebensführung und dementsprechend die Notwendigkeit ergänzender Offenbarung (XVI), endlich die Notwendigkeit, diese Offenbarung nur einem Einzigen zukommen zu lassen (XVII). Die sich im Vergleich mit zeitgenössischen Auffassungen von Ethik und Metaphysik aufdrängende Frage nach der durchgängigen ethischen Relevanz aller genannten Prinzipien und nach der ausschließlich metaphysischen Zuständigkeit für sie mag zunächst

offen bleiben. Es sei aber daran erinnert, daß die Metaphysik ihre Gegenstände in der ihr eigenen Weise der Allgemeinheit behandelt, also auch diese Prinzipien. Für das fünfte Prinzip wird das ausdrücklich gesagt: der Metaphysiker kann die Weise der göttlichen Dreiheit nur in Umrissen darlegen, die eigentliche Erklärung hat eine andere Wissenschaft zu leisten, auf die die Metaphysik nur hinweisen kann, die Moralphilosophie: *„hic autem in propria disciplina explicandus“* [67]. Das sechzehnte Prinzip betont darüber hinaus die Grenzen der Metaphysik gerade im Hinblick auf moralische Fragen. Gegenüber dieser allgemeinen und zugleich begrenzten, weil die Besonderheiten der Dinge nicht bedenkenden „Prinzipienwissenschaft“ hat die Moralphilosophie im einzelnen *(in particulari)* [68] diejenigen Bereiche zu erschließen, die dem Metaphysiker mit Hilfe seiner Wissenschaft nicht zugänglich sind. Doch auch dem Moralphilosophen sind, wenngleich keine theoretischen, so doch praktische Schranken auferlegt: nicht die Fülle aller Geheimnisse, sondern nur das, was die Menge wissen muß und worin alle übereinstimmen, darf er entfalten, damit keine unnützen Fragen und Irrtümer aufkommen [69]. Diese Ansicht, die für Bacons Persönlichkeit ebenso wie für seinen Entwurf bezeichnend ist, schöpft er übrigens aus Avicennas letztem Buch der Metaphysik, der Moralphilosophie [70]; darüber hinaus weist auch der Baconsche Themenkatalog eine enge Verwandtschaft mit dem letzten Teil des avicennischen Katalogs metaphysischer Gegenstände auf: auch hier geht es um Existenz, Einheit und Mächtigkeit des ersten Prinzips, um das Verhältnis Gottes zu den aus ihm hervorgehenden Dingen und deren Rückkehr zu Gott, um die Notwendigkeit der Offenbarung (Prophetie), die Verpflichtung des Glaubens an sie und das sittliche Leben [71]. Der entscheidende Berührungspunkt liegt in der auffallenden Einbeziehung von ausgesprochen moralischer Thematik in die Metaphysik.

Doch hier ist zunächst die Frage zu behandeln, woher dem Moralphilosophen die zusätzliche Erkenntnis über die von der Metaphysik in Umrissen dargelegten Sachverhalte hinaus zuwächst. Um das zu klären, gilt es, die der Moralphilosophie eigenen Themen des Prinzipienbereichs zu nennen und zu erläutern. Es handelt sich um die Lehren von der Trinität, von der Inkarnation, von der Schöpfung und von der ewigen Seligkeit und Verdammnis [72]. Bei der Trinitätslehre geht Bacons Ansicht dahin, daß die Philosophen nicht nur von der Existenz der göttlichen Dreifaltigkeit gesprochen hätten, sondern auch von weiteren Einzelheiten, die ihnen nur noch durch die Offenbarung zugänglich seien [73].

In der Teilhabe der Philosophen an der Offenbarung liegt denn auch der Schlüssel, mit dessen Hilfe die moralphilosophische Erweiterung und Vertiefung der metaphysischen Erkenntnisse gedeutet werden kann. Das zeigt sich auch bei den anderen Themen, besonders deutlich bei der Lehre von der Auferstehung des Leibes, von der Bacon — darin ganz in Übereinstimmung mit den Diskussionen in der Artistenfakultät [74] — ausdrücklich sagt, daß der Metaphysiker darüber nicht einmal in Umrissen Auskunft geben könne, im gleichen Zusammenhang aber Avicenna, Demokrit und Platon als Zeugen dieser Lehre benennt [75]. Die Lösung dieses scheinbaren Widerspruchs liegt eben darin, daß die Philosophen hier auf Grund ihrer Teilhabe an der Offenbarung sprechen, und zwar nicht mehr als bloße Metaphysiker, sondern als Moralphilosophen. Diese These erfordert die Klärung der folgenden Fragen: 1. Um welche Art von Offenbarung handelt es sich, an der Philosophen teilhaben, die vor Beginn der Zeitrechnung lebten, und in der auch Inhalte bekannt werden, die mit dem Ereignis der göttlichen Menschwerdung zusammenhängen? 2. Wenn in der Moralphilosophie Aussagen gemacht werden, die nur auf Grund der Offenbarung möglich sind, handelt es sich dann um eine Wissenschaft, die mit der Theologie identisch ist, oder gibt es zwischen dieser und der Moralphilosophie Unterschiede?

Für die erste Frage verweist Bacon selbst auf den zweiten Teil des *Opus Maius* [76], in dem die Verwandtschaft *(affinitas)* von Philosophie und Theologie behandelt wird. Die Darlegung von Art und Notwendigkeit der Offenbarung basiert auf folgenden Voraussetzungen: der menschliche Intellekt ist ein rein passives Vermögen, das zur Erkenntnis der Wahrheit aktiver Erleuchtung bedarf [77]; diese Erleuchtung beschränkt sich nicht auf bloß formale Erkenntnis, sie enthält zugleich Erkenntnisinhalte [78]. Bacon bedient sich zur Explikation dieser Auffassung der aristotelischen Lehre vom tätigen Intellekt, der als getrennte Substanz und Ursprung der Erleuchtung gefaßt wird. Als Gewährsmänner dieser Deutung nennt er neben Alfarabi, Avicenna und Aristoteles den verstorbenen Bischof von Paris, Wilhelm von Auvergne, den er selbst zweimal diese Ansicht habe vertreten hören, Robert Grosseteste und Adam Marsh [79]. Von den in den sechziger Jahren in Paris entstehenden Strömungen des „heterodoxen Aristotelismus“ scheint Bacon gänzlich unberührt. Er selbst und seine Gewährsmänner stehen in der Tradition Avicennas, dessen Theorie vom *dator formarum* allerdings nicht übernommen wird, da nach Bacons An-

sicht der tätige Intellekt mit Gott identisch ist [80]. Was die Notwendigkeit inhaltlicher Erleuchtung angeht, so verweist Bacon auf einen die Philosophie von ihrem Anbeginn begleitenden Einwand, nämlich ihre Widersprüchlichkeit, die sich bereits bei der Lehre von den Universalien zeige. Wenn das schon bei diesen kindischen und geringfügigen Angelegenheiten *(puerilia et minima)* so sei, um wieviel mehr bei der Philosophie insgesamt. Jedermann kann daher die Notwendigkeit der Offenbarung leicht einsehen [81].
Die Darlegungen bleiben widersprüchlich, da nach diesen Aussagen wegen der grundsätzlichen Passivität des menschlichen Intellekts die gesamte Philosophie, ja alle Erkenntnis überhaupt geoffenbart werden muß, während nach dem Kontext der „Moralphilosophie" nur die heilsrelevanten, d. h. die das menschliche Handeln betreffenden Inhalte Offenbarungsgegenstand sind. Der Widerspruch läßt sich jedoch durch eine Differenzierung der Offenbarungsarten auflösen. Die Passivität als ein Wesenszug des menschlichen Intellekts macht, wofern überhaupt Erkenntnis stattfinden soll, die Einwirkung und Erleuchtung (= Offenbarung) des aktiven Intellekts, also Gottes notwendig, „der jeden Menschen erleuchtet, der in diese Welt kommt" [82]. Diese allgemeine (oder Natur-) Offenbarung, die von der natürlichen Beschaffenheit des Menschen gefordert wird und durch deren Erleuchtung die Wahrheiten der Philosophie erfaßt werden können (nicht müssen) [83], kann also die Moralphilosophie nicht konstituieren, da in dieser zusätzliche Erkenntnisse erforderlich und maßgebend sind, die das menschliche Vermögen im Zustand der natürlichen Erleuchtung überschreiten [84]. Es bedarf daher einer anderen Art der Offenbarung.
Bacon spricht nun von einer solchen, die an die „Patriarchen und Propheten" ergangen ist, von denen die Philosophen alles gelernt haben [85]. Man hat sich daran gewöhnt, diese Art als „Uroffenbarung" (illumination primitive et traditionelle) zu bezeichnen, eine Bezeichnung, die sich bei Bacon selbst nicht findet, durch die Gott der Menschheit in ihren vorzüglichsten Repräsentanten von Anbeginn alle Fülle *(plenitudo)* des menschlichen und göttlichen Wissens vermittelt hat. Und es besteht kein Zweifel daran, daß Bacon in ihr die Offenbarung schlechthin erblickt [85], da sie allein die Wahrheiten des Glaubens und der Philosophie wie einen Schatz enthält, den die Menschheit im Laufe der Überlieferung sich mehr und mehr zu eigen machen soll. Die Menschwerdung Christi wie überhaupt alle späteren Heilsereignisse bereiten einer traditionalistischen Konzeption der Uroffenbarung, in der die Wahrheitsfülle bereits

präsent, wenn auch noch nicht in jeder Hinsicht voll erkannt ist, immer gewisse Schwierigkeiten, die man jedoch durch Rekurs auf das göttliche Vorherwissen und durch Hinweis auf die prophetischen Voraussagen der Schrift in etwa beheben kann, womit dann auch die Kenntnisse der heidnischen Philosophen von der Inkarnation erklärt wären, da diese — sofern sie überhaupt ernst zu nehmen sind — ihr gesamtes Wissen von den Patriarchen und Propheten erworben haben. Bacon selbst gibt zu diesem Fragenkomplex keine eindeutige Auskunft, seine Ansicht dürfte aber wohl mit der angedeuteten Richtung im großen und ganzen übereinstimmen.

Auch für die Klärung der zweiten Frage nach dem Verhältnis von Moralphilosophie und Theologie gibt es zwar sehr aufschlußreiche, aber keineswegs eindeutige Aussagen. Bacon führt z. B. aus, daß die Christen bei der Behandlung theologischer Probleme die Philosophie heranziehen sollen, wie auch umgekehrt bei philosophischen Fragen die Theologie hilfreich sein kann, und zwar so, daß der Widerstrahl der *einen* Weisheit in beiden aufleuchte. Er betont weiter, daß die Philosophie in sich keinen Nutzen hat und ihre Kraft und Würde nur durch Verbindung mit der göttlichen Weisheit gewinnt[86]. „Die Philosophie — so lautet einer der Baconschen Kernsätze — ist nichts anderes als die Entfaltung *(explicatio)* der göttlichen Weisheit durch Lehre und Werk“[87]. Er behauptet ferner, daß die (bloße) Philosophie den Beweis für die Notwendigkeit einer höheren Wissenschaft, der Theologie, liefert, ohne deren Inhalte im einzelnen entfalten *(explicare)* zu können[88]. Aussagen dieser Art ließen sich leicht vermehren, ohne dadurch größere Klarheit zu gewinnen. Immerhin hat jedoch die Vermutung einiges für sich, daß die Philosophie, durch ihre Allgemeinheit besonders gekennzeichnet, nicht prinzipiell, sondern nur graduell von der Theologie zu unterscheiden ist, und daß dieser Unterschied in der Moralphilosophie aufgehoben wird, da diese die Allgemeinheit der Philosophie konkretisiert und so — durch ihre besondere Verbindung mit der göttlichen Weisheit — dem Ziel, theologische Fragen philosophisch und philosophische Fragen theologisch zu behandeln, in ausgezeichneter Weise nahe kommt, es vielleicht sogar erreicht[89].

Wichtiger als dies ist in unserem Zusammenhang jedoch die in der Verbindung von Moralphilosophie und Uroffenbarung sich recht deutlich abzeichnende Funktionalisierung und Reduzierung der gesamten Philosophie. Um das genauer zu belegen und zu entfalten, bedarf es einer Präzisierung des Begriffs der Uroffenbarung. Denn es handelt sich bei diesem Vorgang nicht nur um die an die Patriarchen und Propheten ergangene *direkte* Offenbarung, sondern ebenso um die durch Unterricht und Bücher *vermittelte* Weitergabe des ursprünglichen Wissens. In diesem das Moment der Tradition betonenden Aspekt der Uroffenbarung tritt ein Gedanke hervor, dem Bacon entscheidende Bedeutung beimißt: die Wahrheit, auch in ihrer philosophischen Gestalt, ist kein Werk menschlichen Erfindungsgeistes, sie muß vielmehr — ausschließlich — durch das Studium von Texten und die Lehre von Magistern erworben werden [90], soll nicht der Verdacht bloß menschlicher Fiktion aufkommen, die — wenn schon nicht schädlich — doch höchst irrelevant ist.

Bacon geht über die Auffassung seiner Zeitgenossen von der Rolle der Autorität, der lehrenden und lernenden Vermittlung aber weit hinaus. Während diese sich der vorliegenden Texte bedienen in dem Bewußtsein, hier die entscheidenden Aussagen zur Sache selbst vorzufinden, und sich gegebenenfalls auch um eben dieser Sache willen gegen die Absicht des Autors entscheiden, gibt es in einer traditionalistischen Konzeption in letzter Konsequenz keine Differenz von Sache und Darstellungsmittel: die Vermittlung ist die Wahrheit, der Text ist die Sache selbst, wenn auch nicht notwendig in der vollen möglichen Entfaltung. Eine Wahrheitschance besitzt dann nur derjenige, der in diesem Traditionsstrom der Vermittlung steht, wie Platon, der die hebräische Sprache erlernte und die Bücher des Alten Testamentes las [91], wie Aristoteles, der der Vollendung *(complementum)* der Philosophie, wie sie die alten Patriarchen besaßen, nahe kam, ohne sie in allen Einzelheiten zu erreichen [92]. Der Magister als Repräsentant der Tradition genießt von daher eine besondere Würde, ist aber auch der besonderen Gefahr ausgesetzt, in Willkür und Eigensinn zu verfallen und damit wie die Sophisten der Gemeinschaft zu schaden [93]. Von daher erklärt sich Bacons Mißtrauen gegenüber dem Eigenstudium, das er z. B. Albert dem Großen für den Bereich der Philosophie tadelnd vorhält [94]. Von daher fällt auch einiges Licht auf die Wertschätzung des Sprachstudiums, da die sprachlichen Eigenheiten — selbst Bestandteil der Tradition — durch Übersetzung nicht adäquat wiedergegeben werden können [95]. (Die islamische Auffassung, wonach der Koran als der maßgebende heilige Text von Gott direkt auf Arabisch diktiert worden sei, ist zwar traditionalistisch sehr angenehm, für die vortridentinische lateinische Welt aber nicht entsprechend anwendbar, da deren heilige Texte in zwei fremden Sprachen, dem Griechischen und Hebräischen, abgefaßt und im Grunde nur durch Übersetzungen zugänglich sind. Für Bacon selbst kommt noch die Fülle bedeutender philosophischer Bücher aus dem Arabischen hinzu.)

Daß Bacon neben der vermittelten Teilhabe an der Uroffenbarung noch andere Möglichkeiten der Wahrheitseröffnung in der Form von besonderen Offenbarungen kennt, sei hier deshalb erwähnt, weil deren Inhalte, Zeitpunkte und Empfänger weitgehend beliebig und folglich rational nicht auszumachen sind, sondern nur im Nachhinein faktisch registriert werden können. Das gleiche gilt nun aber auch für den Ursprung der Uroffenbarung: sie stellt im Unterschied zur Naturoffenbarung ebenfalls ein bloßes, nicht geschuldetes Faktum ohne einsehbare Notwendigkeit dar.

Damit sind also gerade die das menschliche Handeln betreffenden Inhalte — man erinnert sich, daß die speziellen (konkreten) Erkenntnisse der Moralphilosophie nicht von der allgemeinen, sondern von der Uroffenbarung abhängen [96] — ausschließlich auf einer Ebene zu finden, die nicht primär, wenn überhaupt, durch Einsicht in Wesenszusammenhänge oder natürliche Sachverhalte auszumachen, sondern eher als positive göttliche Stiftung anzuerkennen ist. Und dieses Anerkenntnis stellt zugleich mit der Wahrheitschance die entscheidende Heilschance dar, die Gott in seiner unendlichen Güte dem Menschengeschlecht mit dieser Offenbarung gegeben hat [97]. Von daher erhalten dann die Lehren der Vergangenheit, die letztlich auf der Uroffenbarung basieren, besonders sofern sie den göttlichen Willen betreffen, eine unendliche Dignität gegenüber dem eigenmächtigen Raisonnement [98]. Die natürlichen Erkenntnisse, auch oder gerade wenn sie sich auf Gott beziehen, wie etwa der Beweis seiner Existenz, bleiben demgegenüber schwankend und ungewiß [99]. Der partikuläre menschliche Verstand kann von sich aus, losgelöst von dem erhellenden und sichernden Traditionsstrom und auf der natürlichen Ebene verharrend, den Bereich des unverbindlichen Allgemeinen nicht überschreiten. Alle Baconschen Aussagen über die Nutz- und Sinnlosigkeit der bloßen *(nuda)* Philosophie [100] beziehen sich auf diese natürliche Erkenntnis des Menschen, die noch nicht konkret geworden, d. h. noch nicht in eine der Philosophie erst ihren Sinn gebende Verbindung eingegangen ist. Der Philosophie als solcher fehlt also — um in der hier gewählten Terminologie zu sprechen — die teleologische Dynamik der praktischen Bestimmung: *wahre* Philosophie (im Unterschied zur bloßen Philosophie) kann nur *praktische* sein. Und so wandelt sich im Zuge dieser Dynamisierung die Metaphysik aus ihrer Allgemeinheit in die Konkretion der Moralphilosophie. Diese wiederum gipfelt in der Praxis des rhetorischen und poetischen Arguments, das sich trotz Rückgriffs auf ursprünglich metaphysische Ergebnisse (wie den Beweis der Existenz Gottes) wegen der von Bacon so sehr betonten Schwäche und Ungewißheit der bloß menschlichen Erkenntnis [101] letzten Endes nur durch Verweis auf die Autorität Gottes, die von ihm gestifteten Gesetze und Institutionen rechtfertigen kann, während die rationalen Elemente der moralischen „Argumentation" vor allem dazu dienen, bei der „Werbung" *(persuasio)* für die vollkommene Verfassung [102], auf der natürlichen, weil auch dem Nichtchristen zugänglichen Ebene zu diskutieren und zu überzeugen. Dem Verdacht der Sophistik, für die die Wahrheit nur Mittel zum (oft ungenannten) Zweck ist, kann Bacon nur durch Verweis auf die absolute und zugleich konkrete, heilsrelevante Wahrheit des Christentums entgehen, philosophisch läßt sich dieser Verdacht nicht zerstreuen.

Angesichts dieser Mediatisierung der Metaphysik, dem eindeutigen Vorrang der heilsrelevanten Praxis und der Betonung ihres persuasiven Charakters, angesichts auch der so bedeutenden Rolle der Dichter und Rhetoren ist es bemerkenswert, daß — gemessen an der Zahl der Zitate und namentlichen Erwähnungen in der „Moralphilosophie" — Aristoteles weiterhin der philosophischen Gewährsmann par excellence zu sein scheint, obwohl die genannten Thesen sich nur schwer mit dessen Philosophie in Einklang bringen lassen. Gegenüber der nicht ganz unberechtigten Frage, wer anders als Aristoteles im 13. Jahrhundert für eine solche Rolle überhaupt in Betracht komme, da Platons Werk etwa doch nur bruchstückhaft bekannt gewesen sei, ist auf das ungewöhnlich hohe Lob hinzuweisen, das Bacon dem Philosophen spendet [103]. (Daß die pseudo-aristotelische Schrift *Secretum secretorum* zu dieser Wertschätzung wesentlich beigetragen hat, sei hier nur am Rande erwähnt.) Hinzu kommen die guten Kenntnisse des jeweils neuesten Standes der Aristoteles-Übersetzungen, die das lebendige Interesse Bacons an diesem philosophisch bedeutsamen Vorgang verraten. Um so erstaunlicher, aber nach dem Gesagten nicht ganz überraschend, ist folgende Beobachtung bei der *Metaphysica:* Avicenna ist nicht nur der entscheidende Gewährsmann, er wird auch häufiger wörtlich zitiert als Aristoteles. Sofern wörtliche Zitate unter dessen Namen vorkommen, handelt es sich *immer* um Texte aus dem entsprechenden Averroeskommentar, also nicht um Aristoteles selbst [104], obwohl Bacon nach eigenem Zeugnis nicht nur die alte Übersetzung *(Ethica vetus* und *nova)* und die des Hermannus Alemannus von 1240, sondern auch die Grosseteste-Übersetzungen der Nikomachischen Ethik und des Eustratius-Kommentars kennt[105]. Für die „Moralphilosophie" ergibt sich folgendes Bild: Aristoteles ist — sieht man einmal von Seneca ab — der am häufigsten genannte Autor, Avicenna steht ihm jedoch nicht wesentlich nach. Die Autorität des „Philosophen" wird besonders im dritten Teil bemüht, der sich mit den Verpflichtungen des einzelnen, d. h. mit den Tugenden und Lastern befaßt. Avicenna spielt die maßgebende Rolle im kurzen zweiten Teil, der „Staatslehre". Wörtliche Zitate aus aristotelischen Schriften sind jedoch selten und sentenzenhaft kurz, z. B.: (moralis philosophia) *„non est contemplationis gratia, sed ut boni fiamus"* [106] oder *„demonstratio vero est syllogismus faciens scire"* [107]; entsprechend reduziert sich der Anteil der unter dem Namen des Aristoteles aufgeführten Texte aus den Averroeskommentaren, verschwindet aber nicht ganz[108]. Demgegenüber kommt Avicenna nicht nur im zweiten Teil mit ausführlichen Zitaten zu Wort[109].

Diese Daten erlauben zwar außer dem Schluß, daß Bacon bei der Abfassung seiner *Metaphysica* einen lateinischen Aristoteles-Text nicht zur Hand hat, keine weiteren sicheren Folgerungen, geben aber doch zu einigen Erwägungen Anlaß, die allerdings auf eine breitere Textbasis gestellt werden müßten, um in jeder Hinsicht voll zu überzeugen. Nur ein Punkt sei hier herausgegriffen, die Frage nämlich, ob Bacon die besondere Eignung der avicennischen Position, nicht primär in ihren Einzelheiten, sondern in ihrer Gesamttendenz für seine eigenen Thesen erkannt hat. (Die naheliegende Frage, die auf die Einordnung Bacons in die Philosophiegeschichte des 13. Jahrhunderts abzielt, ob er möglicherweise in seiner Erkenntnis und Deutung des Aristoteles auf dem Stande von 1247 [110] stehen geblieben ist, als der „Philosoph" noch vorwiegend mit den Augen Avicennas gesehen wurde, ob also Bacon die wissenschaftlichen Mittel und Einsichten gefehlt haben, die neuen Aristoteles-Texte in ihrer vollen Bedeutung zu erkennen und gewisse Bedenklichkeiten avicennischer und averroistischer Behauptungen zu sehen, mag auf sich beruhen bleiben, wenngleich auch andere Indizien für eine Verhaftung Bacons in Problemstellungen der Artistenfakultät der vierziger Jahre sprechen, so etwa die Einordnung juristischer Fragen in die Moralphilosophie[111] oder die Ungenauigkeit seiner Metaphysikauffassung.) Daß eine solche Eignung besteht, war bereits angedeutet worden, bedarf nun aber einer genaueren Explikation, die sich jedoch auf den

zentralen Punkt der Verbindung von Metaphysik und Moralphilosophie beschränken kann.
Im Unterschied zu modernen Interpreten, denen das X. Buch der Metaphysik Avicennas, das die Ethik enthält, eher als ein nur schwer einzuordnender Anhang erscheint[112], hat Bacon die wesentliche Zuordnung dieses Buches zur Metaphysik und damit etwas von der Intention des Autors durchaus erkannt[113]. Denn die hier entfaltete Prophetologie und Staatslehre, in der es um die Stiftung, Erhaltung und Verbreitung des idealen Staates geht, ist in Avicennas Augen kein bloßes Anhängsel der Metaphysik, sondern notwendig auf sie angewiesen (allerdings nicht auf der Ebene der wesentlichen, sondern der praktischen Ordnung), weil dieser Staat nicht nur das bloße Überleben der Menschengattung gewährleisten soll, sondern vor allem auf die eigentliche Vollkommenheit des Menschen ausgerichtet ist, die in der Theorie als der höchsten menschlichen Möglichkeit besteht. Theorie und Praxis, Metaphysik und Ethik (Politik) gehören also deshalb zusammen, weil die höchste Realisierung des Menschseins nur im Staat und dessen höchste Form nur als eine von der Theorie geprägte möglich sind entsprechend der platonischen Forderung, politische Macht und philosophische Weisheit im Philosophen-König — das ist bei Avicenna der Prophet — zu vereinigen[114].
Auch Bacons entschiedenes Interesse gilt dem idealen Staat, der *respublica fidelium,* deren Ziel ebenfalls in der glückseligen Vollendung des Menschen besteht. Auch Bacon hält daran fest, daß nur in einem von der Weisheit eingerichteten und geleiteten (Welt-) Staat dieses Ziel erreicht werden kann, denn „die ganze Weisheit ist der einen Welt um des einen Zieles willen von einem Gott gegeben worden“[115]. Aber im Unterschied zu Avicenna ist hier nicht die Theorie, sondern die Praxis (der Gottesliebe) die höchste Lebensform, so daß die Metaphysik sich nur im Hinblick auf diese Praxis rechtfertigen läßt. Und im Unterschied zu Avicenna ist hier eine solche Rechtfertigung notwendig und wesentlich, während sie dort zwar faktisch notwendig sein mag um der besseren Praxis willen, nicht aber zum Wesen der Metaphysik gehört. Man könnte Bacons Philosophie daher wegen ihrer *wesentlich* praktischen Ausrichtung als *Aufklärung* in dem Sinne bezeichnen, daß es ihm primär auf das Wohl, die Glückseligkeit und den Nutzen der Menschheit im Einzelnen wie im Ganzen, in diesem wie im jenseitigen Leben ankommt[116].
Metaphysik als Prolegomenon und apologetisch-missionarisches Instrument im

Kampf um die wahre Praxis verliert losgelöst von dieser Funktion jede Relevanz, weil die Frage nach der Existenz — das zentrale Thema der Metaphysik — in Bacons Verständnis die Wirklichkeit der Dinge nur in ihrer Faktizität trifft und vor allem in der Ungewißheit und Ungenauigkeit der Allgemeinheit verbleibt. Gleiches gilt mutatis mutandis für die Physik, auch sie bleibt entsprechend dem aristotelischen Wissenschaftsbegriff allgemein und kann daher keine sicheren Erkenntnisse liefern. Fragen, die auf Wesen und Bedeutung eines wie immer bezeichneten Ganzen abzielen, werden unter einer solchen Voraussetzung sinnlos: die Welt stellt sich dar als eine in ihrer Ganzheit rational nicht faßbare Fülle von Fakten, Ereignissen und Begebenheiten. Das ist ein durchaus konsequentes Ergebnis der durchgängigen Reduzierung aller Theorie auf die Praxis, ein Ergebnis, das daher im Unterschied zur avicennischen Position letztlich antiaristotelisch ausfallen muß[117]. Und dennoch überläßt Bacon — darin scheint mir der eigentlich moderne Zug seines Denkens zu liegen — die faktisch heilsneutrale Wirklichkeit nicht der bloßen Irrationalität. Er entwickelt vielmehr entsprechend der für den heilsrelevanten Bereich so bedeutsamen inneren Erfahrung (Offenbarung, göttliche Erleuchtung) in der äußeren Erfahrung ein neuartiges Erkenntnismittel, das die Schwächen des bloßen Argumentierens *(nuda demonstratio)* der aristotelischen Wissenschaft aufzuheben in der Lage ist[118], weil hier der *unmittelbare* Anblick der Wahrheit *(intuitus veritatis)* erreicht wird, der allein Sicherheit und Gewißheit der Erkenntnis zu geben vermag[119]. Es genügt demnach nicht, durch Argumente und Konklusionen — weit entfernt von der Wirklichkeit — von der Hitze und Zerstörungskraft des Feuers zu wissen, es kommt vielmehr darauf an, sich durch eigene Erfahrung unmittelbar davon zu überzeugen[120], ein Vorgehen, das Bacon auch zur Destruktion vulgärer oder traditionell wissenschaftlicher Ansichten über Naturvorgänge anzuwenden empfiehlt[121]. Das Prinzip der Unmittelbarkeit impliziert allerdings eine massive Begrenzung des wissenschaftlich Erforschbaren, die jedoch um der Sicherheit und Genauigkeit willen in Kauf genommen wird, wenn auch der mögliche Rekurs auf die Erfahrung anderer *(per alios sapientes qui experti sunt)*[122] eine bedeutende Erweiterung des Feldes darstellt.

Bacons Position, in der sich der Primat der praktischen Vernunft mit der Vorliebe für das Konkrete und Individuelle so verbindet, daß für Metaphysik und Physik nur Plätze auf den hinteren Rängen reserviert bleiben, erweist sich somit als zwiespältig. Die systematische Grundtendenz, die in der Konzeption einer sapientialen Einheitswissenschaft besonders deutlich zum Ausdruck kommt, wird man im Vergleich mit den zeitgenössischen Diskussionen über das Verhältnis von Philosophie und Theologie, von theoretischer und praktischer Philosophie eher als naiv und unreflektiert bezeichnen müssen; auch der Metaphysikbegriff bleibt unbestimmt und mißverständlich, die Fülle der hier eröffneten Möglichkeiten scheint auch nicht annähernd begriffen zu sein. Aber an die Stelle der theoretischen Philosophie besonders im Bereich der Natur treten neuartige wissenschaftliche Verfahren, die den Gegenständen einer „entkosmologisierten" Welt besser gerecht werden als die aristotelische Physik. Und hier liegt wohl bei aller Begrenztheit der Durchführung die zukunftsweisende Bedeutung Roger Bacons. Für die Ethik und die Metaphysik wird man jedoch den Vorwurf der Naivität und Unreflektiertheit aufrecht erhalten müssen, der auch nicht durch den Hinweis auf die (gute) Sache einer *respublica fidelium* gemildert werden kann.

1 S. C. *Easton, Roger Bacon und his search for a universal science,* Oxford 1952, S. 101 (Die Neuauflage New York 1970 war mir nicht zugänglich).

2 P. *Mandonnet, Roger Bacon et la composition des trois opus,* in: Revue néoscolastique de philosophie 20 (1913) S. 166.

3 *Rogeri Baconis Moralis Philosophia* (= MP), ed. E. Massa, Zürich o. J. (1953).

4 *Ruggero Bacone. Etica e Poetica nella storia dell' „Opus Maius".* Rom 1955.

5 K.-D. *Nothdurft, Studien zum Einfluß Senecas auf die Philosophie und Theologie des zwölften Jahrhunderts,* Leiden — Köln 1963, S. 27. Der dritte Teil der MP umfaßt 139 Seiten, die fast nur Seneca-Exzerpte enthalten. Das ist im Verhältnis zum ganzen Werk (267 Textseiten) mehr als die Hälfte.

6 E. *Massa, Ruggero Bacone,* S. 129.

7 Vgl. dazu vor allem die Arbeiten von Ph. *Delhaye, z. B. Grammatica et ethica au XIIe siècle,* in: Recherches de théologie ancienne et médiévale 25 (1958) 59—110.

8 *Migne, Patrologia latina* 64, 1223—1238. Vgl. dazu M. *Duchateau, Bijdrage tot de studie van het pseudo-boetaanse tractaat „De disciplina scolarium"*, in: Tijdschrift voor philosophie 1 (1939) 134—160.

9 PL 64, Sp. 1225 C-D.

10 PL 64, Sp. 1226: „scholaris domina, quae ... praebet incrementa virtutum"; „Visis autem scholarium rudimentis et virtutum incrementis."

11 MP, S. 3: „sunt maxime utiles et principaliter necessariae in studio sapientiae, sine quibus nullus potest in ea, ut oporteret, proficere."

12 *Opus Maius*, Vol III, ed. J. H. Bridges, London 1900, S. 79: „annexio scientiarum, quia quaelibet ab alia quodammodo dependet."

13 MP, S. 3.

14 MP, S. 4.

15 MP, S. 4: „Sed theologia est scientiarum nobilissima; ergo illa, quae maxime convenit cum illa, est nobilior inter ceteras."

16 *Opus Maius* III, S. 42.

17 *Metaphysica Fratris Rogeri* (Opera hactenus inedita I), ed. R. Steele, Oxford o. J. (1905?), S. 1: „in theologicis autentica inducam philosophorum testimonia."

18 *Metaphysica.* S. 6: „Et tota philosophiae intentio est ... devenire in cognitionem dei."

19 Z. B. *Metaphysica,* S. 16.

20 Dieser Themenkatalog umfaßt die gesamte *Metaphysica* ab S. 7 bis zum Schluß (S. 52).

21 *Easton, Roger Bacon,* S. 111, vermutet, daß die *Metaphysica* zwischen 1255—60 verfaßt wurde, gibt dafür jedoch keine Belege.

22 MP, S. 7: „metaphysica et moralis philosophia maxime conveniunt"; S. 9: „continuatur metaphysica cum morali et descendit in eam."

23 MP, S. 7.

24 MP, S. 9, S. 25. Vgl. auch *Opus Maius* III, S. 75.

25 MP, S. 9.

26 MP, S. 25.

27 *Quaestiones supra libros primae philosophiae Aristotelis* (Opera hactenus inedita X), ed. R. Steele — F. Delorme, Oxford 1930, S. 184 f.

28 *Roger Bacon,* S. 72.

29 *Quaestiones supra libros primae philosophiae Aristotelis,* S. 4.

30 *Opus Maius III,* S. 76. Vgl. auch MP, S. 4: „moralis philosophia est finis omnium partium philosophiae".

31 *Opus Maius* III, S. 51.

32 *Quaestiones,* S. 4.

33 MP, S. 5.

34 Z. B. *Opus Maius* III, S. 75: „haec scientia est de illis quae omnibus rebus et scientiis conveniunt, et ideo ostendit numerum scientiarum". Vgl. auch MP, S. 9.

35 MP, S. 6: „Haec autem scientia primo docet componere leges et iura vivendi; secundo docet ea credi et probari et homines excitari ad operandum et vivendum secundum illas leges."

36 MP, S. 248.

37 MP, S. 248.

38 MP, S. 249: „Practica vero est illa sola propriissime et absolute, quae docet nos fieri bonos."

39 MP, S. 188.

40 MP, S. 6.

41 MP, S. 45.

42 MP, S. 187. Bei der *secta fidelis* handelt es sich zwar um das Christentum, jedoch in einer Form, die nicht mit der Kirche identisch, wenngleich auch nicht von ihr zu trennen ist. Man kann eher an einen christlichen Weltstaat *(respublica fidelium)* denken, der im Unterschied zur Kirche auch massiv zeitliche Ziele verfolgt, angefangen von der Gesundheit des einzelnen bis hin zu Gerechtigkeit und Frieden. Zu diesem Komplex vgl. E. *Gilson, Les métamorphoses de la cité de dieu,* Löwen — Paris 1952, bes. S. 80 ff.

43 MP, S. 247.

44 MP, S. 251: „difficilius et minus delectabilius se habet ad bonum quam speculativus ad verum."

45 MP, S 254.

46 MP, S. 250: „fortioribus remediis et inductivis indigemus in hiis quam in speculativis."

47 MP, S. 251.

48 *Aristoteles latinus,* Pars prior, Brügge — Paris 1957, S. 77 n. 58.

49 B. *Schneider, Die mittelalterlichen griechisch-lateinischen Übersetzungen der aristotelischen Rhetorik,* Berlin 1971, S. 3, S. 30.

50 *Die mittelalterlichen Übersetzungen,* S. 8.

51 *Aristoteles latinus,* Pars prior, S. 102 f.

52 MP, S. 251, vgl. S. 249.

53 MP. S. 252 f.

54 MP, S. 253.

55 MP, S. 255.

56 MP, S. 255.

57 MP, S. 255: „in cuius commentarii principio translator Hermannus dicit se nescivisse transferre textum Aristotelis propter difficultatem."

58 Siehe die Angaben der *Praefatio* zu *Aristoteles latinus* XXXIII (editio altera): *De arte poetica,* Translatio Guillelmi de Moerbeke, ed. E. Valgimigli, reviserunt praefatione indicibusque instruxerunt A. Franceschini et L. Minio-Paluello, Leiden 1968, S. XI—XIV; zur lateinischen Übersetzung des Averroes-Kommentars vgl. S. XXIII—XXVI.

59 MP, S. 258 f.

60 Vgl. zu dem Thema Scholastik W. *Kluxen, Thomas von Aquin: Das Seiende und seine Prinzipien,* in: Grundprobleme der großen Philosophen. Philosophie des Altertums und des Mittelalters, hg. J. Speck, Göttingen 1971, bes. S. 180—185, hier S. 181.

61 Vgl. *Easton, Roger Bacon,* S. 178, S. 179 f.

62 MP, S. 255: „vani et curiosi poetae volunt delectari nec curant prodesse."

63 *Sacerdos ad altare,* ed. C. H. Haskins, Studies in the history of mediaeval science, New York 1927, S. 372.

64 MP, S. 6.

65 MP, S. 6.

66 MP, S. 7—9.

67 MP, S. 7.

68 MP, S. 9: „legis lator debet in principio descendere ad proprietates dei in particulari et angelorum . . ., ad quae metaphysicus non potuit aspirare.“

69 MP, S. 9.

70 *Avicenna, Metaphysik* X 2, Venedig 1508, fol. 108 v a—b.

71 *Avicenna, Metaphysik* I 4, fol. 72 rb.

72 MP, S. 9 ff., S. 14 ff., S. 17 ff., S. 25 ff.

73 MP, S. 10: „philosophi locuti sunt multa de divinis in particulari, quae excedunt humanam rationem et cadunt sub revelatione.“

74 Vgl. z. B. die Quaestionensammlung des Cod. 109 Ripoll des Archivo de la Corona de Aragón. Dort wird die Frage diskutiert, ob Philosophen von sich aus die Auferstehung des Leibes erkennen können, und eindeutig verneint, fol. 136 r: „secundum theologos hoc habet veritatem . . . sed hoc est plus per miraculum quam per naturam . . . et ideo non ponitur a philosophis . . . non ponunt philosophi animam post mortem coniungi corpori.“

75 MP, S. 22 f.

76 MP, S. 10. Gemeint ist vor allem der zweite Teil des *Opus Maius,* und hier kommen vor allem die Kap. 5 und 6 in Betracht (*Opus Maius* III, S. 44—50).

77 *Opus Maius* III, Kap. 5, S. 44 ff.

78 *Opus Maius* III, S. 49: „non solum mentes eorum illustravit deus ad notitiam sapientiae acquirendam, sed ab eo ipsam habuerunt, et eam illis revelavit, praestitit et dedit.“

79 *Opus Maius* III, S. 47.

80 *Opus Maius* III, S. 49: „agens principale illuminans et influens intellectum possibilem est substantia separata, hoc est ipse deus.“

81 *Opus Maius* III, S. 50.

82 *Opus Maius* III, S. 45.

83 Vgl. dazu wie überhaupt zu dem ganzen Problem der Offenbarung die ausgezeichnete und nach wie vor maßgebende Studie von R. *Carton, L'expérience mystique de l'illumination intérieure chez Roger Bacon,* Paris 1924, hier bes. S. 33 f.

84 MP, S. 10 (Text in Anm. 73).

85 Vgl. *Carton, L'expérience mystique,* S. 39; dort auch die genannte Bezeichnung.

86 *Opus Maius* III, S. 69: „philosophia secundum se considerata nullius utilitatis est.“

87 *Opus Maius* III, S. 68.

88 *Opus Maius* III, S. 75: „Scit enim philosophia suam imperfectionem . . . Et propter hoc devenit philosophia ad inveniendum scientiam altiorem, et probat quod debet esse, licet non in speciali valeat eam explicare“.

89 *Opus Maius* III, S. 77: „sed apud christianos philosophantes scientia moralis propria et perfecta est theologia.“

90 *Opus Maius* III, S. 50; II, S. 75.

91 *Opus Maius* III, S. 65.

92 *Opus Maius* III, S. 66.

93 Vgl. dazu *Carton, L'expérience mystique,* S. 93 Anm. 1.

94 *Compendium studii philosophiae,* ed. J. S. Brewer, London 1859, S. 425: „surrexerunt

quidam in studio, qui seipsos creaverunt in magistros et doctores studii theologiae et philosophiae, cum tamen numquam didicerunt aliquid dignum." S. 426: „Hi sunt pueri duorum ordinum studentium, ut Albertus et Thomas ... Et ideo oportuit quod non proficerent ullo modo ... maxime quia praesumpserunt in ordinibus investigare philosophiam per se sine doctore." In diesen Behauptungen spiegelt sich nicht nur der Neid auf die Erfolge anderer, sondern sicher ebenso die Befürchtung, daß es sich bei der Wissenschaft seiner Zeitgenossen um traditionslose Fiktionen handle.

95 *Opus Maius* III, S. 80: „impossibile est quod proprietas unius linguae servetur in alia."

96 Vgl. auch MP, S. 210.

97 MP, S. 210: „eius bonitas est infinita, qua vult humano generi revelare quod necesse est ad salutem."

98 MP, S. 210.

99 MP, S. 199.

100 MP, S. 28: „sapientia non est nuda scientia." Vgl. Anm. 86.

101 Vgl. *Metaphysica*, S. 37, wo selbst für Aristoteles gilt: „sciens suum defectum et imperfectionem philosophiae."

102 Vgl. Anm. 42, bes. *Gilson, Les métamorphoses*, S. 75—109.

103 MP, S. 11 (complevit philosophiam); S. 28 (omnium philosophorum excellentissimus); S. 60 (summus ... ante alios). Vgl. auch *Metaphysica*, S. 8, S. 29, S. 37.

104 Vgl. die Anmerkungen des Herausgebers, die ich allerdings nur teilweise überprüft habe.

105 *Metaphysica*, S. 21.

106 MP, S. 250.

107 MP, S. 250.

108 Z. B. MP, S. 198 (Anm. zu Zeile 16—17).

109 Z. B. MP. S. 26—33 mit umfangreichen Zitaten.

110 Nach T. *Crowley, Roger Bacon. The problem of the soul in his philosophical commentaries*, Löwen — Dublin 1950, S. 31, ist dies das Jahr der Rückkehr Bacons nach Oxford. In Paris hatte Bacon seit Anfang oder Mitte der vierziger Jahre trotz der noch bestehenden und wohl meist auch noch befolgten Aristotelesverbote öffentlich die *libri naturales* und die Metaphysik gelesen.

111 Vgl. z. B. Cod. 109 Ripoll, fol. 135 v, wo im Rahmen der „Sozial- und Staatslehre" neben *Ciceros De officiis* auch *leges* und *decreta* als „Grundtexte" genannt werden. Daß Bacon juristische Probleme zum Gegenstand der Moralphilosophie macht, scheint mir deshalb nicht von ungefähr zu kommen.

112 Z. B. M. *Horten* (der Übersetzer der avicennischen Metaphysik ins Deutsche), *Die Metaphysik Avicennas*, Halle — New York 1907, S. 650 Anm. 1: „Die Ethik ist in Form eines Anhanges der Metaphysik angefügt."

113 MP, S. 9: „continuatur metaphysica cum morali et descendit in eam sicut in finem suum, sicut Avicenna pulchre coniungit eas in fine Metaphysicae."

114 Diese Interpretation Avicennas basiert auf den interessanten Arbeiten von L. *Strauss*, bes. *Maimunis Lehre von der Prophetie und ihre Quellen*, in: Le monde oriental 28 (1934)

99—139; *Philosophie und Gesetz,* Berlin 1935. Obwohl Strauss in der Gleichsetzung des Maimonides mit den arabischen Aristotelikern gerade im Hinblick auf ihr Verhältnis zur Offenbarung sicher zu weit geht, scheint er mir vor allem Avicenna (und Alfarabi) voll gerecht zu werden, während er Maimonides zu sehr „arabisiert".

115 *Opus Maius* I, S. 33.

116 *Compendium studii philosophiae,* S. 395. Zu dem hier verwendeten Begriff der Aufklärung vgl. F. *Schalk,* Art. *Aufklärung,* in: Historisches Wörterbuch der Philosophie I, hg. J. Ritter, Basel-Suttgart 1971, 620—633, bes. Sp. 622.

117 Man vergleiche etwa die Umdeutung des aristotelischen Begriffs der Demonstration, der in seiner ursprünglich theoretischen Bedeutung nicht aufrecht erhalten werden kann, es sei denn man degradiere den „Philosophen" zu einem Vertreter des bloßen Raisonnements; *Opus Maius* II, S. 168.

118 *Opus Maius* II, S. 168.

119 *Opus Maius* II, S. 167: „Argumentum ... non certificat neque removet dubitationem ut quiescat animus in intuitu veritatis, nisi eam inveniat via experientiae."

120 *Opus Maius* II, S. 167 f.

121 *Opus Maius* II, S. 168.

122 *Opus Maius* II, S. 169.

Veri Principis Imago

Zur Erziehung der Fürsten nach Erasmus von Rotterdam

Alfons Auer (Tübingen)

Seit einigen Jahrzehnten ist in der Erasmusforschung die traditionelle konfessionell bestimmte Urteilsdogmatik aufgebrochen. Damit ist zwar der Weg in eine neue Sachlichkeit grundsätzlich aufgetan, doch der Fürst der Humanisten wird weiterhin hart umstritten bleiben. Dies gilt auch für seine politischen Anschauungen. Einem so verdienstvollen Forscher wie J. Huizinga haben viele das Urteil abgenommen, Erasmus sei „ein vollkommen unpolitischer Geist" gewesen: „Seine Ideen über gute Staatsregierung waren höchst primitiv, und wie es bei stark ethisch gerichteten Gelehrten häufig der Fall ist, im Grunde sehr revolutionär ... Fragen der Staatsform, des Gesetzes oder des Rechts bestehen für ihn kaum. Die wirtschaftlichen Probleme sieht er in idyllischer Einfachheit" [1]. Dabei hätte schon die Tatsache, daß ein so bedeutender Staatsphilosoph wie Hugo Grotius sich ausdrücklich als unmittelbaren Nachfolger des Erasmus empfand, zur Vorsicht mahnen müssen. E. von Koerber hat kürzlich nachgewiesen, daß Erasmus „eine eigene Staatstheorie" entwickelt hat; der ihm gebührende Platz in der Staatsphilosophie und in der allgemeinen Staatslehre sei ihm nur deswegen versagt geblieben, weil „einzelne Aspekte des erasmischen Staatsdenkens ... (erst) später von gelehrten Juristen klarer und systematischer formuliert" worden seien [2]. Jedenfalls wird auch hinsichtlich der politischen Anschauungen nur ein sehr differenziertes Urteil dem großen Humanisten gerecht werden können.

I. Erasmus als „politischer" Schriftsteller

Erasmus gehört gewiß nicht zu den bedeutenden Staatswissenschaftlern. Er hat weder eine systematische Staatstheorie noch eine geschlossene Konzeption einer praktischen Politik entwickelt. Er war ein typischer Moralist und hat

wie der Kirche, so auch der Gesellschaft und dem „Staat“ sein kritisches und prophetisches Engagement zugewendet. In den meisten seiner Schriften ist das politisch-pädagogische Interesse mit Händen zu greifen. In seiner *Oratio de pace et discordia contra factiosos* (ca. 1489) [3], die der Zwanzigjährige an seinen Freund Cornelius Goudanus richtet, klingen bereits zahlreiche Motive seiner späteren Schriften an: Die physikalische und die animalische Welt mit ihrem naturalen Drang zur Einheit demonstrieren dem Menschen und erst recht dem Christen Sinn und Notwendigkeit der Eintracht und des Friedens [4]. Im *Panegyricus „Ad Philippum Burgundionum Principem“*, der die Spanienreise des Fürsten von Burgund und seine glückliche Heimkehr feiert (1504; in: IV, 507—554), haben wir zum ersten Mal das Modell vor uns, nach dem Erasmus immer wieder durch gelegentlich exzessiv pathetische Ansprachen oder Widmungsschreiben den Trägern geistlicher oder weltlicher Herrschaft ihre Aufgaben und ihre sittlichen Pflichten vor Augen hält. Im *Encomium Moriae* (1511; in: IV, 397—504) setzt Erasmus aller Welt die Narrenkappe auf und handelt mit den Mitteln der Satire den Großteil der Themen ab, die sein politisches Denken beschäftigen. Die englischen Jahre und die Freundschaft mit Thomas Morus hatten ihn inzwischen enger an die politische Wirklichkeit herangeführt. Er geißelt in gleicher Weise die Anmaßung der Philosophen wie der Pragmatiker, hält den Fürsten den Spiegel ihrer Ideale und ihrer Versäumnisse vor und relativiert bereits die mittelalterliche Auffassung vom Gottesgnadentum und von den daraus hergeleiteten Privilegien. Ein weiteres Meisterstück bitterer Satire liefert er mit seinem *Dialogus „Julius exclusus e coelis“*, der von dem in unmenschliche Kriege und Verbrechen verstrickten Papst ein Bild zeichnet, das selbst noch im Blick auf die wahrlich grausige Wirklichkeit als phantastische Übertreibung gilt (1513 oder 1514, gedruckt 1517; in: *Erasmi Opuscula,* a supplement to the Opera omnia [W. Ferguson], The Hague 1933).
Die folgenden Jahre bringen den Höhepunkt in der Laufbahn des Erasmus. Gelehrte aus aller Welt schreiben ihm oder suchen ihn auf. Er wird von „einer Art rationalem Optimismus“ [5] ergriffen und traut es sich zu, die politische Welt zum besseren zu wenden. In dem berühmten Brief an Anton von Bergen (14. 3. 1514) klagt er den Wahnsinn des Krieges zum ersten Mal leidenschaftlich an: Im Grunde entstünden Kriege immer aus dem Jähzorn, dem Ehrgeiz oder ähnlichen Geisteskrankheiten und würden von „Mördern, Frevlern, Spielern, Hurern, schmutzigem Söldnerpack (geführt), dem ein kleiner Profit mehr wert

ist als das Leben"; Krieg sei oft nur ein Vorwand für Verbrechen. Den Fürsten erinnert Erasmus an seine Pflicht: Menschen, die frei sind, und erst recht Christen gegenüber könne es nur Verwaltung, nicht aber Herrschaft geben[6]. Das vielleicht „mitreißendste Dokument über Krieg und Frieden, das Erasmus hinterlassen hat und das es an Wirkung über die Welt und die Jahrhunderte mit der ‚Querela Pacis' aufnimmt"[7], ist das *Adagium „Dulce bellum inexpertis"*, das 1515 verfaßt und von Froben in die seit 1500 laufende Sammlung *„Adagia"* (in: II, 951—970) aufgenommen wurde. Auch hier wieder die bittere Klage, daß der Krieg letztlich nur den Verbrecherbanden und den Tyrannen nütze, die Freiheit, das Recht und den Wohlstand der Bürger aber untergrabe; auch hier wieder die Konfrontation zwischen Ideal und Wirklichkeit des Fürsten (die übrigens unter dem Deckmantel von Fabeln und Mythen fast noch härter wirkt); auch hier wieder die Formel: „Herrschaft nennen wir, was Verwaltung ist . . . Das Recht über Menschen, die von Natur aus frei sind, ist nicht identisch mit dem Recht über Vieh"[8].

Was bisher, zuletzt und am eindringlichsten in dem *Adagium „Dulce bellum inexpertis"*, nur skizziert worden war, wird nun in der *Institutio Principis Christiani* (1515; in: IV, 561—612) ausführlich entfaltet. A. J. Gail nennt die Schrift „eine grundsätzliche und zusammenfassende Äußerung"[9], und sie ist tatsächlich von besonderer Bedeutung schon deswegen, weil sie das eindeutigste Dokument jenes „rationalen Optimismus" darstellt, in dem Erasmus die ihm inzwischen zugewachsene Autorität des hochgebildeten Humanisten glaubte „in die Waagschale der politischen Entscheidungen werfen zu können und auf die Geschicke der europäischen Menschheit einen entscheidenden Einfluß auszuüben"[10]. Bevor die *Institutio* in Teil II ausführlicher vorgestellt wird, soll der kurze Bericht über das „politische" Schrifttum des Erasmus zunächst zu Ende gebracht werden. Seine bekannteste Friedensschrift ist ohne Zweifel die *Querela Pacis* (1516; in: IV, 625—642), in der Erasmus den Frieden selbst als Sprecher auftreten läßt. In diesem leidenschaftlichen Appell an die menschliche Vernunft und die christliche Verantwortlichkeit stoßen wir wiederum auf die schon angedeuteten und im Bericht über die *Institutio* noch detaillierter zu entwickelnden Motive[11]. Aus den *Colloquia familiaria* (1516; in: I, 625—908) kommen für unsere Thematik vor allem *Charon, Convivium religiosum, Militis Confessio* und etliche andere in Frage. Den Unterschied zwischen den *Colloquia* und der *Moria* hat J. Huizinga sehr präzis dahingehend gekennzeichnet, daß die

Moria als mehr philosophische Satire das Allgemeine betreffe, während die *Colloquia* mit ihrer aktuellen Intention stärker auf das Besondere abheben[12]. In der Vorrede an den benediktinischen Reformabt Paul Volz, die Erasmus der Ausgabe seines *Enchiridion Militis Christiani* vom Jahre 1918 vorausschickt (in: Des. Erasmus Roterodamus, Ausgewählte Werke, hrsg. von A. und H. Holborn, München 1833, 3—21), spricht er wieder von der Notwendigkeit, Kriege zu vermeiden; hier beginnt er bereits auch die Spannung zwischen seinem Pazifismus und seiner Einstellung zu den Türkenkriegen auszutragen. In den Widmungsschreiben (an Karl V., Franz I., Heinrich VIII. und Johannes Ferdinand I.), die er seinen Paraphrasen zu den Vier Evangelien (1523; in: VII, *2. 149—155. 271—280. 489—496) voranstellt, beschwört er die Adressaten, alle persönlichen Machtgelüste zurückzustellen und sich gemeinsam dem einen Ziel des Weltfriedens zu widmen. Die Zerrissenheit unter den Fürsten und seit dem Ausbruch der Glaubensspaltung auch unter den Christen erscheint Erasmus besonders deswegen beklagenswert, weil die Türkengefahr immer bedrohlicher wird. Schon in der *Querela Pacis* und erst recht im Widmungsschreiben an Paul Volz hatte er die Auffassung vertreten, daß es für die Fürsten ein besseres Objekt für ihre Kriegslust gäbe als die Christenvölker, nämlich die Türken. Freilich sollte man diese eher mit friedlichen Waffen für das Evangelium gewinnen. Aber die Abwehr der Barbaren hat Erasmus doch immer als gerechten Krieg im Sinn der *ultima ratio* deklariert. So kann es eigentlich nicht wundern, wenn der engagierte Pazifist Erasmus schließlich doch noch eine eigene Schrift über die Türkengefahr schreibt, die *Utilissima consultatio de bello turcis inferendo* (1530; in: V, 345—368). Seine Friedensliebe hindert ihn nicht, die Beendigung der wahnwitzigen Selbstzerfleischung und den Zusammenschluß der christlichen Völker zu fordern: Sie dürfen die von den Türken überfallenen Brüder nicht im Stich lassen und die Sache Christi nicht den Feinden preisgeben. Man wird freilich R. Liechtenhan zustimmen müssen, wenn er als eigentlichen Zweck der *Consultatio* den Aufruf zur Buße betrachtet: Die Christen sollen angesichts der türkischen Invasion die Gerichte Gottes erkennen und „noch am Rand des Abgrundes den Sinn ändern“[13]. Schließlich ist noch auf die *Apophthegmata* (1531; in: IV, 93—379) hinzuweisen. Erasmus sammelt hier Begebenheiten und Aussprüche aus dem Leben bedeutender Menschen und widmet sie dem Prinzen Wilhelm von Cleve. In der Nachfolge Plutarchs will er mit einer einprägsamen Zusammenfassung moralischer Lehren die Studien des

Prinzen fördern, damit dieser sich auch später immer wieder aus dem Andrang der täglichen Pflichten auf die Beschäftigung mit der Weisheit der Geschichte zurückziehen kann.

II. Die „Institutio Principis Christiani" des Erasmus[14]

Mit der *Institutio* bedankt sich Erasmus beim Prinzen Karl, dem späteren Karl V., für eine Auszeichnung: Er war zum „Rat des Fürsten" ernannt worden (mit einer jährlichen Pension von 200 Gulden). Es war ihm ein leichtes, das Thema der Fürstenerziehung aus seiner stupenden Kenntnis der antiken Literatur sozusagen ex tempore weitschweifend zu orchestrieren. Die Fülle des Materials und seine aphoristische Darbietung wirken freilich auf den Leser bisweilen ermüdend. Gelegentlich mißfällt auch die Naivität, mit der sich der Autor seinem pädagogischen Eros überläßt. Eine systematische Gliederung zu entdecken, ist so gut wie unmöglich. Vielleicht kann man in Kapitel I, das nahezu den halben Umfang der Schrift ausmacht, einen allgemeinen, in den Kapiteln II—XI einen speziellen Teil einer Lehre von der Fürstenerziehung erblicken.

Kapitel I handelt über *Dringlichkeit, Methode und Ziel der Fürstenerziehung.* Obwohl sich in zahlreichen Ländern die Erbmonarchie durchgesetzt hatte, sieht Erasmus die Staatswohlfahrt in der Wahlmonarchie sicherer gewährleistet (561 CD). Wo Erbmonarchie herrscht, erscheint die bestmögliche Fürstenerziehung um so dringlicher, weil sie das Fehlen des Wahlrechts ausgleichen muß (561 D). Bei der Auswahl des Fürstenerziehers muß höchste Sorgfalt walten, nur die besten Männer aus dem eigenen Volk oder auch aus dem Ausland kommen dafür in Betracht (562 CD). Die Methode der Erziehung besteht darin, daß die Grundsätze eines tugendhaften Fürsten mit Hilfe von Gleichnissen, Erzählungen, Beispielen und Sprichwörtern durch ständige Wiederholung eingeprägt (563 F: *infigenda sunt, infucienda sunt, inculcanda sunt)* und durch Eingravierung in Ringe sowie durch Darstellung auf Wandteppichen und ähnliche Formen anschaulich vergegenwärtigt werden. Das Ziel der Erziehung ist die Tugend: Der Fürst muß lernen, alles unter das Richtmaß des Ehrenhaften zu stellen (565 E: honesti regula; 584 D: [scl. Princeps] *discat amare virtutem).* Dies wird in verschiedenen Formeln expliziert. Der Fürst muß ein *philosophus* sein; er braucht sich nicht auf die Künste der Dialektik zu verstehen, vielmehr muß er den trügerischen Schein der Dinge verachten und das Wahre durchschauen und tun (566 A). Er muß ein *nobilis* sein — nicht auf der Grundlage von Ahnenbildern, Stammtafeln und Besitz, sondern im Sinn der *vera nobilitas,* die von den Ethikern und Gesellschaftskritikern seit dem frühen Mittelalter in der Tugend und im Rechttun gesehen wurde (566 C/E). Und schließlich muß der Fürst ein *christianus* sein; sein Christsein erschöpft sich freilich nicht in kultischen Zeremonien und auch nicht in der Mobilisierung einer Flotte gegen die Türken oder in der Stiftung von Kirchen und Klöstern: Er kann sich Gott durch nichts gnädiger stimmen als wenn er sich dem Volk als *salutaris princeps* erweist (567 B—568 B).

Um die *vera principis imago* (571 D) klar hervortreten zu lassen, stellt Erasmus nunmehr die Bilder des wahren Fürsten und des Tyrannen einander gegenüber. Die einzelnen Züge belegt er aus den Anschauungen der Philosophen und Dichter, aus der Symbolik der Tierwelt und aus den Heiligen Schriften. „Von Anfang an" — so faßt er schließlich zusammen — „hat man Könige aus keinem anderen Grunde eingesetzt als wegen ihrer außerordentlichen Tugend, die man die heroische nannte" (576 CD). Erst recht aber darf es dort, wo Christus als der „einzige Fürst und Herr aller" geglaubt wird, keine tyrannische Herrschaft geben: *„inter* (Christianos) *Principatus administratio est non imperium: et regnum beneficium est, non tyrannis"* (574 C). Hier haben wir die ethische Devise des Erasmus, und sie muß in einer Zeit, wo der egoistische Pragmatismus ringsherum im Vormarsch war, einen fast utopischen Klang gehabt haben[15]. Dabei wußte Erasmus sehr wohl, daß es den vollkommenen Fürsten nicht gibt. Gäbe es ihn, dann plädierte er für absolute Monarchie. Da es ihn nicht gibt, wünscht er eine mit aristokratischen und demokratischen Elementen durchsetzte Monarchie, damit sie gegen die Entartung zur Tyrannis gesichert ist (576 E). Als Demokrat kann Erasmus aber nicht gelten. Er respektiert zwar die Freiheit der Menschen und findet es erst recht unangemessen, daß ein Christ sich über Christen ein *dominium* anmaßt (578 BC), wo sie doch durch Christus alle zur *communis libertas* geführt sind. Die Würde jeder Herrschaft hängt an dem Maße der Freiheit, die den Bürgern gewährt wird: *quo praestantius est in quod geris imperium, hoc magnificentius ac splendidius regnas* (578 E). Erst die innere Zustimmung der Bürger macht den Fürsten (579 B).

Trotzdem — Erasmus war kein Demokrat, sondern ein Monarchist. Er sah die Monarchie wie die mittelalterlichen Theologen in den universalen Ordnungszusammenhang und in die Hierarchie der Abbildlichkeit hineingegründet. Der Fürst ist und bleibt für ihn im Sinn der traditionellen Fürstenspiegel *evidens ac viva* (Dei) *imago* (570 A u. a.), und darum werden Gott selbst und Christus immer wieder als die großen Vorbilder des Fürsten beschworen. Diese Auffassung läßt für die Idee der Volkssouveränität tatsächlich keinen Raum. Marsilius von Padua, Nicolaus von Cusa u. a. hatten diese Idee zwar in den Grundzügen bereits formuliert. Erasmus aber will „die christliche Freiheit gerade in der Monarchie verwirklicht sehen . . . und nicht in der Republik. Ihm ist klar, daß dieses Ziel nur erreicht werden kann, wenn der Fürst durch seine Regierungsweise die Freiheit der Bürger achtet und sein Regiment mit Milde, Beherrschung und Vernunft führt“[16]. In dieser Hinsicht lebte Erasmus also noch ganz in den Vorstellungen des Mittelalters.

Die Kapitel II—XI weisen vier Schwerpunkte auf: das moralische Milieu des Fürsten (II), die Aufgaben der inneren Staatsführung (III—VII), Aspekte der äußeren Politik (VIII und IX) und schließlich — in einer Art Zusammenfassung, die freilich nicht ohne Wiederholung auskommt — die Aufgaben des Herrschers in Friedenszeiten und seine Einstellung zu unvermeidlichen Kriegen (X und XI).

Die entscheidende Forderung hinsichtlich des *moralischen Milieus,* in dem der Fürst lebt, ist seine innere und äußere Absicherung gegen Schmeicheleien jeglicher Art. Schmeichelei ist für Erasmus eine Pest, die nach dem Ausweis der Geschichte das Glück des Fürsten und damit die Wohlfahrt des Gemeinwesens bedroht. Entsprechend dem Prinzip, daß das Strafrecht den Grund der Strafe abwägen muß, tritt Erasmus für harte Bestrafung der Schmeichler, in schweren Fällen sogar für die Todesstrafe ein (585 AB). Neben der Androhung von Strafen empfiehlt er vor allem die Lektüre guter Bücher, weil sie dem Fürsten sagen, was andere ihm zu sagen sich nicht getrauen. (In seinem Lektürevorschlag werden an dieser Stelle die antiken Dichter und Prosaiker übergangen; wir finden die klassischen antiken Philosophen, die Hl. Schriften und — mit einiger Reserve — die Geschichtsschreiber.) (583—590)

Kapitel III bildet den Übergang zur Behandlung der *innenpolitischen Aufgaben.* Oberstes Ziel des Fürsten muß sein, den Staat nicht nur in überkommenem Zustand zu erhalten, sondern ihn „blühender zu übergeben, als er ihn angetreten hat“ (592 C). Die *artes pacis* bestehen vor allem darin, daß der

Fürst um optimale Vertrautheit mit seinem Herrschaftsbereich bemüht ist, daß er die Zuneigung der Bürger anstrebt und sich die Besten unter ihnen als Ratgeber und Freunde an die Seite nimmt. Vor allem muß der Fürst die rechte Ordnung zwischen den geistigen, leiblichen und materiellen Werten kennen, er darf Freiheit nicht mit Willkür und Gleichheit nicht mit Einebnung aller Unterschiede verwechseln. Die Zukunft des Staates wird vor allem gesichert durch eine gute Erziehung der Kinder (589—594). Steuern und Abgaben sind durch rigorose Sparmaßnahmen möglichst niedrig anzusetzen. Wo sie unumgänglich sind, gelten drei Kriterien: die wirtschaftlich Schwächsten sollten möglichst wenig herangezogen werden; die Ungleichheit der Besitzverhältnisse soll nicht allzu kraß werden; statt des täglichen Bedarfs des kleinen Mannes sollten Luxus- und Genußgüter belastet werden (593—594). Etwas dürftig erscheinen die Ausführungen über die Wohltätigkeit des Fürsten. Man gewinnt fast den Eindruck, der Autor persolviere eine Pflichtübung, wenn er den Fürsten mahnt, jeden Tag ohne Wohltätigkeit als verloren zu betrachten, andererseits aber auch Wohltaten nicht sinnlos auszustreuen und vor allem nicht die einen reich machen, indem er die anderen ausplündert (595—596)[17]. Wesentlich interessanter sind die Ausführungen des Erasmus über Probleme der Gesetzgebung. Der Erlaß von Gesetzen soll sich in möglichst engen Grenzen halten. Die Kriterien sind *aequitas, honestas* und *utilitas.* Der Fürst selbst soll das Gesetz so ernst nehmen, daß er dem Volk als *viva quaedam lex* erscheint. Nur dann kann mit einer inneren Zustimmung des Volkes gerechnet werden *(acceptatio legis).* Im Bereich des Strafrechts tritt Erasmus im wesentlichen[18] nachdrücklich für eine Humanisierung ein. Damit leistete er den reformerischen Bemühungen Sukkurs, die in der ersten Hälfte des 16. Jahrhunderts vor allem durch Schwarzenberg starken Auftrieb erhielten[19]. Im Vordergrund stehen für Erasmus die Betonung der pädagogischen Funktion der Strafe und die Milderung der mittelalterlichen Brutalität und Unangemessenheit mancher Strafen. Er kann nicht verstehen, daß Diebstahl mit dem Tode bestraft wird, und plädiert für die Straflosigkeit des *Crimen laesae maiestatis* (595—602). Schließlich erinnert Erasmus an die Auffassung des Aristoteles, daß die besten Gesetze vergeblich sind, wenn ein Staat keine Leute hat, die sie in Obhut nehmen. Wenn die dazu bestellten Beamten ihren Auftrag schlecht erfüllen, soll man ihnen in gleicher Weise den Prozeß machen, wie die Alten die Erpresser zur Verantwortung gezogen haben (601—602).

Bei der Behandlung der *auswärtigen Beziehungen* der Fürsten setzt sich Erasmus dafür ein, daß möglichst wenig Bündnisse mit anderen Staaten geschlossen werden, daß bei Völkern mit fremden Sitten oder anderer Religion besondere Vorsicht waltet und daß man sich am ehesten mit Völkern verbindet, deren Religion und Sitte freundschaftliche Beziehungen nahelegen. Von der Heiratspolitik der Fürstenhäuser hält er nicht viel. Dynastische Verbindungen haben für die Wahrung des Friedens nach seiner Meinung nur eine geringe Bedeutung; für die betroffenen jungen Mädchen gereicht es zum Schaden und zur Erniedrigung, wenn sie in fremden Ländern mit fremder Sprache und fremden Sitten unglücklicher leben müssen als sie es zu Hause tun könnten (603—606).

In den abschließenden Kapiteln X und XI greift Erasmus das alte Schema *„Werke des Friedens — Werke des Krieges" auf*, obwohl von den *artes pacis* bereits die Rede gewesen ist, und faßt seine Überlegungen über die *Institutio Principis Christiani* zusammen. Der Fürst soll nicht wie ein Mönch in Zurückgezogenheit leben, sondern sich zunächst und zumeist den Werken einer friedlichen Kultur widmen. In solchen Dingen Einfallsreichtum zu bewähren, das bezeichnet Erasmus als „die Philosophie des christlichen Fürsten" (608). Man hat ihm vorgeworfen, er begnüge sich mit vagen und banalen Gemeinplätzen und weiche dem harten politischen Detail aus. Man kann es auch anders sehen: Der Moralist hat lediglich Ziele und Aufgaben zu beschreiben, die sich aus den jeweiligen geschichtlichen Dringlichkeiten des menschlichen Gemeinwohls ergeben. E. von Koerber charakterisiert Erasmus wohl richtig: „Das technisch-institutionelle Instrumentarium, mit dessen Hilfe diese Ziele erreicht werden sollen, interessiert ihn nicht; er steht ihm sogar mißtrauisch gegenüber in dem Bewußtsein, daß alles Institutionelle nichts fruchtet, wenn nicht die Herzen der Menschen von der richtigen Gesinnung erfüllt sind"[20] (605—608).

Wenn der Fürst aber den Frieden nicht mehr aufrecht zu erhalten vermag, muß er die Last des Krieges auf sich nehmen. Von einzelnen Autoren wie Augustin und Bernhard abgesehen, wende sich zwar „die ganze Philosophie Christi" gegen den Krieg (608 E). Darum macht Erasmus es sich und dem Fürsten nicht leicht: Selbst wenn ein Krieg grundsätzlich gerecht sein kann, wird man angesichts der menschlichen Leidenschaften keinen finden, der so beschaffen ist. Selbst wenn es um „das gute Recht" des Fürsten geht, handelt es sich zumeist um sein Privatinteresse. Und sollte es einmal wirklich sich um gutes Recht im Sinn des öffentlichen Wohls handeln, muß der Fürst immer noch überlegen, ob er allein und in eigener Verantwortung der Urheber eines Krieges sein kann, der als einzige Katastrophe eine Sintflut von Schlechtigkeit mit sich bringt. Und schließlich beschwört Erasmus „die Ehre des christlichen Namens", wie schon in der *Querela pacis:* „Bischöfe machen sich nichts daraus, im Feldlager zu verweilen. Sie bringen das Kreuz und den Leib Christi dorthin, vermengen die himmlischen Sakramente mit einer Umgebung, die noch ärger ist als alles Tartarische, und tragen die Symbole der höchsten Liebe mitten in ein derartiges Milieu von Blut und Tränen ..." (610). Die Schrift endet mit einem eindringlichen Appell an die Fürsten, Frieden und Eintracht zu stiften. Darauf sollen sie ihre Phantasie und alle ihre Kräfte richten, dahin ihre Pläne und ihre ganze Aufmerksamkeit konzentrieren (607—612).

III. Die politischen Ideen des Erasmus

Die politischen Ideen des Erasmus lassen sich nicht von seinen Vorstellungen über Religion, Bildung und Sittlichkeit trennen. Die verschiedenen Bereiche menschlicher und christlicher Daseinsentfaltung waren für ihn im Grund und im Ziel einheitlich verfaßt. Man kann gewiß mit R. H. Bainton sagen, einige Grundbegriffe seines Denkens (*concordia, humanitas,* Kosmopolitismus, Rechtlichkeit und Billigkeit)[21] seien klassischen Ursprungs, er habe sie aufgenommen und christlich überformt. Aber mit einer Aufzählung einzelner Ideen trifft man den inneren Kern des erasmischen Denkens nicht. Diesen Kern hat er selbst immer wieder, am deutlichsten vielleicht in seiner Widmung des griechischen Neuen Testaments an Leo X. (in: VI, *2), prägnant ins Wort gebracht. Erasmus hatte die Hoffnung, unter Leos Pontifikat könnte die universale Erneuerung der *Respublica Christiana* ihren Anfang nehmen und vielleicht sogar schon zum Durchbruch kommen. Die *Respublica Christiana* sollte sich in drei Gütern ausprägen[22], die allerdings in der damaligen Zeit allesamt verhängnisvoll darniederlagen: in Frömmigkeit, Wissenschaft und Eintracht. Diese Formel ist tatsächlich durch das erasmische Gesamtwerk abgedeckt und wäre vielfältig zu belegen. Wenn man also frägt, worum es dem großen Humanisten letztlich zu tun war, kann man antworten: um *bonae literae, pietas evangelica* und *transquillitas orbis christiani*[23]. Dementsprechend lassen sich die politischen Ideen des Erasmus in einem Dreischritt darstellen: Bildung und

Frömmigkeit als politische Zielgestalt, der Friede als das Fundament ihrer Verwirklichung und die Erziehung des Fürsten als die sich daraus ergebende pädagogisch-politische Aufgabe.

(1) *Bildung und Frömmigkeit als politische Zielgestalt*
Jede gründliche Beschäftigung mit dem Werk des Erasmus führt zu der Erkenntnis, daß *bonae literae* und *pietas evangelica* im Zentrum seines Denkens und seiner pädagogischen Bemühungen stehen. In Formeln wie *docta pietas* und *Philosophia Christi* bzw. *Philosophia Christiana* sind beide Elemente in eins gefaßt (wobei freilich zu beachten bleibt, daß die letztere Formel nicht selten für *pietas evangelica* steht). Mit der Herausgabe des griechischen Neuen Testaments, seiner zweifellos bedeutendsten Leistung, hat Erasmus selbst das Fundament der Erneuerung gelegt: von nun an, meint er, werde alles leichter sein [24]. Freilich, die Rückkehr zu den Quellen der *pietas evangelica* ist nur möglich durch die *bonae literae.* In der *Paraclesis ad lectorem pium* und in der *Ratio seu methodus compendio perveniendi ad veram theologiam* — den beiden Einleitungen zur Ausgabe des Neuen Testaments — hat Erasmus sein Programm grundsätzlich entwickelt, im *Enchiridion militis Christiani* sowie in den zahlreichen anderen pädagogischen und exegetischen Schriften hat er es in die Praxis umgesetzt [25]. Und er zielte keineswegs etwa auf eine Reform nur der Kirche und der Klöster, sondern zugleich auch der Gesellschaft und des „Staates". Deren Erneuerung fiel aber in seiner (zweifellos allzu naiven) Vorstellung mit der Durchsetzung der *docta pietas* zusammen.
Daß Bildung und Frömmigkeit zu Recht als Inbegriff der politischen Zielvorstellung des Erasmus betrachtet werden, bestätigt die Untersuchung E. von Koerbers, der nicht mit humanistischen oder theologischen, sondern mit staatstheoretischen Intentionen an sein politisches Schrifttum herangeht: „Der Kern des Staatszwecks bei Erasmus ist die Verwirklichung der von ihm geprägten christlichen humanitas, der philosophia Christi. Von hier aus gesehen erscheint die Idee des Staatszwecks bei Erasmus, vergleicht man sie mit den Lehren seiner großen Vorgänger, als eine neuartige, antikes und christliches Denken ganzheitlich umfassende Betrachtungsweise" [26]. Freilich muß man im Auge behalten, daß Erasmus letztlich in der den ganzen Erdkreis umfassenden *Respublica Christiana* beheimatet war. Man sollte ihn nicht — wie F. Geldner u. a. — zum esoterischen, vaterlandslosen Individualisten stempeln und dann glauben,

man habe damit „eine Erklärung für die angebliche Wurzellosigkeit seiner politischen Konstruktionen“ [27] in Händen.

(2) *Der Friede als Voraussetzung für die Entfaltung von Bildung und Frömmigkeit*

Bonae literae und *pietas evangelica* können nur gedeihen in einer befriedeten Welt. Von daher versteht man die ständigen Appelle vor allem an die Fürsten zum Verzicht auf Streitigkeiten und zum friedlichen Zusammenschluß. Man wird in der naturrechtlichen und christlichen Argumentation des Erasmus für den Frieden zwar wenig finden, was nicht schon in anderen antiken und christlichen Schriften anzutreffen ist. Darauf kommt es nicht an. Wichtig ist nur dies: Erasmus kennt die fundamentale Bedeutung des Friedens für Bildung und Frömmigkeit und engagiert sich unermüdlich. Der Krieg zerstört alle Moral und alle Frömmigkeit, nicht nur Handel und Wirtschaft, und geht vor allem zu Lasten des einfachen Volkes. Die Bitterkeiten von Kriegen und sonstigen Tumulten, die er auch selbst immer wieder erfahren mußte, und die konstitutive Abneigung seiner hochsensiblen Natur gegen alles Chaotische mögen sein Engagement verschärft haben, aber es ging ihm vor allem um die *tranquillitas orbis Christiani,* weil nur in diesem geistigen und politischen Klima die humanen und christlichen Grundwerte verwirklicht werden können.

Erasmus hat wie wenige andere dazu beigetragen, noch die sublimsten Scheinbegründungen für kriegerische Unternehmungen zu entlarven. Die einschlägigen Stellen in der *Institutio* und in der *Querela pacis* zeichnen sich durch gedankliche und sprachliche Schärfe aus. Aber Erasmus war kein absoluter Pazifist. Es stimmt einfach nicht, daß er die herkömmliche Lehre vom *bellum iustum* gerade an ihrem entscheidenden Punkt, nämlich in ihrer Berufung auf eine Analogie zwischen Krieg und staatlicher Rechtsanwendung, widerlegt hat [28]. In Analogie zu den staatlichen Gerichtshöfen fordert er ja gerade nachdrücklich die Errichtung von Schiedsgerichten, die es, wie übrigens R. H. Bainton selbst erwähnt, bis nahe an seine Zeit heran in ganz Europa gegeben hat. Und zwar sollten Schiedsrichter nicht nur private, sondern auch politische Streitigkeiten unter Fürsten schlichten. Freilich war die Zeit vorbei, da — wie Erasmus noch meinte — die Kirche eine solche Funktion ohne weiteres hätte übernehmen können.

So sehr es den Pazifisten Erasmus auch schmerzte, er mußte einfach zugeben, daß angesichts der menschlichen Leidenschaften und der politischen Komplikationen der Krieg als *ultima ratio* nicht gänzlich ausgeschlossen werden kann. Es ist gewiß von besonderer Bedeutung, daß sich die wichtigsten einschlägigen Aussagen gerade in der *Institutio* und in der *Querela pacis* finden. Freilich meint er hier noch, er könne nicht entscheiden, ob es überhaupt einen gerechten Krieg tatsächlich gibt. Aber 1529 standen die Türken vor Wien, und in der *Utilissima consultatio de bello Turcis inferendo* (1930) rang er sich zu einer klaren Stellungnahme in der konkreten Situation durch: Er rief zur Verteidigung der Respublica Christiana und damit der menschlichen und christlichen Grundwerte auf. „Den Türken nicht widerstehen, hieße die Sache Christi ihren schlimmsten Feinden preisgeben und die Brüder im Stich lassen“[29]. In der *Institutio* und in den *Colloquia* war er gegen solche Kreuzzugideologie noch gefeit gewesen: Wer als christlicher Streiter so gegen die Türken antrete — hatte er da gemeint —, könne nur selbst zum Türken, ja vielleicht noch schlimmer als diese werden. Doch wäre es wiederum falsch, zu sagen, er sei von Haus aus ein totaler Pazifist gewesen und nur eine „realistische“ Einschätzung der politischen Bedeutung der Türkengefahr habe den Bruch in seiner Auffassung erzwungen. In der Paraphrase zum Lukasevangelium hatte er schon 1523 geschrieben: „Der Krieg ist nicht völlig zu verurteilen, wenn er aus einem gerechten Grunde unternommen wird, das heißt zur Verteidigung der allgemeinen Ruhe, unter Umständen, die ihn unvermeidlich machen, wenn er durch fromm denkende Fürsten unternommen wird und mit Zustimmung derjenigen, für die er geführt wird, wenn er nach der allgemeinen Weise verkündet und auf eine gerechte und gemäßigte Art geführt wird ...“ (VII, 312 F—313 A)[30].

Der Türkenkrieg ist eine Ausnahme, vielleicht *die* Ausnahme, jedenfalls die einzige, die Erasmus positiv akzeptiert. Sein ganzes Engagement für den Frieden zielt darauf, auch diese Ausnahme womöglich abzuwenden — obwohl er selbst kaum mehr daran glaubt! — und vor allem jede weitere Ausnahme zu verhüten. Seine Vorschläge zur Verhütung von Kriegen reichen von der verantwortlichen Erziehung der Fürsten, über das gesetzliche Verbot des Krieges bis zu Garantieverträgen und der Errichtung von Schiedsgerichten[31]. Dabei sollte man nicht übersehen, daß auch die Schrift über den Türkenkrieg eigentlich weniger Aufruf zum Krieg als Ruf zur Buße und zur Besinnung auf die Kräfte des christlichen Glaubens ist. Es ist Erasmus sicher schwer genug gefallen, die Idee des leidenden Gehorsams, die schon in seinem Brief an Anton von Bergen (14. 3. 1514) und in dem *Colloquium „Convivium religiosum“* deutlich hervorgetreten war, in dieser Situation äußerster Bedrohung nicht mehr überzeugend ins Feld führen zu können. Bildung und Frömmigkeit sind nur möglich im Frieden. Aber sie sind die höchsten Werte, und darum muß auch ihr Fundament, der Friede, gegen radikale Bedrohung von außen mit Gewalt verteidigt werden. Man wird K. von Raumer zustimmen müssen: „Kreuzzugsgedanke und Friedensgedanke stehen, merkwürdig genug, für das Denken der Menschen und für die politische Wirklichkeit damals in einem kaum lösbaren Zusammenhang. Der Historiker mag darin eine Mahnung erblicken, die Maßstäbe seines Urteils nicht dogmatisch erstarren zu lassen. Im geschichtlichen Leben verschlingen sich die Kräfte ... und es ist nur der tragische Erdenrest, daß (der) Kampf um eine bessere Ordnung (im Konflikt zwischen der bestehenden und der andrängenden besseren Ordnung) erneutes ‚Unrecht‘, erneute Gewalttat zeitigt“ [32].

(3) *Die Erziehung des Fürsten zum Frieden als pädagogisch-politische Aufgabe*
Die Person des Herrschers steht im Zentrum der pädagogischen Bemühungen des Erasmus. Die *Institutio* und die *Apophthegmata* sind für Fürsten ausgearbeitet, anderen Schriften sind Widmungsschreiben an Fürsten mit bedeutsamen politisch-ethischen Darlegungen vorangestellt. Wer sonst sollte in letztverantwortlicher Weise sich um die *tranquillitas orbis christiani* sorgen [33]! In seinem Widmungsschreiben für die Paraphrasen zum Johannesevangelium erinnert er König Johannes Ferdinand I. an die Sitte, daß der König mit entblößtem Schwert in der Hand der Verlesung des Evangeliums zuhört. In dieser Sitte sieht Erasmus ein Symbol der Berufung des Herrschers zum Verteidiger des Evangeliums [34]. Es ist keine Frage: Das Bild des Fürsten trägt bei Erasmus viele Züge, die uns aus den früh- und hochmittelalterlichen Fürstenspiegeln wohlvertraut sind [35]. Der Fürst ist für ihn Ebenbild und Stellvertreter Gottes, dem er Verantwortung schuldet [36]. In ähnlicher Weise wie die Sonne am Himmel hat Gott unter die Menschen als schönstes Gleichnis seiner selbst den Fürsten eingesetzt (VI, 570 A).
Aber Erasmus bleibt dem mittelalterlichen Bild des Fürsten nicht verhaftet [37]. Der Fürst darf seine Herrschaft nicht eigenmächtig ausüben. Es findet sich bei Erasmus zwar keine ausgebildete Lehre von der Gewaltenteilung, aber doch einzelne Elemente dieser Lehre. Damit die Herrschaft des Monarchen nicht in

Tyrannis ausartet, soll die *auctoritas* eines Senats, der Behörden und der Bürger mäßigend einwirken (I, 678. IV, 576 D). Weiterhin soll sich der Fürst für unvermeidliche kriegerische Unternehmungen der Zustimmung des Volkes vergewissern (IV, 576 E. 609 AB. 579 B). Auch die Idee der Repräsentation ist in einzelnen Elementen bei Erasmus angelegt. Der Fürst ist nicht privater Besitzer seines Territoriums und kann nicht Stücke davon verkaufen oder sonstwie weggeben. Er darf auch nicht Steuern erheben, um auf Kosten des Volkes selbst üppig leben zu können. Ebensowenig darf er zum Schaden des Volkes Kriege unternehmen. Schließlich ist das bei Erasmus nachdrücklich geforderte Element des *consensus* bzw. des Vertrauens ein wesentliches Moment jeder repräsentativen Demokratie (IV, 637 B. 593 E. 606 F. 609 A). Eine Überschreitung der im Mittelalter führenden Auffassung wird man auch darin sehen müssen, daß Erasmus die Zwei-Schwerter-Theorie ablehnt (VI, 570 A)[38]. Das *imperium* stammt unmittelbar von Gott und ist darum auch keiner kirchlichen Vermittlung bedürftig. In der *Institutio* erscheint denn auch mit erstaunlicher Deutlichkeit bereits die rein politisch-rationale Begründung der Staatsgewalt: der Staat als politische Notwendigkeit — allerdings noch einseitig von der Torheit und Uneinsichtigkeit des Volkes her unterbaut (IV, 565 B. 566 B. 577 A. 597 C). In der Lehre von der „Dualität" der kirchlichen und staatlichen Gewalt meldet sich bereits die Idee der Autonomie des Politischen. Damit stehen wir am Anfang des Säkularisierungsprozesses. Dies zeigt sich auch darin, daß die theokratische Betrachtung von Erasmus nicht mehr durchgängig festgehalten wird. Wenn er den Fürsten als vornehmstes Glied des Staates betrachtet, wenn er den Staat für größer hält als das fürstliche Haupt und wenn er schließlich den Staat auch ohne den Fürsten als bestehend denken kann (VI, 601 A. 579 E. 601 A), dann erscheint der Fürst schon als Träger der Staatsgewalt, er hat ein Amt, und zwar kein privates, sondern ein öffentliches. E. von Koerber meint dazu: „Erasmus hat hier ein für seine Zeit ungewöhnliches Maß an Entpersönlichung der Herrschaft erreicht"[39].

All das bestätigt sich in der bei Erasmus — nicht nur in der *Institutio* — oft wiederkehrenden Formel, daß Herrschaft nicht *dominium* ist, sondern *administratio reipublicae.* Christliche Herrschaft zumal ist nichts anderes als *administratio, beneficentia, custodia* (IV, 577). Der Sinn von Herrschaft aber kann nur liegen in der „Verantwortung für den *Frieden* und für die allein durch konsequente Friedenspolitik zu gewährleistende *Bildung* und *Frömmigkeit*"[40].

In dieser Bestimmung der Aufgabe eines Fürsten bestätigt sich die hier vertretene Konzeption der politischen Idee des Erasmus: Bildung und Frömmigkeit sind das Ziel, Friede ist die unabdingbare Voraussetzung, zu seiner Entfaltung von Bildung und Frömmigkeit voranzutreiben, ist die Aufgabe des Fürsten. Darin liegt auch die Würde jeder *Institutio principis* begründet[41].

Schlußüberlegung

Das Urteil J. Huizingas, Erasmus sei ein „vollkommen unpolitischer Mensch" mit höchst primitiven Ideen über gute Staatsregierung gewesen, ist in dieser Härte nicht mehr vertretbar. Auch die herkömmliche Meinung, Erasmus habe statt staatstheoretischer Grundsatzüberlegungen billigen und banalen Moralismus geboten, läßt sich nach den Untersuchungen von E. von Koerber keinesfalls mehr halten. Als Mann der Feder war er allerdings mehr politischer Moralist als wissenschaftlicher Systematiker einer philosophischen oder theologischen Staatstheorie. Nicht alles, was er an politischen Vorstellungen vertreten hat, wurde durch die Geschichte bestätigt. Seine Einsicht in die fundamentale Bedeutung der Heranbildung der politischen Führungskräfte, sein Kampf gegen nationale Isolierung und imperialistische Willkür, sein Engagement für den Frieden, seine Überzeugung schließlich vom tragenden Wert der Religion, der Bildung und der Sittlichkeit für das gesellschaftliche und staatliche Leben sind von bleibender Bedeutung. Der Prozeß der Säkularisierung ist allerdings soweit vorangeschritten, daß seine theologischen Grundaussagen schärfer gefaßt werden müssen, wenn sie hilfreich sein sollen[42]. Im Raum der mittelalterlichen, auch noch der spätmittelalterlichen „Glaubensgewißheit" konnte Erasmus die schon in früheren Fürstenspiegeln geläufigen Formeln verwenden, um den religiösen Begründungszusammenhang von Herrschaft deutlich zu machen: Christus ist der „einzige Fürst und Herr aller" (IV, 574 A); der Fürst herrscht „an Christi statt" (IV, 572 E: *Christi vice*); er ist durch Christus mit seinen Untertanen in die „communis libertas" eingeführt (IV, 578 C). Er vermochte auch die aus diesem Begründungszusammenhang sich ergebenden Motivationen mit bewährten Formeln zu verdeutlichen: der Fürst muß zur Liebe Christi erzogen werden (IV, 565 B); er muß das Beispiel Christi als des „vollendeten Musters aller Tugend und Weisheit" nachahmen

(IV, 578 C); in dem Maße, als ihm dies gelingt, begibt sich die innere Transformation der Herrschaft: dominium, das nicht „Sache eines Christen" sein kann, wird *beneficium* (beneficentia), *administratio, custodia* (IV, 574 B. 577 D. 578 B). Dagegen kommen die Formulierungen des Erasmus ins Schwimmen, wenn es darum geht, die differentia specifica zwischen einem heidnischen und einem christlichen Fürsten herauszuarbeiten. Es gibt darunter Formeln, die mit erstaunlicher Schärfe Unterschied und Abstand betonen — freilich ohne sie genauer zu bestimmen (IV, 567 B. 587 C), dann aber wird als „Philosophie des wahren christlichen Fürsten" auch wieder einfach die gewissenhafte Führung der Regierungsgeschäfte, d. h. der Wille zur politischen Sachgerechtigkeit bezeichnet (VI, 567 E. 607/608). Was heißt das genau, wenn Erasmus schreibt, der Verzicht auf falsche Einwände und großmächtige Ansprüche (zur Rechtfertigung kriegerischer Unternehmungen), die Beendigung der endlosen Kette von kriegerischen Verwicklungen, die Stiftung von Friede und Eintracht — das alles sei „nicht allzuschwierig . . ., wenn Christus und nicht die Welt unser Ratgeber ist" (IV, 610 F)? Die harte Reflexion über solche Formeln war die Sache des Erasmus nicht, sie wurde ihm auch noch nicht unerbittlich abgefordert, weil der Prozeß der Säkularisierung eben erst anlief. Die Autonomie der politischen Ethik — d. h. die Autonomie der Politik und die Autonomie der Ethik [43] — kam erst sehr viel später in das wissenschaftliche Gespräch der Theologen. Die Präzisierung eines christlichen Propriums politischer Ethik, die Respektierung ihre Autonomie als einer freien Schöpfung menschlicher Vernunft und die damit gegebenen hermeneutischen Probleme, wie autonome Ethik in den christlichen Sinnhorizont integriert werden kann und welche Relevanz dieser christliche Sinnhorizont für die Entwicklung einer Ethik denn eigentlich hat — alle diese Fragen stellten sich Erasmus nicht. Er lebte noch in der erfahrenen Einheitlichkeit von Glaube und Ethos; *bonae literae* und *pietas evangelica* waren für ihn in der *docta pietas* verbunden. Dies bedeutet nicht weniger als dies, daß die erasmische Theologie der hermeneutischen Problematik heutiger theologisch-ethischer Reflexion wenig unmittelbare Hilfe anzubieten vermag. So sieht es jedenfalls a prima vista aus. Es hat sich allerdings in der Geschichte der Erasmusforschung mehrfach erwiesen, daß sorgfältige Detailuntersuchungen zu überraschenden neuen Ergebnissen führen können.

1 J. *Huizinga, Erasmus,* Basel 1928, 172.

2 E. von *Koerber, Die Staatslehre des Erasmus von Rotterdam* (Schriften zur Verfassungsgeschichte, 4) Berlin 1967, 9 f.

3 Die Werke des Erasmus werden im folgenden zitiert nach: Des. *Erasmi Rotterdami Opera omnia,* ed. Johannes Clericus (10 Bände), Leiden 1703—1707. Der Fundort wird jeweils innerhalb des Textes in Klammer angegeben, und zwar nur mit Band- und Seitenzahl (z. B. VI, 561—611), im I. Teil meist im Anschluß an das Erscheinungsjahr der Schriften. Die *Oratio de pace et discordia* findet sich in: VIII, 545—552.

4 Vgl. E.-W. *Kohls, Die Theologie des Erasmus,* Basel 1966, Bd. I, 199 f.

5 C. J. *Burckhardt, Gestalten und Mächte,* Zürich [2]1961, 38.

6 Briefe werden zitiert aus: Opus Epistolarum, ed. P. S. und H. Allen, 12 Bde, Oxford 1906—1958, hier: I, Nr. 288; vgl. auch *Erasmus von Rotterdam,* Briefe, verdeutscht und hrsg. von W. Köhler (Sammlung Dieterich, 2) Wiesbaden 1947, 97—100.

7 K. von *Raumer, Ewiger Friede. Friedensrufe und Friedenspläne seit der Renaissance* (Orbis Academicus, hrsg. von W. Gurian und F. Wagner) Freiburg München 1953, 15.

8 Vgl. *Erasmus von Rotterdam, Fürstenerziehung, Institutio Principis Christiani.* Einführung, Übersetzung und Bearbeitung von A. J. Gail (Sammlung Schöningh zur Geschichte und Gegenwart, hrsg. von K. Kluxen) Paderborn 1968, 18—21, wo auf die anderen einschlägigen *Adagia* hingewiesen ist: *„Aut regem aut factuum nasci oportere"*, *„Herculei labores"*, *„Ne bos quidem pereat"* *„Homo homini Deus"*, *„Spartam nactus hanc adorna"*, *„Sileni Alcibiadis"* und *„Scarabaeus aquilam quaerit"*. Die Einführung von J. A. Gail verdient für unsere Thematik überhaupt besondere Beachtung.

9 A. a. O. 23.

10 R. *Liechtenhan, Die politische Hoffnung des Erasmus und ihr Zusammenbruch,* in: Gedenkschrift zum 400. Todestag des Erasmus von Rotterdam, hrsg. von der Historischen und Antiquarischen Gesellschaft zu Basel, Basel 1936, 144—164, hier 144. Vgl. auch J. *Huizinga, Erasmus,* 171.

11 Vgl. R. *Newald, Erasmus Roterodamus,* Freiburg 1947, 143; A. J. *Gail, Einleitung zur Fürstenerziehung* 13—16, sowie die Einleitung zu der von G. *Christian* herausgegebenen Übersetzung der *„Querela Pactis"* in: *Erasmus von Rotterdam, Ausgewählte Schriften,* lateinisch und deutsch, hrsg. von W. Welzig, Bd. V, Darmstadt 1968, XVIII-XX.

12 Vgl. Erasmus 176.

13 R. *Liechtenhan, Die politische Hoffnung des Erasmus und ihr Zusammenbruch,* 158—161. K. von *Raumer, Ewiger Friede,* 16, sieht in der *„Utilissima consultatio"*, „in der der konsequente Bekämpfer des Krieges nun zum gedämpften Fürsprecher der Verteidigung des Abendlandes gegen die Ungläubigen wird, ... im Grunde nur eine Umschreibung seines Pazifismus". Bei R. *Liechtenhan,* a. a. O. 160, heißt es fälschlicherweise *„Ultissima* (!) *consultatio";* vgl. neben der Clericus-Ausgabe auch *Bibliotheca Erasmiana I,* Nieuwkoop, B. de Graaf, 1961, 62.

14 Die Schrift findet sich in IV, 561—611. Im Jahre 1966 sind zwei lateinisch-deutsche Ausgaben erschienen: die bereits zitierte von A. J. Gail und die von G. Christian, in: *Erasmus von Rotterdam, Ausgewählte Schriften,* hrsg. von W. Welzig, Bd. V, Darmstadt 1968, 111—357.

15 Vgl. F. *Meinecke, Die Idee der Staatsräson in der neueren Geschichte,* München 1963, 45 f. *Machiavellis „Il principe"* hat Erasmus wohl nicht gekannt; er ist zwar vermutlich 1513 verfaßt worden, kam aber erst 1532 in Druck. Es wäre interessant, den Bedeutungsunterschied zwischen *virtus* bei Erasmus und *virtù* bei Machiavelli zu untersuchen. Vgl. den Hinweis in der Einleitung zu: *Machiavelli, Der Fürst. „Il principe"*, übers. und hrsg. von R. Zorn, Stuttgart [3]1963, XVII: „Der Staatsführer ist für (Machiavelli) nicht wie in der Antike eine ausgewogene Persönlichkeit von Weisheit und Mäßigung, von Kraft und Entschlossenheit (Anm. des Verf.: dies sind die virtutes principis auch bei Erasmus), sondern ein Wesen von leidenschaftlichem Machtwillen, das die wankelmütige und neidische Fortuna mit virtù, also mit kämpferischer Tüchtigkeit, bändigt".

16 E. von *Koerber, Die Staatslehre des Erasmus von Rotterdam,* 44.

17 E. von *Koerber,* a. a. O. 75—78, sucht eine Verbindung zwischen der *publica utilitas* und der Idee der christlichen *caritas* herzustellen. Doch vermögen die vorgebrachten Belege nicht recht zu überzeugen; vgl. auch H. von *Treinen, Studien zur Idee der Gemeinschaft bei Erasmus von Rotterdam und zu ihrer Stellung in der Entwicklung des humanistischen Universalismus,* Saarbrücken 1955, 129—137.

18 Den Vorschlag, die Bettler aus dem Staat zu verweisen, nennt J. *Huizinga, Erasmus,* 172, naiv und unrealistisch. Verständlich wird dieser rigoristische Zug nur aus der speziellen Abneigung des Erasmus gegen die Müßiggänger, zu denen er auch zahlreiche Geistliche und Mönche, Geldeinnehmer, Hausierer, Makler, Kuppler, Hofschranzen u. a. rechnet.

19 Vgl. E. von *Koerber, Die Staatslehre des Erasmus von Rotterdam,* 60—62.

20 A. a. O. 64.

21 *Erasmus. Reformer zwischen den Fronten,* Göttingen 1972, 111—114.

22 Vgl. dazu O. *Schottenloher, Erasmus und die respublica christiana,* in: Historische Zeitschrift 210 (1970) 295—323, hier 296—298 — mit dem Hinweis, die Vorstellung von den drei Gütern der *respublica christiana* könnte auf *Thomas von Aquin, De regimine principum,* zurückgehen. Daß Erasmus *De regimine principum* gekannt hat, nehmen auch F. *Geldner, Die Staatsauffassung und Fürstenlehre des Erasmus von Rotterdam,* Berlin 1930, 138, und neuerdings E. W. *Kohls, Die Theologie des Erasmus* I, 50 und II, 68 (Anm. 111) an.

23 Vgl. R. *Liechtenhan, Die politische Hoffnung des Erasmus und ihr Zusammenbruch,* 144 f., und R. *Newald, Erasmus Roterodamus,* 142.

24 Vgl. J. *Huizinga, Erasmus,* 150, mit Belegen.

25 Vgl. z. B. A. *Auer, Die vollkommene Frömmigkeit des Christen nach dem Enchiridion militis Christiani des Erasmus von Rotterdam,* Düsseldorf 1954. *„Paraclesis"* und *„Ratio"* finden sich nunmehr in: *Des. Erasmus Roterodamus, Ausgewählte Werke,* hrsg. von A. und H. Holborn, München 1933, 139—149. 175—305.

26 *Die Staatstheorie des Erasmus von Rotterdam,* 39. Mit voller Prägnanz trifft auch A. J. *Gail* in der Einführung zu der von ihm herausgegebenen *„Fürstenerziehung"* die erasmische Grundvorstellung, wenn er sagt, Staatlichkeit sei für Erasmus „Bedingung für die Selbstverwirklichung des Menschen . . ., der Raum, in dem sich die bildenden und mitmenschlichen Energien der humanitas entfalten" (23).

27 K. A. *Meißinger, Erasmus von Rotterdam* (Veröffentlichungen des Instituts für Reformationsforschung München 1) Berlin ²1948, 221.

28 So neulich wieder R. H. *Bainton,* Erasmus, 118 f. Gewiß liegt eine unverständliche Inkonsequenz vor, wenn Erasmus immer wieder betont, daß kein Krieg als „gerecht" anzusprechen sei, wo er doch selbst bestimmte Kriege „rechtfertigt". Und es mag sein, daß diese Inkonsequenz die von ihm erhoffte politische Wirkung seiner Friedensappelle stark beeinträchtigt hat. Aber seine Position liegt nicht so weit ab von der eines Franz von Vitoria, wie K. von *Raumer, Ewiger Friede,* 12 f., behauptet.

29 R. *Liechtenhan, Die politische Hoffnung des Erasmus und ihr Zusammenbruch,* 161. Erasmus selbst in *De bello Turcis inferendo:* „Wer ist so wenig edlen Geistes, daß er nicht lieber im Kampf sterben will, als unter diesen Barbaren eine unwürdige Knechtschaft erdulden?" (V, 364 B) Vgl. R. *Newald, Erasmus Roterdamus* 324 f.

30 Vgl. E. von *Koerber,* Die Staatslehre des Erasmus von Rotterdam, 99. Die Übereinstimmung mit der traditionellen Lehre vom bellum iustum liegt auf der Hand!

31 Vgl. E. von *Koerber,* a. a. O. 99.

32 *Ewiger Friede,* 6.

33 Vgl. die Hinweise bei R. *Liechtenhan, die politische Hoffnung des Erasmus und ihr Zusammenbruch,* 146—154.

34 In: VII, 489—496, bzw. Allen V, Nr. 1 333 vom 5. 1. 1523. Vgl. R. *Liechtenhan,* a. a. O. 148 f.

35 Vgl. E. *Booz, Fürstenspiegel des Mittelalters bis zur Scholastik,* Freiburg 1913; W. *Berges, Die Fürstenspiegel des hohen und späten Mittelalters* (Schriften des Reichsinstituts für deutsche Geschichtskunde. Mon. Germ. Hist., 2) Stuttgart 1932, unveränd. Neudruck 1952.

36 *Institutio* IV, 570 A: evidens ac viva imago (Dei); 572 E: . . . qui Christi fungatur vice; 571 C: coeleste quoddam animal, Numini quam homini similius; 584 B: Princeps Dei simulacrum quoddam u. a.

37 Die im folgenden angeführten Belege sind der *Institutio* entnommen, weil ihr ein besonderes Gewicht zukommt und sie deswegen in dieser Untersuchung auch am stärksten berücksichtigt ist. Aus anderen Schriften könnten weitere Belege beigebracht werden. Vgl. E. von *Koerber, Die Staatstheorie des Erasmus von Rotterdam,* 26—71.

38 Vgl. VII, 149—155, bzw. Allen V, Nr. 1400. Vgl. auch A. *Auer, Weltoffener Christ,* Düsseldorf ⁴1966, 266—276.

39 *Die Staatstheorie des Erasmus von Rotterdam,* 28; zu den angeführten Belegen vgl. a. a. O. 70 spricht E. von Koerber von einer „deutlichen Öffnung zum repräsentativ-demokratischen Denken, allerdings ohne daß diese Gedanken zu einer klaren Erfassung der Volkssouve-

ränität führen ...“ Jedenfalls zeige sich „bei näherer Betrachtung des Fürstenamtes, daß im erasmischen Staatsdenken überwiegend monarchisches, aber auch nicht zu übersehendes demokratisches Gedankengut zusammenströmen und eine Synthese christlichen und rationalen Denkens bilden, die alle jene Elemente im Keim enthält, derer die Staatsdenker im 16. und 17. Jahrhundert für ihre auseinanderstrebenden Lehren bedurften.“

40 A. J. *Gail* in seiner Einführung zur „*Fürstenerziehung*“, 20.

41 Über die konkreten Möglichkeiten der Ausübung von Herrschaft hat *Erasmus* besonders ausführlich in den Kapiteln II—XI seiner „*Institutio*“ gehandelt. In dem Bericht darüber, der unter II erstattet wurde, ist auch schon einigermaßen klar geworden, welche Bedeutung dem Respekt vor der menschlichen und christlichen Freiheit und dem consensus des Volkes zur Ausübung von Herrschaft im Rahmen der von Erasmus vertretenen konstitutionellen Monarchie zukommt. Eine Darstellung im einzelnen erübrigt sich angesichts der sorgfältigen Untersuchung E. von *Koerbers* über die Staatstheorie des Erasmus.

42 Vgl. A. *Auer, Die vollkommene Frömmigkeit des Christen nach dem Enchiridion mil. Christ. des Erasmus von Rotterdam,* 114—119. 201—209.

43 Vgl. A. *Auer, Autonome Moral und christlicher Glaube,* Düsseldorf 1971.

Die praktische Brauchbarkeit der Moraltheologie.

Johann Baptist Hirschers Vorstellungen von einer neuen Moral.

Josef Rief (Regensburg)

Die Brauchbarkeit der Moraltheologie als Grundsatzfrage Hirschers

Daß der Gesichtspunkt der Brauchbarkeit in der Diskussion über „die christliche Moral" (= ChM) Johann Baptist Hirschers eine große Rolle gespielt hat, kann nach den Ausführungen, die er selbst in der Vorrede zur 4. und 5. Auflage seines Handbuches zu diesem Thema gemacht hat, nicht zweifelhaft sein. Man wird darüber hinaus aber auch fragen müssen, ob dieser Gesichtspunkt der Brauchbarkeit nicht bereits auch bei den Vorarbeiten zur ChM maßgebend und richtungsweisend gewirkt hat. Für diese Überlegung sprechen mehrere Gründe.

1. In seinem Überblick *„Zur Geschichte und Literatur der christlichen Moral"* [1] verweist Hirscher auf die Tatsache, daß jede Epoche ihre Gestalt der christlichen Sittenlehre hervorgebracht habe. Daraus zieht er die Schlußfolgerung, daß keine dieser Erscheinungsweisen oder Darstellungen absolut gesetzt werden dürfe. Nicht „was je die einzelnen geleistet haben", sei „das Bedeutendere, sondern was im Ganzen geleistet worden" [2] sei. Es gibt für ihn also in Fragen der christlichen Sittlichkeit einen harten Kern, dem sich die geschichtlichen Entwürfe der Moraltheologie gleichsam von verschiedenen Seiten und unter wechselnden Bedingungen nähern. Gemäß dieser Einsicht muß Hirscher denjenigen, die die Disziplin der Moraltheologie jeweils zu vertreten haben, die doppelte Aufgabe zuweisen, einmal die einzelnen geschichtlichen Leistungen auf dem Gebiet und in der Geschichte der christlichen Sittenlehre in ihrer Zusammengehörigkeit zu würdigen und dann auf der Basis des geschichtlich Bewährten und wissenschaftlich Gesicherten im Blick auf die jeweilige Zeitsituation die dieser Situation angemessene Moraltheologie zu entwerfen. Im Blick auf seine Zeit glaubt Hirscher auf drei Faktoren verweisen zu sollen, die bei der Gestaltung der Moraltheologie Beachtung verdienen: Auf den Einfluß der Zeitphilosophie,

der nicht selten so groß sei, „daß (in der christlichen Moral) alles eigenthümlich-Christliche beinahe ganz zurücktritt, und die christlichen Moraltheologien in Wahrheit nichts anderes sind, als die moralphilosophischen Systeme des Tages, da und dort mit Citaten aus der hl. Schrift verziert“ [3]; auf die Chance, die Moraltheologie als selbständige Wissenschaft zu entwickeln, was zur Folge haben könnte, daß sie nicht mehr von fremden Problemstellungen leben muß und sich folglich ihres ureigenen Gegenstandes annehmen kann; endlich auf die aufdämmernde Erkenntnis, daß der Geist des Christentums als Leben behandelt werden muß und nicht in Anlehnung „an die Praxis der Welt“ [4] zur Entfaltung gebracht werden darf. Solches kann nur derjenige als Aufgabenstellung an den Anfang seines moraltheologischen Handbuches setzen, der intensiv gefragt hat, was seiner Zeit nottut.

2. Bereits im Jahre 1819 kritisiert Hirscher die Moraltheologie Johann Michael Sailers unter dem Gesichtspunkt ihrer Brauchbarkeit; er gibt zu bedenken, daß eine Darstellung der christlichen Sittenlehre, die darauf aus sei, dem handelnden Subjekt das Objekt des Handelns jeweils als etwas Begehrenswertes und Gegenständliches erscheinen zu lassen, ihrem wahren Gegenstand nicht gerecht werde. Es könne eine verhängnisvolle psychologische Täuschung sein, alles „auf die Liebe Gottes — des Objektes“ [5] zu schieben und alles daraus abzuleiten, die Subjektivität dabei aber zu übersehen. Die Brauchbarkeit, mit der sich Hirscher schon zu diesem frühen Zeitpunkt beschäftigt, ist die wissenschaftlich-methodische Brauchbarkeit.

3. Die Brauchbarkeit der Moraltheologie scheint damals ein häufiger diskutiertes Thema gewesen zu sein. Denn auch Johann Michael Sailer hat sich dazu geäußert. In der Vorrede zur 1. Auflage seines Handbuches stellt er fest, daß eine allgemeine Religionsscheu um sich greife, die der Religion überhaupt, vor allem aber der christlichen Religion und in ihr allem Positiven gelte. „Sie scheuen in dem Positiven das Katholische am meisten“, bemerkt er vielsagend, um dann fortzufahren: „Diese Religionsscheu hat sich vorzüglich der Moral bemächtigt; sie glauben, die Moral nicht fest gegründet zu haben, bis sie von Gott losgemacht wäre. Sie wollten die Moral auch für die Atheisten brauchbar machen, wie sie sagten — und raubten ihr dadurch . . . Geist und Leben“ [6].
Vor diesem Hintergrund bekommt das, was Hirscher in der Vorrede zur 4. und

5. Auflage der ChM über die ungeschmälerte Darstellung der christlichen Sittenlehre beziehungsweise über ihre Brauchbarkeit vorbringt, grundsätzliche Bedeutung.
Zweck der folgenden Ausführungen ist nichts anderes als die Beantwortung der Frage, wie Hirscher Grundsätzlichkeit und Brauchbarkeit zusammenzubringen vermag und was die letztere für die Gegenwartsdiskussion abwirft.

I. Die ungeschmälerte Darstellung der christlichen Moral

1. *Hirschers Moraltheologie — eine glückliche Inkonsequenz?*

Schon den ersten Kritikern der Moraltheologie Johann Baptist Hirschers ist es aufgefallen, daß ihre Argumente nur teilweise überzeugen konnten. So sehr sie mit ihren Vorbehalten und Einwänden einzelne Aussagen und Positionen des Tübinger beziehungsweise Freiburger Moral- und Pastoraltheologen in Frage zu stellen in der Lage waren, so wenig konnten sie auf diese Weise sein moraltheologisches Konzept als Ganzes treffen und erschüttern. Joseph Kleutgen befand sich in der eigenartigen Situation, daß er Hirscher einerseits gefährliche Zugeständnisse an die zeitgenössische Philosophie nachweisen zu können glaubte, ihm anderseits aber die seltene Fähigkeit zum freien, d. h. die Formelsprache der Schultheologie weit hinter sich lassenden „Bekenntnis der eigentümlichen christlichen Wahrheiten“ [7] bescheinigen mußte. Nicht anders erging es Joseph Matthias Scheeben. „Für den Beichtvater in richterlicher Beziehung“, so urteilte er vielsagend über Hirschers Moraltheologie, „ist das Buch völlig unbrauchbar, nicht deshalb, weil es keine Casus enthält, sondern weil die Prinzipien so vag, unsicher und verschwommen sind“ [8]; zugleich mußte er sich eingestehen, daß die kritisierte Vernachlässigung der Prinzipien aufs ganze gesehen keinen Nachteil mit sich bringe, weil „die Innigkeit des Gefühls durch eine glückliche Inkonsequenz die Folgen unklarer oder falscher Prinzipien vielfach“ [9] paralysiere.
Was Scheeben als glückliche Inkonsequenz bezeichnet hat, ist, von Hirscher her gesehen, anders zu beurteilen, und zwar schon allein deswegen, weil er mit ausgesprochen wissenschaftstheoretischen Überlegungen an die Abfassung seiner Moraltheologie heranging und dem Zufall und der Inkonsequenz in seinem

Denken von vorneherein keinen Raum zu geben entschlossen war[10]. Auf die Theologie angewendet, erhielten diese wissenschaftstheoretischen Überlegungen aber ihre besondere Bedeutung; sie mußten Hirscher zu der Frage weitertreiben, unter welchen Voraussetzungen die theologische Wissenschaft überhaupt nur über ihren Gegenstand wissenschaftliche Aussagen machen könne.
Das Bedrängende dieser Frage hat er sich im Vorwort zur 4. Auflage der ChM von der Seele geschrieben, indem er sich selbst die wissenschaftliche Aufgabe stellte: „Ich muß wohl doch der Moral, wenn sie die Wissenschaft des gottgeheiligten Lebens seyn soll, Leben mitgeben, sonst (fürchte ich) habe ich sie selbst nicht ungeschmälert gegeben." Da dieser Aussage die Bemerkung vorausgeschickt ist, es sei doch eine Frage, ob die moraltheologischen Bemühungen in der begrifflichen Anstrengung sich erschöpfen dürften und ob nicht zwischen Wissenschaft und Wissenschaft ein Unterschied zu machen sei, was nur bedeuten kann, daß der Begriff nicht für jede Wissenschaft das Ziel der Denkbewegung sein könne, muß diese Aufgabenstellung als ausgesprochen wissenschaftstheoretische Konsequenz gewertet werden. Anders ausgedrückt, heißt das: Hirscher ist von einem Verständnis der Moraltheologie geleitet, für das die Prinzipien, die Scheeben vermißt hat, unzureichend sind. Sie müssen dem Theologen Hirscher unzureichend erscheinen, weil sie in ihrer begrifflichen Abstraktheit nicht als Anfangsgründe des gottgeheiligten Lebens fungieren können, mit dem es die Moraltheologie zu tun hat. „... die Bearbeitung der christlichen Moral", so bemerkt Hirscher im gleichen Zusammenhang, kann „nur dann als gelungen angesehen werden ..., wenn sie Darstellung des christlichen, d. i. des aus Gott geborenen Lebens, wenn sie folglich durch und durch organisch ist"[11]. Hirschers Reserve gegenüber der sonst üblichen Entfaltung des moraltheologischen Lehrstoffes, die an Hand abstrakter Prinzipien sich vollzieht und im streng fixierten Begriff an ihr Ende kommt, resultiert also nicht aus einer unreflektierten Prinzipien- und Begriffsfeindlichkeit, sondern einzig aus methodischen Erwägungen: er sieht sich vor das Problem gestellt, wie die Moraltheologie ihren Gegenstand, der ihr nicht schlechthin verfügbar ist, überhaupt erst einmal haben könne. Das Problem mußte für ihn diese wissenschaftstheoretische Gestalt annehmen, weil er mit der Qualifizierung des christlichen Lebens als dem aus Gott geborenen Leben Ernst machte. Für ihn war die Wirklichkeit dieses Lebens von dem Leben, das sonst mit diesem Wort bezeichnet wird, so verschieden, daß er ihre Erfassung nicht einfach nur als Begriffsproblem, sondern als Me-

thodenproblem taxierte. Das bedeutet einmal, daß Hirschers wissenschaftliche Argumentation und Sprache nicht im Dienst des Begriffes stehen können; es bedeutet aber auch, daß der Gehalt seiner Moraltheologie durch Begriffsanalyse nicht zu erheben ist. Hirscher ging den Stoff seiner Disziplin grundsätzlich an.

2. *Hirschers Methodenbewußtsein*

Angesichts der massiven Kritik, die Hirschers Moraltheologie im Namen der Wissenschaft immer wieder erfahren hat, scheint es abwegig zu sein, bei ihm ein ausgesprochenes Methodenbewußtsein voraussetzen zu wollen. Und doch stellt es in seinem Denken und in seiner Darstellung christlicher Sittlichkeit den beherrschenden Faktor dar.

Im Interesse einer adäquaten Interpretation seiner wissenschaftlichen Äußerungen kann man nicht nachdrücklich genug betonen, daß Hirscher nicht deswegen sein eigenes moraltheologisches Konzept der Öffentlichkeit übergeben hat, weil er — wie jeder Moraltheologe — Eigenes zu sagen hatte. Sein moraltheologischer Beitrag war grundsätzlicher Natur. Nach seinen eigenen Worten versuchte er deswegen „eine von der gewöhnlichen abweichende Darstellung der christlichen Moral", weil er „Anderes zu geben gesucht" [12] hat und nicht einfach nur auf einen an sich bekannten Gegenstand aus neuer Perspektive aufmerksam machen wollte. „Die Sache", die er „geben konnte und wollte" [13], war ihm bereits bei der Veröffentlichung der 1. Auflage der ChM im Jahre 1835 so wichtig, daß er die Mängel, die dem Werk damals noch anhafteten, glaubte in Kauf nehmen zu sollen. Wichtiger als die Kritik, die er sich dann auch tatsächlich einhandelte, war ihm das Neue, das er zu sagen hatte; und dieses Neue oder „die Sache", wie er wörtlich schrieb, war in der „Ausführung voll Mängel" [14] bereits enthalten. Um dieser Sache willen arbeitete Hirscher an der ChM weiter, wobei sich bei ihm allem nach allmählich die Erkenntnis durchsetzte, daß seine moraltheologische Konzeption, sollte sie plausibel werden, einen Kompromiß in der Methode nicht zuließ. Denn im Vorwort zur 4. Auflage der ChM schrieb er: „Ich habe . . . in dieser neuen Ausgabe meine Darstellung von den vielen Überresten der herkömmlichen Methode mehr und mehr zu reinigen, und den Forderungen einer organischen Behandlung zu nähern gesucht" [15]. Von seiner Sache war er so sehr in Beschlag genommen, daß er eine vollständige Umarbeitung seiner Moraltheologie in Erwägung zog beziehungsweise sich der Hoffnung hingab, zu seiner Zeit werde zweifellos ein anderer diese Arbeit leisten und das begonnene Werk vollenden. Es war seine tiefste Überzeugung, daß man nie mehr hinter seine Konzeption der Moraltheologie werde zurückgehen können, obwohl er zu Anfang der vierziger Jahre erkennen und schmerzlich erfahren mußte, wie massiv und zielstrebig man die Rückkehr "zur scholastisch gliedernden Behandlung" [16] der Moraltheologie allenthalben betrieb. In der Vorrede zur 5. Auflage äußerte sich Hirscher hinsichtlich des Schicksals seiner Sache zwar wesentlich zurückhaltender, aber sie war für ihn nach wie vor über jeden Zweifel erhaben; jedenfalls zögerte er nicht, sie mit beredten Worten zu verteidigen und für sie in der moraltheologischen Diskussion einen Platz zu beanspruchen [17].

3. *Moraltheologie als Darstellung des christlichen Lebens*

Die Sache, die sich Hirscher in all den Jahren seines Wirkens angelegen sein ließ, bezeichnete er selbst als Darstellung des christlichen Lebens. Mit ihr sollte einer dreifachen Problematik Rechnung getragen werden: einer inhaltlich-theologischen, einer erkenntnistheoretisch-methodischen und einer praktisch-pastoralen.

a) *Der inhaltlich-theologische Aspekt*

Eine *inhaltlich-theologische Problematik* war insofern gegeben, als sich Hirscher bereits in der 1. Auflage der ChM von der Grundansicht bestimmen ließ, „daß das sittliche Leben nichts anderes sey, als die christliche Offenbarungswahrheit, in dem Menschen wirksam“ [18]. So einfach und selbstverständlich diese Bestimmung des sittlichen Lebens, von außen betrachtet, erscheinen mag, so bedeutungsvoll ist sie für das Verständnis der Moraltheologie. In ihr kommt die Entschlossenheit Hirschers zum Ausdruck, die Sittlichkeitslehre wieder in ihre angestammten Rechte als theologische Disziplin einzusetzen. Johann Sebastian Drey hatte diesem Anliegen vorgearbeitet, indem er die Moraltheologie als „umgewandte Dogmatik“ zu begreifen suchte, zwischen der Moraltheologie und Kasuistik einen deutlichen Trennungsstrich zog und die letztere — mit vollem Recht — aus dem Bereich der systematischen Theologie und damit der Wissenschaft ausschied [19]. Für Hirscher hat Dreys Formel von der umgewandten Dogmatik die Bedeutung einer Initialzündung erlangt, befreite sie ihn doch aus der jeden Moraltheologen frustrierenden Lage, die einzelne menschliche Handlung beurteilen und damit auf einem Feld sich bewegen zu müssen, auf dem er zwischen zwei in gleicher Weise unbefriedigenden Alternativen zu wählen hatte: Denn entweder betrieb er die Moraltheologie als Kasuistik, dann blieb ihm nichts anderes übrig, als mit abstrakten, d. h. theologiefremden Prinzipien umzugehen und begriffliche Fixierungen als Frucht seiner Bemühungen zu verbuchen — solches Tun verdiente es gemäß seinem Ausgangspunkt nicht, als Theologie bezeichnet zu werden; oder er verblieb im Raum der Theologie und entwarf von abstrakten Prinzipien her ein moraltheologisches System, dann gelangte er zu einer Kasuistik, die von niemand akzeptiert wurde — in dieser Gestalt erscheint die Moraltheologie als ein Unterfangen, das für das menschliche Leben nichts einbringt.

Dreys Formel von der umgewandten Dogmatik führte aus diesem Dilemma heraus; denn einmal besagt sie, daß die Moraltheologie im vollen Sinn des Wortes als Theologie zu begreifen sei und sich nicht nur gelegentlich auf das, was Gegenstand der Dogmatik ist, zu beziehen habe. Hirscher lehnt es demzufolge ab, nur die eine oder andere dogmatische Wahrheit als moraltheologisch relevant anzusehen. Ein solches Verfahren würde gemäß seiner Auffassung den Zufall zum Prinzip erheben und „das richtige Verhältniß“ zwischen Dogmatik und Moraltheologie „gänzlich verkennen“. Der theologische Charakter der Moraltheologie hängt für ihn nicht ab von einem Mehr oder Weniger dogmatischer Wahrheiten, die in ihr vorkommen; theologisch wird die Moraltheologie durch die Berücksichtigung der gesamten Dogmatik oder sie wird es überhaupt nicht. Hirscher schreibt es wörtlich nieder: „... es ist die ganze Dogmatik, d. h. es sind alle Wesenlehren derselben, welche auch in der Moral vorkommen müssen. Ja es genügt noch nicht, daß diese Lehren *alle* nur überhaupt (bald da, bald dort nämlich, und beizugsweise) vorkommen: sie müssen in ihrem organischen Zusammenhange ... vorkommen“ [20]. Theologisch wird demnach die Moraltheologie nach Hirschers Auffassung nicht durch eine biblische Grundlegung oder durch eine theologische Anthropologie; auch durch die Diskussion um das Moralprinzip vermag die theologische Problematik der Moraltheologie nicht geklärt zu werden. Zu ihrer Identität als theologische Wissenschaft gelangt die Moraltheologie vielmehr allein dadurch, daß sie in vollem Umfang jener Wirklichkeit verpflichtet wird, die zugleich Gegenstand der Dogmatik ist und mit den Worten „Gott in Christus“ bezeichnet werden kann [21]. Aber diese enge Verbindung zwischen Moraltheologie und Dogmatik wird von ihm keineswegs nur um der Theologie willen angestrebt. In Hirschers

Verständnis ist die Formel „Gott in Christus“ zunächst kein Satz der Christologie oder der Gottes- oder Trinitätslehre oder auch der Soteriologie. Die Formel bezeichnet vielmehr zuerst eine bestimmte Wirklichkeit, nämlich den sensationellen Einbruch Gottes in diese Welt, durch den diese nicht einfach nur um ein Ereignis reicher wurde, sondern vielmehr eine neue Dimension und ein neues Kräftefeld hinzugewann. „Gott in Christus“ — das bedeutet für Hirscher folglich eine Wende in der Geschichte der Menschheit, die nicht mehr ignoriert und rückgängig gemacht werden kann und so oder so geschichtlich weiterwirkt. „Gott in Christus“ — das meint einen exemplarischen Vorgang, der aus den letzten Urgründen verstanden werden muß und in den einzelnen Menschen erst an sein Ende kommt. Die Wirklichkeit, auf die mit der Formel „Gott in Christus“ aufmerksam gemacht wird, geht darum den einzelnen unbedingt an. Dieses unbedingte Betroffensein des einzelnen durch die Wirklichkeit, die mit der Formel „Gott in Christus“ theologisch bezeichnet ist, ruft die Moraltheologie auf den Plan und macht sie zu einer theologischen Wissenschaft. Theologie wird nicht zur Anthropologie, sondern die Anthropologie wird durch die Theologie um eine ganze Dimension erweitert; um eben jene Dimension, die der aus der Dogmatik herausgelösten Moraltheologie ihren Charakter als theologische Disziplin zurückgibt.

Dreys Formel von der umgewandten Dogmatik besagt aber nicht nur, daß die Moraltheologie im vollen Sinn des Wortes als Theologie zu begreifen sei, sie wies der als theologische Disziplin zu begreifenden Moraltheologie auch eine spezifische Aufgabe zu, die mit der Kasuistik nichts mehr gemein hatte. Die Moraltheologie soll zwar Sittlichkeitslehre bleiben. Hirscher denkt nicht im entferntesten daran, sie in bloße Glaubenslehre aufzulösen. Aber er will zugleich etwas anderes: er will sie als das, was man als wissenschaftliches Selbstbewußtsein der Christen bezeichnen könnte. Darum bleibt er in seiner Bestimmung des Verhältnisses zwischen Dogmatik und Moraltheologie auch nicht bei der Forderung stehen, daß alle Wesenslehren der Dogmatik als organisches Ganzes in der Moraltheologie vorkommen müssen. „... auch dieses genügt noch nicht“, bemerkt er ausdrücklich, um dann fortzufahren: „Sie müssen vorkommen — That und Leben werdend im Menschen, so, daß, was im Christen ist und wirkt, nichts anderes ist, als sie, und daß die Moral nichts anderes darstellt, als abermals sie — aufgenommen vom Menschen, und in diesem seyend, und wirkend. Die Moral muß ... die umgewandte Dogmatik sein“ [22].

Man hat in dieser Bemerkung — zweifellos nicht ganz mit Unrecht — den Ansatz zu jener Behandlungsweise der ethischen Problematik erblicken wollen, die man als psychologische Methode charakterisieren kann. An dieser Charakterisierung ist nichts auszusetzen, wenn man mit ihr klarstellen will, daß Hirscher um die Erkenntnis der psychischen Gegebenheiten im Menschen sehr bemüht war. Diese Charakterisierung aber wird geradezu falsch, wenn mit ihr behauptet werden soll, Hirscher habe an Hand der psychischen Gegebenheiten die Richtung und das Objekt des moralischen Tuns zu bestimmen gesucht. Wäre er so verfahren, dann hätte er dem Moraltheologen eine Aufgabe zugewiesen, deren Bewältigung auch ohne Theologie möglich ist. Im übrigen hat Hirscher ausdrücklich betont, daß es bei der subjektiven Verwirklichung der dogmatischen Wesenslehren im christlichen Leben nicht darum gehen könne, „die Untersuchung mit der sittlichen Anlage des Menschen zu beginnen, die Bedeutung, den Werth, und die objektive Realität der allgemeinen sittlichen Begriffe in diesen selbst aufzufinden, und fortschreitend endlich irgend zu einem Höchsten der Menschheit zu gelangen“ [23].

Auf diese Weise ist die Indienstnahme der Psychologie seitens der Moraltheologie immer wieder versucht worden, freilich durchwegs mit dem zweifelhaften Ergebnis, daß man im Blick auf die Logik der Psychologie und die aus ihr abgeleiteten moralischen Forderungen zu fragen genötigt war, worin denn nun noch das Geschäft des Theologen bestehe. Hirscher will keine Moraltheologie von unten her. Er kann sie gar nicht wollen, weil damit das Zufällige zum Prinzip erhoben würde. Um den Zufälligkeiten sich zu entwinden, muß er eine andere Art von Psychologie betreiben: Er muß „die Anlage des Menschen“ an die dogmatischen Wesenslehren in ihrem organischen Zusammenhang (= Idee des Reiches Gottes) hinhalten, und muß „die verschiedenen Kräfte der Anlage (statt aus sich selbst) aus ihr (= der Idee des Reiches Gottes) in ihrer Bedeutung und objektiven Realität“ [24] begreifen. Um so zu verfahren, bedarf es psychologischer Einsichten, aber das Verfahren selbst erschöpft sich nicht im Metier des Psychologen, so wenig wie Platon sich als Psychologe betätigte, als er in der *Politeia* Anweisungen darüber gab, welche Lieder von den Jungen gesungen werden dürften und welche Gesänge für das zartere Geschlecht der Mädchen als geeignet anzusehen seien. Wie in Platons *Politeia* die Psyche der Jungen und die Psyche der Mädchen im Rahmen des politischen Konzepts des idealen Staates zur Bedeutung erhoben wurden und dann als objektive Realität auch begriffen werden konnten, so verfährt Hirscher mit der sittlichen Anlage des Menschen: sie wird bedeutungsvoll in einem Reiche Gottes und ist in diesem Horizont als objektive Realität qualifizierbar. Die Wirklichkeit, die den Menschen sittlich beansprucht und sein Tun sittlich qualifizierbar macht, ist, weil einem theologischen Konzept entsprungen, nur theologisch angebbar. Dem Moraltheologen wird mit anderen Worten die Aufgabe zugewiesen, im Blick auf die mit der Formel „Gott in Christus" bezeichnete Wirklichkeit beziehungsweise im Blick auf die Idee des Reiches Gottes, die als vorgegeben zu betrachten ist, das Menschsein plausibel und verständlich zu machen. Die Erfüllung dieser Aufgabe setzt voraus, daß der Moraltheologe etwas von der ethischen Problematik versteht. Seine Aufgabe aber ist ganz und gar theologisch. Dieser Satz gilt, auch wenn es wahr ist, daß die Theologie sich nur durch den allgemeinen Logos zu Wort melden kann.

b) *Der erkenntnistheoretisch-methodische Aspekt*

Sobald der Moraltheologe seine Aufgabe in Angriff nimmt und das sittliche Leben im Blick auf die vorgegebene Idee des Reiches Gottes darzustellen beginnt, gerät er an eine umfassende *erkenntnistheoretische Problematik:* Er soll das Menschsein verständlich machen und sittlich ordnen im Blick auf eine Wirklichkeit, über die der menschliche Logos lediglich als Idee zu reden vermag. Hirscher hielt dieses Problem gleichwohl für lösbar. Er sah die Lösung in der durch und durch organischen Behandlung, d. h. für ihn Darstellung des aus Gott geborenen Lebens. Ebenso muß aber sofort betont werden, daß ihm seine eigene Darstellung noch unzureichend erschien. Welche Gestalt der ChM ihm als ideale organische Darstellung des aus Gott geborenen Lebens vorschwebte, ist nicht bekannt. Woran er unentwegt festhielt, war die formale Forderung der organischen Darstellung.

Zunächst bedeutet diese Forderung, daß der Moraltheologie als ihr Materialobjekt die Wirklichkeit „Leben" zugewiesen ist. Was Hirscher darunter versteht, kann am ehesten aus der Art und Weise erhoben werden, in der er die höchste Aufgabe des Menschen und Christen umschreibt: „Werdet wiedergeboren", so faßt er die Darlegungen über die Idee des Himmelreiches an sich und über seine Grundlegung im Menschen zusammen, „aus dem Worte und Heiligen Geiste, und haltet, in diesem Geiste dem Vater mit unendlicher Ehrfurcht und Liebe zugethan, den Willen Desselben (des heiligen) in freier ewiger

Treue fest. Und führet diesen Willen, d. i. die Liebe Desselben aus — Jeder an sich selbst, und Alle wechselseitig an- und untereinander, euch dadurch darstellend als seine von dem Sohne Ihm erworbene Gemeinde: zu Seiner und dieses Sohnes Verherrlichung, und zu eurer Befähigung für das ewige selige Leben"[25]. Diese Imperative beziehen sich ausnahmslos auf die Bedingungen und Vollzüge, auf die der Mensch Bedacht nehmen muß, wenn er Leben überhaupt denken und beschreiben will. Hirscher hat selbst gewußt, daß diese Formulierung des höchsten Grundsatzes christlicher Sittlichkeit nicht viele Freunde finden würde. Darum war er darauf bedacht, sie durch eine kürzere zu ersetzen. Gleichwohl wollte er nicht mit einer Kurzformel beginnen. Dafür hatte er gute Gründe: Er wußte, daß jeder Kurzformel eine Doppeldeutigkeit anhaftet, weil sie „Alles oder Nichts"[26] besage. Da er diese äußerste Möglichkeit des Zufalls von seiner Moraltheologie prinzipiell ferngehalten wissen wollte, durfte er nicht mit Definitionen und Abstraktionen einsetzen. Der Verfasser der ChM war somit vor die grundsätzliche Aufgabe gestellt, die der Moraltheologie als Materialobjekt zugewiesene transzendente Wirklichkeit des Lebens mit den Mitteln des allgemeinen Logos zu erfassen und zu beschreiben. Wie aber war diese Aufgabe zu lösen, nachdem der allgemeine Logos nicht selbst zur Wirklichkeit des Lebens gehörte, das zu erfassen war?

Die *erste* Konsequenz, die Hirscher aus diesem Sachverhalt zieht, lautet: Bei der Lösung dieser Aufgabe darf der Logos des Menschen für sich allein nicht in die Rolle des Prinzips gedrängt werden, der Logos der Psychologie so wenig wie der Logos der Philosophie oder auch der Logos des in Buchstaben erscheinenden Wortes der Bibel. Jede derartige Erscheinungsform des Logos würde, zum Prinzip erhoben, das der Moraltheologie als Materialobjekt zugewiesene Leben unter einem Gesichtspunkt darstellen, der das aus Gott geborene Leben eo ipso unter eine diesem Leben nicht angemessene Gesetzlichkeit brächte. Ein solcher Gesichtspunkt aber wäre wiederum als zufällig zu charakterisieren. Aus Überlegungen dieser Art mußte Hirscher etwa auch den Schluß ziehen, daß die Unterscheidung zwischen einem reinen oder allgemeinen Teil und einem angewandten Teil der Moraltheologie eine möglicherweise folgenschwere Vorentscheidung für die Behandlung des moraltheologischen Stoffes bedeuten würde. „Wenn nemlich in dem sogenannten reinen Theile die allgemeinen Begriffe, z. B. von Freiheit, Gesetz, und Pflicht abgehandelt werden, eh im angewandten die Pflichten im Besonderen z. B. gegen Gott oder den Nächsten zum Vortrage kommen, so erscheinen jene allgemeinen voranstehenden Begriffe im Grunde nur als das Allgemeine oder Abstracte des Besonderen und Concreten, welches nachfolgt" [27]. Auf die konkrete sittliche Problematik angewendet, heißt das: Bei dieser Abtrennung des reinen Teils der Moraltheologie von dem angewandten würde der Mensch in *dem* Gebäude sittlicher Vorstellungen verbleiben, das er sich selbst ausgemessen und erstellt hat. Bei einem solchen Verfahren könnten mit anderen Worten nur moraltheologische Weisungen herauskommen, die lediglich eine sehr bedingte Geltung haben und grundsätzlich immer und von jedermann in Frage gestellt werden können. Der Grund dafür liegt auf der Hand: Allgemeine Begriffe wie Freiheit, Gesetz und Pflicht tragen immer die Bedingtheit des allgemeinen Logos an sich, der selbst zur Wirklichkeit des Lebens hinzugehört und von der Gestalt dieses Lebens abhängig ist.

Da das moraltheologische Problem nach seiner methodischen Seite hin mit abstrakten Prinzipien und streng fixierten Begriffen, wie vor dem Hintergrund dieser Überlegungen nun einsichtig ist, nicht nur nicht gelöst werden kann, sondern durch sie verfälscht würde, muß Hirscher nach einer anderen Methode Ausschau halten, um Brauchbares zu Tage zu fördern. So greift er zur Methode der *organischen* Darstellung. Zweifelsohne hat bei der Ausgestaltung dieser Methode der Organismusgedanke der Romantik Pate gestanden, aber es bedeutete eine Verkürzung des Anliegens, das Hirscher verfolgte, wenn man bei dieser Feststellung stehenbliebe. Über die historische Einordnung der organischen Methode hinaus ist es unerläßlich zu sehen, daß Hirscher einerseits vom allgemeinen Logos als Begriff und Prinzip für die Brauchbarkeit der Moral*theologie* recht wenig erwartete, anderseits aber auf die Dienste dieses Logos nicht verzichten konnte. Hirscher wählte darum jene Methode, die die Funktion des allgemeinen Logos bei der Erstellung der Moraltheologie als Wissenschaft auf eine Dienstfunktion beschränkte, und zog damit eine *weitere Konsequenz* aus der Einsicht in die Eigenart der Moraltheologie als einer ganz und gar theologischen Disziplin. Er begann mit der Grundansicht, daß Leben als Selbstbewegung von außen her nicht definiert werden kann. Diese Erkenntnis wandte Hirscher auch auf das aus Gott geborene Leben an; d. h. er ließ von dem Gedanken sich leiten, daß der Mensch ein Verständnis dieses Lebens nicht habe, „wenn er dasselbe nicht in seiner Entwicklung und seinen Verrichtungen begriffen hat aus den zu Grunde liegenden Kräften und ihrer Wechselwirkung" [28]. Zwar betreffen diese Worte unmittelbar nur die Erkenntnis des leiblichen Lebens, aber Hirscher ist der Überzeugung, daß die Erkenntnis des geistigen Lebens analog vonstatten gehen müsse. Die Ähnlichkeit besteht für ihn — so muß man aus seinen Ausführungen schließen — darin, daß auch das geistige beziehungsweise aus Gott geborene Leben aus einem einzigen Grund hervorgeht und alle Einzelfunktionen zu einem einheitlichen Ganzen fügt; die Unähnlichkeit aber ist darin zu sehen, daß die Erkenntnis des geistigen beziehungsweise aus Gott geborenen Lebens nicht nur ein Wissensproblem, sondern ein Lebensproblem ist und als solches mit der höchsten, d. h. eigentlichen Aufgabe des Menschen zusammenfällt. Die Moraltheologie hat es, anders ausgedrückt, mit einem Wissen zu tun, dessen Bereitstellung Erfahrungen ganz bestimmter Gestalt voraussetzt, die nur durch das menschliche Leben selbst zu gewinnen sind. Dieser Aufgabe aber ist mit einer verengenden und abstrahierenden Betrachtungsweise nicht beizukommen. Wer dem Anspruch der mit der Formel „Gott in Christus" bezeichneten Wirklichkeit auf die Spur kommen, also wissen will, was es damit auf sich hat, läßt sich auf ein Erkenntnisproblem ein, dessen Lösung gegenständlich nicht gelingen kann. Die Lösung ist das Leben selbst, und zwar das Leben in allen seinen Dimensionen und Vollzügen. Das bedeutet in concreto etwa auch dieses: Eine Moraltheologie, die sich auf den Horizont des Ethischen zurückzöge, wäre zum Scheitern verurteilt, weil der Logos des Ethischen mit dem Logos des Lebens nicht zusammenfällt. Hirscher mußte somit eine Behandlungsweise des moraltheologischen Stoffes wählen, die die Möglichkeit des menschlichen Lebens im Horizont der mit der Formel „Gott in Christus" gemeinten Wirklichkeit zum Prinzip der Moraltheologie erhob.

Daraus zog er nun eine *dritte* Konsequenz: Es genügte nicht, das christliche Leben lediglich als organisches zu begreifen, d. h. von „seinem tiefsten Einen Principe" her aufzufassen „und aus diesem hervor den Reichthum seiner Entwicklungen und Thätigkeiten" [29] darzulegen; das christliche Leben mußte mittels einer organischen *Darstellung* in seinem Wesen erkannt werden. Darstellung ist also eine wissenschaftliche, methodische Funktion. Darstellung ist die der Wirklichkeit des Lebens adäquate, d. h. diese Wirklichkeit respektierende und wiedergebende Behandlungsweise. Sie ist selbst eine Funktion des Lebens, über das eine Aussage gemacht werden soll. Um die Wirklichkeitsnähe der Moraltheologie sicherzustellen, erhebt Hirscher folglich materiale und formale Forderungen: Er verlangt, daß die Moraltheologie Auskunft gebe einmal über die Realität und Eigentümlichkeit der christlichen Wahrheit, sodann über die Realität und Eigentümlichkeit jener Elemente im Menschen, auf die die christliche Wahrheit einwirkt und durch die sie wirksam wird, und endlich über die Realität und Eigentümlichkeit jener neuen Lebenskraft, die im Menschen durch Aufnahme der christlichen Wahrheit entsteht und fortan als das Eigene des Menschen im Sinn eines Lebensprinzips in Tätigkeit tritt [30]. Bereits diese materialen Forderungen lassen das dezidierte Interesse Hirschers an der eindeutigen Umgrenzung des Gegenstandes „Leben“ erkennen, mit dem sich die Moraltheologie befassen soll. Es ist für ihn keine Frage, daß dieser Gegenstand nur auf der Basis der tätigen Erfahrung zu gewinnen ist. In seinen wiederholten Hinweisen auf die Möglichkeit, einen „Gährungsprozeß, welchen der Sauerteig hervorbringt“ [31], wissenschaftlich zu beschreiben und zu begreifen, kündigt sich das allgemeine Interesse seiner Zeit an einem naturwissenschaftlich gesicherten Wirklichkeitsbegriff an.

Die formalen Forderungen, die im Namen einer organischen Darstellung der Moraltheologie zu erheben sind, artikuliert Hirscher — das Problem der Erfahrungsbasis in der Theologie noch nachdrücklicher betonend — folgendermaßen: „Die christliche Moral ist so wesentlich Wissenschaft, ... daß nur die wissenschaftliche Lösung ihrer Aufgabe überhaupt *wahrhaft* Lösung ist, und ein wirkliches, gründliches, deutliches und umfassendes Erkennen dessen, was da in Frage steht, gewährt. Die wissenschaftliche Behandlung kommt da nicht als Form erst zum Stoffe hinzu, sondern ist in und mit letzterem bereits so wesentlich mitgegeben, daß sie von Jedem so zu sagen unbewußt gehandhabt, der sich des Stoffes selbst bemächtigt hat, und gehandhabt wird genau in dem Maße, als letzteres der Fall ist“ [32]. Das Verständnis dieser Sätze ist durch die Anmerkung festgelegt, die ihnen Hirscher beigegeben hat. Darin ist von der Eigenart naturwissenschaftlichen Erkennens die Rede. Aus diesem Hinweis, der darauf abhebt, daß Wissenschaft der Natur in dem Maße Wissenschaft sei, als sie die Erscheinungen als Produkt der in ihnen wirksamen Kraft begreife, ergibt sich dieses: Wie der Naturwissenschaftler nur dann von Erkenntnis zu sprechen berechtigt ist, wenn er z. B. einen Entstehungsprozeß in allen seinen Phasen nachvollziehen und das am Ende des Prozesses stehende Produkt womöglich selber herstellen kann, so ist zur Wissenschaft der Moraltheologie, zur organischen Darstellung des aus Gott geborenen Lebens also nur der fähig, der die Kräfte dieses Lebens kennt und ihre Wirkweise nachzeichnen, d. h. nachvollziehen kann. Die dem Moraltheologen aufgetragene organische Darstellung des aus Gott geborenen Lebens ist als rein wissenschaftliche, also dieses Leben von außen betrachtende Tätigkeit gar nicht möglich. Darstellen bedeutet für Hirscher immer zugleich, wie er auch wörtlich formuliert, das Ergreifen und den Besitz „des wahren Gott entsprungenen Lebens im Mitdenken, Mitwollen, Mitlieben und Mitwirken mit dem großen Allgedanken" [33]. Damit aber wird die christliche Moral selber bereits zur Äußerung des aus Gott geborenen Lebens, und es entsteht notwendig die Frage, inwiefern sie in dieser Funktion überhaupt noch als Wissenschaft angesprochen werden kann.

Die Frage ist für Hirscher selber akut geworden. Nur darum konnte er zu der These sich veranlaßt sehen, die christliche Moral sei so wesentlich Wissenschaft, daß nur die wissenschaftliche Lösung ihrer Aufgabe überhaupt wahrhaft Lösung sein könne. Der Sinn dieser These ist absolut eindeutig; man braucht sich nur vor Augen zu halten, daß Wissenschaft für ihn System, Erfassung einer Erscheinung als Produkt der in ihr wirkenden Kraft, Darstellung des Lebens von „seinem tiefsten Einen Principe" [34] her, organische Entfaltung, innere „Einheit des Ganzen" [35] bedeutet. In der Moraltheologie soll demnach — wie in der Theologie überhaupt — nicht irgend ein Logos, nicht irgend ein Aspekt des menschlichen Lebens, nicht irgend ein Teilziel der menschlichen Existenz behandelt werden; „Gegenstand" dieser Disziplin ist vielmehr der Logos dieser Existenz selbst, d. h. der Logos, der sich in dieser Existenz ausspricht; denn Geschaffenes ist nur als Darstellung eines Anderen zu begreifen. Des Menschen höchste Aufgabe ist es, dieser fundamentalen Tatsache, die immer schon eine ganzheitliche Schau dessen, was ist, also wissenschaftliche Betrachtung voraussetzt, im tiefsten Sinn des Wortes gerecht zu werden. Insofern ist die christliche Moral *wesentlich* Wissenschaft, ihr Wissen — wie F. W. J. Schelling sagen würde — wesentlich Wissen um die „Idee des an sich selbst unbedingten Wissens" [36], das dem besonderen Wissen einer einzelnen Disziplin vorangeht, aber gleichzeitig — wie die Weisheitslehrer unter den Kirchenvätern sagen würden — ohne umfassende Bildung in den einzelnen Disziplinen dem Menschen als Idee nicht aufgehen kann. Das Wissen, das der Moraltheologe zu vermitteln hat, ist Wissen um den Sinn des Daseins, wobei es entscheidend ist, daß dieses Wissen um den Sinn im lebendigen Dasein erprobt wird. So setzt Hirscher die Moraltheologie nicht nur ein in ihre angestammten Rechte als theologische Disziplin, sondern weist ihr als Theologie zugleich die Stellung zu als Wissenschaft der Wissenschaften. In der 1. Auflage seiner ChM geschieht diese Qualifizierung der Theologie noch deutlich erkennbar mit den Mitteln des deutschen Idealismus, in den späteren Auflagen gewinnt die mit der Formel „Gott in Christus“ bezeichnete Wirklichkeit zusehends mehr Einfluß. Die grundsätzliche Stellung der Moraltheologie wird von diesem Wandel nicht berührt. Nur die Perspektive ändert sich: An die Stelle der wissenschaftlichen Darstellung des christlichen Lebens im mehr wissenschaftstheoretischen Sinn tritt zusehends die praktisch-pastoral bestimmte Darstellung, die unmittelbar eine Bewegung auslösen will[37].

c) *Der praktisch-pastorale Aspekt*

Auf das praktische Problem, das Hirscher mit seinem Verständnis und seinem Konzept der Moraltheologie lösen wollte, hat er in der ChM[4] I 1, wo er zuvor mit einigen wenigen Strichen die Wirklichkeit des Reiches Gottes anschaulich gemacht hatte, mit folgenden Worten hingewiesen: „Dieses Alles nun ist ein hochwichtiger Gegenstand unseres Nachdenkens und unserer Erkenntniß — wichtiger als irgend ein anderer in diesem irdischen Dasein.“ Seine Bemühungen gelten also einem praktischen Problem besonderer Art: von der Alltagspraxis ist es denkbar weit entfernt, und mit dieser darf es deswegen auch nicht vermengt werden.

In seiner letzten Vorlesung beteuert er, daß ihn in all den Jahren seiner Lehrtätigkeit die Frage dieser Praxis umgetrieben und bestimmt habe. Sieht man genau zu, worauf es ihm bei dieser Praxis ankommt, dann entdeckt man, daß er sich in einer durchaus ursprünglichen Weise mit dem Theorie-Praxis-Problem auseinandersetzt. Damit soll gesagt sein, daß er sich der zumal in seiner Zeit dringend notwendig gewordenen Vermittlungsarbeit zwischen Evangelium und Glaubensvollzug, zwischen allgemeinen Normen und konkretem Imperativ, zwischen komplizierter Theologie und dem einfachen christlichen Handeln, zwischen Verkündigung und Alltagsleben angenommen hat, und zwar unter anderem auch aus der Einsicht heraus, daß dieses Vermittlungsproblem „nicht mehr einfach durch eine Delegation an die praktischen Disziplinen der Theologie und deren Subordination unter die systematischen und historischen Grundfächer gelöst werden“[38] kann. Wie alle seine methodischen Überlegungen zu seiner ChM erkennen lassen, weiß Hirscher um die Beziehungen und Spannungen zwischen Idee und Wirklichkeit, zwischen Wort und Tat, zwischen Bewußtsein und Sein, zwischen Sinn und Geschichte. Weil er darum weiß, darum weigert er sich, der Moraltheologie ihr vordringliches Aufgabengebiet im Bereich der einzelnen alltäglichen Handlung zuzuweisen; darum ist er der Meinung, daß das Monopol der kasuistischen Methode in der Moraltheologie gebrochen werden müsse; darum kennt er Stufen der Sittlichkeit, denen in seiner Konzeption keineswegs nur theoretische Bedeutung zugekommen wäre, wie etwa seine Weigerung, dem sittlichen Anspruch mit der peinlichen Unterscheidung zwischen den verschiedenen Arten und Graden von Sünden Nachdruck zu verleihen, wenigstens ahnen läßt; darum nimmt er die Freiheit für sich in Anspruch, im Feld der nicht definierten Glaubenswahrheiten sich relativ frei und ungezwungen zu bewegen, was ihm die Möglichkeit gegeben hat, das Christentum nicht in erster Linie als Lehre, sondern als Gottes Kraft darzustellen. Von Franz Anton Staudenmaier wurde genau diese Seite am Lehrvortrag Hirschers eigens hervorgehoben; Staudenmaier schrieb über seinen einstigen Lehrer die ehrenden und für sein Praxisverständnis aufschlußreichen Worte nieder: Hirscher, „der mir einst mit der ihm eigenen Kraft und mit der ihn auszeichnenden Tiefe den Geist des Christentums in seinem innersten Wesen enthüllt hat“ [39]. Solches kann nur von demjenigen gesagt werden, der im Blick auf seine Vermittlungstätigkeit in der Lehre das Theorie-Praxis-Problem — jedenfalls für sich persönlich — bereits gelöst und alles das erreicht hat, was Hirscher als Ziel seiner Praxis vorschwebte: das entfaltete Menschsein im Sinn der lebendigen Persönlichkeit. Für sie ist kennzeichnend der lebendige Austausch nach allen Seiten in der Gestalt des Gebens sowohl als auch des Empfangens.

Das Praxisverständnis Hirschers, das ohne seine konsequenten Bemühungen um die moraltheologischen Methodenfragen nicht hinlänglich verständlich gemacht werden kann, ist bereits in seinen beiden in den zwanziger Jahren erschienenen Aufsätzen „Über die Pflicht des Seelsorgers, Glauben zu predigen“ und „Über einige Störungen in dem richtigen Verhältnisse des Kirchenthums zu dem Zwecke des Christenthums“ [40] zu Tage getreten. Im Blick auf das hier zur Diskussion stehende Theorie-Praxis-Problem kann der Inhalt der beiden Aufsätze folgendermaßen zusammengefaßt werden: „Die Kirche ist ‚das Reich Gottes auf Erden in seiner objektiven Erscheinung‘, geeinigt durch ‚einen Glauben‘, ‚äußerlich vermittelt durch ein Sakrament, eine Sitte, einen Organismus‘. Der Zweck des Christentums ist die Herbeiführung des Reiches Gottes, der Herrschaft Gottes in den einzelnen Seelen. Nun führt die Notwendigkeit eines einheitlichen Glaubens zur Bildung von ‚Symbolen' und Formeln. Diese *müssen* da sein. Aber der Prediger darf nie vergessen, daß die Formel ‚nur Extrakt' ist, daß er selber lebensvoll darstellen soll, daß er, an der Formel orientiert, mit vollen Händen aus der Schrift, dem Wort Gottes, schöpfen soll und der Gemeinde mitteilen muß. Nicht ‚abgerissene Bibelsprüche' als Verbrämung, sondern biblische Stoffe und Texte als Seele der Predigt müssen gefordert werden. Daraufhin muß der Klerus durch gründliches gläubiges Bibelstudium wieder erzogen werden. Dabei soll der Prediger immer gegenwärtig halten und darauf sein Augenmerk richten, nicht nur den wahren Glauben zu predigen — gewiß, dieser ist dem Priester ‚unendlich teuer', denn er ist ‚das Lebenswort, wie es der Herr hinterlegt hat' —, sondern vorab lebendigen Glauben zu wecken, Glauben, der das Innere ergreift, für Gott erwärmt und zum Leben nach dem Worte Gottes aneifert" [41]. In der gleichen grundsätzlichen Art spricht Hirscher auch über die Sakramente, über die Sitte und die Kirche als Institution.

Worauf es ihm ankommt, — das ist eine Christenheit, deren Stärke nicht die äußeren Ordnungsfaktoren sind, sondern das Leben selber. Im Grunde will Hirscher auf das Entfremdungsphänomen aufmerksam machen. Er weiß, daß man diesem mit nur äußeren Vollzügen und mit einem nur abstrakten Wahrheitsbegriff nicht begegnen kann. Darum erhebt er die Forderung, daß die Prediger nicht einfach „nur den wahren Glauben ... predigen, sondern vorab lebendigen Glauben ... wecken." Er warnt den Verkünder des Wortes davor, etwas zu sagen, was nicht zugleich sein Eigenes, also Lebensäußerung ist. Darum fordert er den Prediger auf zum gläubigen Bibelstudium, d. h. zur Mühe, bis dorthin vorzudringen, wo der Logos der Gestalten, Symbole und Formeln im Verweis auf den Logos selber seine Rechtfertigung erfährt.

Dasselbe praktische Ziel verfolgte Hirscher auch mit seiner organischen Darstellung des aus Gott geborenen Lebens in der ChM. Um die Moraltheologie vor der Erstarrung als „Paragraphenwissenschaft" zu bewahren, suchte er den „Vortrag der Lehre vom sittlichen Leben" so zu gestalten, „daß er dieses Leben selbst möglichst fördere" [42]. Zu diesem Zweck behielt er sich das Recht vor, in der Moraltheologie gängige Stoffe wegzulassen, wenn sie ihm „keinen praktischen Werth zu haben" schienen, abstrakte Begriffe durch erläuternde Beispiele zu ersetzen, und sich der „Schreibart" zu bedienen, die geeignet war,

seine Hörer für das, was er lehrte, auch ansprechbar zu machen [43]. Er tat alles, um zu erreichen, was er im Vorwort zur 4. Auflage „die Erhöhung der praktischen Brauchbarkeit“ seines Buches nannte. Dennoch wurde ihm von seinen Kritikern gerade der Mangel dieser Brauchbarkeit zum Vorwurf gemacht.
Bei genauerem Zusehen zeigt sich, daß sich hinter dieser Diskussion über die Brauchbarkeit der ChM nicht mehr und nicht weniger verbirgt als die Diskussion über die Aufgabe der Moraltheologie selber. Die Kritiker Hirschers wollten eine Moraltheologie auf der Basis der kasuistischen Methode, also eine Moral „namentlich zur Verwaltung des Richteramtes im Beichtstuhl“ [44]. Hirscher wollte eine christliche Moral, die, indem sie unterrichtet, zugleich bildet, erweckt und kräftigt. Dafür kann er folgende Argumente ins Feld führen:

(1) Die „sogenannte theologische Gründlichkeit“, d. h. die Versiertheit in der Beurteilung aller möglicher Fälle nützt dem Seelsorger gar nichts, „wenn er nicht vor allem ein sittlich erweckter und sittlich durchgebildeter Mann ist“. „Ich bin . . . weit davon entfernt“ schreibt Hirscher, „das Praktische und darum dem Curat-Clerus Empfehlenswerte einer Moral blos, oder auch nur zunächst in das zu setzen, was er (der Clerus) in seiner Hantierung z. B. im Beichtstuhl unmittelbar in Anwendung bringen kann; ich suche das Praktische weit mehr in dem, was den Leser sittlich bildet, d. i. ihn sittlich aufklärt, zugleich gewinnt, sittlich erfrischt usw.“ [45].

(2) Die Vertrautheit mit der kasuistischen Methode gibt dem Seelsorger nicht die Gewähr, daß er im Beichtstuhl die richtige Entscheidung fällt. Zu einer richtigen Entscheidung ist derjenige eher befähigt, der die ethische Grundproblematik kennt und selber sittlich gebildet ist.

(3) Der Kasuistik kann nur eine begrenzte praktische Brauchbarkeit zugesprochen werden. Diese besteht darin, daß sie die Urteilskraft schärft und „darauf aufmerksam macht, wie vieles insgemein in einem vorliegenden Falle erst gefragt und ins Reine gestellt seyn muß, eh man entscheiden kann“ [46]. Damit ist auch gesagt, daß die Kasuistik an das sittliche Problem, d. h. an die Entscheidung selbst, nicht heranreicht. Darum wäre es auch völlig falsch, die kasuistische, d. h. auf die einzelne sittliche Handlung, ihre Normierung und Beurteilung ausgerichtete moraltheologische Methode dazu zu benützen, ande-

ren sittliche Weisungen zu geben. Solches Vorgehen stellt einen Angriff auf das eigene freie Urteil des anderen dar und beschwört die Gewissensängstlichkeit herauf.

(4) Aus der engen Verknüpfung der Moraltheologie mit dem Richteramt des Beichtvaters ergibt sich die (durch die moraltheologischen Handbücher jederzeit illustrierbare) Gefahr, daß Normierungen (rechtlicher und pastoraler Natur) zum Tragen kommen, die das eigentliche Problem der christlichen Sittlichkeit verdecken.

(5) Das Richteramt des Beichtvaters ist keineswegs sein einziges und vornehmstes Amt. „Die Hauptsache wird immer seyn, daß er den Pönitenten zur Selbsterkenntnis bringe, daß er ihm die ganze Tiefe seines sittlichen Verfalles, insbesondere die ganze Schändlichkeit, Verschuldung und Strafwürdigkeit seiner hervorragenderen Sünden vor Augen stelle, ihn heilsam erschüttere, und ihm einen Sinn für Gott und sittliche Umkehr, und einen Willen und Muth dafür einflöße usw. ... Der Beichtvater ist Richter, aber mehr noch Lehrer und Arzt“ [47]. Wenn Hirscher in diese Sätze die Bemerkung einfließen läßt, richterliche Entscheidungen seien „Entscheidungen, mehr nicht“, dann gibt er damit zu bedenken, daß sie — wie so oft — mit den Belangen des Lebens nichts zu tun haben.

Diesen Argumenten, mit denen Hirscher dem allgemeinen Verlangen seiner Zeit nach einer Moral der „bis ins Einzelne gehenden Normen“ [48] begegnen wollte, ist eines gemeinsam: der konsequent zu Ende gedachte Gedanke, daß das Problem der christlichen Sittlichkeit, wie es sich angesichts der mit der Formel „Gott in Christus“ bezeichneten Wirklichkeit darstellt, von außen her nicht gelöst werden kann, und daß deswegen alle Versuche und Praktiken, die keine wahrhafte Lösung darstellen, denen also fehlt, was Hirscher nennt „praktisch von innen heraus“ [49], abzulehnen sind. In der Vorrede zur 1. Auflage seiner Katechetik, die im Jahre 1831 erschienen ist, hat Hirscher die Bedeutung dieser Praxis von innen nach außen ins Universale gewendet. Er schrieb: „Im Christentum liegt das Heil der Welt. Die Lehrer und Erzieher im Christentum sind die Vermittler dieses Heils.“ Und: „Es wird sich täglich augenfälliger beweisen, daß wenn Recht, Humanität und Gesittung nicht von innen heraus gebaut,

d. h. im christlich-religiösen Glauben der Völker gegründet werden, alle äußeren und physischen Gewalten ihren Zerfall und den Einsturz der bestehenden Ordnung nicht zu hindern vermögen[50].

II. Die Brauchbarkeit des Grundsätzlichen

Die Zeit ist zwar über Hirschers moraltheologisches Konzept hinweggegangen — ob zu Recht oder zu Unrecht, ist hier nicht die Frage —, aber es zeigt sich immer mehr, daß der Problemkomplex, zu dessen Lösung der Tübinger und Freiburger Moral- und Pastoraltheologe beitragen wollte, immer noch der Lösung harrt. „Wir sind", wenn man ein Wort Franz Xaver Linsenmanns in diesem Zusammenhang verwenden will, „... kaum in einigen Stücken über Hirscher hinaus —, in bedeutenden Punkten aber hinter ihn zurückgekommen"[51]. Auch die Frage, wie die Moraltheologie ihre Brauchbarkeit gewinnen soll, ist keineswegs entschieden. In der Gegenwartsdiskussion herrscht die Tendenz vor, das Grundsätzliche oder Theologische als das Unbrauchbare anzusehen. Ethische Sätze erscheinen um so brauchbarer, je mehr sie operational sind, d. h. sich dazu eignen, als Handlungsanweisungen verstanden und unmittelbar in die Wirklichkeit umgesetzt zu werden. Hirscher dagegen war der festen Überzeugung, „daß die Bearbeitung der christlichen Moral nur dann als gelungen angesehen werden könne, wenn sie Darstellung des christlichen ... Lebens ist"[52].

1. *Die Alternative*

Der Verfasser der ChM war keineswegs nur dem wissenschaftlichen Geist seiner Zeit verpflichtet, als er im Blick auf den Anspruch dieser Wissenschaftlichkeit die sehr grundsätzliche Frage aufwarf, wie der Moraltheologe seinen Gegenstand überhaupt haben könne. Es war darüber hinaus die uralte Frage nach der Theologie als Wissenschaft, auf die er aufmerksam geworden war. Für die von der Dogmatik getrennte Moraltheologie bestand diese Frage in erhöhtem Maße, zumal dann, wenn ihr dezidiertes Interesse der bis ins einzelne gehenden Normierung und Beurteilung der sittlichen Handlung galt. Denn das stand für Hirscher außer Zweifel und ist auch völlig unbestreitbar: Je mehr sich die Moraltheologie als ins einzelne gehende Wissenschaft versteht, desto weniger kann sie ihr Formalobjekt als Theologie zur Geltung bringen. Diese

These ist zwingend; denn bei der Normierung und Beurteilung der einzelnen Handlung muß, bevor über ihre sittliche Qualität eine Aussage möglich ist, wie Hirscher selber formuliert, so vieles „erst gefragt und ins Reine gestellt seyn“ [53], daß der formale Aspekt der Moraltheologie bestenfalls nur noch als ein Aspekt unter vielen erscheinen kann, ganz abgesehen davon, daß er materialiter womöglich nichts einbringt. Auf jeden Fall ist für eine Moraltheologie, die ins einzelne gehen will, nicht auszumachen, inwiefern sie noch Theologie ist. Hirscher hat für eine solche Moraltheologie nichts übrig. Indem er aber in seiner Konzeption dem eigentümlich Christlichen zum Durchbruch zu verhelfen bestrebt war, handelte er sich eine andere Schwierigkeit ein; sie läßt sich in die Frage kleiden, ob eine solche Sittenlehre überhaupt durchführbar und realistisch sei. In welchem Sinne hier von Durchführbarkeit und Realität die Rede ist, kann bereits aus der Nikomachischen Ethik erhoben werden, wo dieser Fragenkomplex mit aller Deutlichkeit zur Debatte gestellt ist.

Aristoteles erörtert dort näherhin das Problem, ob man denn in Sachen der Ethik, die als praktische Kunst zu begreifen sei, der Ideenlehre Platons folgen und den Gedanken sich zu eigen machen könne, daß das Gut, auf das hin der Mensch handelt und entscheidet, „eines ist und in übergreifender Weise ausgesagt wird“, also das Gute, nach dem im platonischen Sinne alles strebt. Bei diesem Verständnis der Idee ist mitgesagt, daß sie „getrennt und an sich“ existiert. Der Stagirite gibt die Antwort, daß ein solches Einzelgut, das alle Güte in sich begreift, auch wenn es existierte, „durch menschliches Handeln nicht verwirklicht und auch nicht angeeignet werden könnte“ (οὐκ ἂν εἴη πρακτὸν οὐδὲ κτητὸν ἀνθρώπῳ). Überdies stünde die Orientierung der Ethik an einem solchen Gut „im Widerspruch zu dem Verfahren bei den praktischen Künsten: sie alle streben nach ihrem ‚Gut‘ und suchen dabei zu verbessern, was an diesem Gut noch mangelhaft ist — die Erkenntnis jenes absoluten Gutes spielt da keine Rolle“. Aristoteles steht also vor der Alternative, die Ethik entweder im Blick auf die platonische Idee des Guten zu konzipieren oder sie nach der Art der praktischen Künste zu begreifen. Im ersten Fall würde die Ethik zu einer Wissenschaft, die die Frage stimuliert, ob für den Menschen hier sinnvollerweise überhaupt etwas zu tun (πρακτόν) sei, weil das Gut, um das es geht, gar nicht dem praktischen Bereich angehört. Im zweiten Fall aber entsteht die Frage, die Aristoteles selber so formuliert hat: „Welchen Nutzen soll ein Weber oder Zimmermann für sein Gewerbe haben, wenn er jenes absolute Gut kennt? Oder:

wie soll jemand ein besserer Arzt oder Feldherr sein, wenn er sich in die Schau der fraglichen Idee versenkt hat? Hat doch offenbar auch der Arzt nicht die ‚Gesundheit-an-sich' im Auge, sondern die des Menschen, vielmehr die seines Patienten. Denn seine Kunst gilt dem einzelnen" [54]. Wenn aber die Kunst dem einzelnen gilt, dann war mit dieser These die Frage nach *dem* Guten aufgeworfen, das sich zum Guten im Sinn der Idee deutlich im Gegensatz befand.

Hirscher wußte um diese Problematik. Er wußte, daß mit einer Moral der abstrakten Ideale niemand gedient sein würde, aber in seinen Bemühungen um eine neue Moral sollte ja auch nicht eine abstrakte Idee den Ausgangspunkt bilden. Er wußte, daß eine Moraltheologie in seinem Sinne nicht einfach nur nach Art der praktischen Künste begriffen werden durfte, wenn in ihr das eigentümlich-Christliche tatsächlich zur Geltung gebracht werden sollte; aber seine Moraltheologie sollte ja auch nicht einem vordergründigen Praxisverständnis verpflichtet sein und mit dem Vordergründigen anfangen und enden. Er wußte aber auch, daß sich sein Konzept die Kritik einhandeln würde, es sei „fürs praktische Leben unzureichend" [55]. Dieser Kritik setzte er in der Vorrede zur 5. Auflage der ChM nicht eine gegensätzliche Argumentation entgegen, sondern lediglich den emphatischen Hinweis auf die Absicht, die er mit seinem Buch primär verfolgte. „Wenn meine Schrift", so ist in der ChM [5] I XXI (Vorrede) zu lesen, „(wie ichs anstrebte) zur Erkenntniß und Liebe Gottes in Christo, zu einer begeisternden Auffassung der menschlichen Lebensaufgabe, zur Erweckung der hl. Liebe, und zum Abscheu wider die Sünde bisher etwas beigetragen hat, oder weiterhin etwas beitragen kann, so war und ist sie auch praktisch." So wenig Argumentationswert diese Rechtfertigung auch zu haben scheint, so unmißverständlich gibt sie Auskunft über Hirschers moraltheologisches Konzept: Es ist im Blick auf das von Gott gegebene, gnadenhaft geschenkte, also dem Menschen nicht verfügbare Leben ganz und gar der Aufgabe verpflichtet, die diesem Leben adäquate Einstellung, d. h. christliche Spiritualität zu vermitteln; seine Moraltheologie soll, wie er formuliert, „praktisch" sein „von innen heraus".

2. *Die Entscheidung für die neue Erfahrungsbasis*

Indem sich Hirscher für diese Aufgabenstellung entschied, entschied er sich zunächst für die große theologische Tradition, die in allen Epochen der Theologiegeschichte anwesend war, auch wenn man ihr nicht immer vorbehaltslos vertraut hat. Vermutlich ließe sich zeigen, daß es den Vertretern dieses Traditionsstromes bei der theologischen Ausgestaltung der christlichen Sittenlehre nie primär um die Einbringung neuer materialer Normen ging, sondern um die Hervorhebung des formalen Aspekts, um das also, was Hirscher „Darstellung des christlichen, d. i. des aus Gott geborenen Lebens" nennt. Bei den Theologen, die das betonen, was man mit Hirscher auch als die Praxis von innen heraus bezeichnen kann, fällt jedenfalls auf, daß sie sich in Sachen der bis ins einzelne gehenden Normierbarkeit des sittlichen Tuns eine erstaunliche Zurückhaltung auferlegen. So bemerkt schon Clemens von Alexandrien, daß sich die christliche Wahrheit von der griechischen nicht durch Unterschiede bezeichnen lasse, die bis ins alltägliche Leben hinein sich zeigen. Man nennt, so bemerkt er, „ein und dieselbe Drachme, wenn sie dem Schiffer gegeben wird, Fährgeld, wenn dem Zolleinnehmer Zoll, und Miete beim Hausherrn, Lohn beim Lehrer und Anzahlung bei dem Verkäufer". Drachme ist zunächst Drachme. Dieser Indifferenzzustand hört aber sofort auf, wenn sie in einen Zusammenhang gerückt wird, in dem sie als Zahlungsmittel fungieren kann; dann wird sie bedeutungsvoll. Diese Bedeutung hat die Drachme nicht als Münze unter Münzen, sondern als Tauschobjekt unter Tauschobjekten ganz verschiedener Art, unter denen der Mensch auswählt. Erst auf dieser Ebene der Entscheidung und Wahl zeigt christliche Wahrheit sich wirksam, aber auch hier wiederum nicht in der Weise, daß die einzelne Entscheidung oder Wahl, wie sie vom gewählten Gegenstand her beschreibbar ist, einen Rückschluß zuließe auf die Wahrheit oder Unwahrheit, die dahinter sich verbirgt. Der Unterschied ist überhaupt nie gegenständlich angebbar, und zwar deswegen, weil alles Gegenständliche erst durch den Sinnzusammenhang, in den es durch göttliche oder menschliche Verfügung hineingestellt wird, bedeutungsvoll und dem Menschen aussagbar wird. Clemens von Alexandrien kann darum den Satz niederschreiben: „Mag nun auch die griechische Wahrheit den gleichen Namen mit der bei uns gelehrten tragen, so ist sie doch von ihr geschieden durch die bei unserer Wahrheit vorhandene Größe der Erkenntnis, durch die größere Erweisbarkeit ihrer Gültigkeit und durch ihre göttliche Kraft" [56].

Es scheint, Clemens von Alexandrien reduziert den Unterschied zwischen der christlichen und griechischen Wahrheit auf bloße Quantitäten. Vor einer solchen Auffassung ist man gewarnt durch seinen Hinweis auf die weiterreichende

Gültigkeit der christlichen Wahrheit. Im griechischen Text stehen die Worte: ἀπόδειξις κυριωτέρα. Gemeint ist, daß die christliche Wahrheit kraft ihrer göttlichen Herkunft der griechischen Wahrheit deutlich überlegen ist durch die weiterreichenden Beweisgründe, die sie ihren Anhängern für die sinnvolle Bewältigung der den Menschen bedrängenden Fragen anbietet. Der Unterschied zwischen griechischer und christlicher Wahrheit ist, sieht man genau zu, nur durch Einbeziehung des Menschen zu bezeichnen; er fällt nur für den ins Gewicht, der durch Entscheidung und Wahl diese Wahrheit sich verbindlich macht. Die Dimension des Quantitativen und Gegenständlichen ist damit überschritten. Hirscher wußte um dieses Problem und die methodischen Fragen, die dem Moraltheologen damit gestellt waren. Nur so wird einigermaßen verständlich, was ihn umgetrieben hat, als er schrieb: „Es verhält sich nemlich mit dem geistigen Leben wie mit dem leiblichen. Nun wird aber Niemand behaupten können, ein Verständniß dieses letzteren zu haben, wenn er dasselbe nicht in seiner Entwicklung und seinen Verrichtungen begriffen hat aus den zu Grund liegenden Kräften und ihrer Wechselwirkung." Nur so erscheint sein Vorbehalt gegenüber der kasuistischen Methode in der Moraltheologie im rechten Licht. Zurückhaltung gegenüber der bis ins einzelne gehenden Normierung des sittlichen Tuns hat sich sogar Augustinus auferlegt, wie auch Thomas von Aquin bezeugt[57]. Dieser selbst hat seine Auffassung zu dieser Frage, abgesehen von dem, was darüber in der Lehre von der Klugheit enthalten ist, in die Sätze gekleidet: „... weil die menschlichen Akte gemäß den verschiedenen Gegebenheiten (der Person, der Zeit und der anderen Umstände) abgewandelt werden müssen, deshalb gehen die Schlußfolgerungen nicht einmal aus den ersten Vorschriften des Naturgesetzes so hervor, als besäßen sie immer Geltung, sondern diese Geltung kommt ihnen nur meistenteils zu. Und die ganze Materie der Moral ist so beschaffen ..."[58]. Ebendieser Gedanke hat, motiviert durch die raschen Veränderungen, die sich in der technisierten Welt vollziehen, auch in die Pastoralkonstitution (Nr. 53) Eingang gefunden; er ist dort verbunden mit der allgemeinen Weisung: Die Laien „mögen ... nicht meinen, ihre Seelsorger seien immer in dem Grade kompetent, daß sie in jeder, zuweilen auch schweren Frage, die gerade auftaucht, eine konkrete Lösung schon fertig haben könnten oder die Sendung dazu hätten." Theologisch wichtig an diesem Satz ist die Schlußbemerkung, die besagt, daß der Sendungsauftrag der Hirten in der Kirche am Weltauftrag der Laien seine Grenze hat.

Hirscher hat diese Grenze auch gesehen, aber er hat auf sie hingewiesen, um sie zu überwinden; als das Überwindende erkannte er die ursprüngliche Sendung aller Getauften. „... die heil. Apostel und Jünger, und deren rechtmäßige Nachfolger ... sind nur die nächsten, die eigens gesendeten, nicht aber die ausschließenden Diener des Werkes", das der Kirche aufgetragen ist. „Auch die Laien sind mitthätig. Auch sie nämlich haben den heil. Geist in sich empfangen, und fühlen sich kraft dieses Geistes getrieben, das Reich der Erkenntniß und Liebe Jesu Christi zu verbreiten"[59]. Von dieser dem Menschen nicht verfügbaren und durch eine gesetzliche Regelung auch gar nicht zu erreichenden Ausgangsbasis her wird es allein begreiflich, daß die Frage nach der Brauchbarkeit der Moraltheologie für Hirscher weder nur auf der Ebene des Theoretischen noch nur auf der Ebene des Praktischen beantwortbar ist. Die Brauchbarkeit der Moraltheologie ergibt sich vom Grundsätzlichen her; sie ist insoweit gegeben, als die Moraltheologie den Gesetzen, nach denen sich das von Gott gegebene Leben in dieser Welt entfaltet, gerecht wird. Das grundlegende Gesetz dieses Lebens bezeichnet Hirscher mit dem Begriff Mitwirksamkeit[60]. Gemeint ist die Art und Weise, wie Personen das ihnen Eigene oder Gegebene, das Personale also, einander mitteilen und zur Basis ihres Miteinander machen. Zu einem besonderen Problem wird die Mitwirksamkeit angesichts der Wirklichkeit, die mit der Formel „Gott in Christus" zu bezeichnen ist.

Indem Hirscher seine Moraltheologie im Blick auf diese Wirklichkeit konzipierte, gelangte er zu einem neuen Konzept. Das Neue daran ist zu erblicken in der Grundsätzlichkeit und Konsequenz, mit der das ethische Motiv gegenüber dem politischen zur Geltung gebracht wird. Hirscher verfolgt nicht gegenständlich angebbare Ziele (politisches Motiv); die Intention seiner Moraltheologie ist es, den Menschen selbst in Bewegung zu bringen (ethisches Motiv). Das aber ist sinnvoll nur dort möglich, wo der Mensch ausdrücklich auch seine Erfahrungsbasis zum Gegenstand seiner Verantwortung macht und *vom Grundsätzlichen zum Brauchbaren* zu gelangen sucht. Der umgekehrte Weg muß dahin führen, daß nach der Eliminierung der Theologie aus der Ethik das Streben des Menschen nach Emanzipation mit der Emanzipation vom Ethischen sein Ende findet.

Es war Hirschers Überzeugung, daß eine am Gegenständlichen orientierte Moraltheologie, die ja immer ins Einzelne gehen muß, diese Entwicklung nicht aufhalten kann.

1 In: ChM [1]I 34—79. Der vollständige Titel des Werkes lautet: *Die christliche Moral als Lehre von der Verwirklichung des göttlichen Reiches in der Menschheit,* 3 Bände, Tübingen 1835. Die ChM erschien in 5 Auflagen, zuletzt 1851. — Die wichtigste Literatur über Johann Baptist Hirscher ist verzeichnet bei Franz Xaver *Arnold,* Art. *Hirscher,* in: LThK [2]V 383—384; siehe dazu außerdem J. *Rief, Reich Gottes und Gesellschaft nach Johann Sebastian Drey und Johann Baptist Hirscher.* (Abhandlungen zur Moraltheologie, herausgegeben von J. Stelzenberger, VII), Paderborn 1965, und Erwin *Keller, Johann Baptist Hirscher* (Wegbereiter heutiger Theologie, herausgegeben von H. Fries und J. Finsterhölzl), Graz-Wien-Köln 1969.

2 ChM [1] I 71.

3 ChM [1]I 73.

4 ChM [1] I 75.

5 In: ThQ 1 (1819) 254.

6 *Handbuch der christlichen Moral* (3 Bände, München 1817), I 5—6.

7 *Die Theologie der Vorzeit* (5 Bände, München [2]1867—1874), I 10.

8 Die neue Literatur der Moraltheologie, in: Literarischer Handweiser. Münster 1867, 243; zit. nach A. *Exeler, Eine Frohbotschaft vom christlichen Leben. Die Eigenart der Moraltheologie Johann Baptist Hirschers* (1788—1865), Basel Freiburg Wien 1959, 14.

9 Ebd. 243.

10 Vgl. ChM [1]I V (Vorrede).

11 ChM [4]I XI (Vorrede).

12 ChM [1]I III (Vorrede).

13 Ebd. III.

14 Ebd. III.

15 ChM [4]I XI (Vorrede).

16 ChM [4]I XII (Vorrede).

17 ChM [5]XVII-XXIV (Vorrede).

18 ChM [1]I IV (Vorrede).

19 ChM [1]I 7; dazu ebd. IV-V (Vorrede) und ChM [5]I XXI-XXIV (Vorrede).

20 ChM [1]I 6—7.

21 Der erste Satz in *Hirschers* ChM [1]I 1 lautet: „Die christliche Religionswissenschaft von Gott in Christus."

22 ChM [1]I 6—7.

23 ChM [1]I V (Vorrede).

24 Ebd. V.

25 ChM [1]I 452.

26 ChM [1] I 453.

27 ChM [1]I VII (Vorrede).

28 ChM [4]I XI (Vorrede).

29 ChM [1]I 4.

30 Vgl. ChM [1]I 3—4.

31 ChM [1]I 4.

32 ChM^{1} I 4—5.

33 ChM^{1} I 99; ähnlich ChM^{5} I 97.

34 ChM^{1} I 4.

35 ChM^{1} I VII (Vorrede).

36 F. W. J. *Schellings* Werke, herausgegeben von M. Schröter (München 1927 ff.), III 237.

37 Vgl. J. *Rief, Reich Gottes und Gesellschaft,* 132—138.

38 W. *Post,* Art. *Theorie und Praxis,* in: Sacramentum Mundi IV 895.

39 In: *Geist des Christenthums,* Mainz 1835, 10.

40 In: ThQ 2 (1820) 195—235 und ThQ 5 (1823) 193—262 und 371—420.

41 E. *Krebs, Hirscher und die Wiedergeburt des katholischen Lebens in Deutschland,* in: FreibDiözArch NF 14 (1913) 172—173.

42 ChM^{1} I VIII (Vorrede).

43 ChM^{1} I VIII-IX (Vorrede).

44 ChM^{5} I XVIII (Vorrede).

45 ChM^{5} I XX (Vorrede).

46 Ebd. XXII.

47 Ebd. XXII-XXIII.

48 Ebd. XXII.

49 Ebd. XXI.

50 *Katechetik. Oder: Der Beruf des Seelsorgers, die ihm anvertraute Jugend im Christenthum zu unterrichten und zu erziehen,* Tübingen 1834, VI (Vorrede).

51 *Über Richtungen und Ziele der heutigen Moralwissenschaft,* in: Gesammelte Schriften (Kempten und München, 1912), I 179.

52 ChM^{4} I XI (Vorrede).

53 ChM^{5} I XII (Vorrede).

54 Nik. Ethik I 4 (1096b—1097a).

55 ChM^{5} I XXI (Vorrede).

56 *Stromata* I 20, in: PG 8, 816 A—B.

57 STh I II q. 107 a. 4; dort der Verweis auf *Augustinus,* Ep. LV 19,35, in: PL 33,221.

58 In IV Sent. d. 33 q. 1 a. 2.

59 ChM^{5} II 35.

60 Ebd. 35.

Die theoretische Grundlegung gesellschaftlichen und politischen Handelns in den „Grundrissen der Kritik der politischen Ökonomie"

Siegfried Dangelmayr (Reutlingen)

Der enge Bezug der theoretischen Arbeiten von Karl Marx zum Bereich des politischen und gesellschaftlichen Handelns kann von verschiedenen Seiten her thematisiert werden. Insbesondere die Frühschriften sind nur zu verstehen in diesem und von diesem Praxisbezug her. Während jedoch das Kapital deutlicher als die früheren Schriften ausdrücklich theoretischen, und zwar einen hochqualifizierten theoretischen Anspruch erhebt und im allgemeinen von der Marx-Interpretation auch in diesem Rahmen gewürdigt wird, ist die Stellung der Grundrisse nicht eindeutig definiert [1]. Dieses Manuskript stellt sicher eine Zwischenstufe dar auf dem Weg von den anthropologisch orientierten, von Hegel beeinflußten Frühschriften zu dem auf weite Strecken nahezu ausschließlich ökonomischen Hauptwerk. Für die biographische Seite des Theorie-Praxis-Bezuges bei Marx sind sie insofern interessant, als eine Deutung naheliegt, die das nationalökonomische Unternehmen als eine Art Marxscher Rückwendung zur Theorie nach dem Scheitern der revolutionären Hoffnungen versteht [2]. Diese Deutung ist psychologisch-biographisch, sie hat eine gewisse Berechtigung, denn nach dem Scheitern der Revolution hat Marx tatsächlich mit größerer Intensität den Problemkreis Nationalökonomie aufgearbeitet und in eine eindrucksvolle nationalökonomische Theorie integriert.

Die Kontinuität des Marxschen Lebenswerkes ist indessen unbestritten. Einerseits knüpfen die Grundrisse unmittelbar an die Jugendschriften an, indem sie sich als Thema von vornherein die gesellschaftliche materielle Produktion der menschlichen Individuen vornehmen [3]. Damit wird für die Themenstellung der ökonomischen Untersuchungen das Ergebnis der philosophisch-anthropologischen Kritik als bereits erarbeitete und gültige Grundlage angesetzt. Der „Rohentwurf" geht aus von der Realität des Menschseins, die in den frühen Schriften als der Bereich der gesellschaftlichen menschlichen Produktionstätig-

keit identifiziert und festgestellt wurde. Die frühe anthropologische Kritik an der Philosophie Hegels, an Recht und Staat, ist als Vorarbeit anzusehen, als Erarbeitung der eigentlichen Problemebene bzw. des Gegenstandes, der in der Destruktion seiner Verstellungen erst anzuvisieren war. Mit der erreichten Problemebene — dem Realitätsbereich „Ökonomie" — beginnt dann die Arbeit des Zu-Begriffe-Bringens dieses Realitätsbereichs. Interessanterweise erfolgt auch dies nun primär nicht als unmittelbare Phänomenologie des ökonomischen Lebens, sondern in der Form einer Kritik der herrschenden nationalökonomischen Theorie, die als letzte Verstellung den unverstellten Blick auf die Struktur der konkreten Realität des Menschen freizugeben hat, aus dem heraus der bewußte Vollzug der wahren Praxis erfolgt.
Die Praxis zugleich begreifende und begründend begleitende Theorie der Marxschen Kritik der politischen Ökonomie bedeutet keine Abkehr, sondern eine den veränderten Umständen und Aktionsbedingungen entsprechende Schwerpunktverlagerung der theoretisch-praktischen Aktivität. Die Einheit von Theorie und Praxis ist nie gefährdet. Wie sie sich im politisch-praktischen Bereich in der Aktivität im Rahmen der Internationale manifestiert, so im theoretischen Bereich in der Einheit der Themenstellung „materielle Produktion der gesellschaftlichen Individuen", die als Leitthema der Frühschriften den Grundrissen vorangestellt wird. Dieses Thema wird konkret durchgeführt als Auslegung der „Anatomie" der bürgerlichen Gesellschaft, als Analyse und zugleich Kritik der derzeitigen Entwicklungsstufe der Totalität des menschlichen Seins. Als solche konkrete Analyse der wahren menschlichen Realität in ihrer gleichfalls konkreten Dialektik von Gewordensein und Zukünftigkeit ist die Marxsche Kritik der politischen Ökonomie umfassend begreifende Begründung von politischem und gesellschaftlichem Handeln als der Wahrheit und Eigentlichkeit des gesellschaftlichen Individuums.

Grundkonzeption: Geschichte der Produktion als dialektische Schlußbewegung

Die Diskussionen der Frühschriften haben noch primär die philosophisch-ideologischen Entfremdungsformen zum Gegenstand. Die Nationalökonomie wird in der Auseinandersetzung mit der Philosophie erst als Gegenstand gewonnen. Gegenüber der Philosophie reichte die Hinwendung zur Nationalökonomie als prinzipielle Kritik aus. Mit dem Erreichen des neuen Standpunktes zeigte sich jedoch sogleich das Nicht-Ausreichen der Ideologiekritik für das Vollbringen der praktisch-ökonomischen Revolution, nicht zuletzt deshalb, weil es bereits eine ausgebildete und differenzierte bürgerliche Nationalökonomie gab. In den nationalökonomischen Arbeiten war also gleichzeitig mit der eigentlichen Begriffsarbeit die Kritik der bürgerlichen Nationalökonomie zu leisten. So erfolgt hier etwas Neues, denn eine detaillierte Analyse des Zirkulationsprozesses des Kapitals hätte den jungen Marx noch relativ wenig interessiert. Nicht zuletzt erfährt dabei auch die in der frühen Periode gewonnene Kategorie der Klasse eine „wissenschaftliche" Verschärfung durch die nun nicht mehr ethisch-philosophische, sondern wirtschaftlich-ökonomische Definition von Kapital und Lohnarbeit.

Der anthropologische Grundansatz ergab sich aus der im Anschluß an die Hegelkritik durchgeführten grundsätzlichen Kritik des philosophischen, ideologischen Bewußtseins in der Deutschen Ideologie, namentlich im Feuerbach-Kapitel, sowie in den Thesen über Feuerbach. Die bekannte klassische Formulierung findet sich am Beginn der Deutschen Ideologie: „Wie die Individuen ihr Leben äußern, so sind sie. Was sie sind, fällt also zusammen mit ihrer Produktion, sowohl damit, was sie produzieren, als auch damit, wie sie produzieren." „Indem die Menschen ihre Lebensmittel produzieren, produzieren sie indirekt ihr materielles Leben selbst"[4]. Dieser Ansatz impliziert für den Standpunkt der Grundrisse dieselben wesentlichen Strukturen wie für die Deutsche Ideologie. Das Sein des Menschen ist primär physisches, körperliches Sein, verstanden als Tätigkeit, Lebensäußerung, die sich selbst reproduziert, indem sie ihre Lebensmittel produziert. Dieser Vorgang geschieht als Kommunikationsprozeß mit der ebenfalls materiell-körperlichen Natur, als „Bearbeitung" der Natur. Damit ist er als subjektiv-objektiver Vorgang, als gegenständliches Verhalten charakterisiert. Der Mensch eignet sich die Natur gesellschaftlich an, indem er sich selbst materiell reproduziert[5].

Produktion als gegenständliches Verhalten impliziert das Verhältnis von Arbeit und Arbeitsmittel, aus dem sich das Verhältnis von Produktion, Produktivkraft und Produktionsbedingung ergibt, beides grundgelegt in dem subjektiv-objektiven Doppelcharakter der materiellen, gegenständlichen Lebenstätigkeit. Arbeitsmittel ist zunächst im objektiven Sinne die „Erde" als die „unorganische Natur des lebendigen Individuums"[6]. Arbeitsmittel ist dann aber auch das

Produktionsinstrument als historisches Produkt vergangener Arbeitsprozesse, subjektiv in Form der Fähigkeiten und Fertigkeiten des Arbeiters existierend, objektiv in Form der aus der vergangenen Arbeit und Aneignungstätigkeit hervorgegangenen, vor allem industriellen Produktionsmittel [7]. Mit diesen Implikationen des Begriffs der Produktion ist bereits die weitere entscheidende Implikation des wesentlich geschichtlichen Charakters der so begriffenen menschlichen Wirklichkeit gesetzt: Es gibt keine „Produktion im allgemeinen", sondern stets nur besondere Produktion, und diese jeweils als bestimmte Totalität auf einer bestimmten historischen Entwicklungsstufe, die charakterisiert ist durch die Bedingungen ihrer Entstehung sowie durch die in ihr selbst gesetzten Bedingungen ihrer Auflösung in eine neue Form bzw. Stufe.

Das Grundgesetz der historischen Entwicklung der menschlichen Gesellschaft als einer produzierenden wird von Marx prägnant umschrieben als zweckbestimmter Vorgang, der auf Erhaltung bzw. Reproduktion der jeweils bestehenden Verhältnisse ausgerichtet ist, sich aber zugleich notwendig als „Neuproduktion und Destruktion der alten Form" vollzieht [8]. Die Notwendigkeit der Erhaltung des Alten bringt jeweils die Destruktion der ursprünglichen Bedingungen des Entstehens mit sich, so daß die Produktionsform in einen Gegensatz umschlägt. Dieses Grundgesetz wird von Marx aufgezeigt an den verschiedensten historisch beschreibbaren Gesellschaften. Es ist jedoch nicht zu übersehen, daß für ihn lediglich die europäisch-abendländische Entwicklungslinie ausschlaggebend ist: Sie assimiliert sich alle anderen existierenden Gesellschaften im Laufe ihrer geschichtlichen Ausdehnung.

Für die Nachfolger von Marx, insbesondere für den orthodoxen Marxismus, gliedert sich diese Entwicklung in eine Abfolge von dialektischen Prozessen (Klassenkampf und Revolution), die eine stufenweise Höherentwicklung von Gesellschaft und Produktionsweise darstellt. An den für diese Lehre vom dialektischen Fortschritt entscheidenden Stellen der „Grundrisse" wird jedoch eine andere Struktur sichtbar als diese gewöhnlich beschriebene. Und zwar liegt danach nur eine einzige, letztlich ausschlaggebende und alles andere umgreifende dialektische Bewegung, nur *ein* „Schluß" vor: Diese Bewegung umgreift die Geschichte der Menschheit als die Geschichte der gesellschaftlich ihre Lebensmittel produzierenden, diese verteilenden und konsumierenden menschlichen Individuen vom ersten Moment der „Menschwerdung" an bis zum Schlußpunkt der Machtergreifung der assoziierten Produzenten. Unter den verschiedenen Aspekten des gesellschaftlichen Produktionsprozesses betrachtet, stellt sich diese Schlußbewegung unterschiedlich dar. Ausgangspunkt ist jedoch stets das „natürliche" menschliche Individuum, der Mensch, wie er sich zunächst, am Beginn seiner Menschwerdung, vom Tier unterscheidet, wenn er seine Lebensmittel unmittelbar mit den natürlich vorgegebenen Arbeitsmitteln für natürlich gegebene Bedürfnisse produziert. Naturbedürfnis und Naturtätigkeit stellen den Beginn einer Entwicklung dar, die fortführt zu geschichtlich gewordener Tätigkeit. Erst die geschichtlich gewordene Produktionstätigkeit, die geschichtlich gewordenen gesellschaftlichen Produktivkräfte, sind *entwickelte* menschliche Tätigkeit. Kennzeichen dieses Entwickelt-Seins ist das Verschwinden der „Naturnotwendigkeit in ihrer unmittelbaren Form" [9].

Dialektisch gewendet erscheint diese Bewegung so, daß die Individuen ursprünglich — als These — alles, was sie sind, in sich haben, als natürliche Fülle. So erscheint das natürliche Individuum „voller", weil es die „Fülle seiner Beziehungen" noch als unmittelbare Bestimmungen an sich hat. [10]. Der geschichtliche Prozeß besteht darin, daß diese ursprüngliche Fülle vom Menschen „herausgearbeitet" und „als von ihm unabhängige Mächte und Verhältnisse" ihm gegenübergestellt wird. Die Antithese umfaßt die Entwicklung der Produktionsmittel und Produktivkräfte, in deren Verlauf die Produktion, d. h. die Selbstbetätigung der gesellschaftlichen Individuen, allseitig ausgebildet bzw. aus der Unmittelbarkeit der Naturbestimmtheit herausgebildet wird. Damit ist einmal die völlige „Entleerung" der tätigen Individuen und zugleich das Verhältnis des „Gegenüberstehens" der objektivierten Produktionsmittel gesetzt. Den Abschluß des Prozesses bildet als Synthese die Rücknahme der objektivierten und so universal entwickelten „Vermögen" der Individuen unter der Form gemeinschaftlicher Kontrolle der gesellschaftlichen Verhältnisse als endgültiges Produkt der Geschichte.

Der historische Werdeprozeß ist ein einziger dialektischer Schluß-Prozeß der Gesellschaft als des Inbegriffs der Gesamtheit der menschlichen Beziehungen. Gesellschaftlich betrachtet erscheint der Prozeß zugleich und in eins mit der verobjektivierenden Entleerung der Individualität als Verwandlung des ursprünglichen, naturwüchsigen Gattungswesens Mensch in das vereinzelte, austauschende Privatindividuum der bürgerlichen Gesellschaft [11]. Hauptmittel dieser fortschreitenden Vereinzelung ist der *Austausch* selbst, denn er macht das „Hürdenwesen", d. h. die naturwüchsige Bindung des Menschen an die Stammesgemeinschaft, überflüssig. Das gemeinschaftliche Wesen des Menschen wird im Zustand des vereinzelten Privatindividuums außerhalb seiner selbst gesetzt, dadurch wird der einzelne frei in einem zugleich negativen und positiven Sinn: Der positive Sinn der Freiheit des vereinzelten Einzelnen verwirklicht sich in der freien Assoziation der gesellschaftlichen Produzenten, die das ursprüngliche Gattungswesen auf höherer Stufe wiederherstellen, indem sie ihre eigene Daseinsform des vereinzelt austauschenden, konkurrierenden Privatmenschen aufheben.

Im Hinblick auf die konkrete Gestalt der menschlichen gesellschaftlichen Beziehungen formuliert Marx die Schlußbewegung des historischen Prozesses als Aufhebung der ursprünglichen persönlichen Abhängigkeitsverhältnisse der Urgesellschaft sowie der antiken und feudalen Gesellschaft in ein System persönlicher Unabhängigkeit bei durchgehender sachlicher Abhängigkeit im bürgerlichen Zeitalter. Dieses System bringt mit sich die Ausbildung „der universalen Beziehungen, allseitiger Bedürfnisse und universeller Vermögen", die universale Ausbildung der Produktionskräfte, aber eben als außerhalb des Menschen existierender sachlicher Mächte über den Menschen. Die dritte Stufe stellt dann die *freie*, gesellschaftlich entwickelte Individualität und die gemeinschaftliche Kontrolle der gesellschaftlichen Arbeit dar[12]. Der private Austausch wird überwunden durch den „freien Austausch von Individuen, die assoziiert sind auf der Grundlage der gemeinsamen Aneignung und Kontrolle der Produktionsmittel"[13].

Im Sinne dieser Grundanschauung vom Menschen und seiner Geschichte sind die mehrschichtigen und nicht konsquent geordneten Materialmassen der Grundrisse zu interpretieren. Es überrascht nicht, daß hierbei zwei Knotenpunkte festzustellen sind, um die sich die Analysen und Materialsammlungen gruppieren lassen. Es sind dies entsprechend der dreigliedrigen Gesamtdialektik der Entwicklungsgeschichte der gesellschaftlichen Arbeit zwei Knotenpunkte: Einmal der Übergang von einem ursprünglichen, wenn auch geschichtlich und regional äußerst vielgestaltigen Naturzustand der unmittelbaren Einheit von produzierendem Individuum und Arbeitsmittel in der Gesellschaftsform der persönlichen Abhängigkeiten in das Stadium der kapitalistischen Produktionsweise der bürgerlichen vereinzelten Individuen, die als Produzenten dem Kapital gegenüberstehen, sodann der Knotenpunkt des endgültigen Übergangs von der Entfremdungsform zur Gesellschaft der frei assoziierten Individuen,

die ihre Produktionsmittel gemeinsam kontrollieren. Die beiden Übergänge von der These zur Antithese sowie von der Antithese zur Synthese stehen im Mittelpunkt von Marx' Untersuchungen, denn hier muß er seinen Grundansatz jeweils konkret verifizieren.
Methodisch von entscheidender Bedeutung ist hierbei, daß Marx zwar dialektisch-begrifflich arbeitet, aber die konkreten Inhalte seiner Begriffsdialektik — durchaus in der Konsequenz des Hegel kritisierenden Ansatzes der Frühschriften bei der „Empirie" — aus den Fakten und Ergebnissen der Geschichtswissenschaft bzw. eben der Wirtschaftsgeschichte entnimmt und so den dialektischen Umschlag der These in die Antithese von vornherein als ausschließlich historisches Faktum bestimmt. Damit erfolgt letztlich auch eine Unterordnung unter die methodischen Gesetze der Historie, auch die Einräumung einer historisch-empirischen Falsifizierbarkeit[14].

Antithese: Entäußerung und Vereinzelung

Naturgemäß überwiegen dabei bei weitem das Material und die Analysen zum Thema Entstehung und Charakteristik des kapitalistischen Produktionsprozesses als bereits aktenkundiger Geschichte. Hier ist es vor allem das Problem der sog. ursprünglichen Akkumulation, das Marx in der Absicht einer kritischen Destruktion der bürgerlich-nationalökonomischen Betrachtungsweise immer wieder in Angriff nimmt. In historischer Sicht wird der Übergang von der mittelalterlich-feudalistisch-ständischen Produktionsweise zur bürgerlich-kapitalistischen als Prozeß untersucht, der durch die Voraussetzungen charakterisiert ist, die in ihn eigehen[15]. Der kapitalistische Produktionsprozeß hat zur ersten definitionsgemäßen Voraussetzung das Vorhandensein von konzentriertem, angehäuftem Geldvermögen als potentiellem Kapital. Solches Geldvermögen existierte seit jeher in der Gestalt des Kaufmannsstandes, der unter den Bedingungen der mittelalterlichen Produktionsweise eine Nebenrolle spielte und lediglich den *Austausch* von Gütern besorgte, die nicht in den normalen Produktions- und Konsumtionsprozeß integriert waren. Das Geldvermögen des Kaufmannsstandes erschöpft sich im Kauf und Verkauf, also im Austausch von Tauschwerten; dieser ist prinzipiell seine Bestimmung. Seine Entwicklung zum Kapital setzt voraus die Auflösung der alten Einheit von Produzenten und Produktionsmitteln in der feudalistischen Gesellschaft. Diese Auflösung war ein lang andauerder Prozeß, an dem das Geldvermögen beteiligt war und der dessen „Akkumulation“ seinerseits vielfältig förderte. In seinem Verlauf entstanden auf der einen Seite freie, d. h. frei verfügbare Anhäufungen von Produktionsmitteln, auf der anderen Seite persönlich frei gewordene, aber besitzlose und so auf den Verkauf ihrer Arbeit angewiesene Arbeiter. Auf der Grundlage dieser im einzelnen aufgezeigten, quellenmäßig belegten Trennung konnte sich das vorhandene Kaufmannskapital als Vermittler zwischen Arbeit und Produktions-, sowie Subsistenzmittel einschalten. Damit mündet der Zirkulationsprozeß des Geldes in denjenigen des Kapitals ein. Denn mit der Verfügbarkeit und Käuflichkeit von Produktionsmitteln und Arbeit wurde die Käuflichkeit, der Austausch von Tauschwerten, zum allgemeinen Gesetz der gesellschaftlichen Beziehungen.

Die historischen Fakten werden von Marx in eine dialektische Theorie eingeordnet. Deren Zentrum ist der Begriff des Kapitals bzw. die spezifische Gestalt des Produktionsprozesses unter den Bedingungen der bürgerlichen Gesellschaft. Mit der Beschreibung der Entstehung dieser Produktionsweise sind bereits ihre begrifflichen Bestimmungen angegeben: Entscheidend ist die Trennung der Arbeitsinstrumente und Lebensmittel von den arbeitenden Produzenten und damit von der Arbeit, so daß beide nur dadurch zum Produktionsakt zusammenkommen, daß und wenn sie von dem vorhandenen Geldvermögen aufgekauft werden, das sich in diesem Moment in Kapital verwandelt. Die Arbeitsinstrumente werden Privateigentum des Kapitalisten, indem sie aus dem traditionellen gesellschaftlichen Produktionsprozeß (verkörpert im feudalen bzw. ständischen Eigentum) herausgenommen werden, während gleichzeitig die Arbeitskraft des Arbeiters zu dessen Privateigentum erklärt wird, das er „frei“ verkaufen kann. Der Austausch von Tauschwerten, das Gesetz des kaufmännischen Handels (mit dem frühen Marx gesprochen: des Schachers) mit seiner immanenten Zwecksetzung des Profitstrebens wird zur Grundform der gesellschaftlichen Beziehungen der Individuen, die als einzelne, als Privatmenschen, voneinander isoliert sind, weil ihre ursprüngliche Gemeinschaftsbeziehung — Produktionsprozeß und Produktionsmittel — von ihnen getrennt als Eigentum des Geldvermögens, als Kapital existiert.

Die Trennung der Individuen voneinander und von ihrem Arbeitsinstrument, das keinem von ihnen mehr gehört, bedeutet zugleich die Freisetzung der gesellschaftlichen Produktivkräfte in der Gestalt des prozessierend sich selbst auf einer höheren Stufenleiter reproduzierenden Kapitals. Das notwendige Korrelat dieser Trennung ist ein Austausch in der Form des kapitalistisch-kaufmännischen Privataustausches. Dessen totale Herrschaft bringt unmittelbar mit sich die durchgängige Verwandlung der Gebrauchswerte in Tauschwerte, die hier ihren systematischen Ort besitzt: Dieses Systemelement stellt das Bindeglied dar zwischen der frühen Kritik der bürgerlichen Gesellschaft, die sich (besonders in den Erörterungen zur Judenfrage) auf den „Schacher" bezieht, und der späteren nationalökonomischen, jedoch aus diesem ursprünglichen Zusammenhang zu verstehenden Mehrwertlehre [16].

Der Zwang, seine Arbeitskraft — in zeitlich fixierten Quanten — zu verkaufen, bedingt eine Differenz zwischen dem Gebrauchswert der Arbeit, den der Kapitalist verwertet, und ihrem Tauschwert, der wie jeder Tauschwert durch die gesellschaftlichen Produktionskosten festgelegt ist. Um diese Differenz geht es dem Arbeitskraft kaufenden und so Arbeit in seinen Zirkulationsprozeß integrierenden Kapital, aus ihr entspringt der „Mehrwert", der auf der „Surplusarbeit" beruht, die der Arbeiter über seine eigenen „Reproduktionskosten" hinaus leistet. Der Mechanismus, der diese Surplusarbeit erzwingt und daraus den Profit und die ständige Vermehrung des Kapitals entstehen läßt, ergibt sich zwingend und unabänderlich aus dem historisch gewordenen Faktum der Trennung und Isolation des Arbeiters vom Arbeitsinstrument, also von dem für seine Existenz und Selbstbetätigung unabdingbar erforderlichen Mittel seiner gesellschaftlichen Produktion und Selbst-Reproduktion, sowie der damit automatisch mitgesetzten Isolation der einzelnen Produzenten untereinander, die als Privateigentümer ihrer Arbeitskraft nur durch Vermittlung des Kapitals zu gemeinsamer Produktion zusammenkommen können [17].

Es gehört zum Begriff der kapitalistischen Produktionsweise, daß aus der Verwertung von Kapital und Lohnarbeit zwar zu konsumierende Gebrauchswerte hervorgehen, gleichzeitig aber das Surplus auf der Seite des Kapitals entsteht, das nicht konsumiert, sondern akkumuliert wird. Die nationalökonomischen Untersuchungen der Grundrisse analysieren im Detail den Zirkulationsprozeß des Kapitals auf dieses Ergebnis und diese Tendenz hin. Der Profit des Kapitalisten aus der Verwertung des eingetauschten Gebrauchswertes „Arbeit" verstärkt und potenziert jeweils von neuem die Grundmasse des Kapitals, das dann in einen neuen Zirkulationsprozeß eingeht. Die Surplusarbeit des Arbeiters geht als „Surplusprodukt“ in den Besitz des Kapitalisten über und wird so selbst Kapital[18]. Die fortschreitende Akkumulation verwandelt immer mehr „vergegenständlichte Arbeit“ in Kapital, in dessen Gestalt die „sachlichen Arbeitsbedingungen“ der lebendigen Arbeit dem Arbeiter gegenüber auftreten[19].

Die volle und allseitige Entwicklung der gesellschaftlichen Produktivkräfte der Arbeit wird vom Kapital im Laufe seiner totalen Durchsetzung immer weiter vorangetrieben: Es werden immer neue Möglichkeiten und Potenzen für die Produktion erschlossen, die Arbeitsmittel werden qualitativ und quantitativ ausgebaut, sie werden immer effektiver: Das liegt gerade in der Tendenz des den Surpluswert „erpressenden“ Zirkulationsprozesses der kapitalitischen Produktion. Aber diese gesellschaftlichen Produktivkräfte treten im Rahmen der bestehenden Produktionsweise auf als dem eigentlichen Produzenten, dem Arbeiter gegenüber „fremde, als Wirkungsweisen des Kapitals“. Subjekt der Kollektivkraft der Arbeit ist das Kapital als Konzentration der sachlichen Arbeitsbedingungen, die vom lebendigen Arbeitsvermögen getrennt ist und dieses im Austausch unter sich subsumiert und beherrscht[20]. Auch diese Subsumtion und Beherrschung ist ein fortschreitender Prozeß. Seine Zuspitzung erfährt er im Aufkommen der Maschinen, in der Umwandlung der traditionellen Arbeitsmittel in ein „automatisches System der Maschinerie“. Die Automatisierung bedeutet für Marx die totale Eingrenzung des Arbeiters auf eine Teilfunktion, während der Produktionsprozeß als solcher zur beherrschenden und übergreifenden Einheit wird, „die seinem einzelnen, unbedeutenden Tun gegenüber als gewaltiger Organismus ihm gegenüber erscheint“[21].

Theoretische Aufhebung als Kritik der politischen Ökonomie

Die Marxsche Analyse von Begriff und Struktur des kapitalistischen Produktionsprozesses ist von vornherein kein neutrales Beschreiben. Die Analyse impliziert vielmehr bereits die Kritik — Kritik im Sinne des jungen Marx (und der Junghegelianer), aber nun vorgetragen und formuliert als „Kritik der politischen Ökonomie“, kritische Aufhebung, Überwindung und Befreiung zur praktisch-politisch-tätigen Aufhebung. Die Kritik richtet sich zunächst und unmittelbar gegen den „Schein“, der der bürgerlichen Nationalökonomie das

Gepräge gibt, gegen die wissenschaftliche Gestalt, in welcher die ökonomisch-gesellschaftliche Realität im Rahmen der klassischen Nationalökonomie erscheint, die jene für das allgemeine Bewußtsein zu rechtfertigen hat. Mit der Kritik dieser wissenschaftlichen Erscheinungsweise wird die wahre Natur des kapitalistischen Produktionsprozesses in ihrer Widersprüchlichkeit, ihrem Ungenügen und ihrer Unmenschlichkeit sichtbar, und mit diesem Sichtbarmachen ist bereits die grundlegende theoretische Kritik geleistet.

Eine erste Stoßrichtung geht gegen die „Illusion" der Allgemeingültigkeit und Naturgesetzlichkeit der kapitalistischen Produktionsweise und Produktionsbedingungen[22]. Mit dem Nachweis des historischen Charakters dieser Gesellschafts- und Produktionsform ist die nationalökonomische Theorie bereits widerlegt, die sie aus der „Natur" des Menschen ableiten wollte. Die Illusion der Naturnotwendigkeit und Unaufhebbarkeit wird hinfällig mit dem Nachweis der konkreten Entstehungsgeschichte einerseits, der zur Auflösung drängenden Strukturelemente andererseits.

Der nächste entscheidende Vorstoß gegen die politische Ökonomie basiert hierauf, geht aber viel weiter: Die klassische Nationalökonomie rechtfertigt stets, wenn auch in unterschiedlicher, auch niveaumäßig unterschiedlicher Weise den Kern der gegenwärtigen Produktionsweise, das existierende Kapital, das Privateigentum an den Produktionsmitteln. Es werden Theorien des Produktionsprozesses aufgestellt, denen gemeinsam ist, daß sie die Existenz des Kapitals als eigenständige, den nicht besitzenden Produzenten gegenüber beherrschende Macht begründen, und zwar dadurch, daß sie ihm selbst produktive, wertschaffende Qualität zuschreiben. Gegen diesen „Schein" führt Marx in den umfangreichen, den Großteil sowohl der Grundrisse wie später des Kapitals umfassenden Analysen zum Zirkulationsprozeß des Kapitals den Nachweis, daß das Kapital auf jeder Stufe auf Arbeit beruht, weil es nichts anderes ist als „vergegenständlichte" Arbeit[23]. Produktiv im eigentlichen Sinne ist nur die Arbeit. Was sich als kapitalistisches Arbeitsmittel etabliert, kann nur sein das Produkt vergangener produktiver Arbeit: Marx vertritt an den entscheidenden Stellen der Kritik der Nationalökonomie die These von der gesellschaftlich-ökonomischen *Alleinrealität* der Arbeit (nicht der kapitalistischen Lohnarbeit), die entweder als „lebendige" Arbeit des Arbeiters oder als vergegenständlichte Arbeit (Vergegenständlichung vergangener lebendiger Arbeit) existiert.

Von hier aus ergibt sich als nächster Schritt die Kritik am „Austausch", der die gesellschaftlichen Beziehungen bzw. die Produktionsbeziehungen innerhalb der bürgerlichen Gesellschaft nicht nur regelt, sondern konstituiert. Sie erfolgt zugleich als Kritik an der nationalökonomischen Konzeption, die diesen Austausch als Austausch gleichberechtigter Partner darstellt, von denen jeder den Gegenwert dessen erhält, was er an den anderen abgibt. Aus dem Nachweis der Alleinrealität der Arbeit und aus dem Aufweis der Differenz von Tauschwert und Gebrauchswert der Arbeit folgt logisch einsichtig die These, daß keine Äquivalente ausgetauscht werden, das Verhältnis des Austausches entpuppt sich als „bloßer Schein". Unter den gegebenen Umständen der Trennung von Produktionsmittel und Arbeitskraft ist der Arbeiter gezwungen, seine volle Arbeitskraft immer wieder zu ihrem Tauschwert abzugeben, wodurch dem diese Arbeitskraft verwertenden Kapitalisten Surplusarbeit und damit Surpluswert zufällt, für den er *kein Äquivalent* erstattet. Das zu Beginn der Akkumulation postulierte Eigentumsrecht des einzelnen schlägt unter den gegebenen Bedingungen konsequent um „in das Recht, sich fremde Arbeit ohne Äquivalent anzueignen", und auf der anderen Seite in die Pflicht, „das Produkt der eigenen Arbeit und die eigene Arbeit selbst als andern gehörige Werte zu respektieren"[24]. Mit der Kritik der nationalökonomischen Theorie, die den falschen Schein des Austausches von Äquivalenten verficht, verbindet sich unmittelbar die Kritik am kapitalistischen Tauschprinzip und Eigentumsbegriff selbst. Diese Kritik ist in der vorgelegten Form eindeutig *moralische* Kritik an dem verletzten, nur scheinbar erfüllten Postulat der Tauschgerechtigkeit, auf dem die gesamte theoretische Rechtfertigung der Lohnarbeit beruht. Das Ethos verbindet sich hier mit dem Pathos, auch bei Marx selbst, so daß die bekannten Schlagworte durchaus von hier aus begründet werden können: Die Grundcharakteristik des bürgerlichen Eigentums und der bürgerlichen Produktionsweise besteht darin, „Aneignung fremder Arbeit ohne Austausch, aber unter dem Schein des Austauschs" zu sein[25]. Die Existenz des Kapitals beruht nach Marx' Analyse des Zirkulationsprozesses auf einer Aneignung ohne Erstattung, auf *Enteignung* der Arbeit bzw. des Arbeiters.

Auf diesem Sachverhalt beruht die als nächstes zu kritisierende Verkehrung des Verhältnisses von lebendigem Arbeitsvermögen und Arbeitsmittel, vergegenständlichter Arbeit, das eigentliche Entfremdungsphänomen als Grundphänomen der Ökonomie der bürgerlichen Gesellschaft. Die Kritik erreicht hier eine metaphysisch-dialektische Dimension. Die sich immer weiter entwickelnde und steigernde Produktivkraft der gesellschaftlichen Arbeit schafft immer größeren gegenständlichen Reichtum, immer neue, effektivere Arbeitsmittel, aber eben stets auf der Seite des Kapitals. Die sich steigernde „Kraft der Arbeit“ wird auf Grund der immanenten Gesetzlichkeit des Produktionsprozesses im gesellschaftlichen Rahmen des Privateigentums automatisch realisiert „als die Kraft des Kapitals, als fremde Macht“ gegenüber und über dem Arbeiter, die ihn ihren Bedürfnissen unterordnet und ihrem Verwertungsprozeß einverleibt[26]. Dialektisch zugespitzt: Die lebendige Arbeit wird immer mehr zum reinen negativen Gegensatz der objektiven Arbeitsbedingungen, die im Kapital vereinigt sind. Sie existiert als „Abstraktion von diesen Momenten ihrer realen Wirklichkeit“, als „völlige Entblößung, aller Objektivität bare, rein subjektive Existenz“[27]. Dagegen wird das Kapital zur alles beherrschenden objektiven Macht, die vergegenständlichte Arbeit erlangt die absolute Herrschaft über die lebendige Arbeit.

Der letzte Ansatz der kritischen Analyse vertieft diesen Gesichtspunkt zu der allgemeinen Charakteristik der immanenten Gegensätzlichkeit im kapitalistischen System der gesellschaftlichen Beziehungen. Die totale Herrschaft des Tauschwertes ist identisch mit der Bestimmung der gesellschaftlichen Beziehungen durch egoistisches Privatinteresse, wie es den kritischen Analysen der Frühschriften zugrunde liegt[28]. Daß die gesellschaftliche Beziehung der produzierenden Individuen über den Tauschwert bzw. das Privateigentum an Arbeitsvermögen und Arbeitsmitteln vermittelt ist, macht den grundlegenden Widerspruch der bürgerlichen Gesellschaft aus, denn hier wird der isolierte Einzelmensch, der Privatmensch bzw. Privateigentümer gerade zum Prinzip des gesellschaftlichen Verhältnisses, der gemeinsamen Produktionstätigkeit erklärt. Die Gesellschaftlichkeit ist in sich verkehrt als gesellschaftlicher Zusammenhang, der „gegeneinander gleichgültige Individuen“ durch deren totale sachliche Abhängigkeit verbindet und in dem die Gemeinsamkeit selbst als sachliche Macht außerhalb und über dem Menschen existiert, als „äußerliche Notwendigkeit“ und als „bloßes Mittel für seine Privatzwecke“[29]. So ergibt sich aus der Charakteristik des kapitalistischen Produktionsprozesses eine grundsätzliche Schranke des Kapitals selbst: Die positive Entwicklung „der Produktivkräfte, des allgemeinen Reichtums etc., Wissens etc.“ erfolgt gegensätzlich, gegensätzlich eben in dem Sinne, „daß das arbeitende Individuum selbst sich entäußert“, daß die positiv ausgebildeten Arbeitsmittel, die Produktivkräfte des gesellschaftlichen Menschen zur Existenz kommen jeweils als „fremde Macht" gegenüber den sie produzierenden und vor allem mit und an ihnen als ihren eigenen objektiven Produktionsbedingungen produzierenden Individuen[30].

Synthese: Allgemeine Produktivkraft der gesellschaftlichen Arbeit

Zweiter Knotenpunkt der Überlegungen in den Grundrissen ist die Analyse des Umschlags von der kapitalistischen Antithese zur Synthese der sozialistischen Produktionsweise. Sie erfolgt als Beschreibung derjenigen Momente im kapitalistischen Produktionsprozeß, die einerseits den Sozialismus vorbilden, andererseits als innere Gegensätzlichkeit des Kapitalismus den realen Umbruch zu erzwingen bestimmt sind. Während die Zielvorstellung dabei grundlegend vom anthropologischen Entwurf her bestimmt ist, orientiert sich die Beschreibung der auf dieses Ziel hindrängenden Elemente der Entwicklung des kapitalistischen Systems unmittelbar an den ökonomisch-gesellschaftlichen Realitäten. Beides wird wieder in der für Marx typischen Weise zur Deckung gebracht. Der Schritt der endgültigen Synthesis bringt das auf der Stufe der Antithese Auseinandergeratene zusammen. Die Entfremdung des gesellschaftlichen Produktionsprozesses, die Entgegensetzung von kapitalistischem Produktionseigentum und seiner Arbeitsmittel entblößtem lebendigem Arbeitsvermögen sowie die Aufspaltung der menschlichen Gesellschaft in Privatindividuen mit privatem Eigentum (bzw. Nichteigentum) wird aufgehoben, und die ursprüngliche und wesensmäßige Einheit der gesellschaftlich ihre Lebensmittel und damit sich selbst produzierenden Menschen untereinander sowie mit ihren Arbeitsmitteln wird auf der höheren Stufe des Sozialismus wiederhergestellt. Dabei stellt die Gegensätzlichkeit der bürgerlichen Epoche die notwendige Voraussetzung dar für die *höhere* Form der Einheit.
Die Vorstellung vom Ziel des Prozesses der Menschwerdung bleibt bei Marx verständlicherweise auch in den Grundrissen sehr allgemein. So wenig konkret die Zielvorstellungen im einzelnen sind, so präzis ist jedoch die begriffliche Fixierung der Grundstrukturen der sozialistischen gesellschaftlichen Produktionsweise. Die zentralen Begriffe, die als Gerippe der kommenden Entwicklung gebraucht werden, umschreiben die „dritte Stufe" der gesellschaftlichen Entwicklung des Menschen im Gegensatz zur ersten und zweiten Stufe: Die erste

Gesellschaftsform stellen die „persönlichen Abhängigkeitsverhältnisse" dar, wie sie Antike und Mittelalter charakterisieren. Diese persönliche Abhängigkeit wird mit dem Beginn der Neuzeit aufgehoben, die bürgerliche Gesellschaft ist ein System persönlicher Unabhängigkeit, die von sachlicher Abhängigkeit umgriffen und deshalb nur scheinbare Unabhängigkeit ist. Beide Gesellschaftsformen sind durch Abhängigkeit, also Unfreiheit der Individuen gekennzeichnet. Die dritte Stufe besteht in der Aufhebung der wesentlichen, nämlich der sachlichen Abhängigkeit, sie ist die Stufe der freien, der befreiten Individualität des Menschen [31].

Diese Freiheit der Individuen ist selbstverständlich gesellschaftliche Freiheit, sie kennzeichnet konkret die Form der gesellschaftlichen Beziehungen, das Verhältnis des Austausches, der nicht mehr erzwungener Privataustausch ist, sondern Austausch von Individuen, die *assoziiert* sind auf der Grundlage der *gemeinsamen Aneignung und Kontrolle* der Produktionsmittel [32]. An einem bestimmten Punkt der materiellen und geistigen Entwicklung gelangen die gesellschaftlich in ihrem Produzieren verbundenen menschlichen Individuen zur Aufhebung von Privatarbeit und Privateigentum, sie überführen gemeinsam die vorhandenen Produktionsmittel und damit den Produktionsprozeß selbst in gemeinsames Eigentum und unterstellen sie gemeinsamer Kontrolle, wobei über das konkrete Aussehen dieses Zustandes von Freiheit, Assoziation und kontrollierender Beherrschung allerdings wenig gesagt wird.

Konkretisiert wird nur noch durch zwei weitere begriffliche Bestimmungen: Die freie Individualität ist *reiche* Individualität. Aufgehoben wird die „Borniertheit" der vorkapitalistischen, unentwickelten Produktionsweise. Und aufgehoben wird die Einschränkung des Arbeiters auf eine abstrakte Teilfunktion im kapitalistischen System. Das Kapital treibt durch die erzwungene Surplusarbeit die lebendige Arbeit „über die Grenzen ihrer Naturbedürftigkeit hinaus", und so entstehen die materiellen Bedingungen für die „Entwicklung der reichen Individualität" als allseitige Ausbildung der Fähigkeiten des Produzierens und des Genießens (Konsumierens). Damit ist die unmittelbare Naturnotwendigkeit der Arbeit verschwunden, die menschlichen Bedürfnisse verwandeln sich aus Naturbedürfnissen in *geschichtlich erzeugte* [33].

Die Zielbestimmung der dialektischen Synthesis-Bewegung ist für Marx keine totale Negation des Bisherigen, sie ergibt sich vielmehr aus der geschichtlichen Genesis des vorhergehenden Stadiums, insofern sich dort, in der bürgerlichen

Produktionsweise, bereits die Voraussetzungen ausbilden, die den Umschlag sowohl ermöglichen wie schließlich und endlich erzwingen. Diese Voraussetzungen werden gefaßt als begriffliche Bestimmungen, die charakteristische Tendenzen zum Ausdruck bringen. Im Vordergrund steht der Begriff der universellen Entwicklung, die für die kapitalistische Produktionsweise kennzeichnend ist: Während die früheren und die außerbürgerlichen Gesellschaften stets im Rahmen bestimmter Gegebenheiten produzieren und sich in diesem Rahmen reproduzieren, setzt die bürgerliche Gesellschaft die Ausweitung der Produktion als solche in umfassender Weise als Selbstzweck und überschreitet so beständig jede Schranke. Sowohl die Natur wie der gesellschaftliche Zusammenhang selbst werden kapitalistisch universell angeeignet, das Kapital treibt „hinaus über nationale Schranken und Vorurteile, wie ... in bestimmten Grenzen selbstgenügsam eingepfählte Befriedigung vorhandener Bedürfnisse und Reproduktion alter Lebensweise“ [34]. „Universell“ bedeutet für Marx den Gegensatz zu den Begriffen lokal, naturwüchsig, borniert: Universell erfolgt so die Entwicklung des Austauschs, der in der Gestalt des Weltmarkts jeden lokal begrenzten Markt sprengt und übergreift [35]. Zugleich werden die Bedürfnisse des einzelnen potentiell universell ausgeweitet [36], da die Mittel zur Befriedigung nun universell im Austausch verfügbar sind. Universell ausgebildet werden aber vor allem — das ist die Basis der Entwicklung — die Produktivkräfte, und zwar sowohl die objektiven Produktionsmittel wie die subjektiven Fähigkeiten.

Konkret erfolgt die beschriebene Entwicklung aus dem Bestreben des Kapitals heraus, die Produktionskosten möglichst zu senken, um größeren Profit zu erzielen und im Konkurrenzkampf nicht zurückzubleiben. Ökonomisch gesehen ergibt sich daraus die Tendenz, die für die Herstellung eines Produktes notwendige Arbeitszeit immer weiter herunterzudrücken. Die „Ökonomie der Zeit“ ist wesentliches Merkmal der kapitalistischen Produktionsweise [37]. Durch die „Negation“ der notwendigen Arbeitszeit werden die Voraussetzungen geschaffen für mehr kapitalistische Surplusarbeit. Diese Ökonomie und Reduktion stellt jedoch zugleich die Bedingung dar für die Befreiung des emanzipierten menschlichen Individuums von der harten Notwendigkeit des Arbeiten-*müssens* [38].

Die Verwirklichung dieser „ganz unabsichtlich“ vom Kapital herbeigeführten Reduktion der menschlichen Kraftausgabe auf ein Minimum bedeutet zugleich bzw. erfolgt mit der Ausbildung und Erschließung neuer und effektiverer Pro-

duktivkräfte und der Umwandlung der geleisteten Surplusarbeit in akkumulierte Arbeitsmittel. Die Vermehrung der Produktivkraft ist identisch mit der Verringerung der notwendigen Arbeitszeit[39]. In der Begrifflichkeit der Grundrisse ausgedrückt, wird der Anteil der vergegenständlichten Arbeit — der produzierten Arbeitsmittel — am Produktionsgeschehen immer mehr im Verhältnis zur lebendigen Arbeit verstärkt. Diese Verstärkung bedeutet wachsende Produktivkraft, die zunächst im Dienste des zu steigernden Gewinns steht, aber ebenfalls eine Voraussetzung darstellt für die endgültige Befreiung des Menschen von der sachlichen Notwendigkeit und den Zwängen der Naturbedürfnisse und ihrer naturwüchsigen Befriedigung. Anschaulich wird dieser Prozeß in der Umwandlung des traditionellen Arbeitsmittels in „Maschinerie", die die moderne Industrie konstituiert: Sie stellt innerhalb der Entfremdung und als Zuspitzung der Entfremdung gleichzeitig die sachliche Bedingung einer wirklich geschichtlichen Existenz von Mensch und Gesellschaft dar.
Zu diesen objektiven Bedingungen der von der Naturnotwendigkeit befreiten Produktionsweise der „dritten Stufe" treten entsprechende subjektive Charakteristika der kapitalistisch produzierenden Gesellschaft. Einmal ist zu nennen das Phänomen der „allgemeinen Arbeitsamkeit", das von Marx zwar nur angedeutet wird[40], dessen Bedeutung aber historisch ganz außerordentlich ist: Generationen von Arbeitern wurden der „strengen Disziplin des Kapitals" unterworfen, und so entwickelte sich eine allgemeine Arbeitsamkeit, die nun als „allgemeiner Besitz des neuen Geschlechts" in die sozialistische Produktionsweise eingehen und diese mitkonstituieren kann. Auf der anderen Seite — diese Seite steht deutlich im Vordergrund und wird von Marx ausführlich und immer wieder akzentuiert — erhält die kapitalistische Produktionsweise ihr Gepräge wesentlich durch eine ständige Verwissenschaftlichung. Wissenschaftliches Verhalten in der Ökonomie bedeutet strenge Rationalisierung unter systematischer Auswertung des menschlichen Wissens, also beständiges Vorantreiben von Technologie und Technisierung[41]. Unter der Herrschaft des Kapitals als Verschärfung der Entfremdung für den Arbeiter erscheinend, der dem technologischen Prozeß ohne Verständnis unterworfen ist, bildet die wissenschaftliche industrielle Technologie gerade die Möglichkeit der gesellschaftlichen Kontrolle und des bewußten Vollzugs des Produktionsprozesses durch die assoziierten freien Individuen vor.
Die Vorbildung der sozialistischen Produktionsweise in Merkmalen und Ten-

denzen der bürgerlich-kapitalistischen Produktion stellt ein einheitliches Phänomen dar, das in den dargestellten Aspekten und Facetten immer wieder in dieser konstitutiven Einheit sichtbar wird. Ihr Kern besteht jedoch für Marx in der im Kapitalismus zwar in entfremdeter und verkehrter Form, aber doch eben in Erscheinung tretenden „Erhebung der unmittelbaren Arbeit in gesellschaftliche“ [42]. Hierin erhalten die geschilderten Momente erst ihren eigentlichen Sinn:

Zum Begriff des Kapitals gehört die „Konzentration vieler lebendigen Arbeitsvermögen zu einem Zweck“ [43]. Um sich selbst zu verwerten, um Profit machen und akkumulieren zu können, muß das Kapital jeweils viele Arbeitsvermögen „aufhäufen“ und im Produktionsprozeß zusammenbringen. Der Zirkulationsprozeß des Kapitals ist nie ein bloß zweiseitiger Vorgang, das Kapital hat vielmehr stets viele Arbeiter sich gegenüber, die es als das allgemeine Produktionspotential, auf das sie angewiesen sind, um arbeiten und so ihre Existenz erhalten zu können, um sich versammelt und an sich bindet. Vergemeinschaftung im Sinne gemeinschaftlicher materieller Produktion konstituiert wesentlich den Kapital-Begriff, wobei jeweils die Zweckbestimmung form- und richtunggebend ist. Konkret erfolgt diese Konzentration als Vereinigung „am gemeinschaftlichen Ort, unter Aufsehern, Einregimentierung, größere Disziplin, Stetigkeit und gesetzte Abhängigkeit in der Produktion selbst vom Kapital“ [44]. Wenn auch das Kapital als solches nichts zur eigentlichen Produktion hinzufügen kann, wie dies die verschiedenen Arbeitsvermögen tun, so eignet ihm doch „die Vereinigung der Massen von Händen und Instrumenten, die es vorfindet“ [45]. Es „agglomeriert“ Arbeiter und Arbeitsinstrumente an bestimmten Punkten. Und mit dieser Vereinigung wird nicht nur eine einfache räumliche Zusammenfügung vollzogen, das Ergebnis ist keine Addition im numerischen Sinne, vielmehr entsteht hier über die Tätigkeit der einzelnen Produzenten hinaus ein entscheidendes Mehr, ein „Surplus“, „das nur durch und in ihrer vereinigten, kombinierten Arbeit existiert“ [46]. Das Kapital kombiniert die Arbeitskraft der Massen mit dem „Geschick“, das nun „in der Maschine existiert und der durch wissenschaftliche Kombination mit der Maschine als Ganzes wirkenden factory“ [47].

Was hier vor sich geht, ist für Marx das entscheidende Geschehen im historischen Prozeß der Menschwerdung des Menschen. In dem nationalökonomischen Faktum der gesellschaftlichen Vereinigung der besitzlosen Arbeiter zur wissenschaftlichen, maschinellen Produktion materieller Güter vollzieht sich die „Entwicklung des gesellschaftlichen Individuums" als Hervorgehen einer „allgemeinen Produktivkraft" „aus der gesellschaftlichen Gliederung in der Gesamtproduktion" [48]. Unabsichtlich erzeugt das Kapital die gesellschaftliche, die allgemeine Produktivkraft der assoziierten Individuen als diejenige neue Produktivkraft, von der es selbst aufgehoben wird. Im Kapitalismus „erscheint" diese gesellschaftliche Produktivkraft als Besitz und Attribut des Kapitals, außerhalb der Produzenten in den Produktionsmitteln existierend. Sie präformiert jedoch in dieser entfremdeten Form gleichzeitig die sozialistische Produktionsweise und ist dazu bestimmt, ihre eigene Entfremdung aufzuheben, denn in ihr *ist* bereits die ursprüngliche Basis und Existenzbedingung der bürgerlichen Produktion, die Vereinzelung des einzelnen Arbeiters, aufgehoben. Ökonomische Vereinigung der Arbeitermassen und Kombination ihrer Arbeitskraft bedeutet nichts anderes als die historische Herausbildung der allgemeinen Produktivkraft der gesellschaftlichen Arbeit, in der die „Arbeit des einzelnen in ihrem unmittelbaren Dasein" gesetzt ist „als aufgehobne einzelne" [49].

Bestimmte Aspekte stellen also innerhalb der kapitalistischen Produktionsweise ebenso die zukünftige Produktionsweise in ihrer Struktur im voraus dar, wie sie die Voraussetzung ihrer Realisierung bilden. Aktuierendes Element wird die neue Struktur dadurch, daß sich unter den gegebenen Bedingungen die bürgerliche Produktionsweise als Schranke der Entwicklung herausstellt, die sie ursprünglich hervorgerufen und vorangetrieben hatte. Marx argumentiert hier sehr anschaulich mit dem Bild der Schranke bzw. Fessel, als welche der ursprüngliche Rahmen der Entwicklung sich darstellt, einer Schranke bzw. Fessel, die — hier wird die Dynamik des bildhaften Vergleichs hermeneutisch in bezug auf die wissenschaftliche Argumentation gebraucht — infolge der von ihr selbst vorangetriebenen Entwicklung ihres Inhalts unweigerlich dazu verurteilt ist, gesprengt zu werden.

Diese Argumentation wird durchgeführt an den aufgezeigten Charakteristika der kapitalistischen Produktion: der allseitigen Ausbildung von Produktivkräften und Produktionsmitteln als industrieller Basis, der damit in Zusammenhang stehenden Rationalisierung und Verringerung der notwendigen Arbeitszeit als Mittel und Weg, sowie mit der Ausbildung der allgemeinen Produktivkraft der gesellschaftlichen, kombinierten Arbeit als Inhalt. Das Kapital hat zwar die Basis der voll entwickelten Produktivkraft in materieller Hinsicht (als Industrie, Maschinerie) hervorgerufen, indem es Surplusarbeit bzw. deren Produkte akkumulierte, aber diese Entwicklung der Produktivkräfte findet „auf einer gewissen Stufe seiner Entwicklung“ ihre Schranke an ihm selbst[50], das Kapital hat zugleich die widersprüchliche Tendenz, „die Produktivkräfte zu beschränken“[51].

Was mit dieser pauschalen und von Marx verhältnismäßig selten konkretisierten These gemeint ist, läßt sich daraus ersehen, daß an der zitierten Stelle der Mensch als „Hauptproduktivkraft“ bezeichnet wird, die vom Kapital „vereinseitigt, limitiert etc.“ wird[52]. Das Kapital wird dadurch zur Schranke der von ihm betriebenen Entwicklung der Produktivkräfte, „daß diese ganze Entwicklung gegensätzlich vor sich geht und das Herausarbeiten der Produktivkräfte, des allgemeinen Reichtums etc., Wissens etc. so erscheint, daß das arbeitende Individuum selbst sich entäußert; zu den aus ihm herausgearbeiteten nicht als den Bedingungen seines eigenen, sondern fremden Reichtums und seiner eigenen Armut sich verhält“[53]. Die Dialektik der aus dem Menschen herausgearbeiteten Produktivkräfte drängt durch ihre antithetische, gegensätzliche Form hin zur Synthese der Wiedereinigung auf höherer Stufe.

In eins mit dem Vollzug dieses immanenten Telos wird auch das Ergebnis der Verwissenschaftlichung, der Rationalisierung der Produktion, die Verringerung der notwendigen Arbeitszeit und das damit gegebene Anwachsen der frei verfügbaren Zeit („disposable time“) die widersprüchliche Existenzform verlieren: Anstatt als gesellschaftliches Produkt doch das private Privileg weniger einzelner zu sein, wird sie der Gesamtgesellschaft, d. h. den gesellschaftlich assoziierten produktiven Individuen zugute kommen im Dienste ihrer allseitig auszubildenden Individualität[54]. Die widersprüchliche Tendenz des Verwertungsprozesses des Kapitals, immer mehr „disposable time“ zu schaffen, diese jedoch dann sofort in Surplusarbeit zu verwandeln, liefert die konkrete Begründung für die Notwendigkeit der Aufhebung dieser gegensätzlichen Existenz.

Die kapitalistische Produktionsweise als Schranke für die Entwicklung der Produktivkräfte — diese Feststellung ist auch und vor allem zu treffen im Hinblick auf die konkrete gesellschaftliche Beziehung der Individuen als solche. Der bürgerliche Mensch ist Privatmensch, das Zusammenwirken in der Produktion ist unter kapitalistischen Bedingungen durch das Verhältnis der sogenannten freien Konkurrenz bestimmt. Die Forderung nach der freien Konkurrenz der am Produktionsprozeß Beteiligten untereinander stand am Beginn der

Ausbildung der bürgerlichen Produktionsweise, die Konkurrenz bestimmt sie als inneres Strukturprinzip, und auf Grund dieses Prinzips kam es zu der erfolgreichen Entwicklung und umfassenden, ja totalen Ausbildung der entsprechenden Produktionsweise.

Prinzip der freien Konkurrenz bedeutet ausdrücklich und wird auch so von den bürgerlichen Theoretikern verstanden, daß „die Individuen rein ihrem Privatinteresse" folgen[55]. Die Freiheit der Konkurrenz als Strukturprinzip der gesellschaftlichen Beziehungen ist im kapitalistischen Verständnis die Freiheit der Selbstverwirklichung des Individuums. Für Marx steht dahinter die Freiheit der Selbstverwertung des Kapitals, also illusorische persönliche Freiheit auf dem Hintergrund der totalen Herrschaft des Kapitals. Aufgrund dieser Freiheit konnte es zur totalen Ausbildung der kapitalistischen Produktionsweise kommen. Zugleich ist damit jedoch auch schon der Punkt angegeben, an dem dieses Prinzip selbst zur Schranke für eben diese Ausbildung werden mußte: Die Form der gesellschaftlichen Beziehungen als freie Konkurrenz bedeutet nichts anderes als Vermittlung der enteigneten Individuen zur Produktion durch das Kapital und unter den Bedingungen des Verwertungsprozesses des Kapitals. Die vorgebliche freie Individualität „ist daher zugleich die Aufhebung aller individuellen Freiheit und die völlige Unterjochung der Individualität unter gesellschaftliche Bedingungen, die die Form von sachlichen Mächten, ja von übermächtigen Sachen — von den sich beziehenden Individuen selbst unabhängige Sachen — annehmen" [56].

Die freie Konkurrenz als Prinzip der gesellschaftlichen Beziehungen wird damit zur Schranke für die eigentliche und wahre freie Verwirklichung der menschlichen Individualität, die sich bereits unter den Bedingungen der Herrschaft des alten, entfremdeten Prinzips vorbereitet: Die Ausbildung der gesellschaftlichen Kooperation zu einem gemeinschaftlichen, gesamtgesellschaftlichen Zweck aufgrund eines entsprechenden gemeinschaftlichen, die freie Individualität als gesellschaftliche freie Individualität integrierenden und verwirklichenden Interesses, die „Aneignung seiner eigenen allgemeinen Produktivkraft, sein Verständnis der Natur und die Beherrschung derselben durch sein Dasein als Gesellschaftskörper — in einem Wort die Entwicklung des gesellschaftlichen Individuums" [57].

Der dialektische Schluß der Geschichte erreicht sein Ziel im Übergang vom kapitalistischen zum sozialistischen Produktionsprozeß. Dieser Übergang ist geschichtliche Tat, Praxis, in der sich Marx theoretisch und praktisch voll engagiert. Das politisch-ökonomische ebenso wie das theoretisch-reflektierende Engagement erfolgen aus dem Begreifen der Geschichte als dialektischem Schluß, Aufhebung der Antithese in der Synthese, Notwendigkeit der Durchsetzung der neuen Gestalt der produktiven gesellschaftlichen Beziehungen gegen die alte, zur Schranke gewordene. Die historische Notwendigkeit der kapitalistischen Stufe für die Ausbildung des gesellschaftlichen Individuums mündet ein in die Notwendigkeit ihrer Aufhebung. Der gesellschaftliche, produktive Mensch verwirklicht sich als „Gesamtarbeiter": Damit beginnt für Marx die menschliche Geschichte. Der Mensch wird zum Subjekt der Geschichte, indem er sich seine entäußerten, zugleich nun aber objektiv universell ausgebildeten produktiven Wesenskräfte aneignet, sie seiner Kontrolle unterwirft. Die Arbeit, der menschliche Lebensvollzug als Produktion der Lebensmittel wird in denjenigen Zustand versetzt, in dem er „als Selbstverwirklichung, Vergegenständlichung des Subjekts, daher reale Freiheit" stattfinden kann[58]. Es ist bemerkenswert, daß Marx an dieser Stelle auf die geistige Produktivität zurückgreift („z. B. Komponieren"), um den Charakter der menschlichen Selbstverwirklichung in der gesellschaftlichen materiellen Produktion veranschaulichen zu können. Unter den beiden Voraussetzungen des ausgebildeten gesellschaftlichen und des wissenschaftlichen Charakters der produktiven Arbeit, aufgrund dessen der Mensch als Subjekt, „als alle Naturkräfte regelnde Tätigkeit erscheint", kann die materielle Produktion zur Selbstverwirklichung der freien und universellen Individualität werden. Das Ziel der ökonomisch-gesellschaftlichen Entwicklung ist inhaltlich bestimmt als freie Selbstverwirklichung der gesellschaftlichen Individualität. Mit dieser Zielbestimmung steht Marx durchaus in der Tradition der abendländischen Philosophie. Der Weg zu diesem Ziel führt für ihn über den dialektischen Schluß der historischen Entwicklung der ökonomisch-gesellschaftlichen Beziehungen, den er als Sinn und inneren Zusammenhang der empirischen Fakten der Historie insgesamt begreift. Der Vorgang des historischen Werdens der sozialistischen Gesellschaft wird abgeschlossen in dem gemeinsamen freien Akt der Wiederaneignung der entäußerten Produktivkräfte und deren Unterwerfung unter die Kontrolle der frei assoziierten Individuen. Dieser Akt ist in eminentem Sinne Praxis, Praxis, die einerseits auf historisch gewordenen Bedingungen basiert, andererseits zugleich die endgültige Realisierung freier gesellschaftlicher Praxis bedeutet. Auf der Grundlage der gewordenen Bedingungen als Basis der Entwicklung erfolgt die Realisierung der freien gesellschaftlichen Menschlichkeit als freie gesellschaftliche Praxis der vorerst unter dem Druck der entäußerten Produktionsmittel assoziierten Individuen. Die Notwendigkeit dieses Aktes impliziert dabei den Charakter der Selbstverwirklichung der gesellschaftlichen Subjektivität. Inneres wesentlichen Konstituens dieses Aktes der Praxis und des ihm eigenen Charakters der Selbstverwirklichung ist für Marx das gesellschaftlich-individuelle Wissen und Begreifen seiner selbst und der Geschichte, also der *theoretische* Selbstvollzug der gesellschaftlichen Subjektivität.

Gesellschaftlich-politisches Handeln als Akt der Selbstverwirklichung des Menschen setzt das „Begreifen seiner eigenen Geschichte als eines Prozesses und Wissen der Natur (ebenso als praktische Macht über sie vorhanden) als seines realen Leibes“ [59] voraus. Konstituierende Voraussetzung gesellschaftlichen Handelns ist also der „Begriff“, der Selbstbegriff der Geschichte bzw. der eigenen Entwicklung. Das Wissen um den Entwicklungsprozeß wird zur Voraussetzung des Prozesses selbst. Dieses Wissen konkretisiert sich bzw. ist immer schon konkret Wissen um die der Entwicklung, dem Prozeß entgegenstehenden, ihn hemmenden Schranken. Indem diese Schranken *als* Schranken bewußt werden, ist mit dem Begreifen bereits der Vollzug der Praxis vorgezeichnet und eröffnet. Praxis als Vollzug der Herbeiführung der freien Gesellschaftlichkeit ist eröffnet mit dem Bewußtsein, mit der Erkenntnis, daß die vom Kapital angeeigneten Produkte der gesellschaftlichen Arbeit letztlich und „eigentlich“ Eigentum der Produzenten sind. Diese „Erkennung der Produkte als seiner eignen und die Beurteilung der Trennung von den Bedingungen seiner Verwirklichung als einer ungehörigen, zwangsweisen“ [60] ist zugleich Produkt der kapitalistischen Produktionsweise und „knell to its doom“, Voraussetzung und aktuierender Anfang ihres Endes. Mit dem Bewußtsein des Sklaven, „daß er nicht das Eigentum eines Dritten sein kann, seinem Bewußtsein als Person“, hat die Sklaverei bereits aufgehört, Basis des Produktionsprozesses zu sein [61]. Dasselbe Verhältnis gilt für das Bewußtsein des Lohnarbeiters in bezug auf die kapitalistische Produktionsweise. Bewußtsein konstituiert konkret Praxis, das gilt enscheidend für das Begreifen der gesellschaftlichen Beziehung der Menschen untereinander: Die nationalökonomische Theorie begreift die „freie Konkurrenz" als Grund- und Strukturprinzip der gesellschaftlichen Beziehungen. Mit der Ausbildung des gesellschaftlichen Arbeiters wird diese sogenannte freie Konkurrenz zur Schranke der Entwicklung, und sie wird *als* Schranke „gefühlt und gedacht"[62]. Dieses „Fühlen und Denken", das Begreifen der Schranke als Schranke, präformiert begrifflich-theoretisch den konkreten Vollzug ihrer Aufhebung. Die praktische Realisierung *folgt* notwendig als begrifflich-theoretisch fundiertes gesellschaftlich-politisches Handeln nach, Theorie ist Vorgriff auf und Begründung von Praxis.

1 Es handelt sich bei dem für eine entwicklungsgeschichtliche Interpretation des Denkens von Karl Marx außerordentlich wichtigen Werk um einen „Rohentwurf", der in keiner Weise die systematische Geschlossenheit etwa des *Kapital* aufweist. Für den Aufbau liegen mehrere Planvarianten vor, de facto werden aber in den verschiedenen Teilen mehrmals dieselben Themen wiederholt und abgewandelt. Näheres zur Vorgeschichte und zum Verhältnis zum Kapital s. bei Roman *Rosdolsky, Zur Entstehungsgeschichte des Marxschen „Kapital". Der Rohentwurf des „Kapital"* 1857—58, Bd. 1.2 (Politische Ökonomie. Geschichte und Kritik) Frankfurt a. M., Wien 1968; Otto *Morf, Geschichte und Dialektik in der politischen Ökonomie. Zum Verhältnis von Wirtschaftstheorie und Wirtschaftsgeschichte bei Karl Marx,* (Politische Ökonomie. Geschichte und Kritik), Frankfurt a. M. Wien 1970, 176 ff. Eine systematische Interpretation kann sich deshalb nur bedingt am Aufbau der Arbeit orientieren. Die zu setzenden Schwerpunkte ergeben sich indessen zwanglos aus bestimmten Nahtstellen, an denen jeweils der philosophische Hintergrund der ökonomischen Fakten und Theorien sichtbar wird.

2 Vgl. u. a. Helmut *Klages, Technischer Humanismus. Philosophie und Soziologie der Arbeit bei Karl Marx,* Stuttgart 1964, 110 u. ö.; Günther *Hillmann, Marx und Hegel. Von der Spekulation zur Dialektik,* Frankfurt a. M. 1966. Die These von einer Kluft zwischen Frühschriften und Kapital, die durch die Grundrisse überbrückt würde (vgl. etwa Hillmann im Nachwort zu seiner Auswahlausgabe der Grundrisse: Karl *Marx, Texte zur Methode und Praxis,* 3. Der Mensch in Arbeit und Kooperation. Aus den Grundrissen der politischen Ökonomie 1857/58 (Rowohlts Klassiker der Literatur und der Wissenschaft, 218/19 = Philosophie der Neuzeit, Bd. 11, Reinbek b. Hamburg 1967, 226 ff.), beschreibt jedoch mehr die Geschichte der Marxinterpretation als die Entwicklungsgeschichte des Marxschen Denkens.

3 „In Gesellschaft produzierende Individuen — daher gesellschaftlich bestimmte Produktion der Individuen ist natürlich der Ausgangspunkt" (*Grundrisse der Kritik der politischen*

Ökonomie. Rohentwurf 1857—1858. Anhang 1850—1859. Berlin 1953, 6.). Vgl. Klaus *Hartmann, Die Marxsche Theorie. Eine philosophische Untersuchung zu den Hauptschriften,* Berlin 1970, 240, mit Bezug auf diese Stelle der Grundrisse: „Die Produktion ist der eigentliche Gegenstand der Ökonomietheorie oder, ontologisch gewendet, das Wesen der Ökonomie. Dieser Gedanke entspricht dem früheren anthropologischen Modell, nunmehr in bestimmter ökonomischer Abzweckung." Im übrigen interpretiert Hartmann auch die Grundrisse konsequent im Sinne einer transzendentalen Theorie und konzentriert sich deshalb auf die allgemeinen Bestimmungen der Produktion. Das historisch-empirische ebenso wie das praktische Moment, die für die Marxsche Theorie gleichursprünglich sind wie das transzendental-theoretische, erscheinen als sekundär.

4 *Deutsche Ideologie* (Mega I, 5) 11.

5 Vgl. *Grundrisse* 7 ff.; 388/9 u. ö.

6 *Grundrisse* 378.

7 *Grundrisse* 7 u. ö.

8 *Grundrisse* 393.

9 *Grundrisse* 231.

10 *Grundrisse* 79/80.

11 *Grundrisse* 395/6.

12 *Grundrisse* 75 u. ö.

13 *Grundrisse* 76/7.

14 Indessen sind die historischen Ergebnisse von Marx gut genug belegt, um als legitimes Material eines philosophischen Begreifens zu dienen. Es ist entgegen ahistorischen Interpretationen zu betonen, „daß die Begründer des Marxismus ausgewiesene Historiker ... waren" (Alfred *Schmidt, Geschichte und Struktur. Fragen einer marxistischen Historik* [Reihe Hanser, 84], München 1971, 45).

15 Grundrisse 405 ff.

16 Es besteht also durchaus eine Verbindungslinie zwischen Entfremdungs-Konzeption und nationalökonomischer Mehrwertlehre, ohne daß man deshalb die erstere für die Nationalökonomie vindizieren könnte. (Vgl. Ernst *Mandel, Entstehung und Entwicklung der ökonomischen Lehre von Karl Marx (1843—1863)* (Politische Ökonomie. Geschichte und Kritik), Frankfurt a. M. Wien 1968, 152 ff.).

17 *Grundrisse* 229/30 u. ö.

18 *Grundrisse* 355 u. ö.

19 *Grundrisse* 356.

20 *Grundrisse* 479 u. ö.

21 *Grundrisse* 584.

22 *Grundrisse* 9.

23 *Grundrisse* 506: „Die Arbeit allein produziert."

24 *Grundrisse* 361/2.

25 *Grundrisse* 409.

26 *Grundrisse* 214.

27 *Grundrisse* 203.

28 Zum Zusammenhang von Privatinteresse, gesellschaftlichen Beziehungen und Tauschwert-Produktion vgl. u. a. *Grundrisse* 74.

29 *Grundrisse* 6.

30 *Grundrisse* 440.

31 *Grundrisse* 75/6.

32 *Grundrisse* 76/7.

33 *Grundrisse* 231.

34 *Grundrisse* 313. Vgl. auch 387 u. ö.

35 *Grundrisse* 438 u. ö.

36 *Grundrisse* 387.

37 *Grundrisse* 89.

38 Ebda. Vgl. 589: „Die erste Seite ist wichtig, weil das Kapital hier — ganz unabsichtlich — die menschliche Arbeit auf ein Minimum reduziert, die Kraftausgabe. Dies wird der emanzipierten Arbeit zugute kommen und ist die Bedingung ihrer Emanzipation."

39 *Grundrisse* 585 u. ö.

40 *Grundrisse* 231.

41 *Grundrisse* 584 ff.

42 *Grundrisse* 589.

43 *Grundrisse* 484.

44 *Grundrisse* 481.

45 *Grundrisse* 407.

46 *Grundrisse* 427.

47 Ebda. 428.

48 *Grundrisse* 587.

49 *Grundrisse* 597.

50 *Grundrisse* 313/4.

51 *Grundrisse* 324/5; vgl. 231 u. ö.

52 *Grundrisse* 325.

53 *Grundrisse* 440.

54 *Grundrisse* 595/6.

55 *Grundrisse* 544/5 u. ö.

56 Ebda. 545.

57 *Grundrisse* 593.

58 *Grundrisse* 505.

59 *Grundrisse* 440.

60 *Grundrisse* 366.

61 *Grundrisse* 367.

62 *Grundrisse* 545.

Albert der Große und die Wende der lateinischen Philosophie im 13. Jahrhundert

Ludwig Hödl (Bochum)

Albert d. G. spiegelt als Aristotelesinterpret und Naturphilosoph wie kein anderer Gelehrter des späten 13. Jahrhunderts die angespannte geistesgeschichtliche Situation der lateinischen Philosophie wieder. Er ist in einer näher zu untersuchenden Weise das getreue Spiegelbild der naturphilosophischen Wende der lateinischen Philosophie in der 2. Hälfte des 13. Jahrhunderts. Diese Wende wurde bislang als „lateinischer Averroismus" gekennzeichnet. Die philosophiegeschichtliche Forschung hat im philosophischen Werk Alberts d. G. längst divergierende Tendenzen erkannt, die sich teils überdecken, teils verdrängen[1]. Weitgehende Übereinstimmungen Alberts mit der averroischen Auslegung der aristotelischen Schriften in der Schule des Siger von Brabant sind ebenso unbezweifelbar[2], wie auch ein sehr nachhaltiger neuplatonischer Einfluß auf Alberts Denken feststeht, der nicht nur in den Kommentaren zu den Schriften des Ps. Dionysius offenkundig ist, sondern Alberts Denkansätze mitbestimmt. Dieser neuplatonische Einfluß wurde von Alberts Schüler, Ulrich von Straßburg aufs neue wirksam und darüber hinaus von Dietrich von Freiberg, Meister Eckhart u. a. ins Geistesleben des „Trecento" weitergetragen. Eine quellenkritische und problemgeschichtliche Analyse darf aber diese verschiedenen philosophiegeschichtlichen Überlieferungsstränge im Denken Alberts nicht nebeneinander halten, sondern muß sie als Ausdruck und charakteristisches Merkmal seines Denkens verstehen: des bewußten und entschiedenen Schrittes hin auf die aristotelisch-averroische Naturphilosophie inmitten (nicht: aus) der neuplatonisch-avicennischen Weltanschauung („Kosmologie"). „Hin-auf" und „inmitten-von" dürfen dann nicht als zeitgeschichtliche Rahmenbestimmungen oder Quellenangaben betrachtet werden, sondern als Bedingungen des Denkens Alberts, das einen Wandel bzw. eine Wende in der Philosophiegeschichte einleitet.

Ein bezeichnendes Beispiel dieser angespannten, zukunftsträchtigen Denkform Alberts ist dessen Formmetaphysik, die jüngst erst wieder in einigen sehr sachkundigen Studien untersucht wurde. L.-B. Geiger[3] wies in einer Untersuchung über Alberts Lehre vom *actus essentialis animae* und *actus essentiae* nach, daß Albert die (metaphysische) Konstitution des Seienden und der Wirklichkeit des Menschen in einer bemerkenswerten, höchst aufschlußreichen Analogie begriff: die „metaphysische Seele" des Seienden ist die Form (Wesensform) und die substanziale Form des Menschen ist die Geist-Seele. Trotz der unterschiedlichen Aktualisierungsfunktion der substanzialen Form (im Vergleich zur gattungs- oder artverleihenden Wesensform), die Albert in der Auseinandersetzung mit der arabischen Psychologie (in seinem Traktat *De unitate intellectus)* nachdrücklich betonte, ist die (psychische) Substanzialform in Alberts Formmetaphysik nur (!) der Spezialfall der (metaphysischen) Wesensform, die als seinsetzendes, sinngebendes, einheitsstiftendes Prinzip verstanden wird. Und wie G. Wieland[4] in einer weiterführenden Studie zum Seinsbegriff im Metaphysikkommentar Alberts des Großen zeigen konnte, bedeutet der Formbegriff ebenso die *forma partis* wie auch die *forma totius,* d. h. die „Teilform" eines aus Form und Materie konstitutierten Ganzen und das formale Wesen (Wesensnatur) des Konkreten. In der allein der *essentia* eigenen Entäußerungskraft und -bewegung ist diese das *principium quo* des Entstehens des Seienden und das *principium quod* des Bestehens und Wesensbestandes. Wir erfahren und erkennen das Sein *(esse)* immer nur in der Bewegung, Offenbarung und Ausformung der *essentia! Esse,* so lautet ein metaphysischer Grundsatz Alberts, der auch im Traktat *De unitate intellectus* dominiert[5], *non est nisi formae diffusio* oder in anderer Formulierung desselben Traktates[6]: . . .*cum esse sit actus essentiae, et diffusio in eo quod est.* Die Entäußerungsbewegung der Wesensform hat einen eindeutigen ‚terminus a quo', die *essentia,* die lichtstark und -dynamisch das Seiende aus der Materie erwirkt und aufgehen läßt, ohne daß sie sich in die Andersheit des Stoffes verausgabt oder verliert. Die *essentia* bleibt was sie ist, der *motor* des Seienden. ‚Terminus ad quem' der Entäußerungsbewegung der Wesensform ist das *ens determinatum, ens distinctum,* die *natura determinata* usw.[7]. Albert ist zu sehr Aristoteliker und an der konkreten Natur interessiert, als daß er den Gefahren eines neuplatonischen Essentialismus erliegen konnte; er war aber auch zu sehr Platoniker, als daß er die tragenden Inhalte der platonischen Formmetaphysik vernachlässigt hätte.

Er war Aristoteliker, um ohne Gefahren Neuplatoniker zu sein! Er war Neuplatoniker, um ohne Gefahren (des Averroismus) Aristoteliker zu sein! Aus dieser Erkenntnis wird auch einsichtig, daß Alberts Gedanken ebenso bei den „Averroisten" wie bei den „Neuplatonikern" fruchtbar wurden.

Aus dieser geistesgeschichtlichen Spannung der Philosophie Alberts werden auch die Fronten deutlich, an denen er die Auseinandersetzung führen mußte. Er wandte sich entschieden ebenso gegen die überkommene lateinische Psychologie, die es zu keiner wissenschaftlichen Erkenntnis brachte, und er übte nicht weniger Kritik an der arabischen Psychologie, die (aus anderen Gründen) die Erkenntnis der Natur des menschlichen Geistes verfehlte und verfälschte. In den vielfältigen Arbeiten über die Psychologie und die Erkenntnislehre hat Albert diese Fronten aufgebaut. In den siebziger Jahren (des 13. Jahrhunderts) geriet er überdies mit Thomas von Aquin in die Schußlinie der theologischen Kritik, die in der naturphilosophischen Analyse der Geist-Seele und des Intellekts einen Angriff auf die Offenbarungstheologie erkannte. Speziell in dem Opusculum *De unitate intellectus,* dessen kritische Edition der verdiente Philosophiehistoriker Prälat Prof. Dr. A. Hufnagel vorbereitet, hat Albert die Grenzen der arabischen und der lateinischen Psychologie überschritten und die Wende der lateinischen Philosophie markiert[8].

Der Psychologie kommt insofern eine wissenschaftskritische Funktion zu, als gerade hier die Form-Metaphysik Alberts zur Entscheidung kam. Die Formkonzeption Alberts ist der Schlüssel zu seiner Psychologie, d. h. zur Theorie von der Geist-Seele als Form und Wesen des Menschen und dessen Wirklichkeit und — umgekehrt — die Erkenntnis der Geist-Seele als substanzialer Wesensform hat die Philosophie und Metaphysik der Form maßgebend beeinflußt. Die jüngsten Untersuchungen über Alberts Seinsverständnis haben diesen Zusammenhang sehr betont[9]. Er ist nicht zufällig! Wenn die ganze kosmische Wirklichkeit als solche nur als Entäußerungsbewegung der *essentia* (aus der grundlegenden schöpferischen Kraft der kosmischen *intelligentia*) zu betrachten, zu erkennen und zu verstehen ist, dann ist jene *essentia,* die in der ihr eigenen Kraft des Intellektes Grund und Form der menschlichen Wirklichkeit ist, wirklich nur der „Testfall" der Formphilosophie. Das sensitive, vegetative und intellektive Leben bildet im menschlichen Leben eine totale Einheit, eine differenzierte Ganzheit, so daß jene dieses Leben tragende und begründende Wesensform substanzialer Natur ist. Nur die Geist-Seele ist substanziale Wesens-

form. Die organischen und anorganischen Lebensformen, die Albert in der Naturkunde nicht weniger intensiv studierte, sind materialer Natur, „unfertig", stofflich gebunden.
In der gedrängten Kürze und Prägnanz einer scholastischen Disputation hat Albert in dem Traktat *De unitate intellectus* die Kritik an der arabischen Geistphilosophie und die Grundlagen einer kritischen Psychologie und Erkenntnislehre zusammengefaßt. Die Wirkungsgeschichte des Traktates rechtfertigt das bekannte Wort: *Habent sua fata libelli!*

Mit diesem Traktat und mit den übrigen psychologischen Untersuchungen war Albert in jenem säkularen Streit zwischen Philosophie und Theologie auf dem Plan. Er wurde auch von dem Lehrzuchtverfahren betroffen, das die theologische Fakultät auf Weisung des Pariser Bischofs durchführte. Selbst wenn Meister Eckart nicht ausdrücklich in einer Predigt davon gesprochen hätte, daß „die Magister der Theologie in Paris zu unserer Zeit auf höheren Befehl die Schriften der hochberühmten Männer, des hl. Thomas und des Herrn (Bischofs) Frater Albertus als des Irrtums verdächtig zu prüfen hatten" [12], müßte man davon ausgehen, daß die beiden Namen Albertus und Thomas nicht nur in der Wertschätzung der Philosophen, sondern auch in der Beargwöhnung der Theologen zusammengehörten [13].
Alberts Denken und literarisches Werk sind sehr maßgebend mit den philosophiegeschichtlichen Umwälzungen der siebziger Jahre des 13. Jahrhunderts verbunden. Er stellte sich der philosophischen Kritik der arabischen Geistphilosophie (1) und stellte in dieser anspannenden Kontroverse zugleich auch die Psychologie der lateinischen Philosophie auf neue und kritische Grundlagen, und zwar in der entschiedenen Hinwendung zur Naturphilosophie (2).

1. Alberts Kritik an der arabischen Konzeption von der kosmischen Intelligenz.

Die Geist-Philosophie der arabischen Philosophie hat in der lateinischen Geisteswelt des 13. Jahrhunderts großes Aufsehen erregt und weite Aufmerksamkeit gefunden. Denn dieses Kapitel der arabischen Philosophen hat nicht nur die sehr vagen Vorstellungen der antiken (vor allem aristotelischen) Kosmologie konkret ausgeführt; es gab überdies der lateinischen Theologie (z. B. in der

Engellehre) viele Fragen auf, die nicht nur die Schöpfungslehre beschäftigten, sondern auch die philosophische Weltanschauung betrafen. Die Idee der „kosmischen Intelligenz“ *(intelligentiae)* ist der Erklärungsgrund der Einheit des Universums und seiner kosmischen Vielfältigkeit [14]. Die zehn Sphären oder Himmelskreise, welche die Erde umgeben und begründen, werden durch die kosmischen Intelligenzen in bleibender Bewegung und Lebendigkeit erhalten. Jeder Himmelskreis ist von einer ihn tragenden Intelligenz abhängig und alle zehn Spähren sind das Kraft- und Einflußfeld der ihnen zugeordneten kosmischen Intelligenzen, die lichtstark und lichtgleich sich verströmen, ohne sich zu verlieren. Die kosmische Intelligenz schafft und erwirkt wie das Licht den Reichtum der Formen und bleibt trotzdem in dieser Entäußerungsbewegung, was sie ist und immer schon war, der Motor der universalen Lebensbewegung, der ungeteilte und unteilbare Grund der kosmischen Mannigfaltigkeit und Fülle, die unerschöpfliche schöpferische Kraft des Lebens [15].

Die kosmische Vernunft ist das Licht der Welt, welches die Seinsbewegung im ganzen Universum begründet. Die Mannigfaltigkeit und Fülle des Seins fließt aus diesem Grunde der sich verströmenden formschöpferischen *intelligentia.* Das Licht ist nicht bloßer Vergleich, sondern vielbedeutender Begriff für die kosmischen Intelligenzen, die das Ganze des Seienden in der von oben nach unten sich abstufenden Stofflichkeit begründen. Das Licht der kosmischen Intelligenz ist die Urform aller Seinsformen, weil es in der ihr eigenen Kraft und Effizienz den Reichtum der Formen schafft. In den unerschöpflichen Formen vermittelt die Weltvernunft ihren Reichtum und ihre Fülle an die Andersheit des Stoffes, so zwar daß sie selbst der Inbegriff und die Urform alles Wirklichen bleibt. Die Seinsformen sind die Offenbarungsgestalt der kosmischen Intelligenz; das Sein ist an die Vernunft gebunden. Die arabische Weltanschauung leitet „von der Ontologie des Lichts in die Noetik des Lichts“ nahtlos über [16]. Der Formbegriff schlägt die Brücke, denn er bedeutet sowohl das Prinzip des Seins wie das des Erkennens. Für eine spezielle Erkenntnislehre besteht weder ein Raum noch ein wissenschaftliches Bedürfnis. Denn die Erkenntnis der Formen und Wesenheiten durch die menschliche Vernunft ist ebenso an die kosmische Intelligenz gebunden, wie die Entäußerungsbewegung der Seins- und Wesensformen im Universum.

Wiederum waren es arabische Gelehrte — allem voran Avicenna und Algazel — die den Lateinern diese Erkenntnis vermittelten: der *intellectus agens,* die gemeinsame menschliche Vernunft, ist an die kosmische *intelligentia* des zehnten Himmelskreises gebunden [17]. Das Licht dieser formgebenden und schöpferischen „Weltvernunft" ergießt sich in die Seele des Menschen, verbindet sich operativ (nicht: ontisch) mit ihr und bringt so die Formen des Seienden zum Bewußtsein und zur Erkenntnis. Diese *intelligentia* ist wesenhaft eine: sie entfaltet ihre Kraft und Wirksamkeit in vielen Subjekten, ohne sich dadurch selber aufzuteilen oder zu vervielfältigen. So wie das Licht wesenhaft eines ist und in der Atmosphäre im Spiel der Farben sich verbreitet und wirklich ist, so ist auch der *intellectus agens,* die schöpferische Intelligenz der Menschen wesenhaft eine und wirkt als solche in den zahlreichen Subjekten. Für die arabische Philosophie stellt sich das Problem der individuellen Vernunft und Erkenntnis nicht, weil sie weltanschaulich anders orientiert ist.

Die Auseinandersetzung der lateinischen Philosophie mit dieser völlig anders gearteten Weltanschauung über das Problem der Einheit und Identität des Intellekts kam immer wieder auf diese unterschiedlichen Denkansätze zu sprechen. Albert d. Gr. hat in einer doppelten Vorbemerkung zur Disputation *De unitate intellectus* dieses Problem der unterschiedlichen arabischen Weltanschauung deutlich angesprochen: der universal schöpferische Intellekt ist kosmische *intelligentia,* und: die formgebende *intelligentia* der (unteren) Welt des Menschen ist der gemeinmenschliche *intellectus agens* [18]. Daraus resultiert die für die lateinische Theologie und Philosophie in gleicher Weise unhaltbare Erkenntnis, daß sich der individuelle Intellekt im Tode in die gemein-menschliche *intelligentia* hinein auflöst. Die Leugnung der postmortalen individuellen Unsterblichkeit der Geist-Seele war der eigentliche Stein des Anstoßes bei den Lateinern! Diese Konsequenz machten sie zum zentralen Gegenstand der Kritik und Ablehnung, ohne daß immer auch den unterschiedlichen Denkansätzen die notwendige Aufmerksamkeit geschenkt wurde. Die kritische Auseinandersetzung mit der arabischen Geist-Philosophie mußte diese als ganze in Frage stellen und durfte nicht nur einzelne Sätze und Thesen herausnehmen. Sie durfte sich vor allem nicht einseitig auf mögliche Konsequenzen festlegen, die gegebenenfalls nur für die lateinische Philosophie oder Theologie zu ziehen waren. Albert hat den „weltanschaulichen Voraussetzungen" der arabischen Geist-Philosophie Rechnung getragen [19]; er hat vor allem die Argumente für die postmortale Identität des menschlichen Intellekts, die lange und intensiv in der lateinischen Geisteswelt des 13. Jahrhunderts diskutiert wurden, immer wieder auf die letzten Grundlagen der arabischen Philosophie zurückgeführt und er hat die Auseinandersetzung eindeutig und entschieden mit philosophischen Mitteln geführt[20]: ... *scitum autem est ... quod coactum est ad disputationem!* Die Bedeutung und Tragweite dieser methodischen Bemerkung, die Albert (im 3. Kapitel) der Dispution *De unitate intellectus* vorausschickte, muß gerade auch im Hinblick auf den Gegenstand gewürdigt werden, der zugleich eine eminente theologische Bewandtnis hat.

Die Leugnung des postmortalen individuellen Lebens rührt an die Grundlagen der Offenbarungstheologie! Aber diese theologische Diskussion über die Verheißung des künftigen Lebens und der Verantwortung für dieses Leben vor dem Gericht Gottes stand für Albert hier nicht an! Er ging in der Disputation vielmehr davon aus, daß die These von der Identität des menschlichen Intellekts die philosophischen Grundlagen betrifft und in Frage stellt: nämlich das Verständnis der menschlichen Vernunft und des menschlichen Erkennens. 30 Argumente führte Albert aus der arabischen Geist-Philosophie an, welche die Identitätsthese erhärten sollten: *unum est quod remanet ex omnibus animabus!*[21] Und sämtliche Beweisgänge resultieren nach der Meinung Alberts aus dem spezifisch arabischen Verständnis der Identität der menschlichen Intelligenz. Diese Gedankengänge erachtete Albert keineswegs als Scheingefecht, er sprach einzelnen ausdrücklich Bedeutung und Gewicht zu[22]. Sie zwangen um so mehr zur Diskussion der Sache, als die arabische Geist-Philosophie eben diese Sache nicht voll erfaßte. Albert lernte aus dieser Diskussion viel über die Natur des menschlichen Geistes, so daß er sich nicht mehr einfach auf den überkommenen Standpunkt der lateinischen Philosophie und Psychologie zurückziehen konnte. Er mußte die Sache sehr grundsätzlich neu bedenken!

Die arabische Philosophie argumentierte für die Identitätsthese vor allem von der unleugbaren Einheit der menschlichen Erkentnis her. Diese ist unbeschadet der Vielzahl und Vielfalt ihrer individuellen Träger und Vollzugsweisen wesentlich eine[23]. Diese Geisteskraft des Menschen ist grundsätzlich anderer Art als die sinnlichen Kräfte. Sie nimmt nicht in der Weise wie Auge und Ohr wahr in individueller Gestimmtheit, konkreter Einmaligkeit und Zufälligkeit, in bunter und mannigfaltiger Vorstellung; der menschliche Intellekt empfängt seinen Gegenstand als *universale,* und zwar so, daß das „Allgemeine“ ausschließlich im Intellekt seinen Ort hat. Das *universale* ist nicht etwas material Bestimmtes, sondern formal Bestimmendes, nicht etwas inhaltlich Feststehendes, sondern formal Feststellendes, Definierendes. Dabei darf der Intellekt keinen Augenblick als vorgegebenes Subjekt des Allgemeinen gedacht werden, sondern das *universale* ist die Form und Aktualität, die Offenheit und Helligkeit des Intellekts[24]. *Universale est in intellectus et non alibi!*[25]. Nur wer mit dieser Erkenntnis ernst macht, entdeckt das Unterscheidende des Intellekts und seiner Tätigkeit. Das *universale* offenbart die Eigenart und Kraft des Intellekts, denn es ist die offene Form alles Seienden, die das Verständnis und die Erkenntnis desselben eröffnet. Der Intellekt, der diese umfassende und zutreffende Form schafft und gibt, der schöpferische, formgebende, tätige Intellekt ist die Ur- und Grundform aller Formen. Die vernunftbegabte Seele des Menschen ist potentiell der ganze Kosmos der Formen im Universum; sie ist keine bestimmte, konkrete, dies-da-seiende Natur. Als Grund-Form der intelligiblen Formen steht der Intellekt diesen in der Seinsordnung voran und dem Urgrund nahe. Die *intelligentia* in der sich nach der Überzeugung der arabischen Philosophen die Formkraft und Eigenart des menschlichen Intellekts versiegelt und verschlüsselt, steht dem Urgrund, der *causa prima* nahe und partizipiert in dieser Nähe an der Einheit, Einfachheit und Kraft der Erstursache[26].

Die *intelligentia* entfaltet in ursprünglicher und überfließender Fülle ihre Kraft und ihren Einfluß. Sie geht auf über der Seele des Menschen, ohne in deren Schicksal und Geschichte einzugehen. Sie erwirkt in ihr das geistige Potential der Erkenntnis, ohne mit der Seele wirklich eins zu sein. Sie regt an, motiviert und bringt zu Wege, und bleibt von der Bewegung unbetroffen. Sie ist und bleibt die eine und einzige, ungeteilte und unbewegte, separate *intelligentia*[27]. Dieses großangelegte Plädoyer der Araber für die Identität des menschlichen Intellekts hatte den Lateinern deutlich gemacht, daß die *intelligentia* weltgebunden ist und nicht zum Objekt einer Erkenntnistheorie „im Himmel" („Illuminationslehre") gemacht werden darf. Der Akt der Erkenntnis kann nicht als Veränderung, als Bewegung von diesem zu jenem Zustand verstanden werden. Der Intellekt ist die bleibende Helligkeit und Offenbarung des Seins, die den Menschen ergreift, von der er ergriffen wird. Alle Vernunfttätigkeit resultiert unmittelbar aus der einfachen, wesenhaften, separaten *intelligentia.* Diese Konzeption des Intellekts, die letztlich aber doch auf halbem Weg einer „Erkenntnistheorie im Himmel" Halt macht, stützt sich auf die Idee der Form, die sich an das Andere vermittelt, dieses durchdringt und gestaltet, ohne sich dadurch etwas zu vergeben.

Diese Vorstellung einer *intelligentia largiens formas* ist gut platonisch, sie ist aber keineswegs ebenso zutreffend aristotelisch [28]. Albert ist zu sehr Aristoteliker, als daß er den neuplatonischen Vorstellungen der frei-schöpferischen Bewegung der Form und Idee verfallen konnte. Alberts Kritik an der Form-Philosophie zielt ins Schwarze! Der Formalgrund ist nicht eine schwebende Influenzerscheinung, sondern er muß in seiner kausativen Natur verstanden werden. Die Offenbarung und Entäußerungsbewegung der Form ist im Naturzusammenhang als *educi a materia* zu interpretieren, und zwar so, daß das Offenbar-Werden der Form das naturale Hervorgehen, Hervorgebracht-Werden aus der Materie ist [29]. Die materiale Fundierung des Seienden demonstriert allererst die Substanzialität des Wirklichen, dessen Konkretheit und Wirklichkeit. Was material fundiert (konkretisiert, individuiert, substanzialisiert) ist, ist auch natural determiniert [30]. Gegenstand der Philosophie ist die *natura determinata.* Albert wiederholt zu oft diese Aussage, als daß sie übersehen werden könnte. Die *natura determinata* bewahrt den Philosophen das rechte Augenmaß. Bereits in der Auflösung des ersten Argumentes der arabischen Geist-Philosophie machte Albert deutlich [31], daß es unterschiedliche Weisen der materialen Fundierung der Formen gibt. Die Geist-Seele ist im Verhältnis zum Leibe viel mehr das Begründende als das Begründete; an dem grundsätzlichen Begründungszusammenhang von Form und Materie ließ er aber keinen Zweifel aufkommen. Albert hat ganz eindeutig die Formalursächlichkeit der arabisch-platonischen Geist-Philosophie an die Materialursächlichkeit gebunden und damit die Geistphilosophie an der Naturphilosophie orientiert. Diese muß die Natur des menschlichen Intellekts und die Funktion der separaten *intelligentia* untersuchen.

So schwierig auch die naturphilosophische Analyse der Herkunft, des Wesens und der Wirksamkeit des menschlichen Intellekts ist — Albert hat in den vielen erkenntniskritischen und psychologischen Schriften an dieser Aufgabe gearbeitet — der Intellekt gehört zur Natur der Menschen, zur konkreten, determinierten und individuierten Natur. *Natura* bedeutet die selbständige, lebendige Wirklichkeit, die ausgezeugte, erfüllte und aktuierte Form [32]. In der Disputation über die These der arabischen Philosophie von der postmortalen Identität der menschlichen Geist-Seele konnte Albert immer wieder nur auf dieses Argument zusteuern: die konkrete geistbegabte Natur der Menschen ist *natura determinata* unaufhebbar bestimmte und individuierte Natur. Die Geist-Seele des Menschen kann in den vielen Individuen niemals — weder vor noch nach dem Tode — numerisch eine und dieselbe sein. Die Einheit des Geistes und der Erkenntnis darf darum nicht vordergründig in der Identität des menschlichen Intellekts gesucht, sondern muß tiefer erfragt werden.

Von der aristotelischen Ursachenlehre aus, die Albert den Blick für die substanziale Wirklichkeit eröffnete, führte er die Kritik an den Ausführungen der arabischen Philosophie über die Wirksamkeit der (kosmischen) separaten Intelligenzen fort [33]. Die Wirklichkeit dieser *intelligentia* begründete er in der Metaphysik! [34]. Diese Ausführungen machte sich Albert bei der endgültigen Reaktion der Disputation zu nutze. Die sogenannten *intelligentiae* sind nicht freischwebender Geist, sondern sind in jedem Falle als separate oder leibgebundene Intelligenz immer auch *natura intellectualis*. Diese ist kosmische Intelligenz, weil sie als *motor orbis* und als *motor corporis* welthaft-kosmische Wirklichkeit ist. Sofern die ‚geistige Natur' von der Erstursache, von Gott, erschaffen und abhängig ist, ist sie schöpferische, formschaffende Intelligenz, der von ihrem Ursprung her und allein von dorther der Charakter des Unbedingten und Notwendigen zukommt. Aus sich und im Zusammenhang des Universums ist aber auch die *natura intellectualis nur* (!) *in potentia* [35]. Dieser doppelte Aspekt ist für das Verständnis der Geistnatur deshalb entscheidend, weil der Intellekt seinem Wesen und seinem Wirken nach *intellectus agens* und *intellectus possibilis* ist.

Auf der Grundlage dieses Begriffes und dieser Unterscheidung begründeten Albert und Thomas das kritische Verständnis der menschlichen Erkenntniskraft und Erkenntnistätigkeit. Darüber ist später noch mehr zu sagen. Der Intellekt des Menschen wächst formal und wesentlich aus diesen beiden Stämmen — dem universalen, universalierenden separaten, abstrahierenden und dem material-offenen, konkret-definiblen Intellekt — zusammen. Der *intellectus agens* ist seiner Herkunft und seiner Natur entsprechend substanzialer, bleibender, einzig-einer Intellekt, wesenhafte Intelligenz, der als solcher den menschlichen Intellekt begründet und informiert. Ohne eine solche umgreifende *intelligentia* konnte sich auch Albert den individuellen Intellekt des Menschen nicht denken. Aus der griechisch-lateinischen Überlieferung hatten die mittelalterlichen Philosophen zu viele Anregungen für diese Geistphilosophie empfangen, als daß sie sich in einem Satz davon absetzen konnten. Albert ließ allerdings keinen Zweifel aufkommen, daß die kosmischen Intelligenzen nicht mit der christlichen Weltanschauung verbunden sind [36]. Sie sind nicht die Engel

der Offenbarung und sie sind keine Mittler des kreativen Handelns Gottes in der Welt. Er insistierte darüber hinaus auf dem je einzelnen, konkreten tätigen Intellekt des Menschen, so daß die Theorie vom separaten objektiven Geist mehr und mehr an Bedeutung verlieren mußte.
Im christlichen Weltbild Alberts sind auch die Engel geschaffene Geistwesen, die ebenso wie der leibhafte, menschliche Geist die Fülle des kreatürlichen Geistes offenbar machen. Der *Spiritus Creator* ist absoluter Geist und in schöpferischer Freiheit ermächtigt und befähigt er den geschaffenen Geist. Der *Spiritus Creator* ist frei und mächtig genug, um auch den endlichen, welthaften, personalen Geist des Menschen sein zu lassen. Die kosmischen Intelligenzen der griechischen und arabischen Philosophie haben eine andere Funktion: Sie sind die ewigen Motoren der Lebensbewegung im Universum.

2. Die naturphilosophische Grundlegung der Psychologie durch Albert.

Die Widerlegung der Argumente der arabischen Psychologie konnte für Albert nicht das letzte Wort in der Diskussion sein; es kam ihm vielmehr auf die Darlegung und kritische Analyse der Geistnatur an. Diese Arbeit war um so notwendiger, als seiner Meinung nach[37] die Lateiner die philosophische Frage nach dem naturalen Wesen und Wirken der menschlichen Geistseele nur sehr unbefriedigend klärten. Im Gegenzug zu den Beweisgängen der Araber für die These der einen und umgreifenden *intelligentia* führte Albert eine Liste von 36 Argumenten an für die kritische These der konkreten, individualen Intelligenz[38] und im folgenden 6. Kapitel faßt er die diversen Gedanken in seine Theorie von der menschlichen Geistnatur zusammen[39]. Dieses Kapitel ist und bleibt ein Grundtext der Geistphilosophie Alberts. Der Theorie von der einzigen *intelligentia,* die letztlich nur eine Psychologie ‚von oben' konstituiert, setzte er die These von der konkreten Vernunft entgegen und begründete so die Psychologie ‚von unten'. Diese wissenschaftsgeschichtliche Leistung wird abschließend noch zu würdigen sein. Vorerst kommt es darauf an, aus der Liste der Argumente die Beweisaufnahme Alberts kennenzulernen. Weil Albert die philosophische Erkenntnis als Beweiswissen versteht, kommt dieser Beweisführung erhöhte Bedeutung zu. Die Vielzahl der Gründe ist „die Wolke von Zeugen" für die erkannte Wahrheit.
a) Die ersten Gründe der Beweisaufnahme schöpfte Albert aus der Formmeta-

physik[40]. Was immer ist, ist das, was es ist, auf Grund der Wesensform, die sich nicht in idealer schwebender Abgehobenheit zurückhält, sondern ihre Fülle und Kraft auszeugt und ausformt. Von seiner Wesensform her muß das Wirkliche als deren konkrete Ausformung und Auszeugung begriffen werden[41]. Was so aus der Fülle und Kraft des Wesens zustande kommt und besteht, macht das Wesen als substanziale und aktuelle Form offenbar. Die *ultima forma* ist die bestimmende, konkretisierende und die bleibende Wirklichkeit, die aus ihrem Grund und Wesen in Form ist[42]. Die Platoniker hielten und halten die Wesensform in idealer schwebender Höhe; sie verfehlen und verfälschen aber damit die Erkenntnis des Konkreten und des Wirklichen, vor allem die Erkenntnis der menschlichen Geistnatur. Diese Kritik richtet sich in Sonderheit gegen das *intelligentia*-Verständnis der arabischen Philosophen.

In ihrer konkreten Ausgestaltung und Auszeugung ist die Wesensform der substanziale Grund der Anlagen, Potenzen und Verhaltungen, in denen und durch die die substanziale Form wirksam und tätig ist. Die Wirksamkeit und Wirktätigkeit kommt zur substanzialen Form nicht von außen und nebensächlich zu; sie gehören zur Wesensform. In der unabdingbaren Beziehung von *actus primus* und *actus secundus* ist die Formwirklichkeit der seinsmächtige Grund der Wirkkräfte und diese sind das Potential und Feld, in dem die Fülle der Form sich austrägt und auswirkt, in dem zugleich auch die Wesensform zur Erfahrung und Erkenntnis kommt[43]. Die Erfahrung der Potenzen und Kräfte ist die Erkenntnis der sie tragenden und ermöglichenden Wesensform. Wenn man diesen Zusammenhang von grundlegender Wirklichkeit *(actus primus)* und begründeter Wirksamkeit *(actus secundus)* auflöst, führt man die konkrete Erfahrung ebenso in eine Aporie wie die metaphysische Erkenntnis.

Die Erkenntnistätigkeit des Menschen (samt den darauf gründenden sittlichen und praktischen Verhaltungen) signalisiert die Geistnatur des Menschen. Die Geistigkeit ist eine konkrete Komponente der menschlichen Natur, die als solche zur Erfahrung kommt. Sie konstituiert die Wesensform des Menschen, und zwar so, daß sie die vegetativen und sensitiven Formkräfte umfaßt, zusammenbindet und überformt[44]. Das Kräftepotential, das den Wesensbestand und die Formfülle der menschlichen Natur ausmacht, ist sehr komplex. Und diese Komplexität des Vegetativen, Sensitiven und Intellektiven darf nicht als Nebeneinander verschiedenartiger Potenzen verstanden werden, weil damit eine ganzheitliche Erkenntnis des Menschen, eine philosophische Anthropologie unmöglich wird. Die vielschichtigen Formkräfte stehen in einem eindeutigen Begründungsverhältnis, in einer Ordnung *secundum prius et posterius.* Das intellektuelle Sein fundiert so im Sensitiven, daß es darauf angewiesen und zugleich darin wirksam ist, aber nicht als etwas Inhaltliches oder Gegenständliches. Albert sieht das Begründungsverhältnis des Intellektiven vielmehr so, daß dieses das *continens et formans* ist[45]. Im Verhältnis zu den Sinneskräften ist der Intellekt der sinnstiftende Zusammenhalt, die überformende Einheit und ordnende Ganzheit, und in dieser Funktion ist der Intellekt die substanziale, formgebende Komponente der menschlichen Natur, welche die übrigen Komponenten nicht aufhebt, sondern überformt.

Eine ganze Reihe von Überlegungen zielen darauf ab, das Begründungsverhältnis des intellektiven Seins kritisch zu klären. Albert kommt wieder auf das Beispiel der komplementären mathematischen Größen zu sprechen[46], das er bereits im Kommentar zu *De anima* breit ausführte[47]. Er systematisiert in einer breitangelegten Unterscheidungslehre die verschiedenen Weisen der Begründung — der Abhängigkeit und des Abstandes — verschiedener Seinsformen, die sich zur substanzialen Formwirklichkeit integrieren. Die substanziale, umgreifende und überformende Seinsform ist eine und als solche aktuale und reale Form. Mit dieser Feststellung stehen wir, wie S. Vanni Rovighi sehr zutreffend festgestellt hat[48], an einem „neuralgischen Punkt" der Philosophie Alberts. Denn von diesem sehr fundamentalen und unabdingbaren Verständnis der Einheit der substanzialen Form aus konnte Albert der arabischen These von der Einheit und Identität der gemeinmenschlichen *intelligentia* entgegentreten; er mußte gleichzeitig die lateinischen Philosophen und Theologen korrigieren, die vielfach so unbekümmert von der vegetativen, sensitiven und intellektiven Seele des Menschen sprachen, daß dabei der Eindruck entstehen konnte, es handle sich um je verschiedene, nebeneinander oder übereinander stehende Seinsformen. Wie im Kommentar zu *De anima* tadelte Albert auch in dem Traktat *De unitate intellectus* einige zeitgenössische lateinische Philosophen außerordentlich scharf, weil sie von drei verschiedenen Substanzen sprachen[49]. Diese Meinung ist für Albert einfach „lächerlich" und verbaut das wirkliche Verständnis der Natur der Geist-Seele. In diesem Punkte wurde aber Albert zusammen mit Thomas von der Schule des Siger von Brabant nun auch seinerseits kritisiert, weil sie nicht verstehen konnte, daß das intellektive Sein (nach Alberts These) als Form des Leibes mit diesem vereint, der Potenz nach aber von diesem separat sein soll [50]. Genau so hat es aber Albert im Traktat nicht mehr verstanden. Er bezeichnet hier dieses Begründungsverhältnis *per esse coniunctae (formae) — per potentiam separatae* als unmöglich [51]. Ich schließe übrigens daraus, daß Albert den Traktat erst Ende der sechziger Jahre abgeschlossen hat und daß die überaus umfangreichen Gedankengänge über das Begründungsverhältnis und die Einheit der substanzialen Form und ihre Komponenten einen sehr konkreten Adressaten hatten [52]. Weil die intellektive Seinsform *tenens* und nicht materiales *contentum, fundans* und nicht material „Fundiertes“ ist [53], darum sind die Potenzen der Geist-Seele nicht organhafter Natur und funktionieren nicht wie Auge und Ohr. Der Intellekt des Menschen ist zwar auf die Sinnesorgane angewiesen, aber nicht, um von diesen etwas zu empfangen, vielmehr um diese am Licht der Erkenntnis partizipieren zu lassen. Die Geist-Seele konstituiert ebenso wenig die Sinneskräfte, wie auch die kosmische Intelligenz die Geist-Seele nicht begründen kann [54]; aber die Sinnespotenzen werden durch den Intellekt bereichert. Die erkannte Farbe ist mehr als die nur gesehene, denn die Erkenntnis stiftet Sinn, schafft Beziehungen, Ordnungen und Verhältnisse. Die Erkenntnis ist darum für den ganzen seelischen Haushalt des Menschen zentrale Tätigkeit.

Die Erkenntnis ist Tätigkeit des einzelnen Menschen. Erkenntnis muß erworben werden. Erkenntnis wächst und reift im angestrengten Akt des material-offenen und schöpferisch-formenden Intellekts. Die Vorstellung, daß die Ideen und Begriffe uns von irgendwo her einströmen, ist ein Trugschluß. Mit der Annahme, daß eine freischwebende *intelligentia* unsere je eigenen und verschiedenen Erkenntnisinhalte vermittelt, kann weder erklärt werden, daß der Erkenntnisakt ebenso subjektiv vollzogen wie objektiv gültig ist, daß die Erkenntnis Tätigkeit des einzelnen ist und bleibt, und daß sie wie jeder andere Akt im Leben aus der Einheit und Differenz des Aktiven und Passiven resultiert. In einer Reihe von Argumenten wies Albert auf diese selbstverständliche Feststellung über das menschliche Erkennen hin [55]. Diese Feststellungen erklären noch nichts, sind aber notwendig, um die Acht und Aufmerksamkeit für das eigentliche Problem zu schärfen. Die Erkenntnis des Menschen ist entweder Tätigkeit, Erkenntnisakt, oder sie ist auch nicht menschliches Erkennen. Die neuplatonischen Philosophen im Westen und im Osten sahen am eigentlichen Problem vorbei: das menschliche Erkennen ist eine Tätigkeit, die aus der angespannten Kraft des *intellectus agens* und *intellectus possibilis* resultiert, die je einzelne und individuelle Tätigkeit des Menschen und trotzdem objektiv-universal gültig ist und die durch sorgfältige Erfahrung, begriffliche Anstrengung und kritisches Urteil erworben und gewonnen werden muß. Die philosophische Auskunft über diese Probleme ist mehr als nur eine wissenschaftliche Theorie des Erkennens; sie ist Anthropologie. Die mittelalterliche Erkenntnislehre hatte jedenfalls der neuzeitlichen Erkenntniskritik dies voraus, daß sie Anthropologie war.

Diese Tätigkeit des menschlichen Erkennens sucht Albert im Anschluß an Aristoteles und Averroës näher zu bestimmen. Die bekannte Unterscheidung zwischen formendem und aufnehmendem Intellekt und deren systematische Erklärung dient primär dem Verständnis der menschlichen Erkenntnis als einer Tätigkeit. Weil diese vielfältig in Frage gezogen wurde, war deren Klärung so außerordentlich wichtig. Die einzelnen Komponenten und Inhalte dieser Theorie über den doppelten Intellekt sind vielfältig untersucht worden[56], so daß wir uns in diesem Zusammenhang mit einigen Hinweisen begnügen können. In seiner Theorie über den Rang und die Rolle des *intellectus agens* im Erkenntnisvorgang hat sich Albert nicht gänzlich von der Anschauung der arabischen Philosophie lösen können, sofern auch er einen einzigen, gemeinmenschlichen schöpferischen Intellekt gelten ließ, dem in der konkreten und individuellen menschlichen Natur der je verschiedene, subjektgebundene tätige Verstand entspricht[57]. Erst Thomas von Aquin hat diese „Doppelung" des *intellectus agens* aufgehoben und die metaphysischen Ansätze Alberts zu Ende gedacht. Albert hielt (im Unterschied zu Thomas) dafür, daß der tätig-formende Intellekt direkt und unmittelbar (also ohne die Vermittlung der Sinnesdaten) im aufnehmenden Intellekt die Bedeutungs- und Denkinhalte formt, die in die mannigfaltigen Vorstellungs- und Erfahrungsinhalte Ordnung und Sinn bringen. Der *intellectus agens* ist Formkraft, die nicht ihrerseits durch die Sinneserfahrung informiert werden kann. Auf diese Nuancen der Theorie vom doppelten Intellekt kann es aber nun wirklich nicht entscheidend ankommen. Sie sind gewiß bemerkenswert, weil sie den Weg und die Anstrengung des Denkens markieren, die den beiden Denkern Albert und Thomas aufgegeben waren; entscheidend ist aber vielmehr die Deutung des Erkenntnisaktes mit diesen Begriffen und Erklärungen.

Der doppelte Intellekt ist nicht zweifach verschieden, sondern er ist die doppelt-eine Kraft der Erschließung und der Einsicht, der Erhellung und des

Einleuchtens, die nur in einer tiefen Einheit und Zusammengehörigkeit des Aktiven und des Passiven verstanden werden kann. Im Akt der Erkenntnis waltete eine unaufhebbare und unabdingbare Einheit von formgebender, sinnschaffender Aktivität und hinnehmender, erfassender Passivität[58]. Der *intellectus agens* ist als naturale Anlage und Begabung des Menschen „in Form" und er bringt je und je im unterschiedlichen und angestrengten Akt des Erkennens das Erkenntnisvermögen des Menschen in Form, indem und insofern er im offenen und lebendigen Grund des materialen offenen Intellekts die intelligiblen Formen offenbar macht und als eigenen Inhalt der Geist-Seele aufgehen läßt[59]. Die Informationen und die Aktuierung des potentialen Intellekts darf auch nach Albert nicht als Anreicherung oder Anfüllung eines leeren Vermögens verstanden werden, denn der Intellekt ist kein physisches Organ; der Erkenntnisvorgang ist auch keine Veränderung eines bestimmten Zustandes; der Intellekt erwirkt und empfängt in inwendiger intensiver Tätigkeit den Gegenstand als Fülle und Vollendung seiner selbst. Im Akt des Erkennens — so lautet die berühmte aristotelische Identitätsthese[60] — werden Intellekt und Objekt, Erkenntnis und Erkanntes eins, und zwar nicht im Einerlei eines fixierten Zustandes, sondern im Über-eins-sein und Übereinkommen einer kritischen Identität. In der Erkenntnis gewinnt der Gegenstand eine neue Seinsweise, die intelligible Form; und diese ist die ureigene und urtümliche Vollendung des Intellekts.

Der arabischen Indentitätsthese von der Einheit der gemeinmenschlichen Intelligenz setzte Albert im bewußten und ausdrücklichen Rückgriff auf die aristotelisch-averroische Überlieferung die kritische Identitätsthese vom Über-einssein der Erkenntnis und des Erkannten entgegen. Albert verifizierte und identifizierte die operative Einigung einer schwebenden, separaten Intelligenz mit dem Erkennenden, von der arabische Philosophen sprachen, im konkreten Erkenntnisakt des einzelnen Menschen. Der subjektive materiale Intellekt des Menschen *(intellectus possibilis)* ist der offene Grund, in dem der formgebende Intellekt die Erkenntnis als seine eigene Form und Fülle aufgehen läßt. Der doppelte Intellekt ist „in Form" und bringt je und je die Erfahrung, Wahrnehmung und Vorstellung in Form. Diese kritische These steht aber auch gegen die „platonisierenden Theorien" der lateinischen Philosophen. Albert hat die Psychologie und die Philosophie in der lateinischen Geisteswelt des 13. Jahrhunderts auf neue und kritische Grundlagen gestellt. Diese geistesgeschicht-

liche Leistung soll abschließend noch in aller Kürze gewürdigt werden, weil damit auch auf den Traktat *De unitate intellectus* das rechte Licht fällt.
b) Die Wende zur Naturphilosophie ist das ureigene Anliegen des Albertus Magnus. Sie ist zwar ein wesentlicher Schritt hin auf die Naturwissenschaft, aber keineswegs mit ihr identisch. Die Naturwissenschaft ist Einzel- und Fachwissen; die Naturphilosophie ist aber ganzheitliche und umfassende Weltbetrachtung. In deren Blickpunkt steht die *natura* als Entäußerungsbewegung des Lebens im Kosmos. Diese naturphilosophische Weltbetrachtung bestimmen ebenso Inhalte der christlichen Schöpfungstheologie wie auch Ideen der griechisch-arabischen Kosmologie. Das Licht, das sich von den Himmelsphären her im Reichtum der kosmischen Formen verbreitet und das Hell-Sein des Intellekts, das von den kosmischen Intelligenzen her bis in das psychische und physische Leben des Menschen hinein aufstrahlt, gehören zusammen. Die Entäußerungsbewegung der Form im Universum und die Verinnerlichungsbewegung aus dem Reichtum der Formen in die Erkenntnis sind nur zwei Aspekte der universalen Seinsbewegung. Form ist Sein und Leben! Form ist Verstehen! Verstehen ist Sein und Leben! Das bleibende dichterische Zeugnis dieser philosophischen Naturbetrachtung ist Dantes *Divina comedia,* die man auf weite Strecken hin als philosophische Lehrdichtung lesen muß, die das ganze naturphilosophische Wissen aus der Schule des Siger von Brabant verwendet[61]. Die christliche Idee der schöpferischen Liebe und der philosophische Gedanke der kosmischen Intelligenzen bestimmt das Werk bis zum bekannten Schlußsatz[62]:
L'Amor che muove il sole e l'altre stelle!
In der neuplatonisch vermittelten Formmetaphysik konnte die Naturphilosophie ohne Schwierigkeiten den entscheidenden Schritt zu einer eigenständigen, philosophisch verantworteten Naturbetrachtung und Weltanschauung tun. Mit diesem Schritt konnte sich die Artistenfakultät um so leichter von der Theologie absetzen, als sich Philosophie und Theologie in den unterschiedlichen Methoden und (Erkenntnis-) Prinzipien als eigenständige und verschiedene Disziplinen verstehen mußten, in den übergreifenden Ideen (der Weltschöpfung, Weltordnung und Geistesfreiheit) aber auch aufeinander verwiesen waren. Albert hat auch in der Psychologie den Durchbruch zur Naturphilosophie gewagt. Dieses Wagnis löste die folgenschwere Krise in der Geistesgeschichte des 13. Jahrhunderts aus. Eine naturale Erklärung und Begründung des menschlichen Intellekts und der Erkenntnis (und damit auch der Erkenntnis der Wahrheit) wurde von

zeitgenössischen Theologen und Philosophen als Angriff auf die theologische Anthropologie verstanden. Die Theologen Robert Kilwardby OP oder Johannes Peckham OM konnten von der Geist-Seele des Menschen nur theologisch handeln, indem sie vom Gott-Ebenbild-Sein des Menschen sprachen; sie begründeten die menschliche Erkenntnis der Wahrheit mit der Erleuchtung *(illuminatio)* der Seele durch Gott. „Es ist unmöglich", schreibt Johannes Peckham in den *Quaestiones De anima*[63], „daß irgend ein natürliches Licht für die Erkenntnistätigkeit des menschlichen Intellekts konstitutiv sein kann". Beide Theologen führten die Auseinandersetzung wesentlich von den Konsequenzen aus, die sich für die christliche Theologie aus der arabischen, vor allem der averroistischen Geist- und Intellektlehre ergaben. Die Irrtümer im Philosophischen wurden zwangsläufig als Widersprüche zur Glaubenswahrheit, als Häresien deklariert. Deren Verurteilung durch den Pariser Bischof (1270 und 1277) zeigt das ganze Ausmaß des Streites an. Die Artistenfakultät war aber nicht weniger an dieser kritischen Wende der Kontroverse schuldig als die theologische Fakultät. In seinem (um 1270 abgefaßten) Traktat *De unitate intellectus contra Averroistas* wirft Thomas von Aquin den „Averroisten" in der Artistenfakultät eine unsachliche Kritik an den lateinischen Autoren vor[64]. Er tadelt in scharfen und z. T. bissigen Worten und Bemerkungen die Methode, die ganz offensichtlich Mode geworden ist, in der Psychologie nur den (großen) Kommentar des Averroes zu *De anima* zu lesen und wider besseres Wissen die einschlägigen Schriften der Lateiner abzulehnen. Auch Albertus hatte an der Psychologie der Lateiner Kritik geübt, und zwar aus einer intensiven und umfassenden Beschäftigung mit ihnen. In der Artistenfakultät war diese sachliche Kritik in eine billige modische Polemik umgeschlagen, die eine sachliche Auseinandersetzung außerordentlich erschwerte. *Timeo virum unius libri!*

Dieses unleugbare literarische und philosophische Interesse am Werk des Averroes hatte seinen guten Grund, der auch in den Schriften Alberts offenkundig wird. Die naturphilosophische Psychologie muß die Erkenntniskraft und die Erkenntnistätigkeit des Menschen aus dem naturalen Wesen des Intellekts erklären. Sie muß zeigen, daß und wie der eine und unteilbare Intellekt des Menschen als *intellectus agens* und *intellectus possibilis* als form-schaffender und material-offener Intellekt zur Erkenntnis kommt, so daß diese Erkenntnis ganz und gar subjektiv und zugleich objektiv-gültig ist. Die naturphilosophischen Analyse muß überdies zeigen, daß der Intellekt unmittelbar aus dem Wesen der Geist-Seele resultiert und als deren Potenz zugleich wie diese konkret und subjektiv ist. Zu diesen psychologischen Untersuchungen las Albert vor allen anderen Autoren den großen Kommentar des Averroes zu *De anima*, der in den bekannten umfangreichen Kommentaren 5 und 36 zum 3. Buch *De anima* die sachkundigen Ausführungen über den Erkenntnisvorgang gab[65]. In der Analyse der Erkenntnis als Tätigkeit des Menschen, die aus dem doppelten Grund des Material-Passiven und Formal-Aktiven zusammenwächst, wußte sich Albert mit Averroes weitgehend eins[66]. Die averroische These von der Einheit des *intellectus materialis* hielt Albert für „phantastisch“[67]; er sah aber sehr deutlich, daß diese These vielmehr mit den weltanschaulichen und geistesphilosophischen Voraussetzungen der Araber zusammenhing als mit den Prinzipien der aristotelischen Naturphilosophie. Albert konnte darum zunächst in der *Summa „De homine“*, wie R. Miller gezeigt hat[68], die Aussagen des Averroes über den Intellekt einfach im Sinne seiner (aristotelischen) Konzeption vom individuellen Intellekt interpretieren. Im Kommentar zu *De anima* erwähnt er die unterschiedliche These des Averroes und widerlegt sie; aber er führt deshalb keinen Feldzug. Erst im Streit der Fakultäten wurde diese These hochgespielt und zum Anlaß der Kriegserklärung gegen den Häretiker Averroës. Albert hatte damit nichts zu tun.

Aus der intensiven Beschäftigung mit den Kommentarwerken des Averroes vollzog Albert die Hinwendung zur Naturphilosophie in der Psychologie. Das Erkennen ist die ureigene Tätigkeit des Menschen, die wie jede andere Tätigkeit aus dem zweifach-einen Grund des *intellectus agens* und des *intellectus materialis* zusammenwächst. Diese Tätigkeit kommt dem Menschen nicht auf dem Weg der Erleuchtung zu (gegen die augustinisch-neuplatonische Philosophie) und sie entspringt auch nicht einer operativen Einigung der menschlichen Seele mit einer kosmischen Intelligenz *(intellectus separatus);* die Erkenntniskraft ist Potenz der Seele. Die Erkenntnistätigkeit darf darum auch nicht als inhaltliche Anreicherung und Anfüllung eines leeren Vermögens gedacht werden, sondern muß als die aktuelle Vervollkommnung, Ausformung und Auszeugung des Wesens begriffen werden. In der Erkenntnistätigkeit ist der Mensch „in Form“, denn der Intellekt (die Geist-Seele) empfängt den Reichtum der kosmischen Formen als seine eigene *perfectio* und dadurch d. h. durch die „intelligible Form“ des Erkannt-Seins erfährt die Weltwirklichkeit ihre Vollendung.

1 F. *Van Steenbergen*, La Philosophie au XIIIe siècle (Philosophes Médiévaux, Bd. IX), Löwen Paris 1966, 272—306, bes. 303 f.: „Cette philosophie est fondamentalement, aristotélicienne. Mais c'est un aristotélisme fortement contaminé par le néoplatonisme: c'est un aristotélisme néoplatonisant et surtout avicennisant ... C'est un aristotélisme orthodoxe ou chrétien ..."

2 Zum Einfluß des Albert Magnus auf Siger v. Brabant vgl. *Sigeri de Brabantia Tractatus de anima intellectiva* c. 3, ed. B. Bazán; *Siger de Brabantia Quaestiones in tertium de anima. De anima intellectiva. De aeternitate mundi* (Philosophes Médiévaux, Bd. XIII), Löwen Paris 1972, 77—88; J. *Vennebusch, Die Quaestiones metaphysice tres des Siger v. Brabant*, in: Arch. Gesch. Ph. 48 (1966) 163—189. Sigers Bemerkung, er habe Albert *viva voce* gehört, zeigt, daß Albert doch auch später (in den sechziger oder siebziger Jahren) gelegentlich in Paris war.

3 *La vie, acte essentiel de l'âme — l'esse, acte de l'essence d'après Albert-le-Grand*, Etudes d'histoire littéraire et doctrinale (Univ. Montréal Publ.instit.étud.méd. 17), Montréal — Paris 1962, 49—116.

4 *Untersuchungen zum Seinsbegriff im Metaphysikkommentar Alberts des Großen* (Beitr. Gesch. Phil. Theol. MA., NF Bd. 7), Münster 1972. Vgl. dazu die sehr aufschlußreiche Rezension von I. *Craemer-Ruegenberg*, in: Theol. Revue 69 (1973) Sp. 31—35.

5 *Albertus M., De unitate intellectus* c. 5 arg. 4, ed. A. Borgnet Bd. IX, 453.

6 Ebd. arg. 2, 452.

7 Ebd. c. 7, 465—474 kommt Albert in der Auflösung der Argumente der arabischen Geist-Philosophie immer wieder auf diesen metaphysischen Grundgedanken zurück.

8 Grundlegend für die Psychologie Alberts ist noch immer: A. *Schneider, Die Psychologie Alberts des Großen* Bd. I—II (Beitr. Gesch. Phil. MA, Bd. 5—6), Münster 1903—1906; P. *Michaud-Quantin, La psychologie de l'activité chez Albert le Grand* (Bibl. Thom., Bd. 36), Paris 1966.

9 Vgl. Anm. 3 f.; L. *Ducharme O. M. I., „Esse" chez saint Albert le Grand. Introduction à la métaphysique de ses premiers écrits*, in: Rev. Univ. Ottawa 27 (1957) 209*—252*.

10 *La Philosophie au XIIIe siècle*, a. a. O. Anm. 1, 279—285.

11 Allgemein wird in der Philosophiegeschichte vermerkt, daß Albert während seines Aufenthaltes 1256 an der Kurie als *Lector sacri Palatii* die Frage nach der (‚postmortalen') Identität der Geist-Seele disputiert habe. Sofern auch nur eine einigermaßen vergleichbare thematische und doktrinäre Identität zwischen der tatsächlichen Disputation und dem Traktat besteht, welche übrigens gar nicht nachzuweisen ist, ergeben sich aus der Problemgeschichte dieser Fragestellung gegen eine so frühe Datierung Schwierigkeiten. Dem „Anima-Kommentar", den Albert wohl zwischen 1254—1257 abgefaßt hat, ist diese Fragestellung fremd. — Im übrigen sollte man diesem (vermuteten) Anlaß der Quästion keine übermäßige Bedeutung zumessen. Der Traktat selber verdient aber das ganze Augenmerk. In seiner Geschichte der Philosophie des 13. Jahrhunderts hat F. *Van Steenbergen* diesem berechtigten Interesse besser Rechnung getragen als in seinem (ohne Zweifel exzellenten) Werk *Aristotle in the West. The Origin of Latin Aristotelianism*, Löwen 1955, 174.

12 J. *Koch, Kritische Studien zum Leben Meister Eckharts,* 1. Teil: Von den Anfängen bis zum Straßburger Aufenthalt einschließlich, in: Arch. Fratr. Praed. 29 (1959) 5—51. Über die Pariser Verurteilungen der thomasischen Lehre sind wir durch Nachrichten Heinrichs v. Gent informiert [vgl. L. *Hödl, Neue Nachrichten über die Verurteilung der thomasischen Formlehre,* in: Schol. 39 (1964) 178—196]. Ob Meister Eckhart in seiner Osterpredigt vom 18. April 1294 das Lehrzuchtverfahren von 1276 oder jenes von 1286 im Auge hat, ist unklar. Eckhardts Aufenthalt an der Universität Paris ist für die Zeit um 1276 nicht gesichert!

13 *Siger von Brabant, Tractatus de anima intellectiva* c. 3 ed. B. Bazán (Anm. 2) 81: „... dicunt praecipui viri in philosophia Albertus et Thomas ..."

14 Eine vorzügliche Untersuchung über dieses für uns so schwer verständliche Thema der „kosmischen Intelligenz" bietet J. A. *Weisheipl* O. P., *The Celestial Movers in Medieval Physics,* in: Thomist 24 (1961) 286—326. — Die Gutachten der drei führenden Dominikanertheologen Albert, Thomas und Robert Kilwardby zu den (vom Generalmagister Johannes von Vercelli 1271) ihnen vorgelegten *XLIII problemata* zeigen, daß diese Frage nach den kosmischen Geistwesen weltanschauliche Bedeutung hatte.

15 Albert handelte wiederholt von den kosmischen Intelligenzen. Vgl. *Super Dionysium De divinis nominibus* c. 4 n. 12, ed. P. Simon, Opera omnia Bd. 37,1, Münster 1972, 121 f. (vor allem Anm. 54) — Albert hat diese Theorie in zweifacher Hinsicht kritisch interpretiert. Er hat die Licht-Form an die Materialursächlichkeit gebunden, vgl. ebd. c. 1 n. 30, ed. 15 und zugleich die geschöpflichen Intelligenzen auf Gott hin orientiert, vgl. ebd. c. 3 n. 7, ed. 105, c. 4 n. 26, ed. 132 f.

16 Über diesen Zusammenhang von Metaphysik und Noetik des Lichtes informiert J. *Ratzinger, Licht und Erleuchtung. Erwägungen zu Stellung und Entwicklung des Themas in der abendländischen Geistesgeschichte,* in: Studium Generale 13 (1960) 368—378.

17 *Avicenna, Metaphysica* tr. 9 c. 3, ed. Veneta fol. 104 rb, c. 4, fol. 104 vb beschreibt die ‚Hierarchie' und Effizienz der Intelligenzen; *Albertus M.,* De unitate intellectus, c. 4 arg. 6, ed. A. Borgnet 444.

18 Cap. 1, ed. A. Borgnet 438: „Dicunt etiam isti, quod nullus est intellectus separatus qui non sit alicuius perpetui corporis motor." Cap. 2, ebd. 439: „... asserunt isti unam esse intelligentiam agentem in omnibus generabilibus."

19 Ehe Albert in die unmittelbare Diskussion der Liste der Argumente einstieg, klärte er in c. 1—3 des Traktates grundlegende Voraussetzungen derselben, ohne deren Kenntnis die Argumente unverständlich bleiben. Man muß zuerst die These von der Identität der kosmischen Intelligenz bei den Arabern kennen, um deren Theorie vom gemein-menschlichen Intellekt diskutieren zu können.

20 *De unitate intellectus* c. 3, ed. A. Borgnet 441. Weil Albert auch in der Psychologie nur das Beweiswissen gelten ließ, mußte er sich methodisch und systematisch von den theologischen Traktaten über die Seele absetzen. Ein Schulbeispiel dieses anderen Verständnisses ist die *Summa de anima* des Johannes von Ruppela mit dem allegorisierenden Prolog „Si ignoras te, o pulcherrima mulierum" (Cant. 1,7).

21 Der Kernpunkt der ganzen Kritik Alberts ist die These von der postmortalen Identität der Seelen; die Argumente ziehen gar nicht die jetzige konkrete Identität in Betracht. — Dieser Bezugspunkt der Kritik wurde in der Auseinandersetzung um den ‚Monopsychismus' wirklich oft sehr unkritisch gesehen.

22 *Albertus M., De unitate intellectus* c. 4 arg. 17, ed. 447: „Haec ratio quibusdam indoctis videtur debilis, et est fortissima, et ad solvendum difficilis multum". Arg. 18, ebd.: „Et haec ratio est fortis". Arg. 19, ebd.: „Et haec ratio est fortis valde ..."

23 Ebd. c. 4 arg. 4, ed. 443: „... intellectus autem separatus ex se non diffinit nec determinat aliquid ... remanet universalis idem ubique". Arg. 6, ebd.: „*Igitur* intellectus sive intelligentia secundum se non distinguitur per hoc quod est in multis". Vgl. arg. 23, ebd. 449; arg. 27, ebd. 450.

24 Ebd. arg. 17, ed. 447: „Intellectus autem est universaliter agens in caelo et in terra, ad distans et ad id quod prope, praeter id quod per aliquid medium continuetur ad id circa quod operatur". Arg. 21, ed. 448, arg. 24, ed. 449.

25 Ebd. arg. 8, ed. 444. Vgl. arg. 20, ed. 448: „Anima autem per intellectum universaliter agentem intelligibilia, est imago omnium et actus ..."

26 Ebd. arg. 14, ed. 445: „Id autem quod participatur per essentiam unam, non diversificatur in his quae ipsum participant, nisi in potentia et operationibus quas habet in his quae participant ipsum, et non in ipso. Arg. 15, ed. 446: „... est enim intellectus primum post causam primam, et primus influxus lucis causae primae est intellectus".

27 Ebd. arg. 21, ed. 448: „Intellectus igitur erit natura quaedam ... nec est particularis nec distans a primo fonte divinarum ... sed potius una intelligentia primae causae per se ipsam coniuncta ..."

28 Ebd. c. 7 (Auflösung der Argumente der arabischen Geist-Philosophie) ad arg. 1, ed. 463: „... quod formae sint a datore, et non educantur a materia: et ideo hoc est Platonicum, et non est de sententia Peripateticorum ..."

29 Ebd. c. 5 arg. 35, ed. 465: „... nisi forma educatur de materia et secundum esse sit in ipsa, ... non fit unum ex ea et materia.

30 Ebd. c. 7 ad arg. 5, ed. 466; ad arg. 12, ed. 468: „... quod intellectus secundum aliquem modum sit separatus, et secundum aliquem modum sit determinatus ad esse in genere entis et substantiae"; ad arg. 19, ed. 469 f. ad arg. 20, ed. 470: „... ens determinatum in genere substantiae ..."

31 Ebd. ad. arg. 1, ed. 465; vgl. Anm. 53.

32 Ebd. c. 6, ed. 463: „Naturam autem voco prout est principium motus et status per se et non secundum accidens".

33 Ebd. c. 6, ed. 462—464 schaltete Albert ein grundsätzliches Kapitel ein, in dem er die Frage der Geist-Natur klarstellte. Es bestand für ihn kein Anlaß, die Theorie von den kosmischen Intelligenzen aufzugeben; sie dient aber nicht mehr der Begründung des subjektiven Geistes des Menschen und verlor somit bereits an Bedeutung.

34 *Metaphysica* (Prima philosophia) XI tr. 2 c. 20, ed. B. Geyer, Opera omnia Bd. 16/2, Münster 1964, 507 f.

35 *De unitate intellectus* c. 6, ed. 463: „Cum autem per hoc quod pendet (natura intellectualis) ad causam primam ... est in ea intellectus agens universaliter: et cum ipsa sit in potentia secundum seipsam ... secundum hoc est in ea intellectus possibilis".

36 J. A. *Weisheipl, The Problemata determinata XLIII Ascribed to Albertus Magnus (1271),* in: Med. Stud. 22 (1960) 303—354.

37 *Albertus M., De anima* III tr. 2 c. 1, ed. Cl. Stroick, Opera omnia Bd. 7,1, Münster 1968, 177: „Et quia res difficillimas hic perscrutari intendimus, primo totam Aristotelis sententiam pro viribus nostris explanare et tunc inducere aliorum peripateticorum opiniones et post hoc videre de opinionibus Platonis et tunc demum nostram ponere opinionem, quoniam in istarum quaestionum determinatione omnino abhorremus verba doctorum Latinorum, eo quod nobis videtur, quod verbis eorum nullo quiescit anima, propterea quod sententiam veritatis nec ostendunt nec verbis propriis attingunt."

38 *De unitate intellectus* c. 5, ed. 452—462.

39 Ebd. c. 6, ed. 462—464.

40 Ebd. c. 5 arg. 1—7, ed. 452—454.

41 Ebd. arg. 4, ed. 453: „... esse non est nisi formae ipsius diffusio".

42 Ebd. arg. 2, ed. 452: „... sicut vivere viventibus est esse, et sentire sentientibus est esse, ita intelligere est esse intelligentibus. Id autem quod est esse his quae sunt, multiplicatur ad numerum eorum, cum esse sit actus essentiae, et diffusio in eo quod est ..."

43 Ebd. arg. 3: „... nihil secundum agere est actus secundus alicuius, nisi quod secundum esse substantiale est actus primus eiusdem".

44 Ebd. arg. 11 u. 12, ed. 455: „... anima quae est perfectio corporis, est una substantia quaedam, cujus partes potestativae sunt virtutes quae potentiae animae vocantur. Si autem hoc est verum, tunc vegetativa et sensitiva et rationalis in homine sunt una substantia." Vgl. P. *Michaud-Quantin, Albert le Grand et les puissances de l'âme,* in: Rev. Moyen Âge 11 (1955) 59—86.

45 Ebd. arg. 16, ed. 457: „... omnia quae sunt animae hominis, ut vires, et operationes, et passiones, dirigantur ad intellectum, sicut ad continens et ordinans et formans ..."

46 Ebd. arg. 9, ed. 454: „Sicut enim est trigonum in tetragono, sic vegetativum in sensitivo et sensitivum in rationali."

47 *Albertus M., De anima* II tr. c. 11, ed. Cl. Stroick, Opera omnia, Bd. 7,1, Münster 1968, 81.

48 *Alberto Magno e l'unità della forma sostenziale dell'uomo.* Medioevo e Rinascimento (Studi in onore di Bruno Nardi), Florenz 1955, 753—778.

49 *De unitate intellectus* c. 5 arg. 12, ed. A. Borgnet 455: „Quod autem dicunt quidam, has tres esse substantias in homine, non reputo opinionem, sed ridiculum: et non dixerunt hoc aliqui peripateticorum, sed quidam Latini naturam animae nescientes hoc confinerunt, et a nobis est in multis locis improbatum. Quia error pessimus est dicere unius subjecti possibiles esse substanias". Vgl. Anm. 37.

50 *Sigeri de Brabantia Tractatus de anima intellectiva,* c. 3, ed. B. Bazán (Anm. 2) 81: „... dicunt praecipui viri in philosophia Albertus et Thomas quod substantia animae intellectivae unita est corpori dans esse eidem, sed potentia animae intellectivae separata est a cor-

pore ...". Das erste Arg. gegen die These des Albertus und Thomas lautet (ebd. 82): „Non contingit substantiam aliquam esse unitam materiae et potentiam illius substantiae esse separatam a materia".

51 *Albertus M., De unitate intellectus* c. 5 arg. 19, ed. 458.: „Oportet igitur, quod sint formae partim coniunctae, et partim separatae".

52 Ebd. c. 6, ed. 464 betont Albert ausdrücklich: „... non naturaliter sunt in nobis principia, nec discimus ea nisi in quantum terminos accipimus". Siger v. Brabant, *Quaestiones in tertium de anima* q. 12, ed. B. Bazán (Anm. 2) 39 schreibt, daß dies Alberts Meinung sei: „... quod intellectui nostro est innata aliqua cognitio, ut scilicet primorum principiorum ...".

53 Ebd. c. 7 ad arg. 16 und 17, ed. 469.

54 Ebd. c. 5 arg. 15, ed. 456: „Et si dicatur, quod ex influentia fiunt operationes tales et passiones. Contra ... nullam actionem vel passionem inducat in homine: et sic homo nihil agit vel patitur per rationem".

55 Ebd. arg. 29, ed. 461: „Igitur homo nihil operatur per intellectum, quod est tam vile, quod tunc omnis homo debet ab hoc subtrahere auditum: quia tunc nullus curat intellectum proprium, et sic nihil est philosophia, nihil est virtus intellectualis". Ebd. arg. 30 und 31.

56 A. *Schneider, Die Psychologie Alberts,* a. a. O. Anm. 8; R. Z. Lauer, *St. Albert and the Theory of Abstraction,* in: Thomist 17 (1954) 69—83; L. A. *Kennedy,* The Nature of the *Human Intellect According to St. Albert the Great,* in: Modern Schoolman 37 (1960) 121—137.

57 *Albertus M., De unitate intellectus* c. 6 ed. A. Borgnet 463: „... omnium enim Peripateticorum est ista sententia, quod substantia intellectualis quam Arabes Philosophi vocant intelligentiam, est substantia stans et in esse fixa per causam primam, et ab ipsa habet in suo esse necessitatem". Albert hatte keinen zwingenden Grund, am „objektiven Geist" (*intellectus separatus*) Kritik zu üben, da er allen Grund hatte, den „subjektiven (materialaktiven) Geist" zu analysieren. So liest man hier (*De unitate intellectus c. 6*) ebenso wie in *De anima* III tr. 2 c. 12 (ed. C. Stroick, Opera omnia Bd. 7,1, 193) und an anderen Stellen die Erklärungen des tätigen und empfangenden, subjektiven Intellekts im Kontext der Hinweise auf den *intellectus separatus.* Die Licht- und Formkraft des Intellekts ist konstitutiver Teil der Seele — *pars animae* — nicht weniger aber unveräußerlicher, bleibender Urgrund, *intelligentia prima.*

58 Ebd. c. 5, arg. 8 ed. 454: „... in omni natura in qua aliquid factum et generatum, oportet aliquid esse agens et aliquid passibile, et illam actionem suscipiens". Vgl. Anm. 35.

59 Ebd. c. 7 ad arg. 27, ed. 472: „... sed recipit (intellectus) receptione loci, qui ipse est in quo esse habent species rationales et salvari, et a quo habent generationem in esse intellectuali per actum suum qui est lumen intellectus agentis." Vgl. c. 4 arg. 19, ed. 447: „... intellectus est locus specierum intelligibilium, et nullo modo subjectum".

60 *Aristoteles, De anima* III c. 4 430 a 2 f., c. 7 431 a 1—3; 431 b 16 f.

61 *Dante, Paradiso,* 10. Gesang hat dem Siger im Kreis der Weisen einen vorrangigen Platz eingeräumt.

62 Ebd., 33. Gesang; vgl. 27. Gesang v. 106—120 über die Licht-Liebe-Natur der Welt; 28. Gesang über die Himmels-Kreise; 7. Gesang V. 124—148 über die Schöpfungswerke und Elemente; 2. Gesang V. 112—148 über die Einheit und Ausfaltung der kosmischen Formen. Vgl. *Inferno,* 11. Gesang V. 103 f. über die Naturphilosophie.

63 *Quaest. V*, ed. H. Spettmann (Beitr. Gesch. Phil. MA, Bd. 19, 5—6), Münchnen 1918, 66; in einem Aufsatz *Über die averroistische Wende der lateinischen Philosophie des Mittelalters im 13. Jahrhundert,* in: Rech. théol. anc. méd. 39 (1972) 171—204, untersuche ich näher die kritische Konfrontation zwischen Philosophie und Theologie.

64 *Thomas von Aquin, De unitate intellectus contra Averroistas,* Proem.: „Et quia quibusdam, ut dicunt, in hac materia verba Latinorum non sapiunt, sed Peripateticorum verba sectari se dicunt, quorum libros numquam in hac materia viderunt, nisi Aristotelis qui fuit sectae peripateticae institutor ..." c. 1 n. 176, ed. Marietti 1954, 64: „... quos ideo induco quia non fuerunt Latini sed Graeci ..."; c. 2 n. 214, ed. 76: „... non soli Latini, quorum verba quibusdam non sapiunt, sed etiam Graeci et Arabes hoc senserunt ..."; c. 5 n. 265, ed. 89: „Unde mirum est quomodo aliqui, solum commentum Averrois videntes, pronuntiare praesumunt, quod ipse dicit, hoc sensisse omnes philosophos Graecos et Arabes, praeter Latinos".

65 *Aristotelis De anima libri cum Averrois commentariis,* ed. Venetiis 1562, 138—153, 174—187.

66 *Albertus M., De anima* III tr. 2 c. 12 ed. C. Stroick, Opera omnia Bd. 7,1 Münster 1968, 194: „In hac autem sententia nobiscum conveniunt et Averroes et Avicenna et plures alii Peripateticorum"; ebd. c. 18, 205: „Et placet multum nobis hac dictum Averrois ..."; ebd. tr. 3 c. 11, 221: „... et modo convenimus cum Averroe in toto ...". „Nos autem in paucis dissentimus ab Averroe" beginnt Albert dieses Kapitel. Ebd. tr. 2 c. 13, 196: „Et in hac determinatione convenit nobiscum Averroes, licet in modo abstractionis intellectus aliquantulum differat a nobis".

67 Ebd. tr. 2 c. 7 ed. 187: „Sed hoc mihi omnino videtur deliramento simile, et inducam ad hoc quattuor rationes fortissimas".

68 *An Aspect of Averroes' Influence on St. Albert,* in: Med. Stud. 16 (1964) 57—71.

Die trinitarische Gottesebenbildlichkeit nach dem Sentenzenkommentar Alberts des Großen

Michael Schmaus (München)

Wie in sämtlichen Sentenzenkommentaren des 13. Jahrhunderts wird auch in dem von Albert dem Großen stammenden Kommentar zu den Sentenzen des Petrus Lombardus, welcher in der zweiten Hälfte der vierziger Jahre des 13. Jahrhunderts verfaßt wurde, in distinctio 3 des 1. Buches die Frage nach der Ebenbildlichkeit Gottes untersucht. Es handelt sich dabei um die Artikel 13—39. Im Grunde genommen geht es in diesen Untersuchungen um die Erkennbarkeit der göttlichen Trinität. Zugleich werden jedoch wesentliche Einsichten für das Selbstverständnis des Menschen zutage gefördert, insofern es eben die Analyse des Menschen ist, welche für die Erkenntnis der Dreipersonalität Gottes Wege öffnet.

Albert beginnt seine Untersuchungen mit der Frage nach der „Fußspur" *(vestigium)* Gottes in der Schöpfung, namentlich im Menschen (art. 13 f.).

Das *vestigium trinitatis* ist nach seiner Meinung in doppelter Weise eine defektive *similitudo* (art. 13 u. 14): einmal insofern es bloß einen Teil, nicht das Ganze des Abgebildeten darstellt, sodann insofern es bloß eine verschwommene Kenntnis des Abgebildeten vermittelt[1].

Es gibt viele Spuren Gottes in der Schöpfung. Sie weisen nicht auf die jeder göttlichen Person zukommenden Eigentümlichkeiten, sondern nur auf die den Personen gemeinsamen Eigenschaften hin. Unter den verschiedenen Fußspuren Gottes nennt Albert mit besonderem Nachdruck die Dreiheiten: *Unitas, species, ordo,* sowie: Macht, Weisheit, Güte (art. 15—17). Gerade die letzte Dreiheit aber führt nur zur Erkenntnis der göttlichen Wesenseigenschaften, nicht der personalen Eigentümlichkeiten (art. 15). Es unterliegt keinem Zweifel, daß Albert mit diesen Ausführungen gegen Abälard polemisiert[2].

Er hat, wie sich aus Artikel 17 ergibt, wohl auch Thierry von Chartres und Alanus ab Insulis im Auge[3].

In engem Zusammenhang mit seiner der Tradition entnommenen Theorie von der Fußspur Gottes steht seine These, daß die Philosophen auf Grund der natürlichen menschlichen Erkenntnisfähigkeit kein sicheres Wissen von der göttlichen Trinität gewinnen konnten (art. 17). Mit dieser Behauptung unterscheidet sich Albert von der im 12. und auch noch im beginnenden 13. Jahrhundert häufig, namentlich von Abälard und in der Schule von Chartres vertretenen These, daß eine Erkenntnis der göttlichen Dreipersonalität der menschlichen Vernunft möglich sei. Albert kreist in der Begründung seiner These um Gottes Transzendenz. Es fällt auf, daß er die von Thomas nachdrücklich entwickelte Auffassung nicht vertritt, die natürliche Vernunft könne deshalb nicht zur Feststellung der göttlichen Dreipersonalität vordringen, weil ihr hierzu nur die Betrachtung der Schöpfung zur Verfügung stehe, diese aber wegen der Einheit und Einzigkeit des göttlichen Wirkens hinsichtlich der nichtgöttlichen Wirklichkeit keine Anhaltspunkte für die göttliche Dreieinigkeit biete. Albert führt, wie gesagt, im Unterschied dazu als Grund für seine These die Transzendenz Gottes an. Von ihr spricht er in verschiedenen Variationen. Gott ist so einzigartig, daß er von allem, was uns in der Erfahrung begegnet, völlig verschieden ist. Es gibt daher kein Gleichbild Gottes in der Schöpfung. Das Denken des Thomas bewegt sich in dem Schema von Ursache und Wirkung, dasjenige Alberts in dem Schema der Analogie bzw. der Seinsqualitäten.

Wegen der Unerreichbarkeit der Trinität durch natürliche Erkenntniskräfte bedarf es für ihre Erkenntnis eines höheren Prinzips als für die Erkenntnis der Schöpfung. Es genügt nicht die *ratio.* Es ist vielmehr die *fides* oder vielmehr die Erleuchtung durch die göttliche Offenbarung notwendig. Wenn es trotzdem bei nichtchristlichen Denkern die These von einer Dreiheit in Gott gibt, so bedeutet dies, wie sich nach Albert zeigen läßt, jeweils eine ganz andere als die vom christlichen Glauben gemeinte Dreiheit, nämlich die Dreiheit von Wesenseigenschaften.

Wenn man etwa auf Plato verweist und dabei behauptet, er habe die Trinität oder wenigstens eine Dualität in Gott erkannt, so darf man, wie Albert in Verwendung einer weitverbreiteten, aus der Väterzeit kommenden Vorstellung und unter Berufung auf Augustins Werk *De doctrina christiana*[4] meint, nicht übersehen, daß Plato in Ägypten und in Palästina die Bücher des Alten Testamentes kennengelernt und gelesen hat und so lernen konnte, daß Gott Vater und Sohn ist. Man könnte, wie Albert betont, auch die Ansicht vertreten, Plato habe Gott einfachhin Vater geheißen und die Welt seinen Sohn genannt. In diesem Sinne spreche Plato ja auch von der Mutter und der Ernäherin, mit welchen Begriffen er die Materie verstehe, aus der die Welt geschaffen sei. Vielleicht, so fährt Albert fort, nennt er Gott auch einfachhin Geist und den Intellekt Gottes „den Archetyp der Welt“ [5].

Besonders aufschlußreich ist, was Albert zu dem Einwand aus „Trismegistus“ sagt. Dieser wird im 4. Argument des Artikels 18 angeführt, und zwar wird ihm hier das Wort zugeschrieben: Die Monade erzeugt die Monade und biegt ihr Liebesfeuer in sich zurück. Dieses Wort scheint zu sagen, daß Trismegistus den erzeugenden Vater, den gezeugten Sohn und die als Feuer von beiden hervorgehende Liebe kennt. Albert erwidert: Er wisse nicht, wer dieser Trismegistus sei. Er glaube (credo) sogar, daß er eine Fiktion darstelle. Denn alles, was dieser Trismegistus gelehrt haben soll, habe er in einem Buch des Magister Alanus gefunden. Alanus kennzeichnet in der Tat ähnlich wie Thierry von Chartres die Gottheit als *unitas* oder als *monas* und versucht wie der genannte Theologe die Dreipersönlichkeit Gottes auf dem Wege natürlicher Überlegungen unter Verweis auf das hermetische Schrifttum (W. Scott, *Hermetic*, 1, 1924, 286 ff.), genauer gesagt auf den Philosophen Mercurius oder Hermes Trismegistos, auf die hermetische Schrift *„Asclepius“* abzuleiten. Den im 4. Argument genannten Autor zitiert Alanus (in dem Werke *Contra haereticos* III, 3 f.; Migne, PL 210, 405) mit der Einführung *„Unde et philosophus ait“*. In den *Regulae theologicae* behandelt er den Beweisgang unter Nr. 3 (PL 210, 624 f.) [6]. Der angeführte Satz stammt aus dem *Liber Hermetis* und wird in der Folgezeit häufig angeführt, bald als These des Alanus, bald als These des Trismegistos (siehe B. Geyer, *Die patristische und scholastische Philosophie*, Berlin 1928, 246 f., der sich auf M. Baumgarten und Cl. Bäumker beruft).

Albert fährt fort: Sollte ein Philosoph vor der Inkarnation die Trinität erkannt haben, ohne sie aus den alttestamentlichen Büchern oder durch Offenbarung erkannt zu haben, dann spreche er von einem Gotte, der zwar zeuge, aber nur so, daß er seinen Intellekt in der Welt hervorbringe und alles, was er hervorgebracht habe, seinetwegen liebe [7].

Wenn die heidnischen Philosophen von dem „Sprechen“ Gottes und von dem „Worte“ Gottes reden, so ist dies verständlich. Es führt aber nicht zu der Erkenntnis des „Vaters“ und des „Sohnes“. „Sprechen“ ist nämlich ein mehrdeutiges Wort. Es wird verwendet für den dem einen Gott zukommenden

Schöpfungsakt und auch zur Bezeichnung jenes Sprechens, das nur dem Vater zukommt, und in welchem er den Sohn hervorbringt. Wenn die Philosophen den Begriff „Wort“ auf Gott anwenden, so verstehen sie darunter eben nicht den subsistenten ewigen Gottessohn, sondern den göttlichen Schöpfungsakt. Daß bei den heidnischen Philosophen vom Heiligen Geiste so gut wie nicht, auch nicht in fernen Andeutungen die Rede ist, hängt damit zusammen, daß die Aussprache eines Wortes und das Verhältnis dieser Aussprache zum Sprechenden sich demjenigen, der den göttlichen Intellekt analysiert, leicht anbietet. Die „Aussprache“ *(dictio)* der Liebe aber, welche mit dem Heiligen Geist zusammenhängt, bietet sich nicht einer solchen einfachen Analyse an und ist daher der Vernunfterkenntnis noch ferner als die Erkenntnis von Vater und Sohn (art. 18 ad quaest. 1).

Nach diesen Vorbemerkungen wendet sich Albert dem Bildbegriff zu (art. 19). Nach einer Analyse der Struktur des einschlägigen Textes bei Petrus Lombardus gibt er zunächst eine Definition. Sodann untersucht er die konstitutiven Elemente des Bildes, endlich prüft er seinen Erkenntniswert. Diese drei Gesichtspunkte lassen sich nicht scharf voneinander trennen. Sie greifen vielmehr vielfältig ineinander, so daß es zu zahlreichen Wiederholungen kommt. Die Angaben Alberts über den Erkenntniswert des Bildes sind für unsere Interpretation am wichtigsten. Denn an seiner Ansicht hierüber entscheidet sich, ob und in welchem Maße er die von Augustinus entwickelten Ternare aufgenommen hat[8].

Zuerst setzt er sich mit der These des Hilarius von Poitiers auseinander, daß nur der Sohn das Bild des Vaters sei. (art. 19 solutio). Er gibt ihm naturgemäß darin recht, daß der Sohn das ungeschaffene Bild des Vaters ist. Wenn jedoch, so meint er, der Bildbegriff auf die geschaffene Bildlichkeit ausgedehnt wird, „wie manche wollen“, dann müsse man zugeben, daß es drei Bildvorstellungen mit je verschiedener Abbildekraft gibt. Zunächst realisiert sich die Ebenbildlichkeit in den drei Potenzen Gedächtnis, Intellekt und Wille. Sodann läßt sich feststellen, daß sich das geistige Bild in der *ratio* wie in seinem Träger findet. Die *ratio* wird dabei verstanden als jener Teil, dem innerhalb der Geistseele ein höherer Rang zukommt. Die dritte Bildstufe stellt sich uns dar in der *imago recreationis,* denn dieses Bild vermag Gott in besonderer Weise darzustellen.

Für die Interpretation des Bildes ist erforderlich, daß es nicht nur in sich selbst, sondern in seiner Relation zum Abgebildeten betrachtet wird. Nur so erfüllt es seinen Sinn als Bild. Das Bild hat also gewissermaßen eine doppelte Realität, eine ihm immanente und eine über es selbst hinausgehende. Diese beiden Momente lassen sich allerdings nicht voneinander trennen. Es lebt vielmehr jedes im anderen und vom anderen. Wegen der dem Bilde innewohnenden Realität ist es notwendigerweise von dem Abgebildeten verschieden. Die Verschiedenheit hindert jedoch nicht die Bildhaftigkeit, da ja diese durch die Relation zu dem Abgebildeten bestimmt wird (art. 19 ad 1um).

Albert geht die Frage nach den konstitutiven Elementen des Bildes an (art. 20). Er behandelt dabei die Dreiheit von *memoria, intelligentia* und *voluntas.* Damit übernimmt er einen augustinischen Ternar, welcher von Augustinus selbst vor allem für die analoge Darstellung der Substanzeinheit und der Personenverschiedenheit, weniger aber für die psychologische Qualifizierung der innergöttlichen Hervorbringungen und Hervorgänge gebraucht wird[9]. In einer sehr ausführlichen Weise beschäftigt sich Albert mit der Analyse dessen, was er unter *memoria* versteht. Hierbei ist er in hohem Maße von Augustinus beeinflußt. Er analysiert das „Gedächtnis" mit seinen verschiedenen Funktionen ganz im Sinne der augustinischen *memoria*-Lehre, schränkt jedoch die Bildhaftigkeit der *memoria* stärker als Augustinus auf jene Funktion ein, welche den apriorischen Besitz von unmittelbar gegebenen Wahrheiten bedeutet[10]. Er trifft sich trotz vieler Unterschiede bis zu einem gewissen Grad mit seinem jüngeren Ordensbruder Robert Kilwardby, der sich seinerseits wieder unterscheidet von der Ansicht des Dominikaners Richard Fishacre[11].

Ausdrücklich vermerkt Albert, daß *memoria* nicht in jeder Hinsicht Element des trinitarischen Ebenbildes im Menschen ist. Diese Bedeutung kommt ihm vielmehr zu, insofern es Potenz der vernunftbegabten Geistseele hinsichtlich ihres höheren Teiles ist. In diesem Bezug hält es fest den *habitus* des Wahren und des Guten, welches die Geistseele selbst auf Grund ihrer Natur darstellt, sowie den *habitus* des Wahren und des Guten, welches Gott ist. Vielleicht, so meint Albert, könnte man in Übereinstimmung mit Augustinus richtiger sagen, es komme jene Stufe des Gedächtnisses als Bildelement in Frage, auf welcher die *memoria* die Kenntnis *(notitia)* durch die Gegenwart des Wesens und nicht den *habitus* des Wahren und des Guten festhält, welches die Seele selbst auf Grund ihrer Natur ist. Augustinus sagt ja, daß der Seele nichts gegenwärtiger ist als sie selbst[12].

Der Akt dieser *memoria* besteht nicht im „Tun", sondern im Festhalten, insofern sie die Gegenwärtigkeit der „Kenntnis" in ihrem eigenen Wesen oder auch durch einen angeborenen habitus festhält. Auf Grund solcher Vorstellungen gibt Albert dem vor der „Lösung" des Problems vorgebrachten Einwand recht, daß die *memoria* nicht unter jeder Hinsicht Bildelement ist, insofern nämlich nicht, als das Gedächtnis zeithaft verlaufene oder verlaufende Vorgänge aufnimmt und in sich bewahrt.

Ähnlich steht es nach Albert mit dem Intellekt. Er ist hier nicht einfach zu verstehen als Erkenntnispotenz schlechthin, sondern als Erkenntnispotenz, welche durch das Intelligible bestimmt ist, nur insofern also Einleuchtendes, Intelligibles immer in der Geistseele gegenwärtig ist, sowie die Geistseele sich selbst gegenwärtig ist, und insofern Gott durch sein Wesen, durch seine Allgegenwärtigkeit und durch seine Allwirksamkeit in uns anwesend ist. Diesen letzten Punkt erläutert Albert mit dem Satz, daß uns die Kenntnis Gottes von Natur angeboren ist. Das Gegenstück besteht darin, daß der Intellekt nicht hinsichtlich eines jeden erkennbaren Gegenstandes Bildelement ist.

Diese Einschränkung auf bestimmte Inhalte wirkt sich auch in der Erklärung des dritten, nämlich des Willenselementes aus. Der Wille ist nur insofern Bestandteil des trinitarischen Ebenbildes, als die Geistseele und Gott seine Gegenstände sind. Dieser Wille, der die Geistseele und Gott umfaßt, ist auf diese zwei Inhalte ebenso auf Grund seiner Naturanlage hingeordnet wie *memoria* und *intellectus*[13].

Diese Überlegungen erfahren eine weitere Klärung und Präzision durch die Beantwortung der Frage, wer das Subjekt bzw. der Träger des Bildes ist (art. 21). In den von Albert vor seiner eigenen Lösung angeführten Argumenten treten verschiedene Antworten hervor. Sie können sich alle mit mehr oder weniger Recht auf Augustinus berufen. Insbesondere gilt dies von der Meinung, daß die *ratio superior* der Sitz des Ebenbildes sei. Demgegenüber erklärt Albert, daß die *mens* bzw. der *spiritus* das Subjekt des trinitarischen Gottesbildes ist. Er beruft sich dafür auf Augustinus. Der Unterschied zwischen der These von der *ratio superior* und Alberts These von der *mens* als dem Sitze des göttlichen Ebenbildes ist darin zu suchen, daß die *mens* immerfort sich selbst und Gott zugewandt ist, selbst wenn sie diese „Gegenstände" nicht reflex denkt, während die *ratio superior* das Prinzip einer stets sich wandelnden Tätigkeit ist, mag sie ihre Tätigkeit auch auf Grund göttlicher Bestimmung vollziehen.

Die Potenzen des göttlichen Ebenbildes sind einfacher als die *ratio*, weil sie der Kenntnis des Wahren und Guten, das Gott selbst ist, zugewandt sind[14]. Wenn Augustinus gelegentlich sagte, daß Bild Gottes liege im höheren Teil der menschlichen *ratio*, so verstehe er dabei den höheren Teil der *ratio* im weiteren Sinn.

Mit einer gewissen Künstelei kann Albert behaupten, daß der Mensch Ebenbild sei durch die theologalen Tugenden, nämlich durch Glaube, Hoffnung und Liebe. Um diese These festhalten zu können, muß er den Bezug zu der *memoria* klären. Dies betrifft die *spes*. Die Hoffnung hat insofern eine Relation zur *memoria*, als sie die Erwartung auf das Volkommene festhält. Der Bezug der beiden anderen theologalen Tugenden zu den beiden verbleibenden Bildelementen ergibt sich ohne weiteres (art. 21 ad quaest. 3).

Wenngleich Albert die Ternarglieder von vornherein so bestimmt, daß sie als Ternarglieder durch ihren Inhalt geprägt sind, prüft er doch noch einmal in einem eigenen Artikel das Problem, was als Objekt der drei Ternarglieder in Frage kommt (art. 22). Die Antwort führt zu größerer Genauigkeit, als sie Albert in seinem bisherigen Gedankengang erreichte. Ohne einer anderen Meinung, wie er sagt, nahetreten zu wollen, betont er nachdrücklich, daß die drei Ternarglieder Bildelemente nur sind, insofern sie jenem Wahren und Guten zugewandt sind, das die sich selbst immer gegenwärtige Geistseele ist, sowie jenem Wahren und Guten in ihr, das Gott selbst ist. Die Geistseele wird durch Gedächtnis, Intellekt und Wille unmittelbar zu Gott hingetragen. Wenn dies geschieht, stellt sie sowohl die Einheit als auch die Dreiheit Gottes dar. Der Mensch kann sich jedoch auch den Potenzen selbst zuwenden, insofern sie zueinander in Beziehung stehen und sich gegenseitig umfassen. Auch so neigt er sich dem Schöpfer zu. Er beginnt jedoch diese seine Bewegung von der Schöpfung her. Wenn er sich nicht in einem Akt des Erkennens in bewußter Aufmerksamkeit Gott hingibt, dann stellt er Gott wenigstens *habitualiter* und *potentialiter* vor. Albert schließt diese Ausführung mit dem Satz, daß hinsichtlich anderer Gegenstände der Ternar nicht Bild Gottes ist. Dies wenigstens, erklärt er, sei seine Meinung. Andere dächten darüber wieder ganz anders. Es würde jedoch zu weit führen, sich mit diesen vielfältigen Meinungen auseinanderzusetzen.

Ausführlich geht Albert der Frage nach, ob das Gedächtnis in der Dreiheit der Glieder immer an erster Stelle steht (art. 22 ad 1um u. 2um). Die Erfahrung scheint dagegen zu sprechen. Denn viele Gedächtnisinhalte sind die Folge der Erkenntnis des *intellectus*. Die Antwort Alberts ist nach dem Gesagten leicht verständlich. Bezüglich anderer als der vorhin genannten zwei Inhalte sind weder Gedächtnis noch Intellekt Bildelemente[15].

Beachtlich ist, daß Albert auch bezüglich der beiden vorhin genannten Objekte einen Unterschied macht (art. 22 ad 4um). Wenn man nämlich im Bilde die Substantialität und die Gleichheit betont, dann ist die Geistseele in höherem Maße Ebenbild des trinitarischen Gottes, wenn sie sich ihrer selbst erinnert, sich selbst schaut und will, als wenn sie ihre Potenzen auf Gott richtet. Faßt man aber die Schönheit und die Farbigkeit des Bildes ins Auge, sind die drei Glieder in höherem Maße Ebenbild, wenn sie sich auf Gott richten.

Solche Überlegungen legen die Frage nahe, warum der Mensch nicht Ebenbild des dreipersonlichen Gottes ist hinsichtlich seiner niedrigen Kräfte, z. B. des Gesichtssinnes (art. 24). Auch bei deren Analyse würde man, wie sich an Augustinus zeigt, zu einer Dreiheit von Gliedern kommen. Albert gibt dabei seiner verneinenden Antwort eine eigenartige Begründung: wegen der Einfachheit des Objektes. Diese kommt nur Gott und dem Geist selbst zu. Diese Einfachheit des Inhalts fordert die Einfachheit der Potenzen.

Die von Albert vorgenommene Bestimmung der Ternarglieder schließt die These in sich, daß die Ebenbildlichkeit des Menschen nicht verlorengehen kann (art. 25). Es handelt sich ja dabei um eingeborene, der menschlichen Natur immanente Gegebenheiten. Wenn man allerdings die Schönheit und die Güte des Ebenbildes als Norm für die Beurteilung nimmt, dann muß man sagen, daß das Ebenbild durch die Teilnahme am Leben Gottes über das Natürliche hinaus erhöht wird. Diese qualifizierte Bildhaftigkeit wird durch die Sünde verloren. In diesem Sinne sind, sagt Albert, die einander scheinbar widersprechenden Väterstellen auszulegen[15a].

Von großem Gewicht ist die Frage, ob die einzelnen Glieder des Ternars jeweils von der durch das einzelne Ternarglied abgebildeten Person oder von dem trinitarischen Gott dem Geiste eingeprägt werden (art. 26). Die Antwort operiert mit dem Satz, daß in der ungeschaffenen göttlichen Trinität alle Wesenseigenschaften jeder Person zukommen, und zwar ungeteilt und gleich wesentlich. Daher gilt: Wenngleich dem Vater die *memoria* zugeschrieben wird, so hat er dennoch auch den Intellekt und die *voluntas*. Ähnlich steht es mit dem Sohne und dem Heiligen Geist. Daraus ergibt sich: Die drei göttlichen

Personen schaffen nicht nur in einer gemeinsamen Aktion, sondern in einem ungeteilten Tun Gedächtnis, Intellekt und Wille dem Menschen ein. Nur auf Grund einer Angemessenheit schreiben wir dem Vater das Gedächtnis, dem Sohn den Intellekt und dem Heiligen Geist den Willen zu.

Damit hängt zusammen das Problem, warum das von der ganzen Trinität bewirkte Ebenbild nicht Sohn, sondern eben Bild genannt wird (art. 26 ad 2um). Mit dieser Frage greift Albert den Unterschied zwischen dem göttlichen Schöpfungsakt und dem innergöttlichen Zeugungsvorgang auf. Er gibt allerdings keine genaue Begründung, sondern nur einen Hinweis. Dieser besteht darin, daß er zwischen Vater und Sohn die Einheit der Natur walten sieht, sei es, daß die Natur eine einzige ist, sei es, daß sie in Vater und Sohn je nach der ihr zukommenden Begrifflichkeit verwirklicht ist. Zwischen dem das Ebenbild hervorbringenden dreipersonalen Gott und dem Ebenbild selbst besteht jedoch keine Natureinheit. Es besteht vielmehr eine Beziehungseinheit, insofern die drei Kräfte ein Tätigkeitsganzes *(totum potestativum)* darstellen, welches sich dem dreipersönlichen Gott als seinem Gegenstand zuwendet.

Albert spürt, daß die von ihm mit Betonung hervorgehobene Unterscheidung des ständigen Beisichseins des Geistes und der aktuellen Selbsterkenntnis einige nicht geringe Probleme aufwirft. Er sucht diese zu bewältigen, indem er den Unterschied von *nosse se, intelligere se, velle se, discernere se et cogitare se* untersucht (art. 27). Die Prüfung dieser Phänomene führt zu folgendem Ergebnis: Es sei zwar sehr schwer, den Unterschied zwischen diesen Vorgängen genau anzugeben, denn die genannten Fähigkeiten und Akte seien der menschlichen Geistseele eingeboren und daher immer in Funktion. Dies wirke sich darin aus, daß der Mensch sich immer in der Substanz des Geistes gegenwärtig ist und immer Gott erkennt. So scheint kein Unterschied zwischen *nosse* und *intelligere* zu bestehen. Dennoch läßt sich der Unterschied eindeutig feststellen. Albert zeigt ihn mit Hilfe Augustins. *Nosse* ist nämlich nach Augustinus nichts anderes als das Festhalten der „Kenntnis" einer Sache. Dies aber kommt der *memoria* zu. Es liegt daher offen zutage, daß die *memoria* durch die *notitia* sich und Gott kennt. Das *intelligere* hingegen ist nach Augustinus nichts anderes als der Einblick oder die Schau seiner selbst und Gottes in der genannten *notitia.* Der Wille aber ist die Billigung bzw. die Liebe, welche, wie Albert unvermittelt sagt, aus dem Worte des *intellectus* hervorgeht. Auch die Tätigkeiten des *discernere* und des *cogitare* haben je eine nur ihnen zukommende

Funktion. *Se discernere* bedeutet nämlich nach Augustinus das gleiche wie sich von anderen unterscheiden. Solches tut aber der Mensch immer. *Se cogitare* hingegen heißt sich auf sich selbst hinwenden, indem man die Natur des Geistes mit den Teilen des Geistes, mit seinen Kräften und seinen Empfindungen vergleicht. Solches tut der Geist nicht immer.

Eine wichtige Frage in unserem Problemkreis betrifft die Relativität der Ternarglieder (art. 28). Sie sind nach Albert nicht einfachhin relativ, bezughaft, sondern nur in einem gewissen Sinn. Sie unterscheiden sich so von jenen Begriffen, welche auf Grund ihres Inhaltes unmittelbar Relationscharakter haben wie etwa Vater und Sohn, Herr und Knecht. Von diesen ihrem Sinne nach relativen Begriffen unterscheiden sich solche, die zwar nicht schon auf Grund ihrer Sinnhaftigkeit Relationscharakter haben, von denen sich aber das Moment des Relativen nicht trennen läßt. So kann das Wissen nicht von dem Wißbaren getrennt werden. Die Benennung des Wissens leitet sich jedoch nicht von diesem Bezug ab. Ähnlich leitet sich die Benennung des Gedächtnisses nicht von dem Bezug zu seinem Inhalt ab. Dennoch ist dieser Bezug nicht vom Inhalt zu trennen.

In der augustinischen Behandlung der Relativität der Ternarglieder wird die Relativität anders verstanden, nämlich nicht als Relation zu den Inhalten, sondern als gegenseitiges Verhältnis der Ternarglieder zueinander. Nur in diesem Verständnis der Relativität sind die Ternarglieder ein Bild der zueinander in Beziehung stehenden und durch diese Beziehung geprägten göttlichen Personen. Albert läßt diesen Gedanken nicht aus. Er bringt ihn aber erst an zweiter Stelle, und zwar als Antwort auf ein Argument. Dies weist darauf hin, daß er der augustinischen Erklärung der Relativität der Ternarglieder kein entscheidendes Gewicht beilegt. In dem Abschnitt (ad 2um) über das gegenseitige Verhältnis der Ternarglieder sagt er: Der Intellekt wird auf die *memoria* bezogen, nicht insofern er Intellekt ist, sondern insofern er Gedächtnisinhalte aufnimmt. Umgekehrt bezieht sich das Gedächtnis auf den Intellekt, nicht insofern es Gedächtnis ist, sondern insofern es dem Intellekt Inhalte darbietet. Der Wille aber bezieht sich auf Gedächtnis und Intellekt, insofern er Inhalte des Gedächtnisses und des Intellekts bejaht. Diese beiden Potenzen beziehen sich auf den Willen, insofern sie ihm ihre Inhalte anbieten.

Es ist ebenso aufschlußreich wie weittragend, was Albert an diese Analyse anschließt (ad 2um). Er zitiert eine Meinung, welche Augustinus wesentlich

näherkommt als die von ihm vertretene, insofern sie nämlich die Qualifizierung der innergöttlichen Hervorbringungen als psychologische Akte wenigstens streift. Man ist um so mehr überrascht, daß Albert erklärt, die (sogleich anzuführende) These widerspreche Augustinus und bedeute demgemäß überhaupt nichts. Diese Meinung „anderer" läßt sich so darstellen: Die *memoria* sei als *memoria* nicht einfachhin relativ zu irgendetwas, sondern insofern sie zeugend ist (parens). Ebenso sei der Intellekt nicht als solcher in Relation zu einem Inhalt, sondern er sei bezughaft, insofern er Sohn ist *(filius vel proles)*. Ebenso sei der Wille nicht als Wille bezughaft, sondern insofern er von den beiden wie von einem Prinzip hervorgeht. Eine derartige Auslegung widerspreche jedoch Augustinus, da dieser dem Gedächtnis als solchem Bezughaftigkeit zuschreibe.
Mit dem Problem der Relativität der Ternarglieder ist die Frage ihrer gegenseitigen Inexistenz verbunden (art. 29). Albert gibt für dieses Problem eine ausführliche und umständliche Lösung. Sie umfaßt zwei Teile. Im ersten Teil bezieht er sich auf eine Erklärung der aristotelischen Lehre vom *intellectus agens* und vom *intellectus possibilis*. Im zweiten Teil bringt er die einschlägige Doktrin von Augustinus.
Zuerst führt er also einen Philosophen an (Averroes), der in der Interpretation der aristotelischen Schrift *De intellectu et intelligibili* eine für die Lösung der Frage dienende Basis mit der Unterscheidung von *intellectus agens* und *intellectus possibilis* bietet. Dieser Philosoph betont nämlich, daß der Intellekt sich immer sieht *(videt)* und sich immer schaut *(intelligit)*. Er behauptet, eine solche These besage das gleiche wie die These, der Intellekt sehe sich in jedem Intelligiblen. Wie nämlich das Licht in jeder Farbe gesehen werde, weil die Farbe der Grund für das Sehen ist, so werde der Intellekt in jedem Intelligiblen gesehen, weil er dasjenige ist, was ein Ding actu intelligibel macht. Denn sein Licht zieht das Allgemeine *(universale)* aus dem Vorstellungsbild *(phantasma)*, das ihn bewegt, heraus und so wird in dem Intelligiblen immer auch der *intellectus agens* gesehen. Weil aber der *intellectus possibilis* nicht nur Aufnahmepotenz für ein einziges Objekt ist, weil er vielmehr fähig ist, alles aufzunehmen und die aufgenommenen Elemente verbinden und trennen kann, so nimmt er, wenn er das Intelligible aufnimmt, zugleich mit ihm auch das Subjekt des Intelligiblen auf, wenn auch nicht in dessen Eigenschaft als Subjekt. Die Wurzel für diese Erklärung des genannten Philosophen liege darin, daß er den *intellectus agens* auf eine doppelte Weise versteht, einmal nämlich insofern er in seiner eigenen

Natur gesehen wird, und in diesem Sinne wird er nicht in jedem Intelligiblen geschaut, ferner insofern er als Akt oder als Vollkommenheit der intelligiblen Gegenstände, soweit sie intelligibel sind, verstanden wird, und so wird er in jedem Intelligiblen gesehen. Auch den *intellectus possibilis* kann man in zweifacher Weise verstehen, einmal in der ihm eigentümlichen Natur, insofern er ein von jedem sonstigen Intelligiblen verschiedenes Wesen hat, und so wird er nicht immer actu gesehen, sodann insofern das Intelligible eben dadurch intelligibel ist, daß es im *intellectus possibilis* selbst ist, und so wird er in allen intelligiblen Objekten gesehen und sieht sich selbst immer fort.

Albert fügt diesem Bericht folgende Kritik an: Der von dem genannten Philosophen vorgenommene Deutungsversuch mag Aristoteles gerecht werden. Auf keine Weise jedoch werde er der Ansicht Augustins gerecht. Albert stellt also hier die Aristoteles-Deutung des Averroes, in einem gewissen Sinn Aristoteles selbst, dem Denker von Hippo scharf gegenüber. Daß er jedoch auch zur Zeit der Abfassung des Sentenzenkommentars Aristoteles und Augustinus nicht als die Vertreter zweier sich ausschließender Systeme hält, kann man leicht daran erkennen, daß er noch in dem gleichen Artikel Augustinus mit Hilfe aristotelischer Theorien erklärt. Falls sich jedoch zwischen Aristoteles und Augustinus ein Gegensatz herausstellt, tritt er, ohne einen Harmonisierungsversuch zu machen, an die Seite Augustins.

Albert stellt also fest, daß Augustinus im Gegensatz zu der von dem angeführten Philosophen dem Aristoteles zugeschriebenen These betont[16], daß der Intellekt in jedem Intelligiblen sich immer selbst schaut und zugleich die beiden anderen Potenzen, daß das Gedächtnis sich immer seiner selbst und der beiden anderen Potenzen eingedenk ist und das der Wille immer sich selbst und die beiden anderen Potenzen will. Er fährt fort: Ich erkläre hiermit, ohne einer anderen Meinung vorgreifen zu wollen, daß eingedenk sein *(meminisse)* nichts anderes ist als die Kenntnis *(notitia)* einer Sache bei sich festhalten, daß intelligere nichts anderes ist als die *species* der Kenntnis oder das Wesen der Kenntnis ohne Reflexion und ohne Unterscheidung in einem einfachen Blick anzuschauen. Nach Augustinus sei, betont er, „unterscheiden" und „reflektieren" mehr als ein bloßes Anschauen. Da also das einfache Anschauen keine Unterscheidung vollzieht, sondern einen einfachen Einblick, so schließt es keine Hinwendung des Intellektes auf einen außerhalb seiner liegenden Gegenstand in sich. Dieser Einblick aber wird vollendet durch zwei Elemente, nämlich durch das ausgestrahlte intelligible Licht und durch das Objekt. „Sich sehen" ist also für den Intellekt nichts anderes als sich selbst in dem ausgesandten Licht zu begegnen. Da also das Licht des *intellectus agens* immer über dem *intellectus possibilis* leuchtet, wird der *intellectus possibilis* in jenem Lichte immer sich selbst gegenübergestellt. Dies ist aber nach Augustinus nichts anderes als die Schau. Ähnliche Zusammenhänge gelten von dem Gedächtnis und von dem Willen. Denn von der Kenntnis, welche die *memoria* festhält, glüht immer die Liebe auf, wenn auch nicht als ein verschiedener Akt.

Von den übrigen von Albert nach dem Gang der Sentenzen des Petrus Lombardus behandelten Fragen verdient noch hervorgehoben zu werden das Problem, ob die Seele mit ihren Potenzen identisch ist. (art. 34).

Er gibt folgende Lösung. Die Kräfte der Seele sind, wie Petrus Lombardus betont, Eigentümlichkeiten, die auf der einen Seite substantialen Charakter haben, auf der anderen Seite aber Auswirkungen *(consequentes)* der Substanz der Seele darstellen. Wenn man nämlich diese in ihrem Sein betrachtet, insofern sie eine geistige Substanz ist, sind die Potenzen Folgeerscheinungen des Seins und haben in diesem ihren Grund. Wenn man aber die Seele in ihrer Tätigkeit in bezug auf den Leib und auf andere materielle Dinge betrachtet, so wird sie als ein Tätigkeitsganzes *(totum potestativum)* verstanden, dessen Fähigkeit zum Tun sich in den Potenzen konstituiert. Dann ist ihre Fähigkeit zum Tun zusammengesetzt aus den Teilfähigkeiten der Potenzen. In diesem Sinne sind die Potenzen substantial zu verstehen, weil ohne sie die Seele in ihrem Können nicht vollendet wäre.

Aus diesen Darlegungen ergibt sich, daß die Seele nicht alles, was sie hat, wesentlich *(essentialiter)* ist. Wenn man behauptet, die Seele sei mit ihrer Potenz identisch, dann ist das eine Aussage über das Tätigkeitsganze unter dem Aspekt eines substantialen Teiles. Albert unterläßt allerdings nicht hinzuzufügen, daß eine solche These ein wenig uneigentlich zu verstehen sei *(aliquantulum impropria)*. Es versteht sich von selbst, daß diese These Alberts für das Verständnis der Identität der göttlichen Personen mit dem Wesen fruchtbar ist, wenngleich Albert diese Konsequenz nicht näher ausführt[17].

Verwandt mit dem eben behandelten Problem ist die Frage, ob die Geistseele zusammengesetzt ist (art. 33). Sie hat darin ihre Bedeutung, daß sich auf dieser Problematik die Frage nach dem Verhältnis der Potenzen zur Seele aufbaut. Dies aber wiederum ist von Bedeutung als Bild für das Verhältnis der göttlichen

Personen zum göttlichen Wesen. Unter Ablehnung anderer Thesen betont Albert, daß er sich der Meinung jener Theologen anschließt, welche annehmen, daß die Seele *essentialiter* zusammengesetzt sei, nicht jedoch aus Materie und Form, sondern, wie er in Verwendung von Gedanken des Boëthius erklärt und wie andere *doctores* behaupten, aus *quod est* und *quo est.* Boëthius verwendet allerdings, wie er meint, nicht die Formel *quo est,* sondern den Begriff *esse. Esse* bedeutet dabei soviel wie *essentia* hinsichtlich des Aktes, den das Wesen in dem *quod est* hat, d. h. in einem Etwas oder in einem Suppositum. Das *quo est bzw. das esse* lassen sich scheiden von dem *quod est.* In diesem Sinne ist die Seele eine zusammengesetzte Substanz. Das *quo est* ist dabei zu verstehen als die Form des Ganzen, nicht als ein Teil des Ganzen.

Albert geht nun über zur Interpretation des zweiten, von Petrus Lombardus der augustinischen Trinitätslehre entnommenen Ebenbild, zu dem Bilde nämlich *mens, notitia sui* und *amor sui.* (art. 36). Er stellt die übliche Frage, ob das erste und das zweite Bild voneinander verschieden oder miteinander identisch seien. Zunächst führt er die Meinung an, daß sich die beiden Ternare dadurch unterscheiden, daß der erste die Potenzen an sich nimmt, während der zweite von den Potenzen spricht, insofern sie sich den Objekten zuwenden.

Nach Albert ist eine solche Unterscheidung wertlos. Denn auch im ersten Bild richten sich, wie er einwendet, die Potenzen auf sich selbst, also auf Objekte, da ja das Gedächtnis seiner selbst eingedenk ist und der Intellekt sich selbst schaut und der Wille sich selbst will.

Es ist daher verständlich, wenn andere, wie Albert meint, diesen zweiten Ternar von den *habitus* verstehen. So werde von diesen Theologen die *mens* erklärt als Habitus des Geistes, die *notitia* als Habitus des Intellekts und die Liebe als Habitus des Willens. Nach dieser Interpretation erkennt sich der Geist auf ursächlichem Wege. Dies bedeutet, daß der Geist als Habitus dahin wirkt, daß sich der Mensch hinsichtlich seines Geistes erkenne.

Aber auch diese Auslegung gefällt Albert nicht. Gegen sie spricht nämlich unter anderem, daß die *habitus* keine substantielle Einheit bilden. Man müsse daher den Ternar verstehen von dem Geiste und von den konsubstantialen Habitus des Geistes. Albert erklärt demgemäß, ohne, wie er sagt, einer anderen Meinung vorgreifen zu wollen, der Geist wolle bei diesem Ternar verstanden werden als jenes Ternarglied, welches die Potenz des Erkennens und die Potenz des Liebens habe. Die Erkenntnispotenz werde jedoch dabei als Doppelpotenz verstanden, die sich zur Einheit in einem einzigen Akt verbindet, als Potenz nämlich der *memoria* und des *intellectus.* Denn das *nosse* des Habitus ist identisch mit der Erkenntnis seiner selbst, welche sich im Schauen seiner selbst vollzieht, so daß der Habitus der *notitia* das besagt, was dem Gedächtnis zukommt, und der gleiche Habitus den Akt des Intellektes, die Schau bedeutet. Man kann einer solchen Erklärung nicht vorwerfen, sei behaupte eine Quaternität; denn Intellekt und Gedächtnis haben nur einen einzigen Habitus. *Nosse* heißt ja nichts anderes als die Kenntnis eines Gegenstandes bei sich haben, und *intelligere* heißt nichts anderes als, sei es durch den Habitus, sei es durch die „Kenntnis" sehen, insofern „sehen" nichts anderes ist als sich in der Erkenntnis begegnen. Daher haben die beiden Potenzen der *memoria* und des *intellectus* nur einen einzigen Habitus[18].

Von Gewicht für unsere Untersuchung ist die Frage (art. 37), ob in dem Ternar *memoria, intellectus, voluntas* die gleiche Ordnung besteht wie im Verhältnis des Sohnes zum Vater und des Heiligen Geistes zum Vater und Sohn.

Albert antwortet: Er wolle, ohne Vorgriff auf andere Meinungen, erklären, daß zwischen den Potenzen eine Ordnung besteht, und zwar in dreifacher Hinsicht, eine Ordnung nach der Natur, eine Ordnung nach der Zeugung und eine Ordnung nach dem Akt. Hinsichtlich der Natur besteht die Ordnung darin, daß ein Ding auf Grund seines Wesens ein anderes voraussetzt, wie z. B. die *ratio* den Sinn, dieser das vegetative Vermögen und nicht umgekehrt. In diesem Sinne setzt der Wille den Intellekt, dieser das Gedächtnis voraus und nicht umgekehrt. Das Gedächtnis seinerseits hat nichts anderes mehr vor sich als die *mens,* und zwar als sein Subjekt. Diesem natürlichen Ordnungsbestand entspricht die Unterscheidung der Personen.

Was die zweite Art der Ordnung betrifft, die Ordnung durch Zeugung, so schließt sie einen zeitlichen Verlauf in sich. Einen solchen aber gibt es in Gott nicht.

Was die Ordnung nach den Akten betrifft, so kann sie wieder auf zweifache Weise verstanden werden, einmal insofern auf ein Vorausgehendes ein Nachfolgendes kommt. Diese Ordnung unterliegt nicht dem Zwange der Notwendigkeit. Wenn nämlich das Gedächtnis die Kenntnis eines Dinges in sich trägt, so folgt daraus nicht notwendigerweise der Akt der Schau *(intelligere).* Ebensowenig folgt auf das *intelligere* notwendigerweise der Akt des Wollens. Eine solche notwendige Folge bestünde nur in einem einzigen Fall, dann nämlich, wenn das Gedächtnis seiner selbst eingedenk ist, der Intellekt sich selbst schaut und der Wille sich selbst will. Im allgemeinen aber besteht eine solche Notwendigkeit nicht. Umgekehrt aber ist eine Ordnungsfolge notwendig, wenn der Wille das will, was notwendigerweise erkannt wird, und wenn erkannt wird, was das Gedächtnis notwendigerweise in sich trägt.

Mit dieser Fragestellung ist das Problem auf das engste verwandt, ob eine der drei Potenzen eine andere oder ob ein Habitus einen anderen oder ob ein Akt einen anderen voraussetzt (art. 38). Unter Berufung auf die „Glosse“ unterscheidet Albert mit der Überlieferung die Trinität der Potenzen, insofern diese sich auf erworbene Akte beziehen. Der Intellekt setzt in ihnen zuerst die Kenntnis und durch die Intention des Willens hinterlegt er diese im Gedächtnis zur Aufbewahrung. Unter solchen Rücksichten aber sind die Potenzen nur in einem akzidentellen Sinne Bild der Trinität, da die Kenntnis dem Geist nicht substantial ist und die erkannten Dinge häufig niedriger sind als der Erkennende. Augustinus nimmt jedoch in seinem Werk über die Trinität die drei Potenzen als Bild hinsichtlich ihrer Fähigkeit, sich selbst und Gott zu ergreifen. Denn Gott und das eigene Selbst sind dem Geiste in der Seele immer gegenwärtig. In dieser Deutung steht die Kenntnis, welche der *memoria* zukommt, an erster Stelle. Darauf folgt erst das Schauen und daran schließt sich erst das Lieben an. Die letzte Behauptung über Augustinus trifft in der vorgetragenen apodiktischen Form nicht zu, da Augustinus die Bildhaftigkeit des Ternars nicht absolut von dem Inhalt abhängig sein läßt[19].

Im letzten Artikel (art. 39) der distinctio 3 behandelt Albert das Problem, ob *mens, notitia* und *amor* mit dem erkennenden Sein eine Substanz und eine Wesenheit bilden. In einer sehr ausführlichen und umständlichen Gedankenführung setzt er sich mit diesem für die Trinitätslehre wichtigen Problem auseinander. Wie so häufig führt er auch hier seine Meinung mit dem entschuldigenden Vermerk ein: „ohne einer anderen These vorgreifen zu wollen“. Er erklärt, die drei Ternarglieder seien nicht von der Substanz des Geistes und seien auch selbst keine Substanzen, außer wenn man sie unter einem bestimmten Objekt betrachet, wenn man also als Objekt das eigene Selbst versteht. Für diese Meinung beruft er sich auf Augustinus, welcher im 9. Buch seines Werkes *De Trinitate*[20] erklärt, er könne nicht einsehen, daß diese drei Ternarglieder nicht von derselben Substanz seien, da ja der Geist sich selbst liebt und sich selbst kennt. Wenn man mit Augustinus sagt, daß die *notitia* eine Substanz sei, dann ist darunter jene *notitia* zu verstehen, welche sich aus dem Geiste bildet, wenn dieser sich selbst kennt. Das gleiche gilt von der Liebe. Man muß jedoch sofort hinzufügen, daß *notitia* nicht zu verstehen ist von dem Akt, der vom Erkennenden gegenüber dem Erkannten vollzogen wird. Sie ist vielmehr gemeint von dem Habitus. Der Habitus ist jedoch selbst wieder unter einem zweifachen Gesichtspunkt zu sehen. Er kann verstanden werden als jene Vollkommenheit, welche die Schwierigkeiten hinwegnimmt, die sich der aktiven Potenz in den Weg legen. So ist der Habitus in unserem Zusammenhang nicht zu verstehen. Er kann auch begriffen werden als der Habitus, welcher infolge der unmittelbaren Gegenwart des Objektes im Geiste die Fähigkeit zum Handeln überhaupt gibt. Augustinus erklärt ja, daß der Habitus dasjenige ist, wodurch jemand handelt, wenn er handeln will. In diesem Sinne stellt der Habitus jene Kenntnis des Geistes dar, durch welche sich der Geist gegenwärtig ist. Diese Kenntnis ist aber nichts anderes als die Selbstgegenwart des Geistes. Dann aber ist die so verstandene Kenntnis identisch mit dem gekannten Geist. Substantiell sind also der erkannte Geist und der erkennende Geist identisch — bei gegenseitiger relativer Verschiedenheit zwischen dem Erkennenden und Erkannten. Einer solchen Kenntnis aber folgt nach dem Gesetze der Natur die Liebe. Diese wird wieder hinsichtlich ihres Objektes verstanden. So gewinnen wir den Begriff des geliebten Geistes. Dieser wiederum ist substantial identisch mit dem erkennenden und liebenden Geist, wobei die Relation zu dem geliebten und liebenden Geist besteht. Wenn aber diese Kenntnis und Liebe von den Theologen Habitus genannt werden, so hat dies nicht darin seinen Grund, daß der Habitus irgendeine Qualität bedeutet, in welcher der Geist erkannt und geliebt werde, sondern nur im Sinne des *modus significandi,* durch welchen die Relationen zwischen dem Erkennenden und dem Erkannten, zwischen dem Liebenden und dem Geliebten ausgedrückt werden. Die Beziehungen setzen ja gleichsam bestimmte Habitus voraus, nämlich die Kenntnis und die Liebe. Erkenntnis und Liebe sind indes nicht im eigentlichen Sinne relativ. Vielmehr sind sie nur das, was sie bezeichnen. Aber mit den Habitus verbindet sich der Bezug zu einem anderen. So hat auch das Wissen eine Beziehung zum Wißbaren, welche dem Habitus verbunden ist, den das Wissen hinsichtlich eines Gegenstandes bezeichnet. Es besteht freilich insofern wieder eine große Unähnlichkeit, als die „Kenntnis“ des Geistes nichts anderes ist als der erkannte Geist, mag auch ein begrifflicher Unterschied bestehen. In diesem Sinne ist auch die Erkenntnis und die Liebe zu verstehen, wenn man behauptet, daß sie mit dem erkennenden Geist in der Substanz identisch ist. Albert schließt diese Überlegungen mit der Behauptung, er gebe die Meinung Augustins wieder.

In der folgenden Auseinandersetzung (ad quaest.) mit einigen Argumenten verwendet er reichlich Texte aus Aristoteles. Sie dienen ihm jedoch nur dazu, Augustinus verständlicher zu machen. Eine Einschränkung seiner Annahme der augustinischen Thesen liegt darin, daß er erklärt, man könne die drei Potenzen ein Wesen, ein Leben, einen Geist nennen auf Grund einer bestimmten „Sprechweise". Er verdeutlicht diese Sprechweise und das ihr zugrunde liegende Verständnis der behaupteten Identität, wenn er im weiteren Verlauf seiner Darlegungen apodiktisch sagt: Ich behaupte *(dico)*: Wenn es heißt, diese drei Potenzen seien ein Wesen oder eine Substanz, so ist das eine Aussage über das Funktionsganze des Geistes. Dabei könne bald die eine, bald die andere Funktion der Potenzen deutlicher in das Licht treten, bald jene Funktion, durch welche sich der Geist als Form des Leibes betätigt, bald jene Funktion, durch welche er auf andere Gegenstände wirkt, bald jene Funktion, durch welche er sich selbst besitzt. Weil das Wesen durch diese verschiedenen Funktionen nicht in Teile aufgeteilt wird, sondern in jedem Teil ganz ist, deshalb heißen die drei Potenzen ein Wesen (vgl. art. 31).

Zum Abschluß unserer Ausführungen soll ein Wort über die Methode und ein anderes über das Ergebnis gesagt werden. Zunächst prüft Albert jeweils die Struktur des Textes, den er vorfindet. Er geht keineswegs allen von Petrus Lombardus in seinem Sentenzenwerk behandelten Fragen nach, sondern nur jenen, die ihm wichtig erscheinen. Er verwendet für seine kritische Auseinandersetzung mit Petrus Lombardus an erster Stelle Augustinus, den er nicht selten ziemlich eigenwillig deutet, namentlich indem er augustinische Ansichten, die ihm nicht gefallen, stillschweigend übergeht, andere aber einseitig hervorhebt. Dabei trifft er jedoch immer das, was Augustinus selbst wichtig ist. Natürlich spielt Aristoteles eine große Rolle. Falls dieser Augustinus widerspricht oder zu widersprechen scheint, stellt er sich auf die Seite Augustins. Vielfach allerdings verwendet er Aristoteles als Erklärungshilfe für Augustinus. Dies gilt namentlich von der Verwendung der Begriffe *intellectus agens* und *intellectus possibilis.* Keine geringe Bedeutung hat für Albert Boëthius. Auch Avicenna und Averroes werden an bedeutenden Stellen zitiert. Gerade die Verwendung der griechischen und der arabischen Philosophie zeigt jedoch, daß Albert bei der Ver-

fassung des Sentenzenkommentars erst auf dem Wege zu dem späteren, voll entwickelten Aristotelismus ist. Nicht selten führt er zur Begründung einer von ihm vertretenen These einfachhin an, daß Augustinus diese These vertritt.
Unter einem allgemeinen philosophie- und theologiegeschichtlichen Gesichtspunkt kann man sagen, daß Albert in seinen Ausführungen zahlreiche psychologische und erkenntnistheoretische Überlegungen vorbringt, welche ziemlich unausgeglichen zwischen Aristoteles und Augustinus hin und her schwanken.
Was das Ergebnis unserer Untersuchung betrifft, so bietet es angesichts der weitverbreiteten Meinung, das Mittelalter habe die augustinische Trinitätspsychologie vertreten, keine geringe Überraschung. Zunächst allerdings läßt sich sagen, daß Albert die von Augustinus, ja schon von Athanasius entwickelte trinitarische Grundkonzeption festhält, nach welcher der Hauptton auf der Einheit liegt, die ihren Grund im Wesen hat, und die göttlichen Personen erst in zweiter Linie in den Blick gefaßt werden. Es sei hierfür nur hingewiesen auf die distinctio 2 art. 27 gegebene Antwort, was in der Formel „im Namen des Vaters und des Sohnes und des Heiligen Geistes" mit dem Ausdruck „im Namen" gemeint sei, das Wesen oder die Person. Albert antwortet: das Wesen. Als Grund führt er an: Die Kraft des Wesens macht die Personen in der Heiligung durch die Taufe bekannt. Das machtvolle *(virtuosa)* göttliche Wesen vermittelt uns die Kenntnis der Dreiheit der Personen.
Was jedoch die psychologische Qualifizierung der göttlichen Hervorgänge betrifft, so ist sie von Albert in seiner Abhandlung über die Gottebenbildlichkeit des Menschen nirgends klar ausgesprochen, wenngleich sie hin und wieder leicht gestreift wird. Albert fügt sich damit in die bis Mitte des 13. Jahrhunderts fast allgemein herrschende Interpretation des von Augustinus entwickelten Ebenbildes ein. Von keinem Theologen dieser Jahrhunderte wird die Zeugung ausdrücklich als Akt des göttlichen Erkennens und die Hauchung ausdrücklich als Akt der göttlichen Liebe interpretiert. Die Bezeichnung des Sohnes als eines Wortes und des Heiligen Geistes als der *connexio* von Vater und Sohn gibt noch keine formelle Auskunft über die Art des Hervorgangs als einer metaphysisch-psychologischen Funktion. Eine entscheidende Ausnahme macht in dem Entwicklungsgang der Trinitätskonzeption Anselm von Canterbury[20]. Aber erst Thomas von Aquin hat mit einer für die ganze spätere Trinitätslehre folgenreichen Konsequenz und Systematik für die Erklärung der innergöttlichen produktiven Akte die von Augustinus grundgelegte, von Anselm von

Canterbury weiter entfaltete metaphysisch-psychologische Konzeption geboten. Wie es dazu bei ihm kam, bedarf noch der theologiegeschichtlichen Aufklärung. Auf jeden Fall darf man behaupten, daß Albert in den geistigen Ternaren, welche das Ebenbild des dreipersönlichen Gottes konstituieren, Metaphern sieht, deren Bildwert sich darauf beschränkt, die im Wesen gründende Einzigkeit Gottes, die Verschiedenheit und den Relationscharakter der Personen sowie deren Identität mit dem göttlichen Wesen zu veranschaulichen.
Es fragt sich allerdings, ob Albert nicht im weiteren Verlauf seines Sentenzenkommentars über diese Position hinausgelangt ist und eine psychologische Erklärung der Hervorgänge bietet. Dafür scheint zu sprechen seine Verwendung des Begriffes „Wort" zur Bezeichnung des Sohnes und des Begriffes „Liebe" zur Bezeichnung des Heiligen Geistes. Die Sache bedarf jedoch einer genaueren Prüfung. Zum Schluß sei in einer gewissen Vorläufigkeit dazu folgendes gesagt. In dem Begriff „Wort" sieht Albert keinen Anlaß, die Zeugung in Gott als einen Denkakt zu verstehen (distinctio 10 art. 3 solutio). Er unterscheidet das Wort als Wesenswort, das dem Sohne nur zugeschrieben wird, von dem personalen Wort als eine dem Sohne eigentümliche Bezeichnung. Er kommt jedoch über eine bloße verbale Verwendung des Ausdrucks nicht hinaus. Der Ausdruck Wort ist für ihn nur eine andere Bezeichnung für die zweite göttliche Person. Die dieser im eigentlichen Sinne zukommende Personalbenennung ist das Wort *filius*. Er erklärt zwar, das Problem des göttlichen Wortes sei schwierig und langwierig. Er werde es später behandeln. Dieser „später" läßt sich jedoch im ersten Buch des Sentenzenkommentars nicht finden (dist. 5 art. 8; dist. 10, art. 3).
Was den Heiligen Geist betrifft, so ist die Sache etwas verwickelter. In einem außerordentlich langen (dist. 13 art. 1), in der Ausgabe von Borgnet, Paris 1893, sich über elf Seiten hinziehenden Artikel hat sich Albert mit der schon von Athanasius und später namentlich von Didymus [22], aber auch von Augustinus [23] und den auf ihn folgenden Theologen behandelten Frage nach dem Unterschied zwischen der Zeugung und der Hauchung auseinandergesetzt. Gerade hier würde man die von Augustinus zur Lösung des Problems eingesetzte, wenn auch nicht ausschließlich verwertete Trinitätspsychologie erwarten. Albert führt nicht weniger als sieben Gründe für den Unterschied an. Im siebenten Grund verweist er zwar auf Augustinus, erklärt aber sogleich, daß der an siebenter Stelle angeführte Unterschied von Augustinus nur berührt werde

(tangit), und spielt so seinen Erkenntniswert herunter. Er führt dabei aus, die Liebe, welche der Heilige Geist sei, werde nicht gezeugt, sondern gehaucht, gibt sich aber keine Mühe zur Begründung, warum die Liebe, die der Geist ist, nicht auf dem Wege der innergöttlichen Zeugung hervorgehe. Er meint, ein leichtes Verlangen läge schon im Geiste, bevor er zur Erkenntnis der Sache gelange. Dieses Verlangen gebe ja den Anstoß zur Erkenntnisbewegung. Wenn der Geist zur eigentlichen Erkenntnis gelangt sei, dann verwandle sich das anfängliche Verlangen zur Liebe im eigentlichen Sinne, und zwar zur Liebe der erzeugten Erkenntnis. Deshalb sei die Liebe die Einigung des Zeugenden und des Gezeugten, nicht aber selbst gezeugt. Diese Differenzierung gründe sich darauf, daß das zwei verschiedene Vorgänge Einigende sich notwendigerweise von beiden unterscheide. Deshalb könne die den Vater und den Sohn einigende Liebe nicht ihrerseits wieder Vater und Sohn genannt werden.
Eine weiterführende Klärung der Hauchung des Heiligen Geistes bietet art. 2 der 10. Distinktion[24]. Er behandelt die Frage, ob der Heilige Geist als Liebe vom Vater und Sohn hervorgeht. In seiner Antwort stellt Albert lapidar den Satz voran, der Heilige Geist gehe von Vater und Sohn als die Liebe hervor, durch welche sich Vater und Sohn lieben. Hierfür bietet er folgende Begründung: Es wäre, wie er meint, absurd anzunehmen, daß Vater und Sohn, insofern sie verschiedene Personen sind, nicht miteinander übereinstimmen. Im Wesen, so fährt er fort, sind sie natürlich auf jeden Fall eins. Wir sehen aber, daß in jeder vernunftbegabten und in jeder nichtvernunftbegabten Natur Freuden und Annehmlichkeiten des Lebens auf gemeinsamer Liebesverbundenheit beruhen. Deshalb bezeichnen manche Philosophen Streit und Freundschaft als die Prinzipien, die jede Natur beherrschen. Die Freundschaft leite sich dabei von dem Prinzip der Gesamtwirklichkeit ab und stelle etwas Göttliches dar. Der Streit hingegen komme aus der Privation des Seins, welche ihrerseits wieder den Grund in der Materie hat. Daher, so fährt Albert fort, stimmen die göttlichen Personen Vater und Sohn in jener Liebe miteinander überein, welche von ihnen dadurch hervorgeht, daß sie sich gegenseitig einander liebend zuwenden.
Man wird nicht leugnen oder übersehen können, daß in diesem Text der Hervorgang des Heiligen Geistes als ein Hervorgang der Liebe bezeichnet wird.
In der Lösung eines Einwandes (ad 2um) legt Albert großes Gewicht auf die These, daß die Liebe, welche der Heilige Geist ist, eine Person und nicht nur

eine Bewegung ist. Er steht in Beziehung sowohl zum Vater als auch zum Sohne, und zwar insofern Vater und Sohn ein einziges Prinzip sind. Daraus scheint sich eine beträchtliche Problematik zu ergeben. Sie lautet: Wie kann der Vater den Sohn und der Sohn den Vater durch die von ihnen als von einem einzigen Prinzip hervorgehende Liebe lieben, da die Liebe doch die Verschiedenheit von Vater und Sohn voraussetzt und deshalb dahinzufallen scheint, wenn Vater und Sohn nicht mehr in ihrer personalen Eigentümlichkeit, sondern nur in ihrer Einzigkeit als Prinzip des Geistes betrachtet werden. Albert antwortet: Gerade das Verständnis des Heiligen Geistes als der Liebe legt den Gedanken nahe, daß er vom Vater hervorgeht — auf den Sohn hin und vom Sohne auf den Vater hin —, zumal ja Vater und Sohn sich durch den Heiligen Geist lieben, das heißt: daß der Vater den Sohn durch den Heiligen Geist und der Sohn wiederum den Vater durch den Heiligen Geist liebt. In all diesen Überlegungen wird deutlich, daß die Liebe es ist, welche den Modus des Hervorgangs des Heiligen Geistes spezifiziert. Wenn der Hervorgang in sich betrachtet wird, dann verursacht er nur den Unterschied des Hervorgehenden vom Hervorbringenden. Wenn aber die Spezifikation des Modus betrachtet wird, dann zeigt sich, daß durch den Hervorgang das Band zwischen Vater und Sohn mittels des *vinculum amoris* verursacht wird, welches der Heilige Geist ist.

Man darf wohl sagen, daß diese Ausführungen Alberts nicht unmittelbar von theologischen Erwägungen, sondern von soziologischen Überlegungen getragen sind, wenngleich die ersten nicht fehlen. Im übrigen zeigt das Studium der Trinitätslehre des 13. Jahrhunderts, daß auch andere Theologen dieser Zeit vielfach zwar den Hervorgang des Sohnes nicht als Erkenntnisakt, wohl aber die Hervorbringung des Heiligen Geistes als Liebesgeschehen interpretiert haben. Eine eingehendere Geschichte solcher Trinitätskonzeptionen muß einer anderen Arbeit vorbehalten bleiben.

1 In art. 19 ad 7um und 8um gibt Albert den Unterschied folgendermaßen an: „In quattuor differunt vestigium et imago. Unum est quod vestigium est confusa similitudo super partem tantum, sed imago est expressa similitudo in exterioribus super totum. Aliud est, quod vestigium non dicit convenientiam exteriorum, secundum quod ab interioribus causantur, sicut senectutis, pinguedinis, coloris, pulchritudinis et huiusmodi. Sed imago talem ponit convenientiam in exterioribus, per quae aliquid in interioribus comprehenditur. Tertia differentia est, quia vestigium est in omnibus, sed imago tantum in creatura digniore, et

secundum digniorem eius partem. Quarta est, quod vestigium non ducit nisi obscure in attributa personarum, imago autem aequaliter in processionem personarum invicem et consubstantialitatem earum et etiam aequalitatem ..."

2 Siehe z. B. B. *Geyer, Die patristische und scholastische Philosophie*, Berlin 1928, 221 f.

3 Für Thierry von Chartres siehe N. *Häring, A commentary on Boethius. „De Trinitate" by Thierry of Chartres*, in: Archives d'Histoire doctrinale et littéraire 21 (1956) 257—325; 33 (1958) 113—326; 35 (1960) 65—136. Für Alanus siehe Anm. 6.

4 *De doctrina christiana* I, 5. Vgl. *Confess.* 7,9; *De civitate dei*, 10,23. *In Joann.* 2,4. Siehe M. *Schmaus, Die psychologische Trinitätslehre des heiligen Augustinus*, Münster 1927. Photomech. Nachdruck 1966 u. 1967 mit einem Nachtrag und Literaturangaben, bes. Seite XVII * f. Der Text aus *De doctrina christiana* wird im 12. Jahrh. häufig zitiert und dient als „Beweis" der Trinität, z. B. bei Thierry von Chartres und bei Alanus, manchmal mit kleinen Abweichungen im Wortlaut.

5 Für die Väter vgl. etwa Justin und Origenes; siehe auch *Abälard, Theologia* I 2; 17.

6 *Alanus, Contra haereticos, Kap. 4 (Migne, PL 210, 405 f.):* „Idem rationibus potest probari. Quod legitur de numeris, ad numerata referendum est, quia quod dicitur de proprietatibus subjectorum, ad ipsa subiecta referendum est. Unde, cum in arithmetica dicatur, quod *‚sola unitas indivisibilis simplex est origo omnis pluralitatis,'* ad res subsistentes istud videtur referendum: sed in creaturis illum existens subsistens invenitur actu et natura simplex et indivisibile, quod non sit aliqua specie compositionis compositum. Ergo in alio existente oportet nos invenire illam ineffabilem simplicitatem: restat ergo et hanc esse in Creatore, cum in creatura inveniri non possit. Quia sicut ab unitate indivisibili omnis procedit pluralitas quae divisibilis est, ita a Creatore invariabili omne procedit variabile ...

Et sicut in unitate et numero resultant Creatoris et creaturae imago, ita et Trinitatis similitudo: in proprietate enim unitatis quodam modo resultat vestigium Trinitatis, quia, ut apud arithmeticum legitur, unitas gignit se ipsam. Inter unitatem autem genitam et gignentem quaedam invenitur aequalitas. In quo ergo subsistente hoc poterimus invenire, nisi in Deo? Deus enim gignit Deum, et non alium Deum a Deo gignente, imo genuit illum qui est idem Deus cum gignente: et est ibi perfecta aequalitas gignentis et geniti, sive convenientia, seu connexus, qui dicitur Spiritus sanctus, in quo Pater et Filius conveniunt. Unde et philosophus ait: ‚*Monas gignit monadem, et in se suum reflexit ardorem* (Mercurius Trismegistus).' Ergo aut in nullo subsistente invenies quod de unitate dicitur, aut in unitate et trinitate divina reperitur. Praeterea, sicut Deus ab aeterno fuit sapiens, ita sapientia sua fuit ab aeterno quae ab ipso procedit, et ita Sapientia Patris a Patre nascitur, et sic est proles Patris: ergo Filius Patris. Notio enim illa qua Deus et se, et universa novit a se condita, alia ab ipso est, quia ex ipso et in ipso, quae, quia non est aliud in substantia ab eo ex quo est, Filius nominatur ea similitudine, quia sicut in naturali generatione filius a patre in persona alius est, substantiae tamen eiusdem; ita Dei et ex ipso productae notionis una est existentia, et tamen alia persona, quia, sicut diximus, eadem non potest esse ex se ipsa. Hoc tamen interest in dicta similitudine quae data est, quod in humana generatione patris et filii una est substantia specie, non singularitate, Dei vero et suae notionis, singularitate una est essentia.

Sic igitur quod in theologicis Filius appellatur quia est ex Deo, non idem personaliter esse potest, in ipso autem est tantum una deitas, ergo diversorum personaliter est una essentia, vel illa notio qua Deus novit omnia, non est Deus de Deo. Deus autem notionem suam diligit. Quis autem est nexus et convenientia Patris et Filii, nisi Spiritus sanctus, qui ab utroque procedit? Nonne de huius processione dicit Psalmista: Emitte spiritum tuum et creabuntur (Psal. CIII). Quae est enim illa Spiritus sancti emissio nisi Spiritus sancti a Deo processio."

Im Kapitel 5 führt Alanus folgendes aus: „Similitudinibus idem probatur: vestigium enim Trinitatis apparet in anima. Mens humana meminit sui, diligit se, varie intelligit se. Hoc si cernimus, nondum quidem Domini Trinitatem, sed imaginem Dei cernimus. Hic enim quaedam apparet trinitas, memoriae, intelligentiae et amoris. Haec igitur tria potissimum tractemus, memoriam, intelligentia, voluntatem: haec tria non sunt tres vitae, sed una vita, nec tres mentes, sed una mens, una essentia. Memoria vero dicitur ad aliquid; et intelligentia, et voluntas, sive dilectio, similiter ad aliquid dicitur; vita vero ad se ipsam, et mens et essentia. Haec igitur tria eo sunt unum, quo una vita, una mens, una essentia, et quidquid aliud, ad se ipsa singula dicuntur, et simul non pluraliter, sed singulariter dicuntur. Eo vero tria sunt, quo ad se invicem referuntur; ista tria sunt in mente hominis, et sunt una mens, nec tamen intelligentia est memoria, nec memoria voluntas, nec voluntas intelligentia, aut memoria.

Regula I (Migne, PL 210, 623—626): „Deus non solum unus, imo et monas, id est unitas esse dicitur: et hoc multiplici ratione. Dicitur enim unum, sive unitas, ratione simplicitatis, vel singularitatis. A Deo enim relegatur omnis pluralitas. Est autem omnis pluralitas triplex: pluralitas partium, quae attenditur in corporeis, quae ex partibus integrantur; pluralitas proprietatum est, quae in corporeis saltem attenditur: eis enim multae proprietates per concretionem componuntur, ut spiritibus; est pluralitas effectuum, quae attenditur in proprietatibus: quaelibet enim proprietas, quamvis non habeat compagem partium, vel concretionem naturarum, habet tamen pluralitatem effectuum. Unde albedo facit album, facit coloratum, facit qualem: omnisque talis diversitas relegatur a coelesti monade. Non est enim Deus diversus ratione partium, quia incorporeus; non est diversus ratione proprietatum, ut dicit Augustinus; quia in eo nullus numerus, nulla pluralitas: non est diversus effectibus variis, quia est causa formalis. Quare vere est unus, imo unitas. Unde Boethius in libro *De Trinitate* ait de Deo loquens: Vere igitur unum, in quo nullus numerus, vel pluralitas. Dicitur etiam unus, sive unitas ratione immutabilitatis: sicut enim habetur in Glossa super librum *Regum*, ubi dicitur: *Erat vir unus in Ramatha Sophi*, et caetera, hoc termino *unus* de Deo praedicatur immutabilitas. Dicitur etiam unus ratione exclusionis, ut sit sensus: Deus est unus, id est non plures. Dicitur etiam unus ratione similitudinis, quia multiplicem habet cum unitate similitudinem. Unitas a nullo descendit: omnis pluralitas ab unitate defluit; unitas de se gignit unitatem: de se profert aequalitatem. Sic Deus a nullo, quidlibet ab ipso; si de se gignit alterum se, id est Filium; de se profert aequalem sibi, id est Spiritum sanctum. Unde aliam ex praedicta potes elicere regulam."

Reg. II: „Supercoeleste est Deus in quo summa est unitas. Coeleste est angelus, in quo primo est alteritas, quia est primus a Deo creatus, et primus post Deum mutabilis factus: hic tamen non tantam dicitur habere varietatem, quantam habet subcoeleste. Unde quia alteritas, prima est pluralitas, in eo non dicitur esse pluralitas sed sola alteritas. In subcoelesti vero, ut in istis corporeis, dicitur esse plena pluralitas, quia multiplici varietati est obnoxium. Quare vere Deus est unus, sive unitas, ratione simplicitatis, immutabilitatis, ratione exclusionis, ratione similitudinis: ergo sola monas est, id est solus Deus vere existit, id est simpliciter, et immutabiliter ens; caetera autem vere non sunt, quia nunquam in eodem statu persistunt. Sequitur finis primae regulae, *qua quaelibet res est una.* Nihil enim aliqua specie unitatis est unum, quod non sit unum a summa monade. Est enim unitas singularitatis, secundum quam quidlibet dicitur esse unum numero. Unde Boethius: ‚*Quidquid est, ideo est, quia unum numero est; quidquid autem in hac unitate est unum, ab illo habet ut sit unum.*‘ Est unitas unionis, secundum quam plures homines dicuntur esse unum non ab unitate, sed ab unione; et haec etiam a Deo est: unde et testatur auctoritas super Joannem: *Omnia per ipsum facta sunt,* etc. (*Joan.* 1). Omnis concordia a Deo est. Unitas etiam distinctionis, sive discretionis ab eodem trahit originem. Quod enim discretum, vel distinctum est, a Deo est. Unitas etiam integritatis, quae in partium compositione consitit, secundum quam homo dicitur esse unus, id est ex anima, et corpore integratus, a Deo est. Unde auctoritas: Omnis compago a Deo est. Unitas etiam adunationis, secundum quam plures homines conveniunt sub eodem iure vivendi, et sub eiusdem legis positi iugo, dicuntur unus populus, a Deo est. Unitas consensionis, secundum quam dicitur: *Erat eis cor unum et anima una* (*Act.* IV), a Deo est.“

Reg. III: „Haec regula nascitur ex praemissa: dictum est enim, quod ideo dicitur Deus monas, quia de se Deum gignit, de se etiam producit Spiritum sanctum, sicut unitas de se gignit unitatem. Monas igitur *gignit monadem,* id est Pater Filium: necessarium enim fuit, ut si monas gigneret, monadem gigneret: a simplici enim nihil gigni potest per decisionem, sicut fit in naturali generatione. Oportuit ergo ut aut nihil gigneretur a simplici, aut simplex a simplici. Unde Augustinus dicit quod Pater totam substantiam transfudit in Filium, quia non est eiusdem substantiae cum Patre per decisionem, sed per naturae plenitudinem. Et quia a Patre, et Filio procedit Spiritus sanctus, sequitur: *Et in se suum reflectit ardorem.* Spiritus sanctus dicitur ardor, amor, osculum et connexio Patris et Filii, quia Pater spiritaliter convenit cum Filio in spirando Spiritum sanctum. Et quia in donis Spiritus sancti, quae dantur a Patre et Filio, significatur eorum ad nos dilectio, quia productio Spiritus sancti a Patre et Filio certum significatum dilectionis Patris et Filii, id est unitas amborum; nisi enim in una natura convenirent, una spiratione non spirarent: ardor, vel amor Patris et Filii dicitur. Iste ergo ardor ita procedit a monade, id est a Patre, quod ipsum non deserit, quia eiusdem est essentiae cum ipso; vel in se alterum, id est in Filium, suum reflectit ardorem, id est Spiritum sanctum; sed ita procedit a Patre, quod eius auctoritate procedit a Filio.“

Reg. IV: „Haec regula descendit a tertia, et est quasi explanatio tertiae quia Pater dicitur monas rationibus praedictis quia scilicet ipsa a nullo, quidlibet ab ipso: Filius etiam ab ipso per generationem, Spiritus sanctus per processionem, de se etiam gignit monadem, id est rem eiusdem naturae et simplicem. In Patre specialiter dicitur esse unitas; in Filio aequalitas. Non dico alteritas, ne diversitas naturae ibi intelligatur, sed potius aequalitas.

In aequalitate enim notatur et personalis pluralitas, et naturae unitas; nihil enim sibi aequale est, nil alii aequale quod sit natura dissimile. Triplici autem de causa aequalitas specialiter attribuitur Filio, cum tamen conveniat Spiritui sancto, quia primo occurrit aequalitas in Filio; quod etiam Spiritus sanctus est aequalis Patri, hoc habet ex illo: aequalitas etiam, vel similitudo specialiter attenditur in re, quae ab alia procedit per generationem. Quare vero in Spiritu sancto dicatur esse unitatis aequalitatisque connexio, liquet ex antedicto.“

Reg. V: „Haec maxima nascitur ex prima, qua dictum est Deum monadem ratione simplicitatis, et omnem rem ab illa esse monade in eo quod una numero est: et sic sola monas est alpha, et omega, omnium rerum principium, et finis. *Omnia per ipsum facta sunt* (*Joan.* 1), ut clamat auctoritas, et ita omnium est principium. Omnia etiam tendunt ad unum, id est ad supremum finem. Irrationalis enim creatura, de qua minus videretur, ut bruta animalia, imo insensata, ut herbae, et arbores, et etiam inanimata, ut lapides, naturaliter ad unum tendunt, et in quantum possunt, sectioni et divisioni resistunt, ut etiam lapis, de quo minus videretur, secundum naturalem partium consertionem divisioni resistit. Sequitur: *Sine alpha et omega,* quod eadem monas caret fine et principio, quia cum omnifariam simplex sit, ab ea relegatur omnis compositio. Dicitur autem aliquid compositum quatuor modis: aut compage partium, ut corporalia; aut ratione proprietatum, ut spiritualia, quia spiritualibus multiplex est concreta proprietas; aut aptitudine componendi, ut quaelibet proprietas, quae quamvis non sit ex partibus compacta, tamen ad hoc ut componatur subiectio, est apta, aut aptitudine compositi, ut primordialis materia secundum philosophos dicebatur composita, quia ad hoc ut ea aliquid componeretur, erat apta. Omnis autem talis compositio relegatur a Deo. Nec enim compactus est ex partibus, ut corpus, nec compositus ratione proprietatum, ut spiritus; nec aptitudine componendi, ut proprietas aliqua; nec aptitudine compositi, ut primordialis materia. Deus enim est forma absque substantia materiali; et est substantia absque praedicato formali. Cum igitur omnifariam sit simplex, caret principio, et fine: ubi enim nulla compositio actu, vel natura, ubi nulla origo, vel principium esse potuit, finem intelligere non convenit.“

Für Alanus siehe: M. Th. d'*Alverny, Alain de Lille. Textes inédits avec une introduction sur sa vie et ses œuvres,* Paris 1969 (Etudes de philosophie médiévale, 52). Das Werk *Regulae* hängt ab von den Werken des Boëthius *De Trinitate* und *De hebdomadibus* sowie von dem Kommentar des Gilbert de la Porrée zu diesem Traktat. Unter den Bildern der Trinität nennt Alanus in dem von M. Th. d'Alverny edierten *Sermo de trinitate* (a. a. O., S. 254 f.) die Dreiheit *mens, sapientia, dilectio* und erklärt, daß die *mens* die Weisheit zeugt und die Liebe *ex mente* hervorgeht. So sei die *mens* gleichsam *parens,* die Weisheit gleichsam *proles,* die Liebe gleichsam Heiliger Geist.

7 Art. 18 ad 4[um]. Siehe *Abälard, Theologia* I, 2.

8 Siehe für das Fortleben der augustinischen Ternare und deren Kritik in der Folgezeit M. *Schmaus,* a. a. O., Literaturverz. S. XXIV* sowie St. *Otto, Die Funktion des Bildbegriffes in der Theologie des 12. Jahrhunderts,* Münster 1963.

9 Siehe Anm. 8.

10 M. *Schmaus, Die psychol. Trinitätslehre* u.s.w., S. 31 3 ff. Daß er jedoch die Bildhaftigkeit ähnlich wie Augustinus in einem abgeschwächten Sinn auch dann gegeben sieht, wenn niedrigere Objekte sein Inhalt sind, zeigt folgender Text (Art. 38): „Solutio: Ad hoc communis est omnium responsio, quod Glossa super Ecclesiasticum distinguit Trinitatem imaginis potentiarum, prout se habent ad actus acquisitos: quia intellectus in illis primo accipit notitiam, et per intentionem voluntatis reponit illam in memoriam: et in illis non est imago nisi secundum quid, cum notitia non sit substantialis menti, et res cognitae frequenter inferiores sunt quam cognoscens. In libros autem De trinitate accipit ista secundum capacitatem mentis ad seipsam et ad Deum: quia illa naturaliter per essentiam semper praesentia sunt menti in anima: et in illis est prius habere notitiam quod est memoriae et postea se videre in illa quod est intellectus, et postea amare quod est voluntatis. Si autem obicitur, quod Augustinus dicat in libro De Spiritu et anima, quod Trinitas est in ratione irascibili et concupiscibili, dicendum quod non est Trinitas simpliciter, sed secundum quid: irascibilis enim et concupiscibilis (ut dicit Gregorius Nicaenus et Damascenus) sunt partes animae sensibilis: ratio autem est pars rationalis animae: et ideo non est ibi sufficiens unio, sed quaedam, ut supra dictum est de visu et imaginatione, in quibus Augustinus etiam ponit Trinitatem." In diesem Text zitiert Albert das Werk Alchers wie fast alle mittelalterlichen Autoren (mit Ausnahme des Thomas von Aquin) als Schrift Augustins.

11 Fr. *Stegmüller, Der Traktat des Robert Kilwardby O. P. de imagine et vestigio Trinitatis,* in: Archives d'Histoire doctrinale et littéraire 11 (1935/6) 324—407; besonders S. 334 u. 376.

12 *Augustinus, De trinitate, X. 3. 1f. Plotin, Enn.* V l. 3 n. l.

13 Art. 20 ad quaest. 2 u. 3. J. *Peghaire, Intellectus et ratio selon St. Thomas d'Aquin,* Paris 1936. Art. 26 ad 3 um wird noch genauer geklärt, welche Liebe Bildelement ist: „Ad aliud dicendum, quod cum dicitur quod homo habet imaginem in potentia intelligendi, accipitur potentia intelligendi generaliter pro potentia ordinata ad intelligendum et pro effectu ejus: ordinata autem ad intelligendum est memoria tenendo apud se notitiam, et similiter intelligentia intuendo se, vel Deum in notitia tenta apud se; cum autem ex tali notitia semper oriatur amor, effectus illarum duarum secundum ordinem earum ad actum est voluntas. Cum autem dicitur habens similitudinem in potentia diligendi, accipitur potentia diligendi ex habitu charitatis et gratiae: quia habitus ille colorat imaginem, ut supra dictum est. Unde quidam Sancti, dicunt, quod homo per peccatum amisit Dei similitudinem, et recessit in regionem dissimilitudinis; sed vulneratus est in imagine: et sic patet, quod potentia diligendi non est voluntas illa, quae est pars imaginis secundum naturam mentis."

14 Art. 21 ad 4 um.

15 Siehe Anm. 12 u. 13.

15 a) Vgl. auch die Ausführungen in Artikel 22 zu der Frage, „Utrum verum est, quod dicit Magister ‚*Quidquid memini et intelligo, hoc volo*' et, utrum mala quae intelligimus, volumus? Solutio: Dicendum, quod imaginem duo perficiunt, scilicet actus imitandi exemplar et aequalitas; et quoad actum imitandi magis est imago in notitia veri et boni quod Deus est, quam in notitia veri et boni quod mens est, quia in illius notitia actu intellectus coniungitur, in isto autem non habet Deum nisi sicut in speculo. Si vero attendatur aequali-

tas imaginis quae hic principaliter probatur, tunc secundum Augustinum oportet dicere, quod adhuc duobus modis potest attendi; aut enim aequalitas accipitur penes actus egredientes a potentiis super objecta tantum, aut penes objectum et potentiam. Si primo modo tunc est aequalitas in cognitione Dei et sui, quia qantum de Deo vel de se cognoscit ista cognitione, tantum amat; et quantum amat, tantum cognoscit illa cognitione in ratione naturali de qua loquimur. Si autem attendatur aequalitas penes objecta et potentias, tunc non erit nisi in cognoscibili quod est mens ipsa, ut dicit Augustinus".

16 Dist. 3 art. 29: Solutio, Teil 2: „Sed ista solutio etsi satis sit conveniens ad hoc ut salvetur dictum Philosophi, tamen nullo modo satisfacit dicto Augustini, qui vult, quod sub omni intelligibili alio intellectus semper intelligat se et alia duo; et memoria semper meminit sui et aliorum duorum; et voluntas semper velit se et alia duo. Unde sine praeiudicio dico secundum praedicta, quod meminisse nihil aliud est quam notitiam rei apud se retinere. Intelligere vero nihil aliud quam notitiae specie vel essentia notitiae se intueri simpliciter sine consideratione sui et discretione suae naturae, quia vocat Augustinus intelligere se; et discernere se et cogitare se plus secundum eum dicunt quam intelligere se. Cum igitur intelligere se non ponat discretionem sui, sed simplicem intuitum sine discretione et cogitatione, dico, quod non ponit conversionem intellectus ad aliquid quod sit extra ipsum, ad quod sui ponat convenientiam vel differentiam, nec aliquam proprietatem suam, quae cogitetur inesse vel non inesse. Hic autem intuitus perficitur duobus, scilicet lumine intelligibili emisso et obiecto; et intueri se nihil aliud est quam in lumine illo sibi obici. Cum igitur lumen intellectus agentis semper splendeat super possibile eo quod agens sit forma et actus possibilis, intellectus possibilis semper obicitur sibi in lumine illo; et cum hoc sit intelligere se secundum Augustinum, semper intelligit se. Et idem dico de memoria et de voluntate, quia ab ipsa notitia semper vaporat amor, licet non distinctus; sicut nec ipsa notitia vel intellectus ut distincta ab aliis rebus accipiuntur."

Zu der Frage, ob nicht der Wille den beiden anderen Potenzen als bewegende Kraft vorausgeht und daher das erste Ternarglied ist, sagt Albert: (art. 29 ad 2): „Ad aliud dicendum quod ad istud intelligere quod tantum est objici sibi in lumine intellectus agentis, non exigitur voluntas nisi naturaliter consequens, et non secundum actum; sed ad illud, quod est discernere unum intelligibilium ab alio, vel in porpria natura, et partibus et differentiis considerare, ad hoc exigitur actualis voluntas utrumque coniungens."

17 Art. 34: „Solutio. Dicendum, quod in veritate vires animae proprietates sunt, sicut dicit Magister, et uno modo substantiales sunt, alio modo consequentes esse. Si enim anima consideretur in suo esse, secundum quod est quaedam spiritualis substantia, sic consequentes sunt esse, et principiantur ab ipso esse, et quod est, sicut ab ipso esset intellectus agens, et ab ipso quod est intellectus possibilis, et hujusmodi. Si autem anima consideretur ut substantia agens in exteriora et in corpus, sic anima accipitur ut totum potestativum, cujus potestas completur in suis potentiis; et tunc potestas sua completa composita est ex particularibus potestatibus potentiarum, et sic sunt substantiales ei sine quibus non completur in perfectione sui posse.

Dicendum ergo ad primum, quod anima non essentialiter est quidquid habet; sed cum dicitur: anima est potentia sua, est praedicatio totius potestativi de parte substantiali potestatis suae, cui secundum rationem completam adest vel incompletam; secundum incompletum enim est posse in inferioribus, secundum completum autem in superioribus; quia superior pars totius potestativi semper ponit posse partis inferioris; et quia istae sunt de superioribus, scilicet potentiae imaginis, ideo magis convenit praedicatio de illis; sed tamen adhuc aliquantulum est impropria.

Ad aliud dicendum, quod illa tria sunt anima secundum praedicationem totius de partibus potestativis simul acceptis, sed non per essentiam. Et ut hoc melius intelligatur, dicendum, quod aliud est essentiale, et aliud substantiale, et accidentale accidens. Essentiale est, quod est pars essentiae, in qua res simpliciter est in prima compositione: sicut sunt corpus et anima essentialia homini, et quod est et quo est animae. Substantiale autem est, quod confert est se (wohl: esse) ex quadam compositione composito, et impossibile est deesse rei, ut ratio et intellectus et talia, quae sunt partes complentes posse animae, secundum quod est motor corporis, et quae complent esse corporis, secundum quod motum ab anima."

18 Art. 36 „ad quaestionem" heißt es: „Ad id autem, quod ulterius quaeritur, Utrum mens accipiatur pro memoria, dicunt quidam Magistri, quod sic, et assignant rationem, quare magis accipiatur pro memoria quam pro intellectu et voluntate; quia cum sint poteniae tres, memoria, intelligentia, et voluntas, memoria prima est inter eas, et ideo propinquissima substantiae mentis, quia illa oritur ex sola mente; intellectus autem ex mente mediante memoria, et voluntas ex mente mediante memoria et intellectu. Cum igitur memoria propinquissima sit menti, dicunt, quod hac ratione mens ponitur pro memoria. Sed tamen hoc videtur esse contra intentionem Augustini in libro IX de Trinitate, ubi sunt ista verba, quae ponuntur hic. Et ideo dico cum Magistro, quod mens accipitur hic pro toto illo, in quo sunt tres potentiae, ut supra dictum est.

Ad argumentum autem probans hanc opinionem, dicendum, quod nosse sumitur hic pro videre se in notitia: quia ad hanc notitiam sequitur amor, ita tamen quod videre se sit objici sibi in lumine notitiae et intellectus agentis, quia aliter non semper nosset se."

Die Frage selbst hat den Wortlaut: „Ulterius quaeritur iuxta hoc, *Utrum mens accipiatur hic pro memoria, ut quidam dicunt?* Et videtur quod sic, quia nosse (ut dicit Augustinus) est notitiam apud se habere, hoc autem supra attributum est memoriae. Cum igitur hic dicat, quod mens novit se, menti attribuit actum memoriae. Cum igitur potentia diffiniatur per actus, mens erit memoria. Sed contra hoc videtur esse, quod hic diffiniens mentem, eandem ponit diffinitionem quam supra posuit, scilicet quod mens accipiatur hic non pro anima, sed pro eo, quod in ea est excellentius, et ita diffinivit supra totam illam partem quae in se sicut in subjecto proximo continet memoriam, intelligentiam et voluntatem."

19 Siehe Anm. 10.

20 *De trinitate* IX, 4.

21 *Anselm, Monologion,* cap. 50—55.

22 A. *Laminski, Der Heilige Geist als Geist Christi und der Geist der Gläubigen. Der Beitrag des Athanasios von Alexandrien zur Formulierung des trinitarischen Dogmas im vierten Jahrhundert,* Leipzig 1969, 66 ff.

23 *Augustinus,* De trinitate, IX, 7.12; X, 1. Vgl. M. *Schmaus, Die psychol. Trinitätslehre,* a. a. O. S. 378—382.

24 Dist. 10, art. 2: „Solutio: Dicimus, quod Spiritus Sanctus procedit a Patre et Filio ut amor quo se invicem diligunt: et hoc praecipue cogit ista ratio: quia absurdum est ponere, quod Pater et Filius in nullo conveniant in quantum distincti sunt: in essentia autem conveniunt in quantum unum sunt: sed nos videmus, quod in omni natura rationali et non rationali omnes deliciae et jucunditates quas possunt habere in vita in quantum sunt differentes personae, fundantur omnes super mutuam amorem: propter quod etiam quidam Philosophi principia omnis naturae ponebant litem et amicitiam, tamquam alterum natura ab ipso universitatis principio ut divinum quoddam acciperet, scilicet amicitiam, quod congregat et unit: alterum autem haberet, scilicet litem, ex ipsa privatione materiae sibi concretum: unde Pater et Filius in eo quod personae distinctae sunt, conveniunt in hoc amore qui procedit ab ipsis quo se invicem amant: et ille est Spiritus Sanctus.

Ad id ergo quod primo objicitur, dicendum, quod amor dupliciter considerari potest, scilicet secundum id quod nominat, et sic non nominat hypostasim completam, sicut nec verbum: verbum enim nostri intellectus notitia est, quae accidentalis est intellectui. Alio modo consideratur secundum proportionem ad naturam in qua est, scilicet divinam vel humanam: et secundum hoc erit perfectus vel imperfectus, sicut et verbum: unde cum in natura divina nihil sit imperfectum, oportet Spiritum a personis ut personae sunt procedentem esse perfectam in substantia personam.

Ad aliud, dicendum, quod Spiritus Sanctus procedit ut in aliud, et manet in seipso distinctus: haec enim non sunt opposita: in quantum enim refertur ad Patrem et Filium ut ad unum principium sui, sic manet in se distinctus ab utroque per relativam oppositionem, sed in quantum in ratione amoris personalis procedit, nihil prohibet quod a Patre procedat in Filium, et e converso a Filio in Patrem, praecipue cum haec sit vera, Pater et Filius diligunt se Spiritu Sancto, et Pater diligit Filium Spiritu Sancto, et Filius diligit Patrem Spiritu Sancto: in quibus omnibus accipitur quod processionis est, et quod amoris qui specificat modum procedendi: et si accipitur processio in se, non causabit nisi distinctionem procedentis ab his a quibus procedit: si accipitur modus quo specificatur, sic causatur nexus Patris et Filiii in vinculo amoris qui est Spriritus Sanctus.“

Agalma bei Albert dem Großen

Augustin Hiedl, O. S. B. (Abtei Neresheim)

Der Gelehrte, dem diese Festschrift gewidmet ist, hat immer Interesse gehabt für die Erkenntnislehre der Hochscholastik. Den nachfolgenden Hinweis auf ‚Agalma' bei Albert d. Gr. möge er darum annehmen als ein bescheidenes Zeichen des Dankes für die Freundschaft, die er dem Verfasser nunmehr schon Jahrzehnte hindurch schenkt[1].

‚Agalma' fand Albert bei Ps.-Dionysius, wenn nicht im griechischen Original[2], so doch mindestens (damit von etwaigem anderen Schrifttum abgesehen sei[3]), in der Übersetzung des Scotus Eriugena.

Ἄγαλμα wird abgeleitet von ἀγάλλειν (verherrlichen, schmücken, verehren, feiern), Τὸ ἄγαλμα (Pferdeschmuck, ein zum Opfer geschmückter Stier, ein Halsschmuck, ein Gesang, eine Statue, Zierde und Freude, Standbild der Götter als Gegenstand der Verehrung). Übertragen nennt Plato die Welt τῶν ἀϊδίων θεῶν ἄγαλμα[4]. Einen spezifischen Sinn hatte der Ausdruck in den antiken Mysterienkulturen und bei den Neuplatonikern. Agalma war das „Götterbild, aber nicht das höchste, sondern ein stellvertretendes, das außen (nicht im Heiligtum drinnen selber) zuerst erscheint ... Wer den höchsten Gott schauen will, sieht nicht ihn selbst, „sondern muß die schon mehr nach außen stehenden Götterbilder [ἀγάλματα] oder vielmehr das zuerst erscheinende Götterbild [ἄγαλμα] anschauen"[5].

Daß der Areopagite ‚Agalma' nicht anders versteht als auf diese letzte Art, ist außer Zweifel. Er stand ja zur Genüge unter dem Einfluß der Mysterienkulte und des Neuplatonismus[6] und lehrte noch dazu mit allem Nachdruck, daß kein Geschöpf Gott jemals sehen könne, wie er ist[7]. Je mehr im Westen das östliche Gedankengut vordrang, desto mehr mußte es zum Konflikt zwischen den beiden Traditionen kommen. Das Ergebnis war die Verurteilung der östlichen Auffassung durch die Pariser Fakultät vom Jahr 1241[8]. Die Auseinandersetzung darüber mußte noch sehr gegenwärtig sein, als Albert Anfang der vierziger Jahre in Paris eintraf[9]. Konnte Gott niemals gesehen werden, wie er ist, auch in der Seligkeit nicht, denn war eben nur ein Etwas von ihm, ein Bild, ein

‚Agalma‘ von ihm zu sehen. *‚Agalma‘ bei Albert* heißt also nicht nur: Wie erklärt er einen Ausdruck des Ps.-Dionysius, es heißt auch: Wie nimmt er Stellung zu einer Frage seiner Zeit.

Zwei Stellen aus der Pariser Tätigkeit Alberts lassen sich miteinander vergleichen[10]:

De IV c. q. 31 a. 1 (*Was ist Theophanie* — 34,507) qla. 2:
Iuxta hoc quaeritur *iterum,* quae sunt *agalmata* et specula clarissima et munda, quae secundum Dionysium perficiuntur in subditis (34,509 a).

I S.-K. d. 1 a. 15 (*Ob Gott von einem geschöpflichen Verstand erkannt werden könne* — 25,34 b) obi. 6:
Adhuc *idem* in Cael. hier. cap. 3[11]: „Hierarchia suos laudatores *agalmata* divina efficit et specula clarissima et munda receptiva principalis luminis". Ex his videtur accipi, quod ut est non videtur, sed illuminationibus descendentibus ab ipso et *agalmatibus,* quibusdam illuminationibus sui luminis (25,35 a).

In der Antwort:
Agalma ... idem est quod imago vel similitudo; et ideo *species divina distinguens* intellectum angeli secundum ea quae cognoscit in ipsa facit angelos *agalmata* divina in eo quod intelligentem assimilat intellecto (34, 509 b).

In der Antwort:
Qualiter autem sint *agalmata* et specula, infra patebit in fine solutionis (25,36 b).

An beiden Stellen steht ‚agalma‘ im Zusammenhang mit dem Begriff der Theophanie. In De IV c. zeigt das schon die Einleitungsfrage des Art., dann auch die Überleitung zur Nebenfrage: Iuxta, hoc quaeritur iterum. Beide Male[12] wird auch zitiert D., De cael. hier. c. 4 § 3[13]:
Sapientissima theologia visionem illam quae in ipsa est descripta, vocavit divinam quasi in forma informium similitudinem, ex videntium in divinum reductione pulchre vocari theophaniam (25,35 b; 34,507).

Im S.-K. wird für ‚agalma‘ auf das Ende der *solutio* verwiesen, dort (25,37 a/b) aber wird ‚agalma‘ in keiner Weise mehr erwähnt, auch nicht durch einen bloßen Hinweis[13a]. Die inhaltliche Zusammengehörigkeit von Theophanie und ‚agalma‘ ist leicht ersichtlich. Wenn Theophanie eine Gotteserkenntnis ist, die durch Erleuchtung von Gott kommt, und diese auf zweierlei Art möglich ist — in Symbolen und „von Angesicht zu Angesicht“ [14], d. h. *per speciem* [15] — dann liegt die Folgerung nahe, zur Erkenntnis Gottes in Symbolen gehöre auch jene durch ‚agalma‘, das Bild und Ähnlichkeit bedeute. Darüber hinaus: in I S.-K. und De IV c. ähneln sich Theophanie und ‚agalma‘ sehr in ihrer Funktion. In der Theophanie findet sich ein doppeltes Licht, eines das stärkt und zum Gegenstand hin erhebt, dem der Erkennende aus sich nicht gewachsen ist, und ein anderes Licht, das erst als Gegenstand den Erkennenden *bestimmt* und *unterscheidet*. Bei der Sinneserkenntnis wirke zusammen das körperliche Licht und das sichtbare Ding, ein Stein und dergl., bei der Verstandeserkenntnis der *intellectus agens* und dieses oder jenes bestimmte und den *intellectus possibilis* bestimmende Objekt, beim Glauben das Glaubenslicht und dieser oder jener bestimmte Glaubensartikel [16]. So komme in der Theophanie ein Licht von Gott herab, das den Verstand erhebe, ihm Kraft bringe, ihn disponiere, daß er Gott erreichen könne. Das bestimmende und unterscheidende Objekt aber, das ohne Mittelding gesehen wird, sei Gott selbst in seiner Substanz. Das vermittelnde Licht aber, das den Verstand zur Anschauung Gottes kräftige, werde von den Heiligen Theophanie geheißen und bringe uns nach Hugo von St. Viktor nicht bis zu Gott selbst [17]. Das bestimmende und unterscheidende Licht, das in beiden Werken, De IV c. und I S.-K. für Theophanie angenommen wird, ist in De IV c. auch für ‚agalma‘ angenommen, das andere Licht, das erhebende und stärkende, wird dort nicht ausdrücklich genannt, ist aber zweifellos vorausgesetzt, weil es in der unmittelbar vorausgehenden Antwort auf die erste Nebenfrage eben festgestellt wird [18]. Zunächst wenigstens sagt Albert aber nicht, daß Theophanie und ‚agalma‘ das gleiche seien. Beim Areopagiten treten sie ja auch voneinander getrennt auf. In ihrem Ursprung mögen sie sich also wohl unterscheiden. Doch in I S.-K. wird sowohl Theophanie (im Anschluß an den zitierten Dionysius-Text) wie auch ‚agalma‘ als von Gott kommende Erleuchtung gedeutet und Verähnlichung oder Ähnlichkeit gehören sowohl zu ‚agalma‘ (nach De IV c.) wie auch zur Theophanie (nach Dionysius selber). Vor allem aber kommen beide Begriffe in Alberts Erklärung in dem zuerst maßgebenden Merkmal überein: das bestimmende und unterscheidende Licht ist in beiden Fällen das Wesen Gottes selber.

Nicht weniger wichtig als die Unterscheidung von erhebendem und unterscheidendem Licht ist für Albert die andere, die er De IV c. im 2. Artikel ad qla. 2 der gleichen *Quaestio* über Theophanie und ‚agalma‘ einführt, nämlich die

Unterscheidung von seliger Gottanschauung und den in Gott verborgenen Heilsplänen:

Dicendum ... quod deus in ratione duplicis obiecti praesentat se angelis aut beatis, scilicet ut obiectum *fruitionis* et ut in ipso sunt *rationes absconditae* omnium mysteriorum pertinentium ad gubernationem ecclesiae. Et *primo* modo omnes vident deum *immediate. Secundo* autem modo accipiunt illuminationes (34,514 a)[19].

Auch Unterschiede zwischen I S.-K. und De IV c. fallen auf, auch abgesehen vom Fehlen der Antwort auf den Agalma-Einwand. In I S.-K. wird nur das erhebende Licht Theophanie genannt — und das nur von den „Heiligen", von sich selber sagt Albert darüber nichts. In De IV c. gehört zur Theophanie auch das ungeschaffene göttliche Licht und das trägt Albert als seine eigene Ansicht vor. Die Stelle aus Hugo von St. Viktor[20] zitiert er in I S.-K. ganz kurz nur für das erhebende Licht, das nicht unmittelbar zu Gott führt; in De IV c. aber bringt er diesen Text ausführlicher, daß er auch für das ungeschaffene Licht gilt, das in Maria und den Heiligen ist, wodurch diese selber leuchtend und zu Theophanien werden (wie Hugo sie versteht[21]). Über Theophanie handelt Albert auch in *De resurr.*[22] und in der *Quaestio de visione dei* (in denen ‚agalma' nicht vorkommt). In letzterer *Quaestio* wird nur das erhebende Licht „Theophanie" genannt (vgl. I S.-K.[23]; diese Ansicht wird dem Dionysius zugeschrieben, nach welchem ja geschöpfliches Erkennen auch nicht unmittelbar bis zu Gott selber gelangen kann). In *De resurr.* wird eine Theophanie für die Seligen abgelehnt, auch der Hugo-Text wird zitiert, aber ohne den erwähnten Schlußsatz des Zitates, das in De IV c. vollständiger gebracht wird. So zeigt sich bei Albert bezüglich Theophanie eine Entwicklung, die von *De resurr.* über I S.-K. und *De visione dei* zu De IV c. geht. Die Fassung von I S.-K. d. 1 a. 15 wie auch die von *De visione dei* läge also *vor* De IV c. und diesen drei voraus läge der entsprechende Abschnitt von *De resurr.*[24].

In II S.-K. d. 4 a. 1[25] (über die Definition des Engels nach Dionysius[26]) wird Albert deutlicher, auch bezüglich ‚agalma'. Der schon genannte Theophanie-Text[27] erscheint auch hier, jedoch in zwei Teile zerlegt, und wieder als Hinweis darauf, daß nicht Gott selbst gesehen wird, sondern nur etwas von ihm, ein Licht von ihm, das auch die Engel offenbaren können. Albert wehrt sich gegen Einwände und „Verleumdungen aus den heiligen Büchern", die gegen die Theophanie gebracht werden, weil deren Doppelfunktion nicht gekannt werde[28]. Das erhebende Licht wird hier ausdrücklich „Licht der Glorie“ und „geschaffene Herrlichkeit“ [29] geheißen. In I S.-K. d. 1 a. 15 bei der Theophanie-Stelle wird das *lumen elevans* noch nicht eindeutig geschaffen geheißen, an der Parallelstelle De IV c. wird dafür bereits gesagt: *illuminatio creata.* Theophanie ist darüber hinaus zweierlei: das Licht, das Gott selbst unmittelbar für jeden Seligen ist, dann aber auch die „andere“ Offenbarung und Erleuchtung, die ein Engel dem anderen gibt[30]. Das Doppelobjekt, das sich den Seligen bietet, das bereits De IV c. q. 32 a. 2 ad qla. 2 [31] genannt wird, kehrt hier wieder. Außerdem wird sogar Gott, auch wenn er unmittelbar geschaut wird, von den verschiedenen in verschiedenem Grade aufgenommen, je nach ihrem Rang, daß also auch in dieser Art von Theophanie noch eine Abstufung oder Hierarchie vorliegt[32]. Damit geht Albert nicht nur über I S.-K. hinaus, sondern räumt auch Unklarheiten aus, die nach De IV c. noch bestehen konnten. Genauer als bisher äußert sich Albert zur 3. Nebenfrage des Art.[33] über ‚agalma‘. Bild oder ‚agalma‘ könne der Engel für einen anderen nicht im eigentlichen Sinne werden, weil es da um die Erfassung der ewigen Herrlichkeit gehe — *quia dicit capacitatem gloriae*[34]. Aber uneigentlich und in einer gewissen Hinsicht könne der eine für den anderen Anlaß oder Ursache werden einer *Erleuchtung,* die zum *Werk*[35] *gehört.* Erleuchtung ist auch hier wieder Kennzeichen sowohl für Theophanie als auch für ‚agalma‘; beide gleichen sich darin. Einzelheiten über das göttliche Heilswerk vermitteln eben beide. Das Weitergeben von Erleuchtungen über das Heilswerk von einem Engel zum andern ist hier ‚agalma‘ im uneigentlichen Sinn; De IV c. heißt ‚agalma‘ aber auch: der Verstand des Engels wird bestimmt und unterschieden vom Wesen Gottes und wird diesem angeglichen[36]. Der Unterschied ist leicht zu verstehen: Im ersten Fall sieht Albert ‚agalma‘ und Theophanie im Verhältnis vom höheren zum niederen Engel, im zweiten Fall in dem von Gott zum Engel[37]. Von dem, was Ps.-Dionysius und der Osten überhaupt mit Theophanie und ‚agalma‘ ausdrücken wollten (daß Gott wie er *in sich* ist, niemals zu erkennen sei), ist auf diese Weise der Deutung nichts mehr vom Kern übrig geblieben, wohl aber das Beiwerk, eine Schale, die Terminologie, die sich vereinbaren ließ mit der bis zur Pariser Entscheidung von 1241 entwickelten westlichen Theologie. Möglich wurde diese „Synthese“ durch Alberts Unterscheidung vom *lumen elevans* bzw. *distinguens* einerseits und die Unterscheidung von Gott als unmittelbarem Gegenstand der Seligkeit bzw. als Träger der Heilspläne andererseits. Dank der ersten Unterscheidung ist eine unmittelbare Gotteserkenntnis der Seligen, also auch Theophanie in einem höheren Sinne als der Osten dachte, möglich; dank der zweiten Unterscheidung können Erleuchtungen über Heilswerke Gottes, Theophanien zweiten Ranges, weitergegeben werden und uneigentliche ‚agalmata' gegeben sein.

Im Kommentar zu *Cael. hier.*[38] sind Theophanie und ‚agalma' äußerlich nicht mehr so nahe beisammen wie in I S.-K. und De IV c. Die Gedankenfolge des Areopagiten war in der Erklärung seines Werkes zu berücksichtigen. Außerdem sind durch die früheren Erklärungen Theophanie und ‚agalma' ohnehin genügend zusammengerückt. Der Mehrdeutigkeit von ‚agalma' scheint sich Albert besser als früher bewußt zu sein in *Super D., De cael. hier.* c. 2 § 15 *(Expos. text.): Alia littera habet: agalmatum, loco imaginum; et dicitur multipliciter in graeco. Aliquando enim expressam imaginem, quae intuentibus laetitiam efficit. Quandoque vero dicitur imago simillima sive laetitiam inferat sive non*" (14,69 b).

Zu dem Text aus *De cael. hier.* c. 3 § 2 sagt er in der *Expos. text.: Perficit dico agalmata divina, id est, expressas dei imagines per similitudinem ex receptis donis, quibus laetitia eis oritur* (14,83 a).

Dazu erklärt er weiter nichts. Das tat er bereits, als Theophanie bzw. Erleuchtung zur Frage standen[39]. In diesem Werk führte er das nur weiter. *Super D., De cael. hier.* c. 3 § 3[40], also gar nicht weit von der letztgenannten Stelle, antwortet er auf die Frage, ob in der Hierarchie der Engel einer den anderen erleuchte, mit der schon De IV. c. gebrauchten Unterscheidung von Objekt der Seligkeit und Verwaltung des Universums bzw. Heilsgeschehen[41]. Weil nur Gott selbst beseligen kann, sehen alle Engel (und Seligen) Gott unmittelbar. Aber je nach Begabung oder Verdienst hat jeder Engel ein besonderes Verhältnis zu Gott, deshalb sehe der eine in Gott mehr oder weniger, so wie in der gleichen Ansicht[42] ein Gelehrter mehr sehe als ein Ungelehrter[43]. Über diese Einzelheiten — des Welt- und Heilsgeschehens — erleuchtet der höhere Engel den niederen und das sei die hierarchische Erleuchtung. Gut führt weiter die Lösung des 3. Einwandes: Die Erleuchtung durch den höheren Engel ist für den niederen wie eine Überredung, die keine Zustimmung abnötigt. Der Erleuchtete muß diese Überredungen — Erleuchtungen —, um über sie urteilen zu können, auf das *göttliche* Licht beziehen, das allein zur Zustimmung bewegen kann. *Gott* vollendet die Erleuchtung, der höhere Engel disponiert nur dafür. Beispiel: der Landwirt düngt für das Wachstum, die Vollendung des Wachstums aber ist von der Formkraft des Samens (14, 89 b)[44].

Wie diese Erleuchtungen oder Überredungen zu denken sind, wird ebd. zu c. 2 § 11 gesagt:

> Dicendum secudum Avicennam, puod sicut in intellectu possibili nostro fluunt formae ab intellectu agente, de quo convertuntur ad ipsum, a quo fluunt omnes formae etiam secundum ipsum, et non habent formas a phantasmatibus. Sed quicquid sit de hoc quantum ad cognitionem viae, hoc certum est, quod in futuro anima non intelliget accipiendo a phantasmate, sed convertendo se ad deum, per influxum eius ad ipsam fient formae intelligibiles in ea. Et sic est in angelis modo. Unde lumen divinum irradians omnes, sine quo nullus posset aliquid concipere, est *medium,* in quo unus percipit conceptionem alterius, ordinatam ad ipsum, convertendo se ad praedictum lumen (14,61 a)[45].

Das zweifache Licht in der Theophanie kennt er natürlich auch bei der Theophanie-Stelle *De cael. hier.* c. 4 § 3. Anschließend an diesen Text fragt er in seinem Kommentar, was Theophanie sei und zählt vier Arten davon auf, deren beide erste nur für das irdische Leben in Frage kommen, während die dritte und vierte unser Thema betreffen[46].

> Tertio modo [dicitur theophania] ut est in usu loquentium, quando in lumine divino, quod *non est deus,* videtur obiectum, quod vere est deus, non in lumine sicut *in medio,* sicut videtur res in sua imagine, sed sub *lumine confortante intellectum* videtur immediate deus. Quarto modo, quando in lumine, *quod est deus,* videtur obiectum, quod est deus, sicut dicit Hugo de S. Victore, sic deus ipse est in quolibet beato ut lumen quoddam, participatione sui faciens eum sui similitudinem et in tali similitudine dei visio dicitur *theophania;* sic enim idem deus erit lumen et obiectum, sed obiectum prout est in se, lumen vero prout est participatus a beatis . . . Aliis duobus modis [scil. 3. et 4.] erit in patria visio per theophanias, licet Hugo non ponat ibi nisi quartum, quia non attendit tertium (14,118 a sq.)[47].

Das stärkende Licht sei nicht Gott, sagt er. Also muß es geschaffen sein. Das zeigt auch *Super D., De cael. hier.* c. 3 § 2 (14,82 a), wo *gloria creata* sowie *terminus operationis* gegenübergestellt sind der *beatitudo increata* und dem *finis ultimus.* Außerdem wird auch in der oben (S. 314) angeführten Stelle aus II S.-

K. d. 4 a. 1 ad qla. 2 das *lumen gloriae* ohne einen Umschweif *gloria creata* geheißen. Die Terminologie, deren Einzelheiten Albert immer wieder gebraucht, findet sich besonders gut in I S.-K. d. 1 a. 9 sol:

> Duplex est beatitudo, scil. creata, quae ... est perfectio formalis beatorum, elevans eos ad hoc quod immediate possint coniungi deo. Alia autem beatitudo est increata, et haec est beatitudo substantialis ... increata [beatitudo beatificat] effective ut in obiecto et ut participata per substantiam ipsius summi boni (25,25 b).

Ebd. a. 16 sol. (25,39 a) wird der *terminus operis* vom *finis* der Seligkeit unterschieden. IV S.-K. d. 49 a. 5 (30,670 b) unterscheidet Albert in der Hauptlösung zwar auch das *lumen gloriae* vom Objekt der Seligkeit, sagt aber auf die Einwände hin, daß das *incircumscriptum lumen deitatis,* das Gott selber sei, mit dem tätigen Intellekt vereint sich in seiner Substanz über die ganze Seele ergieße. Dieses unbegrenzte Licht kann nun nicht ein geschaffenes sein; auch entspricht dem tätigen Intellekt sonst immer das erhebende Licht, das nicht Objekt ist[48]. Mindestens ist hier das erhebende Licht nicht deutlich von dem Licht, das Objekt ist, unterschieden. Auch wenn Albert hier von seiner Auffassung abweicht, braucht das nicht zu überraschen. Auch nach dem Konzil von Vienne[49] hießen Theologen das *lumen gloriae* noch ungeschaffen[50] und Papst Johannes XXII († 1334) schwankte genügend sogar über die eigentliche Gottanschauung der Seligen[51].

Nimmt man die ungeschaffene Seligkeit, an der Engel und Heilige (kraft der geschaffenen Seligkeit, nämlich des erhebenden Lichtes, des *lumen gloriae*) teilnehmen, als das Licht, das von den Seligen ausgeht, dann wird begreiflich, daß die Seligen (wie Albert von Maria[52] sagt), eine ungeschaffene Herrlichkeit bzw. Erleuchtung ausstrahlen und daß sie, wie er weiter sagt, werden wie Gott, nicht durch Gleichstellung, sondern durch Nachahmung, und daß sie dann erleuchten können, nicht indem sie zu sich hinführen, sondern zu Gott. Auch das aber geschieht nur in der Kraft Gottes. Göttliche Ordnung ist darum die Ordnung der Engel, nicht eine menschliche oder eine von Engeln[53].

Im 1. Teil der *theologischen Summe* findet sich ‚agalma' nicht. Von Theophanie spricht er im Zusammenhang mit der Anschauung Gottes des öfteren. Dabei nimmt er Theophanie als Bild bzw. als Erkenntnisbild, das zwischen dem Erkennenden und Erkannten steht. So kommt Theophanie in diesem Sinn für die Gotteserkenntnis der Seligen nicht in Frage. Der bekannte Text aus Hugo von

St. Viktor soll das begründen. Für das stärkende und erhebende Licht aber beruft er sich nicht mehr auf den gleichen Hugo[54] wie er das auch *Super D., De cael. hier.* c. 4 § 6 schon nicht mehr getan hatte. — Im 2. Teil der *Summa,* bei der Frage, was Theophanie sei[55], beginnt er mit dem Theophanie-Text aus *De cael. hier.* c. 4 § 3[56]. Die übrigen Einwände sind bis auf den 7. eine breitere Wiederholung der in *De resurr.* und I S.-K. gegen die östliche Auffassung erhobenen[57]. An 7. Stelle steht der Text aus Hugo soweit dieser sich gegen den Osten richtet. In der Hauptlösung ist vor allem die Rede vom erhebenden und stärkenden Licht; das andere, was kraft dieser Erhebung zu sehen ist, wird nur nebenbei am Schluß erwähnt[58]. Auf den Theophanie-Text aus Dionysius[59] kommt nur der Hinweis auf das erhebende Licht, das herabsteigt in den Verstand des Engels, damit dieser erkenne, was von seiner Stufe der Hierarchie aus zu tun sei. Ähnlich auch auf die nächsten Einwände. Das aber ist die Erkenntnis der Heilspläne[60]. Daß Gottes Wesen dabei auch erkannt wird, scheint hier mehr vorausgesetzt zu sein. Wenn Stärkung und Erhebung notwendig ist, dann doch nur für etwas — und das kann nur Gottes Wesen selber sein, nicht die Heilspläne für sich allein, die ohne Anschauung von Gottes Wesen gar nicht zu erkennen wären. Auch an den beiden Stellen, in denen Albert den Agalma-Text aus *De cael. hier.* c. 3 § 2 bringt, ist *zuerst* ausgesprochen die von Stufe zu Stufe herabsteigende Erleuchtung und die entgegengesetzte Rückführung auf das erste Licht und nicht die für alle gleich unmittelbare Schau des beseligenden göttlichen Wesens[61]. Gut ist das ausgedrückt ebendort in der Antwort auf den 10. Einwand[62]. Gott ergießt sein Licht durch Theophanie in das untergeordnete Geschöpf. Der Engel, der an diesem Licht teilnimmt, ergießt dieses Licht in einen anderen Engel. Wie der Engel, der die Theophanie aufnimmt, ‚agalma', d. h. Bild und Verähnlichung des göttlichen Lichtes wird durch sein Teilnehmen an der Theophanie, so wird der niedere Engel, erleuchtet vom höheren, des gleichen Lichtes ‚agalma' durch die vom (höheren) Engel auf ihn übergeflossene Erleuchtung. Aber keiner ist unter ihnen (den Engeln), über dem nicht aufginge und offenbar würde das Licht der Theophanie, das von ihm selbst (nämlich Gott) ausgeht.

Zweierlei Theophanien finden sich also hier: die von Engel zu Engel fortschreitende — die Erleuchtung über die Heilspläne — und die von Gott unmittelbar auf alle ausgehende — der Gegenstand der Seligkeit. Letztere, wenn hier auch nur anhangsweise beigegeben, ist eben Gott selbst, gesehen wie er ist. Die

Engel sind, wenn sie ihre Erleuchtungen über das Heilsgeschehen weitergeben, wenig selbständig. Das wird bei Albert mit fortschreitender Entwicklung immer deutlicher [63]. Das von Gott über die Heilspläne ausgehende Licht geht gleichsam nur über die Engel hinweg. Das ist offenbar auch gemeint *S. theol.* II tr. 10 q. 39 m. 1 a. 4 ad 5:

> Superiores (= die 3 höchsten Ordnungen der Engel) ... in hoc cooperatores dei efficiuntur, quod *illuminant* inferiores *sicut deus* [64]. Similitudinem autem divinam prae ceteris habent in habitudinibus et actionibus in hoc, quod prae ceteris divinas bonitates secundum intellectum et affectum in bono, vero et pulchro participant; propter hoc a beato Dionysio dicuntur *agalmata divina*, hoc est, expressae similitudines ... Ista ergo sunt tria vestibula et tres cellae immediate sub caelo trinitatis collocatae (32,449 a) [65].

Im 2. Teil der theol. Summe sind auch eindeutig Erleuchtung, Theophanie und ‚agalma' einander gleichgestellt. In I. S.-K. und De IV c. hat Albert das offenbar noch nicht gewagt, obwohl es zu erwarten gewesen wäre, im Kommentar zu *Cael. hier.* aber schon darauf hingearbeitet. Wenn er schließlich die unmittelbare Gottanschauung der Seligen nicht mehr so breit behandelt wie ehedem, so hat das nur den Anschein einer leichten Wendung zum Osten hin. Rund ein Menschenalter hindurch hat er sich ja eingesetzt für diese Gottanschauung und inzwischen konnte der Streit darüber einiges von seiner Heftigkeit verloren haben. Zudem muß ja nach ihm der Engel, der einen anderen über die Pläne Gottes erleuchtet, diese Pläne zuvor im unmittelbar gesehenen Gott erkannt haben wie auch der erleuchtete Engel gleichzeitig mit dieser Erleuchtung Gott unmittelbar sehen muß. Damit dürfte die etwas zusammengedrängte und darum dunkle Stelle im 1. Agalma-Text [66] zu klären sein: Das Wesen Gottes unterscheidet den Verstand des Engels — Anschauung Gottes, Objekt der Seligkeit; und es unterscheidet diesen Verstand gemäß dem, was dieser Verstand in diesem Wesen Gottes erkennt — die Pläne Gottes. Ein Gelehrter sehe in der gleichen Ansicht oder Wesenheit mehr als ein Ungelehrter, sagte Albert früher. Aber das gleiche Wesen Gottes bestimmt und unterscheidet sowohl den Gelehrten, hier den höheren Engel, wie auch den Ungelehrten, den niederen Engel, bezüglich der Heilspläne über den Gelehrten hinweg. Theophanie bzw. ‚agalma' werden eben von Albert in einem analogen Sinne gebraucht [67], denn Gott ist die Hauptursache der Erleuchtung, auch jener über die Heilspläne.

Gewiß schwankt Albert in der Deutung des Hugo von St. Viktor wie auch in der Frage, welches von Gott kommende Licht Theophanie zu heißen sei. Auch legt er seine Ansicht nur dar in Bruchstücken, die sich nicht ohne Fugen miteinander verbinden lassen[68]. Das liegt kaum an seiner Eigenart allein, sondern kommt wohl auch von dem Hin und Her der Strömungen seiner Zeit. Bei einem Geist wie Albert kann das auch ein am Rande liegengebliebener Ausdruck wie ‚agalma' widerspiegeln. Gleichwohl hat Albert durch sein konstantes Festhalten an der Unterscheidung von Licht der Glorie und Gott als Objekt der Seligkeit der späteren Theologie entscheidend die Richtung gewiesen. Wie immer auch seine Verschmelzung östlicher Einflüsse mit der lateinischen Theologie seiner Zeit gedient haben mag[69], wegen Theophanie und ‚agalma' gelten die Engel in der Heilsgeschichte mehr als wenn sie nur als „getrennte Formen"[70] gesehen würden. Darüber hinaus hat Albert durch sein Eingehen auf den Areopagiten im Westen auch das Bewußtsein geweckt, daß es mit der seligen Gottanschauung doch nicht ganz so einfach sei wie man, nur auf Augustinus hörend, meinen konnte[71].

1 Abkürzungen: S.-K. = Sentenzenkommentar. De IV c. = De IV coaequaevis. Super D., De cael. hier. = Super Dionysium De cael. hier. — d = Dionysiaca. Recueil donnant l'ensemble des traductions latines des ouvrages attribués au Denys de l'Aréopage Tome I.II (par Ph. Chevalier), Bruges 1937. — *Stiglmayr*, H. = J. *Stiglmayer*, S. J., *Des hl. Dionysius Areopagita angebliche Schriften über die beiden Hierarchien*, KBK 11, München 1911. — *Stiglmayr*, G. N. = J. *Stiglmayr*, S. J. *Des hl. Dionysius angebliche Schriften über „Göttliche Namen"*, KBK 64, München 1933. — RechTham = Rechersches de Théologie ancienne et médiévale, Louvain. — *Dondaine, L'objet* — H. F. *Dondaine, L'objet et le ‚medium' de la vision béatifique chez les théologiens du XIIIe siècle*, in: RechTham 19 (1952) 60 sqq. — Die übrigen Abkürzungen: vgl. Lex. f. Theol. Kirche² I (1937) 16*. Die Werke Alberts werden nach der Ausgabe von Borgnet (Paris 1890) mit Band, Seite und Spalte oder nach der Neuausgabe (= Ed. Colon., Münster 1951) nach Band, Seite (und Zeile) angegeben.

2 Albert hatte nur bescheidene Kenntnisse des Griechischen. Vgl. H. F. *Dondaine, S. Albert et le grec*, in: RechTham 17 (1950) 318 sq.

3 Über die Kommentare und Übersetzungen, die dem Mittelalter bekannt waren, siehe d I p. XX; LXXIV — LXXXI. Diese Kommentare und Übersetzungen gaben den Dionysius zum Teil einseitig nach ihrem Sinn gedeutet wieder und wurden außerdem von

den mittelalterlichen Autoren nicht genügend vom Original unterschieden. Vgl. darüber H. F. *Dondaine, L'objet*, p. 70—72; ders., *Le corpus Dionysien de l'Université de Paris au XIIIe siècle* (Storia e Letteratura. Raccolta di studi et testi, 44), Roma 1953, p. 67 sqq.; P. *Simon*, in: *Super D., De div. nom.*, Ed. Colon. t. 37,1, Prolegomena p. XVIII v. 9—59.

4 W. *Pape, Wörterbuch der griechischen Sprache* (Nachdruck der 3. Aufl.) I, Graz 1954, S. 7 a. Vgl. Dufresne — *Du Cange, Glossarium mediae et infimae Latinitatis I*, Parisiis 1733 col. 231: Agalma, Figura quasi agens imaginem alterius, ... Aposfragisma vel imago sigilli ... simulacrum, dazu *Pauly-Wissowa* I, 2 Sp. 718 f.

5 So im Hinblick auf *Plotin, Enn.* V 1,6: E. *Benz, Marius Viktorinus und die abendländische Willensmetaphysik*, Stuttgart 1932, S. 212 u. 213; ebd. S. 72 Anm. 1. — *Stiglmayr*, H. S. 124 übersetzt mit „Zeremonienbild", in Anm. 1 aber von den Neuplatonikern ausgehend, mit „Götterbild". Mit dieser Deutung von ‚agalma' stimmt auch ganz überein die von Albert öfter zitierte Stelle aus *Dion., De div. nom.* c. 5 § 8: „Sanctissimae et provectissimae virtutes ... sicut in *vestibulis* supersubstantialis trinitatis collocatae, ab ipsa deiformiter esse habent" (PG 3, 821 C; d I 350).

6 Vgl. *Stiglmayr*, H. S. XVII; G. N. S. 10. — O. *Bardenhewer, Geschichte der altkirchlichen Literatur* IV, Freiburg 1924, S. 283.

7 Vgl. z. B. *Dion., De div. nom.* c. 1 § 1.2.5; c. 5 § 1.2 (PG 3,588; 593; 816; d I 6—16; 34—43; 321—327); *De cael. hier.* c. 1 § 2 (PG 3, 121; d II 729—733). Dazu H. F. *Dondaine, L'objet* p. 63—72.

8 Vgl. *Denifle-Châtelain, Chartularium Universitatis Paris.* I, Paris 1899 p. 170 n. 128: „Firmiter ... credimus et asserimus, quod deus in sua essentia vel substantia videbitur ab angelis et omnibus sanctis et videtur ab animabus glorificatis".

9 Vgl. M. D. *Chenu, Le dernier avatar de la théologie orientale*, in: Mélanges Auguste Pelzer, Louvain 1947, p. 170—172. — Die Position des Ostens in dieser Frage kommt bei Albert voll zur Geltung in den Einwänden, die er sich schon von *De resurr.* (Ed. Colon. t. 26 p. 326—331) an bis hin zur *S. theol.* stellt. Für den Westen war Augustin die entscheidende Autorität. Vgl. H. F. *Dondaine, L'objet* p. 64—67.

10 Für die relative Chronologie der Werke Alberts siehe: Ed. Colon. t. 26 p. VII v. 28 — X v. 24; t. 28 p. IX b — XIII a; t. 37,1 p. VI v. 10 — p. VII v. 70. O. *Lottin, Ouvrages théologiques de S. Albert le Grand* in: Psychologie et Morale au XIIe et XIIIe siècle. VI, Gembloux 1960, p. 265; 269; 297.

11 C. 3 § 2 (PG 3, 165 A; d II 788; Übersetzung des Scotus Eriugena); laudatores sind die Engel wie sich aus Einwand 1 und 2 aus Joh. Chrysostomus in I S.-K. (25,34 b) ergibt.

12 34,507 b; 25,35 b.

13 PG 3,180 C; d II 810; Übersetzung des Scotus Eriugena.

13a Die 5 von I S.-K. bekannten Hss (davon 2 aus dem 13. Jahrh.) lassen keinen Zweifel an der Textüberlieferung dieser Stelle zu.

14 1 Cor. 13,12.

15 Vgl. *Albert, De resurr.* (Ed. Colon. t. 26 p. 329 v. 80): „Dicitur visio per speciem; species

enim dicitur hic propria natura dei". — Die Theophanien „in Symbolen", die auf Erden geschehen (De IV c. — 34,509 a), von denen auch die biblische Theologie handelt (vgl. LThK² X 85—87) stehen hier nicht zur Frage.

16 Vgl. G. *Englhardt, Das Glaubenslicht nach Albert dem Großen,* in: Theologie in Geschichte und Gegenwart (Schmaus-Festschrift), München 1957, S. 371 f.; 376.

17 I S.-K. d. 1 a. 15 (25, 37 a/b).

18 De IV c. q. 32 a. 1 ad qla. 1: In theophaniis illuminatio ... recepta ab angelo *creata est* et est gratia conferens intellectui posse in altiorem contemplationem divinitatis; *distinguens* autem intellectum *non est creatum,* et hoc ideo, quia vident deum facie ad faciem *sine medio.* Dann wird auf die *Quaestio „De dotibus"* verwiesen (34,509 b).

19 I S.-K. d. 1 a. 15 kann von einer Erleuchtung über die Heilspläne nicht die Rede sein, weil dort ausschließlich die Anschauung von Gottes Wesen behandelt wird.

20 *Expositio in hier. cael.* l. 2 (PL 175, 955 A—C).

21 „Ipsas igitur theophanias alio modo et veritati consentaneo existimemus ... [rationales animi] sunt ipsa lucentia theophaniae luminis, in quibus lumen videtur" (l. c. 175,955 AB). Vgl. H. F. *Dondaine, L'objet* p. 65 sq.

22 Ed. Colon. t. 26 p. 328 v. 8—18; 329 v. 29—33; v. 45—54.

23 F. M. *Henquinet, Vingt-deux questions inédites d'Albert le Grand* (De visione dei in patria. Cod. Vat. lat. 781 f. 16 a—d), in: The New Scholasticism 9,4 (1935) p. 302 sq. Nach H. gleiche sich in den edierten Werken Alberts nichts so wie diese *Quaestio* und I S.-K. d. 1 a. 15.

24 Daraus ergeben sich Unstimmigkeiten mit der bisher angenommenen Chronologie (vgl. oben Anm. 10). Diese zu klären kann hier nicht versucht werden.

25 27,103 b. Diesen Artikel (bis gegen Ende der Sol.) hat nach dem Autograph Alberts in Cod. C 232 der Universitätsbibliothek Uppsala kritisch ediert Fr. *Stegmüller,* in: *Analecta Upsaliensia,* Uppsala & Wiesbaden 1935, p. 232—238. Die dort gebotenen Lesearten bringen für die hier in Frage stehenden Texte keine Änderung. Darum wird der Einfachheit halber die Zitation nach der Borgnet-Ausgabe beibehalten.

26 *Dionysius, De div. nom.* c. 4 § 22 (PG 3, 723 B; d I 269; Übers. des Sarracenus).

27 Siehe oben Anm. 13.

28 Die Diskussion muß also um diese Zeit noch genügend erregt gewesen sein.

29 Der Ausdruck *lumen gloriae* findet sich also schon bei Albert, nicht erst bei Bonaventura und Thomas wie L. *Ott, Grundriß der Dogmatik*², Freiburg 1947, S. 27 sagt.

30 II S.-K. d. 4 a. 1 ad qla. 1: „Omnes in visione, que merces est, *immediate* ... informantur a deo; sed in *aliis revelationibus* unus illuminatur *ab alio.*" Ebd. ad qla. 2: „Manifestat lumen occultum ... et hoc non est lumen theophaniae, quo unus [angelus] illuminat alium, sed theophaniae, qua *quilibet* illuminatur a *deo*" (27,105 a). Erleuchtung durch Gott selber und „andere Erleuchtungen" sind einander gegenübergestellt z. B. auch II S.-K. d. 10 a. 4 ad 2 (27,214 a sq.).

31 Siehe oben S. 313 f.

32 II S.-K. d. 4 a. 1 ad qla. 1: „Dionysius non intendit, quod non omnes immediate informantur a verbo, sed potius quod secundum proportionem verbum accipiunt superiores summe et medii medio modo et inferiores extremo modo“ (27,105 a).

33 Quaeritur de *agalmatibus:* utrum unus allii possit esse imago. Dicendum, quod non *proprie* . . ., quia dicit capacitatem gloriae. Sed unus alii potest esse occasio vel causa illuminationis alicuius ad *opus pertinentis,* pro cuius receptione non dicitur speculum vel imago . . . nisi forte secundum quid (27,105 b).

34 Damit kann nur gemeint sein: das *lumen distinguens* ist in der Gottanschauung Gott selbst. Gäbe das einer an einen anderen weiter, wäre der Empfänger nicht unmittelbar mit Gott selbst verbunden.

35 „Werk“ kann hier nur sein das Heilsgeschehen, dessen Pläne in Gott verborgen sind nach De IV c. q. 32 a. 2 ad qla. 2.

36 Vgl. oben S. 312 f.

37 Beide Erklärungen Alberts gehören zusammen, ergänzen sich.

38 Weil es hier um die Erkenntnis Gottes in der Seligkeit geht, darum ist dieser Kommentar für unsere Frage wichtiger als Alberts Kommentare zu den anderen Schriften des Areopagiten. *Super D., De eccl. hier.* c. 3 § 9 sagt Albert ohne viel zu erklären: „Denudantes invisibile primi, idest, dignissimi de numero sacratissimorum *agalmatum,* idest imaginum expresse et cum laetitia repraesentantium, idest symbolorum sacramentalium, oportet intendere in deiformem pulchritudinem eius, scil. invisibiles species“ (14,579). Ebd. c. 4 § 3 bemerkt Albert kurz in der Texterklärung: *Agalmata:* expressae imaginationes. Alia translatio: insignia, quae sunt in nobis exemplata“ (14,645 b). Die Rede ist von der Myron (Chrysam)-Weihe. Die Stelle kann also auch nur im Sinn der letztzitierten verstanden werden, zumal im vorausgehenden Dubium (14, 645 b), auch dem Menschen erleuchtende Fähigkeit zugeschrieben wird, die sicher nur in verhüllenden Symbolen, mithin ‚agalmata‘, geschehen kann. Für den *sakramentalen* Bereich gebraucht also Albert ‚agalma‘ (ohne seine eigene Umdeutung) im ursprünglichen Sinn des Areopagiten. Das fordert ja auch die Natur der Sakramente. Treffend bemerkt dazu *Stiglmayr,* H. S. 124 Anm. 1: „Dionysius erkennt in den Bildern der liturgischen Aktion solche ἀγάλματα, von denen man durch mystische Deutung den Schleier wegziehen muß, um ihren tiefen Sinn aufglänzen zu lassen.“ — Albert zitiert die Stelle aus *De cael. hier.* c. 3 § 2 ohne ‚agalma‘ zu erklären II S.-K. d. 9 a. 1 contra 2. diffin. (27,191 a). Vgl. *Alb., Super Is.* 54,12: „Agalma enim similitudo figurae, quam ex impressione caeli et caelestis luminis accipit“ (Ed. Colon. t. 19 p. 528 v. 32 sq.).

39 Siehe oben S. 315 f.

40 14,88 b; 89 a.

41 Vgl. oben S. 315. Ähnlich *Super D., De cael. hier.* c. 8 § 5 (Dubium) „Dicimus, quod sicut saepe dictum est, quantum ad ea quae pertinent ad beatitudinem, deus immediate ab omnibus videtur, superiores tamen [angeli], quia sunt magis capaces et propter nobilius donum, capiunt ipsa beata visione quasdam illuminationes de pertinentibus ad gubernatio-

nem mundi et utriusque ecclesiae, quas inferiores per se capere non possunt, nisi inquantum illuminantur per lumen receptum in superioribus effulgens in ipsis, et non cognoscunt per symbola" (14,237 b).

42 Eine andere Leseart hat statt „Ansicht" *(sententia)* „Wesenheit" *(essentia)*, was auch einen guten Sinn gibt.

43 In II S.-K. d. 4 a. 1 ist das noch schwächer ausgedrückt.

44 Sonderbar wirkt in diesem Zusammenhang Alberts Behauptung, Hugo habe dieses Buch -D., De cael. hier. — „verwegen zu verurteilen gewagt"(!!), weil es keine Erleuchtung der niederen Engel durch die höheren gebe. Aber gleich zum nächsten Kap., wo es um das zweierlei Licht geht (vgl. S. 315), urteilt er über Hugo ruhiger; weiter unten *(Super D., De cael. hier.* c. 8 § 5—14, 237 b) wird Hugo bei der Behandlung des Doppelobjektes gar nicht mehr erwähnt.

45 Im 13. Jahrh. wurden Gedanken des Avicenna mit solchen des Ps.-Dionysius verbunden, weil letzterer dadurch aristotelischer erschien, wenn dabei auch nicht jede Gefahr für die Orthodoxie vermieden wurde. So nach P.-M. de *Contenson, Avicennisme latin et vision de dieu au debut du XIIIe siècle, in:* AHD 34 (1959) p. 58—63; 89.

46 14,118 sq.

47 Albert deutet hier auf *seine* Weise die Stelle aus Hugo, die er auch sonst (z. B. oben S. 314) anführt. Vgl. auch Anm. 44 a.

48 H. *Doms, Ewige Verklärung und ewige Verwerfung nach dem hl. Albertus Magnus* [DTh 10 (1932) S. 144 f.] zitiert diese Stelle S. 145, spricht aber unmittelbar darauf wie auch S. 144 von geschaffener und ungeschaffener Seligkeit, obwohl er S. 145 auch auf Unausgeglichenheiten bei Albert hinweist.

49 Es verurteilte 1311 die Lehre „quod anima . . . non indiget lumine gloriae, ipsam elevante ad deum videndum et eo beate fruendum" (D 475). Ob dieses *lumen gloriae* geschaffen oder ungeschaffen sei, sagt das Konzil nicht. Zu *seiner* Zeit war dann Albert fortschrittlich genug.

50 Vgl. A. *Michel, Intuitive (vision)*, in: DThC VII, 2 col. 2373.

51 Vgl. Fr. *Lakner*, S.J., *Zur Eschatologie bei Johannes XXII*, in: ZkTh 72 (1950) S. 326—332.

52 Siehe oben S. 314.

53 *Super D., De cael. hier.* c. 3 § 1 (Dubium über die Definition der Hierarchie, Sol): „Quidam . . . recipiunt donum spirituale a deo, per quod efficiunter *sicut deus*, non per *aequiparantiam*, sed per imitationem. Participant enim potestatem divinam, percipientes lumen doni in virtute transfundendi in alterum et habent similem *effectum* deo reducendo *alterum* in similitudinem dei." Ebd. ad 4: „Licet sit ordo angelicus et humanus, non tamen potestas transfundendi lumen in alterum est nisi *a virtute divina*, nec reducit *in angelum*, sed in deum, et ideo debet dici hic ordo divinus, non angelicus" (14,76 b; 77 b).

54 *S. theol.* I tr. 3 q. 13 m. 1 obi. 7; m. 4 sol. (31,55 a; 64 a).

55 Tr. 10 q. 40 m. 1 a. 1 (32,483 b sq.).

56 Siehe oben Anm. 13 und 27.

57 Der folgende 2. Artikel (32,486 b — 488 b) stimmt auffallend mit De IV c. tr. 4 q. 32 a. 2 (siehe oben S. 313) überein. Darum dürfte diese Partie der *S. theol.* schwerlich nicht von Albert selber stammen. Die Weiterentwicklung der Lösungen in dieser Summe spricht eher für als

gegen die Echtheit. Über die anderen Teile des gleichen Werkes ist damit noch nichts behauptet. Vgl. A. *Hufnagel, Zur Echtheitsfrage der Summa theologiae Alberts des Großen,* in: TQ 146 (1966) S. 8—39.

58 32,585 b.

59 *De cael. hier.* c. 4 § 3; siehe oben Anm. 13 u. 27.

60 Die unter den Engeln von Rang zu Rang abgestufte Erkenntnis der Heilspläne macht ja die Hierarchie aus. Siehe oben S. 316.

61 *S. theol.* II tr. 10 q. 37 m. 1 obi. 15; ad 17 (32,408 a; 412 a). An letzterer Stelle hat Albert wie auch II S.-K. d. 9 a. 1 (ad obi. contra 2. diffin. 27,191 a) phiasotos (statt laudatores), eine Verstümmelung von θιασώτας. Über die Herkunft dieses Ausdrucks aus den Mysterienkulten siehe *Stiglmayr,* H. S. 19 Anm. 2.

62 32,411 a.

63 Man vergleiche nur miteinander die auf diesen Seiten angeführten Stellen aus De IV c., aus II S.-K. und *Super D., De cael. hier.* Im gleichen Maße verliert agalma von seiner Eigenwirkung östlicher Herkunft. Ob die Engel auch für die Erkenntnis der Heilspläne nur ein erhebendes Licht vermitteln oder ob sie ein solches vermitteln für die selige Gottanschauung, ist *Super D., De cael. hier.* c. 8 § 2 Dubium 1 ad 1 (14,237 b) nicht leicht zu erkennen. Auf jeden Fall sind die beiden Objekte, die auch in der Hauptlösung mit Nachdruck hervorgehoben werden, sehr nahe zusammengerückt.

64 Vgl. oben S. 314 und 318 f. über Maria und die Heiligen.

65 Hier die Anspielung auf den Text aus D., *De div. nom.* c. 5 § 8 (siehe oben Anm. 5), den er auch De IV c. (34,510 a) und II S.-K. (27,105 a) für die Erleuchtung über die Heilspläne gebraucht. *Super D., De div. nom.* (Ed. Colon. t. 37,1 p. 320 v. 19 — p. 321 v. 13) äußert er sich nicht mehr in diesem Sinn.

66 Aus De IV c.; siehe oben S. 312.

67 Siehe oben S. 312 f.

68 Vgl. *Doms* über Unausgeglichenheit Alberts oben Anm. 48.

69 Von den Übersetzungen des D., die Albert vorlagen, hat Joh. Sarracenus für ἄγαλμα immer *insigne,* außer in *De eccl. hier.* c. 4 § 1 (PG 3,476 A; d II 1270,2.3), wo er *signum* hat. Joh. Scotus Eriugena, der Verfechter der nur mittelbaren Gottanschauung der Seligen, hat immer *agalma.* Robert Grossetête († 1253), der des Griechischen mächtiger gewesen zu sein scheint als Albert (vgl. L. *Baur, Die philosophischen Werke des R. G.,* Münster 1912, S. 37*—42*) hat immer ‚agalma' außer *De cael. hier* c. 2 § 5 (PG 3,145 A; d II 778,3), wo er *imago* hat. Albert müßte mit diesem Robert, seinem Zeitgenossen, verglichen werden können, damit er besser im Rahmen seiner Zeit sichtbar würde. Bonaventura und Thomas haben nichts über Theophanie und ‚agalma'.

70 Vgl. M. *Seemann, Die Engel,* in: Mysterium salutis II, Einsiedeln 1967, S. 981 f.

71 Vgl. P.-M. de *Contenson, Avicennisme latin* l. c. p. 90.

Zur Begriffsgeschichte des Terminus „apparens" in den logischen Schriften des ausgehenden 13. Jahrhunderts

Heinrich Roos (Kopenhagen)

Der Terminus *apparens* entspricht dem griechischen φαινόμενον, φαίνεσθαι. Bei Aristoteles hat das Wort eine doppelte Bedeutung: es kann entweder den Schein, d. h. den Widerspruch zur Sache oder Wahrheit bezeichnen oder aber die sinnliche, resp. intellektuelle Evidenz ausdrücken [1]. Im letzteren Falle wird es oft mit *manifestum, apertum, evidens* übersetzt.

Ein Terminus *apparens* tritt nun in den logischen Schriften des 13. Jahrhunderts im Umkreis der aristotelischen Schrift *De Sophisticis Elenchis* auf. Es handelt sich um einen negativen Begriff, wo Schein und Sein sich widersprechen. Er spielt eine große Rolle bei der Behandlung der Trugschlüsse, also im Traktat *De Fallaciis.* Petrus Hispanus gibt in seinen *Summulae Logicales* eine Definition des Begriffes: *Fallacia est idoneitas faciendi credere de non ente quod sit ens mediante aliqua phantastica visione; vel sic: fallacia est apparentia sine existentia*" [2]. Oft wird die Definition des Aristoteles (165 a 19) in der Übersetzung des Boetius zitiert: der syllogismus sophisticus ist *„redargutio apparens, atque non existens"* [3]. In dieser negativen Bedeutung kommt der Begriff „apparens" in den Sophistica Elencha oft vor (z. B. 165 a 19, 169 b 18, 170 b 56 etc.). Dieser negative Begriff *(apparentia sine existentia)* hat seinen systematischen Ort in der Behandlung der Trugschlüsse. Er gehört in das Wortfeld, das von Aristoteles in seinen *De Sophisticis Elenchis* eröffnet wurde.

Im Gegensatz zu diesem negativen Begriff (in der Bedeutung von Schein) findet sich auch eine positive Bedeutung des Terminus *apparens, apparentia* in den logischen Schriften des ausgehenden 13. und des beginnenden 14. Jahrhunderts. Diese positive Bedeutung des Begriffes stellt aber eine Neuerung dar. Es ist das Verdienst von A. Pattin, als erster auf diese Tatsache aufmerksam gemacht zu haben. Er schreibt in seiner Einleitung zur Ausgabe des Sophismas des Bartholomaeus von Brugge *Utrum genus possit salvari in una specie* folgendes: „Wat de taal betreft, gebruikt Bartholemaeus een term die in de werken van die tijd niet vaak voorkomt, nl. de term *apparens,* in het Nederlands te vertalen door „verschijnsel“ [4]. Der Begriff *apparens* hat hier eine positive Bedeutung. Er ist in etwa identisch mit *manifestum, apparentia* mit *manifestatio.* An Stelle des Widerspruches „Schein/Sein“ tritt hier die Relation „Innen/Außen“ hervor oder besser: die Aktuation einer im Wesen liegenden Potenz. A. Pattin weist auf die anonyme Quaestio eines Averroisten aus dem 14. Jahrhundert hin, wo sich folgende Bemerkung findet: *Istas apparentias vocat* [scl. Bartholomaeus de Brugis] *operationes* [5]. Der Text [6], in dem die Gleichsetzung von *apparentia* und *operatio* vorkommt, hat folgenden Wortlaut:

> „Circa questionem nota, quod sint due opiniones principales. Prima negat gradum in formis et dicit unius rei tantum esse unam formam substantialem. Alia est huic dicte opposita. De prima sciendum, quod omnes tenentes unitatem forme conveniunt in hoc, quod ponunt tantum unam formam substantialem unius rei, sed differunt in modo ponendi et salvandi diversa predicata quidditativa de uno individuo, et sunt principales sex modi ponendi istorum.
>
> Primus modus est Thome, Britonis, Bartholomei de Brugis, qui dicunt tantum esse unam formam a qua sumuntur diverse apparentie correspondentes predicatis quidditativis; istas apparentias vocat operationes, quia quedam est operatio communis, alia minus communis, et alia propria, et sic sunt diversa predicata quidditativa de uno individuo, quedam communia, sicut predicatum generis generalissimi, quedam minus communia, scilicet predicata subalterna, alia propria, scilicet predicatum speciei specialissime. Verbi gratia: in Sorte ponunt unam formam, scilicet animam humanam, et ista habet diversas operationes, scilicet vegetare, sentire, intelligere, et iste sunt cause diversorum predicatorum“ [7].

Wir wollen vorläufig zwei Dinge festhalten: 1. Die Gleichsetzung *apparentia = operatio* geschieht nicht im Zusammenhang der logischen Trugschlüsse, sondern der Frage nach der *pluralitas formarum.* 2. Als Anhänger dieser Terminologie werden Thomas (Aquinas?), Radulphus Brito und Bartholomäus von Brügge genannt.

In dem von A. Pattin veröffentlichten *Sophisma* des Bartholomäus von Brügge kommt nun der Begriff *apparens* sehr oft vor und wird als bekannt vorausgesetzt. Es handelt sich in dem *Sophisma* um die Frage, *utrum genus possit salvari in una specie.* Bartholomäus polemisiert gegen *quidam,* die folgende drei Thesen aufstellen [8]:

1. *Si accipiatur genus quantum ad rationem generis, sic potest salvari in sola specie.* 2. *Si autem accipiatur pro significato ut nomine generis significatur, adhuc dicunt, potest salvari in una specie.* 3. *Si autem accipiatur pro eo, quod potest esse idem cum eo quod nomine generis significatur, dicunt quod non potest salvari in una specie.*

Die Frage ist nun, wer sind diese *quidam?* A. Pattin schreibt dazu [9]: „Het polemisch karakter van deze kwestie schijnt erop te wijzen dat zij heel waarschijnlijk gericht was tegen Bartholomaeus tegenstrever *Joannes de Janduno.*" A. Pattin meint also, daß der von Bartholomäus von Brügge anvisierte Gegner *(quidam)* Johannes von Jandun sei. Das ist aber nicht richtig. Wir können schon heute mit Sicherheit sagen, daß sich hinter dem anonymen *quidam* des Bartholomäus von Brügge *Radulphus Brito* verbirgt. Radulphus Brito legt seine dreiteilige These in seinem Porphyriuskommentar und in seinem *Sophisma „Homo est animal"* dar, und Bartholomäus zitiert ihn wörtlich, wie wir in einer in Vorbereitung befindlichen Studie beweisen werden. Damit ist die These des anonymen Traktats aus der Krakówer Handschrift bestätigt: der neue Begriff des *apparens* findet sich hauptsächlich bei Radulphus Brito und Bartholomäus von Brügge.

Aber kehren wir zu dem *Sophisma* des Bartholomäus von Brügge zurück und untersuchen wir genauer seinen Begriff des *apparens.* In seiner loyalen Darlegung der gegenteiligen These (also der des Radulphus Brito) sagt er folgendes [10]:

> „Primum declarant, quia salvato apparenti a quo sumitur ratio generis, salvatur ratio generis. Sed sola specie existente salvatur apparens. Quare et cetera. Maior patet. Quia manente causa manet effectus, modo manente apparente manet ratio generis, quia apparens est causa rationis generis. Minor demonstratur, quia apparens a quo sumitur ratio generis, verbi gratia in animali, est ipsum sentire et moveri secundum locum. Ab istis apparentibus sumitur ratio generis huius quod est animal. Sed salvato solo homine, puta Sorte, salvatur hoc apparens, scilicet sentire et moveri secundum locum; quare manebit ratio generis".

Bartholomäus von Brügge weist zwar die dreiteilige These des Radulphus Brito zurück. Er tut dies mit folgenden Worten, indem er seine Polemik abschließt[11]:

> „Et cum dicitur salvata sola specie, puta homine, salvatur apparens generis, quod est sentire, dico quod sentire non est apparens a quo sumitur intentio secunda generis, sed iste modus essendi accidentalis communis, puta esse natum reperiri in pluribus speciebus. Sed sentire est apparens a quo capitur intellectus essentialis primus ipsius generis. Et ideo cum credebant loqui de intentione secunda, loquebantur de intentione prima et eius apparenti."

In diesem Zusammenhang ist zu beachten, daß Radulphus Brito in seinem *Sophisma „Homo est animal"*, wo er seine von Bartholomäus bekämpfte These darlegt, ausdrücklich sagt: *Dicendum ad istam quaestionem primo, quod genus quantum ad rationem generis, quae ratio non est secunda intentio, potest salvari in una specie*[12].

Aber selbst wenn Bartholomäus von Brügge auch mit Radulphus Brito uneinig ist, bestreitet er nicht den Begriff *apparens,* sondern setzt ihn als bekannt voraus. Als unumstritten steht für beide folgendes fest: *apparens est causa rationis generis*[13]*; apparens a quo sumitur ratio generis, verbi gratia in animali, est ipsum sentire et moveri secundum locum.* Noch einmal deutlicher: *Sed dicunt, quod nomine generis significatur res, ut est principium apparentis a quo sumitur ratio generis, sicut animal significat rem, quae est principium apparentis secundum sensum et motum a quo sumitur ratio intelligendi animalis*[14].

Wir können jetzt den Begriff *apparens* genauer bestimmen. Er setzt im Inneren eines Wesens eine *forma* oder die *principia essentialia rei* voraus. Daraus *procedit immediate* das *apparens* als *propria operatio rei* (z. B. *sentire aut moveri secundum locum* oder *ratiocinari*). Dieses *apparens* ist als *operatio* die *causa rationis intelligendi praedicatorum essentialium,* z. B. der *ratio generis.*

Dieselbe begriffliche Fassung des Terminus *apparens* findet sich wie gesagt auch bei Radulphus Brito. Sowohl in den entsprechenden Quaestionen des Porphyriuskommentars als auch in dem *Sophisma „Homo est animal"* ist der Terminus *apparens* der Schlüsselbegriff, um den sich die ganze Argumentation dreht. Zu der ersten seiner drei Thesen sagt er folgendes[15]:

> „Primum sic declaratur et suppono, quod ratio generis sumatur ab uno modo essendi vel ab uno apparenti reperto in pluribus. Tunc arguo: In quocumque salvatur apparens, a quo sumitur ratio generis et sub illo modo, sub quo ab ipso sumitur ratio generis, in eodem salvatur ratio

generis. Modo dato quod non esset nisi una sola species sub aliquo genere vel unicum individuum, ibi salvatur apparens, ex quo sumitur ratio generis et sub illa ratione, sub qua ex ipso sumitur ratio generis. Quare et cetera. Maior patet, quia ex quo ratio generis sumitur ex aliquo apparenti, ubicumque salvatur illud apparens, ibi salvatur ratio generis. Minor declaratur, scilicet ratio intelligendi animalis sumitur ab hoc apparenti, quod est sentire et moveri localiter, et sicut dico de animali, ita intelligatur de aliis generibus."

Der Begriff *apparens* als *propria operatio rei immediate procedens a principiis essentialibus rei* und als *ratio intelligendi* findet sich nun nicht nur bei den beiden angeführten Autoren, sondern auch öfter in der zeitgenössischen Literatur. Natürlich sind die folgenden Hinweise sporadisch und zufällig und verlangen eine genauere Untersuchung, die noch nich vorliegt.

So verwendet ihn z. B. Patricius de Hibernia in seinem *Sophisma „Homo est animal"*, wo er im Zusammenhang mit der Problematik der *unica forma* die Genusprädikation untersucht[16]:

„... una quidditas in re diversos habet in mente conceptus, sicut apparet ad sensum, quia si aliqua substantia animata videatur a longe, in quantum incipit moveri motu progressionis, tunc comprehenditur sub conceptu animalis; in quantum autem illa eadem natura comprehenditur ut est principium ratiocinandi, tunc comprehenditur sub propria ratione hominis. Illae enim conceptiones non habentur nisi per rei operationes, quae apparentia vocantur."

Die Frage nach dem *apparens* tritt häufig in der Problemstellung *genus/species* auf. So sagt Simon of Faversham in seinem Porphyriuskommentar in der *Quaestio „Utrum genus requirat multitudinem specierum"* folgendes[17]:

„Dico tunc, quod genus non significat unam quidditatem, sed significat diversas quidditates diversarum specierum, secundum quod sub aliquo conceptu communi unitatis apud intellectum intelliguntur. Et iste conceptus communis sumitur ab aliquo communi apparenti in re; ab operatione enim sentiendi quae apparet in homine et in asino et in leone et in multis aliis facit intellectus unam rationem intelligendi communem, sub qua significantur diversae species per nomen generis."

Auch Martinus de Dacia kennt den Begriff *apparens.* In seinem Kommentar zum *Liber Praedicamentorum* sagt er in der *Quaestio 13*[18]: *... natura rei* *arguitur a nobis per ea, quae apparent nobis de re ipsa et hoc per apparentiam suam.*

In dem semi-averoistischen Kommentar zu *De anima,* den F. Van Steenberghen veröffentlicht hat, liest man in der *Quaestio* I, 7 Folgendes[19]: *Unde aliqui Antiqui secundum diversa apparentia de anima dicunt ipsam esse diversa: quidam dicunt quod est calor, quidam quod est motus etc., quia nullus attendebat ad omnia apparentia de ea: unde, propter multitudinem apparentium de ea, difficultas est ex parte nostra, non autem ex natura ipsius animae.*

In den Metaphysik-Quästionen des Siger von Brabant, die Graiff herausgegeben hat, wird auch der Begriff *apparens* eingeführt. In der *Quaestio* 14 des VII. Buches wird das Verhältnis von *genus* und *species* untersucht. Die Fragestellung und Beantwortung berührt sich in manchen Punkten mit der Kontroverse zwischen Bartholomäus von Brügge und Radulphus Brito. Wir zitieren darum den Text in extenso[20]:

> „Non est autem intelligendum quod genus significet confuse aliquam naturam communem, quia illa natura quam genus significat indeterminate in rerum natura existat. Sed per hoc, quod sic intelligitur, ita quod si voces in significando referrentur ad res immediate, non mediante intellectu, non haberemus naturam generis significatam, quia talis natura taliter non existit; quia tamen contingit eam intelligi indeterminate, ideo et significari; naturam autem specierum sic confuse contingit intelligi, scilicet ut plures species uno intellectu intelligantur, quia secundum Philosophum species cognoscitur per operationem apparentem de ea; nunc autem de hac specie quae est homo non tantum apparet aliquid unum per quod ab alia specie determinetur, sed aliquid commune alteri speciei, ut sentire quod reperitur in homine et in asino, et ex hoc apparenti non proprio homini sumitur intellectus confusus utriusque speciei; et ideo differentia non addit novam essentiam super essentiam generis, sed determinat illam, eandem determinate significando."

Zuletzt sei noch auf eine Bemerkung des Aegidius Romanus hingewiesen, der in seinen *Quaestiones disputatae,* q. 9[21] zwar nicht den Terminus *apparens* benutzt, aber dieselbe Sache trifft:

> „Animatum enim non significat nisi animam; anima autem non dicit totum quod dicit genus, nec dicit totum quod dicit animal, sed dicit partem formalem eius. Sic etiam sensibile et rationale vel dicunt partem

formalem rei, vel quia nescimus nominare proprias formas rerum, loco propriarum formarum ponimus sensibile et rationale et talia, quae sumuntur ex propriis operationibus ex quibus indicatur propria natura et propria forma rerum."

Der Begriff „apparens" im Zusammenhang mit der Frage nach der einen Form.

Der Begriff *apparens* oder *apparentia* im positiven Sinn taucht bei den Logikern am Ende des 13. Jahrhunderts auf. Aber erst in den Schriften des Radulphus Brito und des Bartholomäus von Brügge erhält er seine Ausgestaltung, Definition und seinen systematischen Platz. Radulphus Brito verweist ausdrücklich auf die Logiker. Er bringt die Bemerkung nebenbei an, aber sie ist bezeichnend: *Talis operatio vel apparens dictum apud logicos salvatur in unica specie*[22]. Der erwähnte anonyme Traktat aus der Krakówer Handschrift setzt den Begriff *apparens* in Verbindung mit dem leidenschaftlich diskutierten Formproblem: *pluralitas formarum* oder *unicitas formae*. Der Verfasser der Schrift verficht selbst die *pluralitas formarum*. Als gegnerische Position treten die Verteidiger der *unica forma* auf. Diese Position wird in sechs verschiedenen Variationen dargestellt. Als erste dieser sechs Positionen werden die Ansichten des Thomas, Radulphus Brito und Bartholomäus von Brügge genannt. Der Angelpunkt der Diskussion ist folgender: Wie kann die *diversitas operationum essentialium in uno individuo* erklärt werden? Oder in der Fragestellung der Prädikationslogik: Wie ist die Verschiedenheit der *praedicata essentialia* im selben Individuum zu verstehen? Es handelt sich nicht um eine akzidentelle Prädikation nach dem Modell *Homo est albus,* sondern um eine essentielle (z. B. *Sortes est animal, Sortes est rationalis, Sortes est homo* etc.). Hier können die Verfechter der *pluralitas formarum* scheinbar eine leichtere Lösung vorschlagen. Der Verfasser des Traktats argumentiert wie folgt[23]:

„Ubicumque sunt plures operationes essentiales realiter differentes, quarum una potest reperiri sine alia in aliquo subiecto, ibi [sunt] diverse forme substantiales realiter differentes, sed hoc est in uno individuo. Igitur [etc.] Maior per Commentatorem 8 Metaphysice, operatio arguit formam, igitur operationes distincte arguunt diversas formas. Minor patet: in Sorte sunt diverse operationes essentiales, sicut intelligere, sentire, vegetare, quarum una potest reperiri sine alia, quia sentire reperitur in animalibus brutis sine intelligere, etiam vegetare reperitur in plantis sine sentire."

Dasselbe Argument in leicht veränderter Form findet sich übrigens in dem Traktat *De gradibus formarum* des Johannes Dacus [24].

Dieser klassische Einwand der Pluralisten wird von den Verfechtern der *unica forma* mit der Bemerkung zurückgewiesen, daß die *eine* Form *verschiedene* Tätigkeiten *(operationes)* aus sich hervorgehen lassen kann: *Dicunt tantum esse unam formam, a qua sumuntur diverse apparentie correspondentes predicatis quidditativis; istas apparentias vocant operationes* [25]. Mit anderen Worten: der Begriff *apparens* wird eingeführt, um die These der *unica forma* gegen das angeführte Argument abzudecken.

Der Verfasser des Traktats aus der Krakówer Handschrift nennt drei Verfechter dieser These: Thomas, Brito und Bartholomaeus de Brugis. Bei Thomas von Aquin kommt der Begriff *apparens* in dem erwähnten Sinn nicht vor. Er scheint auch den angeführten Einwand gegen die These der *unica forma* nicht zu kennen. Freilich ist er sich über die hier vorliegende Problematik nicht im Unklaren. In der Frage der Genusprädikation, die gerade in der Kontroverse zwischen Bartholomäus von Brügge und Radulphus Brito eine große Rolle spielt, sagt er in seinem Physikkommentar [26]:

„... videtur, quod genus non sit una natura, sed species sit una natura. Et huius ratio est, quia species sumitur a forma ultima, quae simpliciter una est in rerum natura: genus autem non sumitur a forma aliqua, quae sit una in rerum natura, sed secundum rationem tantum; non est enim aliqua forma, ex qua homo sit animal, praeter illam, ex qua homo est homo. Omnes igitur homines, qui sunt unius speciei, conveniunt in forma, quae constituit speciem quia quilibet habet animam rationalem. Sed non est in homine, equo aut asino aliqua anima communis, quae constituit animal, praeter illam animam, quae constituit hominem vel equum aut asinum."

Mehr ist aus Thomas in dieser Frage nicht herauszuholen. Man dürfte also dem Urteil von Z. Kuksewicz zustimmen: „Si nous avions la certitude que le premier nom cité dans notre quaestio est celui de St. Thomas, ce serait donc là une interprétation ultérieur des vues de ce philosophe" [27].

Bei Radulphus Brito und Bartholomäus von Brügge ist dagegen die Verbindung des Begriffes *apparens* mit der These der *unica forma* ganz deutlich. Besonders Radulphus Brito entwickelt den Gedanken noch weiter, indem er *apparens* nicht nur von der Form her (also ontologisch) betrachtet, sondern auch von der Erkenntnis her (also gnoseologisch). Das jeweilige *apparens* ist Grund eines *conceptus*. Diese mittlere Stellung des *apparens* zwischen Form und Erkenntnis kommt in folgendem Text zum Ausdruck: ... *animal significat rem, quae est principium apparentis secundum sensum et motum, a quo sumitur ratio intelligendi animalis*[28]. Oder auch: *apparens est causa rationis generis*[29]. Dabei ist zu beachten, daß bei Radulphus Brito *conceptus* die inhaltliche Seite des Begriffes bezeichnet, nicht *cognitio rei*, sondern *res cognita*. Er kann darum die These aufstellen: ein und dieselbe Natur wird durch verschiedene *conceptus* oder *rationes* erkannt, die den je verschiedenen *apparentiae* entsprechen.

Er führt diese These, wie es seine Gewohnheit ist, breit aus in dem *Sophisma „Rationale est animal"*. Im II. Teil dieses Sophismas behandelt er die Frage, *utrum genus et differentia important unam et eandem naturam*. Er weist die gegenteilige These zurück und sagt dann[30]:

> „Oppositum probat Philosophus VII. Metaphysicae, et ita genus et differentia unam et eandem essentiam important. Sed istam et eandem essentiam important sub diversis rationibus et conceptibus acceptis a diversis apparentibus. Et hoc probatur sic, quia diversitas conceptuum vel est ex diversitate essentiarum vel ex diversitate apparentium. Sed in genere et differentia sunt diversi conceptus et rationes; essentia autem et natura est una et eadem. Ergo et apparentia diversa. Et hoc apparet sic: in una natura et eadem essentia sicut in natura humana apparent nobis plura apparentia. Et per consequens ista eadem natura sub diversis conceptibus intelligitur. De ista natura primo apparet nobis, quod sit per se subsistens et non habens aliquid alterum pro subiecto. Et sic importatur sub hoc hoc nomine, quod est subiectum vel substantia. Item apparet nobis, quod ista natura est subiectum dimensionum. Et sic intelligitur sub hoc nomine, quod est corpus, quod est in praedicamento substantiae. Item apparet nobis, quod vivit et nutritur. Et sic importatur sive intelligitur sub hoc nomine, quod est corpus animatum. Item apparet nobis, quod sentit et movetur. Et sic importatur sive intelligitur sub hoc nomine, quod est animal. Item apparet nobis, quod ratiocinatur. Et sic importatur sive intelligitur sub hoc nomine, quod est rationale. Item

apparet nobis, quod sentit et ratiocinatur. Et sic importatur [sive intelligitur] sub hoc nomine, quod est homo. Et sic apparet, quod licet genus et differentia importent eandem naturam, importent tamen illam sub diversis conceptibus et rationibus, qui diversi conceptus sumuntur a diversis apparentibus ..."

Im übrigen gewinnt der ganze hier anvisierte Fragenkomplex noch von einer anderen Seite her das Interesse des Philosophiegeschichtlers. Nach dem ersten Aufflammen der Diskussion über das Formproblem in den 70er Jahren des Jahrhunderts scheint sich ein Abrücken von den rein physischen und theologischen Argumenten des Für und Wider anzubahnen. So heißt es in dem anonymen *Sophisma „Homo est animal rationale": Dicendum est ad problema aliter, videlicet quod genus et differentia unam et eandem rem dicunt, et praetermissis rationibus physicis declaratur hoc ad praesens per rationes logicas acceptas ex modo praedicandi"* [31].

Mit anderen Worten: Das Problem verschiebt sich auf die Untersuchung der Aussagelogik und der sprachtheoretischen Implikationen. In diesem Zusammenhang sei zuletzt auf das von M. Grabmann veröffentlichte *Sophisma* des Boetius von Dacien aufmerksam gemacht. Auch er ist ein Anhänger der *unica forma.* Zwar kommt bei ihm der Begriff des *apparens* nicht vor. Das hängt wohl auch damit zusammen, daß er das Problem von einem sprachtheoretischen Gesichtspunkt her angeht. Aber die anvisierte Sache findet sich bei ihm [32].

„Et ita per unam formam in numero Sortes habet omnia hec que sunt in linea predicabili substantie ab individuo usque ad genus summum ... eidem rei debentur plures proprietates et secundum istas diversas proprietates debentur sibi diversa nomina et secundum quod iste proprietates sunt magis generales vel magis speciales, secundum hoc illa nomina sunt magis generalia vel magis specialia. Nunc autem Sorti perfecto in sua specie per suam formam substantialem debentur proprietates subiciendo accidentibus, et secundum hanc proprietatem debetur sibi nomen substantiae et quia in hac proprietate communicatur pluribus, ideo hoc nomen commune est inter alia. In Sorte etiam perfecto per eandem formam est intersectio trium dimensionum in eodem puncto ad angulos rectos. Ideo Sorti secundum istam proprietatem debetur nomen corporis et quia hec est ratio corporis in quantum corpus, quod in eo sit intersectio trium dimensionum ad angulos rectos. Secundum quod forma illa est proprietas sentiendi debetur sibi nomen animalis. Nam animal est animal propter sensum. Et secundum quod illa forma est actio recipiendi vel aliquid aliud proprium homini, sic debetur sibi nomen hominis. Et quia hec proprietas est magis specialis inter omnes, ideo hoc nomen magis est speciale ei inter omnia alia. Tamen nomina ista non sunt ipsarum rerum, sed ipsius rei."

Man sieht, daß die Theorie des Boetius von Dacien sich ganz mit der These des Radulphus Brito deckt. Nur ist die These von einem sprachtheoretischen Gesichtspunkt aus betrachtet. An Stelle von *apparens* gebraucht er den Terminus *proprietas*. Vielleicht war zur Zeit, als Boetius von Dacien schrieb, der Terminus *apparens* noch nicht im Gebrauch.

Auf dem Weg zu einem konzeptualistischen Nominalismus und Empirismus spielt das *esse apparens* eine nicht unwichtige Rolle bei Petrus Aureoli[33]. Bei ihm scheinen das *esse apparens* und das *esse intentionale* identisch zu sein. Wie weit seine diesbezüglichen Thesen von den Ansichten des Radulphus Brito über die *intentio prima in concreto*[34] beeinflußt sind, müßte eine weitere Untersuchung dartun.

1 Hermann *Bonitz, Index Aristotelicus;* Berlin 1870,808 b 37 sq.
2 *Petri Hispani Summulae Logicales* (ed. I. M. Bocheński) 7,03.
3 PL. LXIV,1009 A.
4 A. *Pattin, Bartholomaeus van Brugge. Vlaams Wijsgeer en Geneesheer,* in: Tijdschrift voor Filosofie 30 (1968), 138 sq.
5 l. c. 139. Kraków, Biblioteka Jagiellonska 724, f. 195 vb.
6 Z. *Kuksewicz, Une question anonyme d'un averroïste du XIVe siècle sur la pluralité des formes,* in: Mediaevalia Philosophica Polonorum 12 (1966) 46—66.
7 Z. *Kuksewicz,* l. c. 53—54.
8 A. *Pattin,* l. c. 141.
9 A. *Pattin,* l. c. 139.
10 A. *Pattin,* l. c. 141
11 A. *Pattin,* l. c. 150.
12 Paris, Bibliothèque Nationale lat. nouv. acquis. 1374 f. 97 vb.
13 A. *Pattin,* l. c. 141.
14 A. *Pattin,* l. c. 142.
15 Paris, Arsenal 697 f. 7 ra.
16 Uppsala C 604 f. 81 vb.
17 Milano, Biblioteca Ambrosiana C 161 Inf. f. 8 va.

18 *Martini de Dacia Opera* (ed. H. Roos), Hauniae 1961, 173,2—3.

19 Maurice *Giele,* Fernand *Van Steenberghen,* Bernard *Bazán: Trois Commentaires anonymes sur le Traité de l'Ame d'Aristote,* Paris Louvain 1971, 156.

20 *Siger de Brabant, Questions sur la Métaphysique* (ed. C. A. Graiff), Louvain 1948, 378, (55)—(70).

21 *Aegidii Romani Theoremata De esse et essentia* (ed. E. Hocedez), Louvain 1930, 69, Anm. 1.

22 Nürnberg, Stadtbibliothek Cent. V 21, f. 66 va.

23 Z. *Kuksewicz,* l. c. 53.

24 *Johannis Daci Opera* (ed. A. Otto), Hauniae 1955, Vol. I, Pars II, 530,19 sq.

25 Z. *Kuksewicz,* l. c. 53.

26 L. VII, l. VIII, nr. 947.

27 Z. *Kuksewicz,* l. c. 47.

28 A. *Pattin,* l. c. 142.

29 l. c. 141.

30 Bibl. Ap. Vaticana 2141 f. 132 ra sq.

31 Uppsala C. 604 f. 91 ra.

32 M. *Grabmann, Die Sophismataliteratur des 12. und 13. Jahrhunderts. Mit Textausgabe eines Sophisma des Boetius von Dacien,* Münster 1940, 94—95.

33 Cfr. Sofia *Vanni Rovighi, L'intenzionalità della conoscenza secundo P. Aureolo, in:* L'Homme et son Destin (Actes du premier Congrès International de Philosophie Médiévale), Louvain Paris 1960, 673—680.

34 Die These des Radulpus Brito über die *intentio prima/secunda in abstracto et concreto* ist veröffentlicht von Jan *Pinborg, Logik und Semantik im Mittelalter,* Stuttgart 1972, 197 bis 199.

Eine Quästion über das Individuationsprinzip des Johannes von Paris O. P. (Quidort)

Johannes P. Müller O. S. B. (Sant'Anselmo, Rom)

Trotz vielerlei Studien und Untersuchungen über Leben und Werk des Dominikaners Johannes von Paris[1] († 1306) gibt es noch manche Probleme, die einer Lösung harren. So einmal die Frage nach einzelnen Traktaten. Der *Tractatus de formis*[2], den Johannes selbst zitiert, ist noch nicht einwandfrei festgestellt. Johannes versprach auch eine gründliche Untersuchung über die Ursache der Individuation und der numerischen Vielheit anzustellen[3]; hat er einen Traktat über dieses, nach der Verurteilung der 219 Artikel durch den Bischof von Paris im Jahre 1277[4], besonders heiß umstrittene Problem verfaßt, und welches ist dieser Traktat? Beide Fragen stehen noch offen.

Ein weiteres Problem bietet das *Quodlibet.* Da Johannes von Paris nur ein Jahr lang, 1304/05, *Magister actu regens* an der theologischen Fakultät der Universität von Paris war[5], hat er wahrscheinlich nur einmal *de quolibet* disputieren können. Der Text dieses *Quodlibet,* der in einer Pariser Hs. erhalten ist[6] und von A. J. Heiman[7] ediert wurde, ist allem Anschein nach unvollständig. Es sind bloß zehn Quästionen vorhanden, was auffällig wenig ist für eine feierliche Disputation an der Pariser Universität zu Beginn des 14. Jahrhunderts. Zudem fehlt vollständig jede Frage, die sich auf Ethik, Kasuistik, Kirchenrecht, religiöse Praxis usw. bezieht, was wiederum auffällig ist, da gerade solche Fragen bei diesen Disputationen häufig gestellt wurden. Auch ist die systematische Anordnung der Quästionen, die wohl in den Einleitungsworten der Pariser Hs. angedeutet ist[8], nicht konsequent durchgeführt, was darauf schließen läßt, daß es sich nicht um eine endgültige *Ordinatio* des Textes handelt. Wenn trotzdem am Schluß des Textes die Worte stehen (vielleicht von späterer Hand hinzugefügt): *Explicit quodlibet Johannis Parisiensis,* so handelt es sich doch höchstwahrscheinlich bloß um ein Fragment.

Im Lauf der Jahre wurden dann auch andere Quästionen aufgefunden, die sicher Bestandteile eines *Quodlibet* des Johannes von Paris sind. Im Jahr 1935 gab P. Glorieux [9] bekannt, daß sich in der Hs. CCI 179 der Stiftsbibliothek von Klosterneuburg, am Schluß der letzten hier eingetragenen Quästion: *Utrum opera magorum fiant in virtute corporum celestium,* die Worte finden: *Explicit quodlibet Johannis Parisiensis.* Einige der vorausgehenden Fragen sind identisch mit den Quästionen 24—30 des unter dem Namen von Herveus Natalis veröffentlichten *Quodlibet VIII* [10]. Darauf folgen sieben weitere Quästionen und als letzte die oben erwähnte. Die von Glorieux sehr zurückhaltend vorgetragene Hypothese, dieses *Quodlibet VIII* dem Johannes von Paris als zweites *Quodlibet* zuzuschreiben, ist der Lehrunterschiede wegen nicht haltbar. Die q. 9: *Utrum voluntas sit nobilior potentia quam intellectus,* stimmt nicht überein mit der Lehre, die Johannes von Paris sowohl im II. Sentenzenbuch, q. 65 (dist. 24, q. 3): *Quae potentia sit altior et perfectior, utrum intellectus aut voluntas* [11], als auch im *Correctorium,* art. 33 (34): *Utrum voluntas sit altior potentia quam intellectus* [12], darlegt. In der q. 11: *Quid sit principium individuationis,* wird die Quantität als Individuationsprinzip dargestellt, was Johannes von Paris beständig leugnet und widerlegt. Das *Explicit* kann mit Sicherheit auf die letzte Quästion der Klosterneuburger Hs. bezogen werden, da sich hier ganz auffallende Berührungspunkte mit der q. 30 (dist. 7, q. 1) des II. Sentenzenbuches des Johannes von Paris finden: *Utrum illa quae fiunt per artes magicas fiant ministerio daemonum* [13]. Ob auch die sieben voraufgehenden Fragen kasuistischen Inhalts unserm Magister zuzuschreiben sind, muß einer weiteren Untersuchung vorbehalten bleiben.

P. Franz Pelster S. J. fand 1930 in der Hs. 739 der Stadtbibliothek von Toulouse zwei Quästionen, die ausdrücklich und von der Hand des Kopisten selbst dem Johannes von Paris zugeteilt werden. Dieser bedeutende Fund wurde erst nach dem Tode des gelehrten Forschers († 28. VI. 1956) in der Zeitschrift *Scholastik* [14] bekannt gegeben. Es sind folgende Quästionen:

> Quaerebatis si dimensiones interminatae praecedant formas substantiales elementorum in materia, sicut ponit Averroes in libro De substantia orbis contra Avicennam (f. 13va). Am Schluß steht: Explicit de dimensionibus interminatis. Joannes Parisiensis. (f. 14rb.)
>
> Postea quaerebatur de causa individuationis (f. 14rb). Am Schluß: Haec de causa seu principio individuationis dicta sint, licet forte alias aliud tenendum occurret. Johannes Parisiensis. (f. 15vb.)

Wie aus diesen Angaben klar hervorgeht, handelt es sich offenbar um Quästionen, die während einer Disputation vorgelegt wurden: *Quaerebatis ... Postea quaerebatur ...* Diese Ausdrucksweise, sowie der am Schluß notierte Satz: *Haec de causa seu principio individuationis dicta sint,* scheinen darauf hinzuweisen, daß wir es mit einer Reportation zu tun haben, die allerdings mit großer Sorgfalt und ganz ausführlich ausgearbeitet wurde.

Über die Echtheit der beiden Quästionen ist ein Zweifel ganz ausgeschlossen. Zu dem ausdrücklichen Zeugnis der Hs. kommt die Übereinstimmung der hier vorgetragenen Lehre. Die Quästion über die *Dimensiones interminatae* hat ihre Parallele in der q. 50 (dist. 18, q. 4) des II. Sentenzenbuches des Johannes von Paris[15]. Die Frage über das Individuationsprinzip hat, wie weiter unten gezeigt wird, ihre Parallelen im Gesamtwerk unseres Autors. Diese Quästion soll hier näher besprochen und sodann ediert werden.

* * *

Die Hs. 739 der Stadtbibliothek von Toulouse wurde von P. Pelster genau beschrieben; eine Wiederholung dieser Angaben ist hier wohl nicht erfordert. Mir stand eine Photokopie der ff. 13^{v}—16^{r} zur Verfügung, die der Conservateur en chef der Bibliothek mir zuvorkommender- und dankenswerterweise lieferte. Wie P. Pelster mitteilte, stammt die Hs. aus dem früheren Augustinerkloster von Toulouse. Soweit ich aus den wenigen Folien zu schließen vermag, wurde sie wahrscheinlich nicht in einer beruflichen Schreiberstube, sondern vielmehr in einem Klosterscriptorium geschrieben. Es fehlt jede in den Universitätshandschriften des 14. Jahrhunderts übliche Dekoration, die Anfangs-Lettern sind nicht farbig, die der zwei Quästionen des Johannes von Paris nicht einmal größer ausgeführt, sondern dem Zeilenabstand angepaßt; ein mit der Feder ausgeführtes Zeichen am Rand weist darauf hin, daß hier eine neue Quästion beginnt.

Der Text, wie bereits bemerkt wurde, scheint auf einer Reportation zu beruhen. Im großen und ganzen darf die Redaktion als gut bezeichnet werden. Nur an wenigen Stellen, wie der textkritische Apparat zeigt, mußte eine Korrektur vorgenommen werden. Da der Text nur in einer Hs. überliefert ist, mußten diese Korrekturen durch Konjektur oder durch Anlehnung an einen Paralleltext gemacht werden. An einer Stelle (Z. 295) jedoch bleibt der Text zweifelhaft.

An einer Stelle (Z. 186—192) führt unser Autor eine Meinung des Aristoteles auf, nach der eine *forma materialis* numerisch vervielfacht werden kann in mehreren *supposita,* falls deren Materie teilbar ist (im Gegensatz zur Materie der Himmelskörper), und er betont zum Schluß: *Ubi notandum est, quod dicit solum de materia quae est cum forma.* Ganz evident soll es aber heißen: *Dicit solum de forma quae est cum materia,* da das Subjekt der Aussage ja die *forma materialis* ist.

Meines Erachtens darf dieser Fehler weder zu Lasten des Reportators, noch zu denen des Kopisten geschrieben werden. Offensichtlich handelt es sich hier um einen Sprechfehler des Autors, also des Johannes von Paris. In seinem Sentenzenkommentar finden wir ähnliche fehlerhafte Ausdrucksweisen, die von den Reportatoren und den Kopisten wortgetreu wiedergegeben wurden. Zum Beispiel:

> Secundum Philosophum: cuius est actus, eius est potentia. *I Sent.,* q. 38 (dist. 7, q. 1), 8[16]; *II Sent.,* q. 23 (dist. 5, q. 1), 9[17]; statt: Cuius est potentia, eius est actus. *De somno et vig.,* 1. 454 a 8; Dicta notabilia Aristotelis, Venetiis 1540, f. 58 v.
>
> Ventus aquilonaris facit ad generationem feminae et australis ad generationem maris. *II Sent.,* q. 54 (dist. 20, q. 3), 10[18]; statt: Ventus septentrionalis coadiuvat ad generationem masculorum, australis vero ad generationem feminarum, wie richtig zitiert wird von Thomas, *S. Th.,* I,99,2, ad 2, aus Aristoteles, *Hist. animal.,* VI,19. 574 a 1.

Demnach hätten wir hier einen weiteren Beweis für die Echtheit der Quästion, der sich an die bereits aufgeführten anreiht.

* * *

Ein kurzer Überblick über den Inhalt der Quästion sei hier gegeben. Johannes von Paris zählt nacheinander fünf verschiedene Ansichten über das Individuationsprinzip auf. Nach einer ersten Meinung beruht die Individuation auf den Akzidenzien, jenen konkreten Phänomenen, die das Individuum zu erkennen geben, es aber allerdings als bereits konstituiert voraussetzen. Diese Auffassung, die sich auf Aussagen mehrerer *auctoritates* stützen kann, wurde im

13. Jahrhundert von Wilhelm de la Mare vertreten und von Johannes von Paris bereits in seinem *Correctorium* widerlegt.
Eine zweite Ansicht unterscheidet zwischen dem Prinzip der Individuation und dem der numerischen Vielheit in ein und derselben Species. Ersteres ist die Materie, das andere ist die Quantität, die in ihrem Begriff *partes extra partes* und folglich Teilbarkeit einschließt. Diese These hat Johannes von Paris bereits in seinem *Correctorium* erwähnt und in seinem Sentenzenkommentar verteidigt; zu ihr wird er sich am Schluß mit großer Vorsicht als zu der wahrscheinlicheren bekennen. Vorher bringt er aber mehrere Einwände, die von Zeitgenossen, im besonderen von Heinrich von Gent und Thomas von Sutton, gegen diese These vorgebracht wurden.
Die dritte Auffassung besagt, daß die Quantität das Prinzip der Individuation ist. Diese These wurde von Thomas von Sutton O. P. in seinem I. *Quodlibet*, q. 21 verteidigt: *Utrum principium individuationis substantiae sit proprietas substantialis, quae praecedat naturaliter omne accidens*[19]. Interessanterweise findet sich in unserer Hs. 739 von Toulouse, fol. 15 ^{vb}—16 ^{rb}, ein ausgedehntes Fragment dieser Quästion, nur der Anfang und der Schlußteil fehlen. Der Schreiber, der die Quästion des Johannes von Paris notiert hat, wollte gleich darauffolgend auch den Haupttext des Thomas von Sutton festhalten, da sich beide Autoren gegenseitig bekämpfen. Thomas von Sutton drückt seine Ansicht folgendermaßen aus:[20]

> Cum ergo quaeritis, utrum principium individuationis substantiae sit proprietas substantialis quae praecedit naturaliter omne accidens, dico quod non. Quia substantia non est divisibilis per se in partes eiusdem naturae, sed solum per accidens, alioquin substantia esset quantitas. Quia hoc est proprium quantitatis quod sit per se divisibilis in partes eiusdem naturae, quia haec est diffinitio quantitatis quod est divisibilis in partes per se, quarum unaquaeque est una natura. Cum igitur substantia non sit quantitas, substantia non est divisibilis in huiusmodi partes nisi per quantitatem et, per consequens, non individuatur nisi per quantitatem.

Es ist wohl diese Ansicht, der Johannes von Paris die unmittelbar voraufgehende Objektion entlehnte, welche eben zur Ausführung derselben überleitet.
Nach einer vierten Ansicht wird die Individuation durch das *esse* verursacht,

durch eine *differentia individualis.* Diese Meinung, die die These der *haecceitas* vorbereitet, kann durch ein Zitat des Heinrich von Gent belegt werden.
Die fünfte Meinung schließlich ist die These, die Heinrich von Gent in mehreren seiner *Quodlibeta* verteidigte. Er unterscheidet ein äußeres Prinzip der Individuation, das ist der Erzeuger, dessen Handlung eben auf das Suppositum, also das Individuum sich richtet, und ein inneres Prinzip, das ist ein doppelt negatives Akzidens, nämlich das In-sich-ungeteilt-sein und das Von-jedem-anderen-geteilt-sein *(indivisio in se et divisio sive identitatis privatio cum alio).*
Sehr vorsichtig optiert nun Johannes von Paris, vorläufig *(ad praesens)* und ohne irgend einer der anderen Ansichten Eintrag zu tun, für die zweite Meinung, weil diese ihm die wahrscheinlichere *(probabilior)* scheint, und er sucht dann die gegen dieselbe erhobenen Einwände zu entkräften. Diese vorsichtige Formulierung seiner These wird verständlich, wenn wir bedenken, daß die Verurteilung des Bischofs von Paris Stephan Tempier aus dem Jahr 1277 noch immer Gültigkeit hatte. Diese Verurteilung enthielt bekanntlich mehrere Sätze über das Individuationsproblem [21]:

> 81. Quod, quia intelligentiae non habent materiam, Deus non posset facere plures eiusdem speciei.
> 96. Quod Deus non potest multiplicare individua sub una specie sine materia.
> 191. Quod formae non recipiant divisionem, nisi per materiam.

Interessant ist auch der letzte Satz der Quästion: *Haec de causa seu principio individuationis dicta sint, licet forte alias aliud tenendum occurret.* Dachte Johannes von Paris noch immer daran, einen eigenen Traktat über dieses Problem zu verfassen, da er ja bereits im *Correctorium* seine Absicht kundgegeben hatte, dieses Problem gründlich zu untersuchen? [22]. Dachte er an die sachlichen Erklärungen, die er, im Anschluß an Gottfried von Fontaines im I. Sentenzenbuch gegeben hatte, nämlich [23]:

> Forma dat esse et dando rei esse dat ei esse indivisum, eo quod forma est una. Dando etiam ei esse indivisum, dat ei esse distinctum ab alio et esse terminatum. Si autem forma est materialis, dat esse terminatum non solum secundum terminos suae essentiae, sed etiam secundum terminos quantitatis ...

Es mag sonderbar erscheinen, daß diese These, welche in der substantiellen Form das Prinzip der Individuation sieht, gar nicht in dieser Quästion erwähnt wird.

Die Edition wurde nach den Normen, die ich in meinen früheren Textausgaben befolgte und die Anerkennung fanden, durchgeführt. Ein dreifacher Apparat begleitet den Text: erstens, der textkritische Apparat, in dem die wenigen am Text vorgenommenen Korrekturen vermerkt sind; zweitens der Quellenapparat, in dem die Zitate unseres Autors soweit sie auffindbar waren, aufgeführt sind; im dritten Apparat werden Paralleltexte als Zeugen aufgeführt, aus denen die Authentizität des Textes ganz klar beleuchtet wird. Der Magister Johannes von Paris hält an der Lehre fest, die er als Baccalaureus vorgetragen hat.

1 Es dürfte hier genügen, auf die beiden bisher veröffentlichten Bücher des Sentenzenkommentars des Johannes von Paris hinzuweisen, wo die übrige bis dahin erschienene Literatur über diesen Autor aufgeführt wird: *Jean de Paris (Quidort)* O. P., *Commentaire sur les Sentences, Reportation*, ed. J. P. Müller, I (Studia Anselmiana, 47), Rom 1961; II (Studia Anselmiana, 52), Rom 1964. Zitiert werden die Bände: I Sent., II Sent.

2 Cf. J. P. *Müller, Der Tractatus de formis des Johannes Quidort von Paris*, in: Divus Thomas (Freibg) 19 (1941) 195—210; Fr. *Pelster, Ein anonymer Traktat des Johannes von Paris O. P. über das Formenproblem in Cod. Vat. lat. 862*, in: Divus Thomas (Freibg) 24 (1946) 3—28. — Bisher hat meines Wissens noch niemand bewiesen, daß der von mir, auf Grund vor allem der Hs. 251 von Avignon, vorgeschlagene Traktat nicht von Johannes von Paris sein kann.

3 „De ista vero causa individuationis et multiplicationis fiet sermo alibi amplior ex intentione", *Le Correctorium corruptorii „Circa" de Jean Quidort de Paris*, ed. J. P. Müller, art. 28 (29), 190 (Studia Anselmiana, 12—13), Rom 1941, S. 161. Dieses Werk wird im folgenden zitiert: Correct.

4 Cf. *Fontes vitae S. Thomae Aquinatis*, cura M. H. *Laurent*, Fasc. VI, Saint-Maximin 1937, SS. 596—614.

5 Cf. I Sent, Introduction, S. X.

6 Paris, Bibl. Nat. lat. 14572, 2. Teil, fol. 1r—4v. Die Hs. stammt aus der Abtei St. Victor von Paris.

7 Ambrose J. *Heiman, The First Quodlibet of Jean Quidort*, in: Nine Mediaeval Thinkers. Studies and Texts, Toronto 1956, SS. 271—291.

8 Wir lesen zu Anfang: „Secundum ordinem rerum in nostro quolibet quaesita fuerunt quaedam pertinentia ad ens in communi, quaedam vero ad ens in speciali. Inter pertinentia

ad ens in communi quaesitum fuit..." Daß q. 2 auch zur Betrachtung des „*ens in communi*" gehört, wird nicht gesagt. Q. 3 handelt über die göttlichen Personen, ohne daß dieser Übergang zum „*ens in speciali*" erwähnt wird. Vor q. 4 und q. 5 finden sich wieder Andeutungen einer systematischen Einteilung: „Quarto quaerebatur de Deo in habitudine ad creaturas in quantum finis ... Quinto quaeritur de Deo in habitudine ad creaturas, in quantum tamen est earum principium ...". Q. 9 handelt über den Himmel *(coelum)*, q. 10 über die anima rationalis, ohne besondere Erwähnung der Übergänge. Daraus geht hervor, daß eine Ergänzung durch andere Quästionen möglich ist.

9 P. *Glorieux, La Littérature quodlibétique* II. (Bibliothèque thomiste, 21), Paris 1935, S. 182.

10 *Subtilissima Hervei Natalis Britonis... Quodlibeta undecim...*, Venetiis 1513 (Reprint 1966), fol. 147vb—158rb.

11 II Sent., S. 168.

12 Correct., S. 194.

13 II Sent., S. 95—101.

14 Franz *Pelster* S. J., *Cod. 739 der Stadtbibliothek Toulouse mit teilweise unbekannten Quästionen des Thomas von Sutton O. P., Johannes von Paris O. P., Aegidius Romanus und Heinrich von Friemar O. E. S. A.*, in: Scholastik 32 (1957) 247—255.

15 II Sent., S. 149—151.

16 I Sent., S. 113.

17 II Sent., S. 87.

18 II Sent., S. 155; siehe auch: Index rerum et verborum, s. v. Ioannes Parisiensis, elocutio erronea, in: II Sent., S. 264.

19 Zur Datierung des *Quodlibet* I des Thomas von Sutton, vgl. Theodor W. *Köhler, Der Begriff der Einheit und ihr ontologisches Prinzip nach dem Sentenzenkommentar des Jakob von Metz O. P.* (Studia Anselmiana, 58), Rom 1971, S. 323, N. 19. P. Glorieux setzte es in das Jahr 1284, andere um das Jahr 1295 oder gar in die ersten Jahre des 14. Jahrhunderts.

20 Toulouse, cod. 739, fol. 16ra.

21 Cf. *Fontes vitae S. Thomae*, Fasc. VI. S. 603, 605, 612.

22 Siehe Note 3.

23 *I Sent.*, q. 91 (dist. 24, q. 1), 82—87. S. 257.

Toulouse, Stadtbibliothek, 739, fol. 14rb—15vb.

Postea quaerebatur de causa individuationis.

Ad quod diversimode respondetur. Quidam enim dicunt accidentia esse causam individuationis, per quae species communis ad determinatum contrahitur individuum. Et huic opinioni alludit plurium auctoritas. Porphyrius enim dicit quod individuatio fit per accidentales proprietates, quarum collectio eadem numero in alio reperiri non potest. Boethius etiam in Commento dicit, ibidem, quod individua sunt sub una specie unum quantum ad substantiam, non habentia substantiae differentiam, sed accidentibus efficiuntur, ut accidentibus saltem distare videtur. Plures enim sunt, de quibus species praedicantur, non substantiae diversitate, sed accidentium diversitate vel multitudine.

Item, Boethius in principio De Trinitate: in numero ⟨differentiam⟩ accidentium varietas facit; nam ⟨tres⟩ homines neque genere neque specie, sed suis accidentibus distant".

Item, Ioannes Damascenus in libro De duplici f. 14va natura et una hypostasi in Christo, dicit circa principium: „Omnis res, ⟨in⟩ qua differt una species ab altera specie, substantialis et naturalis constitutiva differentia dicitur. Omnis autem res, in qua differt hypostasis ab eiusdem speciei consubstantiali hypostasi, dicitur adventitia differentia et qualitas et hypostatica et characteristica proprietas. Hoc autem est accidens, velut differt homo ab homine altero, quoniam hic quidem longus, hic quidem brevis, hic quidem albus, hic quidem niger".

Item, Avicenna in V^{o} libro Metaphysicae suae dicit: „postquam ⟨natura⟩ determinata est species specialissima erit natura sic quod accidunt ei concomitantia ex accidentibus et proprietatibus, per quae natura individuatur et fit designata".

Ad idem facere videtur, quod individua sub specie videntur differre solo numero, quare solo accidente, cum etiam numerus sit accidens.

Ista habere videntur isti pro se. Sed contra se habent, quia omnia ista accidentia secundum eos sunt adventitia et communia accidentia; ergo praesupponunt esse constitutum individuum, quia secundum Porphyrium accidentia communia sunt per se accidentia individui et non speciei, nisi per individua. Item, quia omnia ista individua vel accidentia individuantur a subiecto suo, quare ipsum non individuant.

Ideo dicunt quidam alii, quod principium individuationis est materia, sed non est principium multiplicationis sub una specie. Est ergo principium individuationis, id est contractionis ad suppositum seu individuum, sicut dicit Philosophus, V° Metaphysicae novae, capitulo de uno, quod unum numero dicitur, cuius materia est una. Item, II° Caeli et mundi dicitur, quod qui dicit caelum, dicit formam; qui dicit hoc caelum, dicit materiam.

Et hoc etiam apparet, quia forma materialis, quia in se non subsistit, sed in alio, de se nata est communicari pluribus, et ideo non videtur individuari nisi ab eo, in quo recipitur, per quod et contrahitur. Sed materia est huiusmodi. Ipsa enim in se recipit formam et, cum sit primum subiectum, in alio non recipitur. Et sic est formae individuationis causa.

Quod etiam signo apparet: quia res non efficitur de se universalis, nisi per abstractionem a materia. Nam, ut dicit Commentator, I° De anima, intellectus abstrahens facit universalitatem in rebus. Propter hoc etiam, quia materia est individuationis principium, ideo in substantiis separatis a materia non invenitur aliquid individuale vel individuatum, sed substantia talis in se existens est per se singularis et per se individua; sicut dicit Philosophus, III° Metaphysicae, contra Platonem quod, si universale esset substantia separata a singularibus, ex sua separatione per se esset quoddam singulare.

Quamvis autem materia sit principium individuationis, non tamen est primum principium multiplicationis sub una specie, sed quantitas sui divisione. Quia forma speciei ex hoc plurificatur in diversa supposita, quod recipitur in diversis partibus materiae. Materia autem actu non est distincta, nisi per quantitatem, cui debetur per se habere partem et partem, ut dicitur V° Metaphysicae. Unde et I° Physicorum dicit Philosophus, quod substantia separata a quantitate indivisibilis est. Et sic quantitas est primum principium multiplicationis, licet materia sit primum principium individuationis. Et sic dicit Boethius, quod divisio generis in species est qualitativa, sed divisio speciei in individua est quantitativa. Et hoc est quod dicit Commentator in libro De substantia orbis: ponit caelum non posse multiplicari per individua eiusdem speciei, quia non ponit formam uniri materiae mediantibus dimensionibus, sicut in elementis inferioribus. Inde etiam est quod, si in angelis esset materia et non quantitati subiecta, non propter hoc esset in ipsis individuorum multitudo sub una specie.

Sed contra istam opinionem sunt tria. Primo, in hoc quod ponit substantiam immaterialem non esse individualem, sed seipsa individuatam. In quo imitatur errorem Aristotelis, ut dicunt quidam, qui ponunt omnem substantiam separatam deum quendam esse, et ideo non immerito seipsa individuari; quod tamen error est. Unde essentia cuiuslibet creaturae in se considerata non habet nisi quod est essentia, et indifferenter se habet ad hoc ut subsistat in uno supposito vel pluribus. Unde et Avicenna, V° Metaphysicae suae ponit, quod cuilibet creaturae accidit universale et singulare, immo esse vel non esse. Quare nulla seipsa individuata est. Propterea essentia substantiae separatae determinatur ad suppositum per actionem producentis, f. 14vb quae dat eis existentiam. Ergo per seipsam non est individua, sicut nec per seipsam est. Ex hoc etiam concludi potest, quod nec sibi repugnat multiplicari per supposita eiusdem speciei, quod tamen concludit praedicta opinio. Quia si talis substantia individuata est vel determinata ad suppositum per actionem producentis, quae terminatur solum ad suppositum, cum actio Dei sit iterabilis, cum tota causalitas unius ideae ⟨non⟩ sit exhausta per unum actum in productione unius suppositi. Igitur talis substantia plurificabilis est in supposita.

Item, contra aliud quod ponit praedicta opinio, scilicet quod materia est principium individuationis, est quia materia est communis ad diversas materias, sicut forma ad diversas formas eiusdem rationis. Quia materia, licet sit primum subiectum, quia non recipitur in alio ut in substantia, tamen recipi potest in alio ut in inferiori. Unde et abstrahibilis est a diversis materiis. Quare ipsa non est primum principium individuationis, sed magis indiget alio principio individuante.

Contra etiam illud quod ponit praedicta positio, scilicet quod aliud est principium individui vel individuationis et multiplicationis sub una specie, dicunt aliqui quod est incompossibile, quia per illud per quod aliquid connumeratur alteri seu ab eo distinguitur, contrahitur seu inferioratur et e converso. Quod patet, quia quanto aliquid communius, tanto minus distinctum seu connumeratum. Socrates enim distinguitur et connumeratur Platoni, sed homo non; licet etiam homo distinguatur ab asino, sed animal non. Substantia vero non distinguitur ab aliquo sui praedicamenti nec ei connumeratur. Ens vero nulli connumeratur. Et sic planum est, quod illud est principium individuationis, quod est principium distinctionis ab altero, nam individuum est per hoc quod in se est indivisum et divisum ab altero. Quare, si quantitas sui divisione est principium numerationis individuorum, et erit principium individuationis; et si non est principium individuationis, nec multiplicationis.

Propterea hic quidam ponunt primum principium individuationis esse quantitatem, sine qua materia non habet aliquam distinctionem, quia in fundamento naturae et creaturae nihil est distinctum. Et ideo, in separatis a materia, ubi non est quantitas talis, non invenitur individuatio nec multitudo individuorum sub una specie. Et pro istis est auctoritas Boethii, quod divisio speciei in individua est quantitativa.

Sed contra hanc opinionem est, quia non plus esset materia principium individuationis quam forma, cum utrumque non dividatur nisi per se divisione quantitatis. Item, quia quantitas, cum sit forma, magis est intelligibilis et abstrahibilis quam materia; ergo minus est principium individuationis. Item, quantitas in materia recipitur et non e converso. Item, quod materia prius dicetur de pluribus materiis individualibus, ut quoddam commune, habet per accidens et non per se, in quantum scilicet materia una de se, efficitur per accidens plures, divisione per se quantitatis, cui debetur per se habere partem et partem. Quod vero quantitas per se praedicetur de pluribus quantitatibus, ut commune, non sic habet per accidens, sed magis ex se. Ergo materia plus habet rationem unius quam quantitas, et sic magis est principium individuationis. Item, si quantitas esset individuationis principium, iam se haberet ad individuum substantiae, sicut differentia individualis, eo modo quo rationale ad hominem se habet ut differentia specifica. Ergo, sicut ista praedicatio est essentialis et per se primo modo: ‚homo est rationalis' sic haec: ‚substantia est quanta', quod non videtur.

Alii dicunt ad quaestionem, quod esse est principium individuationis, quia essentia speciei communis contrahitur ad determinatum individuum per esse sibi additum, ut per differentiam individualem. Unde et individua eiusdem speciei dicunt differre secundum esse sed non secundum essentiam, nisi forte per accidens.

Sed contra hoc quod iam immediate conclusum est contra praecedentem opinionem. Iam ‚hic lapis est', esset praedicatio essentialis, sicut ‚homo est rationalis'. Item, sicut homo non potest esse non animal vel non rationalis, sic lapis non potest non esse simpliciter, et sic individua rerum materialium essent incorruptibilia. Quod enim includitur in natura alicuius ut intrinsece et essentiale, ab eo non potest separari. Est autem mirum de quibusdam, qui sic ponunt et qui dicunt esse non differre ab essentia nisi ratione seu respectu tantum. Ex quo sequeretur individua solo respectu vel ratione differre.

Ideo dicunt quidam, quod saltem in substantiis separatis a materia est individuatio per actionem agentis, quae dat essentiae creatae rationem suppositi, f. 15ra cum ad eam terminatur, quia actiones terminantur ad supposita. Et quia talis productio est iterabilis, ideo plura supposita esse possunt sub una specie. Et hoc est principium extrinsecum individuationis in eis, ut dicunt. Principium autem intrinsecum et formale est, ut dicunt, accidens quoddam, non positivum absolutum, quia hoc praesupponit individuum et ab ipso individuatur, nec positivum relativum, quia hoc est proprium in divinis, ubi supposita constituuntur et distinguuntur solis relationibus; sed hoc accidens est negativum sive privativum, silicet indivisio in se et divisio sive identitatis privatio cum alio. Essentia enim creaturae, quae de se est pluribus communicabilis, eo quod est terminus creationis, sortitur in se quod sit signata et indistincta in se et ab alia distinguatur vel distinguibilis sit. Et hoc est principium intrinsecum individuationis in angelis. Dicunt etiam, quod hoc est principium intrinsecum individuationis in formis materialibus. Forma enim de se communicabilis pluribus ex eo individuatur, quod in materia signata recipitur. Sed, nisi ex materia signata forma sic recepta efficeretur indistinguibilis et ab alia divisa, numquam materia individuaretur, quia adhuc esset pluribus communicabilis. Ita quod ponunt isti, quod materia est principium extrinsecum individuationis formae materialis, sicut agens formae immaterialis; sed principium intrinsecum et formale individuationis est scilicet commune omnibus, scilicet praedictum accidens negativum.

Sed contra istam opinionem esse videtur, quia Philosophus ponit solam formam materialem posse plurificari in diversa supposita. Unde dicit I° Caeli et mundi, quod omnis forma quae est cum materia est plurificabilis in plura supposita secundum plures partes materiae, nisi fuerit impeditum ex parte materiae, quae tota includitur sub forma una. Ubi notandum est, quod dicit solum de forma quae est cum materia.

Item, Avicenna et ceteri Philosophi non ponunt in separatis plura individua eiusdem speciei. In quo tamen isti aperte philosophos blasemant dicentes eos errasse, et substantias separatas deos quosdam dixisse. Quod non videtur verum, cum Philosophus Aristoteles, II° Metaphysicae dicat, primum ens et maxime ens et causam cuiuslibet alterius entis et esse unum. Item, quia nos videmus formam tantum, quae est plurificata per numerum in diversa supposita, si per intellectum accipiatur absque omni materia, non intelligitur nec intelligi potest nisi una. Ex quo videtur, quod nulla forma est plurificabilis, nisi ex diversis partibus materiae, ex quibus recipitur; ita quod, si ponatur forma aliqua, quae nec sit in materia, nec esse possit, ipsa habet quod sit una et plures esse non possit.

Ideo nulli opinioni praeiudicando, videtur ad praesens opinio secundo recitata superius esse probabilior, scilicet quod materia sit principium individuationis et quantitas principium multiplicationis sub una specie.

Ad ea vero, quae contra obiecta sunt, potest responderi. Quando ergo dicitur, quod essentia cuiuslibet creaturae indifferenter se habet ut subsistat in uno supposito vel in pluribus, dico quod falsum est, immo hoc est proprium essentiae rei materialis. Ad cuius intellectum est advertendum, quod quanto aliquod genus creaturae magis distans est a Deo, tanto in ipso plus indifferentiae reperitur.

Quaedam enim de sua natura sunt indifferentia ad existere et subsistere, et iterum ad subsistere vel in uno supposito vel in pluribus, ut est essentia generabilium et corruptibilium. Alia sunt de sua essentia indifferentia ad existere et subsistere, et iterum ad subsistendum in uno supposito vel pluribus, quantum est de natura suae formae, licet determinata sit ad subsistendum in uno supposito, quantum est de natura materiae suae, in quantum materia sua tota inclusa est sub forma unius individui, ut dicit Philosophus, I° Caeli et mundi; et ista est essentia caelestis corporis. Alia sunt de natura sua indifferentia ad existere et subsistere, sed non est in eis indifferentia ad subsistere in uno supposito vel in pluribus, sed determinata sunt ad subsistere in uno supposito tantum, nec sunt divisibilia in diversa supposita; et hae sunt formae seu essentiae specificae angelorum. Quartum genus est creatrix essentia Dei, quae non est indeterminata ad subsistere et existere, immo determinata ad subsistere, cum sola sit quaedam necesse est, ut dicit Avicenna. Et iterum, licet communicetur tribus suppositis relatione f. 15[rb] distinctis, ipsa tamen non est indifferens ut subsistat in uno supposito vel dividatur in pluribus, sed determinata est ad unicum esse indivisum actu et potentia.

Quod vero dicit Avicenna, quod cuilibet creaturae accidit universale et particulare, dicendum est quod verum est. Vocat autem singulare ipsum quod existit extra animam in supposito aliquo substantiali. Quae quidem actualis subsistentia accidit essentiae eius absolutae. Vocat autem universale ipsam rei essentiam prout cadit in absoluta intellectus consideratione. Unde vult dicere, quod accidit cuilibet essentiae creaturae, quod accipiatur ut existens actu vel absolute quantum ad rationem simplicis essentiae, unde essentia est.

Quod vero arguitur, quod essentia substantiae separatae determinatur ad suppositum per actionem producentis, dici potest quod verum est effective; sed seipsa determinata est ad singulare quoddam formaliter, ita quod non aliquo sibi addito est singularis, sicut substantia materialis, ut dictum est. Et hoc forsitan voluit Philosophus dicere III° De anima, ubi dicit quod „aliud est magnitudo et magnitudinis esse", id est essentia et suppositum in mathematicis, „aqua et aquae esse", id est in naturalibus.

Utrobique enim fit individuatio seu contractio ad suppositum per aliquid essentiae communi additum. „In quibusdam vero" non sic est, scilicet in separatis a materia secundum esse, quia in illis idem est secundum rem essentia et suppositum. Similiter VII° Metaphysicae dicit idem, quod quid est in eo, cuius est, non est idem in dictis per accidens cum eo, cuius est quod quid est, id est in materialibus, et in dictis per se, id est separatis, est idem. Similiter III° Metaphysicae, ubi supra. Similiter Avicenna dicit, quod in simplicibus non differt quidditas a supposito, et si sic in illis quidditas per se est quidditas, sic per se est singulare quoddam. Esse tamen differt ab utroque, et ita nec quidditas, nec suppositum in ipsis est per se.

Vel dicendum, quod nec effective determinatur essentia creaturae separatae ad suppositum sive singulare per actionem producentis; immo nullo actore essentia est essentia et suppositum, sicut nullo actore singulum est singulum, ut homo est homo vel animal nullo actore. Nec ex hoc oportet quod creatura creaturae separatae deus quidam sint; quia, licet non determinatur ad seipsam vel ad suppositum aliquo actore, tamen determinatur ad esse actuale per actionem producentis sicut ceterae creaturae.

Per hoc idem solvitur illud quod arguitur de multitudine suppositorum. Assumitur enim falsum, cum dicitur quod talis substantia determinatur ad singulare per actionem agentis. Hoc enim falsum est, ut dictum est. Immo, seipsa est singularis essentia. Nec sequitur: seipsa est singularis essentia, ergo seipsa est; sicut non sequitur: homo seipso est homo vel animal, ergo seipso est.

Advertendum tamen est, quod et supra convenientius fuisset vocatum, quod duplex est singularitas, scilicet essentiae et suppositi. Suppositum enim, quia debetur esse actu, accipitur sub actuali subsistentia. Sed essentia indifferenter respicit esse et non esse. Et haec essentia in rebus materialibus in nullo est per seipsam singularis, nec singularitate scilicet suppositi, cum possit habere plura, nec singularitate sui, cum per accidens dividatur et plurificetur in eis et efficiatur abstrahibilis. Sed in separatis a materia, essentia creaturae seipsa est singularis singularitate essentiae; sed seipsa non est singularis singularitate suppositi, quia nec seipsa habet rationem suppositi, cum ei per se non debeatur existere extra intellectum. Ipsa ergo determinatur ad suppositum per actionem agentis. Nec tamen oportet quod plurificentur sub ipsa supposita per iterationem eiusdem actionis agentis; quia in se, cum sit singularis, non habet quod possit plurificari in eis, cum sit seipsa singularis. Non enim posset esse una et indivisa in pluribus suppositis, sicut divina essentia, cui est hoc proprium, eo quod supposita ibi distinguuntur solis relativis proprietatibus, non absolutis. Et est simile: si forma ignis esset singularis et una re, ignis igniendo non posset facere plures ignes, esto etiam quod ageret circa diversas materias, nec posset generare nisi seipsum eundem numero. Et propter hoc forsan dicit Philosophus, quod generans non generat aliud, nisi propter materiam; quia si poneretur absque materia, seipso esset unum numero, et multiplicari non posset generando aliud. Immo, ad per se singularitatem essentiae sequeretur ab alio singularitas suppositi.

Ad illud quod arguitur, quod materia est communis ad diversas materias, sicut forma ad diversas f. 15va formas, dicendum est quod non est simile. Quia forma materialis de se est communicabilis pluribus; sed quod non sit communicabilis, habet ab alio, scilicet a materia, in qua recipitur. Et ideo, quasi per se est universalis ad diversas formas. Sed materia e converso, de se est una, sed quod efficiatur plures, habet a divisione quantitatis. Et ideo, per accidens est communis pluribus, in quantum quantitatis divisione dividitur in plures partes, quarum quaelibet est materia. Ut sit una et indivisa, non indiget individuationis principio alio a se, sed forma indiget, ut dictum est. Vel posset solvi aliter secundum Commentatorem XII°

Metaphysicae, qui dicit quod differentia est inter genus et materiam primam, quia genus nominat naturam aliam et aliam in diversis speciebus, sed materia est una numero sub utroque contrariorum simul. Una numero, dico, non positive, sed negative, id est non plures numero, ut alibi habet videri. Et ideo, assumpta falsa est, scilicet quod materia sit communis pluribus materiis.

Ad illud quod arguitur contra aliud quod ponit ista positio, scilicet quod aliud est principium individuationis et multiplicationis, quia per idem aliquid contrahitur et ab alio distinguitur, dici potest quod verum est. Sed propter hoc non oportet quod materia, quae determinatur ad supposita, distinguat ab alio supposito, sed distinguit absoluta acceptione formae seu essentiae, in quantum essentia est, cui accidit quod accipiatur per intellectum absolute, vel subsistens in supposito materiali. Unde materia individuat solem, et distinguit hunc solem ab absoluta consideratione formae solis, cui accidit quod determinetur ad hunc solem; non quidem, quia possit esse alius sol sub sole, sed solis forma non determinatur ad hunc solem nisi per aliquid sibi additum, scilicet per materiam. Unde secundum hoc, materia, quae formam communem determinat ad suppositum, vario modo distinguit et connumerat in diversis speciebus rerum materialium, scilicet lapide, phoenice et sole. Quia materia, individuando lapidem, distinguit hunc lapidem ab alio lapide actuali. Sed materia individuans phoenicem distinguit hunc phoenicem ab alio phoenicis supposito habituali seu potentiali. Sed materia individuans solem distinguit hunc solem non ab alio solis supposito actuali vel potentiali ex parte materiae, cum non sit materia extra istam istius solis, quae sit in potentia ad formam solis, licet forma solis, quantum est de se, sit communicabilis pluribus; sed distinguit a simplici acceptione essentiae seu formae solis, quae per additum determinatur ad hunc solem.

Notandum est quod, licet materia individua distinguat ab alio individuo eiusdem speciei actuali vel potentiali, tamen per aliud et aliud. Quia per essentiam suam, in quantum est primum subiectum formarum, est individuationis principium. Sed ipsa, in quantum actu distincta vel distinguibilis per quantitatem, distinguit ab alio supposito. Ita quod ipsa non est tantum primum principium et principale distinctionis individuorum, sed ipsa quantitas, quae sui divisione distinguit materiam, et distinguendo materiam distinguit individua. Et ideo, si alicubi poneretur materia non distinguibilis per quantitatem, ut in angelis, sicut quidam ponunt, non esset ex hoc individuorum multitudo, licet esset individuatio, ut dictum est supra.

Per haec quae dicta sunt pro ista positione potest solvi ad ea quae ceterae positiones pro se habere videntur. Quod arguitur pro prima opinione, quod accidentia sunt individuationis principium per Porphyrium, dici potest, quod individuum constituitur et dinoscitur ex collectione septem proprietatum. Unde loquitur de constitutione individui secundum innotescentiam et non secundum essentiam. Quod patet, quia Boethius inter ceteras ponit propriam nominationem, quae tamen constat non esse de intraneitate individui.

Quod arguitur de Boethio in Commento, dicendum quod substantia speciei de se non est plures in diversis individuis, sed per accidens, quia per hoc quod recipitur in diversis partibus materiae, quae tamen non habet partem et partem, nisi per quantitatem, quae est accidens quoddam. Et ideo, individua sub una specie distingui dicuntur accidentibus seu accidentiis.

Similiter ad Boethium, De Trinitate.

Similiter ad Damascenum.

Ad Avicennam, dici potest quod loquitur secundum acceptionem de accidentibus respectu speciei et non individui.

Ad aliud, cum dicitur quod individua differunt solo numero, dicendum quod exponendum, id est sola numerositate materiae, et procedit argumentum f. 15vb via sua.

Haec de causa seu principio individuationis dicta sint, licet forte alias aliud tenendum occurret. Iohannes Parisiensis.

Textkritischer Apparat

T = Toulouse, cod. 739, fol. 14rb—15vb.

(Die Nummern beziehen sich auf die Nummern der Zeilen)

4 alluditur T

13-14 differentiam, tres] *addidi*, om. T
43 novae] *scripsi*, ? T
96 non] *addidi*, om. T
118 sui] *scripsi*, sua T
121 de quantitate *mg.* T
141 sicut] individua *add. deinde exp.* T
167 absolute T
170 est] relativum *add. deinde exp.* T
191 de materia quae est cum forma T (vide Introductionem p. 342)
237 existit] asistit T
241 accipiatur] accipiat T (cf. II Sent, 15,198 consideretur)
264 actore[2]] auctore T
268 actore] auctore T
278 suppositum] supposito T
295 esto-ageret] est-agere T
312 materiam] naturam T
314 numero[1]] ut alibi habet videri *add. deinde exp.* T
329 sibi additum sibi T materiam] naturam T
368 acceptionem ?

Quellenapparat

(Die Nummern beziehen sich auf die Nummern der Zeilen)

5 *Porphyrius, Isagoge a Boethio translata*, ed. A. Busse (Commentaria in Aristotelem Graeca = CAG, IV,1) 33,6.
7 *Boethius in Porphyrium Comment.*, III (PL 64, 114 C).
13 *Boethius, De Trin.*, 1 (PL 64, 1249 D).
16 *S. Ioannes Damascenus, Institutio elementaris ad dogmata*, 4. (PG 95, 101 D—104 A).
25 *Avicenna, Metaphys.*, V,4 (Venetiis 1508, f. 89rb).
35 *Porphyrius, Isagoge a Boethio translata* (CAG, IV,1) 45,3.
42 *Aristoteles, Metaphys.*, V(Λ),6 (1016 b 32—33).
44 *Aristoteles, De caelo*, I,9 (278 a 12); cf. Dicta notabilia, Venetiis 1540, f. 39.
53 *Averroes, In de anima*, I, com. 8 (Venetiis 1574, VI,1, f. 4 C).
58 *Aristoteles, Metaphys.*, III(B),4 (1001 a 10—12).
67 *Aristoteles, Metaphys.*, V(Λ),13 (1020 a 7).
68 *Aristoteles, Phys.*, I,2 (185 b 16).
71 *Boethius, De divisione* (PL 64, 879 B).
73 *Averroes, De substantia orbis*, cap. 1 (IX, f. 4 a).
81 Quidam, i. e. *Henricus de Gandavo, Quodl.* II,8 (Parisiis 1518, f. 33 H).

86 *Avicenna, Metaphys.*, V,2 (Venetiis 1508, f. 87va).

108 Aliqui, i. e. *Thomas de Sutton, Quodl.* I,21: Prima igitur causa distinctionis individuorum in specie eadem est quantitas dimensiva, et per consequens ipsa est principium individuationis. Idem enim est principium distinctionis et individuationis, sicut ostensum est, unum enim sequitur ad alterum. Unde illi qui dicunt quod quantitas est principium distinguendi individua et non principium individuandi, concedunt antecedens et negant consequens. (Toulouse, cod. 739, fol. 15vb).

121 Quidam, i. e. *Thomas de Sutton, Quodl.* I,21.

126 *Boethius, De divisione* (PL 64, 879 B).

146 Alii, haec opinio citatur ab *Henrico de Gandavo, Quodl.* XI,1 (Parisiis 1518, f. 439 V—X).

157 De quibusdam, i. e. *Henricus de Gandavo;* cf. *Ioannes Parisiensis, II Sent.*, 2,51.

161 Quidam, i. e. *Henricus de Gandavo, Quodl.* II,8 (Parisiis 1518, f. 34), *Quodl.* V,8 (f. 166).

186 *Aristoteles, Metaphys.*, XII (*Λ*),8. (1074 a 31). Haec et sequens auctoritas citatur ab *Henrico de Gandavo, Quodl.* II,8 (f. 32 D).

188 *Aristoteles, De caelo et mundo,* I,9 (278 a 18).

193 *Avicenna, Metaphys.*, V,3 (Venetiis 1508, f. 88 rb); *Algazel, Metaphys.*, pars I, tr. 4, 5. (Ed. J. T. Muckle, Toronto 1933, p. 115).

194 Isti, i. e. *Henricus de Gandavo, Quodl.* II,8 (f. 33 H).

196 *Aristoteles, Metaphys.*, II(α),1 (993 b 24).

222 *Aristoteles, De caelo et mundo,* I,9 (278 b 7).

230 *Avicenna, Metaphys.*, VIII,3 (f. 98 vb).

235 *Avicenna, Metaphys.*, V,2 (f. 87 va).

247 *Aristoteles, De anima,* III,4 (429 b 10).

254 *Aristoteles, Metaphys.*, VII(Z),6 (1031 a 15).

257 *Aristoteles, Metaphys.*, III(B),4 (1001 a 10—12).

258 *Avicenna, Metaphys.*, V,1 (f. 87 ra).

297 *Aristoteles, Metaphys.*, VII(Z),7 (1032 a 20).

311 *Averroes, In Metaphys.*, XII, com. 14 (Venetiis 1574, f. 300 K-L).

355 Cf. versus: Forma, figura, locus, tempus, stirps, patria, nomen,
Haec ea sunt septem, quae non habet unus et alter.

Textus paralleli

2- 24 *Guillelmus de Mare, Correctorium fratris Thomae,* art. 29.

25- 28 *Ioannes Parisiensis, Correct.*, art 10 (11), 121 sq. (p. 67).

32- 38 Ibid., art. 10 (11), 112 sq. (p. 67).

62- 78 Ibid., art. 28 (29), 154—190 (p. 160—161); *II Sent.*, 15, 51 sq., 207 sq. (p. 62).

88- 97 *II Sent.*, 15,90 (p. 64).

146-150 *Henricus de Gandavo, Quodl.* XI,1: Quam quidem determinationem *effective* non habet forma nisi a producente ipsam in existentia actuali ... *formaliter* autem habet determinationem in hoc supposito, quia in ipso est secundum hoc esse proprium huic supposito; et sic positiva eius individuatio non fit effective nisi per producentem, et formaliter non nisi per hoc esse. (f. 439 V—X).

157-160 *II Sent.*, 2,51 (p. 16).

161-185 *II Sent.*, 15, 89 sq. (p. 64).

194-201 *II Sent.*, 15, 118 sq. (p. 65).

205-209 *Correct.* art. 28 (29), 156—160 (p. 160); *II Sent.* 15,207—209 (p. 67).

212-34 *II Sent.* 15,129—158 (p. 65—66); ibi dicitur: „sunt quattuor genera essentiarum"; hic vero: „Aliquod genus creaturae" (213), „quartum genus est" (228).

235-242 *II Sent.*, 15,170—175, 193—203 (p. 66—67).

247-261 *II Sent.*, 15, 210—221 (p. 68).

264-265 *II Sent.*, 2,155—158 (p. 19).

277-287 *II Sent.*, 15,200—220 (p. 67—68).

330-340 *II Sent.*, 15,224—233 (p. 68).

349-351 *Correct.* art. 28 (29), 160—162 (p. 161); *II Sent.* 15,50—55 (p. 62).

Die Individuationstheorie im anonymen Kommentar zum zweiten Buch der Sentenzen im Cod. II, 1, 2°, 1 der Harburg

Th. W. Köhler (Rom)

Wittgensteins „Die Philosophie ist keine Lehre, sondern eine Tätigkeit ... Das Resultat der Philosophie sind nicht ‚philosophische Sätze', sondern das Klarwerden von Sätzen. Die Philosophie soll die Gedanken, die sonst, gleichsam, trübe und verschwommen sind, klar machen und scharf abgrenzen" [1], ist nicht vergessen. Sprachanalyse und Wissenschaftstheorie sind zentrale Problemkreise im gegenwärtigen philosophischen Denken. Mit Recht. Seit uns die transzendentalphilosophische Dimension der Sprachanalyse klar bewußt geworden ist [2], können wir kaum anders, als dem sprachkritischen Ansatz Vorrang bei unseren philosophischen Bemühungen einzuräumen. Ebenso verlangt die von verschiedenster Seite als unbefriedigend angeprangerte Forschungspraxis in den Sozial- und Verhaltenswissenschaften nach wissenschaftstheoretischer Reflexion und Orientierung [3].

Nicht wenige der in diesem Zusammenhang erörterten Fragen, zumal aus dem Bereich der Logik, Semantik und Begründung erfahrungswissenschaftlicher Erkenntnis, haben ihren Ursprung im Philosophieren des Mittelalters. Eine genaue Kenntnis dieser Wurzeln kann der gegenwärtigen philosophischen Diskussion nur hilfreich sein. Es ist daher verständlich, wenn die mediävistische Forschung sich heute verstärkt sprach-, erkenntnis- und wissenschaftstheoretischen Problemen in der mittelalterlichen Philosophie zuwendet [4].

Auch die folgende Arbeit ist von diesem Interesse getragen. Über die Frage nach der Möglichkeit einer direkten Erkenntnis des Einzeldinges und des ontologischen Status des Universale ist die Lehre von den Prinzipien der Individuation eng mit den genannten Problemen verflochten. Eine umfassende Erforschung der mittelalterlichen Sprach-, Erkenntnis- und Wissenschaftstheorie muß darum die Individuationstheorien unbedingt miterfassen.

Unser erstes Ziel ist es, einen Beitrag hierzu zu leisten. Wir stellen die Individuationstheorie im anonymen Kommentar zum zweiten Buch der Sentenzen aus dem Cod. II, 1, 2°, 1 der Fürstlich Öttingen-Wallerstein'schen Bibliothek Schloß Harburg (früher Maihingen) vor. Wir hoffen, die Kenntnis von der Entwicklung der Individuationstheorien in den ersten Jahrzehnten des 14. Jahrhunderts dadurch weiter vervollständigen zu helfen. Der Verfasser des Kommentars konnte bisher nicht identifiziert werden. Ein weiteres Ziel unserer Untersuchung ist es, dazu beizutragen, das Werk wenigstens ungefähr literarhistorisch einzuordnen.

1. *Der anonyme Kommentar zum zweiten **Buch** der Sentenzen im Cod. II, 1, 2°, 1 der Harburg.*

1.1 Textüberlieferung.

An anderer Stelle haben wir bereits begonnen, die Texte der Harburger Sammelhandschrift des 14. Jahrhunderts Cod. II, 1, 2°, 1 (= H) aus dem Besitz der ehemaligen Benediktinerabtei St. Mang in Füssen zu sichten[5]. Eine Gesamtbeschreibung des Kodex ist in Arbeit.

Der anonyme Kommentar zum zweiten Sentenzenbuch findet sich auf den Blättern 87ra—97vb[6]. Zwischen Bl. 88 und 89 ist ein nicht foliertes Blatt hinzuzuzählen. In der Handschrift folgt der Kommentar auf die mit Bl. 86v endenden 4 *Quaestiones disputatae* des Thomas von Sutton und geht den auf Bl. 98r beginnenden *Reprobationes* Bernhards von Auvergne zu verschiedenen *Quodlibeta*-Quästionen des Gottfried von Fontaines voraus[7]. Auf dem oberen Rand der einzelnen Seiten lesen wir jeweils die Überschrift: „*Super secundum Sententiarum*". Das *Incipit* des Kommentars lautet: „*⟨U⟩trum deus agat immediate in omni actione naturae. Et videtur quod sic: Quia sicut se habet numerus ad unitatem, ita omnia ad deum. Sed unitas immediate constituit numerum, ergo deus immediate constituit omnia*" (Bl. 87ra). Die letzte Quästion: „*⟨U⟩ trum peccatum omissionis consistet in actu*", ist unvollständig und bricht auf Bl. 97vb ab mit den Worten: „*... actu interiore, quia velle facere et velle non facere non sint (?) oppositum*"[8].

Insgesamt zählt der Kommentar in seiner vorliegenden Gestalt 61 Quästionen.

Es fällt auf, daß bis auf die beiden Quästionen: „⟨U⟩*trum unus angelus illuminet alium*“ (Bl. 89vb—90ra) und: „⟨U⟩*trum daemon vel angelus posset scire cogitationes nostras*“ (Bl. 90ra—rb) alle Quästionen mit direkt kognitionspsychologischer Thematik fehlen [9].

1.2 Verfasser.

Wer ist der Verfasser dieses Kommentars? Wir sprachen es bereits aus: Wir wissen es bis jetzt noch nicht. Eine ausdrückliche namentliche Zueignung enthält die Harburger Handschrift nicht. Auch sonst konnten wir direkte äußere Kriterien für eine Identifizierung seines Verfassers nicht ausfindig machen. Innere Kriterien gestatten lediglich eine ungefähre literarhistorische Bestimmung des Werkes. Als Arbeitshypothese könnte sie weiterhelfen:
Mit ziemlicher Sicherheit dürfen wir davon ausgehen, daß der Verfasser unter den Autoren aus dem Dominikanerorden zu suchen ist. Als Indiz hierfür betrachten wir, daß Thomas von Aquin mehrfach als „*doctor noster*“ bezeichnet wird [10]. Auch sonst wird Thomas des öfteren namentlich zitiert: „*Quaere argumenta in scripto Thomae*“ ist eine typische Wendung [11].

1.3 Abfassungszeit.

1.31 Terminus a quo.

Einen ersten Anhaltspunkt für die zeitliche Einordnung des Kommentars bieten die Zitate aus der Sentenzenerklärung des Durandus von S. Pourçain. Textvergleiche ergeben, daß der Anonymus die sogenannte „erste Redaktion“ des Sentenzenkommentars des Durandus ausgiebig benutzt hat. Das wird sich gerade an der hier behandelten Frage über das Individuationsprinzip zeigen [12]. Eine Abgrenzung zur „dritten Redaktion“ ist dabei wegen der Textgleichheit in dieser Quästion nicht möglich.
Der „*doctor modernus*“ wird auch an mindestens zwei Textstellen namentlich genannt. In der Quästion: „⟨U⟩*trum angelus assumat corpus*“ (Bl. 89ra) heißt es: „*Et addit Durandus, quod etiam deus potest assumere corpus, sicut angelus*

assumpsit.“ In der Quästion: „*⟨U⟩trum lux sit corpus*“ (Bl. 90rb—va) wird er zitiert mit den Worten: „*Dicit Durandus, quod non est inconveniens, quod hic inferius sit purus ignis quoad materiam et formam ...*“ (Bl. 90va.). Leider lassen sich gerade diese Zitate zumindest in der vorliegenden Form nicht eindeutig durch die Parallelquästionen im Sentenzenkommentar des Durandus belegen. Das gilt gleichermaßen für die „erste Redaktion“ (A) wie für die „dritte Redaktion“ (C), die in den betreffenden Texten praktisch denselben Text lesen[13].

Aus der Kenntnis der „ersten Redaktion“ der Sentenzenerklärung des Durandus seitens des Anonymus ergibt sich für die Datierung des Kommentars: Sein „terminus a quo“ ist durch das Jahr 1307/08 bestimmt, wenn wir annehmen, daß in diesem Jahr das Werk des Durandus „auf dem Büchermarkt bekannt wurde“[14]. Sollte sich herausstellen, daß der Anonymus bereits die „dritte Redaktion“ (C) des Sentenzenkommentars des „*doctor modernus*“ gekannt hat, würde sich dieses Datum um mindestens 10 Jahre auf einen Termin nach 1317 verschieben[15]. Unsere bisherigen Stichproben ergaben jedoch noch keine Anhaltspunkte für eine Kenntnis von C. Letzte Sicherheit wird erst eine systematische Überprüfung aller Quästionen bringen.

Außer Durandus wird ferner ein Petrus in unserem Kommentar namentlich erwähnt. Die zweite Quästion desselben beginnt: „*⟨U⟩trum deus agat propter finem. Quaere argumenta Petri*“ (Bl. 87rb). Ähnlich heißt es in der elften: „*⟨U⟩trum materia vel natura corporalis oboediat angelis ad nutum. Quaere argumenta in scripto Thomae vel Petri*“ (Bl. 88*rb).

Wer ist dieser Petrus, der in diesen Texten mit einem *Scriptum* zitiert wird? Verschiedene Autoren dieses Namens könnten in Betracht kommen: Petrus von Tarentaise, Petrus von Auvergne, Petrus de Palude. Zu einer völlig zweifelsfreien Identifizierung sehen wir uns nicht in der Lage. Wir möchten aber meinen, daß an den genannten Stellen Petrus von Tarentaise, der spätere Papst Innozenz V., und nicht Petrus von Auvergne oder Petrus de Palude gemeint ist. Unsere Überlegung ist folgende:

Im zweiten der erwähnten Texte wird dieser Petrus in einem mit Thomas (von Aquin) genannt. Neben der Sentenzenerklärung des Thomas scheint der Sentenzenkommentar des Petrus von Tarentaise der einzige eines Autors aus dem Dominikanerorden gewesen zu sein, der im 13. Jahrhundert als *Ordinatio* herausgekommen war[16]. Nach der handschriftlichen Verbreitung zu urteilen, war er ein viel gelesenes Werk[17]. Beide Kommentare, der des Thomas wie der des Petrus wurden offenbar gern zusammen studiert. Die von M. Grabmann beschriebenen *Abbreviationes* beider Werke im Cod. 193 der Universitätsbibliothek Münster sowie vor allem die Kompilation im Cod. 1116 A der Arsenalbibliothek zu Paris legen das nahe[18]. Interessant die Bemerkung des Abbreviators der Münsteraner Handschrift: „... *ideo scripta sententiarum studendo et legendo cogitavi fore congruum omnium questionum conclusiones cum brevi declaratione in unum breviter et ordinate colligere, ut veritas theologie brevius sciatur et scita memorie facilius commendetur*“[19]. Es scheint uns somit wahrscheinlich, daß auch der Anonymus mit seiner Bemerkung: „*Quaere argumenta in scripto Thomae vel Petri*“, den Leser außer auf die Argumente des Thomas auf die Parallelargumente im Sentenzenkommentar des Petrus von Tarentaise verweisen wollte.

Als Parallele kommt im Sentenzenkommentar des Petrus II *Sent.* d. 7 q. 3 a. 1 in Frage. Die Problemstellung ist dort zwar eine etwas andere als in der Quästion des Anonymus. Sie lautet: „*An daemones possint aliquas rerum species producere*“[20]. Das trifft in etwa aber auch auf den Kommentar des Thomas zu, der in II *Sent.* d. 7 q. 3 a. 1 so formuliert: „*Utrum daemones possint inducere in materia corporali verum effectum corporalem.*“ Da der Anonymus auf die Argumente lediglich verweist, sie aber nicht im Wortlaut anführt, ist ein schlüssiger Beweis für die vorgeschlagene Identifizierung des zitierten Petrus mit Petrus von Tarentaise natürlich nicht möglich. Das gilt ebenso für die zweite Erwähnung eines Petrus in der Quästion: „*⟨U⟩trum deus agat propter finem*“. Ihr entspricht im Sentenzenkommentar des Petrus von Tarentaise die Quästion: „*An Deus operetur propter finem aliquem, et quis sit ille*“[21]. Im allgemeinen sind die Argumente und Gegenargumente relativ selbständige Einheiten gegenüber dem *Corpus* einer Quästion. Der Vergleich der Argumente des Petrus und des *Corpus* in den Quästionen des Harburger Kommentars ist daher wenig aufschlußreich.

Zur letztgenannten Quästion des Anonymus gibt es jedoch eine Marginalglosse. Sie kann ein zusätzliches Indiz für die Identität des vom Anonymus zitierten Petrus mit Petrus von Tarentaise abgeben. Auf dem äußeren Rand von Bl. 87r lesen wir den Hinweis: „*Prima opinio et est Petri.*“ Er bezieht sich auf eine im nebenstehenden Text wiedergegebene Ansicht. Deren charakteristische Thesen sind nach dem Referat des Anonymus die folgenden: (a) Betonung des Unter-

schieds von *„finis operationis"* bzw. *„operis"* vs. *„finis operantis"* und (b) Gleichsetzung von *„finis operantis"* in Gott mit der *„communicatio bonitatis divinae"* [22]. Beide Thesen vertritt Petrus von Tarentaise in der Parallelquästion seines Sentenzenkommentars. Er folgt hierin offenbar Thomas von Aquin [23].
Es mag von Interesse sein, daß noch sehr viel später Dionysius Carthusianus in seinem Sentenzenkommentar zu den Quästionen, in denen im Harburger Kommentar Petrus bzw. Petrus und Thomas zusammen genannt werden, gleichfalls einen Petrus zitiert, und zwar eindeutig Petrus von Tarentaise [24].
Sollte sich unsere Hypothese, daß mit Petrus im Harburger Kommentar Petrus von Tarentaise gemeint ist, als richtig erweisen, müssen wir davon absehen, ihn mit Petrus von Palude zu identifizieren [25]. Für die Bestimmung des „terminus a quo" unseres Kommentars wäre eine Zitierung dieses späteren Autors zweifellos relevanter gewesen. Die Möglichkeit, daß der anonyme Verfasser Texte des Petrus von Palude verwendete, ohne ihn namentlich zu nennen, bleibt davon unberührt. Eindeutige Anzeichen für eine Kenntnis des Petrus de Palude sehen wir allerdings noch nicht. Daß der Anonymus eine Ansicht des Durandus wie ähnlich Petrus de Palude als *„subtilis"* bezeichnet, kann nicht als Indiz gelten [26]. Fest steht hingegen, daß der Anonymus anders als z. B. Jakob von Lausanne die Kritik des Petrus de Palude an der Individuationstheorie des Durandus überhaupt nicht erwähnt [27]. Erst die Prüfung aller Quästionen wird über die Beziehung des Anonymus zu Petrus de Palude Klarheit bringen. Sollte sich dabei doch herausstellen, daß der anonyme Verfasser den Sentenzenkommentar des Petrus de Palude kannte, müßte der angenommene „terminus a quo" für die Abfassung des Harburger Kommentars bis in die Zeit nach 1310—1315 heraufgesetzt werden. In diese Jahre fällt die Zeit der Ausarbeitung des großen Sentenzenkommentars des Petrus [28].
Abschließend sei noch kurz auf die Erwähnung von *„novi"* in der 25. Quästion des Harburger Kommentars eingegangen: *„⟨U⟩trum anima sit facta ante corpus. Dicunt novi quod non, nec creari potuit"* [29]. *„Novi doctores"* sind beispielsweise nach dem Sprachgebrauch Bernhards Lombardi unter anderem Autoren, die jünger sind als Durandus [30]. In unserem Fall erwies sich die Zitierung von *„novi"* für die zeitliche Einordnung des anonymen Kommentars jedoch als irrelevant. Ein Blick auf die Parallelquästion II *Sent.* d. 17q. 2 a. 2 des Thomas von Aquin zeigt, daß sich der Ausdruck *„novi"* hier sehr wahrscheinlich aus der Gegenüberstellung mit *„antiqui"*, das sind Platon und die Pythagoräer, erklärt.

Er dürfte sich zunächst auf Aristoteles und Avicenna beziehen, welche die Ansicht der *„antiqui“* von der Priorität der Seele vor dem Leib verwarfen.
Es bleibt also vorerst bei 1307/08, dem Zeitpunkt des Bekanntwerdens der sogenannten „ersten Redaktion“ (A) der Sentenzenerklärung des Durandus, als dem mutmaßlichen „terminus a quo“ für die Abfassung des Harburger Kommentars.

1.32 Terminus ad quem.

Läßt sich auch ein „terminus ad quem“ für die Ausarbeitung des Harburger Kommentars angeben? Wenn als hinreichendes Indiz gelten kann, daß Thomas von Aquin weder im Text noch in den Glossen als „sanctus“ bezeichnet wird, wäre 1323 der „terminus ad quem“ [31].
Mit diesen leider nur sehr ungefähren Daten müssen wir uns im Augenblick zufrieden geben.

1.4 Literarische Form der Reportatio.

Der anonyme Kommentar stellt offenbar die Nachschrift einer mündlich vorgetragenen Sentenzenerklärung dar, also die *Reportatio* oder auch die Bearbeitung einer *Reportatio* einer *Lectura.* Hierfür sprechen verschiedene Anzeichen. Ein erstes ist der ausgeprägt lebhafte „Dialog“-Stil des Kommentars [32]. Ein Beispiel möge die Diktion des Kommentars illustrieren:

> „Ista positio impugnatur primo quantum ad distinctionem. Et probatur, quod idem sit finis operantis et finis operationis. Quia aut tu intelligis . . . Item, si dicatur . . ., dico . . . Etiam quando dicitur, . . . dico . . . Et si dicas, . . . dico . . .“ [33].

Ein weiteres Indiz für den *Reportations*-Charakter scheint uns die Bemerkung zu sein: „. . . *ut dicebatur in lectione praecedente*“ [34]. In der gleichen Weise deuten wir die zahlreichen Verweise: *„Quaere argumenta in scripto“*, *„quaere argumenta Thomae“*, *„quaere argumenta in scripto Thomae“* usw. sowie die Aufforderung: *„Quaeras istam quaestionem alibi in scriptis“* [35].
Eine Sonderstellung nimmt innerhalb des Kommentars m. E. die im folgenden

untersuchte Quästion über das Individuationsprinzip ein. Durch die Art der Frage-Formulierung: „⟨Q⟩*uid sit principium individuationis*", unterscheidet sie sich von allen übrigen Quästionen des Kommentars. Diese beginnen alle einheitlich mit: „⟨*U*⟩*trum* ...". Die Formulierung: „*Quid sit principium individuationis*" war unserer Kenntnis nach zumal bei den Dominikaner-Autoren dieser Zeit nicht eben häufig. Sie findet sich beim Anonymus II der Erfurter Handschrift Ca 2° 321 [36], auch in *Quodl.* III q. 5 des Johannes von Neapel [37]. In den von uns eingesehenen Sentenzenkommentaren von Dominikanern gegen Ende des 13. Jahrhunderts und zu Beginn des 14. Jahrhunderts ließ sie sich nirgends feststellen [38]. Wäre es möglich, daß diese Quästion ursprünglich eine selbständige literarische Einheit — etwa eine *Quodlibeta*-Quästion — war und als solche in die Sentenzenerklärung eingefügt wurde? Die beiden Imperfektformen: „*Argumentum, quod fiebat supra, procedebat* ...", sind allerdings kein Indiz [39]. Es muß aber nicht dagegen sprechen, daß die Quästion, wie wir sehen werden, im Grund eine Bearbeitung der Parallelquästion aus dem Sentenzenkommentar des Durandus ist. An anderer Stelle machten wir nämlich darauf aufmerksam, daß z. B. die mutmaßliche *Quodlibeta*-Quästion: „*Utrum angeli vel plures sint eiusdem speciei*", des Johannes Theutonicus von Sterngassen sich augenscheinlich sehr stark an II *Sent.* d. 3 q. 3 des Johannes Quidort von Paris anlehnte [40].

1.5 Zusammenfassung.

Auf Grund innerer Kriterien lassen sich vorerst zur literarhistorischen Einordnung des Harburger Kommentars die folgenden Aussagen machen:

(a) Der Autor ist aller Wahrscheinlichkeit nach Dominikaner.

(b) Die Entstehung der Sentenzenerklärung ist vermutlich nach 1307/08 und vor 1323 anzusetzen.

(c) Der Text ist sehr wahrscheinlich die *Reportatio* einer Sentenzenvorlesung. Die Quästion könnte ursprünglich eine selbständige literarische Einheit gewesen sein.

Diese Daten reichen nicht aus, um den Verfasser positiv zu identifizieren. Schon jetzt scheint es allerdings möglich zu sein, negativ festzustellen, daß der Verfasser nicht Jakob von Lausanne sein kann. Eine solche Vermutung lag zunächst nahe, da der in der Harburger Handschrift gleichfalls vertretene Kommentar zum ersten und vierten Sentenzenbuch diesem Dominikaner zuzuschreiben ist. Dies wird in anderem Zusammenhang zu zeigen sein. Quästionenfolge und Text beider Kommentare zum zweiten Buch weichen nach den von uns eingesehenen Stichproben jedoch so klar voneinander ab, daß Jakob als Verfasser unseres Kommentars nicht in Frage kommt[41].

Es versteht sich von selbst, daß mit diesen Angaben noch nicht alle literarhistorischen Verifikationsmöglichkeiten ausgeschöpft sein dürften. Für den Augenblick sehen wir jedoch keine neuen, weiterführenden Gesichtspunkte.

2. *Die Individuationstheorie des Harburger Anonymus.*

2.1 *Erörterung des Individuationsproblems im Anschluß an II Sent. d. 3 q. 2 des Durandus von S. Pourçain.*

(1) Problemstellung. — Der Anonymus stellt seine Auffassung vom Prinzip der Individuation in einer eigenen Quästion dar: „⟨Q⟩*uid sit principium individuationis*“ [42]. Sie ist wie in anderen zeitgenössischen Sentenzenkommentaren unter die Quästionen über die Engellehre eingereiht. Inhaltlich tritt die Beziehung zur Engellehre jedoch völlig zurück. Die Frage nach dem Individuationsprinzip wird ganz allgemein erörtert, wie schon die Formulierung der Fragestellung zu erkennen gibt.

Die Quästion beginnt wie die meisten anderen des Kommentars ohne Argumente direkt mit der *Solutio*. Diese folgt weitgehend derjenigen von II *Sent.* d. 3 q. 2 des Durandus von S. Pourçain.

(2) Kritik der Materie-Theorie der Individuation. — Wie Durandus trägt der anonyme Verfasser drei Theorien zum Problem der Individuation vor. Nach der ersten ist im Bereich des materiellen Seins die Materie Prinzip der Individuation. Sie sei von sich aus individuell; denn es komme ihr als erstem Subjekt von sich aus zu, nicht in einem anderen zu sein. In analoger Weise stellen die Engel als subsistierende Formen von sich aus Individuen dar[43].

Der Anonymus nennt für die Vertreter dieser Theorie keine Namen. In der zeitgenössischen Literatur wurde sie Thomas von Aquin zugeschrieben. So heißt es beim Anonymus I der Erfurter Handschrift Ca 2° 321: „*Et ideo dicunt alii, sicut doctor noster frater Thomas et sequaces sui, et bene, quod materia sit principaliter et directe principium individuationis et quantitas indirecte*" [44]. Im Cod. N. 662 der Biblioteca Antoniana zu Padua findet sich auf dem äußeren Rand von Bl. 64v neben dem Referat der gleichen Theorie in der Parallelquästion des Durandus die Marginalglosse: „*Prima opinio Tho⟨mae⟩*" [45]. Eine ähnliche Glosse, bezogen auf die Materie-Theorie, ist auf dem äußeren Rand von Bl. 141v des Kodex Borgh. 303 eingetragen: „*Alia opinio Tho⟨mae⟩*". Nur vereinfachend kann allerdings Thomas' Individuationslehre in den verschiedenen Paralleltexten in der Weise des obigen Referates zusammengefaßt werden [46].

Eine Reihe von Autoren folgten, wie der Erfurter Anonymus I richtig bemerkt, der thomistischen Theorie und bezeichneten die Materie als das eigentliche Prinzip der Individuation. Zu ihnen gehören Bernhard von Auvergne, der Verfasser des *Korrektorium „Sciendum"*, der Anonymus des Kodex Vat. lat. 1114, Johannes von Paris und vor allem der Erfurter Anonymus I [47].

Der Verfasser unseres Harburger Kommentars teilt die thomistische Ansicht nicht. Seiner Gegenargumentation, die er wiederum mit Durandus gemeinsam hat, liegt eine Überlegung Sigers von Brabant zugrunde [48]: Die Materie-Theorie der Individuation scheitere an der Doppeldeutigkeit des Begriffs „In-einem-anderen-sein". Dieser könne einmal im Sinne der Inhärenz verstanden werden, zum andern im Sinne der Prädikation eines Universalbegriffs. Nach dem Anonymus steht fest, daß es nicht zur Natur eines Universale gehöre, vielen Dingen zu inhärieren. Ebenso wenig bestehe das Wesen der Individuation darin, daß etwas jeweils nur einem einzigen inhäriere. Aber selbst wenn das angenommen werde, bleibe noch immer die Schwierigkeit, daß die Materie überhaupt keinem anderen inhäriere und somit auch kein Individuationsprinzip sein könne. Werde hingegen das „In-einem-anderen-sein" nicht im Sinne der Inhärenz, sondern der Prädikation eines Universalbegriffs verstanden, sei „Materie" nicht minder „universal" als andere Universalbegriffe auch [49].

Interessanterweise diskutiert auch die *Verteidigungsschrift „Super"* ähnliche Einwände gegen die Materie-Theorie. Die Parallelität ist auffällig [50].

(3) Erörterung der Quantitäts-Theorie der Individuation. — Die zweite vom Anonymus im Anschluß an Durandus erörterte Theorie sieht in der Quantität bzw. der durch die Quantität bestimmten Materie das Prinzip der Individuation. Hierbei wird vorausgesetzt, daß das Prinzip der Individuation und das

Prinzip der Verschiedenheit spezifisch gleicher Größen identisch sind. Die Quantität bedinge die Signierung der Materie. Die Form wiederum als an sich kommunikable Größe werden inkommunikabel und individuell dadurch, daß sie in die signierte Materie aufgenommen werden[51].

Auch diese Theorie führt der Anonymus ohne Namensnennung ein. Eine Marginalglosse im Cod. N. 662 der Biblioteca Antoniana weist auf Ägidius von Rom hin[52]. Es käme sein *Quodl.* I q. 11 in Frage[53]. Die Quantitäts-Theorie wurde in jenen Jahrzehnten aber auch von anderen Autoren vertreten. Wir nennen nur den Verfasser des *Korrektorium „Quare"*, Bernhard von Trilia, Wilhelm Petri de Godino, den Verfasser der *Verteidigungsschrift „Super"*, vor allem aber Thomas von Sutton und Nikolaus Trivet[54]. Unserer Ansicht nach haben wir in Thomas von Sutton, vielleicht auch Herveus Natalis, den vom Anonymus bzw. seinen Gewährsleuten direkt anvisierten Autor zu sehen. Dieser englische Dominikaner trug die Lehre von der Quantität als Individuationsprinzip besonders akzentuiert vor. Die Kernthese, die Prinzip der Individuation und Prinzip des Abgeteiltseins spezifisch gleicher Größen miteinander identifiziert und beides in der Quantität sieht, läßt sich inhaltlich in seinem *Quodl.* I q. 21 nachweisen, ebenso die beiden Begründungen, die der Anonymus referiert[55]. Thomas erwähnt auch selbst, daß seine Ansicht über die Individuation von vielen nicht geteilt werde: *„Verum est quod ista positio multis non placet"*[56]. Wenn wir recht sehen, meinte Thomas mit diesem Hinweis auf wissenschaftliche Gegner neben Heinrich von Gent vor allem Gottfried von Fontaines[57]. 1297 griff Petrus von Auvergne in die Polemik gegen Thomas von Sutton ein[58].

Unser Anonymus blieb von der Kritik an der Quantitäts-Theorie nicht unbeeindruckt. Er hält diese Theorie zwar für *„probabilis"*, verschweigt aber gleichwohl ihre Schwierigkeiten nicht. Sie sind im wesentlichen die gleichen, die Heinrich von Gent, Gottfried von Fontaines und Petrus von Auvergne vorbrachten, nämlich die Priorität der Substanz vor jeglicher akzidentellen Bestimmung wie auch das folgende Dilemma: Entweder gehört die Quantität als Individuationsprinzip wesenhaft zum Suppositum selbst oder sie ist eine akzidentelle Begleitbestimmung. Keines von beiden ist denkbar. Im ersten Fall würde das Suppositum zu einem bloßen *„ens per accidens"* degradiert, im zweiten ergäbe sich erneut die bereits erwähnte Schwierigkeit, daß jedes Akzidenz notwendig ein individuelles Subjekt voraussetzt[59].

Interessanterweise erwähnt der Anonymus die Entgegnung des Thomas von Sutton auf diese Argumente, etwa seine Unterscheidung von *„causa individuationis“* vs. *„causa individui“*, nicht[60].
Auch die Möglichkeit, daß die im substantiellen Umwandlungsprozeß in der umgewandelten Substanz vorausgehende Quantität Prinzip der Individuation sei, bestreitet der Verfasser des Harburger Kommentars. Er geht damit über zur Kritik an einer These, die er mit: *„Ideo dicunt magni“*, einführt[61]. Im Kodex Vat. lat. 1073, der den Kommentar des Petrus von Palude zum zweiten Sentenzenbuch enthält, wird sie in einer Marginalglosse Gottfried von Fontaines zugeschrieben[62]. So wie der Anonymus diese These wiedergibt, bezeichnet sie jene Quantität als Individuationsprinzip, welche die Materie unterteilt und sie befähigt, zugleich oder nacheinander verschiedene substantielle Formen aufzunehmen[63].
Hiermit ist jedoch Gottfrieds Ansicht nur ungenau skizziert. Zwar trifft es zu, daß nach ihm die Quantität dispositiv die Materie teilbar und damit für mehrere Formen aufnahmebereit macht; er unterscheidet aber von dieser Funktion der Quantität ausdrücklich die Individuationsursache, die er in der substantiellen Form sieht[64]. Das Mißverständnis der Gottfriedschen Lehre, das sich im übrigen schon in der Quästion des Durandus findet, ist allerdings in der ungenauen Ausdrucksweise Gottfrieds selbst angelegt. Trotz seiner ausdrücklichen Unterscheidung weist er nämlich der Quantität zu: *„quod . . . ad individuationem et huiusmodi divisionem per se aliquid faciat“*[65].
Die beiden in der Quästion folgenden Gegenthesen spielten in der Auseinandersetzung um die Individuationstheorie des Thomas von Sutton eine Rolle und gehen über Durandus und Jakob von Metz auf Petrus von Auvergne bzw. Roger Marston zurück[66]. Petrus schränkte in seinem zweiten *Quodlibet* die klassische Definition des Individuums nach Averroes ein auf deren ersten Teil. Nur das Ungeteiltsein komme dem Individuum an sich zu; das Abgeteiltsein sei hingegen eine Sekundärbestimmung. Ähnlich äußerte sich — wenngleich mit anderer Zielsetzung — der Erfurter Anonymus I[67]. Entsprechend weist die erste Gegenthese darauf hin, daß es bei der Frage nach dem Individuationsprinzip um die Frage nach der Ursache des Ungeteiltseins und nicht des Geteiltseins bzw. der Vervielfältigung gehe[68].
Auch die zweite Gegenthese geht auf Petrus von Auvergne zurück[69]. Ihr Grundgedanke ist, daß auch dann Individuation vorliege, wenn es überhaupt

nur eine einzige Substanz der betreffenden Art gebe, z. B. im Fall der Sonne, und eine Vervielfältigung spezifisch gleicher Größen nicht auftrete[70].

In seiner abschließenden Bemerkung zu diesen Einwänden gegen Gottfrieds These akzeptiert der Anonymus zwar die Quantität als Prinzip von Teilung und Vervielfältigung, nicht jedoch als Prinzip der Individuation[71].

(4) Identifikation von Individuationsprinzip und Prinzip der „natura communis". — Die positive Antwort des Anonymus auf die Frage nach dem Individuationsprinzip bringt der letzte Teil der Quästion mit dem Referat einer dritten Theorie: *„Et ideo dicunt alii subtilius"*. Nach ihr ist das Prinzip der Individuation sachlich identisch mit dem Prinzip der *„natura communis"*. Zwischen beiden bestehe lediglich ein gedanklicher Unterschied[72].

In den Handschriften mit den Sentenzenerklärungen des Petrus de Palude und Jakob von Lausanne wird diese Theorie durch Marginalglossen Durandus zugeeignet[73]. Diese Zuweisung ist richtig. Durandus selbst steht jedoch mit seiner Theorie in einer weit zurückreichenden Tradition. In den Grundzügen zeichnet sie sich bereits bei Roger Marston, Heinrich von Gent, Gottfried von Fontaines, Petrus von Auvergne ab. Thomas von Sutton polemisiert frühzeitig gegen diese Ansätze. Ebenso setzt sich dann Herveus Natalis kritisch mit dieser Individuationstheorie auseinander[74].

Eine erste Begründung nimmt eine Überlegung Gottfrieds von Fontaines auf: Identischen Größen sind identische Prinzipien zuzuordnen, somit auch dem Suppositum und der Wesenheit. Beide seien sachlich identisch und nur gedanklich voneinander verschieden. Was „Suppositum" in bestimmter Weise besage, das drücke „Wesenheit" unbestimmt aus[75].

Die zweite Begründung stützt sich auf den Satz, daß das Prinzip des Seins und der Einheit bzw. des Ungeteiltseins real existierender Dinge ein und dasselbe seien. In den zeitgenössischen Erörterungen des Individuationsproblems kehrt er in verschiedensten Variationen immer wieder[76]. Im Anschluß an ihn formuliert der Anonymus die Frage nach dem Individuationsprinzip nun so: „Wodurch ist der Mensch einer? Zweifellos durch das, wodurch er auch seiend ist. Und wodurch ist er seiend?"[77]. Überlegungen wie die des Johannes von Neapel oder Petrus Aureoli, die Frage nach dem Individuationsprinzip überhaupt für ein Scheinproblem zu erklären, stellen sich ihm nicht. Offenbar hatte die Frage für ihn also noch Sinn[78]. Seine Antwort lautet: Der Mensch ist einer und seiend der äußeren Ursache nach durch den Agens, der inneren nach durch Materie und

Form. Beide inneren Seinsprinzipien sind ihrerseits jeweils eines äußerlich durch die Wirkursache, innerlich aber durch sich selbst und *„concomitative“* durch die Materie[79].

Die Quästion schließt mit zwei nochmaligen Argumenten gegen die Quantitäts-Theorie. Der Anonymus übernimmt auch sie von Durandus. Im Hintergrund dürften Überlegungen des Herveus Natalis zu Gunsten der Quantitäts-Theorie stehen[80]. Nach dem Text des Anonymus widerspricht das erste Argument der Behauptung, zwei Individuen, Sokrates und Platon, seien auf Grund der Quantität voneinander verschieden. Es unterstreicht demgegenüber, daß sich beide zunächst durch ihre real existierende Natur unterscheiden. Der These, die Form werde in verschiedene Materien aufgenommen und dadurch individuiert, hält es entgegen, daß die Form bereits *„hoc aliquid“* sei, bevor sie Materie informiere[81].

Das zweite Argument unterscheidet eine zweifache *„signatio“*. Die erste beziehe sich auf die Ausdehnung und gehe auf die Quantität zurück. Die zweite sei die Individuation, und diese sei nicht von der Quantität verursacht[82].

So weit der Gedankengang der Quästion. Mit der Gesamtanlage seiner Ausführungen über das Individuationsproblem übernimmt der Anonymus auch die Lösung dieses Problems von Durandus. Dem steht nicht entgegen, daß er die Quantitäts-Theorie im Unterschied zur scharfen Ablehnung derselben durch den *„doctor modernus“*[83] als *„probabilis“* einstuft. Diese wohlwollende Beurteilung bedeutet nicht, daß er sie sich als Individuationstheorie zu eigen machte[84]. Hiergegen spricht m. E. folgendes: (a) Er trägt im Anschluß an das Referat dieser Theorie *„dubia“* gegen sie vor, (b) die Schlußargumente der Quästion kritisieren die Quantitäts-Theorie, (c) die Theorie des Durandus ist die letzte der drei vorgetragenen Theorien und die einzige, gegen die keine Einwände erhoben werden. Letzteres fällt um so mehr ins Gewicht, als sowohl Petrus de Palude als auch Jakob von Lausanne ihre sonst parallel gebauten Quästionen unter dem Einfluß des Herveus Natalis mit *„dubia“* gegen die Theorie des *„doctor modernus“* beschließen[85].

In der Frage nach dem Individuationsprinzip erweist sich der Anonymus als treuer Anhänger des Durandus und zugleich als Gegner der thomistischen Lehre. In anderen Quästionen scheint sich dieses Bild zu wiederholen[86]. Diese wissenschaftliche Option für den *„doctor modernus“* verdient besonders hervorgehoben zu werden, da derselbe 1314 und 1316/17 offiziell zensuriert worden war. In diesen Jahren „tobte der Kampf um den doctor modernus am heftigsten“ [87]. Im Orden so angesehene Magister wie Herveus Natalis, Johannes von Neapel, Petrus de Palude, Jakob von Lausanne hatten sich in ihren Veröffentlichungen in zahlreichen Punkten gegen die Auffassungen des Durandus ausgesprochen [88]. Auffälligerweise deutet in der Harburger Quästion nichts auf diese Kontroverse hin. Es fragt sich, wie ein Bakkalaureus diese wissenschaftliche Auseinandersetzung in seiner Vorlesung unerwähnt lassen konnte, wenn er davon Kenntnis hatte. Denn der Harburger Kommentar ist, wie wir zu zeigen versuchten, eine Vorlesungsnachschrift und nicht etwa nur eine private philosophisch-theologische Materialsammlung wie z. B. die Durandus-Exzerpte des Petrus Rogerii [89].

Eine Nuancierung gegenüber Durandus tritt außer in der abweichenden Beurteilung der Quantitäts-Theorie in den Aussagen über die Vereinzelung der Materie zu Tage. Nach dem Anonymus wird die Frage, wodurch Materie und Form jeweils seiend und eines sind, für beide Seinsprinzipien in derselben Weise beantwortet: äußerlich durch den Agens, innerlich durch sich selbst. Durandus hingegen hatte wie Roger Marston im selben Zusammenhang die Individuation der Materie ausdrücklich von der Individuation der Form abhängig gemacht [90]. Diese Nuancierung darf jedoch nicht überinterpretiert werden. Bei der Frage nach der Assimilation der menschlichen Nahrung bekennt sich der Anonymus unmißverständlich zur einheitsstiftenden Funktion der substantiellen Form gegenüber der Materie [91]. Konsequenterweise zitiert er auch affirmativ die in den ersten Jahren des 14. Jahrhunderts diskutierte These, daß es numerisch derselbe Petrus wäre, wenn sich dessen Seele mit einer beliebigen Materie verbände [92]. Stilistisch gesehen hat der Anonymus die Quästion des Durandus wesentlich gestrafft neu gefaßt. Hierdurch unterscheidet er sich deutlich von der Arbeitsweise des Petrus de Palude und Jakob von Lausanne. Diese Autoren gliedern den Text des *„doctor modernus“* praktisch im vollen Wortlaut in ihre Parallelquästionen ein [93].

Einige typische Beispiele und Begriffe, die in der Quästion des Durandus nicht, dafür aber in den Paralleltexten anderer Autoren vorkommen, könnten Anzeichen dafür sein, daß Durandus nicht die alleinige Quelle für die Quästion des Anonymus war [94].

2.2 Der Einheits-Begriff des Anonymus.

Aufs engste mit der Individuationslehre hängt die Auffassung von der Einheit zusammen. Hierzu im Fall des Harburger Anonymus die folgenden Beobachtungen:

Der anonyme Verfasser beschreibt die Einheit (das Eine) durch die privative Bestimmung des Ungeteiltseins [95]. Das entspricht dem ersten Teil der klassischen Definition des Einen nach Averroes [96]. Den zweiten Teil, das Abgeteiltsein von jeglichem anderen, erwähnt er nie. Bei Durandus tritt diese Tendenz in der vorliegenden Quästion nicht so eindeutig zutage. Aus anderen Texten wissen wir jedoch, daß sie seinem Begriff der Einheit entspricht [97]. In ihr zeigt sich erneut der Einfluß des Petrus von Auvergne, der gleichfalls die Definition des Averroes ausdrücklich auf deren ersten Teil einschränkte [98]. Unmittelbar vor Durandus hatte sein älterer Mitbruder und vielfältiger Gewährsmann Jakob von Metz eingehend diese eingeschränkte Bestimmung der Einheit erörtert und begründet [99].

Ferner fällt auf, daß der Anonymus unspezifisch von „Einheit" (Einem) spricht. Die Unterscheidung: „mit dem Sein konvertible Einheit" (transzendentale Einheit) — „Einheit als Zahlprinzip" (numerische Einheit) gebraucht er nicht. Auch in anderem Zusammenhang, in dem es ausdrücklich um das Verhältnis von Einheit und Zahl geht, erwähnt er sie nicht [100]. Interessanterweise und, wie wir glauben, auch konsequenterweise, heißt es bei ihm auch ganz allgemein: *„Sed unum convertitur cum ente reali"* [101]. Ähnlich drücken sich Durandus und Johannes von Neapel aus [102]. Aus dem Text des Anonymus geht nicht hervor, ob er sich der Tragweite seiner Aussage bewußt war. Tatsächlich aber gibt sie m. E. das „unum" als transzendentale Bestimmung preis. Es wird als konvertibel betrachtet mit dem realen, außerhalb des Bewußtseins existierenden Sein. Das impliziert notwendigerweise, daß es sich in anderen Seinsmodi an sich nicht findet.

Die Quantität erwähnt der Anonymus im Zusammenhang mit dem Einheits-Begriff nicht. Wenn wir recht sehen, setzt sich hierin eine Entwicklung fort, die wir vor allem bei Gottfried von Fontaines, Jakob von Metz, Durandus u. a. feststellten, nämlich die numerische Einheit aus ihrer ausschließlichen Bindung an die Quantität zu lösen [103]. Jedenfalls entspricht dieser Tendenz seine Zahl-Konzeption. In der ersten Quästion des Harburger Kommentars lautet die

Minor eines Arguments, die Einheit konstituiere unmittelbar Zahl. Der Anonymus erwidert darauf, Einheit konstituiere an sich keineswegs eine formelle Zahl, sondern erst die wiederholte Setzung von Einheiten. Einheiten seien lediglich Materie der Zahl. Erst ihre Menge („*aggregatio*") sei formell zahlbildend [104]. Vergleicht man diese Aussage mit einer parallelen etwa des Jakob von Metz, ist der Unterschied deutlich zu erkennen: Der Anonymus erwähnt anders als der Metensis bei der Bestimmung der Zahl und der Einheit als Zahlprinzip die Quantität überhaupt nicht [105]. Machen wir die Gegenprobe! Bei der ersten Erwiderung auf die Quantitäts-Theorie in der Version des Gottfried von Fontaines konzedierte er, daß die Quantität Prinzip von Teilung und Vervielfältigung sei. Als Prinzip der Einheit läßt er sie nicht gelten. Das bezeugt sein Schlußsatz [106].
Es wäre interessant, bei dieser Konzeption der Einheit den Mathematik-Begriff des Anonymus zu kennen. Leider gibt es, soweit wir bis jetzt sehen konnten, im Harburger Kommentar hierzu keine Texte.

3. *Kognitionspsychologische und wissenschaftstheoretische Implikationen der Individuationslehre des Anonymus.*

Die Verflechtung von Individuationstheorie einerseits und Kognitionspsychologie sowie Wissenschaftstheorie andererseits wurde von den scholastischen Autoren immer wieder angesprochen [107]. Im Harburger Kommentar fehlen ausdrückliche und ergiebige Ausführungen zu diesen uns besonders interessierenden Implikationen. Wir müssen uns damit bescheiden, einige indirekte, aber gleichwohl nicht uninteressante Aussagen des Anonymus auszuwerten.
Kognitionspsychologisch und wissenschaftstheoretisch sehr bedeutsam ist seine Einschätzung des real in der Natur existierenden und mit dem Einen konvertiblen Einzeldinges. Es ist für ihn schlechterdings eine „Ersttatsache" [108]. Er stellt es dem „*esse intelligibile*" als das „*esse verum et naturale*" gegenüber [109]: Das am Einzelding außerhalb des Bewußtseins maßnehmende Realitätsverständnis zeichnet sich ab, wie es für die Wissenschafts- und Erkenntnistheorie der „*moderni*" ausschlaggebend ist [110].
Entsprechend konzipiert der Anonymus als Gegenstück das Universale. Er identifiziert es mit dem „unvollkommeneren" „*esse in anima*" [111]. Nach ihm ist

also das Universale nicht im real existierenden Einzelding. Ausdrücklich lehnte er es auch ab, die *„ratio“* des Universale als *„esse in pluribus per inhaerentiam“* zu bestimmen [112]. Bedeutet das aber, daß nach ihm dem Universale überhaupt keine objektive Realität im konkreten Einzelding korrespondiert? Der Anonymus klärt diese Frage nicht; wir vermissen bei ihm eine eindeutige Stellungnahme, wie wir sie etwa bei Petrus von Auvergne, Durandus aber auch Petrus Aureoli finden, bei letzterem allerdings in anderer Lösungsrichtung: Er hebt nachdrücklich hervor, daß jegliche *„ratio communis“* etwas rein Begriffliches sei [113]. Durandus hingegen hält daran fest, daß die Universalbegriffe etwas Reales außerhalb des Bewußtseins bezeichnen [114]. Bei der sonstigen engen Anlehnung an Durandus möchten wir vermuten, daß der Anonymus eher dieser „traditionellen“ Universalien-Lehre zuneigte.

Wie denkt der Anonymus bei der starken Betonung der Dignität des Einzeldinges über dessen Erkenntnis? Ist es auch für ihn wie für Durandus das Ersterkannte? Der Harburger Kommentar gibt keine Antwort. Bedauerlicherweise enthält er die einschlägigen Quästionen nicht. Die vorhandenen kognitionspsychologischen Texte behandeln eher Randthemen. Sie bieten zumeist wenig zusammenhängende, sehr spezielle Argumente, die für die gesamte Problematik weitgehend irrelevant sind.

Eine letzte Frage: Beeinflußt die Individuationstheorie und das Realitätsverständnis des Anonymus seine Auffassung von der Wissenschaft? Sind für ihn die konkreten Einzeldinge der eigentliche Gegenstand der Wissenschaft? Was ist für ihn wissenschaftliche Erkenntnis? Wiederum können wir auf formelle Aussagen des Anonymus hierzu nicht zurückgreifen. Erste Anzeichen einer derart gewandelten Wissenschaftskonzeption meinen wir indes zu sehen, falls seine Distanzierung von der unüberprüften Autorität des Aristoteles und verstärktes Argumentieren aus der Erfahrung als solche gewertet werden können [115].

Soweit die bescheidenen Ergebnisse unserer Analyse. Der Harburger Anonymus ist sicherlich alles andere als ein originaler Denker. Aber er verkörpert eine Phase jener erregenden Denkbewegung des frühen 14. Jahrhunderts zur *„via moderna“* hin. So kann die Beschäftigung mit ihm helfen, die allseits gewünschte „minuziöse Rekonstruktion“ [116] jener auch unser philosophisches Denken berührenden geistesgeschichtlichen Entwicklung zu verwirklichen.

Zusammenfassung

Der in Cod. II, 1, 2°, 1 der Harburg enthaltene Kommentar zum 2. Buch der Sentenzen ist sehr wahrscheinlich die zwischen 1307/08 und 1323 entstandene *Reportatio* einer Sentenzenvorlesung eines Dominikaners. Die Quästion über das Individuationsprinzip dieses Kommentars stellt die Bearbeitung von II *Sent.* d. 3 q. 2 des Durandus von S. Pourçain dar. Anders als Herveus Natalis, Petrus de Palude, Jakob von Lausanne bekennt sich der anonyme Verfasser uneingeschränkt zur Individuationstheorie des in diesen Jahren und in seinem Orden heftig umstrittenen *„doctor modernus"*. In engem Zusammenhang mit seiner Auffassung von Individuation und Einheit stehen erste Anzeichen eines Realitäts- (und Wissenschafts-) Verständnisses im Sinne der *„moderni"*.

Anonymi Quaestio de Principio Individuationis [117]
(Harburg, Cod. II, 1, 2°, 1, ff. 88ra-va)

⟨Q⟩uid sit principium individuationis.

Circa istam quaestionem sunt opiniones. Quidam enim dicunt, quod in habentibus materiam materia est principium ⟨individuationis⟩, cum quia de se est individua tum etiam quia de se habet, quod non possit esse in alio, cum sit primum subiectum sub quo nihil. Unde et in angelis, quia forma non est receptibilis in alio, dicunt ideo, quod se dicitur individuum.

Impugnatio: Sed sine dubio ibi est aequivocatio de ‚esse in alio', quia ‚esse in alio' dicitur dupliciter: uno modo per inhaerentiam, sicut forma est in materia, alio modo per praedicationem sicut animal in homine et asino. Modo constat, quod de ratione universalis non est, quod sit in pluribus per inhaerentiam, quia iam secundae substantiae, quae non inhaerent, non essent universales. Ergo nec in singularibus ratio individuationis in hoc est, quod aliquid recipiatur per inhaerentiam in uno solo.

Dato etiam, quod esse in pluribus per inhaerentiam sit causa universalitatis et esse in uno per inhaerentiam sit causa individuationis: Et cum materia sit in nullo per inhaerentiam, sequeretur, quod ipsa non erit causa individuationis.

Argumentum, quod fiebat supra, procedebat de ‚esse in uno per inhaerentiam', quod nihil ad praesens. Si accipiatur ‚esse in alio per praedicationem', sic certum est, quod materia est ita bene universalis per praedicationem sicut ‚homo' vel ‚animal', quia praedicatur de ista materia et de illa et est in hac et in illa.

Et ideo dicunt alii, quod quantitas est principium individuationis vel materia signata quantitate, quod in idem rediit. Quod sic probant: Quia illud est principium individuationis, per quod individuum differt a quocumque alio eiusdem speciei. Sed hoc est quantitas seu materia signata.

Probatio: Constat enim, quod Socrates et Plato non differunt in communibus utpote inquantum homines, quia uterque est homo, nec inquantum habent materiam, quia uterque habet. Similiter de forma. Ergo oportet, quod differant in materia et in forma signatis. Sed signatio est per quantitatem. Ergo etc.

Item, forma de se est communicabilis et per materiam signatam fit incommunicabilis. Et eo ipso, quod est incommunicabile, individuatur. Ideo etc. Unde quia forma angeli est incommunicabilis, ideo de se individuatur.

Sed licet ista opinio sit probabilis, tamen dubia quaedam occurrunt.

Primum est, quia posterius non est causa prioris. Sed substantia et in se et in suis partibus est prior quantitate. Ergo quantitas non est causa eius. Minor probatur: Quia subiectum praecedit suum accidens non solum secundum esse intelligibile, immo secundum esse verum et naturale. Sed substantia et in se et in suis partibus est subiectum quantitatis. Ergo etc.

Item, aut quantitas est principium individuationis, quia pertinet ad rationem suppositi, aut concomitative seu antecedenter, ita quod individuatio quantitatis praecedit individuationem suppositi.

Primum non potest dici, quia in omni genere oportet esse aliquid suppositum per se, et specialiter in genere substantiae. Sed ex istis sequeretur, quoddam suppositum substantiae esset ens per accidens sicut homo albus.

Secundo modo non videtur hoc esse possibile, quia vel hoc esset de quantitate, quae est in subiecto, quod individuatur, aut de quantitate, quae praecessit in subiecto transmutato. Non primo modo, quia omne accidens supponit suum subiectum ut subsistens. Quia si respiceret ut inhaerens alii, processus esset in infinitum. Si illud est subsistens, est hoc aliquid.

Et ideo dicunt magni, quod hoc intelligitur de quantitate praecedente, quod est principium individuationis. Et quod ita sit, probant: Quia illud est principium individuationis, quod est ratio, quare plura possunt esse sub eadem specie differentia materialiter vel numeraliter. Sed certum est, quod si plures formae recipiantur in materia simul, cum non possint recipi in eadem parte, oportet quod materia dividatur. Et hoc erit per quantitatem. Etiam ad hoc, quod sint successive, oportet quod materia transmutetur, quia non transmutatur nisi quantum.

Sed dato quod ita sit, tamen contra ipsos loquuntur: Quia id, quod est principium divisionis vel multiplicationis, non est principium indivisionis. Sed ipsi probant, quod quantitas est principium divisionis et multiplicationis. Et nos quaerimus de principio indivisionis.

Item, dato quod non posset esse nisi unum ⟨in⟩dividuum in una specie sicut unus sol, adhuc esset ibi individuatio et tamen nulla esset ibi multiplicatio. Unde bene volo, quod si sit unum individuum vel plura individua, bene distinguatur per quantitatem vel divisio est ab alio. Sed non sequitur e contrario.

Et ideo dicunt alii subtilius, quod est principium individuationis, quod est principium naturae communis, idem dico secundum rem, differens secundum rationem. Et hoc probatur duplici ratione:

Primo sic: Eorundem sunt eadem principia. Sed suppositum et natura communis sunt idem re, differentes solum secundum rationem determinati et indeterminati. Ergo etc.

Item, illud quod convertitur cum ente reali non dicit aliquid enti additum. Sed unum convertitur cum ente reali. Ergo illud, quod est principium, ut est res, est principium per quod res est una et indivisa. Unde si quaeritur: Per quid homo est unum? Certe per hoc, ⟨per⟩ quod est ens. Et per quid est ens? Certe extrinsece per agens, intrinsece autem per materiam et formam, quae sunt principia intrinseca. Et per eadem est unum. Et forma, per quid est ens? Certe per agens extrinsece, intrinsece per se, quia non habet principia intrinseca, cum sit simplex. Quodam autem modo concomitative per materiam. Et similiter est una. Et quod dictum est de forma, dico etiam de materia. Unde esse individuum est esse in re et e contrario sicut esse universale est esse in anima.

Unde natura communis et individualis non differunt, nisi quia unum, quod dicit rem indeterminate, aliud dicit determinate.

Ad argumentum ergo aliorum, quando dicunt, quod Socrates et Plato distinguuntur per quantitatem, dico etiam quod falsum est. Nec etiam primo differunt per naturam communem in communi locutione sumptam secundum rationem, sed per naturam communem sic existentem.

Etiam quando dicunt, quod forma recipitur in materia divisa, dic[end]o quod forma prius est hoc aliquid, prius dico natura quam sit in materia.

Ad aliud quando dicitur, quod per materiam signatam est tota differentia, dicendum est, quod duplex signatio: Una qua dicitur, materia sit tanta ut bicubita vel tricubita, et hoc est per quantitatem. Alia est, qua aliquid dicitur hoc aliquid. Et ista non est per quantitatem, ut diximus.

Variantenapparat

1 quid] uid *cod.*
2 quidam] prima (?) opinio *add. marg. cod.*
3 individuationis] *om. cod.*
5 in^{1}] (?)
25 alii] alia opinio *add. marg. cod.*
35 fit] sicut (?) *cod.*
39 dubia] dubita ... *add. marg. cod.*
48 individuationem] -ones *cod.*
51 accidens] rationem *cod.*
53 videtur] et (?) *add. cod.*
70 indivisionis] ... (?) *add. cod.*
71 ⟨in⟩dividuum] dividuum *cod.*
76 alii] tertia opinio *add. marg. cod.*
80- 81 determinati] -inanti *cod.*

81 indeterminati] -inanti *cod.*
85 per[3]] *om. cod.*
90 concomitative] -tatione *cod.* || materiam] formam *cod.*
95 indeterminate] -inante *cod.* || determinate] -inante *cod.*
98 locutione] loquente (?) *cod.*
100 dic[end]o] dicendo *cod.*
101 natura] (?)

Sachapparat

1 Cf. *Anonymus II, Q. de princ. indiv.* (Erfurt, Stadtbibl. Ca 2° 321, f. 106vb); *Ioannes de Neapoli, Quodl.* III q. 5 (ed. *Pr. Stella, Zwei unedierte Artikel* 151).

2 *Thomas de Aquino, Q. d. De spirit. creat.* a. 5 ad 8; *S. Th.* I q. 3 a. 2 ad 3.

2—7 *Durandus de S. Porciano,* II *Sent.* d 3 q. 2 (V^1, f. 168vb). — Cf. *Petrus de Palude,* II *Sent.* d. 3 q. 2 (V^2, f. 14va-vb); *Iacobus de Losanna,* II *Sent.* d. 3 q. 1 (P, f. 69va).

8—24 *Durandus,* l. c. — Cf. *Sigerus de Brabantia, Q. in Metaph.* V q. 20 (ed. C. A. *Graiff* 351 sqq.); *Anonymus, Defensio S. Thomae „Super"* q. 133 (129) (Vat. lat. 4287, f. 26rb); *Petrus de Palude,* l. c. (14vb); *Iacobus de Losanna,* l. c. (69va-vb).

25 *Thomas de Suttona, Quodl.* I q. 21 (ed M. *Schmaus* 139—151); *Herveus Natalis, Quodl.* VIII q. 11 (M, f. 139va-140rb). — Cf. *Aegidius Romanus, Quodl.* I q. 11 (ed. Venet. 1504, f. 7rb-vb); *Nicolaus Trivet, Quodl.* II q. 5 (Basel, Univ.-Bibl. B IV 4, f. 3ra-va); *Anonymus, „Super"* (26ra-vb).

25—38 *Durandus,* l. c. — Cf. *Petrus de Palude,* l. c. (15ra); *Iacobus de Losanna,* l. c. (69vb).

39—58 *Durandus,* l. c. (168vb-169ra). — Cf. *Godefridus de Fontibus, Quodl.* VII q. 5 (Phil. Belg. III, 322 sqq.); *Petrus de Alvernia, Quodl.* II q. 5 (ed. E. *Hocedez, Une question* 372, 71 sqq.); *Aegidius Romanus,* l. c. (7va); *Herveus Natalis,* l. c.; *Petrus de Palude,* l. c. (15ra-rb); *Iacobus de Losanna,* l. c.

59 *Godefridus de Fontibus,* l. c. (324 sqq.; 334 sqq.). — Cf. *Henricus de Gandavo, Quodl.* V q. 8 (ed. Venet., I, 1613, f. 245va).

59—66 *Durandus,* l. c. (169ra). — Cf. *Petrus de Palude,* l. c. (15rb); *Iacobus de Losanna,* l. c. (70ra).

67—75 *Durandus,* l. c. — Cf. *Petrus de Alvernia,* l. c. (371, 24 sqq.; 373, 99 sqq.); *Petrus de Palude,* l. c.; *Iacobus de Losanna,* l. c. (70ra-rb).

71—75 Cf. *Thomas de Suttona,* l. c. (150, 355 sqq.).

76 *Durandus,* l. c. (169ra-rb). — Cf. *Petrus de Palude,* l. c. (15va); *Iacobus de Losanna,* l. c. (70rb).

96 Cf. *Herveus Natalis,* l. c. ad 5 (140ra).

96—106 *Durandus,* l. c. (169rb). — Cf. *Petrus de Palude,* l. c.

100 Cf. *Herveus Natalis,* l. c. (139vb-140ra).

102—106 Cf. *Aegidius Romanus,* l. c.

1 L. *Wittgenstein, Tractatus logico-philosophicus* (4.112).

2 Vgl. K. *Lorenz, Elemente der Sprachkritik. Eine Alternative zum Dogmatismus und Skeptizismus in der Analytischen Philosophie,* Theorie, Frankfurt a. M. 1971, 30.

3 Vgl. u. a. Th. W. *Adorno* u. a., *Der Positivismusstreit in der deutschen Soziologie,* Soziol. Texte 58, Neuwied-Berlin ²1970; A. *Giorgi, Psychology as a Human Science. A Phenomenologically Based Approach,* New York 1970; K. *Holzkamp, Kritische Psychologie. Vorbereitende Arbeiten,* Texte z. polit. Theor. u. Praxis, Frankfurt a. M. 1972; S. *Ossowski, Die Besonderheiten der Sozialwissenschaften,* ed. suhrkamp 612, Frankfurt a. M. 1973.

4 Vgl. etwa die Arbeiten von H. *Roos,* J. *Pinborg,* die von J. *Pinborg* und H. *Kohlenberger* betreute neu eingerichtete Reihe *„Grammatica Speculativa“.*

5 Th. W. *Köhler, „Reprobationes“ Bernhards von Auvergne O. P. in einer Harburger Handschrift,* Rech. Théol. anc. méd. 38 (1971) 196—210. — Wir bezeichnen auch in der vorliegenden Arbeit die Handschrift mit dem Sigel H.

6 Vgl. F. *Stegmüller, Repertorium Commentariorum in Sententias Petri Lombardi,* I, Herbipoli (Würzburg) 1947, 465 Nr. 1102. — Eine verstümmelte Marginalglosse auf dem äußeren Rand von Bl. 94r deutet auf Einschübe und Umstellungen von Quästionen des Kommentars hin.

7 Vgl. Th. W. *Köhler, „Reprobationes“* 196.

8 Die abweichenden Lesarten bei F. *Stegmüller, Repertorium,* I, 465 Nr. 1102 sind zu berichtigen. — Auch die Quästionen-Auswahl aus dem Kommentar des *Durandus von S. Pourçain* zu II *Sent.* im Cod. 662 der Biblioteca Antoniana zu Padua beginnt mit II *Sent.* d. 1 q. 5, der Parallelquästion zur ersten von H.

9 Siehe u. S. 377 f.

10 H, f. 89rb; 93ra; 94ra; 96rb; 97rb; 97va.

11 H, f. 88ra; 88*rb; 89rb; 90va.

12 Bei den Textvergleichen mit II *Sent.* des *Durandus* benutzten wir für die „erste Redaktion“ Kodex Chigi. B. VIII. 135, ff. 163r-215v (= V^1) der Biblioteca Apost. Vaticana, für die „dritte Redaktion“ den Druck *D. Durandi a S. Porciano ... in Petri Lombardi Sententias Theologicas Commentariorum libri II ...* Venetiis 1571.

13 Vgl. *Durandus von S. Pourçain,* II *Sent.* d. 8 q. 1; q. 2 (V^1, f. 177vb-178ra; ed. Venet. 1571, f. 147ra-rb; 147rb-va); II *Sent.* d. 13 q. 1 (V^1, f. 182rb-vb; ed. Venet. 1571, f. 154vb-155rb).

14 V. *Heynck, Die Behandlung der Lehre von dem Wiederaufleben der Taufe in den Sentenzenkommentaren des Durandus de S. Porciano,* Franz. Stud. 42 (1960) 49.

15 Vgl. J. *Koch, Durandus de S. Porciano O. P. Forschungen zum Streit um Thomas von Aquin zu Beginn des 14. Jahrhunderts. Erster Teil: Literargeschichtliche Grundlegung,* Beitr. Gesch. Philos. Mittelalt. XXVI, 1. Halbb., Münster i. W. 1927, 75.

16 Vgl. V. *Heynck, Die Behandlung* 49.

17 Vgl. M. *Grabmann, Handschriftliche Mitteilungen über Abbreviationen des Sentenzenkommentars des seligen Papstes Innocenz V. (Petrus de Tarantasia O. P. † 1276),* Div. Thom. (Fr.) 24 (1946) 109.

18 Ebd. 110 f.

19 Ebd. 110.

20 *Innocentii Quinti Pontificis Maximi ... qui antea Petrus de Tarantasia dicebatur, In IV. Libros Sententiarum Commentaria* ... Tolosae, II, 1649, 66 b-67 a.

21 *Petrus von Tarentaise,* II *Sent.* d. 1 q. 3 a. 1 (ed. Tolos., II, 1649, 12 b-13 b).

22 H, f. 87rb.

23 *Petrus von Tarentaise,* II *Sent.* d. 1 q. 3 a. 1 (ed. Tolos., II, 1649, 12 b-13 b). Vgl. *Thomas von Aquin,* II *Sent.* d. 1 q. 1 a. 1.

24 *D. Dionysii Carthusiani, de his quae secundum sacras scripturas et orthodoxorum patrum sententias, de rerum creatione, naturae angelicae et humanae statu ac conditione, catholice credantur, liber secundus* ... Coloniae 1535, 39 a; 209 b.

25 Ein Vergleich mit dem Sentenzenkommentar des Petrus *von Auvergne* ist nicht möglich, da dieser verschollen ist.

26 Vgl. J. *Koch, Durandus* 278.

27 Siehe u. S. 375.

28 Zur Datierung vgl. V. *Heynck, Zur Datierung des Sentenzenkommentars des Petrus de Palude,* Franz. Stud. 53 (1971) 327.

29 H, f. 92ra.

30 Vgl. J. *Koch, Durandus* 329.

31 Bernhard *Lombardi* z. B. spricht bereits von „doctor sanctus", vgl. J. *Koch,* ebd.

32 Auch J. P. *Muller, Les reportations des deux premiers livres du Commentaire sur les Sentences de Jean Quidort de Paris O. P.,* Angelicum 33 (1956) 380 f.; V. *Heynck, Die Kommentare des Petrus Aureoli zum dritten Sentenzenbuch,* Franz. Stud. 51 (1969) 43 ff. werten diese Stileigentümlichkeit als Charakteristikum reportierter Texte.

33 H, f. 87rb-va.

34 H, f. 89vb.

35 H, f. 94vb. Für die anderen Wendungen vgl. H, f. 87va; 88ra; 89ra; 89rb; 89vb; 90ra; 90rb; 90va. — Es fällt auf, daß außer dem „scriptum Thomae" und „scriptum Petri" auch ohne ähnliche Angaben nur „scriptum" und „scripta" zitiert werden.

36 Th. W. *Köhler, Der Begriff der Einheit und ihr ontologisches Prinzip nach dem Sentenzenkommentar des Jakob von Metz O. P.,* Studia Anselmiana LVIII, Romae 1971, 334 Anm. 1.

37 Vgl. Pr. *Stella, Zwei unedierte Artikel des Johannes von Neapel über das Individuationsprinzip,* Div. Thom. (Fr.) 29 (1951) 151.

38 Vgl. Th. W. *Köhler, Der Begriff* 337 ff.

39 Siehe u. S. 380, 20; vgl. P. *Glorieux, La littérature quodlibétique de 1260 à 1320,* I, Bibl. Thom. V, Le Saulchoir, Kain 1925, 8 f.

40 Th. W. *Köhler, Der Begriff* 340.

41 Den Sentenzenkommentar des *Jakobus von Lausanne* sahen wir ein in den Hss.: Prag, Metropolitankapitel C 27, ff. 1-176 (= P) und Wien, Österreichische Nationalbibl., Cod. Vindob. lat. 1542, ff. 1-89.

42 Siehe u. S. 379, 1.

43 Ebd. 379, 2—7.

44 Vgl. Th. W. *Köhler, Der Begriff* 335 Anm. 2. (Versehentlich wurde in dieser Anm. das „dicunt" vor „alii" nicht gedruckt).

45 Vgl. J. *Müller, Quästionen der ersten Redaktion von I. und II. Sent. des Durandus de S. Porciano in einer Hs der Biblioteca Antoniana in Padua,* Div. Thom. (Fr.) 19 (1941) 437.

46 Vgl. I. *Klinger, Das Prinzip der Individuation bei Thomas von Aquin,* Münsterschw. Stud. II, Münsterschwarzach 1964, 66 ff.

47 Vgl. Th. W. *Köhler, Der Begriff* 330; 336 Anm. 6; 340 f.; 337 ff.; 335.

48 Vgl. Siger *von Brabant, Q. in Metaph.* V q. 20 (ed. C. A. *Graiff, Siger de Brabant. Questions sur la Métaphysique, Texte inédit,* Phil. Méd. I, Louvain 1948, 351 ff.).

49 Siehe u. S. 379, 8—380, 24.

50 „Contra istum modum ponendi sic obicitur: Videtur primo, quod materia ex hoc, quod est primum subiectum, non sit principium individuationis, quia eo modo non esse in pluribus est de ratione universalis. Sed esse in pluribus est de ratione universalis non sic, quod sit in multis tamquam in subiectis, sed quod sit in multis, de quibus praedicetur. Ergo non esse in pluribus est de ratione individui non ut non sit in multis sicut in subiectis, sed ut non sit in multis contentis, de quibus praedicetur. Sed materia, non obstante quod sit primum subiectum, est in multis ut in contentis de quibus potest praedicari. Ergo sic non esse in pluribus ut materia non est in pluribus nihil facit ad individuationem ... Item, secundae substantiae non sunt in aliquo. Dicuntur de et non sunt in eo modo, quo forma est in materia. Si igitur non esse in aliquo faciat ad hoc, quod aliquid sit individuum, sequeretur quod secundae substantiae de se essent individuatae." *Anonymus, Verteidigungsschrift „Super"* q. 133 (129) (Vat. lat. 4287, f. 26rb). — Vgl. Th. W. *Köhler, Der Begriff* 318 ff. Es erhebt sich die dringliche Frage nach Verfasserschaft und Datierung dieser Quästionen.

51 Siehe u. S. 380, 25—38.

52 Innerer Rand von Bl. 64v.

53 *Fertilissima Aegidii Romani ... quolibetta* ... Venetiis 1504, f. 7rb-vb.

54 Vgl. Th. W. *Köhler, Der Begriff* 311; 318 ff., auch *Bernhard von Trilia, Quodl.* III q. 8 (Firenze, Bibl. Naz. Centr., Conv. Soppr. A. 3.1153, f. 30ra-31ra).

55 *Thomas von Sutton, Quodlibeta,* hrsg. v. M. *Schmaus* unter Mitarb. v. M. *Gonzáles-Haba,* Bayr. Akad. Wiss., Veröffentl. d. Kommission f. d. Herausg. ungedr. Texte aus d. mittelalt. Geisteswelt II, München 1969, 139 ff.; *Herveus Natalis, Quodl.* VIII q. 11 (Madrid, Bibl. Nac. 226 [= M], f. 139va-140rb).

56 *Thomas von Sutton, Quodl.* I q. 21 (ed. M. *Schmaus* 143, 141).

57 Vgl. Th. W. *Köhler, Der Begriff* 324. Zu Heinrich *von Gent* ebd. 301 ff.

58 *Petrus von Auvergne, Quodl.* II q. 5 (ed. E. *Hocedez, Une question inédite de Pierre d'Auvergne sur l'individuation,* in: *Hommage à Monsieur le Professeur Maurice De Wulf,* Louvain 1934, 370—79).

59 Siehe u. S. 380, 39-381, 58. — Vgl. *Gottfried von Fontaines, Quodl.* VII q. 5 (Phil. Belg. III

322 ff. *Petrus von Auvergne, Quodl.* II q. 5 (ed. E. *Hocedez* 372, 71 ff.); *Ägidius von Rom, Quodl.* I q. 11 (ed. Venet. 1504, f. 7va).

60 *Thomas von Sutton, Quodl.* I q. 21 (ed. M. *Schmaus* 144, 174 ff.; 147, 260 ff.).

61 Siehe u. S. 381, 59.

62 Vat. lat. 1073 (= V²), f. 15r, äußerer Rand.

63 Siehe u. S. 381, 59—66.

64 Gottfried *von Fontaines, Quodl.* VII q. 5 (Phil. Belg. III, 324 f.).

65 Ebd. 325.

66 Vgl. E. *Hocedez, Une question* 360; 371, 24 ff.; Th. W. *Köhler, Der Begriff* 76 ff.; 200; 317; *Roger Marston, Q. d. De anima* q. 2 (Bibl. Franc. Schol. Med. Aevi VII, Ad Claras Aquas 1932, 233). Vgl. mit diesen Texten: *Thomas von Sutton, Quodl.* I q. 21 (ed. M. *Schmaus* 149, 312 ff.). Angesichts der hier zu Tage tretenden literarischen Beziehungen muß die bisher nicht befriedigend gelöste Frage der Datierung der ersten *Quodlibeta* des *Thomas von Sutton* nochmals überdacht werden.

67 Vgl. Th. W. *Köhler, Der Begriff* 335.

68 Siehe u. S. 381, 67—70. — Vgl. *Johannes von Paris, Q. de causa individuat.* (ed. J. P. *Müller,* siehe o. S. 347 ff.

69 Vgl. *Petrus von Auvergne, Quodl.* II q. 5 (ed. E. *Hocedez, Une question* 373, 99—109).

70 Siehe u. S. 381, 71—73.

71 Ebd. 381, 73—75.

72 Ebd. 381, 76—78.

73 V², f. 15v, äußerer Rand; P, f. 70r, äuß. Rand; Cod. Vindob. lat. 1542, f. 63v, innerer Rand.

74 Vgl. E. *Hocedez, Une question* 356; *ders., Les Quaestiones in Metaphysicam de Pierre d'Auvergne,* Arch. de Philos. 9, III (1932) 193 f.; Th. W. *Köhler, Der Begriff* 286; 302 ff.; *Thomas von Sutton, Quodl.* I q. 21 (ed. M. *Schmaus* 149, 319 ff.); *Herveus Natalis, Quodl.* VIII q. 11 (M, f. 139vb-140rb); III q. 9 (ed. Venet. 1486, f. 69rb).

75 Siehe u. S. 381, 79—81. — Vgl. *Gottfried von Fontaines, Quodl.* VII q. 5 (Phil. Belg. III, 320).

76 Siehe u. S. 381, 82—84. — Vgl. *Aristoteles, Metaph.* IV (Γ) 2 (1003 b 23 ff.); *Roger Marston, Q. d. De an.* q. 2 (Bibl. Franc. Schol. Med. Aev. VII, 233); *Petrus von Auvergne, Quodl.* II q. 5 (ed. E. *Hocedez, Une question* 373, 92—94), u. a.

77 Siehe u. S. 381, 85 f.

78 Vgl. *Petrus Aureoli,* II *Sent.* d. 9 q. 3 a 3 (ed. Rom. 1605, 114 a-b); *Johannes von Neapel, Quodl.* VII q. 6 (ed. Pr. *Stella, Zwei unedierte Artikel* 162, 39 ff.).

79 Siehe u. S. 381, 86—382, 93.

80 Vgl. *Herveus Natalis, Quodl.* VIII q. 11 (M, f. 140ra-rb). Wir setzen dabei voraus, daß die von L. *Hödl, Die Quodlibeta Minora des Herveus Natalis O. P. († 1323),* Münchn. Theol. Zeitschr. 6 (1955) 227 vorgeschlagene Datierung zutrifft.

81 Siehe u. S. 382, 96-101. Offenbar bezieht sich diese Argumentation direkt auf *Herveus Natalis, Quodl.* VIII q. 11 ad 5 (M, f. 140ra). — Vgl. *Johannes von Neapel, Quodl.* III q. 5 (ed. Pr. *Stella, Zwei unedierte Artikel* 153, 22—32).

82 Siehe u. S. 382, 102-106.

83 „Haec autem opinio deficit in se et in suis rationibus.“ *Durandus,* II *Sent.* d. 3 q. 2 (V[1], f. 168vb).

84 Für eine ähnliche Theorien-Beurteilung im *Correctorium fratris Iacobi Metensis* vgl. Th. W. *Köhler, Der Begriff* 347.

85 *Petrus de Palude,* II *Sent.* d. 3 q. 2 (V[2], f. 15va); *Jakob von Lausanne,* II *Sent.* d. 3 q. 1 (P, f. 70rb-va). — Vgl. *Herveus Natalis, Quodl.* III q. 9 (ed. Venet. 1486, f. 70rb-va).

86 Vgl. z. B. H, f. 89ra; 90va; u. a.

87 J. *Koch, Durandus* 314. Vgl. 16 ff.; 200 ff.

88 Ebd. 197 ff. Für die durandus-freundliche Auffassung des *Johannes von Neapel* vom Individuationsprinzip vgl. Pr. *Stella, Zwei unedierte Artikel* 150.

89 Vgl. A. *Maier, Ausgehendes Mittelalter. Ges. Aufsätze z. Geistesgesch. d. 14. Jahrh.,* II. Storia e Letteratura 105, Roma 1967, 310.

90 „Idem dico de materia, nisi quod sua individuatio plus dependet a forma quam e contrario ...“ *Durandus,* II *Sent.* d. 3 q. 2 (V[1], f. 169ra).

91 „Propter quod sciendum est, quod materia est pura potentia ad esse et idem et diversum supponit esse. Et ideo in materia, ut secundum se est, non est inquirenda diversitas vel identitas, sed inquirenda est a forma sicut esse materia cum forma. Unde quod est sub una forma, est una, quando vero sub diversis formis, est ibi diversitas. Unde tota unitas est a forma, et licet potentialitas sit a materia.“ H, f. 96vb.

92 „Unde et quidam dicunt, quod ⟨si⟩ anima Petri (?) fieret sub materia vermis, esset idem Petrus numero.“ Ebd. — Vgl. Th. W. *Köhler, Der Begriff* 361 ff.; Johannes *von Neapel, Quodl.* VII q. 6 (ed. Pr. *Stella, Zwei unedierte Artikel* 165, 19 ff.). Falls er diesen zitiert haben sollte, wäre der Harburger Kommentar nach 1316 anzusetzen (vgl. J. *Koch, Durandus* 311).

93 Gestrichen hat der *Anonymus* von der Quästion des *Durandus* deren Vorspann mit Argumenten und Gegenarg. (V[1], f. 168va), die Ausführungen über „individuum“, „suppositum“, „persona“ zu Beginn der *Solutio* (168va-vb) sowie das Schlußargument (169rb).

94 Als solche direkte Quellen kommen, wie im einzelnen gezeigt, in Frage: *Anonymus, Verteidigungsschrift „Super“, Thomas von Sutton, Herveus Natalis.*

95 Siehe u. S. 381, 68 f.; 76 ff.

96 *Averroes, Epitome in lib. Metaph. tr. 3* (ed. Venet. 1550, VIII, f. 379ra).

97 Vgl. Th. W. *Köhler, Der Begriff* 200.

98 Vgl. E. *Hocedez, Une question* 360.

99 Vgl. Th. W. Köhler, *Der Begriff* 76 ff.

100 H, f. 87rb.

101 Siehe u. S. 381, 83.

102 „Sed esse individuum convertitur cum ente accepto secundum esse reale.“ *Durandus,* II *Sent.* d. 3 q. 2 (V[1], f. 169ra); vgl. *Johannes von Neapel, Quodl.* VII q. 6 (ed. Pr. *Stella, Zwei unedierte Artikel* 157, 31 ff.).

103 Vgl. Th. W. *Köhler, Der Begriff* 231 ff.; 245 ff.; 284 ff.; 354 ff.

104 „Ad rationes in oppositum. Respondendum est primo ad primum argumentum: Quando dicitur: ‚Sicut se habet numerus ad unitatem (numerum *cod.*) etc.' dicendum, quod unitas secundum se non facit numerum formalem, sed replicatio eius sicut triplicatio vel huiusmodi. Unde unitates sunt solum materia numeri, sed aggregatio earum, quae est una, facit numerum formaliter." H, f. 87rb.

105 Vgl. *Jakob von Metz,* I *Sent.* d. 24 q. un. (ed. Th. W. *Köhler, Der Begriff* 502, 123 ff.).

106 Siehe u. S. 381, 69—70.

107 Vgl. z. B. *Thomas von Aquin, Q. d. De verit.* q. 10 a. 5, u. a.

108 Vgl. Pr. *Stella, Zwei unedierte Artikel* 138.

109 Siehe u. S. 380, 43—44.

110 Vgl. R. *Paqué, Das Pariser Nominalistenstatut. Zur Entstehung des Realitätsbegriffs der neuzeitlichen Naturwissenschaft (Occam, Buridan und Petrus Hispanus, Nikolaus von Autrecourt und Gregor von Rimini),* Quellen u. Stud. z. Gesch. d. Phil. XIV, Berlin 1970, 265.

111 Siehe u. S. 382, 92—93. Vgl. H. f. 92rb.

112 Ebd. S. 379, 11 ff.

113 *Petrus Aureoli,* II *Sent.* d. 9 q. 3 a. 3 (ed. Rom. 1605, 114 a-b).

114 Vgl. *Durandus, Quodl. Avenion.* III q. 1 *(Magistri D. Durandi a S. Porciano O. P. Quolibeta Avenionensia tria* ... cura P. T. *Stella,* Zürich 1965, 230); *Petrus von Auvergne, Q. in Metaph.* II q. 23 (Ottob. lat. 1145, f. 8ra).

115 Vgl. die folgenden Beispiele: „Aliqui assistunt verbo *Philosophi* sicut ad evangelium. Nescio quare, quia in multis deficit caecus (?)" H, f. 90vb; „... sicut si ponatur digitus vel aliquid opacum super pupillam, non videbis." Ebd.; „Sed quilibet experitur se intelligere, alioquin qui diceret: ‚Non intelligo', fatuus reputaretur" (91vb). — Für die entsprechenden Tendenzen bei *Durandus* vgl. J. *Muller, La pensée religieuse aux XIV*e *et XV*e *siècles,* in: *Poulet, Histoire du Christianisme* V, Paris 1937, 254.

116 H. *Schepers, Holcot contra dicta Crathorn,* Philos. Jahrb. 79 (1972) 135.

117 Die folgende Textedition wurde nach den in anderem Zusammenhang aufgestellten Richtlinien vorgenommen: Th. W. *Köhler, Der Begriff* 487 ff. Die verwendeten Hss.-Siglen wurden im Vorausgehenden eingeführt.

Gottfried Wilhelm Leibniz und Raimund Lull (¹).

Erhard-Wolfram Platzeck (Mönchengladbach)

Zwischen Leibniz' und Lulls Lebenszeiten liegen rund vier Jahrhunderte. Im leibnizschen Zeitalter hatte die Geschichte des Lullismus bereits ihre Höhepunkte überwunden.

Was den Umfang der Werke Lulls angeht, so war der Mallorkiner ohne Zweifel einer der produktivsten Autoren des Mittelalters. Ähnliches könnte man vielleicht von Leibniz für seine Zeit sagen; denn die vollständige Ausgabe seiner Schriften würde, falls sie eines Tages abgeschlossen wird, nach einer approximativen Schätzung Herrn Doktors Heinrich Schepers, des Direktors des Leibniz-Institutes in Münster, gute sechzig Oktavbände ausmachen. Angesichts solcher Sachlage heißt es für uns, den Rahmen des gewählten Themas beträchtlich einzuschränken.

Zunächst werden wir den jungen Leibniz vorstellen, der mit zwanzig Jahren seine offenbar an Raimund Lull anschließende *Dissertatio de arte combinatoria* 1666 veröffentlichte[2].

Im zweiten Punkt gehen wir zum vierzigjährigen Leibniz über, der 1686 seinen *Discours de métaphysique* schrieb[3]. Hier gilt es nachzusehen, ob in dieser ersten Synthese des leibnizschen Systems sich lullsche Spuren oder zum wenigsten bemerkenswerte Verbindungen vom einen zum anderen Denker entdecken lassen.

In einem dritten Punkt stellen wir die leibnizsche Auffassung einer Scientia generalis der lullschen *Ars generalis* gegenüber.

Unter dem Gesichtspunkt reiner Information boten bereits die Doktoren Thomas und Joachim Carreras Artau in ihrem Gemeinschaftswerk *Historia de la Filosofía Española; Filosofía cristiana de los siglos XIII al XV*[4] eine sehr dienliche Darstellung. Außerdem erwies uns der schon zitierte Dr. Schepers einen wertvollen Freundesdienst, indem er mir Bücher, die ich vergangenes Jahr in

Rom nicht zur Hand hatte, und auch Photokopien vermittelte. Allerdings, was ich hier biete, ist lediglich die Zusammenfassung einer umfangreicheren Arbeit[5].

I. Die leibnizsche „Dissertatio de arte combinatoria" und Raimund Lulls Kombinatorik.

Der junge Leibniz konnte zum wenigsten sechs echte Lull-Werke kennen[5a]. Außer der Anwendung der Kombinatorik interessierte ihn vor allem eine mathematisch-logische Theorie des kombinatorischen Kalküls. Das Ideal wäre hier, wenn man stets nur gleichwertige Elemente zu kombinieren hätte. Falls es diese aber zum Teil nicht gibt, muß man zwischen brauchbaren und unbrauchbaren Kombinationen unterscheiden. Die brauchbaren entsprechen der Objekts-Wirklichkeit.

Uns geht es hier besonders um die Kritik, die der junge Leibniz über die lullsche Kunst fällt[6].

Man muß wissen, daß Lull in seiner endgültigen *Ars generalis* die Grundlagen dieser seiner Kunst durch vier Figuren erläutert. Die erste Figur ist eine Kreisfigur, genannt Figura A. Sie ist zunächst die Figur der göttlichen Attribute oder der höchsten Werte. Sie heißen bei Lull *Dignitates*. *„Dignitas"* ist die lateinische Bezeichnung für das griechische *„Axioma"*. Der Mittelpunkt der Figur wird A genannt und bezeichnet an erster Stelle Gott selbst. Doch sind diese neun ausgewählten an der Peripherie des Kreises stehenden Dignitates, dargestellt durch die Buchstaben B bis K, zugleich auch Lulls absolute Prinzipien, oder anders ausgedrückt: Lulls allgemein transzendentale Aspekte, bei welcher Interpretation nun der zentrale Buchstabe A, allgemeiner gefaßt, irgendein realseiendes Subjekt bezeichnet. Diese Figur A bietet ohne Zweifel das ideale Muster einer allgemeinen Kombinatorik. — Die zweite Figur, ebenfalls eine Kreisfigur, heißt Figura T. Es ist die Figur der neun relativen Prinzipien (b-k), wie z. B. (b) des Unterschieds, (c) der Übereinstimmung, (h) des Größerseins, (i) der Gleichheit. — Die dritte Figur gleicht einer Treppe. Ich nenne sie die lullsche Urteilsfigur; denn durch ihre Kombinationen von je zwei der neun Elemente der Figuren A und T stellt sie die Grundlage für alle Urteile dar, die mittels der achtzehn, nämlich der zweimal neun gegebenen Begriffselemente (der Figuren A und T) möglich sind. — Die vierte lullsche Figur ist eine bewegliche Figur, bestehend aus drei ungleich großen, konzentrisch-beweglichen Kreisen mit je neun Buchstaben (B—K). Ich nenne sie die Figur möglicher Syllogismen; denn durch sie erleichtert sich die Auffindung aller möglichen Kombinationen von je drei Begriffselementen aus dem mit den Figuren A und T gegebenen Begriffsbestande. Lull beachtet also bei den Kombinationen seiner *Ars* zumeist nur die absoluten und relativen Prinzipien der Figuren A und T und erhält somit mittels dieser seiner Figur IV 1680 Kombinationen.

Leibniz hält im lullschen Alphabet den Umstand für unangebracht, daß die Buchstaben B bis K äquivok sind, also verschiedene Bedeutungen annehmen. In der Tat bezeichnen sie nicht nur, wie bisher vermerkt wurde, die absoluten und relativen Prinzipien, weswegen sie bereits mehrdeutig auftreten, sondern sie können auch neun reale Subjektsklassen (von Gott abwärts bis zu den Elementen), neun Fragen oder Regeln, neun moralische Tugenden und neun Laster des Menschen anzeigen. Das Gesagte gilt für die verbesserte Auflage der *Ars generalis* seit der *Ars inventiva veritatis* (1289), in der Lull die anfänglichen sechzehn Attribute Gottes auf neun reduzierte. Dies ganze aufgezählte Material an kombinationsfähigen Elementen ergäbe nach Leibniz nahezu achtzehn Billionen Kombinationen, ein Resultat, das übrigens Leibniz im Grunde bewundert. Weiterhin stellt Leibniz fest, daß Lulls Liste der göttlichen Attribute willkürlich sei. Das wird nun jede Attributenliste sein müssen. Übrigens kennt Lull schon diesen Einwand, glaubt aber, daß seine Liste hinreicht; denn ihm zufolge implizieren die ausgewählten Attribute alle andern, die nicht ausdrücklich erwähnt werden.

Lulls Liste der neun Subjekte sagt Leibniz vollends zu. — In der Figur T dagegen vermißt er eine ausreichende Unterscheidung zwischen den relativen Prinzipien der Übereinstimmung *(concordantia)* und der Gleichheit *(aequalitas)*. Es wird sich uns noch die Gelegenheit bieten, auf diese Frage in einem andern Zusammenhang zurückzukommen.

Was nun die logischen Regeln des kombinatorischen Kalküls selbst betrifft — und es ist merkwürdig, daß Leibniz unterläßt, dies zu vermerken —, muß man historischer Gerechtigkeit wegen feststellen, daß Raimund Lull sie samt und sonders in praxi anwendet, wenngleich er niemals eine Theorie des allgemeinen Kombinationskalküls ausgearbeitet hat. Er war ein Denker überraschender Intuitionen, aber kein exakt arbeitender Wissenschaftler. Die logi-

schen Regeln dieses Kalküls sind erst in unserem Jahrhundert erneut herausgestellt worden.
Wenn man bei Leibniz lediglich diese Kritik am lullschen System beachtete, würde man denken können, der Einfluß des Lullismus auf unsern deutschen Denker sei nicht sonderlich groß gewesen. Jedoch bereits der abschließende Satz dieser leibnizschen Kritik läßt das Gegenteil vermuten. Unser junger Gelehrter sagt betont: „Nur dies möchte ich wünschen, daß jemand, mit weitest sehender Geisteskraft begabt, tiefer als Lull in das Innere der Dinge eindringe und zu gutem Ende führe, was wir [hier] vorausgenommen haben und zu den Desiderata [im Wissenschaftsbetrieb] rechnen". Wer verstände hier nicht die Geistesverfassung dieses zwanzigjährigen Doktors der Philosophie? Die Kunst Raimund Lulls, die eine allgemeine Methode für alle Wissenschaften sein soll, diente Leibniz als großer Ansporn zur Suche nach dem vollkommensten System, in dem alle menschlichen Wissenschaften sich einigen könnten und alle auf eine einzige Grundwissenschaft zurückzuführen seien.

II. Leibniz' „Discours de métaphysique" vom Jahr 1686 und Lulls Lehre.

Zunächst erlaube man uns, hier einige Lebensdaten Leibnizens nachzuholen. Der junge Doktor der Philosophie und Kandidat des Rechtes wurde in Leipzig von der juristischen Fakultät wegen seiner Jugend abgewiesen. Darauf bewarb er sich noch im gleichen Jahr 1666 an der Rechtsfakultät der Nürnberger Universität in Altdorf um den Doktorgrad des Rechtes und promovierte mit der *Dissertatio de casibus in jure.* Mit der Erwerbung dieses Doktortitels erhielt Leibniz nicht nur die Lehrerlaubnis, sondern auch den Lehrauftrag für die Universität der freien Reichsstadt Nürnberg. Doch eine Begegnung mit Johannes Christian von Boineburg, dem Minister des Kurfürsten und Erzbischofs von Mainz, brachte ihn vom Universitätsleben ab und führte ihn in eine höfische Laufbahn. Zehn Jahre stand Leibniz im Dienst der Mainzer Kurie. Danach diente er vierzig Jahre hindurch dem Hof der Herzöge von Hannover, die später die Krone Englands erlangten. — Unter der Gunst und dem Schutz des Kurfürsten von Mainz konnte Leibniz mehrere Jahre in Paris leben und sich besonders in den mathematischen Wissenschaften fördern, die im damaligen Deutschland, das sich vom Dreißigjährigen Krieg noch nicht erholt hatte, kaum wieder aufzublühen begannen. In jener Zeit reiste Leibniz auch nach England und Holland. So lernte er in jenen Jahren verschiedene im geistigen Leben richtungweisende Männer persönlich kennen, wie Arnauld, Malebranche, Huyghens, den Grafen Tschirnhaus, den jungen Marquis de l'Hospital, Newton und Spinoza. Blaise Pascal war freilich bereits gestorben, doch blieb noch eine lebendige Erinnerung an ihn in der französischen Hauptstadt. Mit unglaublicher Leichtigkeit machte Leibniz in seiner Pariser Zeit Riesenfortschritte in der Mathematik und offenbarte sich alsbald als einer der bedeutendsten Führer auf diesem Gebiet. Im philosophischen Feld reifte die synthetische Kraft seines Genies langsamer. Ohne Zweifel waren Descartes und Spinoza unvermeidliche Durchgangsstadien. Was insbesondere Descartes betrifft, so weiß man, daß dieser ein erklärter Gegner der lullschen Kunst gewesen war. Dennoch vermute ich, daß eine sorgsame Untersuchung uns einen Descartes zeigen könnte, der nicht wenig dem Lullismus schuldet. Sei es, wie es sei. Wenn Leibniz später deutlich von Descartes abbog, so zwang dieser sein neuer Weg ihn keineswegs, sich Raimund neuerdings zu nähern noch von ihm abzulassen. — Die im allgemeinen negative Wertung Spinozas seitens Leibniz wurde — trotz gewisser gegenteiliger Stimmen — von Louis Couturat überzeugend dokumentiert[7]. Mir scheint, Leibniz mußte instinktiv in dem Einsamen aus dem Haag eine Geisteswelt erkennen, die seinem Charakter fremd war. Dies zugegeben, möchte ich anderseits einen gewissen Einfluß spinozistischer Ideen auf Leibniz nicht von der Hand weisen[8].

Nach dieser historischen Präambel beginnen wir mit unseren Sonderbeobachtungen betreffs lullscher Gedankennähe bei der Durchsicht des *Discours de métaphysique*, der gegen Ende des ersten Jahrzehnts entstand, das Leibniz in Hannover verbracht hatte.

Der Eingangssatz lautet: „Der bedeutsamste Gottesbegriff, den wir besitzen, drückt sich in den Worten aus: Gott ist ein absolut vollkommenes Wesen. . . . Man muß anmerken, daß es verschiedene Vollkommenheiten gibt und daß eine jede Gott im höchsten Grade zu eigen ist“. — Raimund Lull hatte seine *Ars maior*, den Erstentwurf seiner Kunst mit den Worten begonnen: „Wir setzen den Buchstaben A als Ausdruck für unsern Herrn und Gott und sprechen diesem A sechzehn (Tugend-) Kräfte zu“[9], die auch *Dignitates* oder absolute Prinzipien heißen. Wir wissen bereits, daß Lull diese *Dignitates* später auf neun reduzierte.

Im angeführten Leibniz-Text sollte der Ausdruck „Vollkommenheit" *(perfection)* unsere Aufmerksamkeit wecken; denn philologisch betrachtet schließt er ein Werden im Endzustand, d. h. hier im höchsten Grad, genau genommen: im höchsten Grad einer Endentwicklung, ein. So pflegt die sogenannte affirmative Theologie zu reden, welche uns nur in ungenügender Weise die bestehende Kluft zwischen göttlichem und geschöpflichem Wesen nahebringt. Selbstverständlich weiß sie, daß Gott nicht wird, daß das Werden vielmehr den geistigen Aufstieg des Menschen von den Dingen zu Gottes Vollkommenheit höchsten Grades anzeigen soll. Als berichtigende Ergänzung rechter Gottesauffassung wird die negative Theologie erachtet. So überwindet Lull z. B. die der affirmativen Theologie verhaftete Unterscheidung der göttlichen Attribute, indem er schlicht behauptet, daß sie mit Gottes Wesenheit alle koinzidieren. Für Leibniz ist der Term „Koinzidenz" Ausdruck der Identität. In sich genommen sind die göttlichen Attribute nur menschlich definierbare, also eingrenzbare und somit unterscheidbare Begriffe. Sie kommen von unserer Weltbetrachtung her. Aber die Welt, so bemerkt Leibniz, ist ein Siegel des Schöpfers. Mit Bonaventura könnten wir sagen, daß Gott die Welt genau so geschaffen hat, wie er sie hat schaffen wollen. — Übrigens, soviel steht fest, daß alle göttlichen Attribute kraft voller Identität sich gegenseitig fordern. Wäre es nicht so, so würde es kein vollkommenstes Wesen im anselmianischen Sinne geben, d. h. Gott wäre nicht der Seiende, im Vergleich zu dem sich kein (axiologisch) größeres Seiendes denken läßt.

In inniger Verbindung zur lullschen Lehre von den göttlichen Attributen steht die leibnizsche Überzeugung, daß die Macht und die Weisheit Gottes im menschlichen Denken nicht getrennt werden dürfen. Hier offenbart sich in Leibniz ein gesundes religiöses Empfinden, das entschieden gegen die Nachfolger eines kranken Nominalismus angeht; denn dieser versteift sich zur Auffassung eines allmächtig-willkürlichen Gottes. Es gibt übrigens bei Leibniz, diesem sogenann-Rationalisten, einige starke Akzente, die uns in ihm eher einen Kenner und Gönner mystischer Denkweise sehen heißen, Akzente, die das tief religiöse mütterliche Haus in Leipzig mit Ideen verbindet, die dem Zirkel um Arnauld von Paris näherstanden. Entsprechend dem Wort des heiligen Augustin: „Gott und die Seele begehre ich zu erkennen, sonst nichts" betont Leibniz, daß die Seele oft so denken soll, als wenn es nichts anderes in der Welt gäbe außer Gott und ihr selbst"[10]. Mehr noch, indem er solch augustinische Haltung aus ihrem religiös-psychologischen Feld ins Metaphysische überträgt, sagt er im *Discours de métaphysique*[11]: „Gott allein stellt die Einheit und die Mitteilsamkeit der Substanzen her; denn Gott allein ist unser unmittelbares Objekt (!?) außer uns". Und da Leibniz jeglichen Kausaleinfluß zwischen den geschaffenen Substanzen abstreitet, spitzt er seinen Gedanken zu bis zu den versteigerten Worten: „All unsere zukünftigen Gedanken und Wahrnehmungen sind nichts anderes als — wenn auch kontingente (!) — Ableitungen unserer voraufgehenden Gedanken und Wahrnehmungen und zwar so, daß, wenn ich fähig wäre, alles distinktiverweise zu betrachten, was sich für mich jetzt ereignet oder was mir jetzt erscheint, ich auch alles sehen könnte, was sich mir in jeglichem [zukünftigen] Augenblick ereignen oder mir erscheinen wird. Und diese Erkenntnis würde mir auch dann nicht fehlen und würde mir auch dann gegeben sein, wann alles außer mir zerstört wäre und nichts bliebe außer Gott und mir" [12]. Der spätere leibnizsche Term der fensterlosen Monade ist der kürzeste Ausdruck solcher fast solipsistischen Auffasung. Wenn es hier nur darum ginge, die Aktivität der menschlichen Seele bei ihren Wahrnehmungen kräftig zu unterstreichen, ohne aber die authentischen Impulse seitens der Außenwelt leugnen zu wollen, würde sich Leibniz noch nicht von der echt augustinischen Lehre entfernen, die wir ebenfalls bei Bonaventura und bei Raimund Lull antreffen. Raimund versichert uns entschieden, daß das Sinnenhafte als solches nicht in den Dingen sondern in unsern Sinnen liegt. Jedoch im Gedankengang eines Leibniz wird die augustinische These „Gott und die Seele und nichts anderes" in solch gewagter und übertriebener Weise vorgestellt, daß sie meines Erachtens den inneren Zusammenhang der leibnizschen Metaphysik selbst zu zerstören droht. Wird nicht seine These von der Weltharmonie, die er oft genug in seinen Werken vertritt, auf diese Weise illusorisch? Und welche Funktion sollte noch seine andere These haben, wonach die Welt das Siegel des Schöpfers an sich trägt, wie es im *Discours de métaphysique* heißt? Trotzdem erhärtet noch Leibniz diese These im gleichen *Discours*, wenn er sagt[13]: „Ich bekenne, daß die gegenteilige Ansicht mir äußerst gefährlich (!) erscheint und in der Nähe der letzten neuerungssüchtigen Denker steht, nach deren Meinung die Schönheit des Universums und die Gutheit, die wir den Werken Gottes beimessen, nichts anderes als Chimären der Menschen seien. ... Außerdem — und hier spricht Leibniz nach der Art und Weise Lulls — wenn man sagt, die Dinge seien nicht nach der Richtschnur der Gutheit gut, sondern allein durch den (Willkür-)Willen Gottes, so zerstört man, scheint mir, alle Liebe Gottes und all seine Herrlichkeit. . . . Wo würden seine Gerechtigkeit und seine Weisheit bleiben, wenn nur eine gewisse despotische Macht übrigbliebe"?

Gottes Macht, sein Wille und seine Weisheit fordern sich gegenseitig. Aus der vollkommenen Kongruenz zwischen den göttlichen Attributen holt Leibniz seine Idee, daß die reale Welt die beste sei. Den Gegnern dieser These hält Leibniz vor, es sei unrecht, Einzelfälle des Weltalls zu befragen; man müsse vielmehr stets den Zusammenhang der Welt zu sehn trachten. Weil aber dies uns schwierig erscheint, fallen wir in den Irrtum, daß die Welt als Ganzes besser sein könnte als sie ist. Die leibnizsche These stützt sich hierbei auf folgendes Prinzip: „Wie das minus malum seinen Grund im Guten hat, so das minus bonum im Schlechten". Leibniz fährt fort: „Mit geringerer Vollkommenheit etwas tun, was man mit größerer Vollkommenheit ausstatten könnte, heißt unvollkommen handeln" [14]. — Lull sagt kategorisch: „Gott kann nicht schlecht handeln" [15]; und einer der bedeutendsten Lullinterpreten, der Franziskaner Bernhard von Lavinheta stellt fest: „Gott mußte die Welt kunstvoll und vollkommen schaffen" [16]. Übrigens steht fest, daß Leibniz die umfangreiche Darlegung lullscher Lehren, die Lavinheta 1523 in Lyon veröffentlichte in Form eines Auszugs, den Alstedt in Köln drucken ließ, persönlich kannte. Das Lavinhetawerk wird in Kürze im Reprintverfahren wieder aufgelegt [17]. Hinzufügen möchte ich noch, daß man die Welt in ihrem Zusammenhang ohne Bezugnahme auf das *Verbum incarnatum* nicht gültig betrachten kann; denn durch dieses erst wird Gott von der Welt her die höchste Ehre zuteil. Hier wird offenbar, daß die Theologie, gestützt auf die Selbstoffenbarung Gottes, wesentliche Lükken wahrer Weltanschauung auszufüllen imstande ist. Wir wissen, Lull war ein Verteidiger des absoluten Primates Christi in der Weltplanung Gottes; und Leibniz stellt fest, daß die Menschwerdung des Wortes Gottes die innigste Vereinigung darstellt, die zwischen Gott und der Schöpfung bestehen kann [18].

Was noch andere Thesen des *Discours de métaphysique* betrifft, muß ich mich auf schlichte Anführungen beschränken. Wie Lull unterscheidet Leibniz ordentliche und außergewöhnliche Werke Gottes, wodurch er die Möglichkeit der Wunder offenläßt. Für diese zwei Klassen göttlicher Werke ad extra gilt das leibnizsche Prinzip: „Gott tut nichts außerhalb der Ordnung [19]. Damit ist gesagt, daß das Wunder durchaus nicht die Kausalordnung in der Welt stört, als wenn diese kontingente Ordnung einer streng logischen ebenbürtig wäre an

Stringenz. — Ich übergehe die Frage nach der geschaffenen Substanz, die Leibniz hinsichtlich der kontingenten Wahrheiten nach Art der aristotelischen Entelechie auffaßt. Lull unterscheidet nicht klar wie Leibniz zwischen Verstandes- und Tatsachenwahrheiten. — Hingegen möchte ich einen Gedanken aufgreifen, der Lull und Leibniz gemeinsam ist, nämlich dem des *„horror otiosi“*, der als spezieller *horror vacui* in der Physik seine Bedeutung hat und allgemein gültig ist in der Welt des Moralischen. Es sei daran erinnert, daß Leibniz den physikalischen *horror vacui* besonders gegen die Kartesianer verteidigt[20]. —Übrigens tritt Leibniz auch für die notwendige Verbindung von Metaphysik und Ethik ein sowie für eine ebenso notwendige Einheit zwischen der Erfahrung und der scholastischen Form- (oder Wesens-) Philosophie. Auch hierin richtet er sich gegen die Schule des Descartes[21].

Ich meine, wir haben in genügender Weise die Grundideen des leibnizschen philosophischen Systems dargelegt, so wie es sich in seinem ersten Entwurf, nämlich im *Discours de métaphysique*, vorfindet. Grundsätzlich hat sich in den späteren philosophischen Ansichten unseres Denkers kaum Wesentliches geändert. Wie ein Ariadnefaden zieht sich aber durch unsere Darstellung die Lull und Leibniz gemeinsame Grundlehre von den göttlichen Attributen. Vielleicht verdankt man dieser Lehre den im Grunde harmonisierenden Charakter im leibnizschen wie im lullschen Denken. Es ist zudem ein religiöses und wirklichkeitsbezogenes Denken zugleich, das alles Müßige meidet. Anderseits muß man mit Nachdruck die leibnizsche Unterscheidung von Vernunft- und Tatsachenwahrheiten hervorheben. Für die letzten wird der spätere Leibniz sein Prinzip vom hinreichenden Grunde in Anspruch nehmen. Ich bin überzeugt, daß auf dies Prinzip sich leicht alle Beweisführungen der lullschen Theologie und Philosophie zurückführen ließen, also nicht im Sinne von Vernunftwahrheiten oder logisch-deduktiver Beweisgründe, sondern im Sinne von relativ besseren Kongruenzgründen, welche Leibniz *„raisons certes“*, Lull in Übereinstimmung mit der anselmianischen Terminologie *„rationes necessariae“* nennt.

Dagegen tut sich eine beachtliche Kluft zwischen Leibniz und Raimund Lull angesichts der ausgefallenen These des mystischen Metaphysikers Leibniz auf, der, in scheinbarem Einklang mit jenem Augustinus-Wort „Gott und die Seele und nichts anderes“ dieses in unannehmbarer Weise auslegt.

III. Der leibnizsche Begriff einer „Scientia generalis" und die „Ars generalis" Lulls.

Der Begriff einer *„scientia generalis"* schließt grundsätzlich ein methodologisches Problem ein. Die Methodologie des Leibniz besteht aus einem Straßennetz innerhalb einer Wissenschafts-Stadt im Aufbau. Die Straßen oder Wege sind Mittel zu gewissen Wegzielen. Wenn wir das weitbekannte Werk von Louis Couturat über die leibnizsche Logik[22] betrachten, bemerken wir sogleich, daß es hier nicht nur um eine globale *scientia generalis* geht, sondern zugleich um ganz bestimmte Anliegen wie: die Syllogistik des Leibniz, die sogenannte *Characteristica,* d. h. eine schriftliche Fixierung und Formalisierung menschlicher Gedanken, in Verbindung damit um eine Universalsprache, ferner um die Kombinatorik, um logische und geometrische Kalküle, um eine Mathesis universalis und schließlich um ein enzyklopädisches System.

Mir scheint, alle diese Einzelthemen sind irgendwie bereits Teile einer *scientia generalis* oder zum wenigsten stehen sie in enger Verbindung mit ihr. Nicht uninteressant ist hier die Tatsache, daß Michel Serres in seinem zweibändigen Werk *Le système de Leibniz et ses modèles mathématiques*[23] fast die gleiche leibnizsche Thematik im Netzschema eines regulären Sechseckes darstellt, in welchem „alles mit allem verbunden" ist[24], wie Leibniz selbst gesteht. In solchem „Ozean der Wissenschaften" — eine bildliche Ausdrucksweise unseres Denkers — ist es an und für sich gleichgültig, wo man beginnt. In letzter Analysis wird solche Vorstellung von der kombinatorischen Denkart miteingeschlossen und entspricht der lullschen Figura A, modern gesprochen impliziert sie die Theorie von den Verbänden.

Die Methodik entscheidet zumeist über das System eines philosophischen Denkers; und die Grundideen einer Methode sind nicht allein ideologischer Art, sondern bauen sich weiter auf durch Relationsbegriffe. Überdies erweist sich ein System um so nützlicher, je mehr es in einem einzigen Geistesvollzug (*d'un coup d'esprit)* ergriffen wird. Das trifft ohne Zweifel auf Lulls *Ars generalis* zu, aber zugleich auch — dank jenes netzartigen Sechseckes, das uns die Interpretation von M. Serres bietet, auf die leibnizsche *scientia generalis.* Wir werden zeigen, daß Lulls absolute Prinzipien in seiner Figura A prädikative Termen darstellen, während die grundhaften respektiven Termen, wie Leibniz sagen würde, mit Lulls Figura T gegeben sind.

Wenn es sich so verhält, muß unter methodologischer Rücksicht diese Figura T den bedeutendsten Teil der *Ars lulliana* ausmachen und muß überdies, wenn wir vom kombinatorischen Kalkül absehen, den relativ aktuellsten Bestand der Lehre Lulls darstellen. Darum ist es angebracht, daß wir trotz unserer bereits erfolgten Kurzinformation über diese Figura T im ersten Punkt sie hier eingehender untersuchen.

Lull sagt bezüglich des *ersten Tenars* der Figur T: Jedes sinnenhaft oder geistig Seiende ist in bezug auf ein anderes Seiendes: verschieden oder übereinstimmend oder gegensätzlich.

Bezüglich des *zweiten Ternars* heißt es: Jedes im Raum oder in der Zeit oder in einem Kausalverhältnis gegebene Seiende ist in bezug auf andere gegebene Seiende hinsichtlich einer und derselben der hier genannten drei Rücksichten: Anfang oder Mitte oder Ziel.

Bezüglich des *dritten Ternars* sagt Lull: Jedes substantielle oder akzidentelle Seiende ist in bezug auf ein anderes substantielles oder akzidentelles Seiendes: größer oder gleich oder kleiner.

Der junge Leibniz hatte gemeint, die Relationen der Übereinstimmung (d. h. der Ähnlichkeit) und der Gleichheit würden im lullschen System nicht genügend unterschieden. Was die Anwendung dieser Beziehungsbegriffe bei Lull betrifft, scheint die leibnizsche Kritik zu Recht zu bestehen. Doch bezieht sich gemäß der aristotelischen Auffassung die Gleichheit auf Quantitäten, mithin natürlich auch die entsprechenden Begriffe des Größer- und Kleinerseins. Und was die Ähnlichkeit als Lulls Übereinstimmung angeht, bezieht sie sich nach Ansicht des Stagiriten auf Qualitäten. Dementsprechend müßten auch die Relationsbegriffe der Verschiedenheit und Gegensätzlichkeit, die mit der Übereinstimmung den ersten Ternar der lullschen Figura T ausmachen, auf Qualitäten angewandt werden. Ich gebe zu, daß solche Interpretation des ersten und dritten Ternars der Figura T zu eng ist, sie deckt sich aber mit späteren Auffassungen von Leibniz; denn nach ihm befaßt sich die Geometrie mit qualitativen Formen und die Arithmetik mit Quantitäten. Wenigstens bei solcher Auslegung und unter solch eingeschränkter Rücksicht unterscheiden sich die beiden genannten Ternare Lulls, also auch die Relationsbegriffe der Übereinstimmung und der Gleichheit in vollkommener Weise.

Um eine Einheit zwischen Arithmetik und Geometrie zu bewerkstelligen, arbeitete Leibniz seine *Mathesis universalis* aus. Würde man diese methodische Richtung bis zum Ende weiter verfolgen, müßte man zur mathematischen Logik Booles und seiner Nachfolger gelangen. Trotz allem ist eine *Mathesis universalis,* auch wenn sie alle mathematischen Teildisziplinen und die ganze formale Logik umfaßte, noch keine *scientia generalis* für alle erkennbaren Dinge und Objekte, wie Leibniz sie anstrebte; denn nach seiner Meinung muß eine Scientia generalis nicht nur das formal deduktive Denken sondern auch eine *Ars inventiva,* alle Einordnungsweisen, Synthesis und Analysis, Didaktik, Gnoseologie, Gedächtniskunst, die symbolische Charakteristik, die Kombinatorik und die philosophische Grammatik umfassen[25]. — Übrigens stimmt diese aufzählende Definition bestens mit den Ansprüchen der lullschen Kunst überein.

Was einer *Mathesis universalis* zur *scientia generalis* fehlt, wird vor allem vom zweiten Ternar der lullschen Figura T erfaßt, wonach jedes im Raum oder in der Zeit oder in einem Kausalverhältnis gegebene Seiende in bezug auf andere Seiende hinsichtlich einer und derselben hier genannten Rücksicht Anfang oder Mitte oder Ziel ist. Dieser Ternar bezieht sich offenbar auf die Natur. Ich mache eigens darauf aufmerksam, daß zur traditionsgemäßen aristotelisch-scholastischen Relation des *„per prius et posterius"* von Lull der Mitte-Begriff, d. h. der Aspekt des „Zwischen" hinzugefügt wird. Außerdem entspricht der Ternar Anfang-Mitte-Ziel der lullschen Auffassung von der Relation im allgemeinen. Der aristotelische Term des „prós ti" oder der scholastische des *„cuius esse"* geben uns an und für sich noch nicht den Wesensbegriff der Relation; denn dieser fordert drei Faktoren: einen Terminus a quo, einen Terminus ad quem und den eigentlichen Bezugsakt dieses mit jenem oder/und jenes mit diesem. Die Bedeutung des hier Dargelegten ist offensichtlich, doch möchte ich noch anmerken, daß auch die typisch lullsche Lehre von den Korrelativen *„agens-agibile-agere"* innig mit Lulls allgemeinem Relationsbegriff verbunden ist.

Wenn Leibniz eine *scientia generalis* erarbeiten wollte, mußte er die Gesamtheit der Naturdinge und der Naturtatsachen, die in diesen räumlichen, zeitlichen und kausalen Beziehungen eingebettet vorliegen, miteinschließen. Beiläufig sei nun erwähnt, daß für Leibniz der Term „Ursache" gleichbedeutend wird mit *„raison"*, wie der Term „Wirkung" gleichbedeutend mit *„conséquence"*. Mit andern Worten: Leibniz erstrebt irgendwie eine Mathematisation der Physik und der Mechanik, wie wenn es sich dabei um logische Verbindungen handelte. Immerhin bleibt er sich bewußt, daß es hier lediglich um eine Annäherung an die formale Logik geht. Wir wissen ja bereits, daß Leibniz gut zwischen Vernunftwahrheiten und Tatsachen- (oder kontingenten) Wahrheiten unterscheidet.

Die Logik eines Leibniz ist wie die Lulls offener als die traditionelle Schullogik es war. Leibnizsche wie lullsche Logik umfassen sowohl die deduktiv-formale wie auch die Auffindungs-Logik (die *Logica inventiva*). Zur leibnizschen Logik gehören gleicherweise wie zur lullschen: Deduktion und Kombinatorik, und beide, wie Leibniz lehrt, bedürfen der analytischen wie auch der synthetischen Methode.

Wir verbleiben hier hauptsächlich im Rahmen der kombinatorischen Kunst; denn diese muß uns beim Vergleich zwischen dem leibnizschen System und der *Ars lulliana* an erster Stelle interessieren. Nun steht fest, daß man beim kombinatorischen Prozeß nicht mit der Kombination komplexer Objekte beginnt, sondern daß man anfangs nur einfache Elemente kombiniert. Doch diese haben wir nicht sogleich zur Hand. Man muß die an sich komplexen Dinge wie auch unsere meist komplexen Gedanken und Begriffe analysieren, muß sie sozusagen auseinanderlegen in ihre einfachen Elemente.

Raimund Lull wußte um diese Notwendigkeit. Vor der kombinatorisch darlegenden Lösung eines Problems, suchte er den gegebenen Fragekomplex zu sondieren, die bedeutendsten Elemente zu erkennen und zu isolieren, um den Status quaestionis besser zu verstehen. Solche Analysen kann man auf vielen Seiten seines umfangreichen Frühwerkes, der *Contemplatio in Deum* beobachten. Doch in der nachfolgenden Schrift, d. h. in seiner *Ars maior inveniendi veritatem*, dem ersten Entwurf der lullschen Ars generalis, setzt er ganz allgemein die analytische Arbeit voraus, weil er glaubte, er habe mit dieser Schrift bereits alle Dinge und alle menschlichen Gedanken auf ihre letzten absoluten und relativen Prinzipien (oder Elemente) zurückgeführt, von denen wir bei der Erörterung der Figuren A und T schon sprachen.

Leibniz hat nie die allgemeine Linie der *Ars lulliana* kritisiert; er fand nurmehr Lulls Methode ungenügend und dies genau genommen auf Grund des Mangels eingehender und wissenschaftlich haltbarer Analyse, die, wie gesagt, in der lullschen Kunst sich nicht mehr findet, sondern eben ein für alle Male als erledigte Arbeit angesehen und somit einfach vorausgesetzt wird. Es stimmt, Leibniz schätzt Descartes höher als Raimund Lull; anderseits aber erachtet er ebenso die descartessche Analyse für ungenügend und gesteht Lull zu, daß er

mit seiner *Ars combinatoria* einen Denkweg beschritt, den Descartes unverzeihlicherweise mißachtete.
Was nun die analytische Methode betrifft, gesteht Leibniz selbst, daß in bezug auf die kontingenten Dinge eine vollkommene Analyse für uns unerreichbar und nur Gott vorbehalten sei. Leibniz verlangt als Ergebnis einer Analyse eine sogenannte adäquate Idee, d. h. eine Idee, deren Aufbauelemente nachgewiesenerweise keinen Widerspruch ausmachen [26]. Erst eine derartige adäquate Idee erlaubt uns eine Realdefinition, aber sie stellt sich unserm Geist nie von Anfang unseres Denkens an dar. Eben darum ist die klare und wohlunterschiedene Idee, wie sie Descartes zu Beginn seiner philosophischen Überlegungen vorlegt, nach Ermessen eines Leibniz ein ungenügender Ausgang; denn sie bietet uns lediglich eine nominale, d. h. Elemente aufzählende Definition. Der sogenannte Rationalist Leibniz behauptet nun, daß eine vollkommene Analyse, die bis zu den primitiven und weiter nicht auflösbaren Ideen forschreitet, äußerst schwierig sei [27]. Im Traktat *De Synthesi et Analysi universali seu Arte inveniendi et iudicandi* sagt er: „Alle Dinge sind Gott a priori und adäquaterweise bekannt, indessen sie uns niemals in adäquater Weise bekannt sind, selten a priori und zumeist durch Erfahrung“ [28]. Und in seinen *Meditationes de cognitione, veritate et ideis* schreibt er: „Für jetzt wage ich mich nicht zu entscheiden, ob für die Menschen je eine vollkommene Analyse der Begriffsmerkmale (notiones) erreichbar sein wird oder ob die Menschen jemals ihre Gedanken auf gewisse Prima possibilia und an sich unauflösbare Merkmale oder — was dasselbe(!) besagt — auf die absoluten göttlichen Attribute wie auf Erstursachen und wie auf den letzten Grund der Dinge zurückführen können“ [29]. Ich möchte anmerken, daß dieser Text zwei Jahre vor der Abfassung des *Discours de métaphysique,* worin die göttlichen Attribute — wie wir im zweiten Punkt ausgeführt haben — eine bedeutsame Rolle spielen, niedergeschrieben wurde. Indirekt bestätigt sich damit von neuem, daß die Grundlage des philosophischen Systems bei Leibniz wie die Grundlage des lullschen Systems, wenigstens zum Teil, der religiöse Glaube ist.
Ich übergehe Leibniz' Stellung dem ontologischen Gottesbeweis des Descartes gegenüber, wiewohl dieses mit dem Gesagten in Beziehung steht [30]. — Ich übergehe auch eine Stelle aus dem Opusculum *Quod Ens perfectissimum existit* [31], die scheinbar unserer Darlegung widerspricht und die sich historisch auf die Begegnung zwischen Leibniz und Spinoza bezieht.

Was Lulls „Definitionen" der Attribute Gottes angeht, sind sie durchgehend sozusagen tautologische, wenn auch nicht vollends tautologische Aussagen, die nichts analysieren und dies nicht zuletzt darum, weil hier für uns nichts zu analysieren ist. Lull beobachtet zwar vom rein terminologischen Standpunkt aus das leibnizsche Postulat, wonach die elementaren oder primitiven Ideen völlig einfach sein sollen. Jedoch wir wissen durch Lulls „Definitionen" noch nicht, welches Verhältnis z. B. zwischen Gottes Gutheit oder Macht oder Weisheit und unsern menschlichen Begriffen der Gutheit, der Macht und der Weisheit besteht, da wir doch diese unsere Begriffe unterscheiden und definieren, Gottes Gutheit, Macht, Weisheit aber mit seinem Wesen vollends identisch sind. Es gibt keinen andern Ausweg: Der tiefere Erkenntniswert der lullschen Figura A und der der leibnizschen göttlichen Vollkommenheit erhält in letzter Instanz seinen Kredit durch den Glauben, wenngleich die geschaffenen Dinge uns einladen und gleichsam ermahnen, die sogenannten göttlichen Attribute von ihnen her aufzugreifen und auf Gott zu übertragen; denn „*Causatum causae simile*".
Leibniz sagt zu Recht, daß diese göttlichen Vollkommenheiten unter sich alle zusammenpassen, wenn er dies auch nie bewiesen hat. Mehr noch sagt uns Lull: Die göttliche Einheit postuliert geradezu die volle Identität oder die gänzliche *Coincidentia* aller Attribute in der Wesenheit Gottes. „*Coincidentia sunt eadem, quae tamen apparent diversa*"[32]. Durch diese Definition ersetzt Leibniz die aristotelische Definition der Identität: „*Eadem sunt, quorum essentia (oysía)* una". Allerdings kann die Identität als solche sich nicht auf verschiedene Substanzen beziehen und dies nicht einmal in dem ganz unmöglichen Fall, daß diese vollends und wirklich gleich-wertig wären. Auch ist die leibnizsche Identitätsformel: „Eadem seu Coincidentia sunt, quorum alterutrum ubilibet potest substitui alteri salva veritate"[33] nicht unbedingt zutreffend; denn bei echter Identität geht es um reale Einheit und nie um (etwa geometrisch mögliche) Koinzidenz zweier völlig gleicher Gebilde[33a]. Was nun jenen offenbar realitätsbezogenen Ausdruck „salva veritate" angeht, fragt man sich mit Recht: Woran soll man denn den objektiven(!) Sachverhalt erkennen, daß es sich um eine authentische Koinzidenz handelt? Man erinnere sich daran, daß unsere Beobachtungsinstrumente unüberschreitbare Grenzen haben. Andererseits allerdings ist die Überzeugung des Leibniz, daß kein Ding der realen Welt sich wiederholt und daß ein jedes ist kraft dieser seiner im selben kosmischen Wirksystem der realen Dinge nicht multiplizierbaren Diesheit *(haecceitas)*, ein in den

physikalischen „Gesetzen“ selbst wohlbegründetes Postulat. — Bei dieser Gelegenheit mag erwähnt werden, daß die andere leibnizsche Identitätsformel: „A ist A“[34] im Sinne von „A ist gleich A“ auch nicht dem genauen Identitätsbegriff entspricht; denn die Gleichheit gründet lediglich in einem in sich identischen oder selbigen Begriff, aber ist nicht dieser selbst. Übrigens muß man dieselbe Kritik an die sogenannte Identitätsformel der modernen mathematischen Logik „p impliziert p“ anwenden; denn sie ist keineswegs genauer Ausdruck der Identität, weil durchaus nicht klar wird, ob das implizierende „p“ genau dasselbe „p“ ist wie das implizierte „p“. Die logischen Variabeln p, q, r usw. sind ja multiplizierbar wie die Zahlen. Begriffe aber sind nicht multiplizierbar, auch keine Zahlbegriffe wie Zweiheit, Dreiheit. Jeder Begriff ist gänzlich einmalig wie jedes real-individuelle Ding einmalig ist. Meines Erachtens kann sich das Identitätsprinzip, im authentischen Sinne aufgefaßt, lediglich auf die vollkommene Selbsterkenntnis eines geistigen Wesens beziehen. Solche exhaustive Selbsterkenntnis postuliert unweigerlich eine vollständige Selbstbeherrschung dieses geistigen Wesens[35], wie diese jene postulieren muß. Solche für uns keineswegs undenkbare authentische realvollziehbare Identität ist für ein kontingentes Wesen absolut unverwirklichbar. Nur eine sekundäre, ontologisch (nicht gnoseologisch) abzuleitende Identität wird vom menschlichen Geist verwirklicht. Sie besteht in der relativ statischen Objektivation unseres Geistes, ohne die menschliches Denken unmöglich wäre. Der geeignetste Ausdruck dieser identifizierenden und identifizierbaren Objektivation scheint mir die Formel zu sein: „Nur eben dieses und nicht nicht-dieses“. Der leibnizsche Identitätsbegriff muß unweigerlich diesen von uns hier vorgelegten Identitätsbegriff im Sinne solcher identifizierenden oder identifizierbaren Objektivation voraussetzen. Wir werden es im weiteren Textverlauf sehen.

Doch bevor wir dies darlegen, tut es not, die primitiven und unauflösbaren Ideen gemäß unserem deutschen Philosophen kennen zu lernen. Leibniz unterscheidet zunächst komplexe und einfache Ideen. Komplexe Ideen sind Sätze, formelle oder latente. Damit einfache Ideen wissenschaftlichen Wert erlangen, müssen sie adäquate, in sich mögliche, beziehungsweise widerspruchsfreie Ideen sein. Primitive Ideen sind nun solche adäquate Ideen, die keine weitere Rückführung zulassen. Leibniz nennt sie primitive Ideen in Analogie zu den primitiven Zahlen oder Primzahlen, mit deren Hilfe alle arithmetischen Kombinationen aufgestellt werden[36]. Welches sind die leibnizschen primitiven Ideen?

Er unterscheidet drei Klassen[37]: die primitiven Termen schlechthin; die sogenannten konfusen primitiven Termen, welche unsere Sinnesdaten angehen, und drittens die primitiven Termen der Quantität, derenthalben Leibniz jedoch im nachfolgenden Text wieder einen Rückzieher macht.

Zur ersten Klasse gehören die Terme: „Seiendes" als jedwedes Real-Mögliche, „Nicht-Seiendes" als das Unmögliche, fernerhin: „Daseiendes" (existens), „Individuum", „Ich". Abgesehen vom Nichtseienden sind die übrigen leibnizschen primitiven Ideen oder Terme durch den Buchstaben A der lullschen Figura A ersetzbar. Sie zeigen wahre Subjekte an, deren letzter Seinsgrund Gott ist. Die göttlichen Attribute sind für Leibniz (wie notwendigerweise auch für Lull) absolute Erst-Prädikate, aber keine primitiven Ideen. Jedwedes Subjekt kann geistig gleichsam als Gestirn aufgefaßt werden, dessen „Strahlen" eben die zugehörigen Prädikate sind, die innerhalb des lichtvollen „Sternhofes" ein vielfach verknüpftes Gedankennetz bilden. Letzten Endes ist es gleichgültig, mit welchem Prädikat ein Denker die Analyse dieses Bündels von Gedankenverbindungen beginnt. Lulls Figura A entspricht vollkommen dem hier Ausgeführten.

Die konfusen primitiven Terme, die unsere Sinnesdaten betreffen wie das Rote oder das Harte usw., sind für uns hier von geringerer Bedeutung.

Was aber die primitiven Quantitätsterme anlangt, scheint Leibniz sie als wahrhaft primitive Ideen eher abzulehnen. Seiner Meinung nach können sie noch auf grundlegendere Elemente rückgeführt werden, wie zum Beispiel der Begriff der Ausdehnung. Dies Urteil richtet sich offenbar gegen Descartes. Und da der Begriff des Denkens (*cogitatio*) ebensowenig für Leibniz ein primitiver Term ist, verwirft er bewußt den Ausgangspunkt der kartesianischen Philosophie: die *res cogitans* und die *res extensa.*

Weiterhin unterscheidet Leibniz zwischen den aufgezählten primitiven Termen und den ersten oder grundlegenden *termini respectivi.* Durch diese rückbezüglichen Ersttermen werden wir sogleich an Lulls Figura T wieder erinnert; denn diese Figur bietet uns die Grundbegriffe aller objektiven Beziehungen. Doch müssen wir hier auf einen bedeutsamen Unterschied zwischen Leibniz und Lull aufmerksam machen. Leibniz will alle komplexen Ideen entweder auf eine Identitätsrelation (die wir nunmehr im Sinne des „Diesselbigen und nicht nichtdiesen" auffassen) oder auf die Kontradiktionsrelation zurückführen. Eine Identitätsaussage ist nach ihm eine Wahrheitsaussage, die Feststellung eines

Widerspruchs ist Ausdruck des Unmöglichen oder des Falschen. Demzufolge scheinen die relativen Prinzipien der lullschen Figura T im Bereich der Relationen noch keinen Endpunkt restloser Analyse darzustellen. Übrigens ist das Grundprinzip jeglicher Relation nach Lull nicht die Identität, sondern der Unterschied (*differentia*). Diese Feststellung entspricht der schlichten Tatsache einer objektiv gegebenen Vielheit. Erst in einem weiteren Denkschritt fragt man, in welchem Sinne zwei verschiedene Seiende übereinstimmen oder gegeneinanderstehen. Die höchste Übereinstimmung (*concordantia summa*) Lulls könnte das sein, was Leibniz *Coincidentia* nennt, jedoch ohne daß man diese sogleich im Sinne einer authentischen Selbigkeit versteht. Nun ist aber anzumerken, daß es sich bei der lullschen Figura T um die Rückführung aller realen Beziehungen auf neun relative Prinzipien handelt. Weder die Kontradiktion noch die Identität sind echte reale Beziehungen. Sie sind gewiß die obersten leibnizschen Prinzipien, aber sie sind Denkprinzipien. Für Leibniz gilt als Ausgangspunkt seines ganzen Bezugnehmens nicht die objektiv gegebene Menge oder Vielheit sondern das Ich, die fensterlose Monade, in der sich das ganze Universum spiegelt und Gott miteingeschlossen [38].

Die leibnizsche Logik versteht sich als Identitätslogik, wiewohl sie in ihren mannigfachen Sätzen meist nur eine „partielle Identität" aufweist. Doch ist dieser skotistische Term, den Leibniz verwendet, in sich widerspruchsvoll. Immerhin muß man hier hinzufügen, daß Leibniz seiner Intention nach mit jedem Prädikat, das nur auf einen Teil des Subjekts zurückweist, das Subjekt selbst in seiner vollen Integralität mitverstehen will. Solche Auffassung einer Identitätslogik läßt nur die Anwendung der Prädikatenlogik, niemals die der Klassenlogik zu, wenn wir auch bei Leibniz verschiedene Versuche zur Begründung einer Klassen- (oder Extensions-)Logik beobachten können. Es sei hier gleichsam am Rande vermerkt, daß meines Erachtens ein vollständiges System der einfachen und reinen — man muß den Term „kategorisch" unbedingt hier meiden — Syllogismen deduktiv einzig und allein innerhalb der reinen Klassenlogik zu erreichen ist. In solchem exhaustiven System einfacher und reiner Syllogismen erscheinen die bekannten neunzehn Syllogismen des Aristoteles mit ihren ausschließlich positiven Satzsubjekten merkwürdigerweise verstreut. Übrigens, so wie Leibniz erkennt auch Lull in Übereinstimmung mit gewissen metaphysischen Erfordernissen für seine Logik keine negativen Satzsubjekte an, wiewohl diese durchaus vernünftigen Sinn besitzen [39]. Aristoteles verurteilte sie, weil er noch von der Ideenlehre Platons benommen war, die er im metaphysischen Felde bekämpfen sollte. Was Leibniz angeht, durfte dieser in letzter Analyse nur ein einziges positives Subjekt zulassen: sein eigenes Ich. Dieser Schluß ergibt sich aus seinem Begriff von der fensterlosen Monade und müßte, folgerichtig durchdacht, zu schweren metaphysischen Irrtümern führen.

In Entsprechung zu diesem Begriff von der fensterlosen Monade stellt Leibniz seine Lehre von den angeborenen Ideen auf. Während Ortega y Gasset mit intuitivem Blick erkennt[40], daß die Idee des Nichts die einzige wahre Erfindung (oder Entdeckung) des Menschen ist, muß Leibniz mit einer Unzahl von angeborenen Ideen rechnen; denn da er die reale Zwischen-Substanzen-Kausalität leugnet, wird die gegenseitige Abgrenzung der Substanzen zu einer gänzlich isolierten Lostrennung, wenn wir die Verbindung zu Gott dem Schöpfer ausklammern. Der leibnizsche Gedanke einer Spiegelung des Universums in der Einzelmonade erscheint hier wie eine Verlegenheitslösung.

Anderseits versteht man den von Ortega y Gasset ironisch benannten *„Principialismo“*[41], d. i. eine übersteigerte Prinzipienanhäufung bei Leibniz recht gut, wenn man den grundlegend reduktiven und analytischen Charakter des leibnizschen Denkens in Betracht zieht, für den letzthin ein Prinzip nur in Kraft zip, sagt uns Leibniz, nur nach(!) dem Prinzip der Kontradiktion“, also nach des Identitätsprinzips als gültig erkannt wird. Dies aber „ist das größte Prin- der Entdeckung des Nichts[42].

Ich komme zum Schluß: Angesichts eines René Descartes und auch angesichts der lullschen *Ars generalis* hat Gottfried Wilhelm Leibniz zweifelsohne Recht, wenn er vor allem auf eine sorgfältig erarbeitete Reduktion unserer Objektswelt zu den Prinzipien und zu solchen Begriffen hin dringt, die keine weitere Analyse zulassen. Eine derartige Reduktion bleibt für alle Wissenschaften, besonders auch für die Philosophie ein Postulat. Man kann also nicht mit sogenannten klaren und distinkten Ideen beginnen, wenn wir solche noch gar nicht besitzen oder wenn wir uns noch nicht genügend überzeugen konnten von deren objektiver Wahrheit. Ebensowenig darf man das leibnizsche Postulat der adäquaten, also in sich nicht widersprüchlichen Ideen fallen lassen. —

Wenn wir im dritten Punkt unserer Darlegung die analytische oder reduktive Methode verhältnismäßig breit ausgeführt haben, so entspricht dies dem Thema einer *scientia generalis.* Freilich ist es wahr, daß die lullsche Kunst uns solche Reduktion der menschlichen Begriffe zu Lulls absoluten und relativen Prin-

zipien hin nicht vorführt. Immerhin, wenn wir das Ergebnis der leibnizschen Reduktion mit den gleich zu Anfang der lullschen *Ars generalis* aufgestellten Prinzipien vergleichen, beobachten wir zu unserm Erstaunen — und ungeachtet der etwas negativen Kritik des deutschen Denkers an Lulls Kunst —, daß der Unterschied zwischen beiden Philosophen nicht allzu groß ist. —
Weiterhin, angesichts eines Descartes hat Leibniz Recht, wenn er in der kartesianischen Methode den kombinatorischen Kalkül vermißt. Was Raimund Lull betrifft, so sagten wir bereits, daß seine Kombinatorik, soweit sie die Beziehungen innerhalb der Figura A erfaßt, alle Hauptregeln des allgemeinen kombinatorischen Kalküls zur Anwendung bringt. Sicher, Leibniz übertrifft Lull durch die Erarbeitung einer Theorie der Kombinatorik, übertrifft ihn ganz allgemein um ein Vielfaches in der Mathematik, in der Mechanik, in der Technik. Jedoch scheint mir hier die Frage nicht abwegig zu sein, welchen Wert die mathematischen Wissenschaften, besonders die mathematischen Unendlichkeitserwägungen für die Metaphysik in Wirklichkeit besitzen. So eindrucksvoll Analogien sein können, sie bringen uns dadurch in der Metaphysik nicht besonders voran. Die synthetische Methode innerhalb der Kombinatorik ist produktiv, sie schafft etwas Neues, eben neue bisher unbekannte Kombinationen, wann immer sie im Bereich der frei sich empfindenden Vorstellungskraft zustande kommen, sei es in der Mathematik (und Leibniz ordnet mathematisches Denken weitgehend der Vorstellungskraft zu), sei es in Kunst oder Technik, sei es wo immer der Mensch die Möglichkeit hat, naturhaft gegebene Kombinationen abzuwandeln. Ob solch kombinatorisch-synthetische Abwandlungen, die der Mensch vornimmt, stets seine menschliche Diesseitssituation, sagen wir sein Glück bereichern, ist eine andere Frage, die nicht zur Diskussion steht. Hier geht es um die Feststellung, daß es in der Philosophie, in der Metaphysik nichts naturhaft, wesenhaft Neues zu kombinieren gibt, sondern daß man nach der von Leibniz zu Recht geforderten Analyse mit aller Aufmerksamkeit eines gewissenhaften Forschers zusieht, welches nun genau die bereits vorliegenden, also vorgegebenen Kombinationen sind, um darüber hinaus die Gründe der großen wie der kleinsten Zusammenhänge des menschlichen Wesens — Philosophie hat fast ausschließlich die Hintergründigkeit des Menschen zum Forschungsgebiet! — „in sich" und damit notwendigerweise zugleich inmitten seiner Umwelt, inmitten des gesamten Universums zu erkennen und noch darüber hinaus nicht nur die von den Sinngründen(!) der Welt her begreifliche Möglichkeit eines *Ens*

perfectissimum, sondern die existenzielle Notwendigkeit solchen *Ens perfectissimum* auf dem Wege erforschbarer *Rationes a posteriori,* eben von dem Da- und Sosein der Welt des Menschen her geistig erfassen zu können. Den Widersachern aller Sinnfragen zum Trotz muß gesagt werden: Es ist nicht die frei schöpferische Phantasie des Menschen, sondern das menschliche Wesen selbst, das metaphysisch ein Ens perfectissimum postuliert und folglich auch physisch und moralisch. —

Mehr als einmal sprachen wir bei der kombinatorischen Methode von dem Netz der Gedanken oder von einem netzartigen Denken, das den Faden der Ariadne[43] bereits in Händen hält. Dieser Faden vermag sehr wohl unser Denken von Wunder zu Wunder zu führen innerhalb der schon bestehenden Netzverflechtung aller realen naturhaften Kombinationen, die Gott, Menschengeist und Welt harmonisch verbinden.

1 Dieser Beitrag bietet dem Leser in deutscher Übersetzung den vollen Text des spanisch niedergeschriebenen und am 18. Oktober 1972 vor dem Consejo Superior (Institut „Luis Vives“) gehaltenen Madrider Vortrags. Nur hier und da wurden leichte Veränderungen zugunsten klarerer und zusätzlich erklärender Fassung vorgenommen. Die Anmerkungsnummer stimmen außer Anm. 5 a u. 33 a in beiden Texten überein.

2 Ausgabe Joh. Ed. *Erdmann* von 1840; Reprint-Neuausgabe Aalen 1959, 6—44.

3 Der *Discours de métaphysique* wurde von Renate Vollbrecht im gen. Reprint der Erdmannausgabe zugefügt. Ich zitiere durchgehend „Erdm.-Vollbr.“.

4 Bd. II, Madrid 1943; man sehe vor allem die Seiten 313—22.

5 Diese umfangreichere Darlegung erschien in *Estudios Lulianos* 16, 1972, 129—93. Leider finden sich, bedingt durch die Poststreiks in Italien zahlreiche Druckfehler in dieser Veröffentlichung. Vor allem ist zu beklagen, daß die Anm. 33 und 35 im Aufsatz fehlen. In den geplanten *Studia lulliana,* die die gesamten Lullaufsätze des Verfassers im Neudruck enthalten sollen, werden die notwendigen Korrekturen nachgeholt.

5a Leibniz zitiert die erste Ausgabe der von Joh. Alstedt besorgten und 1598 bei L. Zetzner in Straßburg erschienenen Lulledition, die neben unauthentischen sechs echte Lullwerke aufweist, darunter vor allem die *Ars generalis ultima* Lulls vom Jahre 1305/08.

6 *De Arte combinatoria,* Erdm. 21 ff.

7 L. *Couturat, Opuscules et fragments inédits de Leibniz,* Paris 1903. Man sehe im Personalverzeichnis den Namen „Spinoza“.

8 Z. B. was den Substanzbegriff angeht.

9 MOG (Ed. moguntina) I, 1721, *Ars maior* S. 2; Nachdruck Frankfurt 1965, 434.

10 *Discours de mét.* Kap. XXXII (Erdm.-Vollbr. 831); vgl. *Augustin, Soliloquia* I, 2. — In einem Brief vom 30. XI. 1973 macht mich H. Schepers auf G. Grua, *Texte inédits de L.* (1948, 103) aufmerksam, wonach Leibniz selbst in einem Brief an André Morell (vom 10. XII. 1696) auf die heilige Theresia von Avila hinweist, näherhin auf eine Stelle aus ihrer *Vida* (Kap. XIII, 9). Dort sagt die Heilige: „Lo más que hemos de ... tener en cuenta que no hay en la tierra sino Dios y ella (gemeint ist: el alma) ...". Die soeben angegebene Augustinus-Stelle ist bei Leibniz nicht oder noch nicht belegt.

11 *Discours de mét.* Kap. XXXII u. XXVIII (Erdm.-Vollbr. 831 u. 829).

12 *Discours de mét.* Kap. XIV (Erdm.-Vollbr. 823).

13 Am angegeb. Ort Kap. II (Erdm.-Vollbr. 817).

14 A. a. O. Kap. III (Erdm.-Vollbr. 817).

15 R. *Lull, Liber lamentationis philosophiae;* Reprint-Ausgabe in: *Opuscula Raimund Lulls* Bd. II, Hildesheim 1972, 81 n 12.

16 B. *Lavinheta, Explanatio compendiosaque applicatio artis Raymundi Lulli,* Lyon 1523, fol. LIV v.

17 Reprint-Nachdruck Hildesheim 1974.

18 *Théodicée, Essais sur la bonté de Dieu;* partie II, § 288 (Erdm. 573 b).

19 *Discours de mét.* Kap. (Erdm.-Vollbr. 818 b).

20 Vgl. Leibnizens Brief an Mr. Ant. Arnauld aus Venedig vom 23. III. 1690 (Erdm. 108 a) und *Discours de mét.* Kap. XVII (Erdm.-Vollbr. 824).

21 Siehe *Discours de mét.* Kap. XXXV (Erdm.-Vollbr. 832).

22 Paris 1901; Reprint-Nachdruck Hildesheim 1959.

23 Paris I—II, 1968.

24 *Théodicée, Essais sur la bonté de Dieu* § 7; vgl. §§ 119, 130, 260; *Monadologie* § 56.

25 *Couturat, Log.* 317 u. 288.

26 Vgl. *Couturat, Opuscules et fr.* 512; *Serres, Le système de Leibniz* I, 122—7.

27 Vgl. z. B. *De la Sagesse,* in C. J. Gerhardt (ed.), *Leibniz, Die philos. Schriften* I—VII 1873—1890, Bd. VII, 83.

28 Gerhardt (ed.), *Philos.* VII, 196.

29 Erdm. 80 b.

30 Vgl. *Discours de mét.* Kap. XXIII (Erdm.-Vollbr. 827 a); *De Synthesi et analysi universali* [Gerhardt (ed.) *Philos.* VII, 294] u. unsere Arbeit über *Leibniz u. Lull,* in: Estudios lulianos 16, 1972, Text zu Anm. 153.

31 Gerhardt (ed.), *Philos.* VII, 261.

32 A. a. O. 196.

33 C. J. Gerhard, *Die philos. Schriften von G. W. Leibniz;* Olms Reprintausgabe, Hildesheim 1965, Bd. VII, 236.

33a Der historischen Treue wegen sei jedoch hervorgehoben, daß das leibnizsche Identitätsgesetz nicht unmittelbar auf Substanzen sich bezieht, sondern auf Begriffseinheiten und Satzganze.

34 *Couturat, Log.* 204; 363.

35 Vgl. E. W. *Platzeck, Versuch eines modernen Ansatzes zum scotischen Gotteserweis,* in: Studia Scholastico-Scotistica, Roma 5, 1972, 89—107, bes. 97 ff.

36 *De Synthesi et analysi universali* [Gerhardt (ed.), *Philos.* VII, 292 ff.].

37 *Couturat, Opuscules et fr.* 360 ff.

38 In *El Christo de Velazquez* spricht M. Unamuno von der „alma bien contenta con ser gota que espeja el Universo".

39 Nach der Klassenlogik, die auch negative Satzsubjekte zuläßt, gibt es (ohne die möglichen Variationen der Schlußsätze mitzurechnen) nicht mehr und nicht minder als 144 einfache und reine Syllogismen. Vgl. E. W. *Platzeck, Die moderne Syllogistik,* ein zur Veröffentlichung vorbereitetes Manuskript.

40 *Ortega y Gasset, La idea de principio en Leibniz,* Madrid, zweite Aufl. II, 207, Anm. 2.

41 A. a. O. I, 17.

42 *Couturat, Opuscules et fr.* 514.

43 Dieser Ausdruck ist eine beliebte Metapher bei Leibniz.

Bibliographie Prälat Professor Dr. Alfons Hufnagel

I. Selbständige Schriften:

1a) Die intuitive Erkenntnis nach Thomas von Aquin, Diss. 1929/32.

b) Intuition und Erkenntnis nach Thomas von Aquin (Veröffentlichungen des kath. Instituts für Philosophie. Albertus-Magnus-Akademie, Bd. II, Heft 5), Münster 1932.

2 Der Intuitionsbegriff des Thomas von Aquin, in: Tübinger Theol. Quart. 133 (1953), S. 427—436. Geschichte der Phil. und Th. des M. A. Texte und Untersuchungen, hrsg. v. M. Grabmann, Bd. XXXI, H. 4), Münster 1935.

3 Die Wahrheit als philosophisch-theologisches Problem bei Albert dem Deutschen (Grenzfragen zwischen Theologie und Philosophie, hrsg. von A. Rademacher und G. Söhngen, XVII), Bonn 1940.

4 Thomas von Aquin. Das Geheimnis der Person (Ankerbücherei), Stuttgart 1949.

Edition: Alberti Magni De unitate intellectus (Alberti Magni Opera Omnia, Tomus XVII), Monasterii 1974.

II. Aufsätze:

1 Das Personproblem bei Albertus Magnus, in: Studia Albertina. Supplementband IV. Beiträge zur Geschichte der Phil. und Th. des M. A. Festschrift für Bernhard Geyer zum 70. Geburtstag, Münster 1952, S. 202—233.

2 Der Intuitionsbegriff des Thomas v. A., in: Tübinger Theol. Quart. 133 (1953), S. 427—436.

3 Zur Lehre von der doppelten Wahrheit, in: Tübinger Theol. Quart. 136 (1956), S. 284—295.

4 Die Wesensbestimmung der Person bei Alexander Halensis, in: Freiburger Zeitschrift für Phil. und Theol. 4 (1957), S. 148—174.

5 Bonaventuras Personverständnis, in: Theologie und Geschichte und Gegenwart. M. Schmaus zum 60. Geburtstag, hrsg. von J. Auer u. H. Volk, München 1957, 843—860.

6 Philosophia perennis — heute, in: Lebendige Seelsorge 9 (1958), S. 140—145.

7 Freude und christliche Verkündigung nach Thomas v. A., in: Verkündigung und Glaube. Festschrift für F. Arnold, hrsg. von Filthaut und Jungmann, Freiburg 1958, S. 42—57.

8 Taulers Gottesbild und Thomas v. A., in: Johannes Tauler. Ein deutscher Mystiker. Gedenkschrift zum 600. Todestag, Essen 1961, S. 162—177.

9 Zur Geistphilosophie Alberts d. Gr., in: Einsicht und Glaube. Festschrift für G. Söhngen, hrsg. von J. Ratzinger und H. Fries, Freiburg i. Br. 1962; 2. Aufl. 1963, S. 225—242.

10 Zur Echtheitsfrage der Summa theologiae Alberts d. Gr., in: Tübinger Theol. Quart. 146 (1966), S. 8—39.

11 Wahre Erkenntnisse — Erkenntnis der Wahrheit. Gedanken zur Wahrheitsfrage im Anschluß an die „Quaestiones de veritate" des hl. Thomas v. A., in: Festschrift für M. Schmaus zum 70. Geburtstag, München 1967, S. 75—96.

12 Johannes v. Kuhn und Thomas v. A. Theologie als Wissenschaft, in: Theologie im Wandel. Festschrift zum 150jährigen Bestehen der Kath.-Theol. Fakultät an der Universität Tübingen 1817—1967, München 1967, S. 116—128.

13 Das Heimatrecht, in: Festschrift zum 70. Geburtstag von Weihbischof Prof. Dr. Dr. A. Kindermann, Königstein-München 1969, S. 90—97.

14 Anselms Wahrheitsverständnis in der Deutung Alberts d. Gr., in: Sola ratione. Anselm-Studien für P. Dr. h. c. Franciscus Salesius Schmitt OSB zum 75. Geburtstag, Stuttgart-Bad Cannstatt 1970, S. 19—33.

15 Begegnung mit der Wahrheit, in : Begegnung. Beiträge zu einer Hermeneutik des theologischen Gesprächs, H. Fries gewidmet, Festschrift zum 60. Geburtstag von Prof. Heinrich Fries, Graz — Wien — Köln 1972, S. 477—489.

16 Wort Gottes. Sinn und Bedeutung nach Thomas v. A., in: Wort Gottes in der Zeit. Festschrift zum 65. Geburtstag von Prof. Schelkle, Düsseldorf 1973, S. 236—256.

zum Druck bereits abgeliefert:

17 Albertus Magnus, in: Philosophy from the Fifth to the Fifteenth Century. A. Survey, ed. by R. Klibansky with the coop. of J. Châtillon, H. Kohlenberger, P. Vignaux (mit Georg Wieland).

18 Anselm Proslogion-Argument bei Albert d. Gr., in: Analecta Anselmiana 4 (1974).

19 Anselm und das Naturrecht, in: Analecta Anselmiana 6 (1975).

20 Albert d. Gr. und das Naturrecht, in: Festschrift J. P. Müller, Studia Anselmiana, Rom 1974.

21 Thomas v. A. und das Personproblem, in: Akten des Intern. Thomas-Kongresses (Rom 1974).

III. Aus Nachlässen herausgegeben:

A) Prof. Dr. Paul Simon:

1 Das Enchiridion (Handbüchlein) des hl. Augustinus, Paderborn 1947.

2 Noch einmal am Scheideweg?, in: Hochland 1947, S. 18—36.

3 Newman und der englische Katholizismus, in: Newman Studien 1. Folge, Nürnberg 1948.

4 Das Menschliche in der Kirche Christi. 3. u. 4. Auflage (übersetzt ins Französische, Englische und Spanische), Freiburg i. Br. 1948 ff.

5 Schule und Bildung. Gesammelte Aufsätze, Düsseldorf 1948.
6 Aurelius Augustinus. Sein geistiges Profil, Paderborn 1954.

B) Studienrat Dr. Max Mayer:
Geschichte der abendländischen Erziehung und Bildung, Freiburg i. Br. 1955.

IV. Rezensionen:

u. a. in folgenden Periodika:
Divus Thomas (jetzt: Freiburger Zeitschrift für Philosophie und Theologie)
Erasmus
Münchener Theologische Zeitschrift
Philosophisches Jahrbuch der Görresgesellschaft
Rottenburger Monatsschrift
Tübinger Theologische Quartalschrift